JN426414

제3판 IFRS 회계원리

IFRS 회계원리

3판

Principles of Accounting based on International Financial Reporting Standards

고완석 · 김종대 · 임석식 지음

율곡출판사

제3판 들어가는 글

본서의 제2판이 발간된 이후, 2008년의 금융위기와 그 후속 조치에 따라 국제회계기준위원회(IASB)와 미국 재무회계기준위원회(FASB)의 공동작업에 의한 IFRS의 개정이 큰 폭으로 진행되어 왔다. 그 결과 K-IFRS 제1115호 '고객과의 계약에서 생기는 수익' 기준서, K-IFRS 제1109호 '금융상품' 기준서 등 많은 기준서의 개정이 있었고, 이들 기준서가 2018년 1월 1일자 또는 가까운 시일 내에 발효될 예정이다. 그리고 지금은 회계의 기본이라 할 수 있는 '개념체계' 도 대폭적인 개정작업이 진행 중이다.

본서 제3판은 지금까지 개정 작업이 완료된 기준서들이 비록 발효되지 않았더라도 그 개정 내용을 모두 반영함으로써 독자들이 향후 공인회계사 시험, 취업, 진학 등의 준비에 도움이 될 수 있게 하였다. 우선 본서 전반에 걸쳐 수익기준서의 개정에 따른 수익인식 모형의 획기적 변화와 금융상품 기준서에서의 금융상품 분류 방법과 금융자산의 손상모형 변경 등 대폭적인 개정 사항을 반영하였다.

제1장에서는 최근의 법령 개정 사항과 회계기준체계의 변화 등을 반영하였고, 제6장에서는 수익기준서의 변경 내용을 일목요연하게 정리하였으며, 제7장, 제11장 및 제12장에서는 금융상품기준서의 개정에 따른 금융자산의 분류변경을 세심하게 반영하였다. 제8장에서는 금융상품 중 손상의 인식모형이 기존의 '발생손실 모형' 에서 '기대신용손실 모형' 으로 변경됨에 따라 그 내용을 중점적으로 반영하였고 제14장에서는 회계기준간 비현금거래의 현금흐름표 반영방법 차이와 이자 및 배당금의 활동별 분류에 대하여 일목요연하게 정리하여 반영하였다. 그리고 물론 나머지 모든 장에서도 개정기준서의 내용과 용어 변경을 반영하고 연습문제도 수정하였다.

본서에서는 독자들이 회계학 입문 과정에서 꼭 학습하여 숙지하여야 할 사항은 비록 다소 난이도가 높더라도 빠짐없이 반영하였다. 그 이유는 본 집필진이 다음과 같은 희망을 품고 있기 때문이다. 우리나라는 국제회계기준위원회의 최상위 기구인 '감독이사회(Monitoring Board)' 의 5대 상임이사국으로 활동하는 등 이미 주요 회계선진국 중 하나로 자리매김하고 있다. 그러나 여기서 한 걸음 더 나아가, 본서로 학습하는 많은 학생들이 장래 우리나라 회계분야의 지도자가 되고 우리나라의 회계투명성과 경영투명성이 세계 최고 수준이 되는 날이 하루빨리 오기를 희망한다.

끝으로 본서 제3판의 개정과정에 많은 도움을 주신 교수님들, 학부 및 대학원 학생들, 회계실무 전문가님들, 그리고 편집과 디자인에 수고를 많이 해주신 율곡출판사 박기남 사장님, 차은지님 등 직원 여러분께 감사의 마음을 전한다.

2016년 8월

저자 일동

제2판 들어가는 글

본서의 초판은 IFRS에서 도입된 수많은 새로운 용어나 개념을 가능한 한 많이 담아내어 소개하고 가능한 한 쉽게 설명하려다 보니 책의 분량이 다소 많아졌고 부분적으로는 원리 수준에서 다소 어려운 내용도 들어와 있었다. 그것은 본 교재를 채택하시는 교수님들과 이를 학습하는 학생들이 수업의 수준에 맞추어 책의 내용을 취사선택할 필요가 있을 것으로 예상했기 때문이었다.

그런데 예상외로 원리수준에서 필요한 부분만을 교재에 포함시키는 게 낫겠다는 요청이 많았고 때마침 올해에 '개념체계' 가 대폭 개정되어, 이를 반영하고 어려운 내용을 쉽게 수정하고자 개정판을 출간하게 되었다.

본서는 제2장의 상당한 부분을 바꾼은 물론, 제4장에서 정산표 소개 부분을 더 적절한 곳으로 이동하는 등 손을 보았으며, 제8장에서 금융자산의 손상개념을 추가하고, 이에 대한 구체적 사례를 제11장 투자자산에서 추가로 다루었다. 그리고 학생들과 교수님들의 부담을 고려하여, 제9장 재고자산에서 교육목적으로 남겨두었던 후입선출법에 대한 설명은 완전히 제거하였다. 또한 제10장 유형자산에서 재평가회계처리방법을 더 간결하게 바꾸었으며, 좀 까다로운 유형자산 취득 관련 회계를 실었던 부록도 간소화하였고, 제12장에서 충당부채 내용을 다소 보강하였다. 물론 이러한 과정에서 발견된 몇몇 편집오류를 수정하고 용어표현도 개선하였다.

주지하다시피, IFRS는 회계처리방법을 원칙 위주로 규정하고 있으므로 회계전문가들은 가능한 한 많은 대체적 회계처리방법을 알 필요가 있다. 그러나 본서에서는 국제적 정합성에 어긋나지 않는다면 가능한 한 가장 대표적이고 전통적으로 사용되어온 회계처리방법 위주로 제시한다는 초판 당시의 기조는 유지하였다. 회계의 입문 단계에 있는 학생들에게 줄 혼동 가능성을 계속 고려한 결과이다.

본 『IFRS 회계원리』의 초판 출간 당시의 집필진의 희망은 한결같다. 즉, 이 책을 읽고 학습하는 많은 학생들이 장래 우리나라 회계분야의 지도자가 되고 우리나라의 회계투명성과 경영투명성이 세계 최고 수준이 되는 날을 기대한다. 그리하여 더 이상 회계가 '코리아 디스카운트(Korea Discount)의 주 원인이 아니라 기업가치의 선도자가 되기를 소망한다.

끝으로 본서의 개정과정에서 도움을 주신 교수님, 학생, 회계전문가, 그리고 편집과 디자인에 수고를 많이 하신 율곡출판사 박기남 사장님과 직원 여러분께 감사의 마음을 전한다.

2011년 8월

저자 일동

초판 들어가는 글

우리나라는 회계투명성의 획기적 제고와 기업의 회계글로벌화를 위해 2011년도부터 기업회계기준을 국제회계기준(IFRS)으로 완전히 대체하기로 하였다. 이러한 과정에서 본 저서의 저자 중 일부가 주도적으로 우리나라의 회계정책 입안과 추진에 참여하였다. 이러한 변화로 인하여 모든 회계학 책이 근본적으로 다시 재집필되어야 할 것인 바, 차제에 저자들이 원래 집필했던 '회계원리'를 거의 처음부터 다시 쓰다시피 해서 본서『IFRS 회계원리』를 출간하게 되었다.

IFRS에서는 새로운 용어나 개념이 수없이 많이 도입되어 있다. 저자들은 이들을 가능한 한 많이 담아내어 소개하고 가능한 한 쉽게 설명하려다 보니 책의 분량이 다소 많아졌고 부분적으로는 원리 수준에서 다소 어려운 내용도 들어와 있다. 따라서 본 교재를 채택하시는 교수님들과 이를 학습하는 학생들이 수업의 수준에 맞추어 책의 내용을 취사선택할 필요가 있을 것 같다.

IFRS의 특징은 회계처리방법을 특정하지 않고 원칙 위주로 규정하고 있기 때문에 많은 대체적 회계처리방법을 인정하고 있다. 따라서 회계전문가들은 가능한 한 많은 대체적 회계처리방법을 알 필요가 있다. 그러나 회계의 입문 단계에 있는 학생들에게는 오히려 혼동의 가능성이 있기 때문에, 본서에서는 국제적 정합성에 어긋나지 않는다면 가능한 한 가장 대표적이고 전통적으로 사용되어온 회계처리방법 위주로 제시하였다.

본『IFRS 회계원리』에서는 아래의 몇 가지에 중점을 두고 집필하였다.

첫째, 복잡한 IFRS 회계기준을 가능한 한 단순화하여 이해하기 쉽게 설명하고자 하였다.

둘째, 다양한 회계처리 대안 중 대표적인 회계처리방법 위주로 기술하였다.

셋째, 장래 CPA 수험생들을 위하여 꼭 학습할 필요가 있다고 생각되는 부분은 다소 어렵더라도 내용에 포함하였다.

넷째, 연습문제도 IFRS에 맞추어 전면적으로 수정·보완하였다.

이 책을 읽고 학습하는 많은 학생들이 장래 우리나라 회계분야의 지도자가 되고 우리나라의 회계투명성과 경영투명성이 세계 최고 수준이 되는 날을 기대한다. 그리하여 더 이상 회계가 '코리아 디스카운트' (Korea Discount)의 주 원인이 아니라 기업가치의 선도자가 되기를 소망한다.

본서의 내용 보완에 많은 도움을 주신 회계사님들, 연습문제 수정에 많은 도움을 준 안산1대학의 조문기 교수님, 편집, 디자인 및 인쇄의 세밀한 부분에 많은 도움을 준 율곡출판사 박기남 사장님과 직원 여러분께 감사의 마음을 전한다.

2009년 2월

저자 일동

차 례

Contents

제4장 회계순환과정—결산과 마감

Contents

제5장 상품매매기업의 회계

제6장 회계기준과 재무제표

3 개별 계정의 회계

Principles of Accounting, part three

Contents

제10장 유형자산

제11장 무형자산과 투자자산

제13장 자본

4 현금흐름표와 회계정보의 활용

Principles of Accounting, part four

제14장 현금흐름표

Contents

Part 1 회계의 기본개념과 사회적 역할

제1부에서는 회계의 사회적 역할과 기본적인 개념에 대해 살펴본다. 다양한 이해관계자가 기업에 관한 정보를 요구하고 있는 오늘날 회계의 사회적 기능은 점점 확대되고 중요해지고 있다. 회계는 기본적으로 기업의 가치에 대한 정보를 생산하여 이해관계자에게 전달하는 역할을 한다. 회계의 역할은 작게는 기업에 관심을 가진 투자자와 채권자들로 하여금 그들의 투자의사결정에 유용한 정보를 제공하고 나아가 사회 전체로 볼 때 제한된 자원의 최적 배분을 위해 필요한 정보를 제공한다. 제1장에서는 이러한 회계의 기능과 각 이해관계자와의 관계를 논의한다. 회계가 광범위한 이해관계자에게 공통적으로 필요한 정보를 제공하는 역할을 하기 때문에 회계정보의 생산과 공시에는 기본적인 개념과 양식이 필요하다. 따라서 기업회계기준 및 기준서 등을 통하여 회계원칙과 기준을 정하고 있다. 또한 회계에서 사용하고 있는 기본적인 개념을 제공하는 개념체계도 마련되어 있는데, 제2장에서는 '재무 보고를 위한 개념체계와 재무제표'에 대해서 살펴본다.

Chapter 01

회계와 경제사회

01 회계와 회계정보 | 02 회계정보의 역할

03 회계정보의 이용자와 회계감사 | 04 회계의 영역

01 회계와 회계정보

1. 회계와 회계정보시스템

우리가 살고 있는 경제사회는 경제주체, 즉 가계와 정부 등의 소비주체와 기업이라는 생산주체로 구성되어 있다. 기업은 재화와 용역을 생산하며 가계와 정부는 이들을 소비한다.

이처럼 기업은 소비자가 필요로 하는 재화(goods)와 용역(services)을 생산 · 제공하는 **경제실체**(economic entity)이다. 그리고 회계(accounting)는 기업에 관한 정보를 필요로 하는 사람들에게 제공해 준다. 투자자나 채권자처럼 기업에 이해관계가 있는 사람들, 즉 이해관계자들(stakeholders)은 각자의 목적을 달성하기 위하여 기업에 관한

그림 1-1 투자자의 의사결정과 회계정보

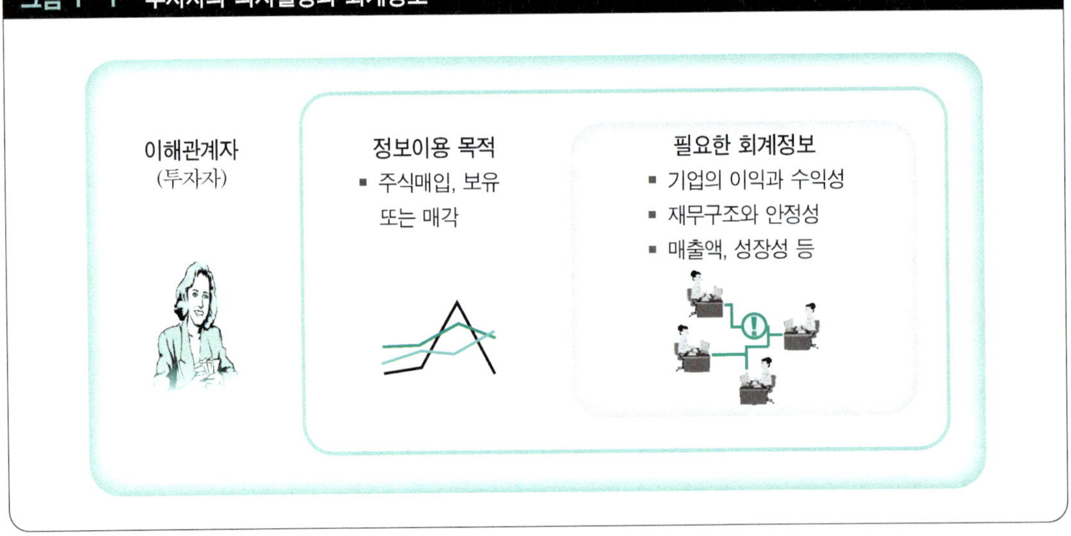

정보를 알고 싶어 하고 이를 위해 회계를 이용한다. 회계는 이들 정보이용자(information users)가 필요로 하는 정보를 제공함으로써 자본주의 경제에 가장 핵심적인 기능을 수행한다.

이해관계자들은 각자 다른 이유와 목적으로 기업에 관한 정보를 이용한다. 예를 들면 투자자는 투자대상기업의 주식을 매입할 것인지와 보유주식을 팔 것인지를 결정해야 하는데, 이때 기업에 관해서 수익성, 안정성 및 성장성 등의 정보를 필요로 한다.

1) 회계란 무엇인가?

기업의 이해관계자에게 회계정보를 제공해 주는 기능을 하는 회계는 다음과 같이 정의된다.

회계

회계(accounting)는 기업활동과 그 경제적 영향에 관한 정보를 체계적인 방법으로 생산하여 정보이용자의 의사결정에 유용한 방법으로 전달하는 정보시스템이다.

회계의 역할과 정의에 있어서 역사적인 변천을 보면 흥미로운 점을 발견할 수 있다. 20세기 중반에 이르기까지 회계는 아주 제한적인 역할을 하는 기계적인 절차로 이

회계 정의의 변천 그림 1-2

미국 공인회계사회 (AICPA)

"회계는 거래를 기록·분류·요약하고, 그 결과를 해석하는 기술이다." [1941년]

↓

미국 회계학회 (AAA)

"회계는 정보이용자가 정보를 고려하여 판단과 의사결정을 할 수 있도록 경제적 정보를 식별·측정하여 전달하는 과정이다." [1966년]

해되어 왔다. 예를 들면, 미국 공인회계사회(AICPA : American Institute of Certified Public Accountants)는 〈그림 1-2〉에서 보듯이 회계를 기술적·구조적으로만 정의하고 있다. 이러한 정의는 회계정보의 생산 측면만을 다루고 있다는 한계가 있다.

반면에 미국회계학회(AAA : American Accounting Association)가 1966년에 발표한 보고서인 '기초적 회계이론에 관한 보고서(ASOBAT : A Statement of Basic Accounting Theory)'는 정보이용자의 의사결정 측면을 강조하고 있으며, 정보전달을 포함한 시스템으로 회계를 정의하고 있다. 오늘날의 회계는 그 구조적인 측면보다는 회계가 이해관계자에 미치는 경제적 영향과 이용자 입장에서의 회계정보의 유용성에 더 초점을 두고 있다.

2) 회계의 특성

앞에서 살펴보았듯이 오늘날 회계는 정보이용자의 의사결정에 초점을 두고 정보의 유용성 측면에서 접근한다. 그러나 동시에 회계정보의 생산과 관련하여 구조적인 측면에서 접근할 수도 있다. 회계는 독특한 구조와 표현방법으로 회계정보를 생산하고 전달한다. 즉, 기업의 활동과 그 경제적 영향을 표시함에 있어서 서술적인 방법을 사용하지 않고 회계만의 독특한 언어와 구조를 사용한다. 회계의 독특한 구조는 동일한 거래의 경제적 영향을 양변에 동시에 표시하는 소위 복식부기(double-entry book-keeping)로 대표된다. 복식부기 구조는 본서의 제3장~제5장에서 자세히 설명한다.

회계와 부기

회계에 관한 가장 잘못된 인식 중 하나는 회계가 부기와 같다고 생각하는 것이다. 부기란 장부기입(book-keeping)을 말하며, 회계시스템의 기능 중 정보처리과정에 해당한다. 즉, 부기는 회계시스템 중 일부인 회계처리과정에 불과하다. 기업의 회계와 관련된 판단과 의사결정은 그 사안의 중요성에 따라 최고경영자(CEO), 중간경영자 또는 회계실무담당자 등에 의해 이루어진다. 반면에 부기(회계처리절차)는 일반적으로 전산화된 시스템에 의해 이루어지고, 그 자료의 입력이나 운영은 실무담당자나 보조요원 등이 담당하는 경우가 대부분이다.

회계정보의 생산과 이용 측면을 종합하면 회계는 다음과 같은 특징을 가진다.

- 회계는 정보이용자의 의사결정에 유용한 정보를 제공한다.
- 회계는 의사결정을 지원하기 위한 정보시스템이다.
- 회계는 기업언어(language of business)이다. 따라서 회계의 언어구조(syntax)를 알아야 회계정보를 이해할 수 있다.
- 회계는 단순히 장부정리를 하는 부기(book-keeping)가 아니라 이용자가 기업에 관한 경제적 판단을 할 수 있도록 지원해 주는 종합적인 경영활동 중 하나이다.

3) 정보시스템으로서의 회계

기업의 의사결정지원시스템을 총칭하여 경영정보시스템(MIS : management information system)이라 한다. **회계정보시스템**(AIS : accounting information system)은 그 중 가장 중요한 하위시스템(sub-system)이다. 정보시스템은 정보이용자들의 의사결정에 필요한 정보를 적시에 적절한 방법으로 제공해 준다. 오늘날 사용되고 있는 가장 효율적이고 일반적인 경영정보시스템은 ERP(enterprise resources planning)이다. ERP는 〈그림 1-3〉에서 보듯이 기업의 통합적인 의사결정지원시스템으로서 여러 가지 기능이 각각의 모듈로서 구성되어 있다. 그중 회계 모듈은 재무회계 모듈과 관리회계 모듈로 구성되어 있다.

기업의 의사결정지원시스템 그림 1-3

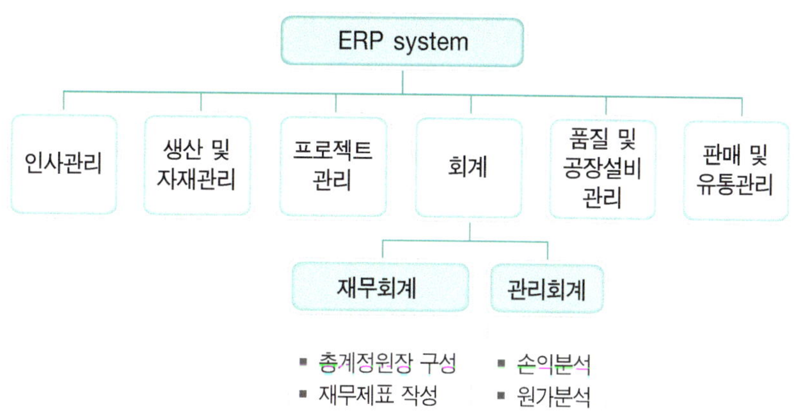

회계를 시스템 관점에서 볼 때, 회계시스템은 기업가치에 영향을 주는 경영활동이나 사건 등의 투입물(input)을 이용해 처리과정(process)을 거쳐 산출물(output)인 재무제표 등 회계정보를 만들어내고, 그 산출물을 이해관계자들에게 전달(communicate)하는 구조를 가진다. 회계시스템의 자세한 구조는 제3장에서 설명한다.

2. 기업의 활동

기업은 다양한 활동을 통하여 재화와 용역을 생산하고 판매한다. 이러한 활동의 결과는 회계시스템을 통하여 정보이용자에게 제공된다. 기업의 활동은 영업활동, 투자활동 및 재무활동의 세 가지로 구분된다. 기업은 재무활동을 통해 자금을 조달하고 그 자금으로 투자활동과 영업활동을 수행함으로써 이익을 창출하고 성장해 나간다. 이러한 기업의 활동과 그 경제적 영향을 파악하여 이해관계자에게 전달하는 것이 회계의 기본적 기능이다.

1) 영업활동

영업활동(operating activities)은 기업의 본래 목적인 재화나 용역의 생산 및 판매활동과 그에 직접적으로 관련된 활동이다. 영업활동은 원재료 또는 상품의 구입에서부터 생산 및 판매를 거쳐 판매대금의 회수에 이르는 전 과정에서 이루어진다. 이러한 순환과정을 **영업순환과정**(operating cycle)이라 한다.

제조기업을 예로 들어 설명하면 영업활동은 다음 〈그림 1-4〉와 같은 순환과정으로 표시할 수 있다. 물론 도·소매업과 같은 상기업의 영업순환과정에는 제품의 설계, 원재료 구입 및 생산과정이 생략되고 대신에 완성품(상품)의 구입이 포함된다.

2) 투자활동

투자활동(investing activities)은 영업활동을 위한 기반을 구축하는 활동이다. 투자활동은 유형자산, 무형자산 및 투자자산 등의 비유동자산을 구입하거나 처분하는 활동이다. 유형자산은 건물, 기계장치 등의 생산설비와 토지 등의 생산을 위한 기반시설이

제조업의 영업순환과정(operating cycle) 그림 1-4

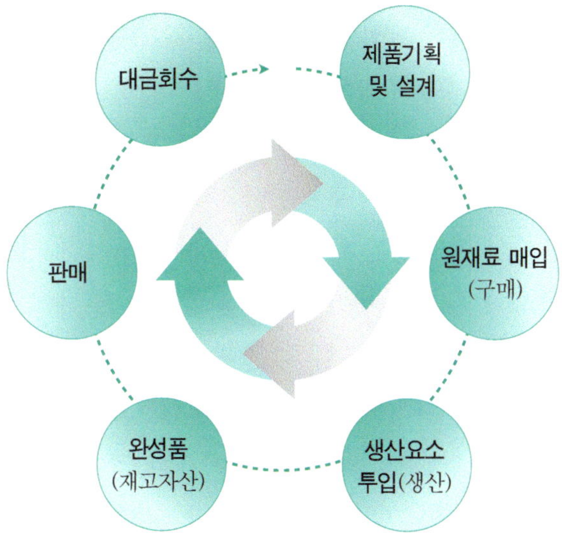

며, 무형자산은 특허권, 광업권 등과 같이 생산 및 판매를 위해 필요하지만 형체가 없는 장기자산이다. 또한 장기자금을 운용하거나 다른 회사를 지배하기 위하여 구입한 주식이나 채권 등이 투자자산이다. 이들 자산을 구입하거나 처분하는 활동은 기업의 장기적인 성장을 위해 필수적이다.

3) 재무활동

재무활동(financing activities)은 기업이 영업활동과 투자활동을 위해 필요한 자금을 조달하고 이를 상환하는 활동이다. 기업은 금융기관 차입, 회사채 발행, 주식발행 등을 통하여 기업이 필요로 하는 운영자금과 시설자금 등을 조달한다. 금융기관 차입금을 상환하는 것도 재무활동에 속한다.

3. 회계정보의 제공자 및 그 유형

기업은 재화나 용역의 생산 · 유통을 담당하는 경제주체이다. 기업이 생산한 재화와 용역은 가계(household)나 정부(government)가 소비한다. 이러한 생산활동을 통하여 이익을 창출하고 기업 가치를 극대화하는 것이 기업의 궁극적인 목표이다.

회계는 위와 같은 기업의 활동과 성과를 대상으로 한다. 따라서 기업의 활동은 회계의 대상이 된다. 동시에 기업은 그 정보를 직접 생산하는 주체이다. 기업은 추상적인 실체이므로 소유주에게 경영을 위임받은 경영자가 대리인으로서 기업활동을 수행하고 회계정보를 생산한다. 소유주는 기업을 소유하며 경영자가 기업활동을 대신하지만 회계를 포함한 기업활동의 주체는 여전히 기업 그 자체이다.

법적 실체로서의 기업은 소유주(owner)의 출자, 위험부담 및 경영참여 방법 등에 따라 여러 가지 형태로 나누어진다. 기업은 일반적으로 개인기업, 합명회사, 합자회사, 유한회사 및 주식회사로 분류된다. 이 중 상법상의 회사는 합명회사, 합자회사, 유한회사 및 주식회사이다. 본서에서는 주식회사에 대한 회계처리만을 설명한다. 그 이유는 주식회사가 가장 중요한 기업의 법적 형태이기 때문이다. 동시에 주식회사의 회계처리

기업의 분류

☞ 개인기업

개인기업(sole proprietorship)은 한 개인이나 그 가족이 소유는 물론 경영까지 전담하는 회사이다. 이 경우, 소유자의 개인적인 특성(신용도, 재산 정도, 나이, 성격, 성장배경 등)이 각종 사업 활동에 상당한 영향을 미친다. 따라서 사업의 흥망 결과에 대해서 소유자가 무한책임(unlimited liability)을 진다. 만약 사업에 실패하면 회사에 투자한 원금을 회수하지 못하게 됨은 물론, 개인 재산으로 회사 채무를 변제해야 한다. 식당, 서점, 미장원 등 대부분 소규모 자영업은 개인기업이다. 개인기업은 설립과 청산이 자유로우며 설립에 관한 근거법이 있는 것이 아니라 세무서에 신고함으로써 설립된다.

☞ 상법상의 회사

상법상의 회사에는 본문에서 설명한 주식회사 외에 상법상의 회사로서 합명회사, 합자회사 및 유한회사가 있다. 그 구분은 회사 사원(소유주)의 책임한계에 의해 이루어진다. 회사의 사원은 무한책임사원(general partner)과 유한책임사원(limited partner)으로 나뉜다. 무한책임사원은 자신뿐만 아니라 다른 사원의 경영활동의 결과에 대해서도 무한책임을 진다. 즉, 개인의 재산으로 회사의 부채에 대해 끝까지 책임을 진다. 반면에 유한책임사원은 자신의 투자금액 범위 내에서만 책임을 진다. 합명회사(general partnership)는 무한책임을 지는 2인 이상의 사원이 소유하고 경영하는 회사이다. 합자회사(limited partnership)는 1인 이상의 무한책임사원과 1인 이상의 유한책임사원이 소유하는 회사이다. 유한회사는 유한책임사원만으로 구성되는 회사이다.

가 가장 복잡하므로 주식회사의 회계처리에 익숙하게 되면 개인기업 또는 다른 형태의 기업에 관한 회계처리도 쉽게 할 수 있기 때문이다.

주식회사(corporation)는 그 소유지분을 나타내는 주식(stock 또는 share)의 소유자, 즉 주주(stockholder or shareholder)가 소유하는 회사이다. 주식은 양도가 비교적 자유롭다. 특히 증권거래소[우리나라의 경우, 한국거래소(KRX : Korea Exchange)]에 상장된 상장회사(listed company)의 경우에는 주식시장에서 언제든지 정해진 가격에 거래될 수 있다. 이러한 특성을 가진 주식을 시장성(marketability) 있는 주식이라 한다. 따라서 주식회사는 주식발행을 통하여 유한책임(자신이 주식에 투자한 금액 범위 내에서만 책임)을 지는 주주(투자자)를 널리 모집하여 거액의 자금을 조달할 수 있는 장점이 있다.

주주는 기업의 소유주이므로 최고 의사결정기구인 주주총회에 참여하여 지분율만큼의 의결권을 행사할 수 있다. 그리고 기업의 이익에 대한 분배로서 배당을 받을 권리와 청산시 잔여재산에 대한 분배를 받을 권리가 있다.

02 회계정보의 역할

회계정보는 기업에 관한 정보를 제공함으로써 기업에 대한 가치평가가 가능하게 해준다. 그리고 기업의 이해관계자 간의 이해관계를 조정하는 역할을 한다. 이러한 기능을 통하여 궁극적으로 회계는 시장에서 제한된 자원이 효율적으로 배분되게 해준다. 본 절에서는 회계정보의 역할에 대해서 살펴본다.

1. 회계정보와 기업가치 평가

기업가치의 평가는 투자자에게 매우 중요한 일이다. 기업의 가치를 제대로 평가하여야만 미래 수익성이 높은 기업에 많은 투자를 하여 기대이익을 높일 수 있기 때문이다. 투자자나 채권자들은 우량기업에 서로 투자하려 하기 때문에 우량기업은 낮은 이자(자본비용)를 주고서도 자금을 조달할 수 있다. 낮은 비용의 자금조달은 기업가치를 증가시킨다. 최근에 기업들이 IR(investor relations) 부서를 설치하고 적극적인 IR 활동을 하는 것도 기업가치를 증대시키기 위한 경영전략의 일환이다.

IR 활동을 통해 우량기업으로 인정받음으로써 비용절감과 가치증가를 가져올 수 있는 것과 마찬가지로, 원재료 및 부품조달시장이나 제품판매시장에서도 전략적인 공시가 필요하다. 즉, 우량기업은 우수한 협력업체를 보유함으로써 양질의 원재료 및 부품을 안정적으로 조달받을 수 있고, 또 소비자와 양호한 관계를 지속적으로 유지함으로써 원가절감과 매출증대를 가져올 수 있다.

회계의 가치측정 기능은 국가 차원에서의 거시경제정책 수립이나 기업 차원에서의 정책의사결정에 있어서 최적의사결정을 위한 정보를 제공한다. 거시경제학은 소득결정에 관한 이론적인 토대를 마련하였으며, 미시경제학은 재화와 용역의 가격결정에 관한 이론을 정립하였다. 그러나 실제로 시장참여자들 각각의 의사결정을 위한 가치평가에 도움이 되는 정보는 회계에 의해 제공된다. 회계가 생산해 내는 기업가치에 관한 정보 없이는 국가나 기업이 최적의 경제적 의사결정을 할 수 없다. 경제 전체의 소득을 계산하는 국민소득회계나 기업 차원에서 이익을 측정하는 기업회계가 있기 때문에 이러한 정책적인 의사결정이 효율적으로 이루어진다.

결론적으로 말하면 회계는 기업의 모든 활동의 결과가 기업의 가치에 미치는 영향을 일정한 회계의 원칙과 기준에 의하여 화폐단위로 측정한다. 이는 경제학이나 기타 학문분야가 할 수 없는 회계의 독특하고도 기본적인 기능이다.

회계는 가치를 창조한다

회계에 대한 편견 중 하나가 회계란 이미 일어난 사건이나 거래의 결과를 화폐단위로 측정하는 역할을 하는 데 불과하고, 그 자체로서 기업가치를 증가시키지는 않는다는 생각이다. 즉, 생산, 마케팅 등의 경영활동은 기업의 이익창출에 직접적으로 기여하고 나아가서 기업가치를 증대시키지만 회계는 창출된 가치를 측정하기만 한다는 잘못된 생각이다. 다른 경영활동과 마찬가지로 회계도 가치사슬(value chain) 활동 중 하나로서 기업의 신뢰성, 투명성 제고를 통해 시장에서의 기업가치 평가에 긍정적 영향을 미친다. 기업은 회계정보를 적절히 측정하고 전략적으로 공시함으로써 원가절감 및 매출증대를 달성하여 기업가치를 증가시킬 수 있다.

2. 회계정보와 효율적 자원배분

자본주의 경제체제의 기본은 시장기구(market mechanism)이다. 시장에서 재화와 용역의 가격이 형성되고 이 가격 메커니즘을 통하여 제한된 자원이 효율적으로 배분된다. 시장에서 가격이 적정하게 매겨지기 위해서는 소비자들에게 모든 정보가 제공되어야 한다. 즉, 상품에 관한 정확한 정보가 제때에 원활하게 제공되는 경우에 상품에 대한 가격이 정확하게 형성되어 자원이 효율적으로 배분될 수 있다.

기업이 상품을 판매하는 판매시장에서뿐만 아니라 원재료, 인적 자원, 자금 등의 생산요소를 조달하는 생산요소시장에서도 이러한 가격기구에 의한 효율적 자원배분(efficient resource allocation)이 이루어진다. 특히 인적 자원시장과 자금조달시장에서 양질의 노동력과 낮은 이자비용의 자금을 조달하기 위해서는 기업은 자신에 관한 정보를 충실히 제공함으로써 기업의 가치를 높일 수 있으며, 경제 전체로는 효율적 자원배분이 이루어진다.

기업이 발행한 주식이나 채권 등의 유가증권 시장도 마찬가지이다. 회계정보는 기업의 수익성, 유동성, 재무구조의 건전성, 성장성 등에 관한 정보를 제공하여 투자자들의 주식투자 또는 자금공여 의사결정을 도와준다. 이러한 정보를 바탕으로 시장에서 가격이 형성되고, 그에 따라 수익성과 성장성이 높은 기업에 자금이 많이 공급된다. 그 외에도 기업 전체나 일부를 매수·합병하는 인수합병(M&A : mergers & acquisitions) 시장에서도 회계정보는 사업부나 기업 전체의 적정한 가격이 형성되도록 해준다.

3. 회계정보와 이해관계 조정

회계정보는 이해관계자 간의 이해관계의 갈등(conflict)을 조정하는 역할을 한다. 회계정보, 특히 회계이익은 기업의 성과를 나타내는 지표(indicator)로서의 역할을 할 뿐 아니라 배분되어야 할 파이(pie)의 크기를 나타낸다. 따라서 회계정보는 기업이 창출해 낸 이익이나 부가가치의 배분 기준이 된다. 대표적인 이해관계의 갈등은 경영자, 주주, 채권자 간에 발생한다.

1) 주주와 경영자의 관계

주주(stockholders 또는 shareholders)는 주식회사의 소유주이다. 기업의 규모가 작은 경우 대주주(소유주경영자)가 직접 경영을 하는 경우가 많다. 그러나 기업규모가 커지고 전문적인 경영능력이 필요한 경우에는 대주주가 직접 경영을 하지 않고 전문경영인을 고용해 그들로 하여금 경영을 하도록 하는 경우가 많다. 소유와 경영이 분리되는 경우 주주와 경영자 사이에는 고용계약이 형성되는데, 법적으로 보면 **본인**(本人, principal)과 **대리인**(代理人, agent)의 관계가 성립된다. 즉, 자본을 제공한 주주가 전문경영인에게 회사의 경영을 위탁하고 그 대가로 사전에 약속된 보수를 지급하는 관계가 성립된다.

이때 대리인인 경영자는 주주를 위하여 최선을 다해 성실하게 기업을 경영하여 기업가치를 극대화할 의무를 진다. 그리고 그 결과를 주주에게 성실하게 보고할 책임을 진다. 이러한 의무를 **수탁책임보고의무**(stewardship)라 한다. 이에 비해 주주는 물론 광범위한 이해관계자에 대한 경영자의 보고의무를 **경영책임보고의무**(accountability)라 한다. 이 경영책임에는 주주 및 기타 이해관계자에 대한 책임뿐만 아니라 기업의 사회적 책임도 포함된다.

2) 대리문제와 회계정보

경영자가 소유주의 부(wealth), 즉 재산을 극대화할 수 있도록 최선의 노력을 하여야 함에도 불구하고, 실제로는 이러한 노력에 그가 개인적으로 쓸 수 있는 시간과 에너지 등의 희생이 따르므로, 주주의 기대만큼 노력할 가능성이 매우 낮다. 더욱이 자신과 주주의 이익이 상충되면 자기의 사적 이익(personal interests)을 추구하려는 경우가 많다. 예를 들어 경영자는 자신의 사무실 유지관리에 과다한 돈을 들이고 최고급 승용차를 업무용으로 사용하는가 하면, 친인척 등 특수관계자를 고용하여 간접적인 이익을 누리기도 한다. 더욱 심각한 것은 경영의사결정에 있어서 장기적인 기업가치 극대화보다는 단기적인 이익증가를 보여줌으로써 자신의 보수 증대나 임기 연장을 도모하는 경우가 많다는 것이다.

이러한 모든 행동은 자신의 이익을 추구하기 위하여 소유주의 이익을 희생시키게 된다. 수탁책임을 지고 있는 경영자가 자신의 이익을 추구하기 위하여 위탁자인 소유주의 이익을 희생시키는 이러한 현상을 **도덕적 해이**(moral hazard) 또는 **도덕적 위험**이라 하며, 이러한 문제를 **대리문제**(agency problem)라 한다. 대리문제를 근본적으로 막을 수 없는 이유는 전문경영인은 기업경영에 관한 모든 정보를 가지고 있는 반면, 소유주는 그렇지 못하는 소위 **정보 비대칭**(information asymmetry ; **정보의 편재**)이 존재하기 때문이다. 소유주가 경영자의 행위를 감시(monitoring)하는 것은 한계가 있을 뿐만 아니라 비용이 너무 들기 때문에 감시를 통한 대리문제 해결은 지극히 제한적인 효과가 있을 뿐이다.

회계가 대리문제의 해결에 기여하는 방법은 두 가지이다.

첫째, 정보의 비대칭을 해소하기 위해 경영자가 가지고 있는 기업경영에 관한 정보를 가능한 한 소유주가 나누어 가질 수 있도록 제도적인 장치를 마련하는 것이다. 그 예로서 정기적인 회계보고와 외부회계감사를 들 수 있다.

둘째, 경영자의 이익과 소유주의 이익을 가능한 한 일치시켜 도덕적 해이가 발생할 유인을 감소시키는 것이다. 즉, 경영자가 성실히 일하여 소유주의 이익을 극대화하는 경우 자동적으로 자신의 이익도 극대화된다면 대리문제가 감소할 것이다. 이를 위해 경영자 성과보수제도를 통하여 이익이 많이 나거나 기업의 주가가 많이 오르면 그에 비례하여 경영자의 보수가 증가되도록 한다.

경영자 **성과보수**(performance compensation)는 기업의 이익을 기준으로 정할 수도 있고 기업의 주가를 기준으로 정할 수도 있다. 기업의 이익을 기준으로 하는 경우 경영자가 **이익관리**(earnings management) 또는 조작가능성이 있다는 단점이 있다. 반면에 주가를 기준으로 하면 경영자의 이익관리나 조작가능성이 작아지지만 주가는 현재의 경영성과뿐 아니라 경영자로서는 통제 불가능한 외부경제상황이나 돌발 사건에 의해서도 크게 영향을 받는다는 단점이 있다. 주가를 기준으로 한 성과보수제도의 전형적인 예가 주식매입선택권(stock option)이다.

주식매입선택권

경영자나 우수한 직원에 대한 인센티브로서 부여되는 경우가 많다. 주식매입선택권이란 정해진 수량의 주식을 일정한 가격(행사가격, exercise price)과 기간 내에 회사로부터 매입할 수 있는 권리를 말한다. 이러한 권리를 인센티브로 받은 경영자는 주가가 실행가격 이상으로 오른 만큼 차익을 얻을 수 있으므로 기업가치를 증가시켜 주가를 높이기 위해 노력한다. 우리나라에서도 벤처기업이 우수한 직원이나 경영자를 채용하기 위한 수단으로 활용해 왔으며, 일반 기업에서도 경영자에 대한 인센티브로 활용하고 있다. 그러나 최근 너무 낮은 실행가격을 통한 경영자 과잉보상 등 여러 문제점이 드러나 그 실효성에 대해 의문이 제기되고 있다.

3) 기타 이해관계자 간의 갈등

채권자는 기업에 대해 정해진 조건에 따라 이자와 원금상환을 받을 청구권을 가진다. 따라서 기업의 이익이 증가하여도 정해진 조건 외에는 청구권이 없는 반면에 이익이 감소하고 기업경영이 어려워지면 채권자는 이자와 원금을 받지 못할 위험, 즉 지급불능위험(default risk)에 처하게 된다. 반면에 주주는 잔여이익에 대한 청구권을 가지므로 이익이 증가할수록 좋다. 즉, 주주는 기업의 상황이 악화되면 자신의 투자금액을 잃게 되는 위험이 있는 반면에 이익이 많이 나면 그 이익에 대한 청구권을 가진다.

기업이 차입을 통한 자금의 조달로 투자를 늘리면 경기상황에 따라 이익 또는 손실이 증폭되게 된다. 이때 주주 입장에서는 손실의 위험이 커지지만 동시에 증가하는 이익에 대한 청구권이 있으므로 일정한 범위 내에서는 부채증가를 선호한다. 그러나 채권자 입장에서는 손실의 위험은 커지지만 이익증가에 따른 혜택은 없다. 즉, 이익이 증가해도 정해진 이자만을 받는다. 따라서 부채가 증가하면 상대적으로 주주의 부는 증가하고 채권자의 부는 감소하게 된다.

이러한 이유로 채권자는 기업에 자금을 공여할 때 자신들의 위험을 예방하기 위한 조건을 내걸게 되는데, 이때의 조건들이 부채비율이나 배당지급의 상한 등과 같은 회계정보에 기초하게 된다.

그 외에도 지배대주주와 소액주주와의 갈등, 노조와 기업의 갈등 등에 있어서도 당기순이익, 재무구조 등과 같은 회계자료를 이용하여 집단 간 갈등의 조정을 시도하는 경우가 많다.

03 회계정보의 이용자와 회계감사

오늘날 기업이 대규모화되고 기업활동의 경제적 영향력이 커짐에 따라 다양한 종류의 이해관계자가 존재하게 되었다. 즉, 기업의 활동과 그 결과가 거의 모든 사람이나 집단에게 직·간접적으로 영향을 미치게 되었다. 오래 전 자본시장이 발달하기 전에는 기업의 이해관계자는 기업에 자금을 제공한 자본가, 즉 주주와 채권자로 국한되어 있었다. 그러나 오늘날에는 이들 외에도 소비자, 지역사회, 중앙정부(규제 및 조세기관) 및 지방자치단체, 협력업체, 종업원(노동조합), 시민단체 등의 다양한 이해관계자가 기업에 관한 정보를 요구하고 이용하게 되었다.

이렇듯 회계정보의 이용자는 다양하고 광범위하고, 각각의 이해관계자는 의사결정 문제와 방법도 다르므로 서로 다른 회계정보를 요구할 것이다. 따라서 이들의 정보요구를 모두 충족시키는 것은 거의 불가능하다. 그러므로 회계는 다양한 이해관계자가 일반적으로 요구하는 최대한의 공통분모 정보를 찾아 제공하여야 한다. 이로써 일반목적의 재무보고가 필요해지고 아울러 일반적으로 인정되는 회계기준이 요청된다. 이와 같은 필요에 의해, 그리고 광범위한 회계정보 이용자의 공익적 보호를 위해서, 정부는 회계정보의 작성·공시 및 감사를 법규를 통해 규제함으로써 회계정보의 목적적합성과 신뢰성을 제고하고 있다.

다만, 여기서 독자가 유의할 점은 여기서 기술하는 '회계정보의 이용자'는 제2장에서 설명하게 될 **일반목적재무보고서**(general purpose financial reports)의 대상인 **주요 이용자**(primary users)와는 다르다는 점이다. 이 주요 이용자에는 정보를 제공하도록 보고기업에 직접 요구할 수 없고, 필요로 하는 재무정보의 많은 부분을 일반목적재무보고서에 의존해야 하는 현재 및 잠재적 투자자, 대여자 등 채권자만 포함되고, 기업의 경영진, 감독당국, 기타 일반대중(주요 이용자 제외)은 포함되지 않는다.

1. 내부이해관계자

기업의 **내부이해관계자**(internal stakeholders)인 경영자는 소유주로부터 위탁받아 기업을 경영한다. 따라서 경영자는 경영의사결정을 위해 회계정보를 이용하는 정보이용자이면서 동시에 회계정보를 생산하는 주체이기도 하다. 경영자는 기업의 영업, 투자 및 재무활동에 관한 제반 의사결정을 하여야 하므로 수시로 회계정보를 필요로 한다. 회계시스템은 각 계층의 경영자가 전략적, 전술적 또는 업무적인 의사결정을 함에 있어서 필요한 정보를 적시에 전달한다. 경영자의 의사결정의 예로는 다음을 들 수 있다.

- 신제품의 가격을 얼마로 할 것인가?
- 제품구성(product mix)을 어떻게 유지할 것인가?
- 재고수준을 얼마로 유지할 것인가?
- 설비투자 대안 중 어떤 것을 선택할 것인가?
- 설비자산을 구입할 것인가 또는 리스할 것인가?

이러한 의사결정문제를 다루는 회계의 분야가 관리회계(management accounting)이다. 이는 일반목적 재무보고와 다른 영역이므로 본서에서는 깊이 다루지 않는다.

2. 외부이해관계자

경영자를 제외한 모든 이해관계자는 **외부이해관계자**(external stakeholders)이다. 이들은 일반목적 재무보고의 대상이다. 그리고 이들에 대해 정보를 제공하는 회계분야를 재무회계(financial accounting)라 한다. 다음에는 외부이해관계자의 의사결정문제와 그에 필요한 정보를 살펴본다.

1) 투자자

광의의 투자자(investors)는 기업에 자금을 제공하는 주주와 채권자를 포함한다. 그러나 협의의 투자자는 주식투자자, 즉 주주를 의미한다. 그리고 현재 주식을 보유하고 있는 투자자뿐만 아니라 잠재적인 투자자를 포함한다. 대다수의 주주들은 주식을 매입하여 그로부터 배당을 받고 또 주가가 상승하면 매도하여 시세차익을 노린다. 따라서 보통의 경우 투자자로서의 주주들은 주식을 살 것인지, 보유하고 있는 주식을 계속 보유할 것인지 아니면 팔 것인지(buy, hold or sell)를 결정하기 위하여 그 기업의 회계정보를 필요로 한다.

투자의사결정에 있어서 그 기업의 현재 이익과 미래 이익창출능력이 가장 중요한 요소가 될 것이며, 기업이 보유하고 있는 유·무형의 자산가치가 고려되어야 한다. 그 외에도 기업의 재무적 안정성, 성장성 등을 고려하게 되는데, 이러한 정보를 회계가 제공한다.

2) 채권자

기업의 채권자(creditors)는 주로 은행 등의 금융기관, 그리고 기업에 자금을 대여해 주는 다른 기업이나 일반대중이다. 기업이 은행 등 금융기관으로부터 차입한 부채를 금융기관 차입금이라 한다. 기간에 따라서 보통 1년 이상의 만기를 가진 부채를 장기차입금이라 하고, 1년 미만의 만기를 가진 부채를 단기차입금이라 한다. 기업이 보통 금융기관이라고 하는 금융중개자(financial intermediary)로부터 자금을 차입한 경우 이를 간접금융이라 한다. 반면에 금융중개자를 통하지 않고, 특정 투자자나 불특정 다수의 일반 투자자들에게 회사채나 주식을 발행하여 매각함으로써 자금을 조달하는 경우 이를 직접금융이라 한다. 회사채는 보통 1년 이상의 장기부채(비유동부채)이다.

채권자들은 기업이 약속한 이자와 원금을 제때에 지급할 능력이 있을 것인지에 관심이 있다. 따라서 회계정보를 이용하여 그 기업의 지급능력을 평가하게 된다. 채권자들은 단기적으로 기업의 **유동성**(liquidity), 즉 단기적인 현금지급능력이 충분한지, 그리고 **장기지급능력**(solvency), 즉 장기에 걸쳐 유동성을 창출해 낼 능력이 있는지를 평가하기 위해 회계정보를 필요로 한다.

3) 기타 이해관계자

투자자와 채권자 외에도 기업은 많은 이해관계자를 가지고 있으며, 이들과의 관계를 적절히 유지·관리함으로써 기업가치를 높일 수 있다.

(1) 종업원

종업원은 기업에 노동력을 제공하고 보수를 받는다. 이들은 고용의 안정성과 급여 수준에 관심을 가진다. 그리고 노동조합이 결성되어 있는 경우 노동조합은 회사와 임금협상 또는 기타 복지후생에 관한 협상을 할 때 적정 요구수준을 결정하기 위한 자료로 회계정보를 이용한다.

(2) 고객(소비자)

소비자들은 기업의 고객이며 수익원이다. 기업의 생존과 성장은 소비자들의 제품 구매 여부에 달려 있다. 소비자들은 직접적으로는 제품 자체의 가격, 품질, 디자인 등을 보고 구매의사결정을 한다. 그러나 간접적으로는 기업 자체의 수익성, 안정성, 그리고 기타 기업의 재무상황 등에 의해 구매행동이 영향을 받기도 한다. 특히 판매 후 서비스는 기업의 장기적 존속가능성과 직결되어 있다. 부도위기에 처한 기업의 제품에 대해서는 품질에 대한 의문과 동시에 판매 후 서비스에 대한 불안감으로 구매를 꺼리게 될 것이다. 이에 관한 정보를 회계가 제공해 준다.

(3) 공급업체

기업은 공급업체(suppliers)로부터 원재료 및 부품을 공급받는다. 이들 협력업체들은 안정적으로 그 기업에 원재료 또는 부품 등을 납품할 수 있을 것인지에 관심이 많으며, 대금결제가 원활히 이루어질 수 있을 것인지를 평가하는 데 회계정보를 이용한다.

(4) 정부 및 지방자치단체

정부는 기업에 대해서 세 가지 주요한 역할을 한다. 그것은 규제, 정책적 지원 및 세금부과이다. 즉, 정부는 기업이 자유로운 경제활동을 할 수 있도록 제도와 환경을 조성해 주며 또 정책적으로 지원하기도 한다. 동시에 공정거래위원회 등을 통하여 공정거래를 저해하는 기업의 행위를 규제한다. 그리고 공익적인 성격을 띠는 기업(예 : 도로공사, 수자원공사, 한국전력공사 등)에 대해서는 가격에 대한 규제를 하기도 한다. 또 경우에 따라서는 물가안정이나 고용증대와 같은 거시경제 목적을 달성하기 위한 가격 및 소득규제를 하기도 한다.

정부와 지방자치단체는 기업으로부터 세금을 징수한다. 기업은 일정 기간 기업활동을 통하여 벌어들인 이익에 대해서 일정 비율의 법인세를 납부할 의무를 진다. 국가는 회계정보를 이용하여 기업들에 세금을 부과한다.

(5) 지역사회

지역사회는 기업에 대해 장소와 노동력을 제공해 준다. 기업은 지역사회에 경제적 혜택을 주기도 하지만, 동시에 환경피해 등 악영향을 끼치기도 한다. 우리나라도 지방

기업을 둘러싼 이해관계자의 의사결정문제 그림 1-5

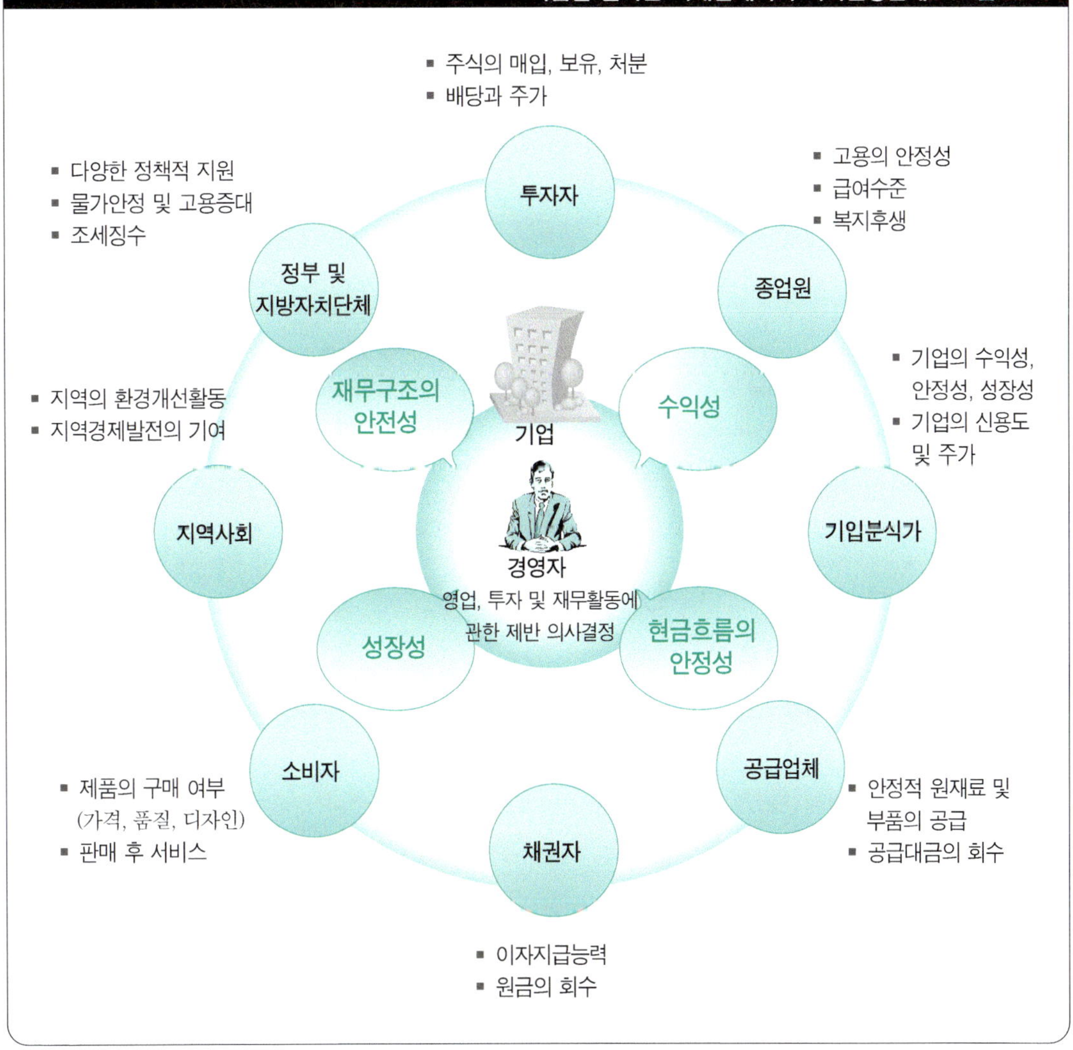

자치제도가 실시된 이후 특히 지역사회 주민의 영향력이 커져서 지역사회에 대한 기업의 책임이 점점 중요해지고 있다. 지역사회 주민은 그 주거환경에 직접적인 영향을 미치는 오염물질의 배출상황에 대한 정보를 필요로 하며, 그 외에도 주민의 건강과 안전에 미칠 영향 등을 평가하는 데 기업의 회계정보를 필요로 한다.

(6) 기업분석가

기업분석가들(financial analysts)은 최근 들어 아주 중요한 기업의 이해관계자로 떠오르고 있다. 기업분석가들은 기업의 수익성, 안전성, 성장성 등을 평가함에 있어 기업이 제공한 회계정보를 이용한다. 그 외에도 경제 및 산업정보 등을 분석하고 또 기업을 실제로 방문하여 기업의 경영자들과 면담한 결과 등을 종합하여 기업에 관한 정보를 생산한다. 이러한 정보는 투자자와 채권자에게 제공된다. 이들은 주로 증권회사, 투자신탁회사, 투자자문회사, 신용평가회사, 연·기금 등에서 활약하고 있다.

이들은 전문적인 지식과 경험을 가지고 정보를 생산해 냄으로써 최종투자자들의 의사결정을 좌우하므로 이들이 기업의 신용도와 주가에 미치는 영향은 지대하다. 따라서 기업들로서는 투자자 홍보(IR : investor relations) 등을 통해 이들에게 정보를 제공하고 가능한 한 호의적인 평가를 받고자 한다.

이외에도 보험회사나 시민단체 등에서도 기업의 회계정보를 요구한다. 지금까지 기업을 둘러싼 이해관계자들과 그들의 의사결정문제를 간략히 설명하였는데, 이 내용을 요약하여 표시하면 〈그림 1-5〉와 같다.

3. 회계감사와 회계기준

1) 회계감사의 필요성 : 공공재로서의 회계정보

회계정보도 기업이 생산하는 다른 재화나 용역처럼 시장에서 거래되는 상품이다. 다른 재화나 용역과 마찬가지로 회계정보도 수요와 공급에 의해 그 가격과 공급량이 결정된다. 이러한 특성을 가진 재화와 용역을 사적 재화(private goods)라 한다. 실제로 기업에 관한 정보를 유료로 구입하는 투자자들이 존재하며, 그 가격은 회계정보시장에서 결정된다.

그러나 회계정보는 일반 재화와 용역과는 달리 공공재(public goods)의 성격을 동시에 가지고 있다. 공공재는 재화의 사용자가 그에 상당한 대가를 지급하지 않는 특성을 가지고 있다. 대부분의 경우, 회계정보의 이용자는 회계정보의 획득과 이용에 비례하여 대가를 지급하지 않는다. 오히려 무료로 이용이 가능하다. 따라서 기업은 회계정보를 공급하는 데 비용이 들지만 이를 회수할 방법이 없기 때문에 회계정보의 공급 자체를 중단할 가능성도 있다. 반면에 기업, 특히 증권거래소에 상장되어 있는 대기업은 거의 모든 국민이 이해관계자라 할 수 있을 정도로 광범위한 이해관계자를 가지고 있으며 이들에게는 회계정보가 반드시 필요하다. 이러한 회계정보 제공에 대한 입장의 괴리 때문에 정부는 기업의 회계정보 작성·공급 및 회계감사를 법규에 의거하여 강제하고 있고 회계정보의 신뢰성 제고를 위한 노력을 강화하고 있다.

여기서 기업은 회계정보를 작성·공급할 때 회계기준에 준거해야 한다. 그리고 회계감사시 감사인(공인회계사)은 이 회계기준과 감사기준에 따라 감사를 실시한다. 즉, 감사인이 기업의 회계처리가 제대로 되었는지 판단할 때 회계기준은 그 판단기준이 되고, 회계감사를 실시하고 감사의견을 표명함에 있어 감사기준은 준거하여야 할 절차에 관한 기준이 된다.

2) 회계기준

앞에서 언급했듯이, 불특정 다수의 이해관계자 모두를 만족시키기란 현실적으로 불가능하므로, 요구의 공통부분을 최대화하는 일정 기준을 정하여 정보를 생성할 필요가 있다. 이때 기업이 회계정보를 생산하는 재무회계에서 그 기준이 되는 것이 회계기준(accounting standards)이다.

'일반적으로 인정된 회계원칙(GAAP : Generally Accepted Accounting Principles)'은 회계실무에서 회계정보의 작성과 공시에 적용되는 일반원칙 또는 기준이다. '일반적으로 인정된 회계원칙'은 「기업회계기준서」나 「기업회계기준해석서」 등과 같이 공식적으로 법적인 효력을 가지는 회계기준뿐만 아니라 실무에서 관습적으로 사용되어 온 것을 모두 포함한다. 현재 우리나라의 기업의 경우, 〈그림 1-6〉과 같이 3층 구조의 회계기준을 적용하고 있다.

우선, 모든 상장회사와 금융회사는, 2011년도부터 국제회계기준의 전면도입에

그림 1-6 회계기준의 3층 구조

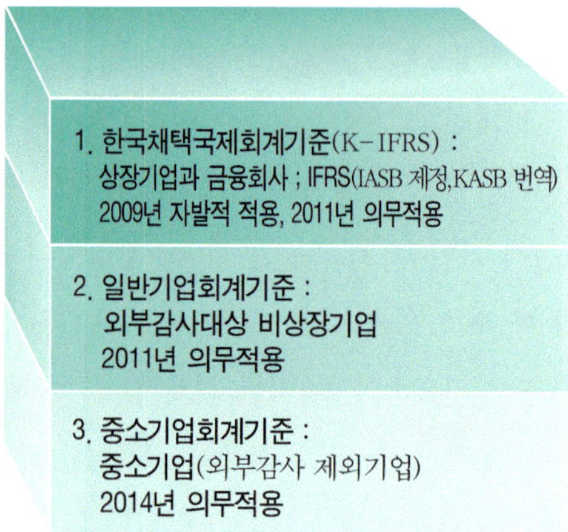

따라서 국제회계기준위원회(IASB : International Accounting Standards Board)가 발표한 국제회계기준(IFRS : International Financial Reporting Standards)을 한글로 번역하여 한국회계기준원의 회계기준위원회(KASB : Korea Accounting Standards Board)가 제정한 「한국채택국제회계기준」(K-IFRS : Korean IFRS)을 강제 적용하고 있다.

한국채택국제회계기준을 제정하는 절차의 일부로서 국제회계기준위원회가 영문으로 발표한 국제회계기준을 한국회계기준원의 회계기준위원회가 한국어로 번역하는 과정을 거쳐, 2015년 말 현재, '재무보고를 위한 개념체계', 제1101호 '한국채택국제회계기준의 최초채택' 등 43개의 기업회계기준서와 25개의 기업회계기준해석서를 제정하였다. 그 이후에도 기준서와 해석서의 제정과 개정 작업이 지속적으로 이루어지고 있다.

한편, 비상장회사이면서 외부회계감사 대상인 기업은 한국회계기준원의 회계기준위원회가 제정하는 「일반기업회계기준」을 적용하고 있고, 외부회계감사 대상이 아닌 중소기업은 2014년부터 한국회계기준원이 제정 작업을 하고 법무부 장관이 고시하는 「중소기업회계기준」에 따라 재무제표를 작성하도록 하고 있다.

3) 회계감사

회계감사(외부감사)는 투자자 · 채권자와 해당 기업과의 자유로운 계약에 의해서 이루어질 수도 있겠지만, 소액투자자들과 기타 불특정 다수의 이해관계자를 보호해야 하는 회계정보의 공공재적 성격에 따른 당위성 때문에 우리나라를 비롯한 대부분의 나라에서 법적으로 강제하고 있다.

재무회계는 외부의 이해관계자에게 다양한 정보를 제공하여 그들의 정보욕구를 충족시킴으로써 공익(public interests) 기능을 수행한다. 기업 외부의 다양한 이해관계자에게 회계정보를 제공하는 것을 '**일반목적 재무보고**'(general-purpose financial reporting)라 하고, 그 주요한 수단이 되는 재무제표를 '**일반목적 재무제표**'(general-purpose financial statements)라고 한다.

일반목적 재무제표는 이렇게 공익 기능을 하고 있으므로 법규에 의해 강제로 전문가의 **회계감사**(auditing)를 받도록 정하고 있다. 회계감사시 공인회계사가 따라야 할 기준은 **감사기준**(auditing standards)이며, 이 감사기준은 한국공인회계사회의 제정과 금융위원회의 승인을 거쳐 공표된다. '주식회사의 외부감사에 관한 법률'(외감법)에 의해 다음의 조건 중 하나라도 해당이 되면 회계감사를 받아야 한다.

회계감사 대상회사의 요건

① 자산이 120억원 이상이거나
② 자산이 70억원 이상이고 부채가 70억원 이상이거나,
③ 자산이 70억원 이상이면서 종업원 300인 이상인 주식회사

이들은 반드시 회계기준에 의해 일반목적 재무보고를 작성하여야 하며, 그것을 외부감사인, 즉 공인회계사로부터 감사기준에 근거하여 회계감사를 받아야 한다.

재무제표의 이용자들은 재무제표를 통해 확인받고자 하는 내용과 그 내용의 진실성 여부에 대해 지대한 관심을 갖고 있다. 이들이 확인받고자 하는 내용은 경영자가 재무제표를 통해 암시하고 있는 **경영자 주장**(management assertions)이다. 이 주장은 ① 재무제표에 보고된 것(자산, 부채, 자본, 수익, 비용 항목들)은 모두 사실인가, ② 재무제표에 보고해야 할 것은 누락하지 않고 모두 보고하고 있는가 등이다. 전자의 예는 "재무상태표에 보고된 재고자산은 그 보고된 금액에 상응하는 실물(實物)이 재무상태표일(회계연도말) 현재 실존한다"는 것으로, **실재성**(existence)에 대한 것이다. 후자의 예는 "회사가 고객에게 보낸 운송 중 상품의 소유권이 아직 회사에 있다면, 이 상품은 재고자산

으로서 재무상태표에 보고되어 있다"는 것으로, 완전성(completeness)에 대한 것이다.

외부감사인(공인회계사)은 이러한 경영자 주장의 확인에 초점을 맞추어, 경영자 책임하에 작성된 재무제표가 '일반적으로 인정된 회계기준'을 준수하여 적정하게 작성되었는지 감사하고 그에 대한 의견을 표명한다. 회계감사 결과에 따라 다음 네 가지 감사의견(audit opinions) 중 하나의 의견을 표명하게 된다.

외부감사인의 감사의견의 종류

① **적정의견**(unqualified opinion) : 재무제표가 감사범위(의견표명에 필요한 충분한 증거의 수집)의 중요(material)한 제한이나 회계기준의 중요한 위배 없이 적정하게 작성되었음

② **한정의견**(qualified opinion) : 감사인과 경영자 간의 의견불일치(회계기준 위배)나 감사범위의 제한에 따른 영향이 중요할 경우, 이러한 사항을 제외하고는 적정하게 작성되었음

③ **부적정의견**(adverse opinion) : 감사인과 경영자 간의 의견불일치(회계기준 위배)의 영향이 매우 중요하고 전반적이어서, 한정의견으로는 재무제표의 오도나 불완전성을 나타내기에 부적절하다고 판단됨

④ **의견거절**(disclaimer of opinion) : 감사범위 제한의 영향이 매우 중요(highly material)하고 전반적이어서 충분하고 적합한 감사증거를 획득할 수 없었고, 따라서 재무제표 전체에 대한 감사의견을 표명할 수 없어 의견을 거절함

04 회계의 영역

재무회계의 의의나 범주, 그리고 회계에서 다루는 전반적 문제에 대해 이해하기 위해 회계학의 전체적인 영역을 살펴보는 것은 도움이 될 것이다. 일반적으로 회계는 정보제공의 대상과 목적이 무엇인지에 따라 다음과 같은 분야로 나뉜다.

1. 재무회계

재무회계(financial accounting)는 다양한 외부이해관계자의 의사결정에 필요한 정

보를 제공하는 것과 관련된 일반목적회계를 다루는 분야이다. 재무회계는 다양한 이해관계자를 대상으로 하므로 모든 이해관계자가 공통으로 필요로 하는 공통분모를 골라내어 표준화된 방법으로 최대한의 정보를 제공한다. 그리고 기업 간의 비교가능성을 위해서 일반적으로 인정된 회계원칙에 따라 일관성 있게 작성한다. 상세한 내용은 앞서 이미 설명한 바 있다.

2. 관리회계

기업의 외부이해관계자의 상대편에는 소유주로부터 위탁받아 기업을 경영하는 경영자가 있다. 경영자는 기업활동 전반에 걸쳐 합리적인 경영의사결정을 해야 하고 이를 위해서는 수시로 정보를 필요로 하게 된다. 경영자는 기업의 영업, 투자 및 재무활동에 있어서 전략적, 전술적 및 업무적 의사결정을 한다. 이때 의사결정을 위한 지원시스템 역할을 하는 회계분야가 **관리회계**(management accounting)이다.

관리회계는 경영자의 이러한 의사결정문제를 파악하여, 관련 모델과 해결방안을 마련하고 해석하는 것과 관련한 정보를 다룬다. 관리회계 의사결정은 대부분 원가를

표 1-1 재무회계와 관리회계의 차이

비교항목	재무회계	관리회계
대상	경영자를 제외한 모든 이해관계자 (외부 정보이용자)	경영자(내부 정보이용자)
목적	외부 정보이용자의 의사결정에 유용한 정보 제공	경영자의 경영의사결정에 필요한 정보 제공
작성기준 또는 원칙	기업회계기준에 의해 기업 간, 기간별 비교가 가능한 회계정보 작성	객관적이고 공통적인 기준 전혀 없음
형식	기업회계기준에서 정하는 통일된 형식에 따라 재무제표 및 기타 정보 작성	통일된 형식이 없고 필요할 때 적절한 형식으로 작성하여 경영자에게 제공
시기	정기적으로(분기, 반기, 또는 회계연도말) 작성하여 공시	경영자가 필요한 경우에 수시로 작성하여 신속하게 제공
가장 중요한 정보속성	의사결정에의 유용성(신뢰성 및 목적적합성). 검증 가능한 과거정보가 핵심	의사결정 적합성과 적시성. 미래 예측정보가 매우 중요.
외부감사 필요성	대부분 외부감사를 받음	외부감사를 받지 않음

기초로 이루어지므로 관리회계는 **원가회계**(cost accounting)를 포함한다. 예를 들면, 경영자가 재고수준에 관한 의사결정을 하거나, 제품구성(product mix)에 관한 의사결정을 할 때 각 제품별 원가나 재고유지비용 등에 관한 정보를 알아야만 한다.

관리회계는 기업 내부의 의사결정을 위한 회계이므로 표준화된 회계처리기준이 없다. 다만 경영자가 필요로 하는 정보를 필요한 양식에 의해 적시에 제공한다. 반면에 경영자를 제외한 외부이해관계자의 의사결정에 필요한 정보를 제공하는 일반목적 회계가 재무회계이다.

3. 세무회계

개인이나 기업은 소득이 있으면 그 소득의 일부분을 세금으로 내야 한다. 개인은 **소득세**(개인소득세)를, 기업은 **법인세**(법인소득세)를 낸다. 소득세와 법인세는 원칙적으로 과세소득(과세표준)에 세율을 곱하여 계산한다. 기업(법인)의 경우 과세소득은 이익으로 결정된다. 즉, 기업이 1년 동안 영업활동을 통하여 번 이익에 대해서 세금(법인세)을 내야 한다. 그런데 과세소득의 기초가 되는 **각 사업연도 소득**(= 총익금 - 총손금)은 세법에 의해 정해지므로, 일반적으로 인정되는 회계기준에 따라 결정되는 손익계산서상의 당기순이익(= 총수익 - 총비용)과 반드시 일치하지 않는다. 회계기준은 과세정책을 반영하는 세법과 서로 목적이 다르기 때문이다. 회계기준은 다양한 정보이용자를 위해 목적적합하고 신뢰성 있는 회계정보를 작성하는 것을 목적으로 하지만, 세법은 과세를 통하여 정부가 필요로 하는 예산을 확보하고 그 과정에서 정책적인 목적을 달성한다.

따라서 회계기준에서 인정하고 있는 수익, 비용을 세법에서는 **익금**(益金), **손금**(損金)으로 인정하지 않는 것이 있고, 반대로 회계기준에서 인정하지 않는 수익, 비용을 세법에서는 익금, 손금으로 인정하는 것이 있다. 이와 같은 이유로 손익계산서의 당기순이익을 세법에 의해 수정하는 세무조정을 거쳐야만 과세소득(각 사업연도 소득)이 계산된다. 이러한 세무조정의 과정 등을 다루는 회계분야를 **세무회계**(tax accounting)라 한다.

4. 회계감사

기업(경영자)이 작성한 재무회계정보(재무제표)를 외부감사인이 검증하여 감사보고서에 감사의견을 표명하는 것이 **회계감사**(auditing)임은 이미 언급한 바 있다. 재무회계는 다양한 이해관계자에게 정보를 제공하여 광범위한 영향을 미치므로, 회계정보의 신뢰성을 검증하기 위하여 법률로써 일정한 조건(현재 외감법상 직전 연도 말의 총자산이 ₩120억 이상)에 해당되는 기업은 모두 외부감사를 받도록 규정하고 있다. 일정한 규모 이상의 기업들은 외부이해관계자도 많을 것이므로 이들의 이익, 즉 공익(public interests)을 보호하려는 정부의 목적이 반영된 것이다.

회계감사는 이러한 감사실무와 관련되는 감사기준과 감사증거의 수집방법 등의 감사절차, 그리고 감사인이 부담하는 감사위험, 감사보고서 작성 등을 다루는 회계의 한 분야이다.

5. 회계정보시스템

회계는 정보시스템이므로 시스템적인 접근을 해야 한다. 이러한 회계시스템의 설계 및 운용을 다루는 분야를 **회계정보시스템**(AIS : accounting information system)이라 하며, 회계정보시스템은 회계학의 한 분야를 이루고 있다. 그러나 회계정보시스템은 회계의 다른 영역 구분과는 달리 전체 회계분야와 관련을 가지면서 정보기술(IT : information technology)과 접목하여 회계시스템의 설계 및 운용을 다루는 기술적인 측면이 강하다.

연습문제

※ 서술문제 ※

01. 회계(accounting)와 부기(book-keeping)의 관계를 설명하시오.

02. 회계를 정보시스템이라고 할 수 있는 이유를 설명하시오. 그리고 의사결정지원시스템으로서의 재무회계의 역할을 설명하시오.

03. 기업의 내부이해관계자가 누구인지 말하고 그들이 어떤 목적으로 회계정보를 필요로 하는지 설명하시오.

04. 기업의 이해관계자(stakeholders)들이 회계정보를 필요로 하는 이유를 투자자(investors)와 채권자(creditors)의 의사결정과 관련하여 설명하시오.

05. 회계가 대리문제의 해결에 기여하는 두 가지 방법을 설명하시오.

06. 미국공인회계사회(AICPA)와 미국회계학회(AAA)가 정의한 회계의 차이점에 대해 설명하시오.

07. 일반적으로 인정된 회계원칙(GAAP)에 관해서 a. 배경(필요성) 및 b. 목적을 설명하고, c. 우리나라의 GAAP은 무엇으로 구성되어 있는지 설명하시오.

08. 정보시스템(information system)으로서의 회계의 기능에 대해 설명하시오.

09. 재화와 용역을 제공하기 위해 모든 업종의 기업이 일반적으로 행하는 3가지 부류의 활동에 대해 설명하시오.

10. 기업의 자금 조달과 주식회사에 대해 설명하시오.

11. 회계정보와 효율적 자원배분에 대해 설명하시오.

12. 회계정보와 대리문제에 대해 설명하시오.

13. 일반목적 재무보고 및 이와 관련한 회계감사 필요성에 대해 설명하시오.

14. 우리나라의 3층 구조 회계기준은 어떻게 구성되어 있으며, 각각의 회계기준은 어떠한 회사들이 적용하여야 하는가?

15. 회계감사인이 표명하는 감사의견의 종류와 각 종류별 의견의 의미에 대해 설명하시오.

16. 회계학의 학문적 분류에서의 재무회계와 관리회계의 차이점에 대해 설명하시오.

Chapter 02

재무보고를 위한 개념체계 및 재무제표

01 재무보고를 위한 개념체계

1. '재무보고를 위한 개념체계'의 의의

재무회계정보는 그 공공적 성격 때문에 기업회계기준(서)에서 표준화된 회계처리방법을 제시하고 그에 따라 기업들이 회계정보를 제공하게 되어 있다. 우리나라의 경우, 현재 외감법상 직전 연도 자산규모가 ₩120억 이상인 주식회사는 반드시 기업회계기준에 의해 재무보고서를 작성하여 외부감사를 받아 공시해야 한다.

그러나 회계기준(회계처리방법)은 명백한 이론적 근거에 입각하여 정해져 왔다기보다는 회계실무에서 오랫동안 관습적으로 사용되어 온 회계처리방법을 수용해온 결과물인 경우가 많다. 이러한 회계기준에 대해 이론적 토대를 제공하고 회계실무에 대한 이론적 지침을 주기 위해 마련되는 것이 개념체계인데, 국제회계기준위원회는 우선 외부이용자를 위한 재무제표의 작성과 표시에 있어 기초가 되는 개념을 정립하기 위해, '**재무보고를 위한 개념체계**'(The Conceptual Framework for Financial Reporting)를 제정하였고 우리나라도 이를 채택하였다.[1] 이 개념체계는 (1) 재무보고의 목적, (2) 유용한 재무정보의 질적 특성, (3) 재무제표를 구성하는 요소의 정의, 인식 및 측정, (4) 자본 및 자본유지로 구성된다. 개념체계는 재무제표의 작성·표시에 기초가 되는 개념을 정립함으로써, 회계기준을 제·개정할 때 도움을 준다. 그리고 우리나라가 재무제표의 표시와 관련되는 법규, 회계기준 및 절차의 조화를 촉진시킬 수 있도록 도움

1. 국제회계기준위원회(IASB)는 기존의 개념체계(1989년 발표)의 개선이 필요하다고 판단하였으며, '일반목적재무보고의 목적'과 '유용한 재무정보의 질적 특성'을 다루는 첫 단계(Phase A)의 결과물로 '재무보고를 위한 개념체계'가 2010년 발표되었다. 그 후 전면개정을 위해 2015년 개념체계 개정 공개초안을 발표하였고 현재 최종 개념체계를 발표하기 위한 작업을 진행하고 있다.

을 주며, 재무제표 작성자가 한국채택국제회계기준(K-IFRS : Korean IFRS)을 적용하거나 회계기준이 미비한 거래에 대한 회계처리를 하는 데, 그리고 재무제표가 한국채택국제회계기준을 따르고 있는지에 대해 감사인이 의견을 형성하는 데 도움을 준다. 또한, 한국채택국제회계기준에 따라 작성된 재무제표에 포함된 정보를 재무제표 이용자가 해석하는 데 도움을 준다.

이 개념체계는 외부이용자를 위한 재무제표의 작성과 표시에 있어 기초가 되는 개념을 정립하는 데 국한하고 있고, 따라서 한국채택국제회계기준 자체의 일부가 아니므로 특정한 회계측정과 공시에 관한 기준을 정하지 아니하며, 어떠한 경우에도 특정 한국채택국제회계기준에 우선하지 아니한다.

재무보고 개념체계의 구조 **그림 2-1**

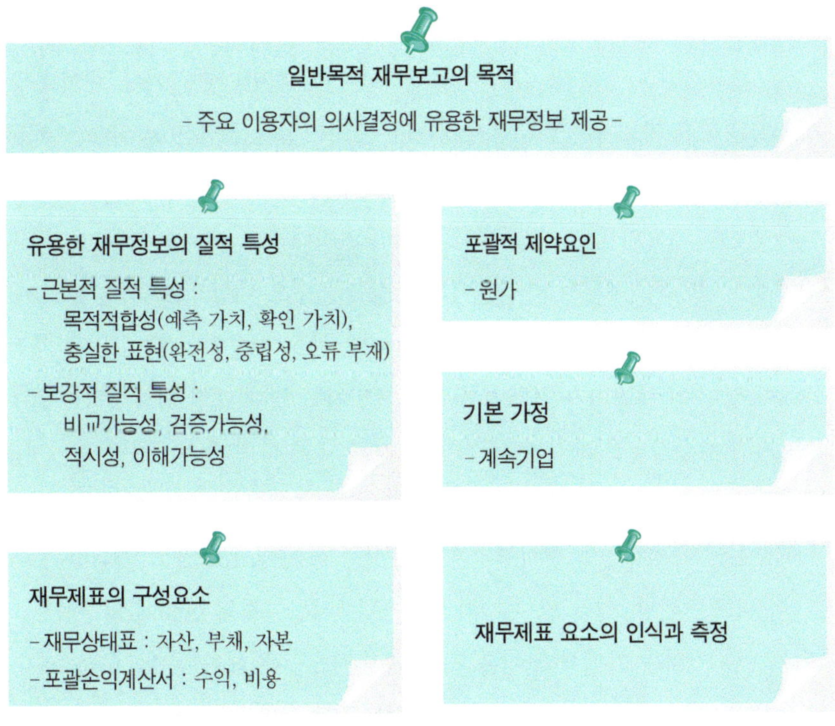

2. 일반목적재무보고의 목적

재무보고를 위한 개념체계는 그 기초를 이루는 **일반목적재무보고**(general-purpose financial reporting)의 목적을 맨 먼저 규정하고 그에 따라 다음 측면들이 논리적으로 전개된다. 즉, 일반목적재무보고의 목적을 먼저 정한 다음 그 목적을 달성하기 위해 필요한 질적 특성과 제약요인, 재무제표 요소의 정의, 인식 및 측정 등을 다룬다.

일반목적재무보고서(general-purpose financial reports)가 대상으로 하는 **주요 이용자**(primary users)는 현재 및 잠재적 투자자, 대여자 및 기타 채권자(existing and potential investors, lenders and other creditors)이다. 이들은 기업에 자원을 제공함에도 불구하고 정보를 제공하도록 보고기업에 직접 요구할 수 없고, 필요로 하는 재무정보의 많은 부분을 일반목적재무보고서에 의존해야 하기 때문에, 개념체계는 이들을 주요 이용자로 정한 것이다.

보고기업의 경영진, 감독당국 그리고 기타 일반대중(투자자, 대여자 및 기타 채권자 제외)은 주요 이용자에 포함되지 않는다. 보고기업의 경영진(management of a reporting entity)은 필요로 하는 재무정보를 내부에서 구할 수 있기 때문에 일반목적재무보고서에 의존할 필요가 없고, 감독당국과 기타 일반대중도 일반목적재무보고서를 이용할 수 있지만 일반목적재무보고서는 이러한 집단을 주요 대상으로 하는 것이 아니다.

일반목적재무보고의 목적(objective)은 주요 이용자인 현재 및 잠재적 투자자, 대여자 및 기타 채권자가 기업에 자원을 제공하는 것에 대한 의사결정을 할 때 유용한 보고기업 재무정보를 제공하는 것이다. 자원 제공에 대한 의사결정에는 지분상품 · 채무상품의 매수, 매도 또는 보유, 그리고 대여 등 형태의 신용의 제공 및 결제가 포함된다.

주요 이용자들의 의사결정은 금융상품 투자에서 그들이 기대하는 이익(returns), 예를 들어, 배당, 원금 및 이자의 지급 또는 시장가격의 상승에 의존하고, 이들의 이익에 대한 기대는 기업에 들어올 **미래 순현금유입**에 대한 전망(prospects), 즉 그 금액, 시기 및 불확실성에 대한 그들의 평가에 달려 있다. 따라서 이들은 기업의 미래 순현금유입에 대한 전망을 평가하는 데 도움을 주는 정보를 필요로 한다.

주요 이용자들은 미래 순현금유입에 대한 기업의 예상을 평가하기 위하여 기업의 자원, 기업에 대한 청구권, 그리고 기업의 경영진 및 이사회(management and the governing board)가 기업의 자원을 사용하는 그들의 책임을 얼마나 효율적이고 효과적

일반목적재무보고의 목적 그림 2-2

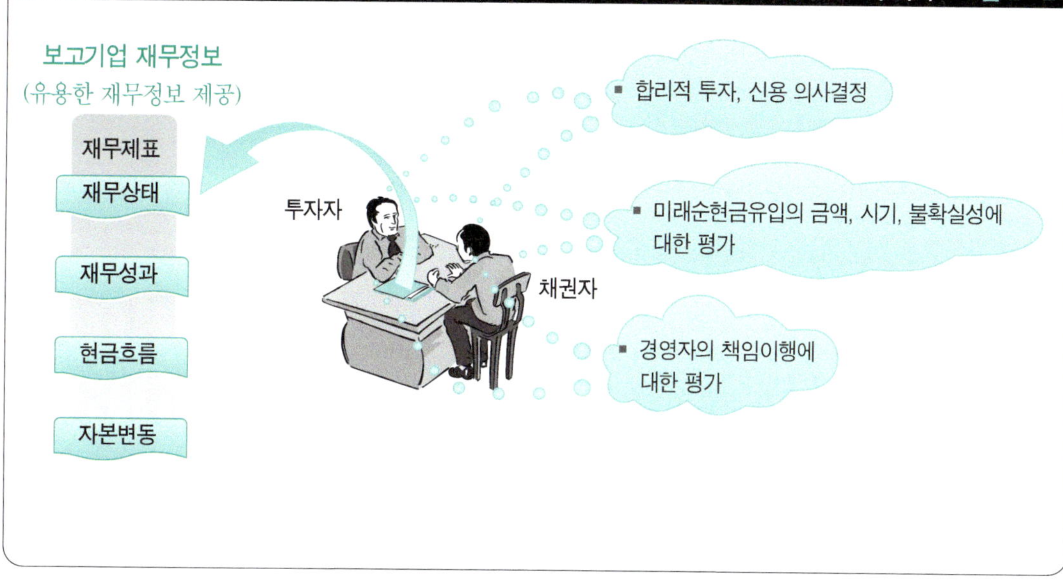

으로 이행해 왔는지에 대한 정보를 필요로 한다. 그러한 책임의 예로는 가격 변동이나 기술적 변화와 같은 경제적 요인의 불리한 영향으로부터 기업의 자원을 보호하는 것과 해당 법, 규정 및 계약 조항을 기업이 반드시 준수하도록 하는 것이 있다. 경영진의 **책임이행**(discharge of the responsibilities)에 대한 정보는 이들의 행동에 대해 의결권 등의 방법으로 영향력을 행사하는 현재 주요 이용자들의 의사결정에도 유용하다.

일반목적재무보고서는 보고기업의 **재무상태**(financial position)에 관한 정보, 즉 기업의 경제적 자원과 기업에 대한 청구권에 관한 정보, 그리고 그 재무상태를 변동시키는 거래와 기타의 사건의 영향에 대한 정보를 제공한다. 이 두 유형의 정보는 기업에 대한 자원 제공과 관련된 의사결정에 유용한 투입요소를 제공한다.

(가) 경제적 자원과 청구권

보고기업의 경제적 자원과 청구권의 성격 및 금액에 대한 정보는 정보이용자가 그 기업의 재무적 강점 · 약점을 식별하는 데, 즉 유동성과 지급능력, 추가적 자금조달의 필요성 및 성공가능성을 평가하는 데 도움을 줄 수 있다. 그리고 현재 청구권의 우선순위와 지급요구사항에 대한 정보는 보고기업에 대한 청구권자들 간에 미래 현금흐름이 어떻게 분배될 것인지를 정보이용자가 예상하는 데 도움이 된다.

미래 현금흐름에 대한 보고기업의 전망에 관한 정보이용자의 평가는 경제적 자원의 유형마다 다르게 영향을 미친다. 미래 현금흐름에는 수취채권 같은 기존 경제적 자원에서 직접적으로 발생하는 것도 있고, 재화나 용역을 생산하여 고객에게 판매하기 위해 몇 가지 자원을 결합하는 데서 발생하는 것도 있다. 그러한 현금흐름을 비록 개별 경제적 자원 (또는 청구권)과 관련지을 수는 없을지라도 재무보고서 이용자는 영업에 이용가능한 자원의 성격과 금액을 알 필요가 있다.

(나) 경제적 자원 및 청구권의 변동

보고기업의 **경제적 자원**(economic resources)과 **청구권**(claims)의 변동은 그 기업의 재무성과, 그리고 채무상품이나 지분상품의 발행과 같은 그 밖의 사건 또는 거래에서 발생한다. 보고기업으로부터의 미래 현금흐름에 대한 전망을 올바르게 평가하기 위하여 정보이용자는 이 두 변동을 구별할 수 있는 능력이 필요하다.

i) 재무성과에 기인한 변동

보고기업의 **재무성과**(financial performance)에 대한 정보는 그 기업의 경제적 자원에서 창출한 이익에 대한 이해를 도와준다. 이 정보는 경영진이 보고기업의 자원을 효율적이고 효과적으로 사용해야 하는 책임을 얼마나 잘 이행하였는지를 보여준다. 특히 미래 현금흐름의 불확실성 평가에 있어서는 그 이익의 변동성 및 구성요소에 대한 정보 역시 중요하다. 보고기업의 과거 재무성과와 그 경영진이 책임을 어떻게 이행했는지에 대한 정보는 기업의 경제적 자원에서 발생하는 미래 이익의 예측에 일반적으로 도움이 된다.

발생기준 회계가 반영된 재무성과

발생기준 회계(accrual basis accounting)는 거래와 그 밖의 사건·상황이 보고기업의 경제적 자원과 청구권에 미치는 영향을, 비록 그 결과 발생하는 현금의 수취와 지급이 다른 기간에 이루어지더라도, 그 영향이 발생한 기간에 보여준다. 이것은 중요하다. 그 이유는, 보고기업의 경제적 자원과 청구권 그리고 기간 중 그 변동에 관한 정보는 그 기간 동안의 현금 수취와 지급만의 정보보다 기업의 과거 및 미래 성과의 평가에 더 나은 근거를 제공하기 때문이다.

투자자와 채권자에게서 직접 추가적 자원을 획득한 것이 아닌 경제적 자원과 청구권의 변동이 반영된, 한 기간의 보고기업의 재무성과 정보는 기업의 과거 및 미래 순현금유입 창출 능력의 평가에 유용하다. 그 정보는 보고기업이 이용가능한 경제적 자원을 증가시켜온 정도, 그리하여 투자자나 채권자로부터의 직접 추가 자원을 획득하지 않고 영업을 통하여 순현금유입을 창출할 수 있는 능력을 증가시켜온 정도를 보여주며, 또한 시장가격 또는 이자율의 변동과 같은 사건이 기업의 경제적 자원과 청구권을 변동시켜 기업의 순현금유입 창출 능력에 영향을 미친 정도도 보여줄 수 있다.

과거 현금흐름이 반영된 재무성과

어느 한 기간의 보고기업의 **현금흐름**(cash flows)에 대한 정보도 기업의 미래 순현금유입 창출 능력의 평가에 도움이 된다. 이는, 채무의 차입과 상환, 현금배당 등 투자자에 대한 현금분배, 기업의 유동성이나 지급능력에 영향을 미치는 기타 요인에 대한 정보를 포함하여, 기업이 어떻게 현금을 획득하고 사용하는지 보여준다. 현금흐름에 대한 정보는 정보이용자가 보고기업의 영업을 이해하고, 재무활동과 투자활동을 평가하며, 유동성이나 지급능력을 평가하고, 재무성과에 대한 그 밖의 정보를 해석하는 데 도움이 된다.

ii) 재무성과에 기인하지 않은 변동

보고기업의 경제적 자원과 청구권은 추가적인 소유지분 발행처럼 재무성과 외의 사유로도 변동될 수 있다. 이러한 유형의 변동에 관한 정보는 보고기업의 경제적 자원과 청구권이 변동된 이유와 그 변동이 미래 재무성과에 주는 의미를 정보이용자가 완전히 이해하는 데 필요하다.

3. 유용한 재무정보의 질적 특성

유용한 재무정보의 질적 특성(the qualitative characteristics of useful financial information)은 재무보고서에 포함된 정보(재무정보)에 근거하여 보고기업에 대한 의사결정을 할 때 주요 이용자에게 가장 유용할 것으로 보이는 정보의 유형을 식별하게 해주는 것으로, 재무제표에서 제공되는 재무정보뿐만 아니라 그 밖의 방법으로 제공되는 재무정보에도 적용된다. 보고기업의 유용한 재무정보 제공능력에 대한 포괄적 제약요인인 원가도 마찬가지로 적용된다. 그러나 질적특성과 원가제약요인을 적용할 때의 고려 사항은 정보의 유형별로 달라질 수 있다. 예를 들어, 그것을 미래전망 정보(forward-looking information)에 적용하는 것은 현재의 경제적 자원 및 청구권과 그 변동에 적용하는 것과 다를 수 있다.

재무정보가 유용하기 위해서는 목적적합하고, 나타내고자 하는 바를 충실하게 표현해야 한다. 이러한 특성을 근본적 질적 특성이라 하고, 재무정보의 유용성은 그 재무정보가 비교가능하고, 검증가능하며, 적시성 있고, 이해가능한 경우 보강되므로(enhanced), 이 특성을 보강적 질적 특성이라 한다.

1) 근본적 질적 특성(fundamental qualitative characteristics)

근본적 질적 특성은 목적적합성과 충실한 표현이다.

(1) 목적적합성(relevance)

목적적합한 재무정보는 정보이용자의 의사결정에 차이가 나도록 할 수 있다. 재무정보에 예측가치(predictive value)나 확인가치(confirmatory value)가 있다면 의사결정에 차이가 나도록 할 수 있다.

정보이용자들이 미래 결과를 예측하기 위해 사용하는 절차의 투입요소로 사용될 수 있는 재무정보는 **예측가치**를 갖는다. 예측가치를 갖는 재무정보는 정보이용자 자신의 예측에 사용되며 그 자체가 예측치나 예상치일 필요는 없다.

과거 평가에 대해 피드백을 제공하는, 즉 과거 평가를 확인하거나 변경시키는 재무정보는 **확인가치**를 갖는다. 재무정보의 예측가치와 확인가치는 상호 연관되어 있다. 예측가치를 갖는 정보는 확인가치도 갖는 경우가 많기 때문에 그 비교 결과는 정보이용자가 과거 예측에 사용한 절차를 수정하고 개선하는 데 도움을 줄 수 있다. 미래 연도 수익(revenue)에 대한 예측 근거로 사용할 수 있는 당해 연도의 수익 정보를 과거 연도에 행한 당해 연도 수익 예측치와 비교하는 것이 하나의 예가 되겠다.

■ 중요성(materiality)

특정 보고기업의 재무정보에서 누락되거나 잘못 표시된 정보로 인해 이에 근거한 정보이용자의 의사결정이 영향을 받게 된다면 그 정보는 중요하다. 즉, 중요성은 개별 기업 재무보고서 관점에서 해당 정보와 관련된 항목의 성격이나 규모 또는 이 둘 모두에 근거하여 해당 기업에 특유한 측면의 목적적합성을 의미한다(따라서 회계기준위원회는 중요성에 대한 획일적인 계량 임계치를 정하거나 특정한 상황에서 무엇이 중요한 것인지를 미리 결정할 수 없다).

(2) 충실한 표현(faithful representation)

재무보고서는 경제적 현상을 글과 숫자로 나타내는 것이므로, 재무정보가 유용하기 위해서는 목적적합한 현상을 표현하는 것뿐만 아니라 나타내고자 하는 현상을 충실하게 표현해야 한다. 완벽하게 충실한 표현을 하기 위해 서술은 완전하고(complete), 중립적이며(neutral), 오류가 없어야(free from error) 할 것이다. 물론 완벽함은 달성하기 어렵기 때문에 가능한 한 그 특성을 극대화해야 할 것이다.[2]

완전한 서술(complete depiction)은 필요한 기술과 설명을 포함하여 정보이용자가 서술되는 현상을 이해하는 데 필요한 모든 정보를 포함하는 것을 말한다. 예를 들어, 자산 집합의 완전한 서술은 자산의 특성에 대한 기술과 수량적 서술 및 그 기술 내용(예 : 최초원가, 조정원가 또는 공정가치)을 포함한다.

중립적 서술(neutral depiction)은 재무정보의 선택이나 표시에 편의(bias)가 없는 것을 말한다. 중립적 서술은, 정보이용자가 재무정보를 유리하게 또는 불리하게 받아들일 가능성을 높이기 위해 편파 · 편중 · 강조 · 경시 등의 방식으로 조작되지 않는 것이다. 중립적 정보는 목적이 없거나 행동에 대한 영향력이 없는 정보를 의미하지 않는다. 오히려 목적적합한 재무정보는 정의상 정보이용자의 의사결정에 차이가 나도록 할

2. 과거의 개념체계(1989년 제정)는 '정보는 그 정보에 중요한 오류나 편의가 없고, 그 정보가 나타내고자 하거나 나타낼 것이 합리적으로 기대되는 대상을 충실하게 표현하고 있다고 정보이용자가 믿을 수 있을 때 신뢰성을 가진다' 고 하였다. 그런데 2010의 개념체계는 과거 개념체계가 신뢰성의 의미를 명확히 전달하지 못했다고 판단하여, 과거의 '신뢰성' (reliability) 대신에 '충실한 표현' 용어를 채택하였다. 그리고 종래 신뢰성 특성 중, 형식보다 실질의 우선(substance over form)과 신중성(prudence)은 삭제되었고, 검증가능성은 보강적 질적 특성의 하나로 되었다. 충실한 표현은 재무정보가 단지 법적 형식만을 표현하는 것이 아닌 경제적 현상의 실질을 표현하는 것을 뜻하므로 중복가능성이 있는 '형식보다 실질의 우선' 을 별개 구성요소가 아니라고 보았기 때문이고, 사실상 보수주의(conservatism)를 뜻하는 신중성은, 어느 한 기간에서의 자산의 과소평가나 부채의 과대평가는 일반적으로 이후 기간에 재무성과의 과대평가로 이어지는 비중립적 결과를 초래하므로, 중립성과 모순될 수 있기 때문이었다.

수 있는 정보이다. 따라서 보고된 정보가 정보이용자의 행동에 영향을 미칠 것으로 예상되나, 그 보고정보에 근거하여 많은 정보이용자가 서로 유사한 행동을 한다는 사실만으로 중립성이 부족하다고 할 수는 없다. 다만, 재무정보가 정보이용자로 하여금 미리 결정된 행동을 하거나 회피하도록 부추기는 방식으로 편향되어 있다면, 그 정보는 중립적이지 않은 것이다.

충실한 표현은 모든 면에서 정확한 것을 의미하지는 않는다. **오류가 없다**는 것은 현상의 기술에 오류나 누락이 없고, 보고정보의 생산에 사용되는 절차를 선택·적용할 때 절차 상 오류가 없음을 의미한다. 예를 들어, 추정치 금액을 명확하고 정확하게 기술하고, 추정 절차의 성격과 한계를 설명하며, 그 추정치를 도출하기 위한 적절한 절차를 선택하고 적용하는 데 오류가 없다면 그 추정치의 표현은 충실하다고 할 수 있다.

한편, 충실한 표현 그 자체가 반드시 유용한 정보를 만들어 내는 것은 아니다. 예를 들어, 보고기업은 정부보조금으로 유형자산을 받을 수 있는데, 이때 그 기업이 아무런 대가 없이 자산을 취득했다고 보고한다면 그 원가를 충실히 표현한 것은 분명하지만 그 정보가 매우 유용할 가능성은 낮을 것이다. 좀 더 미묘한 사례는 자산의 장부금액이 자산 가치의 손상을 반영하여 조정되어야 하는 금액의 추정치인 경우이다.

보고기업이 적절한 절차를 올바르게 적용하였고, 추정치를 올바로 기술했으며, 추정치에 유의적으로 영향을 미칠 수 있는 불확실성을 기술하였다면, 그 추정치는 충실한 표현이 될 수 있다. 그러나 그러한 추정치에 불확실성의 수준이 충분히 크다면, 그 추정치가 꼭 유용하지는 못할 것이다. 즉, 충실히 표현된 자산이라도 목적적합성이 의문스럽다는 것이다. 더 충실한 다른 표현을 할 수 없다면, 그 추정치가 최선의 이용가능 정보를 제공하는 것일 수는 있다.

2) 보강적 질적 특성(enhancing qualitative characteristics)

목적적합하고 충실하게 표현된 정보의 유용성을 보강시키는 질적 특성으로 비교가능성·검증가능성·적시성·이해가능성이 있다. 보강적 질적 특성은 똑같이 목적적합하고 충실하게 표현하는 어떤 두 가지 방법 중 어느 방법을 사용하여 현상을 서술할지 결정하는 데도 도움을 줄 수 있다.

(1) 비교가능성

정보이용자의 의사결정은 여러 대안들 중에서 선택하는 것이므로, 보고기업에 대한 정보는 다른 기업에 대한 유사한 정보 및 해당 기업에 대한 다른 기간이나 다른 일자의 유사한 정보와 비교할 수 있다면 더욱 유용하다. 비교가능성(comparability)은 정보이용자가 항목 간의 유사점과 차이점을 식별하고 이해할 수 있게 하는 질적 특성이다.[3] 이와 혼동되어 많이 쓰이는 용어로 일관성(consistency)이 있는데, 이것은 한 보고기업 내에서 기간 간, 또는 같은 기간에 기업 간, 동일한 항목에 대해 동일한 방법을 적용하는 것을 말하므로, 비교가능성과 관련은 되지만 서로 같지는 않다. 비교가능성은 목표이고 일관성은 그 목표를 달성하는 데 도움을 준다.

(2) 검증가능성

검증가능성(verifiability)은 정보가 나타내고자 하는 경제적 현상을 충실히 표현하는지를 정보이용자가 확인하는 데 도움을 준다.[4] 검증가능성은 합리적인 판단력이 있고 독립적인(knowledgeable and independent) 서로 다른 관찰자가 어떤 서술이 충실한 표현이라는 데 대체로 의견이 일치할 수 있다는 것을 의미한다. 계량화된 정보가 검증가능하기 위해서는 단일의 점추정치(a single point estimate)일 필요는 없으며, 가능한 금액의 범위 및 관련 확률도 검증가능하다.

검증은 직접 또는 간접으로 이루어질 수 있다. 직접 검증은, 현금 세는 것처럼, 직접 관찰을 통하여 금액 등의 표현을 검증하는 것을 말한다. 간접 검증은 모형, 공식 등의 기법에의 투입요소를 확인하고 동일한 방법을 사용하여 그 결과를 재계산하는 것을 의미한다. 예를 들어, 투입요소(수량과 원가)를 확인하고 동일한 원가흐름가정(예 : 선입선출법)을 사용하여 기말 재고자산을 재계산하여 재고자산의 장부금액을 검증하는 것이다.

---

3. 과거 개념체계(1989)에서는 비교가능성을 목적적합성 및 충실한 표현과 같은 위상으로 중요하다고 보았지만, 새 개념체계(2010)에서는 보강적 질적 특성으로 분류하였다. 쉽게 비교가능하지 않더라도 목적적합하고 충실하게 표현된 재무정보라면 여전히 유용하고, 비교가능한 정보라도 목적적합하지 않으면 유용하지 않고 충실하게 표현되지 않으면 오해를 일으킬 수 있기 때문이다.
4. 과거 개념체계(1989)에서는 검증가능성을 신뢰성의 한 측면으로서 명시하지는 않았으나, 정보이용자가 정보에 대한 확신을 필요로 한다는 것을 의미하는 문구를 신뢰성 정의에 포함했었기 때문에, 새 개념체계(2010)가 이와 관련하여 실질적으로 달라진 내용을 포함한 것은 아니라고 할 수 있다.

특정 미래시점까지는 미래전망 재무정보 등을 검증하는 것이 전혀 불가능할 수 있다. 따라서 그 정보의 이용 여부에 대한 결정을 위해서는 기초가 된 가정, 해당 정보의 작성방법, 그 정보를 뒷받침하는 기타 요인 및 상황을 공시하는 것이 일반적으로 필요하다.

(3) 적시성

적시성(timeliness)은 의사결정에 영향을 미칠 수 있도록 의사결정자가 정보를 제때에 이용가능하게 하는 것을 의미한다.[5] 일반적으로 정보는 오래될수록 유용성이 떨어지지만, 추세의 식별 및 평가가 필요한 경우처럼, 일부 정보는 보고기간 말 후에도 상당 기간 적시성이 있을 수 있다.

(4) 이해가능성

정보를 명확하고 간결하게 분류하고 특징지으며 표시하면 이해가능성(understandability)이 높게 된다. 일부 현상은 본질적으로 복잡하여 이해하기 쉽게 할 수 없다.[6] 그렇다고 그 현상에 대한 정보를 제외하면 재무보고서의 정보를 더 이해하기 쉽게 할 수 있지만 그 보고서는 불완전하여 잠재적으로 오도할 수도 있다. 재무보고서는 사업활동과 경제활동에 대해 합리적인 지식이 있고, 부지런히 정보를 검토하고 분석하는 정보이용자를 위해 작성된다. 물론 이러한 정보이용자도 복잡한 경제적 현상에 대한 정보를 이해하기 위해서는 조언자의 도움이 필요할 수 있다.

---

5. 과거 개념체계(1989)에서는 적시성을 목적적합성을 훼손할 수 있는 제약요인으로 보았지만, 새 개념체계(2010)에서는 적시성을, 논의한 그 실질은 사실상 같지만, 보강적 질적 특성으로 배치했다.
6. 과거 개념체계(1989)는 재무정보가 이해가능하기 위해서 정보이용자가 합리적인 수준의 재무 지식을 갖추고 그 정보를 분석하기 위하여 합리적인 노력을 기울일 의지가 있어야 한다는 점을 기술하면서, 이해가능성을 질적 특성의 하나로 보았으나, 새 개념체계(2010)는 보강적 질적 특성으로 분류했다. 이는 정보가 이해 어렵다는 구실로 제외될 수 없고, 이러한 정보도 가능한 한 명확히 표시되어야 한다는 점을 나타내고자 한 때문이다.

3) 질적 특성의 적용

목적적합하지 않은 현상에 대한 충실한 표현이나 목적적합한 현상에 대한 충실하지 못한 표현 모두 정보이용자의 좋은 결정에 도움이 되지 않는다. 근본적 질적 특성을 적용하기 위한 효율적·효과적인 절차는 일반적으로 다음과 같다.

(1) 보고기업의 재무정보 이용자에게 유용할 수 있는 경제적 현상을 식별한다.
(2) 그 현상에 대한 정보의 유형을 식별한다. 그 유형은 이용가능하고 충실히 표현될 수 있다면 가장 목적적합하게 될 유형이다.
(3) 그 정보가 이용가능하고 충실하게 표현될 수 있는지 결정한다.

이렇게 근본적 질적 특성의 충족 절차를 적용하되 이를 충족하지 못한다면 차선의 목적적합한 유형의 정보에 대해 그 절차를 반복한다.

보강적 질적 특성은 가능한 한 극대화되어야 한다. 그러나 정보가 목적적합하지 않거나 충실하게 표현되지 않은 경우에는 보강적 질적 특성이 정보를 유용하게 할 수는 없다. 보강적 질적 특성의 적용은 어떤 규정된 순서를 따르지 않는 반복적인 과정이다. 하나의 보강적 질적 특성은 다른 질적 특성의 극대화를 위해 줄어들 수도 있다. 일례로, 새로운 재무보고기준의 전진적 적용으로 인한 비교가능성의 일시적 감소는 목적적합성이나 충실한 표현의 장기적 개선을 위해 감수할 수 있다.

4. 포괄적 제약요인 : 원가

재무정보의 보고에는 **원가**(cost)가 소요되므로, 해당 정보 보고에서 얻는 효익이 그 원가를 정당화시킬 수 있어야 한다. 이것은 중요하므로, 재무정보의 제공자 및 이용자뿐 아니라 회계기준제정기구가 새로운 재무보고 요구사항의 효익을 고려할 때 그 원가를 염두에 두어야 한다. 이러한 점에서 원가는, 재무보고로 제공될 수 있는 정보에 대한 **포괄적 제약요인**(pervasive constraint)이며, 정보의 질적 특성은 아니지만 정보 제공에 사용되는 과정적 특성이다.

목적적합하고 충실하게 표현된 재무정보의 보고는 정보이용자가 더 확신을 가지고 의사결정하는 데 도움을 주어, 자본시장이 더 효율적으로 기능하도록 하고, 경제 전반적으로 자본비용을 감소시킨다. 정보이용자는 더 많은 정보에 근거한 의사결정을 함으로써 효익을 얻지만, 이들 각자가 목적적합하다고 보는 모든 정보를 일반목적재무보고서에서 제공하는 것은 가능하지 않고, 특정 재무정보 항목을 보고하는 원가 및 효익에 대한 평가는 개인마다 다르다. 따라서 회계기준제정기구는 단지 개별 보고기업과 관련된 것이 아닌, 재무보고 전반적으로 **원가와 효익**(costs and benefits)을 고려하게 된다.

5. 기본가정 : 계속기업

재무제표는 일정한 가정하에 작성되는데, 개념체계는 '계속기업' 을 **기본가정**(basic assumptions)으로 두고 있다.

재무제표는 일반적으로 기업이 **계속기업**(going concern)이며 예상가능한 기간 동안 영업을 계속할 것이라는 가정하에 작성된다. 따라서 기업은 그 경영활동을 청산하거나 중요하게 축소할 의도나 필요성을 갖고 있지 않다는 가정을 적용하며, 만약 이러한 의도나 필요성이 있다면 재무제표는 계속기업을 가정한 기준과는 다른 기준을 적용하여 작성하는 것이 타당할 수 있으며 이때 적용한 기준은 별도로 공시하여야 한다. 예를 들면, 기업의 활동을 중단하는 청산절차가 진행되는 동안에는 청산회계라는 특수한 회계처리방법이 적용된다.

02 발생기준 회계

재무제표의 기본요소에 대한 정의 및 인식·측정에 대해 논의하기 전에 이와 관련된 재무회계의 기본적 특징인 **발생기준**(accrual basis)에 대해 이해할 필요가 있다. 현금흐름표를 제외한 재무제표는 모두 발생기준에 따라 작성되기 때문이다.

1. 발생기준 회계의 의미

회계기간 중에 발생하는 거래를 분석하여 기록하고자 할 때 중요한 문제는 그 경제적 효과를 수익이나 비용으로 기록할 것인지, 그리고 기록한다면 그 기록시점(즉, 귀속시점)을 당기로 할 것이냐 또는 차기로 할 것이냐를 결정하는 것이다. 이러한 문제를 **수익 및 비용의 인식** 문제라고 한다. **인식**(recognition)은 재무제표 요소의 정의(뒤에서 설명)에 부합하고 인식기준(그 항목과 관련된 미래경제적효익이 기업에 유입되거나 기업으로부터 유출될 가능성이 높고, 그 항목의 원가 또는 가치를 신뢰성 있게 측정할 수 있을 것)을 충족하는 항목을 재무상태표나 포괄손익계산서에 반영하는 것을 말한다. 일단 인식대상이 되면 인식 금액을 결정하여야 하는데 이를 측정의 문제라 한다. **측정**(measurement)은 재무상태표와 포괄손익계산서에 인식되고 평가되어야 할 재무제표 요소의 화폐금액을 결정하는 것이다.

회계기간의 가정에 의해 기업은 회계기간을 임의로 나누어 정기적으로 기업의 재무상태와 경영성과 등을 보고한다. 외부이해관계자들로 하여금 계속기업으로서 기업의 재무상태 및 영업성과를 파악하게 하기 위해서는 인위적인 기간을 구분하여 결산이라는 절차를 거쳐 회계정보를 제공할 필요가 있다. 이러한 회계기간 구분의 가정 때문에 인식에 관한 원칙이 필요하다. 즉, 연속적으로 일어나고 있는 순자산의 변화(수익과 비용)를 어느 기간에 귀속시키는가에 따라서 당기의 손익이 달라지므로 이에 관한 기준이 필요하다.

다음의 예를 들어 생각해보자. (주)하늘은 월별 손익을 계산하여 성과평가를 하고 있는데, 2017년 3월과 4월 두 달의 매매활동은 다음 사례의 내용과 같다.

| 사 례 |

(주)하늘은 월별 손익을 계산하여 성과평가를 하고 있는데, 2017년 3월과 4월 두 달의 매매활동은 다음과 같다.

☞ 거래내역

1. 2017년 3월 5일 : 상품 ₩1,000,000어치를 외상으로 구입하다.
2. 2017년 3월 15일 : 위 상품 전체를 ₩1,500,000에 외상으로 판매하다.
3. 2017년 4월 1일 : 상품 ₩1,200,000을 외상으로 매입하다.
4. 2017년 4월 10일 : 위 상품을 ₩1,800,000에 외상으로 판매하다.
5. 2017년 4월 15일 : 외상매출대금 ₩3,300,000을 현금으로 받다.
6. 2017년 4월 25일 : 외상매입대금 ₩2,200,000을 현금으로 갚다.

☞ 각 방법에 따른 손익계산

	2017년 3월의 이익		2017년 4월의 이익	
	발생기준	현금기준	발생기준	현금기준
매 출	₩1,500,000	₩0	₩1,800,000	₩3,300,000
매출원가	1,000,000	0	₩1,200,000	₩2,200,000
매출이익	₩500,000	₩0	₩600,000	₩1,100,000

☞ 해설

위의 예에 발생기준을 적용하면 상품의 매입과 매출 거래가 발생했을 때 수익·비용을 인식하게 된다. 2017년 3월에 ₩1,500,000의 상품을 매출하였으므로 발생기준에서는 현금수입 여부와 관계없이 ₩1,500,000을 수익(매출)으로 인식한다. 비용의 경우도 마찬가지로, 발생기준은 실제 현금지급과는 관계없이 판매상품의 취득원가인 ₩1,000,000을 판매시점에 전부 비용(매출원가)으로 인식한다. 그러나 현금기준에서는 현금의 수입과 지출이 없으므로 3월에는 수익과 비용 모두 ₩0으로 보고하게 된다.

4월에는 발생기준 상으로 ₩1,800,000의 수익과 ₩1,200,000의 비용을 인식한다. 그러나 현금기준에서는 외상매출의 회수로 인한 현금수입 ₩3,300,000, 외상매입 대금의 지출로 인한 현금지출 ₩2,200,000을 각각 수익 및 비용으로 인식한다. 그 결과 ₩1,100,000의 이익(매출이익)이 계산된다. 여기서 현명한 독자는, 3월과 4월의 이익을 합하면 발생기준에서나 현금기준에서나 모두 ₩1,100,000으로 동일하다는 사실을 간파했을 것이다. 즉, (주)하늘의 경우 발생기준이냐 현금기준이냐의 선택은 3월, 4월 각 기간에 얼마의 수익과 비용을 인식하여 해당 기간의 이익을 얼마로 볼 것인가 하는 기간별 인식의 문제라고 요약할 수 있다.

여기서 월별 손익을 계산하려는 (주)하늘은 얼마만큼의 수익과 비용을 3월에 또는 4월에 귀속시켜야 할까? 문제의 핵심은 상품의 매매시점과 관련 대금의 현금수지 시점이 달라 어느 시점에 수익과 비용을 인식해야 하는가이다.

보통 일반인이 자주 보게 되는 가계부나 소모임의 회계보고서에서는 현금수입과 지출 위주로 기록하기 때문에 현금기준 회계처리에 익숙하다. 즉, 앞의 예에서 매입대금의 현금지급 시점에 비용을, 매출대금의 현금수취 시점에 수익을 인식하는 것이 적절하게 보일 수도 있다. 이렇게 현금의 **수입**(receipt)과 **지출**(disbursement)이 있을 때 각각 수익과 비용을 인식하는 회계를 **현금기준 회계**라 한다.

그러나 범세계적으로 기업회계기준은 이러한 **현금기준**(cash basis) 회계가 아니라 **발생기준**(accrual basis) 회계를 수익·비용의 인식에 관한 대원칙으로 채택하고 있다. 발생기준 회계의 기본적인 논리는 발생기준에 따라 수익·비용을 인식하는 것이다. 발생기준은 기업실체의 경제적 거래나 사건에 대해 관련 수익·비용을 현금유출·유입이 있는 기간이 아니라, 당해 거래나 사건이 발생한 기간에 인식한다. 발생기준 회계는 현금거래뿐 아니라, 신용거래, 재화 및 용역의 교환 또는 무상이전, 자산 및 부채의 가격변동 등과 같이 현금유출입을 동시에 수반하지 않는 거래나 사건을 인식함으로써 기업실체의 자산과 부채, 그리고 이들의 변동에 관한 보다 정확한 정보를 제공하게 된다.

2. 발생 및 이연

발생기준 회계는 발생과 이연의 개념을 포함한다.

발생(發生, accrual)이란, 수익이나 비용이 인식되는 거래가 일어났지만 관련 현금수입·지출이 이루어지지 않은 상황을 처리하는 회계과정을 말한다. 이 경우에는 i) 장래 받을 금액을 나타내는 자산(예: 미수수익)을 관련 수익이나 부채와 함께 인식하거나, ii) 장래 지급할 금액을 나타내는 부채(예: 미지급비용)를 관련 비용이나 자산과 함께 인식한다. 발생기준 회계에 의하면, 재화 및 용역을 신용으로 판매(구매)할 때 자산과 수익(부채와 자산)을 인식하게 되고, 현금이 지급되지 않은 이자 또는 급여 등에 대해 부채와 비용을 인식하게 된다.

이연(移延, deferral)이란, 수익·비용과 관련된 현금 수입·지출이 이루어졌지만 그 수익·비용이 인식되는 시점은 미래 일정 시점까지 연기(이연)되어야 하는 상황을 처리하는 회계과정을 말한다. 이 경우에는 i) 현재의 현금유입액을 장래의 수익인식 목적으로 부채(예: **선수수익**)로 인식하거나, ii) 현재의 현금유출액을 장래의 비용인식 목적으로 자산(예: **선급비용**)으로 인식하는 회계과정을 말한다. 전자의 경우 수익의 인식은 관련 부채에 내재된 의무의 일부 또는 전부가 이행될 때까지 연기된다(즉, 그때 가서야 인식된다). 또한 후자의 경우 비용의 인식은 관련 자산에 내재된 미래 경제적 효익의 일부 또는 전부가 사용될 때까지 연기된다.

이연에는 **수익과 비용의 기간별 배분**(allocation)이 수반된다. 기간별 배분은 **상각**이라고도 하며, 이는 매 기간에 일정한 방식에 따라 금액을 감소시켜가는 회계과정을 말한다. 상각의 전형적인 예로는 감가상각에 의한 비용 인식을 들 수 있다.

3. 현금기준 회계와의 비교

발생기준 회계와 현금기준 회계의 주된 차이는 앞서 언급했듯이, 수익·비용을 인식하는 시점이 다르다는 데 있다. 현금기준 회계는 현금의 수입과 지출이 있을 때만 각각 수익과 비용을 인식하는 회계원칙이기 때문이다.

기업실체가 재화 및 용역을 생산하기 위해 설비 등에 투자하는 기간과 생산된 재

그림 2-3 발생기준과 현금기준

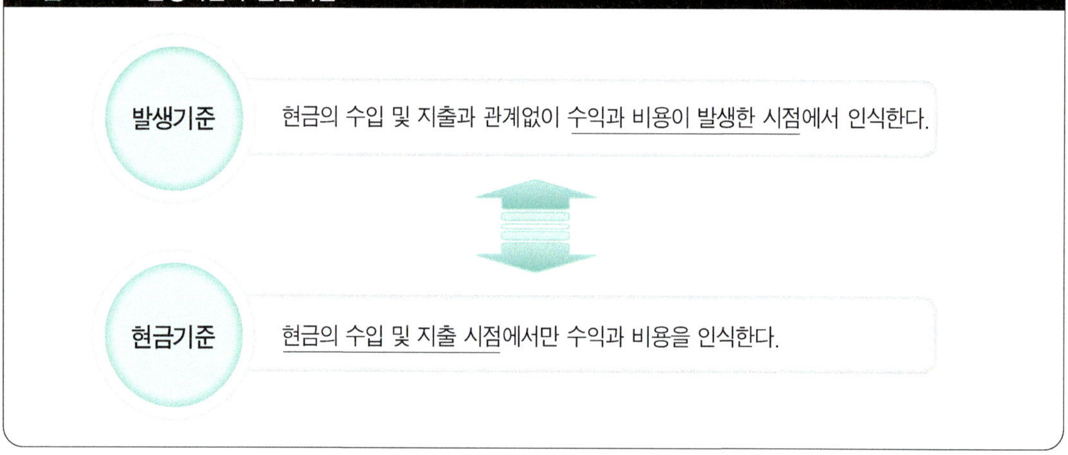

화 및 용역을 판매하여 수익으로 회수하는 기간은 일반적으로 일치하지 않는 경우가 많다. 설비투자에 현금이 지출되는 시점에서부터 판매된 제품의 대가가 현금으로 회수될 때까지는 상당한 기간이 소요될 수 있다. 그러므로 1년 정도의 단기간에 대해 현금유입과 현금유출만을 단순 대비하여 기업실체의 재무적 성과를 나타내려는 현금기준 회계는 적절하지 못할 수 있다. 이러한 이유로 발생기준 회계를 적용하여 발생과 이연의 절차를 통해 수익과 비용을 기간별로 관련시키고 동시에 자산과 부채의 증감도 함께 인식하는 것이다. 이로써 기업실체의 경영성과가 회계기간별로 적절히 측정될 수 있다. 따라서 발생기준 회계에서는 현금유출입이 수반되지 않는 수익과 비용 항목이 인식될 수 있다.

발생기준과 현금기준은 각각 서로 다른 장 · 단점을 가지고 있다. 즉, 현금기준 회계에서 당기순이익은 현금의 증감을 정확히 반영하고 있다는 장점이 있는 반면에 정확한 손익을 계산해 주지 못한다는 단점을 가지고 있다. 발생기준은 그 반대이다. 그뿐만 아니라 발생기준 회계에서는 포괄손익계산서와 재무상태표가 현금흐름에 대한 정보를 거의 제공해 주지 못한다. 따라서 우리나라의 기업회계기준은 발생기준 회계를 요구하면서 현금흐름에 관한 정보를 정보이용자에게 제공하기 위하여 **현금흐름표**(statement of cash flows)의 작성을 동시에 요구하고 있다.

발생기준의 의미, 그리고 현금기준과의 차이에 대해서는 다음 장에서 회계순환과정에 대해 학습하게 되면 더 쉽게 이해될 것이다.

표 2-1 발생기준과 현금기준의 비교

	발생기준	현금기준
수익인식 시점	재화의 판매 또는 용역의 제공 시점	현금 수입(유입) 시점
비용인식 시점	수익창출을 위한 자산 감소 또는 부채 발생 시점	현금 지출(유출) 시점
장점	정확한 손익계산(경영성과 파악)	현금흐름 정보 제공
단점	현금흐름과 발생손익의 불일치 (현금흐름 정보가 제공되지 않음)	정확한 손익계산 곤란

03 재무제표의 요소와 구조

경영자는 회계시스템을 구축하고 운용하며, 그 시스템의 주요 산출물(output)인 회계정보를 정보이용자에게 전달한다. 이때 재무제표는 회계정보를 정보이용자에게 전달하는 가장 중요한 수단(media)이다. 이해관계자에 따라 필요로 하는 정보의 내용이 다르지만, 거의 모든 이해관계자가 공통으로 요구하는 기본정보는 **재무상태**, **재무성과**, **현금흐름 및 자본변동**에 관한 정보이다. 이들 각각의 정보는 **재무제표**(financial statements)가 제공해준다. 재무상태 정보(즉, 자산, 부채, 자본의 구성에 관한 것)는 재무상태표, 재무성과 정보(즉, 수익, 비용 및 이익의 내역에 관한 것)는 포괄손익계산서, 현금흐름 정보(즉, 현금의 원천과 사용에 관한 것)는 현금흐름표, 그리고 자본변동의 내역(즉, 소유주의 투자 및 소유주에 대한 분배에 관한 것)은 자본변동표가 제공한다. 이러한 재무제표들은 서로 연관되어 있으며, 전체적으로 하나의 체계를 이루고 있다.

재무제표(또는 **재무보고서**)는 재무제표 본문만이 아니라 **주석**을 포함한다. 이것은 재무제표 본문에 표시된 정보를 이해하는 데 도움이 되는 추가적 정보 또는 재무제표 본문에 표시되지 않은 자원, 의무 등에 대한 정보를 함께 제공해 주기 위해서이다. 이러한 주석을 통해 재무제표 작성에 적용된 중요한 회계방침과 회계변경의 효과에 대한 정보, 사업부문별 정보, 기업실체에 영향을 미치는 불확실성이나 위험에 대한 정보 등이 제공된다.

1. 재무제표 요소의 정의 및 인식

재무제표의 요소에 속하는 여러 항목들이 재무제표에 반영되어 나타나기 위해서는 인식과 측정의 단계를 거쳐야 한다. 인식에 대해서는 여기서 함께 다루지만, 측정에 대해서는 제6장 '회계기준과 재무제표' 에서 상세히 다룬다.

1) 인식의 정의와 기준

인식(recognition)은 재무제표 요소의 정의에 부합하고 다음의 인식기준을 충족하는 항목을 재무상태표나 포괄손익계산서에 반영하는 과정을 말한다. 이 과정은 해당 항목을 서술하는 계정명칭과 화폐금액으로 기술하고 그 금액을 재무상태표 또는 포괄손익계산서 총계에 산입하는 것을 포함한다. 인식기준을 충족하는 항목은 재무상태표나 포괄손익계산서에 인식되어야 한다. 관련된 회계정책의 공시, 주석(notes) 또는 설명 자료만으로는 그러한 항목의 인식누락을 정당화할 수 없다.

재무제표 요소의 정의에 부합하는 항목이 다음 기준을 모두 충족한다면 재무제표에 인식되어야 한다.

(가) 그 항목과 관련된 미래 경제적 효익이 기업에 유입되거나 기업으로부터 유출될 가능성이 높다.

(나) 그 항목의 원가 또는 가치를 신뢰성 있게 측정할 수 있다.

어떤 항목이 이러한 기준을 충족하여 재무제표에 인식해야 하는지를 평가할 때 앞에서 논의한 바 있는 중요성을 고려할 필요가 있다. 이미 언급했듯이, 중요성은 정보의 유용성 충족을 위한 주된 질적 특성이라기보다 재무제표 표시와 관련된 임계치나 판단기준으로 작용한다. 그리고 특정 요소의 정의 및 인식기준을 충족하는 항목, 예를 들면, 자산을 인식하는 경우 수익이나 부채 같은 다른 요소가 자동적으로 인식되는데, 이는 재무제표의 요소 간 상호연관성 때문이다.

2) 미래 경제적 효익의 발생가능성

인식기준에는 특정 항목과 관련된 미래 경제적 효익이 기업에 유입되거나 기업에서 유출될 불확실성의 정도를 의미하는 발생가능성의 개념이 사용된다. 이 개념은 영업활동이 수행되는 기업환경의 특성을 반영하는 불확실성을 고려하는 것이다. 미래 경제적 효익의 유입과 유출에 대한 불확실성 정도의 평가는 재무제표를 작성할 때 이용가능한 증거에 기초하여야 한다. 예를 들면, 기업이 보유하는 특정 매출채권과 관련하여 손상가능성에 대한 증거가 없고 회수가능성이 높다면 해당 매출채권을 자산으로 인식할 필요가 있다. 그러나 다수의 매출거래처가 존재한다면 어느 정도 손상이 발생할 가능성이 높은 것이 일반적이므로 이와 관련하여 예상되는 경제적 효익의 감소를 나타내는 비용(손상차손(대손상각비))을 인식하여야 한다.

2. 재무상태표

1) 재무상태표의 요소

재무제표는 거래나 그 밖의 사건의 재무적 영향을 경제적 특성에 따라 대분류하여 표시하며 이러한 대분류를 **재무제표의 요소**(elements of financial statements) 또는 **구성요소**로 정의한다. **재무상태표**(statement of financial position)는 기업의 재무상태, 즉 자산, 부채 및 자본의 상태에 대한 보고서로서, 오랫동안 **대차대조표**(B/S : balance sheet)로 불리어 왔다. 재무상태표에서 재무상태의 측정과 직접 관련된 요소는 자산, 부채 및 자본이다.

(1) 자산

자산(assets)은 '과거 사건의 결과로 기업이 통제하고 있고 미래경제적효익이 기업에 유입될 것으로 기대되는 자원' 이다. 미래 경제적 효익이 기업에 유입될 가능성이 높고 해당 항목의 원가 또는 가치를 신뢰성 있게 측정할 수 있으면 형체의 유무에 상관없이, 그리고 심지어 법적인 소유권이 없더라도 재무상태표에 자산으로 인식한다(분류되어 기록된다). 예를 들어 현금은 기업이 그 현금을 사용함으로써 미래 기업의 이익을 창출해 낼 수 있기 때문에 자산이다. 또한 사무실용 건물은 사무실을 운영하여 미래 이익을 창출해 낼 수 있도록 해주기 때문에 자산이다. 형태가 없는 자산의 예로는 특허권과 같은 무형자산을 들 수 있고, 법적인 소유권이 없어도 자산으로 인정되는 자산의 예로는 리스자산을 들 수 있는데, 그것은 이들이 모두 미래에 경제적 효익을 가져다 줄 것으로 예상되기 때문이다.

어떤 거래로 인한 지출이 발생하였을 때 그에 관련된 미래 경제적 효익의 유입가능성이 높지 않다고 판단되는 경우에는 그 지출은 재무상태표에 자산으로 인식하지 않고 포괄손익계산서에 비용으로 인식하여야 한다. 이러한 회계처리는 경영자가 그 지출거래로부터 미래 경제적 효익을 창출하려는 의도가 없었음을 의미하는 것은 아니며, 단지 미래 경제적 효익의 유입가능성이 당해 지출을 자산으로 인식하기에는 충분치 않음을 반영하는 것이다. 예를 들면, 지출된 개발비가 자산의 인식기준을 충족하지 못한다면 경영자의 의도와 상관없이 비용으로 처리되어야 한다.

(2) 부채

부채(liabilities)는 '과거 사건에 의하여 발생하였으며 경제적효익이 내재된 자원이 기업으로부터 유출됨으로써 이행될 것으로 기대되는 현재의무' 이다.

부채는 자산과 반대로 기업이 현재 시점에서 부담하고 있는 경제적 의무로서, 그 의무를 미래에 이행할 때 **경제적 효익**이 내재된 자원의 유출될 가능성이 높고 결제될 금액에 대해 신뢰성 있게 측정할 수 있을 때 재무상태표에 인식한다. 그런데 일반적으로 미래의 일정 시점에서 자산을 취득하겠다는 단순한 약정 등과 같은 **미이행계약**(executory contract)에 따른 의무(예 : 주문 후 아직 인도되지 않은 재고자산에 대한 부채)는 일반적으로 재무제표에 부채로 인식하지 않는다. 다만, 계약이행이 법적으로 강제되어 있고 위약금과 같은 불이익의 조건이 있을 때에는, 그러한 의무도 부채의 정의에 부합하고 부채의 인식기준을 충족하면 부채로 인식될 수 있다. 이때는 부채의 인식과 동시에 관련 자산이나 비용도 인식된다.

부채는 미래에 현금의 지급을 요구하는 **금전부채**(채무)도 있고, 현금지급이 아닌 상품의 인도나 용역의 제공 등을 요구하는 **비금전부채**도 있다. 금전부채의 예로는 금융기관에서 차입한 단기차입금을 들 수 있고, 비금전부채로는 미래에 공사를 해주거나 용역을 제공해 주어야 할 의무를 나타내는 선수금을 들 수 있다.

(3) 자본

자본(owners' equity)은 '기업의 자산에서 부채를 차감한 후의 **잔여지분**(residual interest)' , 즉 순자산으로서 기업실체의 자산에 대한 소유주의 **잔여청구권**(residual claim)이다.

앞의 자산과 부채의 정의에서 알 수 있듯이, 자산과 부채는 본질적인 면에서는 기업의 경제적 가치 또는 미래의 경제적 효익과 관련되어, 자산은 기업에 정(+)의 효익인 반면 부채는 기업에 부(-)의 효익이다. 따라서 이들을 상계하고 나면 남는 부분은 기업의 소유주(주주)에게 귀속되는 부분이다.

예를 들면, 어떤 기업의 자산이 ₩100억이고 부채가 ₩60억이라고 가정하자. 미래의 경제적 가치를 창출할 경제적 자원이 ₩100억인 데 비해 미래의 경제적 가치를 사용해서 갚아야 할 채무가 ₩60억이므로 이들을 상계하면 ₩40억이라는 **순자산**(net assets)이 남는다. 이것을 **자본**이라고 한다(이 '자본'은 '자본금'과는 다르다. 이에 대해서는 뒤에서 설명한다).

2) 재무상태표 등식과 재무상태표 구조

재무상태표는 기업이 특정 시점에 보유하고 있는 자산, 부채 및 자본의 가치가 얼마인지에 대한 정보를 제공한다. 자산은 미래의 경제적 효익을 창출(+)하지만 부채는 미래의 경제적 효익을 사용(-)하므로 자산에서 부채를 차감하면 **순자산**이 되는 관계를 **기본적 회계등식**(fundamental equation of accounting) 또는 **재무상태표 등식**이라 부른다.[7]

재무상태표 등식

자산 − 부채 = 자본(순자산) 또는

자산 = 부채 + 자본(순자산)

이러한 관계를 표시하는 방법은 재무상태표의 왼쪽에 자산을, 오른쪽에 부채와 자본을 표시하여 양변이 일치하도록 하는 것이다. 재무상태표에는 **차변**(debit)과 **대변**(credit)이라 불리는 양변이 있는데, 전통적으로 자산은 차변(왼쪽), 부채와 자본은 대변(오른쪽)에 기록한다. 재무상태표 등식에서 보듯이 차변과 대변은 반드시 일치하여야 한다.

기업의 활동에 따라 재무상태표를 설명하면 대변의 부채와 자본은 기업의 자본조

7. 이전에는 이를 대차대조표 등식이라 하였다.

달활동의 내역을 보여준다고 할 수 있다. 부채란 기업 외부의 제3자로부터 조달한 자금이며, 자본은 소유주로부터 조달하거나 또는 영업활동을 통하여 내부에서 창출한 자금이다. 그리고 차변의 자산은 조달한 자금의 사용내역을 보여준다.

표 2-2 재무상태표의 구조

××주식회사 2016년 12월 31일

차 변	대 변
자산 : 기업의 경제적 자원 미래 경제적 효익	부채 : 기업의 미래 경제적 자원의 유출 미래 경제적 효익의 유출 자본 : 순자산(자산 - 부채)
자산 합계	부채 및 자본 합계

3) 재무상태표의 예

〈표 2-3〉은 2016년 12월 31일 (주)전농의 가상적인 재무상태표의 예이다. 차변의 자산은 현금, 매출채권, 상품, 기타포괄손익-공정가치 측정(FVOCI) 금융자산, 토지 및 특허권으로 구성되어 있다. 이 회사의 자산총계는 ₩31,500인데, 이는 대변의 부채 및 자본총계와 일치한다.

대변에는 부채와 자본이 보고되어 있다. 이 회사의 부채는 매입채무 ₩1,000, 단기차입금 ₩2,000 및 장기차입금 ₩10,000으로 총 ₩13,000이다. 매입채무는 상품을 외상으로 구입하여 발생한 부채이며, 단기차입금은 금융기관에서 1년 이내에 상환하기로 약속하고 차입한 부채이다. 한편 장기차입금 ₩10,000은 1년 이후에 상환기일이 도래하는 부채이다.

마지막으로 주주들이 출자한 **자본금** ₩15,000과 회사가 영업활동을 통해서 창출한 이익 중에서 사내에 유보한 **이익잉여금** ₩3,500을 합하면 자본총계 ₩18,500이 된다. 따라서 부채 및 자본총계는 ₩31,500이 되고 이는 자산총계와 일치한다.

〈표 2-3〉의 재무상태표는 **계정식**과 **보고식**의 두 가지 형식으로 작성되어 있다. 계정식은 왼쪽에 차변, 오른쪽에 대변을 가지는 형식으로 보고한다. 한편 차변의 자산을 위에 먼저 보고하고 그 밑에 부채와 자본을 보고하는 형식을 보고식 재무상태표라 한다. 실무에서는 거의 모든 회사가 포괄손익계산서와 재무상태표를 보고식으로 작

성하고 있다.[8]

표 2-3 재무상태표

(주)전농 2016년 12월 31일 현재 (단위 : 원)

계정식			
자산		부채	
현금	1,000	매입채무	1,000
매출채권	3,000	단기차입금	2,000
상품	4,000	장기차입금	10,000
FVOCI금융자산	2,000	자본	
토지	20,000	자본금	15,000
특허권	1,500	이익잉여금	3,500
자산 총계	31,500	부채 및 자본 총계	31,500

보고식	
자산	
현금	1,000
매출채권	3,000
상품	4,000
FVOCI금융자산	2,000
토지	20,000
특허권	1,500
자산총계	31,500
부채	
매입채무	1,000
단기차입금	2,000
장기차입금	10,000
부채총계	13,000
자본	
자본금	15,000
이익잉여금	3,500
자본총계	18,500
부채 및 자본 총계	31,500

3. 포괄손익계산서

손익계산서(statement of profit or loss ; income statement)란 일정 기간 동안 기업의 성과(performance)를 보고하는 재무제표로서 **재무성과보고서**(statement of financial performance)라고도 한다. 성과는 궁극적으로 재무적 수치인 수익 및 비용의 내역과 당기순이익(또는 순손실)으로써 측정된다. 수익이 비용을 초과하면 그 차이를 **당기순이**

8. 보통, 신문 등에는 주로 재무상태표만 공시되고 있는데 대부분 계정식으로 되어 있다. 이는 신문지면의 효율적 사용 때문일 것이다.

익, 반대이면 그 차액을 당기순손실이라 하는데 이 둘을 동시에 가리켜 당기순손익이라고 한다. 이 손익계산서에다 기타포괄손익 항목을 가감하여 총포괄이익(total comprehensive income)을 함께 보여주는 것을 포괄손익계산서(statement of comprehensive income)라고 한다.

1) 포괄손익계산서의 요소

포괄손익계산서에서 경영성과의 측정치로 흔히 사용되는 이익과 직접 관련된 요소는 수익(income)과 비용(expenses)이다.

(1) 수익

수익(광의 : income, 협의 : revenue)은 '자산의 증가 또는 부채의 감소에 따라 자본의 증가를 초래하는 특정 회계기간 동안에 발생한 경제적 효익의 증가로서, 지분참여자에 의한 출연과 관련된 것은 제외한다.' (Income is 'increases in assets or decreases in liabilities that result in increases in equity, other than those relating to contributions from holders of equity claims.')

수익은 (가) 재화의 판매, (나) 용역의 제공 또는 (다) 이자수익, 로열티수익 및 배당수익을 창출하는 기업자산에 대한 타인의 사용에서 주로 발생하고, 또한 시장가격이나 환율의 변화로 보유자산의 장부금액이 증가하거나 보유부채의 장부금액이 감소하는 경우에도 발생한다. 예를 들어, 자산의 재평가, 외화환산차이 등에서도 발생한다.[9]

수익은 경제적 효익이 유입됨으로써 자산이 증가하거나 부채가 감소하고 그 금액을 신뢰성 있게 측정할 수 있을 때 포괄손익계산서에 인식한다. 이는 수익의 인식이 자산의 증가나 부채의 감소와 동시에 이루어짐을 의미한다. 예를 들면, 재화나 용역의 매

---

9. 개념체계(문단 74~76)에서, 협의의 수익(revenue)은 정상영업활동의 일환으로 발생하며 매출액, 이자수익, 임대료수익 등 다양한 명칭으로 구분되며, 광의의 수익(income)의 정의에는 이러한 수익, 그리고 차익(gains)이 포함된다. 차익은 광의의 수익 정의를 충족하는 그 밖의 항목으로 정상영업활동의 일환 또는 그 외의 활동에서 발생할 수 있다(예 : 비유동자산의 처분에서 발생하는 차익, 시장성 있는 유가증권의 재평가 등으로 인한 미실현이익). 차익도 경제적효익의 증가를 나타내므로 본질적으로 수익과 차이가 없다. 따라서 개념체계에서는 차익을 별개의 요소로 보지 아니한다.

출(수익 인식)에 따라 자산의 순증가가 인식되며 미지급채무의 면제(수익 인식)에 따라 부채의 감소가 인식된다.

실무에서 일반적으로 사용하는 수익인식의 절차, 예를 들면, 수행의무가 이행되어야 한다는 요건은 이러한 인식기준을 적용한 것이다. 그러한 절차는 일반적으로 신뢰성 있는 측정이 가능하고 충분히 확실한 항목들만을 한정하여 수익을 인식하기 위한 것이다.

수익은 다음과 같은 두 가지 특징을 가진다(수익의 인식과 측정에 대해서는 제6장에서 자세히 다룬다).

첫째, 수익은 순자산의 증가이다. 자산의 유입이나 부채의 감소는 결국 순자산의 증가로 나타난다. 예를 들면, 컨설팅 용역을 제공한 대가로 현금을 받으면 현금이 증가하고, 따라서 순자산도 증가한다. 만약 기업이 부채를 갚는 수단으로 용역을 제공한다면 부채가 감소하므로 순자산이 증가한다.

둘째, 순자산의 증가가 영업활동과 직·간접적으로 관련하여 나타난다. 영업활동에서의 수익창출은 상품 등 재화의 판매나 용역의 제공에 대한 대가로 나타난다. 따라서 영업활동 외의 자본거래 등에 의해 순자산이 증가하면 수익이 아니다. 예를 들면, 주주가 출자한 결과 현금이 유입되면 이는 순자산의 증가이지만 수익이 아니다. 이는 포괄손익계산서와는 무관한 자본계정이다.

(2) 비용

비용(expenses)은 '자산의 유출이나 소멸 또는 부채의 증가에 따라 자본의 감소를 초래하는 특정 회계기간 동안에 발생한 경제적 효익의 감소로서, 지분참여자에 대한 분배와 관련된 것은 제외한다.' (Expenses are 'decreases in assets or increases in liabilities that result in decreases in equity, other than those relating to distributions to holders of equity claims.')

비용은 자산의 감소나 부채의 증가와 관련하여 미래 경제적 효익이 감소하고 이를 신뢰성 있게 측정할 수 있을 때 인식한다. 이는 비용의 인식이 자산의 감소나 부채의 증가와 동시에 이루어짐을 의미한다. 예를 들면, 종업원 급여의 발생(비용 발생)에 따라 부채의 증가가 인식되며 설비의 감가상각(비용 발생)에 따라 자산의 감소가 인식된다.

기업의 정상영업활동의 일환으로 발생하는 비용의 예는 매출원가, 급여 및 감가상각비 등이다. 비용은 일반적으로 현금 및 현금성자산, 재고자산 또는 유형자산과 같은 자산의 유출이나 소모의 형태로 나타난다. 또한 시장가격이나 환율 등의 변화로 보유자산의 장부금액이 감소하거나 보유부채의 장부금액이 증가하는 경우에도 발생한다.[10]

비용은 발생된 원가와 특정 수익항목의 인식 간에 존재하는 **직접적인 관련성**을 기준으로 포괄손익계산서에 인식한다. **수익에 원가를 대응**시키는 과정에는 동일한 거래나 그 밖의 사건에 따라 직접 그리고 공통으로 발생하는 수익과 비용을 동시에 또는 통합하여 인식하는 것이 포함된다. 재화의 판매에 따라 수익이 발생됨과 동시에 매출원가를 구성하는 다양한 비용요소가 인식되는 것이 그 예이다. 이는 **수익·비용 대응의 원칙**(matching principle)에 따른 비용 인식인데 이에 대해서는 제6장에서 자세히 다루기로 한다. 그러나 수익·비용 대응의 개념을 적용한다 하더라도 자산이나 부채의 정의를 충족하지 못하는 항목을 재무상태표에 인식하는 것은 허용되지 아니한다.

2) 손익계산서 등식과 포괄손익계산서 등식

손익계산서는 수익에서 비용을 차감하여 당기순이익을 계산하는 형식으로 표시된다. 이러한 관계를 **손익계산서 등식**이라 한다. **포괄손익계산서 등식**은 손익계산서 등식에다 기타포괄손익을 가감하면 된다.

손익계산서와 포괄손익계산서 등식

손익계산서 등식

수익 − 비용 = 당기순이익

포괄손익계산서 등식

(수익 − 비용) + (기타포괄이익 − 기타포괄손실) = 총포괄이익

10. 개념체계(문단 78~80)에서, 광의의 비용(expenses)의 정의에는 정상영업활동의 일환으로 발생하는 비용뿐만 아니라 차손(losses)도 포함한다. 차손은 비용의 정의를 충족하는 그 밖의 항목으로 정상영업활동의 일환 또는 그 외의 활동에서 발생할 수 있다(예 : 비유동자산의 처분에서 발생하는 차손, 환율상승 영향으로 인한 미실현손실, 화재 홍수 등 자연재해). 차손도 경제적효익의 감소를 나타내므로 본질적으로 다른 비용과 차이가 없다. 따라서 개념체계에서는 차손을 별개의 요소로 보지 아니한다.

3) 포괄손익계산서의 예

다음은 (주)전농의 2016년 가상적인 포괄손익계산서이다. 이 회사의 2016년 총매출액은 ₩18,000인 데 비해 총비용은 ₩16,100이므로 당기순이익은 ₩1,900이다. 보고식 포괄손익계산서는 수익을 먼저 보고한 다음 비용을 차감하여 당기순이익을 계산하고 기타포괄손익을 가감하여 **총포괄이익**을 계산한다. 반면 계정식에서는 차변에 비용과 총포괄이익을, 대변에 수익을 보고한다.[11]

표 2-4 포괄손익계산서

(주)전농 2016년 1월 1일부터 2016년 12월 31일까지 (단위 : 원)

계정식

차변		대변	
매출원가	12,000	매출액	18,000
급 여	3,000	FVOCI금융자산 평가이익	300
임차료	600		
광고선전비	300		
이자비용	200		
총포괄이익	2,200		
[당기순이익	1,900]		
합 계	18,300	합 계	18,300

보고식

매 출 액	18,000
매 출 원 가	(12,000)
매출총이익	6,000
급 여	(3,000)
임 차 료	(600)
광고선전비	(300)
이 자 비 용	(200)
당기순이익	1,900
FVOCI금융자산 평가이익	300
총포괄이익	2,200

이 회사는 2016년에 총 ₩18,000의 상품을 판매하였으며, 판매된 상품의 원가(매출원가)는 ₩12,000이다. 즉, 원가 ₩12,000인 상품을 ₩18,000에 판매하였다. 그리고 판매 및 관리활동에서 종업원에 대한 급여, 건물이나 기타 자산의 임차료, 광고선전비 및 이자비용이 발생하였다. 매출원가를 포함한 총비용이 ₩16,100이므로 당기순이익은 ₩1,900이다. 그리고 기타포괄손익 항목으로 'FVOCI 금융자산평가이익' ₩300이 발생하여 총포괄이익이 ₩2,200이다.

---

11. 한국채택국제회계기준에 의하면, 포괄손익계산서에 나타나는 비용항목들은 성격별 또는 기능별로 분류할 수 있다. 이에 대해서는 제5장 제4절에서 구체적으로 다룬다. 이 책은 우리나라, 미국 등에서 전통적으로 사용해온 기능별 분류에 따라 표시한다.

4. 현금흐름표와 자본변동표

발생기준 회계에서는 포괄손익계산서와 재무상태표가 회계기간 중 유입된 현금의 원천과 감소한 현금의 사용내역에 관한 정보를 거의 제공하지 못한다. 따라서 이에 관한 정보를 자세하게 제공하는 현금흐름표가 필수적으로 제공되어야 한다. 한편 자본변동표는 회계기간 중 자본의 변동내역을 표시한다.

'재무제표의 작성과 표시를 위한 개념체계' 에서는 현금흐름표(재무상태변동표)와 자본변동표의 고유한 요소에 대해서는 별도로 식별하지 아니한다. 이 두 재무제표는 일반적으로 재무상태표 요소의 변동과 포괄손익계산서 요소를 반영하기 때문이다.

1) 현금흐름표

현금흐름표(statement of cash flows)는 일정 기간 동안 기업의 현금흐름에 대해 분류·요약한 보고서이다. 기업의 활동을 영업활동, 투자활동 및 재무활동으로 구분하고 각 활동별로 현금유입(원천)과 현금유출(사용)에 관한 내역을 보여준다. 기업의 모든 활동은, 상품이나 원재료를 매입하거나 제품을 생산하여 판매하는 영업활동, 기계장치 등 고정자산을 구입하고 처분하는 투자활동, 그리고 이러한 영업과 투자를 하기 위해 자금을 조달하고 상환하는 재무활동으로 나누어진다.

한 회계기간에 발생한 영업활동 현금흐름에 투자활동 현금흐름과 재무활동 현금흐름을 가감하여 기업 전체로 본 현금흐름의 증감을 계산한다. 그것을 재무상태표상의 기초현금(잔액)에 가감하면 기말현금(잔액)과 일치하게 되어 있다. 이를 등식으로 나타내면 다음과 같다.

영업활동 현금흐름
± 투자활동 현금흐름
± 재무활동 현금흐름
= 현금의 증감
+ 기초현금
= 기말현금

〈표 2-5〉는 2016년 (주)전농의 가상적인 현금흐름표이다. 2016년의 기초현금 잔고는 ₩1,700이고 기말현금 잔고는 ₩5,000이다. 즉, 2016년 동안 현금잔고가 ₩3,300 증가하였다. 현금흐름표는 이에 대한 내역을 보여준다. 매출처로부터 현금유입이 ₩6,500인 데 반해 매입처에 대한 현금지급(유출)이 ₩2,300이어서 영업활동 현금흐름은 ₩4,200 순유입이다.

한편, 투자활동은 기업이 비유동자산을 구입하거나 처분하는 활동이다. 현금흐름표에 의하면 유형자산의 처분으로부터 ₩800의 현금이 유입된 반면, 유형자산의 취득에 ₩2,400이 소요되어 투자활동 현금흐름은 ₩1,600 순유출이다. 재무활동은 자금조달을 위한 기업활동이다. (주)전농은 2016년 동안 단기차입금을 ₩1,200 조달하였으며 배당금을 ₩500 지급하였다. 따라서 재무활동으로부터 ₩700의 순현금유입이 발생하였다.

종합하면, (주)전농은 2016년 영업활동과 재무활동에서 각각 ₩4,200과 ₩700의

표 2-5 **현금흐름표**

(주)전농 2016년 1월 1일부터 2016년 12월 31일까지 (단위 : 원)

Ⅰ. 영업활동 현금흐름		
영업활동 현금유입액		
매출처로부터의 현금유입	₩6,500	
영업활동 현금유출액		
매입처에 대한 현금유출	(2,300)	₩4,200
Ⅱ. 투자활동 현금흐름		
투자활동 현금유입액		
유형자산의 처분	₩800	
투자활동 현금유출액		
유형자산의 취득	(2,400)	(1,600)
Ⅲ. 재무활동 현금흐름		
재무활동 현금유입액		
단기차입금	₩1,200	
재무활동 현금유출액		
배당금지급	(500)	700
Ⅳ. 현금의 증가		₩3,300
Ⅴ. 기초의 현금		1,700
Ⅵ. 기말의 현금		₩5,000

현금을 조달하여 투자활동에 ₩1,600을 사용하였다. 따라서 2016년 중 총 ₩3,300의 순현금유입이 있었는데, 이 금액은 재무상태표상의 기초 현금잔액과 기말 현금잔액의 차이와 일치한다.

2) 자본변동표

자본변동표(statement of changes in equity)는 기업실체에 대한 자본의 크기와 그 변동에 관한 정보를 제공하는 재무보고서이다. 자본변동표에는 소유주(주주)의 투자와 소유주에 대한 분배, 그리고 포괄이익에 대한 정보가 제공된다. **소유주(주주)의 투자**는 현금, 재화 및 용역의 유입, 또는 부채의 전환에 의해 이루어지며, 그에 따라 기업실체의 자본이 증가하게 된다. **소유주(주주)에 대한 분배**는 **배당**으로 이루어지며, 그에 따라 기업실체의 자본이 감소하게 된다.

소유주의 투자는 기업실체에 경제적 가치가 있는 유·무형의 자원을 이전하는 것이며, 이에 따라 자본이 증가하게 된다. 소유주에 의한 투자는 주로 현금 등과 같은 자산을 기업실체에 납입함으로써 이루어진다. 기업실체는 소유주의 투자를 통해 영업활동에 필요한 자원을 제공받고 동시에 소유주는 기업실체의 자산에 대한 청구권을 취득하게 된다.

소유주에 대한 분배는 기업실체가 **현금배당** 등의 방법으로 자본의 일부를 소유주에게 분배하는 것이다. 소유주에 대한 분배가 있으면 기업실체의 순자산은 감소한다. 자본변동표나 주석에 당해 기간 동안에 소유주에 대한 배분으로 인식된 배당금액과 주당배당금을 표시한다. **자본의 구성요소**는 각 분류별 **납입자본**, 각 분류별 **기타포괄손익의 누계액**과 **이익잉여금**의 누계액 등으로 구성된다.

<표 2-6>은 (주)전농의 2016년 자본변동표이다. 자본변동표는 기간 중 자본의 세부구분인 자본금, 자본잉여금, 자본조정, 기타포괄손익누계액 및 이익잉여금의 변동내역을 보여준다. 이 회사의 총자본은 기초의 ₩14,000에서 기말에 ₩17,000으로 증가하였다. 자본변동표에 의하면 2016년 중 유상증자를 통하여 자본금이 ₩1,000 증가하였고, 그 과정에서 자본잉여금이 ₩500 증가하였다. 이익잉여금은 전기이월이익잉여금이 ₩4,600이었는데, 배당을 차감한 결과 처분 후 이월이익잉여금이 ₩4,100이 되었다. 그리고 당기순이익 ₩2,000을 더하면 차기이월이익잉여금이 ₩6,100이 된다.

표 2-6 자본변동표

(주)전농 2016년 1월 1일부터 2016년 12월 31일까지 (단위 : 원)

구분	자본금	자본 잉여금	자본 조정	기타포괄 손익누계액	이익 잉여금	합 계
2016.1.1(보고금액)	₩7,000	₩1,000	₩(100)	₩1,500	₩4,600	₩14,000
전기분 현금배당					(500)	(500)
처분 후 이월이익잉여금					₩4,100	₩13,500
유상증자	1,000	500				1,500
당기순이익					2,000	2,000
2016.12.31	₩8,000	₩1,500	₩(100)	₩1,500	₩6,100	₩17,000

04 재무제표 정보의 특성과 한계

재무제표를 통해 제공되는 정보는 다음과 같은 특성과 한계를 갖고 있다.

(가) 재무제표는 화폐단위로 측정된 정보를 주로 제공한다. 재무제표 본문에 나타난 수치는 물리적 단위가 아니라 화폐단위로 측정된 경제적 가치를 표시한다.

(나) 재무제표는 대부분 과거에 발생한 거래나 사건에 대한 정보를 나타낸다. 재무회계정보는 회계정보의 질적 특성인 신뢰성(검증가능성)을 만족시켜야 하기 때문에 원칙적으로 역사적 원가로 측정된 것을 반영한다. 따라서 재무제표만으로 당해 회계연도 말 현재의 가치나 차후 미래의 가치를 직접 파악하기 어렵다는 한계를 지닌다(예외 사례 : 당기손익-공정가치 측정(FVPL) 금융자산, 기타포괄손익-공정가치 측정(FVOCI) 금융자산, 재평가된 비유동자산 등의 기말잔액은 기말 현재 시장가치를 반영함).

(다) 재무제표는 추정에 의한 측정치를 포함하고 있다. 재무회계정보는 원칙적으로 역사적 원가를 반영하지만, 기간손익의 적정한 계산을 위해 추정치를 반영하기도 한다(예 : 감가상각비, 손상차손, 판매보증비 등).

(라) 재무제표는 특정 기업실체에 관한 정보를 제공하며, 산업 또는 경제 전반에 관한 정보를 제공하지는 않는다.

연습문제

❀ 서술문제 ❀

01. '재무보고를 위한 개념체계' 의 정의와 기능에 대해 설명하시오.

02. 재무제표(financial statements)의 정의와 목적에 대해 설명하시오.

03. '재무보고를 위한 개념체계' 에서 정의하고 있는 회계정보의 유용성을 충족시키기 위한 두 가지 근본적 질적 특성에 대해 설명하시오.

04. 목적적합성의 정의와 이에 영향을 미치는 두 가지 요소를 설명하시오.

05. '재무보고를 위한 개념체계' 의 구성요소인 재무제표의 목적, 질적 특성, 제약요인 및 기본가정 간의 관계를 설명하시오.

06. 중요성(materiality)의 의의와 중요성의 적용 사례를 신규 사업부문의 예를 이용하여 설명하시오.

07. 발생기준(accrual basis)에 대해 설명하시오.

08. 계속기업(going concern)의 가정을 설명하시오.

09. 재평가모형 대신 원가모형(역사적 원가 적용)을 채택하면 기업이 취득한 유형자산(예: 기계)은 취득원가로 기록된 후에 폐기될 때까지 시가평가를 하지 않고, 대신 감가상각의 과정을 거쳐 비용화된다. 이러한 회계처리는 특히 어떤 바람직한 정보속성을 충족시키는지 설명하시오.

10. 재무제표(financial statements)의 정의와 종류에 대해 설명하시오.

11. 인식(recognition)의 문제란 무엇을 의미하는지 설명하시오.

12. '발생' 과 '이연' 의 공통점과 차이점에 대해 설명하시오.

13. 발생기준(accrual basis)과 현금기준(cash basis)의 정의와 장 · 단점에 대해 설명하시오.

14. 발생기준과 현금기준 각각의 기준하에서 수익(revenue)과 비용(expenses)의 인식에 대해 설명하시오.

15. 재무제표 중 재무상태표와 포괄손익계산서의 정의와 각각의 재무제표가 제공하는 정보내용에 대해 설명하시오.

16. 어떤 항목이 재무제표에 반영되기 위한 인식기준에 대해 설명하시오.

17. 재무상태표의 기본요소인 자산(assets), 부채(liabilities), 자본(owner' s equity)의 개념에 대해 설명하시오.

18. 기본적 회계등식(fundamental equation of accounting) 또는 재무상태표 등식을 제시하고, 이 등식의 도출 배경에 대해 설명하시오.

19. 수익, 비용, 당기순이익(net income)의 개념과 손익계산서 등식을 설명하고, 이를 확대한 포괄손익계산서 등식에 대해 설명하시오.

20. 현금흐름표(statement of cash flows)의 정의와 유용성에 대해 설명하시오.

21. 재무상태표와 포괄손익계산서 및 자본변동표의 연계관계(articulation)에 대해 설명하시오.

❀ 계산 및 회계처리문제 ❀

기초문제

01. 다음은 (주)관악이 2016년 12월 31일 현재 사용하고 있는 재무상태표와 포괄손익계산서 항목 전부이다.

현 금	₩1,200	광고선전비	₩100	매출채권	₩2,000
매입채무	2,500	FVOCI금융자산	300	이자비용	30
상 품	1,800	단기차입금	420	매출원가	2,400
급 여	600	이자수익	50	임 차 료	120
매 출 액	3,800	토 지	1,500	자 본 금	(?)

(1) 재무상태표와 포괄손익계산서에 속하는 항목을 구분하시오.

(2) 총수익, 총비용, 당기순이익을 계산하시오.

(3) 자본금은 얼마인지 계산하시오.

02. 다음은 (주)설악의 회계자료이다.

1.20	상품을 ₩5,000에 외상으로 매입하다.
1.25	매입한 상품 ₩5,000을 ₩10,000에 현금판매하다.
1.31	영업비용 ₩4,000을 현금으로 지급하다.
2. 5	1월 20일의 외상매입대금 ₩5,000을 현금으로 지급하다.
2.10	상품을 ₩5,000에 현금매입하다.
2.20	2월 10일에 매입한 상품 ₩5,000을 ₩10,000에 외상판매하다.
2.28	영업비용 ₩4,000을 현금으로 지급하다.

(1) 위의 자료를 이용하여 현금기준에 의한 1월과 2월의 포괄손익계산서를 작성하시오.

(2) 발생기준에 의해 1월과 2월의 포괄손익계산서를 작성하시오.

03. (주)태백의 2017년 12월 31일 자산총액이 ₩100,000이고, 자본총액이 ₩40,000이

다. 이 자료를 이용하여 재무상태표 등식을 보이시오.

04. 다음은 (주)도봉의 재무상태표와 포괄손익계산서에 관한 자료이다. 괄호 안에 들어갈 금액을 계산하시오. 단, 당기에 소유주와의 자본거래는 전혀 없었다.

기초 재무상태표

자 산	부 채
₩3,000	(①)
	자 본
	1,600

기말 재무상태표

자 산	부 채
(②)	₩1,000
	자 본
	(③)

손익계산서

수 익	₩2,000
비 용	1,200
순이익	(④)

05. (주)소백의 2016년 12월 31일 자산, 부채 및 자본의 구성요소들이 다음과 같다. 이 자료를 이용하여 계정식 재무상태표를 작성하시오.

현 금	₩1,000	단기차입금	₩500	토 지	₩8,000
상 품	3,000	자 본 금	11,000	장기차입금	1,000
소 모 품	500				

06. (주)속리의 2016년 수익과 비용이 각각 ₩5,000과 ₩3,000이다. 이를 이용하여 포괄손익계산서 등식을 보이시오.

07. 다음은 (주)묘향의 2016년 자료이다. 이 자료를 이용하여 보고식 포괄손익계산서를 작성하시오.

매 출 액	₩24,000	매 출 원 가	₩16,000	급 여	₩4,000
이자수익	400	이 자 비 용	600	광고선전비	500
통 신 비	300	임 차 료	800		

08. 다음은 (주)한라의 2016년 동안의 현금 유입(수입)과 유출(지출)에 관한 자료이다. 이 자료를 이용하여 현금흐름표를 작성하시오.

매출처로부터 현금유입	₩4,300
매입처에 대한 현금유출	2,900
영업비용의 현금지급	1,000
비품의 처분으로부터 현금유입	1,200
기계구입을 위한 현금유출	3,000
단기차입금 차입(현금유입)	2,500
배당금지급(현금유출)	500
2016. 1. 1 현금잔액	900
2016.12.31 현금잔액	1,500

09. 다음의 자료를 이용하여 기초 순자산을 계산하시오.

기말 순자산 ₩4,500, 기간 중 추가출자 ₩1,500, 기간 중 현금배당 ₩700

심화문제

01. (주)백두의 2016년 12월 31일자 다음 자료를 이용하여 이익잉여금을 확정하고 보고식 재무상태표를 작성하시오.

현 금	₩1,500	매입채무	₩2,000	상 품	₩3,000
단기차입금	2,000	특 허 권	2,000	FVOCI금융자산	1,500
토 지	10,000	자 본 금	12,000	이익잉여금	(?)

02. (주)금강의 2016년 동안의 다음 자료를 이용하여 당기순이익을 계산하시오.

영업활동으로 인한 자산의 증가	₩3,000
영업활동으로 인한 자산의 감소	1,000
영업활동으로 인한 부채의 증가	2,000

영업활동으로 인한 부채의 감소 1,500
소유주의 출자로 인한 자산의 증가 1,700
소유주에 대한 배당으로 자산의 감소 800

03. (주)장백의 2016년 동안의 자본변동에 관한 다음 자료를 이용하여 12월 31일의 자본총액을 계산하고 자본변동표를 작성하시오.

- 2016.1.1 잔액
  자본금 ₩5,000, 자본잉여금 ₩1,000,
  자본조정 및 기타포괄손익누계액 ₩0, 이익잉여금 ₩2,500

- 2016년 동안의 변화
  전기분 현금배당 ₩800
  유상증자로 인한 자본금증가 ₩2,000
  유상증자로 인한 자본잉여금증가 ₩1,500
  당기순이익 ₩1,600

04. 다음은 (주)백두의 2016년 11월 및 12월의 재무정보이다. 아래 지시에 답하시오.

	2016. 11. 30	2016. 12. 31
매입채무	₩12,320	₩13,280
매출채권	27,200	31,300
자본금	?	?
이익잉여금	0	?
현금	2,400	2,000
유형자산	50,000	81,600

(1) (주)백두의 2016년 11월 30일과 2016년 12월 31일의 재무상태표(요약 계정식)를 작성하시오.
(2) (주)백두의 2016년 12월의 당기순이익을 계산하시오(단, 12월 중에 자본거래는 전혀 없는 것으로 가정한다).

05. (주)한라의 2016년 재무자료가 다음과 같이 기본적 회계등식(자산 = 부채 + 자본)으로 주어진 경우 아래 지시에 답하시오.

	현금	비품	건물	=	미지급금	자본금	이익잉여금
기초	₩18,000	₩1,500	₩54,000		₩15,000	₩58,500	₩0
거래 1	35,000						35,000
거래 2	-10,000		10,000				
거래 3	-6,000						-6,000
거래 4		800			800		
거래 5	-2,000						-2,000
거래 6	-10,600				-10,600		
거래 7		1,400				1,400	
기말	24,400	3,700	64,000		5,200	59,900	27,000

(1) 거래 1부터 거래 7까지의 각 거래에 대해 구체적인 거래내용이 무엇이었을지 추측해 보시오.

(2) 2016년 중 현금의 순증가분을 계산하시오.

(3) 2016년도의 자본증가분을 계산하시오.

(4) 2016년도의 당기순이익을 계산하시오(단, 이익잉여금의 기중 변동액은 모두 영업거래로 인한 것이다).

06. 다음은 2016년 초 및 2016년 말에 서로 동일한 재무상태를 가진 아래 4개 회사의 재무상태표 자료이다. 이 자료를 이용하여 각 회사별 당기순손익은 얼마인지 계산하시오.

	총자산	총부채
2016. 1. 1	₩700,000	₩300,000
2016. 12. 31	1,250,000	700,000

(주)설악 : 2016년 중 기업에 대한 추가 출자 및 배당은 없었음.
(주)오대 : 2016년 중 기업에 대한 추가출자는 없었으나, ₩60,000의 현금배당이 있었음.
(주)치악 : 2016년 중 주주의 추가출자 ₩175,000이 있었으나, 현금배당은 없었음.
(주)계룡 : 2016년 중 주주의 추가출자 ₩150,000과 ₩60,000의 현금배당이 있었음.

Part 2 회계순환과정과 회계원칙

Chapter_ 03 회계순환과정—분개와 전기 | 04 회계순환과정—결산과 마감
05 상품매매기업의 회계 | 06 회계기준과 재무제표

회계는 이해관계자들의 의사결정에 유용한 정보를 제공해준다. 이러한 정보는 소위 회계순환과정에 의해 생산된다. 회계순환과정은 회계시스템 중에서 실제로 회계정보가 만들어지는 과정이다. 회계에서는 거래의 기록에 복식부기라는 독특한 기록방법을 사용한다. 복식부기에 있어서는 거래의 원시기록인 분개가 분개장이라는 장부에 기록되고, 분개장의 모든 기록이 원장이라는 장부에 전기된다. 제3장에서는 복식부기의 원리와 방법, 그리고 분개와 전기 과정을 설명한다. 회계에서는 일정한 기간을 임의로 구분하여 영업성과와 재무상태를 보고한다. 이때 회계기간 말에 손익계산과 재무상태를 정확히 파악하기 위한 절차가 필요한데, 이를 결산이라고 한다. 제4장에서는 이러한 결산과정을 설명한다. 결산을 거치면서 재무상태표의 계정잔액이 정확히 기록되고 회계기간의 손익도 정확히 계산된다. 제3장과 제4장에서 서비스기업에 대한 회계기록의 방법을 설명하고, 제5장에서는 상품매매기업의 회계처리를 설명한다. 상품매매기업은 상품이라는 재고자산을 사고파는 기업으로서 상품에 대한 회계처리가 추가로 필요하다. 마지막으로 제6장에서는 거래의 기록과 보고에 적용될 회계기준과 회계순환과정의 산출물인 재무제표에 대해서 설명한다.

Chapter 03

회계순환과정 — 분개와 전기

01 회계순환과정

회계는 정보이용자들이 기업을 평가하는 데 유용한 정보를 제공해준다. 그중 가장 기본적인 정보인 자산, 부채 및 자본에 관한 정보는 재무상태표에 의해 제공된다. 그리고 한 시점으로부터 다른 시점까지의 경영성과, 즉 수익과 비용의 내역은 손익계산서에 의해 제공된다. 이러한 재무제표는 회계시스템에 의해 만들어진다. 회계시스템은 기업의 활동과 기업을 둘러싼 환경변화가 기업에 미치는 영향 등을 분석하여 재무제표를 작성한다. 그 과정을 회계순환과정이라 하고, 그 과정에서 사용하는 독특한 회계처리방법이 복식부기이다.

1. 회계시스템

회계시스템이란 기업의 거래나 기업을 둘러싸고 일어나는 사건들의 경제적 영향을 적절히 인식하고 측정하여 정보이용자들에게 전달하는 전반적인 체계를 의미한다. 시스템은 투입(input)→처리(process)→산출(output)의 구성요소를 가진다. 회계시스템의 투입요소는 회계거래이다. 거래의 식별이 이루어지면 장부에 기록할 것인지의 여부를 결정하게 된다(인식). 인식에 관한 결정이 이루어지면 그 거래의 경제적 영향을 판단하여 장부에 기록할 금액을 결정한다(측정).

인식과 측정에 대한 판단이 이루어지면 다음에는 장부에 기록하는 절차가 진행된다. 거래를 장부에 기록하고 재무제표(財務諸表)를 산출해내는 과정을 **회계순환과정**(accounting cycle)이라 부른다. 회계순환과정을 통해 회계시스템의 최종산출물인 **재무제표**가 만들어지고, 재무제표는 이해관계자에게 전달되어 그들의 의사결정에 활용된다. 한편, 외부이해관계자들로부터의 피드백은 회계시스템에 입력이 되거나 회계시스템 자체의 수정을 가져오기도 한다. 이러한 과정이 반복되면서 기업과 회계시스템은 발전해 나간다. 회계시스템의 구성요소 중 재무제표에 대해서는 제2장에서 간략히 설명하였으며, 제6장에서 다시 자세히 설명한다. 본 절에서는 회계거래와 회계순환과정에 대해 설명한다.

회계시스템의 구성 그림 3-1

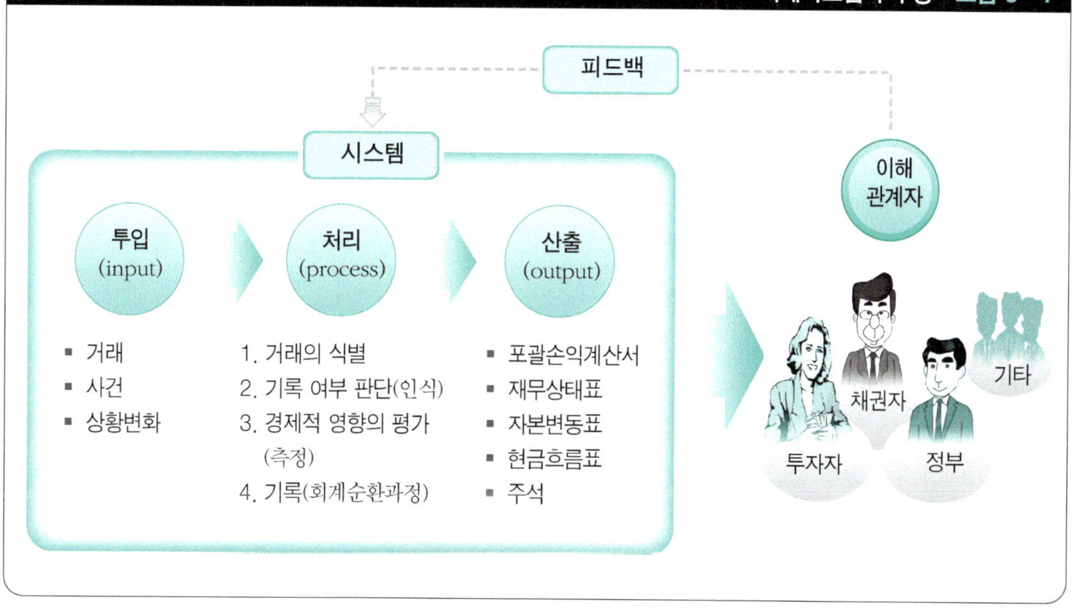

2. 회계거래

회계시스템의 입력요소인 거래는 일반적 의미의 거래보다 포괄적인 의미로 사용된다. 회계에서는 회계기록의 대상이 되면 거래(去來)라 부른다. 즉, **회계거래**(accounting transactions)는 일반적인 의미에서의 상거래뿐만 아니라 화재나 자연재해 등과 같은 사건·사고나 환율변동과 같은 상황변화도 포함한다. 그 외에도 회계원칙 및 절차상 분개의 대상이 되는 기록도 회계상 거래로 본다. 예를 들면, 유형자산의 사용에 따른 감가상각비의 기록, 이미 매입한 원재료의 제조과정에의 투입 및 사용 등은 일반적인 상거래는 아니지만 내부 활동과정에서 발생하는 절차로서 비용 및 순자산의 변동을 기록하는 회계거래에 해당된다.

반면에 일반적인 의미에서 거래이지만 회계에서 정하고 있는 인식의 조건을 충족시키지 않아 기록의 대상이 되지 않으면 거래라 부르지 않는다. 예를 들면, 다른 기업과 부품장기공급계약을 체결하면 일반적인 의미에서는 거래이다. 그러나 회계에서는 그 계약을 실제로 이행하기 전에는 장부에 기록하지 않으므로 회계상의 거래가 아니다. 이러한 계약을 **미이행계약**(executory contract)이라 부른다. 미이행(未履行)계약은 실제 그 계약의 일부 또는 전부가 이행되는 시점에서 인식되고 기록된다. 회계거래는 결과적으로 자산, 부채 또는 자본의 변화를 초래한다.

회계거래

회계에서의 거래는 기업에 경제적 영향을 미치면서 회계에서 정하고 있는 인식 및 측정의 원칙을 충족시키는 모든 상거래, 내부절차, 사건·사고 및 상황변화를 말한다. 따라서 일반적인 의미에서 거래가 아니더라도 기업의 자산, 부채 및 자본에 영향을 미쳐 회계기록의 대상이 되면 회계거래이다. 반면에, 일반적인 의미에서의 거래라 하더라도 회계의 인식이나 측정기준을 충족시키지 않으면 회계거래가 아니며 기록대상이 아니다.

3. 회계순환과정

회계시스템의 구체적인 과정은 장부기입(entry)과 처리(process)에 의해 이루어진다. 즉, 회계기간 중에 발생하는 모든 거래를 포착하여 그 경제적 영향을 분석한 다음 복식부기의 기록방법에 의해 장부에 기록한다. 그런 다음 이들 기록을 기초로 적절한 처리과정을 거쳐 회계시스템의 산출물(output)인 재무제표를 생산해낸다. 회계시스템의 일부인 이러한 구체적인 절차를 회계순환과정(accounting cycle)이라 한다. 회계순환과정은 거래의 분개에서 시작되어 재무제표의 작성과 장부의 마감으로 끝나는 순환과정이며 매 회계기간에 한 번씩 일어난다.

회계순환과정의 맨 처음 단계는 기간 중에 일어나는 거래를 **분개장**(journal)에 기록하는 것이다. 그리고 분개한 내용은 모두 **원장**(ledger)에 옮겨 적는다. 원장(元帳)은 모든 계정들로 구성되어 있어 각 계정의 변화와 잔액을 계정별로 파악하게 해준다. 이렇게 원장으로 분개장(分介帳)의 내용을 옮겨 적는 것을 **전기**(posting)라 한다. 회계기간 중에는 기중거래의 분개와 원장에의 전기가 이루어진다. 일단 전기가 끝나면 각 원장계정의 잔액을 계산하고, 이를 **수정전시산표**(pre-adjusted trial balance)에 요약하여 표시한다.

회계기간 말 결산시에는, 발생기준에 입각하여 손익계산을 정확히 하고 동시에 자산·부채를 정확히 보고하기 위해 분개장에 **수정분개**(또는 **결산정리분개**)를 한다. 기중거래와 마찬가지로 수정분개도 원장에 전기한다. 수정분개를 원장에 전기하고 나면 그 계정잔액을 **수정후시산표**(adjusted trial balance)에 요약하여 표시한다. 그 다음, 수정후시산표의 계정잔액을 정리하여 재무제표를 작성한다. 최종적으로 마감분개를 거쳐 회계순환과정이 완성된다.

제3장에서는 회계순환과정 중 분개와 전기의 방법에 대해 설명하고, 나머지 결산 및 마감절차는 제4장에서 다룬다.

회계장부

회계에서 기록이 행해지는 장소를 장부(book)라고 부른다. 회계장부는 분개장(journal)과 원장(ledger)으로 이루어져 있다. 분개장이란 회계기간 중에 일어나는 거래를 날짜별로 기록하기 위한 장부이며, 원장은 분개장의 내용을 옮겨 적어 각 계정의 잔액을 계산하기 위한 장부이다. 분개장과 원장에 대해서 보조장부를 유지하는 경우가 대부분이다. 즉, 각 계정별로 보다 자세한 기록이 필요할 때 그 세부내용을 기록·관리하기 위하여 보조원장 등 보조장부를 운영한다. 예를 들면, 보조원장에는 각 거래처별로 매출채권 및 매입채무의 증감내역을 기록하기 위한 매출처원장과 매입처원장, 그리고 상품의 종류별로 재고의 증감내역을 기록하기 위한 상품재고장 등이 있다. 보조원장을 사용하는 경우 총계정원장(general ledger)에는 관련 계정이 반드시 있게 되는데 그러한 종류의 계정을 통제계정(control account)이라 한다. 통제계정에는 보조원장의 합계만이 기록된다. 예를 들면, 거래처별로 관리되는 매출처원장(보조원장)의 매출채권 잔액의 합계액은 총계정원장의 매출채권(통제계정) 계정잔액과 일치한다.

그림 3-2 회계순환과정

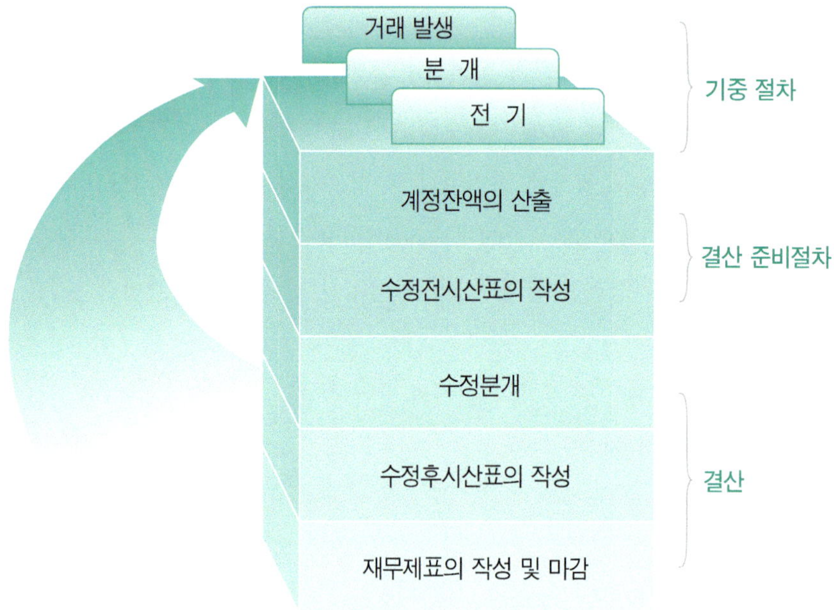

02 복식부기와 거래

1. 거래의 양면성과 복식부기

회계에서는 차변과 대변이라는 양변을 이용하는 독특한 구조와 방법으로 거래를 기록하는데, 그것을 **복식부기**(double-entry book-keeping)라 부른다. 하나의 거래에 대해서 동일한 금액으로 차변과 대변에 각각 다른 계정을 사용하여 기록하는 복식부기(複式簿記)의 특성을 가리켜 **거래의 양면성**(duality of transactions)이라 부른다. 즉, 복식부기에서는 모든 거래에 대해서 한쪽 계정에는 자산이나 부채 또는 자본의 변화(거래 결과)가 기록되고, 상대편 계정에 그 변화의 원인 또는 내역이 기록된다.

복식부기의 역사

복식부기에 의한 현재 회계시스템은 문헌상으로 1494년 이탈리아 상인 파치올리의 저서 『대수, 기하, 비 및 비례총람』에 최초로 소개되었다. 이 저서에 의하면 파치올리는 성공하기 위한 상인의 가장 중요한 조건으로 회계기록의 중요성을 강조하였다. 그 후 복식부기에 의한 장부기록은 기본적인 구조의 변화 없이 현재까지 전세계적으로 널리 사용되고 있을 만큼 효율적인 기록방법이라 할 수 있다. 우리나라에서는 그보다 약 200백여 년 앞서 고려시대 개성상인들이 고안하여 사용하던 '송도사개치부'라는 고유의 회계가 있었으나 지금은 사용되지 않고 있다.

2. 회계등식과 거래분석

회계등식(accounting equation)은 회계의 기본이 되는 등식으로서 재무상태표 등식이라고도 한다. 재무상태표의 중심은 자산이며, 자산은 관습적으로 재무상태표의 왼쪽에 기록되고 부채와 자본은 오른쪽에 기록된다. 회계에서 이 왼쪽을 차변(debit, debtor), 오른쪽을 대변(credit, creditor)이라 한다. 그리고 차변(借邊)과 대변(貸邊)의 금액은 항상 일치한다. 재무상태표상 자산은 기업자금의 이용(uses)이고, 부채와 자본은 기업자금이 조달된 원천(sources)이기 때문에 금액적으로 양자는 일치하게 되어 있기 때문이다.

회계등식

자산 = 부채 + 자본

각각의 회계거래는 재무상태표의 구성항목을 변화시킨다. 모든 거래는 재무상태표를 변화시키므로 하나의 거래가 이루어지면 그 내용을 반영한 새로운 재무상태표를 작성할 수 있다. 실제 재무상태표는 회계순환과정을 통하여 분개와 전기라는 절차를 거쳐 회계기간 말에 작성된다. 그러나 본 절에서는 회계거래가 재무상태표에 미치는 영향과 포괄손익계산서와 재무상태표의 관계를 이해하기 위하여 회계순환과정을 거치지 않고 회계등식을 이용하여 각 거래가 재무상태표에 미치는 영향에 대하여 사례를 이용하여 살펴본다. 본 사례에서 각 거래의 결과를 반영한 후 변화된 재무상태표를 작성할 수 있다. 그러나 본서에서는 편의상 기초 재무상태표와 기말 재무상태표만을 작성하여 제시한다. 다음에 나오는 각각의 회계등식은 재무상태표의 내용을 반영하고 있다.

거래 1 회사설립을 위한 주주의 현금출자

3월 1일

(주)서울은 주식(보통주, 액면 ₩100) 40주를 발행하고 주주들로부터 ₩4,000의 현금을 출자받아 설립되었다. 사무실은 임차하기로 하고 직원을 고용하여 업무를 시작하였다. 이 회사는 컴퓨터 및 주변기기를 취급하는 회사이다. 회사의 기본적 사항을 규정한 정관에 의하면 (주)서울은 컴퓨터와 관련한 기술적 용역제공을 사업 목적으로 하고 있다. 따라서 (주)서울은 용역제공을 목적으로 하는 서비스기업이다.

거래분석

회사설립을 위한 주주들의 현금출자로 현금(자산항목)이 ₩4,000 증가하고, 자본금(자본항목)이 같은 금액만큼 증가하게 된다. 최초거래를 반영한 후의 회계등식은 차변과 대변이 각각 ₩4,000으로 일치한다. 여기서 '자본금'은 사실상 '보통주자본금'을 의미한다. 독자의 이해를 쉽게 하기 위해 '자본금'이라는 명칭을 사용한다.

회계등식 :	자 산	=	부 채	+	자 본
	현 금				자본금
[거래 전]	₩ 0	=		+	₩ 0
[거래 ①]	+4,000	=		+	+4,000
[거래 후]	₩4,000	=		+	₩4,000

설립 후 (주)서울의 기초 재무상태표를 표시하면 〈표 3-1〉과 같다.

표 3-1 (주)서울의 기초 재무상태표

(주)서울	2017년 3월 1일 현재		(단위 : 원)
자 산 :		부 채 :	0
현 금	4,000	부채총계	0
		자 본 :	
		자본금	4,000
		자본총계	4,000
자산총계	4,000	부채와 자본총계	4,000

거래 2 비품(복사기 등)의 현금구입

3월 3일

➔ (주)서울이 사무실에서 사용할 목적으로 복사기 등 비품을 구입하고 그 대금인 ₩360을 현금으로 지급하다.

거래분석

➔ 복사기 등의 비품을 구입하기 위해 현금 ₩360을 지급하였으므로 현금(자산항목)이 감소하고, 그 대신 복사기 등의 비품(자산항목)이 그만큼 증가한다.

회계등식 :	자 산		=	부 채	+	자 본
	현 금	비 품				자본금
[거래 전]	₩4,000	₩ 0	=		+	₩4,000
[거래 ②]	−360	+360	=		+	0
[거래 후]	₩3,640	₩360	=		+	₩4,000

거래 3 용역제공(수익발생)에 의한 현금수취

3월 4일

➔ 거래처에 기술용역을 제공하고 현금 ₩800을 수령하다.

거래분석

➔ 용역을 제공하였으므로 용역매출(수익항목)이 발생하고, 그 대가로 현금이 증가한다. 동시에 수익은 재무상태표의 이익잉여금(자본항목)을 증가시킨다. 영업활동으로 인한 순자산 증가가 수익이며, 수익은 자본의 증가를 가져온다. 주주에 의한 출자는 자본금(자본항목)을 증가시키는 반면, 영업활동으로 인한 순자산의 증가는 이익잉여금(자본항목)을 증가시킨다.

회계등식 :	자 산		=	부 채	+	자 본	
	현 금	비 품				자본금	이익잉여금
[거래 전]	₩3,640	₩360	=		+	₩4,000	₩ 0
[거래 ③]	+800	0	=		+	0	+800
[거래 후]	₩4,440	₩360	=		+	₩4,000	₩800

거래 4 사무실 임차료의 현금지급

3월 4일

➔ 사무실 건물을 임차하기로 하고 6개월분 임차료 ₩600을 현금으로 지급하다.

거래분석

➔ 임차료(비용)를 현금으로 지급하였으므로 현금이 감소하고 비용이 발생한다. 비용은 재무상태표의 이익잉여금(자본)을 감소시킨다(이것은 명목법에 의한 처리방식인데, 제4장 제1절에서 설명하는 대체적 회계처리방법인 실질법을 사용할 수도 있다).

회계등식 :	자 산		=	부 채	+	자 본	
	현 금	비 품				자본금	이익잉여금
[거래 전]	₩4,440	₩360	=		+	₩4,000	₩800
[거래 ④]	−600	0	=		+	0	−600
[거래 후]	₩3,840	₩360	=		+	₩4,000	₩200

거래 5 거래처에 단기간 현금 대여

3월 4일

거래처에 ₩500을 대여해주고 6개월 이내에 상환받기로 하였다. 이 대여금에 대해서 매월 초 ₩10의 이자를 받기로 하였으며, 첫 이자는 4월 1일에 지급된다.

거래분석

현금 ₩500을 거래처에 대여하였으므로 현금이 감소하고, 동시에 단기대여금이라는 새로운 자산이 증가한다. 단기대여금은 미래 현금을 받을 수 있는 채권이므로 자산항목이다.

회계등식 :	자 산			=	부 채	+	자 본	
	현 금	비 품	단기 대여금				자본금	이익 잉여금
[거래 전]	₩3,840	₩360	₩ 0	=		+	₩4,000	₩200
[거래 ⑤]	-500	0	+500	=		+	0	0
[거래 후]	₩3,340	₩360	₩500	=		+	₩4,000	₩200

거래 6 사무실 임대료의 현금수취

3월 4일

임차한 사무실의 일부를 같은 날 협력업체에 6개월간 재임대하기로 하고 6개월분 임대료 ₩240을 현금으로 수령하다.[1]

거래분석

임대료를 현금으로 수령하였으므로 현금이 증가하고 임대료(수익)가 발생한다. 수익은 재무상태표의 이익잉여금(자본)을 증가시킨다(이것은 명목법에 의한 처리방식인데, 이와 달리 제4장 제1절에서 설명하게 될 대체적인 회계처리방법을 사용할 수도 있다).

1. 이 사례와 같은 전대차(재임대)가 법률적으로 제한받는 경우가 있으나, 학습목적으로 유용하기 때문에 전대차 상황을 설정한 것임.

회계등식 :	자산			= 부채 +	자본	
	현 금	비 품	단기 대여금		자본금	이익 잉여금
[거래 전]	₩3,340	₩360	₩500	= +	₩4,000	₩200
[거래 ⑥]	+240	0	0	= +	0	+240
[거래 후]	₩3,580	₩360	₩500	= +	₩4,000	₩440

거래 7 소모품(복사용지 등)의 현금구입

3월 5일

➔ 사무실에서 사용할 복사용지 등 소모품을 현금으로 구입하고 현금 ₩60을 지급하다.

거래분석

➔ 복사용지 등의 소모품을 구입하기 위해 현금을 지급하였으므로 현금이 감소하고, 소모품(자산항목)이 증가한다.

회계등식 :	자산				= 부채 +	자본	
	현 금	비 품	단기 대여금	소모품		자본금	이익 잉여금
[거래 전]	₩3,580	₩360	₩500	₩ 0	= +	₩4,000	₩440
[거래 ⑦]	-60	0	0	+60	= +	0	0
[거래 후]	₩3,520	₩360	₩500	₩60	= +	₩4,000	₩440

거래 8 은행으로부터 단기간 현금의 차입

3월 6일

➔ 은행에서 현금 ₩1,000을 차입하다. 차입 조건은 매월 ₩20의 이자를 지급하되 첫 이자는 4월 1일에 지급하고, 원금은 1년 내에 상환하는 것이다.

거래분석

➔ 은행으로부터 현금을 차입하였으므로 현금이 증가함과 동시에 단기차입금(부채항목)이 증가한다. 이 차입금은 1년 이내에 상환이 예상되므로 단기차입금이다.

회계등식 :	자산				=	부채	+	자본	
	현 금	비 품	단기 대여금	소모품		단기 차입금		자본금	이익 잉여금
[거래 전]	₩3,520	₩360	₩500	₩60	=	₩ 0	+	₩4,000	₩440
[거래 ⑧]	+1,000	0	0	0	=	+1,000	+	0	0
[거래 후]	₩4,520	₩360	₩500	₩60	=	₩1,000	+	₩4,000	₩440

거래 9 외상으로 기술용역 제공(수익발생)

3월 15일

➔ 거래처에 기술용역을 외상으로 제공하고 대금 ₩600을 추후에 받기로 하다.

거래분석

➔ 용역을 제공하였으므로 용역매출(수익항목)이 발생하였지만 현금이 수령되지는 않았다. 현금 대신에 매출채권(자산항목)이 증가하였다. 매출채권은 미래 현금을 받을 수 있는 권리이므로 자산이다.

회계등식 :	자산					=	부채	+	자본	
	현 금	비 품	단기 대여금	소모품	매출채권		단기 차입금		자본금	이익 잉여금
[거래 전]	₩4,520	₩360	₩500	₩60	₩ 0	=	₩1,000	+	₩4,000	₩ 440
[거래 ⑨]	0	0	0	0	+600	=	0	+	0	+600
[거래 후]	₩4,520	₩360	₩500	₩60	₩600	=	₩1,000	+	₩4,000	₩1,040

거래 10 임직원에 대한 급여의 현금지급

3월 30일

➔ 임직원 급여 ₩1,000을 현금으로 지급하다.

거래분석

➔ 현금이 감소하고, 급여(비용항목)가 발생하였다. 급여는 이익잉여금을 감소시킨다.

회계등식 :	자 산					=	부 채	+	자 본	
	현 금	비 품	단기 대여금	소모품	매출채권		단기 차입금		자본금	이익 잉여금
[거래 전]	₩4,520	₩360	₩500	₩60	₩600	=	₩1,000	+	₩4,000	₩1,040
[거래 ⑩]	−1,000	0	0	0	0	=	0	+	0	−1,000
[거래 후]	₩3,520	₩360	₩500	₩60	₩600	=	₩1,000	+	₩4,000	₩ 40

거래 11 외상대금의 회수

3월 31일

➔ 3월 15일(거래 ⑨)에 외상으로 기술용역을 제공하고 추후에 받기로 한 외상대금 ₩600 중 ₩200을 현금으로 회수하다.

거래분석

➔ 외상대금 ₩600 중 ₩200을 회수하였으므로 회수한 금액만큼 현금이 증가하고 매출채권이 감소한다.

회계등식 :	자 산					=	부 채	+	자 본	
	현 금	비 품	단기 대여금	소모품	매출채권		단기 차입금		자본금	이익 잉여금
[거래 전]	₩3,520	₩360	₩500	₩60	₩600	=	₩1,000	+	₩4,000	₩40
[거래 ⑪]	+200	0	0	0	−200	=	0	+	0	0
[거래 후]	₩3,720	₩360	₩500	₩60	₩400	=	₩1,000	+	₩4,000	₩40

지금까지 3월 한 달 동안의 각 거래가 회계등식에 미치는 영향을 분석하였다. 그 결과 3월 31일 최종적인 회계등식은 3월 31일자 (주)서울의 재무상태표를 나타낸다. 그리고 3월 중에 이익잉여금에 변화를 가져온 거래는 수익과 비용거래이다. 따라서 이들 내역은 3월의 손익계산서와 일치한다. 3월 31일자 재무상태표와 3월의 손익계산서를 표시하면 〈표 3-2〉와 같다.

표 3-2 (주)서울의 3월 재무상태표와 손익계산서

재무상태표

(주)서울 2017년 3월 31일 현재 (단위 : 원)

자 산 :		부 채 :	
현 금	3,720	단기차입금	1,000
단기대여금	500	부 채 총 계	1,000
매 출 채 권	400	자 본 :	
소 모 품	60	자 본 금	4,000
비 품	360	이익잉여금	40
		자 본 총 계	4,040
자 산 총 계	5,040	부채와 자본총계	5,040

손익계산서

(주)서울 2017년 3월 1일부터 2017년 3월 31일까지 (단위 : 원)

수 익 :		
용역매출		1,400*
임 대 료		240
비 용 :		
급 여	1,000	
임 차 료	600	(1,600)
당기순이익		40

* 3월 4일 ₩800 + 3월 15일 ₩600 = ₩1,400(용역매출)

03 거래의 기록—분개

앞 절에서 (주)서울의 3월 중 거래가 재무상태표에 미치는 영향을 회계등식으로 표시하고 재무상태표의 차변과 대변을 사용하여 기록하였다. 그러나 실제 회계실무에서는 이러한 방법을 사용하지 않고 회계순환과정을 통하여 기말에 한 번 재무상태표를 작성한다. 그리고 각 거래의 경제적 영향은 각 계정을 사용하여 분개장에 분개(分介)한 후 다시 그 내용을 원장에 전기하여 계정잔액을 계산함으로써 재무상태표 등 재무제표를 작성한다. 본 절에서는 회계거래의 최초기록 또는 원시기록인 분개에 대해서 설명한다.

1. 재무상태표와 분개의 원리

재무상태표의 차변과 대변은 반대쪽에 있으므로 그 성격도 반대이다. 예를 들면, 재무상태표의 차변에 기록되는 자산은 기업의 미래 경제적 효익의 유입 또는 창출인 반면, 대변에 기록되는 부채는 기업의 미래 경제적 효익의 유출 또는 사용이다. 따라서 자산과 부채는 기업의 주주입장에서 보면 서로 정반대의 경제적 효과를 의미한다. 즉, 부채가 일정할 때 자산이 많을수록 주주의 부(富)를 나타내는 기업의 **순가치**(net value)는 높아지지만, 반대로 자산이 일정할 때 부채가 많을수록 기업의 순가치는 낮아진다.

자본은 자산에서 부채를 차감한 잔액이며 기업의 **순자산**(net asset)이다. 자본은 부채와 같이 기업자금의 원천을 의미하기 때문에 재무상태표의 대변에 기록된다. 복식부기에서는 재무상태표의 차변 합계와 대변 합계가 항상 일치하므로, 자산과 부채의 차이인 자본을 대변에 기록함으로써 자산총계와 부채 및 자본총계가 일치한다(자산총계가 부채총계보다 큰 일반적 경우를 생각하면 이해하기 쉽겠다). 이러한 재무상태표 등식 관계로부터 복식부기의 원리와 분개의 방법이 도출된다.

2. 계정의 개념과 분개의 방법

1) 계정과 계정과목

분개(journal entry)란 거래의 경제적 영향을 분석하여 분개장(journal)에 기록하는 절차이다. 회계거래의 경제적 영향은 자산, 부채 또는 자본의 증감으로 나타난다. 이 때 그 경제적 영향을 기록하는 수단 또는 장소를 계정(account)이라 한다. 예를 들면, 비품을 구입하고 현금을 지급한 거래는 비품을 증가시킴과 동시에 현금을 감소시킨다. 따라서 비품(자산항목)의 변동을 기록하기 위하여 '비품' 이라는 계정을 이용한다. 마찬가지로 현금의 변동은 '현금' 이라는 계정에 기록한다. 결과적으로 계정이란 각 자산, 부채 및 자본 등의 항목이다.

기업은 각자 체계적인 방법으로 계정과목(計定科目) 번호를 부여한 계정과목표(chart of accounts)를 운용하고 있다. 〈표 3-3〉의 계정과목표는 기업이 사용하는 계정과목과 코드를 나타내는 계정과목표의 예이다. 실무에서는 이 표에서 제시된 계정과목보다 훨씬 더 다양한 계정과목을 사용한다.

재무상태표는 자산, 부채 및 자본에 해당하는 각 계정의 기말잔액을 일정한 형식에 의해 표시한 것이라 할 수 있다. 재무상태표의 차변에는 개별 자산의 계정잔액이 표시되고, 대변에는 부채와 자본의 개별 계정잔액이 표시된다.

한편, 손익계산서에는 수익과 비용의 각 계정과 그 잔액이 표시된다. 손익계산서는 수익에서 비용을 차감하여 이익을 계산하는 형식으로 보고된다. 그리고 수익과 비용은 다양한 계정으로 구성되어 있다. 수익은 영업활동으로부터의 순자산의 증가를 표시하고, 반대로 비용은 영업활동으로 인한 순자산의 감소를 표시한다. 즉, 재무상태표에는 순자산의 증가 또는 감소의 결과가 표시되고, 손익계산서에는 그 증가(수익)와 감소(비용)의 내역이 요약되어 표시된다. 따라서 손익계산서는 재무상태표의 순자산 증감에 대한 세부 내역을 설명해주는 재무제표라고 할 수 있다.

표 3-3 계정과목표의 예시

대분류	중분류	계정과목
자산 1	유동자산 11	현 금 111
		매 출 채 권 112
		단기대여금 113
		선 급 비 용 114
		미 수 이 자 115
		상 품 116
		소 모 품 117
	투자자산 12	투자부동산 121
		장기대여금 122
	유형자산 13	토 지 131
		비 품 132
		비품감가상각 누 계 액 133
	무형자산 14	영 업 권 141
		산업재산권 142
	기타 비유동자산 15	임차보증금 151
		장기미수금 152
부채 2	유동부채 21	단기차입금 211
		매 입 채 무 212
		선 수 수 익 213
		미지급비용 214
	장기금융부채 22	사 채 221
		장기차입금 222
	충당부채 23	확 정 급 여 부 채 231
	기타 비유동부채 24	임대보증금 241
자본 3	자본금 31	보통주자본금 311
		우선주자본금 312
	자본잉여금 32	주 식 발 행 초 과 금 321
	이익잉여금 33	법정적립금 331
		임의적립금 332
		배 당 금 333
	자본조정 34	자 기 주 식 341
		주 식 할 인 발 행 차 금 342
	기타포괄 손익누계액 35	기타포괄손익-공정가치측정 금융자산평가손익 351
		외 환 차 이 352

대분류	중분류	계정과목
수익 4	매출 41	용 역 매 출 411
		상 품 매 출 412
	지분법이익 42	지분법이익 421
	기타수익 43	이 자 수 익 431
		배당금수익 432
		임 대 료 433
		당기손익-공정가치측정 금융자산처분이익 434
		당기손익-공정가치측정 금융자산평가이익 435
		외 환 차 익 436
비용 5	매출원가 51	매 출 원 가 511
		매 입 512
		재 고 자 산 감 모 손 실 513
		재 고 자 산 평 가 손 실 514
	물류원가 52	보 관 료 521
		운 송 비 522
		보 험 료 523
		광고선전비 524
	관리비 53	급 여 531
		임 차 료 532
		통 신 비 533
		감가상각비 534
		여비출장비 535
		소 모 품 비 536
		손 상 차 손 537
	금융원가 54	이 자 비 용 541
	지분법손실 55	지분법손실 551
	기타비용 56	당기손익-공정가치측정 금융자산처분손실 561
		당기손익-공정가치측정 금융자산평가손실 562
		외 환 차 손 563
		기 부 금 564

2) 분개의 방법

분개장에는 거래의 시간순서 대로 복식부기의 원리에 따라 차변과 대변에 각 거래의 경제적 영향과 그 원인 또는 설명을 기록한다. 차변이나 대변의 표현방식에 있어서는 서술식 설명이 아니라 계정(account)을 사용한다. 이처럼 복식부기는 차변과 대변에 각각 계정과목과 금액만을 사용하여 거래를 기록하는 독특하면서도 단순한 구조를 가지고 있다.

분개장에서 분개를 하는 단계에서 각 거래의 경제적 영향에 대한 판단이 선행되므로 재무상태표와 손익계산서의 금액은 분개단계에서 정해진다. 따라서 정보이용자의 의사결정이나 기업경영에 영향을 미칠 중요한 기록내용은 모두 분개와 그 이전 단계인 인식과 측정단계에서의 판단에 의해 이루어진다.

앞에서 본 (주)서울의 거래 중 주주가 출자하고 회사를 설립한 거래 및 비품구입에 대한 분개를 분개장에 표시하면 〈표 3-4〉와 같다.

표 3-4 (주)서울의 분개장

분개장					제1면
일 자		계정과목 및 설명	원면	차 변	대 변
2017년 3월	1일	현금	111	4,000	
		자본금*	311		4,000
		주주들이 출자하고 주식회사를 설립			
	3일	비품	132	360	
		현금	111		360
		복사기 등 사무기기를 현금으로 매입			

* 여기서 자본금은 보통주자본금을 의미한다.

이 분개의 예에서 보듯이 분개장의 기록은 다음과 같은 방법을 따른다.

분개의 방법

① 거래일자를 기록하고 간단한 설명을 기록한다. 간단한 설명은 분개의 일부가 아니라 거래 기록의 내용에 관한 메모이다.
② 거래의 결과 영향을 받는 계정과목을 파악하여 각각 차변과 대변에 기록한다.
③ 거래로 인해 영향을 받는 계정의 금액을 측정하여 그 금액을 차변과 대변에 기입한다.
④ 분개장의 차변과 대변 계정과목을 원장에 전기할 때 옮겨 적을 원장의 페이지(또는 계정과목번호)를 원면란에 기입한다.

분개에서 차변과 대변에 계정과목 이름만 기록하고 서술식 표현을 쓰지 않는다. 예를 들면, 주주들에 의한 출자는 현금을 증가시킴과 동시에 자본금을 증가시킨다. 그러나 분개에는 현금이 증가하거나 자본금이 증가했다는 표현을 사용하지 않는다. 그 대신 차변에 현금, 대변에 자본금을 기입한다. 차변에 현금을 기입함으로써 현금의 증가를 표시하고, 동시에 대변에 자본금을 기입함으로써 자본금의 증가를 표시한다. 여기에서 주의할 점은 앞 분개장의 예에서 각 분개 아래에 나타나는 서술식 표현은 분개를 구성하는 부분이 아니라, 분개에 대해 간단히 설명해주는 보조적 표현일 뿐이라는 것이다.

이처럼 복식부기의 장점은 계정의 성격(자산, 부채 또는 자본)과 차변과 대변의 상대성을 이용하여 변화의 방향(증가 또는 감소)을 자동으로 표시할 수 있다는 점이다. 즉, 계정과목의 성격과 위치만으로도 그 거래의 내용을 바로 파악할 수 있다.

예를 들면, 현금 등의 자산이 차변에 기입되어 있으면 그 자산의 증가를 의미한다. 반대로 자산계정이 대변에 기입되어 있으면 그 자산의 감소를 의미한다. 부채와 자본은 자산의 경우와 반대이다. 즉, 부채(차입금 등)와 자본(자본금 등)이 대변에 기입되어 있으면 증가를, 차변에 기입되어 있으면 감소를 의미한다.

이러한 관계를 정리하면 〈그림 3-3〉으로 나타낼 수 있는데, 여기서 차변과 대변에 기록될 내용을 알 수 있다.

3) 수익과 비용계정의 분개

앞의 예에서는 재무상태표 계정, 즉 자산, 부채 및 자본계정에만 영향을 미치는 거

분개시 재무상태표 계정에서의 차변과 대변 결정 그림 3-3

래를 설명하였다. 이들 거래에서는, 소유주의 출자나 배당금 지급 등 자본거래가 없다면, 자산이 감소(증가)한 만큼 다른 자산이 증가(감소)하거나 부채가 감소(증가)하여 순자산이 변화하지 않는다. 따라서 수익이나 비용이 발생하지 않으며, 이익에 영향을 미치지 않는다. 예를 들면, 현금을 지급하고 비품을 구입한 거래는 자산이 감소한 만큼 다른 형태의 자산이 증가한다. 그리고 은행에서 현금을 차입하면 자산이 증가한 만큼 부채가 증가한다. 이들 거래는 **순자산**의 변화를 가져오지 않으므로 수익이나 비용계정이 사용되지 않는다. 단, 주주에 의한 출자는 현금 증가에 상응하는 자산 감소나 부채 증가가 없고 기업자금 원천의 증가로서 자본이 증가한다. 하지만 이는 영업활동과 무관하게 자본금이 증가한 경우이므로, 역시 수익, 비용 및 이익에는 영향을 미치지 않는다.

반면에 주주와의 자본거래가 아닌 영업활동과 관련하여 순자산이 증가하거나 감소하면 손익에 영향을 미친다. 즉, 영업활동으로 인한 순자산의 증가가 수익이고, 순자산의 감소는 비용이다. 예를 들면, 용역을 제공하고 ₩1,000의 현금을 수령한 경우 현금이 창출되어 순자산이 증가한다. 따라서 차변에 '현금'을 기입하고, 대변에는 수익계정인 '용역매출'을 기입하는 분개를 한다. 이때 대변계정은 수익계정으로서 "차변의 현금증가가 영업활동에 의해 창출된 순자산의 증가, 즉 수익이다"라는 의미로 사용된다. 다만 수익에도 종류가 많으므로 구체적으로 용역매출이라는 계정을 기입한다.

실질계정과 명목계정

자산, 부채, 자본 등의 재무상태표 계정은 실질적인 내용을 나타내는 계정으로 실질계정(real account) 또는 영구계정(permanent account)이라 한다. 현금 등 자산계정은 현금이 실제로 증가 또는 감소했음을 나타내며, 차입금 등 부채계정은 실제로 부채가 증가 또는 감소했음을 나타낸다. 그리고 자본금 등 자본계정도 소유주에 귀속되는 순자산의 증감과 그 크기를 나타내므로 실질계정이다. 실질계정의 잔액은 그 시점에 실제로 존재하는 잔액이며, 회계연도(회계기간) 말의 잔액은 다음 회계연도로 이월된다는 특징을 가진다. 예를 들면, ABC 회사의 2016년 12월 말 현금계정잔액이 ₩100만이라면 실제로 그 회사가 ₩100만의 현금을 보유하고 있음을 나타낸다. 그리고 그 현금은 2017년 1월로 이월되어 1월 1일 현금계정잔액도 ₩100만으로 출발한다.

반면에 수익, 비용 등의 손익계산서 계정은 실질적인 내용이 없는 명목계정(nominal account) 또는 임시계정(temporary account)이다. 수익과 비용은 일정 시점에 실재하는 실체로서가 아니라 일정 기간 동안에 파악되는 금액이다. 분개시에는 그 상대편에 기입되는 자산과 부채의 증감에 대한 성격규명 또는 설명의 역할을 한다. 그리고 수익과 비용계정은 각 수익 및 비용계정에 해당하는 항목의 잔액합계가 얼마인지 산정하는 역할을 한다. 따라서 결산시 수익과 비용의 각 계정잔액은 그 기간 동안의 각 계정(매출, 보험료 등)의 발생금액 합계를 표시하고, 기말에 그 역할이 끝나면 없어져 다음 회계연도로 이월되지 않는다. 이를테면, ABC 회사의 2016년의 보험료가 ₩20만이라면 다음 연도 초에 2017년의 보험료로서 ₩20만이 이월되는 것이 아니라, 2017년 1월 1일에 ₩0으로부터 출발하게 된다.

이를 약식 분개로 표현하면 다음과 같다.

(차) 현　　금	1,000	(대) 용 역 매 출	1,000

반대로 광고를 의뢰하고 광고비로 ₩1,000을 지급한 경우에는 현금이 감소하게 된다. 이는 '영업활동에 의한 순자산의 감소' 이므로 비용이다. 이때 차변계정은 비용계정으로서 "대변의 현금 감소가 영업활동으로 인한 순자산의 감소, 즉 비용이다" 라는 의미로 사용된다. 다만 비용에도 종류가 많으므로 구체적으로 광고선전비라는 계정을 기입한다. 따라서 다음과 같이 분개한다.

(차) 광고선전비	1,000	(대) 현 금	1,000

이와 같이 영업활동과 관련하여 순자산의 증감이 발생한 경우에는 수익이나 비용이 발생한다. 수익이나 비용이 발생하는 거래에 대한 분개의 결합관계를 표시하면 다음 〈표 3-5〉와 같다. 수익계정은 항상 대변에 기입되고, 비용계정은 항상 차변에 기입된다. 그 이유는 수익은 순이익을 증가시키는 이익잉여금의 증가요소이고 이는 곧 자본의 증가(대변에 기입)와 직결되며, 비용은 반대로 순이익을 감소시키는 요소로서 자본의 감소(차변에 기입)와 직결되기 때문이다. 그 이유를 다음과 같이 설명할 수도 있다. 즉, 수익은 차변의 자산증가 또는 부채감소에 대한 설명(성격규명)으로서 그 상대편인 대변에 기입하고, 반대로 비용은 대변의 자산감소 또는 부채증가에 대한 설명(성격규명)으로서 상대편인 차변에 기입하기 때문이다.

표 3-5 수익과 비용계정의 분개

수익 발생 (순자산의 증가)	(차변) 자산 ×××	(대변) 수익 ×××	수익이 자산의 증가로 나타남
	(차변) 부채 ×××	(대변) 수익 ×××	수익이 부채의 감소로 나타남
비용 발생 (순자산의 감소)	(차변) 비용 ×××	(대변) 자산 ×××	비용이 자산의 감소로 나타남
	(차변) 비용 ×××	(대변) 부채 ×××	비용이 부채의 증가로 나타남

4) 거래의 결합관계

거래의 분개에 있어서 앞에서 설명한 모든 경우의 수를 정리하면 〈표 3-6〉과 같다. 각 분개에서는 자산, 부채, 자본, 수익 및 비용 중 하나가 차변과 대변에 각각 기입된다. 자산, 부채 및 자본은 실질계정으로서, 차변과 대변 중 어디에 위치하는지가 그 계정의 증감을 나타낸다. 수익과 비용은 명목계정으로서, 상대편 계정에 위치하는 실질계정이 순자산(자본)의 증가를 나타내면 수익계정을 기입하고, 순자산(자본)의 감소를 나타내면 비용계정을 기입한다. 이러한 모든 경우의 수가 결합되어 분개에 나타날 수 있다.

정의상, 수익계정은 항상 대변에 기입되고, 비용계정은 항상 차변에 기입된다. 그리고 수익계정과 비용계정에 대해서는 증감이라는 표현 대신에 발생이라는 표현을 사용한다. 그러나 오류에 대한 수정이나 마감절차에서는 기술적인 이유로 수익계정이 차변에 나타나거나 비용계정이 대변에 나타날 수 있다. 수익계정이 차변에 기입되면 본래 기록되어 있는 수익계정의 대변금액이 그만큼 상계되어 줄어들고, 비용계정이 대변에 기입되면 본래 기입되어 있는 비용계정의 차변금액이 그만큼 상계되어 줄어든다. 그러나 이것은 예외적인 경우이다. 수익계정의 **정상잔액**(normal balance)은 대변 잔액이며, 비용계정의 정상잔액은 차변 잔액이다.

표 3-6 분개시 계정과목의 결합관계

결합관계		분개의 예		
차 변	대 변	차 변	대 변	설 명
자산증가	자산감소	소 모 품 ×××	현 금 ×××	소모품의 현금구입
자산증가	부채증가	현 금 ×××	단기차입금 ×××	은행에서 단기로 차입
자산증가	자본증가	현 금 ×××	자 본 금 ×××	주주의 현금 출자
부채감소	자산감소	단기차입금 ×××	현 금 ×××	단기차입금의 상환
자본감소	자산감소	이익잉여금 ×××	현 금 ×××	배당금 지급
부채감소	부채증가	단기차입금 ×××	장기차입금 ×××	단기차입금을 장기차입금으로 전환
자산증가	수익발생	현 금 ×××	용 역 매 출 ×××	용역을 제공하고 현금을 수령
부채감소	수익발생	선 수 금 ×××	공 사 수 익 ×××	선수금에 대한 공사용역을 제공
비용발생	자산감소	여비출장비 ×××	현 금 ×××	여비출장비를 지급
비용발생	부채증가	이 자 비 용 ×××	미지급이자 ×××	차입금에 대한 발생이자가 미지급

3. 거래의 분개 — (주)서울

본 장의 제2절에서 (주)서울의 거래 예를 이용하여 거래가 재무상태표에 미치는 영향을 살펴보았다. 그것은 분개와 전기 등의 복식부기를 이용하지 않고 회계등식만을 이용한 방법으로도 재무제표를 작성할 수 있다는 사실을 보여준다. 그러나 실제로 기업에서 일어나는 수많은 복잡한 거래를 체계적으로 정확하게 기록하기 위해서는 그러한 직관적인 방법을 사용하지 않고 회계순환과정을 따른다.

다음에는 앞서 예시한 (주)서울의 사례를 이용하여 복식부기의 원칙에 따라 회계순환과정을 제시한다. 여기에 제시된 분개는 제4절과 제4장에 걸쳐서 회계순환과정을 설명하는 자료로 사용된다. 독자의 이해를 돕기 위해, (주)서울의 거래 중 재무상태표 계정만 포함된 거래와 손익계산서와 재무상태표 계정이 모두 포함된 거래를 구분하여 설명한다.

1) 재무상태표 계정만 포함된 거래

재무상태표 계정에만 영향을 미치는 거래의 분개에는 수익이나 비용 계정이 사용되지 않는다. 이렇게 재무상태표 계정만 포함된 거래도 자본의 변동이 없는 거래와 자본의 변동이 있는 거래로 나누어진다.

(1) 자본의 변동이 있는 거래

[거래 1]

➔ 2017년 3월 1일 주주들이 ₩4,000의 현금을 출자하고 주식(보통주, 액면 ₩100) 40주를 발행받아 (주)서울을 설립하다.

2017. 3. 1	(차) 현 금	4,000	(대) 자 본 금	4,000

[해설] 현금 증가는 자변에 기록한다. 그리고 그 현금 증가의 원천이 주주들의 출자에 의한 것이고 이는 주주의 청구권(자본)의 증가이므로 대변에 자본금이라는 자본계정을 기입한다. 자본 중 주주가 출자한 금액(더 정확히 말해, 출자액 자체라기보다 주식의 액면총액, 즉 발행주식수 × 주식의 액면금액)이 자본금이다.

(2) 자본의 변동이 없는 거래

[거래 2]

➔ 3월 3일 (주)서울이 사무실에서 사용할 목적으로 복사기 등 비품을 구입하고 그 대금인 ₩360을 현금으로 지급하다.

2017. 3. 3	(차) 비 품	360	(대) 현 금	360

[해설] 현금과 비품은 모두 자산이므로 현금 감소를 대변, 비품 증가를 차변에 기입한다. 이 거래의 결과 현금이 비품으로 자산의 종류가 바뀌었을 뿐 총자산금액의 변화는 없다. 총자산과 총부채의 변화가 없으므로 순자산(자본)의 변화가 없고, 따라서 손익계산서(순이익)에는 영향을 미치지 않는다.

[거래 5]

3월 4일 거래처에 ₩500을 대여해 주고 6개월 이내에 상환받기로 하다. 매월 초 ₩10의 이자를 받기로 하였으며, 첫 이자는 4월 1일에 지급된다.

2017. 3. 4	(차) 단기대여금	500	(대) 현　　금	500

[해설] 이 거래는 현금 자산의 감소와 단기대여금이라는 자산의 증가가 결합되어 있어, 총자산의 변화가 없다. 대여금은 미래에 현금으로 돌려받을 수 있는 채권이므로 자산이다. 이 거래 역시 순자산(자본)의 변화가 없으므로 손익계산서에 영향을 미치지 않는다.

[거래 7]

3월 5일 사무실에서 사용할 복사용지 등 소모품을 구입하고 현금 ₩60을 지급하다.

2017. 3. 5	(차) 소 모 품	60	(대) 현　　금	60

[해설] 현금과 소모품은 모두 자산이므로 현금의 감소를 대변에, 소모품 증가를 차변에 기입한다. 이 거래에서 현금에서 소모품으로 자산의 종류가 바뀌었을 뿐, 총자산이나 순자산(자본)의 변화가 없음을 알 수 있다.

[거래 8]

3월 6일 은행에서 현금 ₩1,000을 차입하다. 차입조건은 매월 ₩20의 이자를 지급하되 첫 이자는 4월 1일에 지급하고, 원금은 1년 내에 상환하는 것이다.

2017. 3. 6	(차) 현　　금	1,000	(대) 단기차입금	1,000

[해설] 차입거래로 인하여 현금이 신규로 ₩1,000 유입되었다. 현금 증가는 차변에 기록한다. 동시에 1년 이내에 갚아야 할 부채인 단기차입금이 증가하였으므로 부채의 증가를 대변에 기록한다. 이 거래에서 자산과 부채가 동시에 같은 금액으로 증가하여 순자산(자본)의 변화가 없으므로 손익계산서에 영향을 미치지 않는다.

[거래 11]

3월 15일에 외상으로 기술용역을 제공하면서 발생했던 매출채권 ₩600 중 ₩200을 3월 31일 현금으로 회수하다.

2017. 3. 31	(차) 현 금	200	(대) 매 출 채 권	200

[해설] 3월 15일 외상으로 제공된 기술용역에 대한 분개는 다음 소절(거래 9)에서 설명될 것이다. 본 거래 예에서는 현금 증가를 차변에, 매출채권 감소를 대변에 기입한다. 이 거래에서 자산의 종류가 바뀌었을 뿐, 총자산이나 순자산의 변화는 없다.

2) 손익계산서 계정과 재무상태표 계정이 포함된 거래

영업활동과 관련하여 순자산의 변화가 있으면 손익계산서에 영향을 미친다. 영업활동의 결과 순자산이 증가하면 수익, 순자산이 감소하면 비용이 발생한 것이다.

(1) 순자산의 감소—비용 발생 거래

[거래 4]

3월 4일 사무실 건물을 임차하기로 하고 6개월분 임차료 ₩600을 현금으로 지급하다.

2017. 3. 4	(차) 임 차 료	600	(대) 현 금	600

[해설] 현금 감소를 대변에 기입한다. 이 거래에서는 현금 감소에 대응하는 다른 형태의 자산 감소나 부채 증가가 없다. 영업활동의 과정에서 임차를 위해 순자산이 ₩600 감소하였으므로 차변에 임차료(비용)를 기입한다.

[거래 10]

3월 30일 임직원 급여를 ₩1,000 지급하다.

2017. 3. 30	(차) 급 여	1,000	(대) 현 금	1,000

[해설] 위 임차료 지급과 같은 논리로 급여(비용항목)의 발생을 차변에, 현금 감소를 대변에 기입한다.

(2) 순자산의 증가—수익 발생 거래

[거래 3]

3월 4일 거래처에 기술용역을 제공하고 현금 ₩800을 수령하다.

2017. 3. 4	(차) 현 금	800	(대) 용 역 매 출	800

[해설] 현금 증가를 차변에 기록한다. 이 현금은 (주)서울의 영업활동으로부터 신규로 창출된 것이다. 즉, 영업활동으로부터의 순자산 증가이므로 대변에 용역매출이라는 수익계정을 기입한다.

[거래 6]

3월 4일 임차한 사무실의 일부를 같은 날 협력업체에 재임대하기로 하고 6개월분 임대료 ₩240을 현금으로 수령하다.

2017. 3. 4	(차) 현 금	240	(대) 임 대 료	240

[해설] 현금 증가를 차변에 기록하고, 수익계정인 임대료를 대변에 기입한다.

[거래 9]

3월 15일 거래처에 기술용역을 제공하고, 현금 ₩600을 추후에 받기로 하다.

2017. 3. 15	(차) 매 출 채 권	600	(대) 용 역 매 출	600

[해설] 외상으로 용역매출이 이루어졌으므로 매출채권(자산) 증가를 차변에 기입하고, 이는 영업활동으로부터의 순자산 증가이므로 대변에는 용역매출(수익)을 기입한다.

지금까지 (주)서울의 2017년 3월의 거래를 분개하였다. 여기에서는 독자의 이해를 위해 거래 유형별로 설명하였지만, 분개장에는 시간순서로 기록한다. 이들 거래를 분개장에 정리하면 〈표 3-7〉과 같다.

표 3-7 분개장—기중거래의 기록

분 개 장						제1면
일자			계정과목 및 설명	원면	차변	대변
2017년			현금	111	4,000	
3월	1일	①	자본금	311		4,000
			주식의 현금발행과 회사설립			
			비품	132	360	
	3일	②	현금	111		360
			사무기기의 현금매입			
			현금	111	800	
	4일	③	용역매출	411		800
			기술용역 제공하고 현금수령			
			임차료	532	600	
	4일	④	현금	111		600
			사무실 임차료 6개월분 선급			
			단기대여금	113	500	
	4일	⑤	현금	111		500
			거래처에 단기간 현금대여			
			현금	111	240	
	4일	⑥	임대료	433		240
			사무실 일부 재임대로써 6개월분 임대료 선수			
			소모품	117	60	
	5일	⑦	현금	111		60
			소모품의 현금구입			

	6일	⑧	현금 　단기차입금	111 211	1,000	 1,000
			은행에서 단기차입			
	15일	⑨	매출채권 　용역매출	112 411	600	 600
			외상으로 용역매출			
	30일	⑩	급여 　현금	531 111	1,000	 1,000
			임직원 급여의 현금지급			
	31일	⑪	현금 　매출채권	111 112	200	 200
			매출채권의 회수			

04 원장에의 전기

앞 절에서 (주)서울의 거래를 예를 들어 분개의 원칙과 방법에 대해 설명하였다. 본 절에서는 이들 기중거래의 분개를 총계정원장에 전기하여 잔액을 계산하고, 계정잔액을 수정전시산표에 요약·표시하는 과정을 설명한다.

1. 전기의 방법

분개장에는 각 거래의 경제적 영향, 즉 자산, 부채, 자본 및 수익, 비용 계정에의 영향이 날짜순으로 기록되어 있다. 재무제표를 작성하기 위해서는 이들 각 계정 금액의 회계기간 중 증감 및 잔액을 구해야 하는데, 이를 위해 총계정원장의 각 계정에 분개장의 내용을 옮겨 적는다. 이와 같은 옮겨 적기, 즉 분개장의 분개 내용을 **총계정원장**의 해당 계정의 차변 혹은 대변으로 옮겨 적는 절차를 **전기**(轉記, posting)라 한다.

전기의 방법

1. 분개장의 차변과 대변 금액은 모두 총계정원장 내의 해당 계정으로 전기한다.
2. 동일한 계정과목은 총계정원장의 동일한 계정에 전기한다.
3. 분개장의 차변계정 금액은 총계정원장의 해당 계정의 차변에, 분개장의 대변계정 금액은 총계정원장의 해당 계정의 대변에 전기한다.
4. 전기할 때 해당 거래날짜와 상대편 계정과목을 함께 기입한다.

총계정원장(總計定元帳, general ledger)은 기업이 운용하는 모든 계정들로 구성된 장부를 말한다. 즉, 계정들의 총집합체이다. (주)서울의 예를 들어 총계정원장의 일부를 제시하면 다음 〈표 3-8〉과 같다.

표 3-8 총계정원장

현 금						계정번호 111
일 자		적 요	분면	차 변	대 변	잔 액
3월	1일	주주의 출자(주식의 발행)	1	4,000		4,000
	3일	비품의 구입	1		360	3,640
	4일	용역제공	1	800		4,440

자 본 금						계정번호 311
일 자		적 요	분면	차 변	대 변	잔 액
3월	1일	주주의 출자(주식의 발행)	1		4,000	4,000

총계정원장에는 계정과목, 계정번호, 거래일자, 적요(간단한 설명), 분면 및 금액이 기록된다. 분면이란 총계정원장으로 전기된 각 거래내역의 분개장 페이지를 말한다. 위에서 현금과 자본금은 모두 분개장의 1쪽에서 전기되어 왔음을 알 수 있다.

총계정원장의 계정들을 교과서에서 설명할 때는 편의상 약식으로 표현하는데, 이를 영어 알파벳 T와 같은 모습이라 하여 T계정(T account)이라 부른다. 분개의 내용을 T계정에 옮겨 적고 표시하는 방법을 현금계정의 예를 들어 설명한다.

T계정(T account) 작성방법

① 각 T계정의 맨 위에 계정의 이름을 적는다. 즉, 현금계정은 T계정 위에 '현금'이라고 적는다.
② 분개장에 날짜순으로 기록되어 있는 모든 분개 중에서 차변에 있는 현금계정은 원장의 T계정 차변에, 대변에 있는 현금계정은 원장의 T계정 대변에 차례대로 날짜와 금액을 옮겨 적는다.
③ 각 거래의 내용을 메모하기 위한 방법으로, 즉 거래에 대한 설명으로서, T계정 내 해당 금액 앞에 그 T계정의 (분개시의) 상대편 계정과목을 기입한다.

예를 들면, 3월 1일 주주의 출자에 의한 현금 증가에 대한 분개로부터 '현금' T계정의 차변에 ₩4,000이 전기되는데, 그 금액 앞에 자본금이라는 상대편 계정을 기입함으로써 주주가 출자한 자본금에 의해 현금이 증가한 사실을 알 수 있도록 한다. 현금 T계정에서 대변에 '3월 3일 비품 360'이란 표현은 비품의 구입에 현금 ₩360을 지급하였다는 사실을 나타낸다.

마지막으로 분개장에 있는 모든 계정의 금액을 다 옮겨 적고 나면 각 계정의 차변 합계와 대변 합계를 계산한다. (주)서울의 예에서 3월 중 총현금증가(차변 합계)는 ₩6,240이며, 총현금감소(대변 합계)는 ₩2,520이다. 따라서 3월 31일 현재 현금잔액은 ₩3,720이다.

2. 기중거래의 전기

(주)서울의 기중거래를 모두 T계정에 옮겨 적으면 다음과 같다. 동그라미 안의 숫자는 사례에서의 거래번호(분개번호)를 나타낸다.

1) 자산계정

현 금

3. 1 ① 자 본 금 4,000	3. 3 ② 비 품 360
3. 4 ③ 용역매출 800	3. 4 ④ 임 차 료 600
⑥ 임 대 료 240	⑤ 단기대여금 500
3. 6 ⑧ 단기차입금 1,000	3. 5 ⑦ 소 모 품 60
3.31 ⑪ 매출채권 200	3.30 ⑩ 급 여 1,000
	잔 액 3,720

단기대여금

3. 4 ⑤ 현 금 500	잔 액 500

매출채권

3.15 ⑨ 용역매출 600	3.31 ⑪ 현금 200
	잔 액 400

소 모 품

3. 5 ⑦ 현 금 60	잔 액 60

비 품

3. 3 ② 현 금 360	잔 액 360

2) 부채계정

단기차입금

잔 액 1,000	3. 6 ⑧ 현 금 1,000

3) 자본계정

자 본 금

잔 액 4,000	3. 1 ① 현 금 4,000

4) 수익계정

용역매출

	3. 4 ③ 현 금 800
	3.15 ⑨ 매출채권 600
잔 액 1,400	

임 대 료

잔 액 240	3. 4 ⑥ 현 금 240

5) 비용계정

급 여

3.30 ⑩ 현 금 1,000	
잔 액 1,000	

임 차 료

3. 4 ④ 현 금 600	
잔 액 600	

3. 계정잔액의 산출과 수정전시산표

일단 전기가 완료되면 각각의 T계정에서 차변 또는 대변 잔액을 계산한다. 자산은 차변에, 부채와 자본은 대변에 잔액이 나타난다. 그리고 비용은 차변에, 수익은 대변에 잔액이 나타난다.

분개장의 기록을 총계정원장에 전기한 후, 각 계정에서 계산된 계정잔액을 〈표 3-9〉와 같이 수정전시산표에 요약하여 표시한다. **시산표**(試算表, trial balance)에는 일반적으로 계정을 자산, 부채, 자본, 수익, 비용 순서로 열거하고 차변 잔액은 차변에, 대변 잔액은 대변에 기입한다. 마지막으로, 시산표에 정리된 모든 차변계정 잔액의 합계와 대변계정 잔액의 합계를 구하여 양자가 일치하는지 확인한다. 양쪽 합계가 일치하지 않으면 회계기록에 오류가 있음을 나타내므로 회계순환과정을 역순으로 추적하여 오류를 발견하여 수정하여야 한다. (주)서울의 예에서는 차변 합계와 대변 합계가 모두 ₩6,640으로 일치한다.

시산표는 기중거래에 대한 분개를 모두 원장에 전기한 후 각 계정별로 계산한 잔액을 모아 요약한 표이다. 이 시산표에서 출발하여 수정(修正, adjustment)사항에 대한 회계처리를 거쳐 결산절차(다음 장에서 다룸)가 진행된다. 수정사항이 반영되기 전에 만들어지는 시산표를 수정전시산표라 한다. 따라서 수정전시산표의 작성을 **결산준비절차**라고도 한다.

시산표의 검증 기능이 포착해 낼 수 없는 오류

시산표라고 해서 장부기재상의 모든 오류에 대해 단서를 제공해주는 것은 아니다. 차변·대변 합계를 산술적으로 서로 일치하게 하는 오류는 시산표만으로 포착할 수는 없다. 다음과 같은 오류가 그 예에 속한다.

① 한 거래에 대한 분개 또는 그 분개의 전기가 완전히 누락되거나 중복되어 기록된 경우
② 차변계정과 대변계정이 서로 바뀌어 분개되거나 전기된 경우
③ 분개나 전기할 때, 차변과 대변에서 동일한 금액의 오류가 발생한 경우
④ 분개할 때 또는 그 분개를 전기할 때 발생한 한쪽 금액의 오류가 우연히 다른 분개 또는 전기 시 발생한 오류 금액과 동일한 금액으로 상쇄된 경우

표 3-9 수정전시산표

(주)서울 2017년 3월 31일 (단위 : 원)

	계정과목	차 변	대 변
자 산	현 금	3,720	
	단기대여금	500	
	매출채권	400	
	소 모 품	60	
	비 품	360	
부 채	단기차입금		1,000
자 본	자 본 금		4,000
수 익	용역매출		1,400
	임 대 료		240
비 용	급 여	1,000	
	임 차 료	600	
	합 계	6,640	6,640

연습문제

※ 서술문제 ※

01. 회계시스템을 시스템의 구성요소(입력, 처리, 출력)를 이용하여 설명하시오.

02. 일반적 의미의 거래보다 포괄적인 의미로 사용되는 회계거래의 개념에 대해 설명하시오.

03. 회계의 순환과정(accounting cycle)의 개념과 절차를 회계기간 중과 회계기간 말로 구분하여 설명하시오.

04. 복식부기(double-entry book-keeping)와 거래의 양면성(duality of transactions)에 대해 설명하시오.

05. 분개(journal entry)의 개념과 방법에 대해 설명하시오.

06. 재무상태표의 기본 속성을 이용하여 복식부기의 원리와 분개방법의 도출배경에 대해 설명하시오.

07. 계정(account)의 개념을 설명하고 예를 열거하시오.

08. 복식부기의 장점에 대해 설명하시오.

09. 손익계산서 계정인 수익과 비용에 영향을 미치지 않고 재무상태표 계정인 자산, 부채, 자본에만 영향을 미치는 거래의 특징에 대해 설명하시오.

10. 실질계정(real account) 또는 영구계정(permanent account)에 대해 설명하시오.

11. 명목계정(nominal account) 또는 임시계정(temporary account)에 대해 설명하시오.

12. 용역을 제공하고 현금을 수령할 경우, 차변에는 현금의 증가를, 대변에는 수익의 발

생을 기록한다. 이 경우 대변의 수익계정이 의미하는 바에 대해 설명하시오.

13. 자산, 부채, 자본의 증가와 감소, 수익과 비용의 발생을 차변과 대변으로 구분하여 제시하시오.

14. 분개장(journal)에 분개된 거래내역을 다시 원장(ledger)에 전기(posting)하는 목적에 대해 설명하시오.

15. 전기의 원칙과 방법에 대해 설명하시오.

16. 시산표(trial balance)의 개념과 작성 이유에 대해 설명하시오.

❀ 계산 및 회계처리문제 ❀

기초문제

01. 다음 중 회계거래에 해당되지 않는 항목과 그 이유를 간략히 서술하시오.

① 현금과 건물을 출자하여 회계법인을 설립하다.
② 사무실을 임차하기로 계약하고, 3개월분에 해당하는 임차료를 미리 현금으로 지급하다.
③ 소모품 보관용 창고의 화재로 인해 손실을 보다.
④ 감사서비스를 제공하기로 하고 (주)덕유와 계약을 체결하다.
⑤ 영업활동을 위해 복사용지, 프린터 토너 등을 사용하다.
⑥ 개업을 알리는 지면광고를 하고 그 대금은 나중에 지급하기로 하다.
⑦ 고액의 연봉을 주기로 하고 회계사를 채용하다.
⑧ 감사서비스를 제공하고 그 대금을 나중에 받기로 하다.
⑨ 전기요금, 전화요금, 인터넷 이용료 등의 공과금 고지서를 받다.
⑩ 거래처의 부도로 인해 이미 제공한 감사서비스에 대한 대금을 받을 수 없게 되다.

02. 다음 일련의 거래에 대해 아래 요구에 답하시오.

a. 서비스 제공을 주 영업으로 하는 주식회사를 설립하다. 발기인들은 회사에 현금 ₩5,000, 그리고 시가가 ₩8,000인 건물을 출자하고 동 회사의 주식 13주(액면가 ₩1,000)를 발행받다.
b. 사무실을 ₩2,000에 임차하다.
c. 비품을 ₩1,000어치 사고 현금을 지급하다.
d. 서비스를 제공하고 현금 ₩1,000을 수령하다.
e. 광고를 의뢰하고 광고비 ₩500을 지급하다.
f. 은행에서 ₩2,000을 차입하다.
g. ₩3,000의 서비스를 외상으로 제공하다.
h. 외상대금 ₩3,000을 회수하다.
i. 급여 ₩4,000을 지급하다.

(1) 위 각 거래에 대해 회계등식과 그 변화로 표시하시오.
(2) 위 거래를 종합하여 손익계산서를 작성하시오.
(3) 위 거래를 종합하여 재무상태표를 작성하시오.

03. 다음에서 물음표가 표시된 각 사항이 차변 또는 대변항목인지 밝히시오.

	증가	감소
재무상태표 과목		
① 자산	?	?
② 부채	?	?
③ 자본금	?	?
손익계산서 과목		
① 수익	?	?
② 비용	?	?

04. 다음의 회계거래를 거래의 결합관계(자산, 부채, 자본, 수익, 비용 변화의 결합)로 표시하시오.

① 현금 ₩20,000을 출자하여 경영컨설팅 주식회사를 개업하다.
② 개업을 알리는 광고를 하고 현금 ₩500을 지출하다.
③ 사무실에서 사용할 컴퓨터 2대를 ₩2,000에 구입하고 ₩1,000은 현금으로 지급하고 나머지는 나중에 지급하기로 하다.
④ 현금 ₩4,000을 은행으로부터 단기간 차입하다.
⑤ 컨설팅 용역을 제공하고 현금 ₩2,000을 받다.
⑥ 건물 임차료 ₩600을 현금으로 지급하다.
⑦ 단기차입금 중 ₩4,000을 이자 ₩400과 함께 현금으로 지급하다.
⑧ 컨설팅 용역을 제공하고 대금 ₩3,000은 외상으로 하다.
⑨ 외상대금 중 ₩1,500을 현금으로 회수하다.
⑩ 현금 ₩3,000을 단기간 대여하다.
⑪ 직원들에 대한 급여 ₩6,000을 현금으로 지급하다.
⑫ 대여금 중 ₩3,000을 이자 ₩300과 함께 현금으로 받다.

05. 다음의 거래를 분개하시오.

a. 영업용 점포를 월 ₩50,000의 임차료에 계약하다.
b. 용역 ₩30,000을 제공하고 대금은 월말에 받기로 하다.
c. 기업을 시작하면서 기업주는 소유하고 있던 공정가치 ₩10,000의 기계를 자본금으로 출자하다.

06. 다음의 거래를 분개하시오.

a. 발기인 7명이 총 ₩1,000,000의 현금을 출자하여 주식회사를 설립하였다. 회사는 액면금액 ₩5,000인 주식 200주를 발행하였다.
b. 심부름센터가 심부름을 제공해주고 그 대가 ₩1,000,000을 1주일 뒤에 받기로 하였다.
c. 다른 회사에 얼마 전 빌려주었던 대여금 ₩2,000,000을 이자 ₩200,000과 함께 현금으로 돌려받았다.
d. 기계를 ₩3,000,000에 구입하면서 ₩1,000,000은 현금으로 지급하고, 나머지는 3개월 후에 지급하기로 하였다.
e. 광고를 의뢰하고 현금 ₩2,000,000을 지급하였다.

07. 다음 각 분개에 대해 거래를 추정해보시오.

	차변	금액	대변	금액
①	차) 건　　물	4,500	대) 현　　금	4,500
②	차) 매출채권	2,000	대) 매　　출	2,000
③	차) 차량운반구	3,000	대) 미지급금	3,000
④	차) 현　　금	1,200	대) 매출채권	1,200
⑤	차) 임 차 료	1,500	대) 현　　금	1,500
⑥	차) 소 모 품	800	대) 현　　금	800
⑦	차) 단기대여금	2,400	대) 현　　금	2,400
⑧	차) 현　　금	2,500	대) 단기차입금	2,500
⑨	차) 소모품비	400	대) 소 모 품	400
⑩	차) 미지급금	500	대) 현　　금	500
⑪	차) 이자비용	250	대) 현　　금	250
⑫	차) 현　　금	240	대) 이자수익	240

08. 다음의 분개장에 있는 분개내용을 원장(T계정 사용)에 옮겨 적고, 차변 또는 대변 잔액을 계산하여 표시하시오.

일자	차변	금액	대변	금액
1월 20일	차) 현　금	3,000	대) 매　출	3,000
1월 25일	차) 비　품	2,000	대) 현　금	2,000

09. (주)우암은 2017년 1월에 설립된 경영컨설팅 주식회사이다. 1월 중에 일어난 거래들은 다음과 같다.

1월　2일　소유주 한무심 씨가 ₩5,000을 자본금으로 출자하다.
1월　3일　컴퓨터, 책상 등 비품을 ₩600어치 현금으로 지급하고 구입하다.
1월　3일　1년치 보험료 ₩240을 지급하다.
1월　5일　복사용지 등 소모품을 ₩200어치 현금으로 지급하고 구입하다.
1월 15일　급여 ₩170을 지급하다.
1월 25일　컨설팅 용역을 제공한 대가로 현금 ₩250을 받다.
1월 30일　사무실 임차료 ₩50을 현금으로 지급하다.

(1) 이 거래들을 분개하시오.

(2) 앞의 거래를 모두 원장에 전기한 모습을 보이시오(T계정 사용).

(3) 위 (2)의 결과를 이용하여 시산표(수정전)를 작성하시오.

심화문제

01. 다음의 네 분개를 원장(T계정으로 표시할 것)으로 옮겨 적은 결과를 보이시오. T계정에는 날짜 대신 아래의 번호를 붙이시오. 그리고 T계정에서 금액 바로 앞에는 상대편 계정과목의 이름이 기록되는 점을 명심하시오.

① 차) 현 금	5,000	대) 자 본 금	5,000
② 차) 기계장치	1,000	대) 현 금	1,000
③ 차) 현 금	200	대) 매 출	200
④ 차) 급 여	100	대) 현 금	100

02. 다음은 (주)계룡의 2017년 12월 31일 현재 수정전시산표이다. 틀린 곳을 찾아 바르게 고치고 정확한 수정전시산표를 작성하시오.

수정전시산표

(주)계룡 2017년 12월 31일 현재 (단위 : 원)

	차 변	대 변
현 금	1,750	
건 물	600	
비 품	200	
차 량 운 반 구		300
매 출 채 권	300	
단 기 대 여 금		500
미 지 급 금	150	
단 기 차 입 금		900
자 본 금		1,500
매 출		1,400
임 대 료	360	
임 차 료	300	
급 여	300	
이 자 비 용	60	
합 계	4,020	4,600

03. 다음 각각의 거래에 대하여 자산의 증가(A), 자산의 감소(B), 부채의 감소(C), 부채의 증가(D), 수익의 발생(E), 비용의 발생(F)으로 표시하시오.

(1) 사무실을 임차하면서 보증금 ₩1,000,000과 월세 ₩5,000을 현금지급하였다.
(2) 서비스매출을 제공하고 대금 ₩15,000을 청구하였다.
(3) 은행으로부터 ₩200,000을 현금으로 차입하였다.
(4) 직원들과 회식비로 ₩20,000을 현금으로 지급하였다.
(5) 은행차입금 중 ₩100,000을 현금으로 상환하였다.

04. 다음은 2017년 12월 31일 현재 (주)가야의 계정별 원장이다. 본 원장상의 내용을 참조하여 아래 지시에 답하시오. (주)가야의 회계기간은 1월 1일~12월 31일이다.

현 금

①	50,000	②	2,800
⑦	9,500	③	9,000
		④	3,500
		⑥	7,500
		⑧	5,000

차량운반구

③	24,000		

비 품

⑧	5,000		

매출채권

⑤	12,000	⑦	9,500

미지급금

⑥	7,500	③	15,000

매 출

		⑤	12,000

급 여

②	2,800		

자 본 금

		①	50,000

관 리 비

④	3,500		

(1) 상기 원장상의 내용을 보고 8개의 거래(①~⑧)에 대한 분개를 보이시오.
(2) 시산표를 작성하시오.
(3) 손익계산서와 재무상태표(요약 계정식)를 작성하시오.

05. (주)덕유는 택배서비스를 제공하는 회사로서 2017년 12월 거래내용은 다음과 같다. 다음 지시에 답하시오.

① 창립 주주들이 현금 ₩50,000을 자본금으로 출자하여 (주)덕유를 설립하다.
② 차량을 ₩17,000에 구입하고 ₩5,000은 현금지급하고 나머지는 2주일 후에 지급하기로 하다.
③ 사무실 임차료 ₩2,000을 현금으로 지급하다.
④ 소모품 ₩800을 현금으로 구입하다.
⑤ 사무실에서 사용할 컴퓨터를 ₩5,000에 외상으로 구입하다.
⑥ 차량에 대한 보험료 ₩200을 현금으로 지급하다.
⑦ 택배서비스를 제공하고 ₩4,700을 현금으로 수취하다.
⑧ 컴퓨터 외상대금 중 ₩2,000을 현금으로 지급하다.
⑨ 잡비 ₩300을 현금으로 지급하다.
⑩ 택배서비스를 제공하고 대금 ₩6,500을 나중에 수취하기로 하다.
⑪ 직원들의 급여 ₩350을 현금으로 지급하다.
⑫ 차량에 대한 미지급액 중 ₩3,000을 현금으로 지급하다.
⑬ 차량의 주유비로 ₩200을 현금으로 지급하다.

(1) 상기 거래내용을 분개하시오.
(2) 분개내용을 T계정에 전기하시오.
(3) 시산표를 작성하시오.

Chapter 04

회계순환과정 — 결산과 마감

01 수정분개 및 수정후시산표 | 02 재무제표 작성
03 장부의 마감 | 04 재무제표의 연계관계

01 수정분개 및 수정후시산표

제3장에서 회계기간 중에 회계순환과정으로서 이루어지는 절차인 분개와 전기에 대해 설명하였다. 회계기간 말에는 발생기준에 의해 정확한 손익계산과 재무상태표 금액의 확정을 위하여 수정분개가 필요하다. 수정분개와 그 이후의 절차를 소위 **결산**(決算)이라고 한다. 그리고 제3장에서 수정전시산표를 작성하였는데, 그것은 본 결산을 시작하기 전 기중거래에 대한 기록을 정리하는 절차로서 **결산준비절차**라고 한다. 본 장에서는 결산절차인 수정분개와 전기, 수정후시산표와 재무제표의 작성, 그리고 마감절차를 설명한다.

1. 수정분개의 필요성

앞서 보았듯이, 기중 회계거래의 분개를 원장에 전기하여 원장의 각 계정잔액이 계산된다. 그 잔액들 중에서 자산, 부채 및 자본 계정의 잔액으로 재무상태표를 작성하고 수익 및 비용 계정의 잔액으로 손익계산서를 작성할 수 있다. 예를 들면, 제3장에서 (주)서울의 수정전시산표에 의하면 수익은 ₩1,640(용역매출 ₩1,400과 임대료 ₩240)인 반면, 비용은 ₩1,600(급여 ₩1,000과 임차료 ₩600)이므로 당기순이익은 ₩40이다.

그러나 ₩40은 (주)서울의 3월의 진정한 당기순이익이라 할 수 없다. 수정전시산표의 각 계정잔액은 기중에 일어난 외부거래의 결과만을 반영한 것이다. 비용 중에는 자산의 계속적 사용이나 시간의 경과에 따라 발생하는 것이 있고, 수익 중에도 시간이 경과함에 따라 발생하는 것이 있는데, 이러한 것들은 기중거래에 포함되지 않는다. 그리고 경우에 따라서는 보유하고 있는 자산의 평가액이 변하여 새로운 금액으로 자산금액을 수정해야 할 필요도 있다. 이러한 것들을 고려하여 수정사항으로 반영하여야 정확한 손익계산이 이루어지며 동시에 재무상태표 계정의 잔액도 정확하게 표시된다.

예를 들면, 앞장의 예에서 임차료 지급시 ₩600을 임차료로 기록하였다. 그러나 그것은 6개월분을 먼저 지급(선급)한 것이다. 2017년 3월의 손익계산을 위해서는 그 금액 중 1개월분인 ₩100만 비용으로 기록하여야 한다. 나머지 ₩500은 3월의 비용이 아니라 그 후의 미래 비용으로 인식되어야 할 것이다. 이 예에서 임차료에 대한 수정이 이루어지지 않으면 비용이 ₩500 과대계상되어 결국 당기순이익이 ₩500 과소계상된다는 것을 알 수 있다. 따라서 정확한 손익계산과 재무상태표 금액의 확정을 위하여 수정이 이루어져야 한다. 이러한 수정은 분개를 통해서 이루어지며 그것을 **수정분개**(adjusting entry)라고 한다.

2. 수정분개의 유형

결산절차로서 수정을 필요로 하는 항목을 모두 찾아내어 수정분개를 한다. 실무에서 결산 수정분개를 필요로 하는 항목은 아주 다양하다. 본 장에서는 (주)서울의 예에서 필요한 기본적인 유형만을 설명한다. (주)서울의 경우 결산과정의 일부로서 수정분개가 필요한 사항의 유형은 다음 〈표 4-1〉에서 보는 바와 같은 여섯 가지이다.

표 4-1 수정분개의 기본적 유형

유형	정의	계성과복 예	계정 성격
감가상각비	건물, 비품, 기계장치 등 유형자산의 사용에 따른 효익감소분을 원가의 배분을 통하여 비용으로 인식	감가상각비	비용
소모품비	소모품(재고자산)의 사용분을 파악하여 비용으로 인식	소모품비	비용
선급비용	비용으로서 현금을 미리 지급하였으나 당기에 그 효익이 소멸하지 않은 부분을 자산으로 인식	선급이자 선급보험료 선급임차료	자산
미지급비용	당기에 이미 비용이 발생하였으나 아직 현금 등 그에 대한 대가를 지급하지 않은 경우 부채로 인식	미지급이자 미지급급여 미지급광고비	부채

미수수익	당기에 이미 수익이 실현되었으나 아직 현금 등 그에 대한 대가를 받지 못한 경우 자산으로 인식	미수이자 미수임대료 미수수수료	자산
선수수익	현금을 미리 받았으나 아직 수익이 실현되지 않은 경우 부채로 인식	선수이자 선수임대료 선수수수료	부채

위의 각 수정사항의 유형에 대해서 (주)서울의 예를 이용하여 다음에 설명한다. (주)서울의 3월 말 수정이 필요한 사항을 모두 찾아낸 결과는 다음과 같다.

표 4-2 수정사항의 내용

수정분개기호	거 래 내 용
a	비품은 3년간 사용할 수 있을 것으로 예상하고 있으며, 사용 후에는 폐기한다.
b	3월 31일 실사 결과 남아 있는 소모품은 ₩20이다.
c	임차료는 6개월분 ₩600을 미리 지급하였는데, 이 중 3월분(1개월분)만을 비용으로 인식한다.
d	단기대여금에 대한 이자수익이 시간 경과로 3월 중 ₩10이 발생하였으나 3월 말 현재 아직 받지 않은 상태이다.
e	임대료 ₩240 중 3월(1개월분)에 실현된(귀속되는) 부분은 ₩40이다.
f	단기차입금에 대한 이자비용이 시간 경과로 3월 중 ₩20이 발생하였지만 3월 말 현재 아직 지급되지 않은 상태이다.

1) 유형자산에 대한 감가상각

유형자산은 영업활동에 장기간 사용할 목적으로 보유하는 것으로 형체가 있는 자산이다. 유형자산은 구입 당시에는 비품, 건물 등의 자산으로 기록되어 비용이 아니지만 사용함에 따라 자산으로서의 미래 효익이 감소한다(즉, 비용화된다). 그 자산 감소분에 대해서 원가의 기간배분 방식으로 측정하여 비용으로 계상하는 과정을 감가상각(depreciation)이라 하고, 그 비용을 감가상각비라 한다. 유형자산 중 토지와 건설 중인 자산을 제외한 모든 유형자산은 감가상각 대상이다.

(주)서울의 예에서, 비품에 대해 3월에 발생한 감가상각을 인식하여 감가상각비를

계산한다. 감가상각비 계산에는 여러 가지 방법이 있는데(제10장에서 자세히 설명함), (주)서울의 경우에는 그중 정액법을 적용하여 비품의 원가(₩360)를 다음과 같이 매 기간 동일한 금액으로 배분하여 감가상각한다.

비품의 감가상각비 : ₩360/36개월 = ₩10

감가상각은 자산 감소와 비용 발생을 동시에 인식하는 과정이다. 따라서 이를 분개할 때에는 비용(감가상각비)의 발생을 차변에 기록하고 대변에는 해당 자산(비품)의 직접 감소를 기록하는 것이 자연스러울 것이다. 그러나 회계기준은 이러한 방식(직접법) 대신에 감가상각으로 인한 자산의 감소분을 **감가상각누계액**(accumulated depreciation)이라는 별도의 계정과목에 누적해 나가는 방식(간접법)을 요구하고 있다. 즉, 위의 감가상각비에 대해 다음과 같이 분개한다.

a	2017. 3. 31	(차) 감가상각비 10	(대) 비품감가상각누계액 10

이 분개에서 대변의 감가상각누계액은 실질적으로는 비품의 감소액을 의미하지만 형식적으로는 비품이 직접 감소하지 않는 것처럼 나타나게 한다. 분개장과 원장에서는 감가상각누계액이 별도의 계정과목이므로 비품과는 독립적인 계정으로 취급된다. 하지만 재무상태표에는 비품감가상각누계액을 비품의 취득원가(즉, 비품계정의 잔액)에서 차감하여 비품의 실제잔액(순장부금액)을 표시하는 방식으로 보고한다. 그러한 계정을 **자산차감계정**(contra-asset account)이라고 한다.

2) 소모품과 소모품비

일반적으로 재고자산은 판매를 위해 보유하고 있는 상품이나 제품을 지칭하는 경우가 대부분이다. 그러나 원재료처럼 제조과정에 투입되거나 소모품처럼 사무실이나 공장에서 사용하는 소모성 자산도 포함한다. 모든 재고자산은 기본적으로 다음의 재고자산 등식에 의해 기중에 발생한 원가와 기말에 남아 있는 원가를 구분한다.

재고자산 등식

기초 재고자산 + 기중에 구입한 재고자산
= 기중에 사용(또는 판매)한 재고자산 + 기말 재고자산

재고자산 등식의 왼쪽은 모든 사용 가능(또는 판매 가능)한 재고자산의 금액이다. 그중에서 기중에 사용(또는 판매)되는 재고자산을 차감하고 나면 기말 재고자산이 되는 것을 오른쪽은 알려주고 있다. (주)서울의 예에서는 기초 소모품(supplies)이 없으며 기중에 ₩60을 구입하였으므로 총 ₩60의 소모품이 사용가능하다. 실사 결과 3월 31일 자로 남아 있는 소모품(기말재고)이 ₩20이다. 따라서 기중에 사용된 소모품은 ₩40임을 알 수 있다. 본래 소모품은 구입 당시 자산이었으나 ₩40은 영업활동에 사용되고 없어졌으므로 소모품의 감소와 함께 이 부분을 소모품비(비용)로 인식한다.

b	2017. 3. 31	(차) 소모품비	40	(대) 소 모 품	40

3) 선급비용

발생기준 회계에서는 수익·비용의 발생과 현금의 흐름이 보통 일치하지 않는다. 이때 그 차이로 인해 생기는 수익·비용의 적절한 인식을 위한 수정분개는 기본적으로 네 가지 유형이 있다. 선급비용(자산), 미수수익(자산), 선수수익(부채) 및 미지급비용(부채)이 그것이다.

첫 번째 **선급비용**(prepaid expenses)에 대해서 (주)서울의 선급임차료의 예를 들어 설명한다. (주)서울은 6개월분의 임차료 ₩600을 3월 4일 지급하였다. 지급 당시에 전액 임차료로 기록하여 3월 중 임차료가 ₩600으로 기록되어 있지만 실제로 3월의 임차료는 ₩100에 불과하다. 나머지 ₩500은 아직 그 효익이 그대로 남아 있으므로 비용이 아니라 자산이다. 따라서 이 부분을 선급임차료(자산)로 처리해야 한다. 그리고 사실상 그 만큼 과대계상된 임차료(비용)를 감소시키기 위해 그 계정을 대변에 기록한다.

c	2017. 3. 31	(차) 선급임차료	500	(대) 임 차 료	500

4) 미수수익

발생기준에 의한 조정의 두 번째 유형은 미수수익(revenues receivable)이다. (주)서울이 거래처에 대여해 준 대여금 ₩500에 대해서 1개월 동안 이자수익이 ₩10 발생했으나 이자지급일(4월 1일)이 아직 도래하지 않아 3월 말 현재 현금을 받지 못했다. 현금수입이 없더라도 발생기준 회계에서는 대여금으로부터 이자가 발생하여 이자를 청구할 수 있는 권리가 있으므로 미수이자(자산)를 기록한다. 동시에 그 신규 자산의 원천인 수익을 인식하여 3월의 이자수익 계정의 대변에 ₩10을 기록한다.

d	2017. 3. 31	(차) 미 수 이 자	10	(대) 이 자 수 익	10

5) 선수수익

(주)서울이 임차한 사무실의 일부를 협력업체에 재임대함으로써 6개월 동안 총 ₩240의 임대료가 발생할 것으로 예상된다. 그리하여 이 ₩240을 모두 임대료라는 수익으로 인식하였다. 그러나 2009년 3월에 귀속되는 임대료는 그중 1/6인 ₩40이며, 3월 이후의 5개월분 임대료는 아직 실현되지 않은 수익, 즉 선수수익(deferred revenue 또는 unearned revenue)이다. 따라서 임대료 ₩240 중 5개월분 ₩200은 (주)서울이 현금을 미리 받은 부분으로서, 결산일 현재 임대료(수익)가 과대계상된 부분이며, 동시에 임대용역을 계속 제공해야 하는 의무를 나타낸다. 따라서 임대료(수익)를 감소시키기 위해 그 ₩200을 임대료 계정의 차변에 기록하는 한편, 선수임대료라는 부채를 인식하여 그 계정의 대변에 같은 금액을 기록한다.

e	2017. 3. 31	(차) 임 대 료	200	(대) 선수임대료	200

6) 미지급비용

(주)서울의 단기차입금에 대해서 3월 발생한 이자비용이 ₩20인데 아직 지급일이 안 되어 지급하지 않고 있다. 단기차입금 사용대가로서 1개월분 비용은 이미 발생하였지만

그에 대한 현금이 아직 지급되지 않아서 기중에 분개되지 않았다. 이미 발생했지만 지급하지 않은 비용은 비용(이자비용)으로서 차변에 기록함과 동시에, 앞으로 지급해야 할 것이므로 **미지급비용**(expenses payable)의 하나인 미지급이자(부채)를 대변에 기입한다.

f	2017. 3. 31	(차) 이 자 비 용	20	(대) 미지급이자	20

앞의 여섯 가지 수정분개를 반영한 분개장을 제시하면 다음 〈표 4-3〉과 같다.

표 4-3 수정사항의 분개

분개장						제1면
일 자			계정과목 및 설명	원면	차 변	대 변
2017년 3월	31일	a	감가상각비	534	10	
			비품감가상각누계액	133		10
			비품에 대한 감가상각비의 기록			
	31일	b	소모품비	536	40	
			소모품	117		40
			소모품 사용분을 비용으로 인식			
	31일	c	선급임차료	114	500	
			임차료	532		500
			선급임차료 5개월분을 자산으로 인식			
	31일	d	미수이자	115	10	
			이자수익	431		10
			단기대여금에 발생한 이자수익을 인식			
	31일	e	임대료	433	200	
			선수임대료	213		200
			임대료 중 5개월분을 선수임대료(부채)로 인식			
	31일	f	이자비용	541	20	
			미지급이자	214		20
			단기차입금에 대해 발생한 이자비용을 인식			

앞의 수정분개 유형 중 선급비용, 미수수익, 선수수익 및 미지급비용은 현금의 수입·지출 시점과 수익·비용의 인식시점 간에 시간차가 존재하여 나타나는 조정항목들이다. 이것을 **발생기준 조정**이라 한다. 그중에서 수익이나 비용이 이미 발생하였으나 현금수령이나 지급이 없는 경우, 즉 미수수익과 미지급비용을 **발생**(accrual)**항목**이라 한다. 반대로 현금이 이미 수령 또는 지급되었지만 수익이나 비용이 발생하지 않은 경우, 즉 선급비용과 선수수익을 **이연**(deferral)**항목**이라 한다.

이들 관계를 요약하여 정리하면 다음 〈표 4-4〉와 같다.

표 4-4 결산수정분개—발생기준 조정

	자산	부채
발생항목 (accrual)	미수수익 수익 실현/현금 미수령	미지급비용 비용 발생/현금 미지급
이연항목 (deferral)	선급비용 현금 지급/비용 미발생	선수수익 현금 수령/수익 미실현

3. 대체적인 회계처리방법

(주)서울의 수정분개 예에서 발생기준 조정항목 중 미지급비용과 미수수익과 같은 발생항목에 대해서는 기중에 분개가 없고 결산수정분개에서 비용과 수익이 기록되었다. 반면에 선급임차료나 선수수익과 같은 이연항목은 기간 중 현금의 지급과 수취 시점에 일단 그 현금수지액을 모두 비용과 수익으로 인식하여 분개한 다음, 결산절차에서 수정분개를 통하여 정확한 기록을 하였다. 이 중에서 이연항목에 대해서는 대체적인 회계처리가 가능하다. 앞에서 이미 설명한 방법은 명목계정(수익, 비용)으로 먼저 처리한다고 하여 **명목법**(nominal approach)이라 부르고, 실무에서 사용하기 편하여 많이 사용하는 방법이다. 반면, 다음에 설명할 대체적인 회계처리방법은 실질계정(자산, 부채)으로써 먼저 처리하므로 **실질법**(real approach)이라 부르고, 개념상 보다 적절한 방법이다. 그러나 어떤 방법을 사용하든 결과에는 차이가 없다.

독자의 이해를 위해, 앞서 이미 사용한 회계처리방식인 명목법을 다시 보여주고, 그 다음 대체적 방법으로서 실질법에 대해 소개하고 설명한다.

1) 임차료—선급임차료

(1) 임차료 지급시 비용으로 기록하는 방법(명목법)

기중분개	2017. 3. 4	(차) 임 차 료	600	(대) 현 금	600
수정분개	2017. 3. 31	(차) 선급임차료	500	(대) 임 차 료	500

앞에서 3월 초에 6개월분 임차료를 선급한 거래에 대해 **명목법**에 의해 임차료(비용)를 인식하였다. 그리고 결산수정분개로서 5개월분의 선급임차료를 자산으로 인식하였다. 따라서 위 두 거래가 모두 원장에 전기되면, 즉 수정 완료 후에는 임차료 계정의 잔액은 ₩100(차변), 선급임차료 계정의 잔액은 ₩500(차변)이 된다.

임 차 료

차변			대변		
3. 4	현 금	600	3.31	선급임차료	500
	잔 액	100			

선급임차료

차변			대변
3.31	임차료	500	
	잔 액	500	

(2) 임차료 지급시 자산으로 기록하는 방법(실질법)

명목법에 대한 대체적인 방법으로서 **실질법**에 의해 3월 4일 임차료지급액 전부를 선급임차료계정(자산)으로 인식할 수 있다. 현금 지급 당시에는 그 효익이 소멸되지 않은 상태이므로 자산으로 기록하는 것이 개념상으로는 적절하다. 그리고 결산일에 비용화된 부분, 즉 1개월분만 비용으로 인식한다.

기중분개	2017. 3. 4	(차) 선급임차료	600	(대) 현 금	600
수정분개	2017. 3. 31	(차) 임 차 료	100	(대) 선급임차료	100

실질법을 적용하여 기중분개와 수정분개를 모두 원장에 전기하면, 즉 수정 완료 후에는 임차료 잔액이 ₩100(차변), 선급임차료 잔액이 ₩500(차변)이 된다. 이 결과는 명목법의 경우와 같고, 따라서 어떤 방법을 사용하더라도 결과가 같음을 알 수 있다.

임 차 료	
3.31 선급임차료 100	
잔 액 100	

선급임차료	
3. 4 현 금 600	3.31 임차료 100
잔 액 500	

2) 임대료—선수임대료

(1) 임대료 수령시 수익으로 기록하는 방법(명목법)

앞의 사례에서 임대료를 현금으로 수령했을 때 **명목법**에 의해 임대료(수익)를 인식하고, 수정분개에서 선수임대료(부채)를 인식하였다.

기중분개	2017. 3. 4	(차) 현 금	240	(대) 임 대 료	240
수정분개	2017. 3. 31	(차) 임 대 료	200	(대) 선수임대료	200

위의 두 분개를 원장에 전기하면, 즉 수정 완료 후에는 임대료 잔액(대변)은 ₩40, 선수임대료 잔액(대변)은 ₩200이 된다.

임대료	
3. 4 선수임대료 200	3. 4 현 금 240
	잔 액 40

선수임대료	
	3.31 임대료 200
	잔 액 200

(2) 임대료 수령시 부채로 기록하는 방법(실질법)

한편 대체적인 방법으로서 **실질법**에 의해 기중거래의 분개로 선수임대료를 인식할 수 있다. 이는 현금을 받았지만 아직 기간이 경과하지 않아 수익으로 인식하지 않고 대신에 부채로 인식하는 방법으로서 개념상으로 더 적절하다. 이 경우, 기말시점에서 실현된 1개월분 임대료는 수정분개를 통해 수익으로 인식해야 한다.

기중분개	2017. 3. 4	(차) 현 금 240	(대) 선수임대료 240
수정분개	2017. 3. 31	(차) 선수임대료 40	(대) 임 대 료 40

이와 같이 실질법에 의하는 경우에도 기중분개와 수정분개 등 모든 분개를 원장에 전기하면 그 결과는 명목법과 정확하게 일치한다.

임대료

	3.31 선수임대료 40
	잔 액 40

선수임대료

3.31 임대료 40	3. 4 현 금 240
	잔 액 200

자본화(capitalization)와 **비용화**(expensing)

현금지출에 대한 효과를 자산으로 기록할 것인지(자산화 또는 자본화) 또는 비용으로 기록할 것인지(비용화)는 회계의 중요한 이슈이다. 영업활동에서 현금지출의 효과가 장기에 걸쳐 나타날 것으로 예상되면 일단 자산으로 기록(자본화)한 다음 체계적인 방법으로 비용으로 인식한다. 반대로 그 효과가 단기에 그칠 것으로 예상되면 비용으로 기록한다(비용화). 예를 들면, 개발비 지출의 효과가 장기에 걸쳐 나타날 것으로, 즉 미래경제적효익의 유입이 있을 것으로 기대되면 개발비는 자산으로 기록한 다음 장기에 걸쳐 상각한다(개발비상각비). 이때 상각이란 개발비 지출의 효과가 소멸된 부분을 비용으로 인식하는 과정이다. 반면에 그 효과가 단기에 그치면 개발비는 지출시점에서 전액 비용으로 기록한다(경상개발비). 이러한 회계처리에서 알 수 있는 것은 자산과 비용은 본질적으로 유사한 점이 있다는 사실이다. 다만 현금지출의 효익이 소멸되지 않고 남아 있으면 자산, 그 효익이 소멸되면 비용이 되는 것이다.

4. 수정분개의 전기

기중거래와 마찬가지로 수정분개의 내용도 총계정원장에 전기된다. 이미 기중거래의 분개내용이 모두 총계정원장에 전기되어 있으므로 수정분개는 이들 계정잔액을 변경시킨다. 수정분개의 전기 결과에 따라서 다음의 세 가지 경우가 있을 수 있다.

1) 수정의 결과 잔액이 변하지 않는 계정

기중거래의 분개에는 나타나지만 수정분개에는 나타나지 않는 계정은 수정분개를 전기한 후에도 계정잔액의 변화가 없다. 이들 계정은 수정분개에 나타나지 않으므로 수정 전 계정잔액이 그대로 수정 후 계정잔액이 된다. (주)서울의 예에서는 현금, 단기대여금, 비품, 단기차입금, 자본금, 용역매출, 급여 등이 이에 해당된다.

여기서 이들 계정에 대해서는 총계정원장을 별도로 제시하지 않는다. 다만 주의할 것이 하나 있다. 즉, 비품은 감가상각의 결과 실질적 잔액은 감소하지만 회계기준은 비품을 직접 감소시키지 않고 감가상각누계액이라는 별도의 계정과목을 설정하여 감가상각비를 처리하도록 요구하고 있다. 따라서 형식적으로는 비품의 계정잔액이 변하지 않는다.

2) 수정의 결과 잔액이 변하는 계정

기중거래의 분개에도 나타나고 수정분개에도 나타나는 계정은 수정 전 계정잔액이 수정분개의 전기로 인해 변하게 된다. (주)서울의 예에서는 임차료, 소모품, 임대료 계정이 여기에 해당된다. 수정분개 전기 후 이들 계정의 모습을 제시하면 다음과 같다.

임 차 료

3. 4 현 금	600	3.31 선급임차료	500
잔 액	100		

소 모 품

3. 5 현 금	60	3.31 소모품비	40
잔 액	20		

임 대 료

3.31 선수임대료	200	3. 4 현 금	240
		잔 액	40

이들 계정은 기중거래를 전기한 결과에 수정분개의 내용이 추가로 전기되어 잔액이 변하였다.

표 4-5 수정 전과 수정 후의 잔액 비교

계정과목(성격)	수정 전 잔액	수정 후 잔액
임차료(비용)	600	100
소모품(자산)	60	20
임대료(수익)	240	40

3) 수정분개에 새로 나타나는 계정

기중거래의 분개에는 나타나지 않지만 수정분개에 나타나는 계정은 총계정원장에 해당 계정을 만들어 전기하여 새로운 계정잔액을 계산한다. (주)서울의 예에서는 감가상각비, 비품감가상각누계액, 소모품비, 이자수익, 선급임차료, 선수임대료, 미수이자, 미지급이자, 이자비용이 이에 해당된다. 총계정원장에 이들을 전기한 후의 모습은 다음과 같다.

감가상각비

3.31 비품감가상각누계액 10	
잔 액 10	

비품감가상각누계액

	3.31 감가상각비 10
	잔 액 10

소모품비

3.31 소 모 품 40	
잔 액 40	

이자수익

	3.31 미수이자 10
	잔 액 10

선급임차료

3.31 임 차 료 500	
잔 액 500	

선수임대료

	3.31 임 대 료 200
	잔 액 200

미수이자

3.31 이자수익 10	
잔 액 10	

미지급이자

	3.31 이자비용 20
	잔 액 20

이자비용

3.31 미지급이자 20	
잔 액 20	

5. 수정후시산표의 작성

앞에서 수정분개를 총계정원장의 각 계정에 반영한 후 잔액을 계산하였다. 이제 이들 계정잔액을 모두 새로운 시산표에 정리하면 〈표 4-6〉과 같은 **수정후시산표**가 된다. 수정후 잔액시산표는 차변과 대변 합계가 ₩6,680으로 차변과 대변이 일치한다.

표 4-6 수정후시산표

(주)서울 2017년 3월 31일 현재 (단위 : 원)

	계정과목	차 변	대 변
자 산	현 금	3,720	
	단기대여금	500	
	매출채권	400	
	소 모 품	20	
	비 품	360	
	비품감가상각누계액*		10
	선급임차료	500	
	미수이자	10	
부 채	단기차입금		1,000
	선수임대료		200
	미지급이자		20
자 본	자 본 금		4,000
수 익	용역매출		1,400
	임 대 료		40
	이자수익		10
비 용	급 여	1,000	
	임 차 료	100	
	감가상각비	10	
	소모품비	40	
	이자비용	20	
	합 계	6,680	6,680

* 비품감가상각누계액과 같은 계정을 **자산차감 계정**(contra-asset account)이라 한다. 이 계정은 총계정원장과 시산표에서는 대변 잔액을 가지지만 부채나 자본에 속하지 않고, 이미 언급했듯이 재무상태표에서 자산(비품)에서 차감하는 방식으로 보고된다.

02 재무제표 작성

마지막으로 수정후시산표를 바탕으로, 재무제표를 작성하는 한편 장부상으로는 마감절차를 진행한다. 재무제표는 포괄손익계산서, 재무상태표 순서로 작성한다. 그 이유는 재무제표의 연계성 때문이다. 즉, 포괄손익계산서에서 당기순이익이 계산된 후에야 이익잉여금이 확정되어 재무상태표를 작성할 수 있기 때문이다.

1. 포괄손익계산서

수정후시산표로부터 수익과 비용 계정의 잔액을 모아 〈표 4-7〉과 같은 **포괄손익계산서**를 작성한다. 일반적으로 포괄손익계산서는 수익·비용 대응의 원칙을 반영하여 다단계 형식으로 작성한다. 실무에서는 대부분 〈표 4-7〉처럼 보고식으로 작성한다. 이용자 입장에서 이해하기가 더 쉽도록 하기 위해서이다. (주)서울의 2017년 3월 포괄손익계산서는 간단하므로 약식 형태로 여기서 보여준다. 매출원가를 포함하는 다단계 포괄손익계산서의 예는 제5장에서 사례를 들어 설명하기로 한다. 그리고 특별히 언급하지 않은 한, 법인세 비용은 없는 것으로 가정한다.

표 4-7 **포괄손익계산서**(약식)

(주)서울 2017년 3월 1일부터 2017년 3월 31일까지 (단위 : 원)

수 익 :	용역매출	1,400	
	임 대 료	40	
	이자수익	10	1,450
비 용 :	급 여	1,000	
	임 차 료	100	
	감가상각비	10	
	소모품비	40	
	이자비용	20	(1,170)
당기순이익			280
기타포괄손익		0	0
총포괄이익			280

(주)서울은 3월 중 총수익이 ₩1,450인 반면, 총비용이 ₩1,170으로 당기순이익은 ₩280이다. 수정전시산표에 의하면 당기순이익이 ₩40이었으나 수정분개를 거치고 난 후 당기순이익은 ₩280으로 바뀌었다. 그리고 ₩280이 보다 정확한 이익이다. 기타포괄손익은 없으므로 총포괄이익은 당기순이익과 동일한 ₩280이다.

2. 재무상태표

수정후시산표로부터 자산, 부채, 그리고 자본계정의 잔액을 일정한 기준에 따라 분류하여 〈표 4-8〉과 같은 **재무상태표**를 작성한다. 실무에서는 대부분 보고식으로 작성하는데 여기서는 학습효과를 위해 계정식으로 만들었다. 포괄손익계산서에서 결정된 당기순이익이 재무상태표상의 이익잉여금에 더해지므로 수정후시산표에는 없었던 **이익잉여금**이 재무상태표에 나타난다. 본 사례에서는 전기로부터 이월된 이익잉여금(즉, 이익잉여금 기초 잔액)이 없었으므로 당기순이익과 재무상태표상의 이월이익잉여금이 같다. 그러나 만일 전기 이월이익잉여금이 있었다면 당기순이익은 기말의 이월이익잉여금과 달라졌을 것이다. 실제로는 그러한 경우가 대부분이므로 재무상태표에 당기순이익을 보여주기 위해 이익잉여금 계정 바로 밑에 참고로 표시해 준다.

표 4-8 재무상태표

(주)서울 2017년 3월 31일 현재 (단위 : 원)

자산			부채		
유동자산 :			유동부채 :		
현금	3,720		단기차입금	1,000	
단기대여금	500		미지급이자	20	
매출채권	400		선수임대료	200	1,220
선급임차료	500		비유동부채		0
미수이자	10		부채 총계		1,220
소모품	20	5,150	자본		
비유동자산 :			자본금		4,000
비품	360		이익잉여금		280
비품감가상각누계액	(10)	350	(당기순이익 280)		
			자본총계		4,280
자산 총계		5,500	부채 및 자본 총계		5,500

(주)서울은 자산총계와 부채 및 자본총계가 각각 ₩5,500으로 일치한다. 유형자산 중 비품은 취득원가에서 감가상각누계액을 차감하는 형식으로 표시한다. 주의할 것은 분개장과 총계정원장에서 감가상각누계액은 독립적인 계정으로 대변 잔액을 가진다는 것이다. 그러나 실질적으로 이들은 유형자산에 대한 차감계정의 성격을 가지므로 재무상태표에 표시할 때는 대변에 기록되지 않고 차변에 차감계정의 형식으로 마이너스를 붙이고 표시된다. 즉, 비품의 취득원가는 ₩360인데 ₩10만큼 감가상각되어 비품의 **장부금액**(carrying amount, book value)은 ₩350이 된다는 내역을 보여주고 있다.

유형자산에서 감가상각된 부분만큼을 직접 차감하지 않고 **감가상각누계액**이라는 계정과목을 별도로 사용하는 이유는, 유형자산의 취득원가, 감가상각누계액 및 장부금액을 모두 정보이용자에게 전달할 수 있기 때문이다. 이는 완전공시의 원칙에 충실하고자 한 회계관습의 한 예로 볼 수 있다. 계정과목명에 '누계' 라는 용어가 포함되는 이유는 매 결산기 감가상각이 이루어지면 그 금액이 계속 누적되기 때문이다(이 누계액이 취득원가에서 차감됨). 비품의 경우 2017년 4월에도 ₩10의 감가상각이 이루어지므로(정액법) 4월 말의 감가상각누계액이 ₩20이 될 것이라는 것을 짐작할 수 있다.

3. 자본변동표

자본변동표는 〈표 4-9〉에서 보듯이 3월 중 자본에 속하는 각 계정의 변동내역을

표 4-9 자본변동표

(주)서울 2017년 3월 1일부터 2017년 3월 31일까지 (단위 : 원)

구 분	자본금	자본 잉여금	자본 조정	기타포괄 손익누계액	이익 잉여금	합 계
2017. 3. 1	4,000					4,000
전기분 현금배당						
처분 후 이월이익잉여금						
전기오류수정손익						
수정 후 이월이익잉여금						
유상증자						
당기순이익					280	280
자기주식취득						
2017. 3.31	4,000				280	4,280

보여 준다. (주)서울의 경우 주주들에 의한 출자로 인한 보통주자본금 ₩4,000 증가 외에는 자본잉여금이나 기타포괄손익누계액 등의 변동이 없다.

그리고 창업 후 첫 회계기간이므로 전기로부터 이월되어 온 이익잉여금이나 그에 대한 배당금 또는 전기오류수정손익 등에는 해당사항이 없다. 다만, 포괄손익계산서에 의하면 당월에 영업활동으로부터의 당기순이익이 ₩280이다. 당기순이익은 일단 마감분개(곧, 제3절에서 설명함)를 통하여 이익잉여금에 이체된다. 따라서 자본변동표의 이익잉여금 란(欄)에 당기순이익 ₩280이 기입된다.

최종적으로, 자본금 ₩4,000과 당기순이익으로 인한 이익잉여금 ₩280의 합계 ₩4,280이 3월 31일의 자본총계가 되며, 이 금액이 재무상태표에도 나타나게 된다.

자본변동표의 '이익잉여금' 란은 이익잉여금의 기중 변동 내역을 표시해 주고 있다. 즉, 당기에 당기순이익에 의해 이익잉여금이 ₩280 증가하였으며, 처분내역이 없으므로 기말 잔액이 ₩280이다.

이와 같이 자본변동표는 재무상태표와 포괄손익계산서에 있는 정보를 이용하여 작성하게 된다.

4. 현금흐름표

마지막으로 현금흐름표를 작성해 보자. **현금흐름표**는 〈표 4-10〉에서 보듯이 기간 중 현금의 유입과 유출을 기업의 활동별로 나타내는 재무제표이다. 현금흐름표 역시 재무상태표와 포괄손익계산서에 있는 정보를 주로 이용하여 작성한다.

우선 현금흐름에 관한 정보는 총계정원장의 현금계정에 요약되어 있다(제3장의 4절 참조). 현금계정에 의하면 3월 중 주주에 의한 출자 ₩4,000을 포함하여 총 ₩6,240의 현금이 유입되었으며, 그 현금으로 비품구입 ₩360 등 총 ₩2,520의 현금을 사용하고, 3월 31일 ₩3,720의 현금잔고가 남아 있다는 것을 알 수 있다. 현금흐름표에서는 이러한 현금의 원천(유입)과 사용(유출)을 활동별로 구분하여 보고한다.

〈표 4-10〉을 보면, (주)서울의 3월 중 **영업활동**으로 인한 현금유입은 용역매출로부터의 현금유입 ₩1,000 등 합계 ₩1,240이며, 영업활동으로 인한 현금지출은 임직원 급여의 현금지급 ₩1,000 등 합계 ₩1,660이다. 따라서 영업활동으로 인한 순현금유출이 ₩420이다. 포괄손익계산서상의 당기순이익은 ₩280인 데 반해 영업활동 현금흐

표 4-10 **현금흐름표**

(주)서울　　2017년 3월 1일부터 2017년 3월 31일까지　　(단위 : 원)

Ⅰ. 영업활동 현금흐름			
영업활동 현금유입액			
매출처로부터의 현금유입	1,000		
기타 영업활동 현금유입	240	1,240	
영업활동 현금유출액			
종업원에 대한 현금유출	(1,000)		
기타 영업활동 현금유출	(660)	(1,660)	(420)
Ⅱ. 투자활동 현금흐름			
투자활동 현금유입액		–	
투자활동 현금유출액			
유형자산의 취득	(360)		
기타 투자활동 현금유출	(500)	(860)	(860)
Ⅲ. 재무활동 현금흐름			
재무활동 현금유입액			
단기차입금	1,000		
주식의 발행	4,000	5,000	
재무활동 현금유출액		–	5,000
Ⅳ. 현금의 증가			3,720
Ⅴ. 기초의 현금			0
Ⅵ. 기말의 현금			3,720

름은 오히려 마이너스 ₩420이다. 이것이 바로 현금기준 회계와 발생기준 회계의 차이이다. 이 둘이 차이가 나는 것은 임대료, 임차료, 소모품, 이자수익 및 이자비용 등에 있어서 현금흐름과 발생기준 수익·비용이 다르며 발생기준 회계에서는 감가상각비가 현금지출을 수반하지 않지만 비용으로 인식되기 때문이다.

(주)서울은 투자활동에 총 ₩860의 현금을 사용하였다. **투자활동**은 비품 등의 유형자산 구입과 단기대여금 제공으로 이루어져 있다. 유형자산을 처분하거나 대여금을 회수한 일이 없으므로 투자활동으로 인한 현금유입은 없다. 일반적으로 투자활동은 현금을 주로 사용하는 활동이다.

(주)서울은 3월 중 단기차입금(부채)과 자본금(자본)을 통해 ₩5,000을 조달하였다.

이것이 **재무활동**으로 인한 현금유입이다. 차입금의 상환이나 주주에 대한 자본환급 또는 배당지급이 없었으므로 재무활동으로 인한 현금유출은 없다.

이들을 종합하면 (주)서울은 재무활동을 통하여 총 ₩5,000의 현금을 조달하고 영업활동으로부터 ₩1,240의 현금을 창출하여 총 현금유입이 ₩6,240이었다. 그중 투자활동에 ₩860, 영업활동에 ₩1,660을 사용하고 나머지 ₩3,720은 3월 31일 현금잔액으로 보유하고 있다.

5. 정산표의 이용

앞 절에서는 회계순환과정(수정후시산표 작성까지)을 구체적으로 설명하였다. 실무에서는 수작업으로 결산이 이루어지는 경우 작업의 편의를 위하여 **정산표**(worksheet)를 작성한다. 정산표는 엑셀 시트와 같은 일종의 작업표로서 회계의 공식서류나 공식절차는 아니다. 다만 수작업으로 방대한 회계자료에 근거하여 결산절차를 진행할 때 작업의 편의와 정확성을 기하기 위하여 보조적인 절차로서 정산표를 작성한다. 정산표는 '수정전시산표' 로부터 시작하여 수정분개와 수정후시산표 작성을 거쳐 최종적으로 손익계산서와 재무상태표를 만들기까지의 과정을 한눈에 볼 수 있게 해준다.

정산표에는 계정과목 다음에 보통 다섯 가지(수정전시산표, 수정분개, 수정후시산표, 손익계산서, 재무상태표) 란(欄)이 포함되며 각 란은 차변과 대변을 가지므로 이를 **10위식**(十位式) **정산표**(ten-column worksheet)라 부르기도 한다. 이 다섯 개의 자리를 확보하는 이유는 수정전시산표의 잔액에 수정분개 금액을 가감하여 수정후시산표의 잔액을 구한 다음, 이를 바탕으로 손익계산서를 만들고, 손익계산서의 순손익을 반영하여 재무상태표를 만들기 위함이다.

1) 수정전시산표로 시작 : 계정과목과 수정전 잔액의 기입

정산표의 맨 왼쪽에는 계정과목명을 기입한다. 이때 계정과목 순서는 수정전시산표에서의 순서를 그대로 따라 자산→부채→자본→수익→비용의 순서로 기입한다. 그 우측에 수정분개를 하기 직전의 잔액, 즉 수정전시산표를 기입한다.

2) 수정분개의 기입

다음 란에는 수정분개의 내용이 기입된다. 수정분개 란에서는 해당 계정의 차변과 대변을 찾아 그 금액을 채워 넣는다. 이때 수정전시산표에는 없던 계정과목이 생길 수 있다. (주)서울의 경우는 감가상각비, 비품감가상각누계액, 소모품비, 선급임차료, 이자수익, 미수이자, 선수임대료, 이자비용, 미지급이자 계정이 그 예이다. 이들 계정에 대해서는 수정전시산표에 있던 계정과목 아래에 차례대로 계정과목명을 기입한다. 다음

[정산표]

(단위 : 원)

계정과목	수정전시산표		수정분개		수정후시산표		손익계산서		재무상태표	
	차변	대변	차변	대변	차변	대변	차변	대변	차변	대변
현금	3,720				3,720				3,720	
단기대여금	500				500				500	
소모품	60			b)40	20				20	
비품	360				360				360	
매출채권	400				400				400	
단기차입금		1,000				1,000				1,000
자본금		4,000				4,000				4,000
용역매출		1,400				1,400		1,400		
임대료		240	e)200			40		40		
급여	1,000				1,000		1,000			
임차료	600			c)500	100		100			
합계	6,640	6,640								
감가상각비			a)10		10		10			
비품감가상각누계액				a)10		10				10
소모품비			b)40		40		40			
선급임차료			c)500		500				500	
미수이자			d)10		10				10	
이자수익				d)10		10		10		
선수임대료				e)200		200				200
이자비용			f)20		20		20			
미지급이자				f)20		20				20
합계			780	780	6,680	6,680	1,170	1,450	5,510	5,230
당기순이익							280			280
합계							1,450	1,450	5,510	5,510

의 정산표에서 수정분개 란에 표시되어 있는 영문 알파벳은 본문에서 설명한 수정분개의 일련기호를 참고로 표시한 것이다.

3) 수정후시산표 란의 완성

다음 란에서는 처음 두 란인 수정전시산표와 수정분개의 내용을 수평으로 가감하여 수정후시산표의 잔액을 계산한다. 이때 계정과목별로 수정전잔액의 차변(대변)과 수정분개상의 차변(대변)을 더한다. 하지만 동일한 계정과목에 대해서 차변(수정 전 잔액)과 대변(수정분개), 또는 대변과 차변의 금액이 있을 경우 상계하여 순잔액을 원래 더 큰 금액이 있던 변(邊)과 같은 변에 기록한다.

(주)서울의 예에서는 수정전시산표의 잔액과 수정분개 기입금액이 같은 변에 있어서 더하는 항목은 없다.

그러나 임차료와 같이 수정전시산표에는 차변 잔액이 ₩600이지만 수정분개에서는 대변 잔액이 ₩500인 경우에는 상계하여 순잔액 ₩100을 수정후시산표 차변 잔액으로 기입한다. 마찬가지로 임대료의 수정전시산표 대변 잔액이 ₩240인데 수정분개의 기입은 차변 ₩200이므로 이를 상계하여 순잔액인 ₩40을 수정후시산표 대변 잔액으로 기입한다. 수정분개에서 처음 나타나는 계정과목은 더하거나 상계할 일이 없으므로 수정분개의 금액을 그대로 수정후시산표로 옮겨 적는다.

수정전시산표, 수정분개 및 수정후시산표의 차변 합계와 대변 합계를 계산하여 맨 아래에 기록하고 대차가 일치하는지 체크한다. 일치하지 않으면 장부기록에 어딘가 오류가 있음을 의미하므로 추적하여 찾아 낸 다음 오류를 바로 잡아야 한다.

4) 손익계산서 란의 완성

수정후시산표의 수익과 비용의 각 계정 금액만을 추려 손익계산서 란에 그대로 옮겨 적는다. 이때 차변은 차변으로, 대변은 대변으로 옮겨야 함은 물론이다. 손익계산서 란에 옮겨진 수익(대변)과 비용(차변)의 합계는 일반적으로 다르며, 그 차이가 당기순이익이다. 이 당기순이익을 손익계산서 란의 합계 아래에 기입한다. 이때 (주)서울의 예처럼 당기순이익이 있으면 차변에 더해 주는 형식으로 기입한다. 그래야만 맨 아래 합계란의 차변과 대변이 일치하게 된다. 반대로 만약 비용이 수익보다 커서 당기순손실이 나면 그것을 대변에 더해주어 역시 합계란의 대차가 일치되도록 표시한다. (주)서울의 경우 총수익 ₩1,450, 총비용 ₩1,170으로 당기순이익이 ₩280이므로 이를 비용란(차변)에 표시한 결과 합계가 ₩1,450으로 일치한다.

5) 재무상태표 란의 완성

수정후시산표의 자산, 부채 및 자본 계정의 금액을 추려 정산표의 재무상태표 란에 옮겨 적는다. 이때 자산은 차변으로, 부채 및 자본은 대변으로 옮겨 적는다. (주)서울의 경우 재무상태표 란에 옮겨진 자산합계는 ₩5,510인 반면, 부채 및 자본합계는 ₩5,230으로 자산합계가 ₩280 더 크다. 이 금액이 손익계산서의 당기순이익과 일치함을 알 수 있다. 이 금액은 반드시 일치하여야 한다. 자본거래를 제외하고 두 시점을 비교하여 순자산(자본)의 증가가 당기순이익이며, 이 당기순이익의 내역을 표시하는 재무제표가 손익계산서라는 점을 기억하면 이것이 당연하다는 것을 알 수 있다. 자산총계가 부채 및 자본총계를 ₩280만큼 초과하므로 부채 및 자본총계란(대변)에 ₩280(당기순이익)을 더해주면 대차가 일치한다(당기순손실이 발생하게 되는 경우에는 손실금액이 차변에 더해주는 방식으로 기록되어 대차가 일치한다).

정산표가 완성되면 이 자료를 토대로 손익계산서와 재무상태표를 형식에 맞게 작성한다. 이때 당기순이익 ₩280은 재무상태표의 자본부분에 있는 이익잉여금의 일부로서 반영된다.

03 장부의 마감

장부의 마감이란 장부의 최종 마무리절차를 의미한다. 마감을 함으로써 3월의 장부기록이 완성되고 4월의 장부기록을 위한 준비가 마무리되는 것이다. 재무상태표 계정과 손익계산서 계정의 마감은 서로 다르다. 그 이유는 재무상태표 계정은 실체가 있는 실질계정인 반면 손익계산서 계정은 명목계정이기 때문이다.

1. 재무상태표 계정(실질계정)의 마감

재무상태표 계정들에 대해서는 별도의 마감분개가 필요 없이 바로 총계정원장에서 잔액을 차기이월시킨다. 재무상태표 계정의 잔액은 실질적으로 존재하는 항목들의 잔액을 의미한다. 예를 들면, 총계정원장의 현금잔액이 ₩3,720이라는 것은 실제로 (주)서울이 현금을 그만큼 가지고 있다는 뜻이다. 그리고 그 현금잔액은 4월로 이월되어 4월의 영업활동 등에 사용될 것이다(아래 T계정 참조).

이는 부채와 자본에 대해서도 마찬가지이다. 예를 들면, 단기차입금 ₩1,000은 3월 말 (주)서울이 부담하고 있는 부채인데, 이는 실질적으로 존재하며 (주)서울은 4월 초에도 이 부채를 지고 있을 것이다. 즉, 이 부채가 4월로 이월된다(아래 T계정 참조). 이러한 성격 때문에 재무상태표 계정을 **실질계정**(real account) 또는 **영구계정**(permanent account)이라 한다. 그리고 이들 계정잔액은 이미 정확히 계산되어 있으므로 총계정원장의 각 계정에 기말잔액을 차기로 이월시킨다는 표시를 함으로써 계정이 마감된다. 즉, 앞에서 수정분개 및 전기 후 총계정원장에서 차변과 대변 잔액이 확정되었는데, 그 잔액을 반대편에 기입하면서 '**차기이월**' 이라고 표시한다. 차변 잔액을 가지는 자산계정은 대변에 잔액을 기입하고 차기이월이라 표시함으로써 각 계정의 대차가 일치하도록 만든다. 반대로 부채와 자본은 대변 잔액을 가지므로 차변에 잔액을 기입하고 차기이월이라 표시함으로써 대차가 일치하도록 한다. 3월 31일 차기이월한 후 4월

현 금

3. 1 ① 자 본 금	4,000	3. 3 ② 비 품	360
3. 4 ③ 용역매출	800	3. 4 ④ 임 차 료	600
⑥ 임 대 료	240	⑤ 단기대여금	500
3. 6 ⑧ 단기차입금	1,000	3. 5 ⑦ 소 모 품	60
3.31 ⑪ 매출채권	200	3.30 ⑩ 급 여	1,000
		3.31 차기이월	3,720
합계	6,240	합계	6,240
4. 1 전기이월	3,720		

단기차입금

		3. 6 ⑧ 현금	1,000
3.31 차기이월	1,000		
합계	1,000	합계	1,000
		4. 1 전기이월	1,000

자본금

		3. 1 ① 현금	4,000
3.31 차기이월	4,000		
합계	4,000	합계	4,000
		4. 1 전기이월	4,000

1일자로 '**전기이월**'을 기입함으로써 각 계정잔액이 4월로 이월되어 그 금액을 가지고 4월의 영업이 시작됨을 표시한다.

자산, 부채 및 자본 모두에 같은 방법을 적용하므로 여기에서는 현금, 단기차입금 및 보통주자본금에 대한 마감만 예시하기로 한다.

2. 손익계산서 계정 등 명목계정의 마감

손익계산서 계정은 명목계정이므로 그 잔액이 차기로 이월되지 않고 ₩0이 되어야 한다. 따라서 이들 계정의 잔액을 ₩0으로 만들기 위해 별도의 **마감분개**(closing entries)가 필요하다. 이러한 마감분개를 통해 수익·비용계정들의 잔액이 ₩0이 된다는 것은 그 계정 잔액들이 다른 곳으로 보내진다(이체된다)는 것을 의미한다. 그러기 위해서는 이들 잔액들을 임시로라도 이체받을 장소(계정)가 필요하게 된다. 이러한 목적으로 마감단계에서 임시로 만들어지는 계정이 **집합손익**(income summary) **계정**(혹은 손익계정)이다.

〈표 4-11〉은 (주)서울의 **명목계정**(nominal account)인 수익, 비용 계정에 대한 마감분개이다. 이 분개의 역할은 모든 수익·비용계정의 잔액을 집합손익계정으로 이체시키면서 수익·비용계정의 잔액을 ₩0으로 만드는 것이다. 수익은 총계정원장에서 항상 대변 잔액을 가지는데, 마감분개에서 그 잔액만큼 차변에 기록하는 것에 주목하자. 이 분개를 통해서 모든 수익계정들은 대변 잔액이 차변금액(마감분개)과 상계되어 최종(마감 후)잔액이 ₩0이 되는 것이다. 마찬가지로 비용계정은 총계정원장에서 항상 차변 잔액을 가지는데, 마감분개에서 그 잔액만큼 대변에 기록한다. 모든 비용계정의 경우 이러한 대변금액이 차변 잔액을 상계하여 마감 후 잔액을 ₩0으로 만든다.

표 4-11 **수익과 비용에 대한 마감분개**(2017년 3월 31일)

구분	차변	금액	대변	금액
수익에 대한 마감분개	(차) 용역매출	1,400	(대) 집합손익	1,450
	임 대 료	40		
	이자수익	10		
비용에 대한 마감분개	(차) 집합손익	1,170	(대) 급 여	1,000
			임 차 료	100
			감가상각비	10
			소모품비	40
			이자비용	20

모든 분개는 총계정원장으로 전기되므로 이 마감분개도 총계정원장에 전기되어야 한다. 다음은 그 전기가 끝난 모습을 보여주고 있다. 모든 계정의 대변과 차변이 일치하여 잔액이 ₩0임을 알 수 있다. 다만 집합손익계정의 잔액은 ₩280이다.

용역매출

		3. 4 ③현 금	800
3.31 집합손익	1,400	3.15 ④매출채권	600
합 계	1,400	합 계	1,400

임대료

3.31 ⓒ선수임대료	200	3. 4 ⑥현 금	240
3.31 집합손익	40		
합 계	240	합 계	240

이자수익

3.31 집합손익	10	3.31 ⓓ미수이자	10
합 계	10	합 계	10

급 여

3.30 ⑩ 현금	1,000	3.31 집합손익	1,000
합 계	1,000	합 계	1,000

임차료

3. 4 ④ 현금	600	3.31 ⓒ선급임차료	500
		3.31 집합손익	100
합 계	600	합 계	600

감가상각비

3.31 ⓐ비품감가상각누계액	10	3.31 집합손익	10
합 계	10	합 계	10

소모품비

3.31 ⓑ소모품	40	3.31 집합손익	40
합 계	40	합 계	40

이자비용

3.31 ⓕ미지급이자	20	3.31 집합손익	20
합 계	20	합 계	20

집 합 손 익

3.31 급 여	1,000	3.31 용역매출	1,400
3.31 임 차 료	100	3.31 임 대 료	40
3.31 감가상각비	10	3.31 이자수익	10
3.31 소모품비	40		
3.31 이자비용	20		
합 계	1,170	합 계	1,450

3. 집합손익과 배당금 계정의 마감

이제 수익과 비용의 모든 계정이 마감되었다. 그런데 총계정원장에 마감되지 않은 계정이 아직 남아 있다. 그것은 바로 마감과정에서 새로 만들어진 집합손익계정(혹은 손익계정) 자체에 대한 마감이다. 집합손익계정도 역시 명목계정이므로 다른 수익이나 비용계정과 마찬가지로 잔액이 ₩0이 되고 마감되어야 한다.

우선 마감분개를 전부 총계정원장에 전기한 후, 집합손익계정의 모습을 보면 바로 앞에서 본 바와 같다. 집합손익계정은 손익계산서(계정식)와 매우 유사함을 알 수 있다. 집합손익계정의 대변에는 수익계정이 나타나며 그 합계는 ₩1,450이고, 차변에는 비용계정이 나타나며 합계는 ₩1,170이다. 두 금액의 차액 ₩280이 집합손익계정잔액으로서 바로 당기순이익과 일치한다. 그런데 집합손익계정도 마감되어야 하므로 이 잔액을 ₩0이 되게 하는 마감분개가 필요하다. 이 잔액이 이체되는 곳이 이익잉여금 계정이다. 이것은 당기순이익만큼 이익잉여금이 증가하게 됨을 뜻한다.

마감분개	2017. 3. 31	(차) 집 합 손 익	280	(대) 이익잉여금	280

위 분개를 총계정원장에 전기하면 집합손익계정의 잔액은 ₩0이 되고, 이익잉여금 계정은 ₩280 증가한다. 이익잉여금은 자본의 구성항목이므로 실질계정이다. 따라서 이익잉여금 계정의 잔액 ₩280을 차기이월시킴으로써 장부는 마감된다. 아래 T계정은 앞의 분개를 총계정원장에 전기한 결과를 보여준다.

여기서 마감분개가 수익·비용의 금액을 집합손익계정을 통해 이익잉여금계정으로 이체시켜 명목계정의 잔액을 결국 실질계정으로 이동시키는 역할을 하고 있음을 알 수 있다.

집 합 손 익

3.31 임 차 료	100	3.31 용 역 매 출	1,400
3.31 급 여	1,000	3.31 임 대 료	40
3.31 소 모 품 비	40	3.31 이 자 수 익	10
3.31 감가상각비	10		
3.31 이 자 비 용	20		
3.31 이익잉여금	280		
합 계	1,450	합 계	1,450

이익잉여금

3.31 차기이월	280		
합　　계	280	합　　계	280
		4. 1 전기이월	280

지금까지 보았듯이 마감분개는 수익·비용계정들과 같은 명목계정에 대해서만 행해진다. 그런데 명목계정에는 그 외에 하나가 더 있다. 그것은 **배당금** 계정이다.[1] 따라서 당기에 배당금이 결정, 지급되어 배당금 계정에 잔액(자본을 감소시키므로 잔액은 차변)이 있다면 결산 마감시에 그 잔액도 이체되어 나가 잔액이 ₩0으로 되어야 한다. 이때 이익잉여금계정으로 이체되는데, 마감분개는 다음과 같다.

마감분개	2017. 3. 31	(차) 이익잉여금	×××	(대) 배 당 금	×××

이상의 마감분개의 내용을 요약 정리하면 다음과 같다.

i) 수익·비용계정의 마감 : 수익·비용계정의 잔액을 집합손익계정으로 이체
ii) 집합손익계정의 마감 : 집합손익계정의 잔액을 이익잉여금계정으로 이체
iii) 배당금 계정의 마감 : 배당금 계정의 잔액을 이익잉여금계정으로 이체

04 재무제표의 연계관계

재무제표는 각각 독립적으로 작성되는 것이 아니라 **연계관계**(articulation)를 가진다. 특히 포괄손익계산서와 재무상태표는 동일한 경제적 영향의 양면성을 보여주며 연계관계를 가진다.

1. 배당금 계정을 별도로 두지 않고 이익잉여금 계정에서 배당금을 직접 처리할 수도 있지만, 중간배당 등 배당금에 대한 별도관리를 위해 보통 배당금 계정을 두고 있다.

1. 재무상태표와 포괄손익계산서의 연계

재무상태표는 일정 시점의 재무상태를 보여준다. 기말 재무상태표를 기초 재무상태표와 비교하면 자산, 부채 및 자본 모두가 차이가 나는 것이 일반적이다. 즉, 회계기간 동안 기업의 활동으로 인하여 자산, 부채 및 자본이 변동하는데, 그 변동 중 기업의 영업활동으로 인한 순자산의 변동내역(즉, 자본거래로 인한 순자산 변동을 제외)을 표시하면 포괄손익계산서가 된다.

포괄손익계산서는 순자산의 증가를 가져오는 수익과 순자산의 감소를 가져오는 비용의 내역을 표시하고, 수익에서 비용을 차감하여 당기순이익을 구하고, 여기에 당기손익을 구성하지 않는 기타포괄손익(other comprehensive income)을 가감하여 총포괄이익(total comprehensive income)을 표시한다(제2장 〈표 2-4〉 참고).

여기서 회계기간 중 소유주와의 자본거래를 제외한 모든 거래나 사건에서 인식한 순자산의 변동(non-owner sources)을 **총포괄이익**이라 한다. 만약 기간 중에 자본거래로 인한 순자산의 변동이 없다면 기초 순자산에 총포괄이익을 더하면 기말 순자산이 된다.

그림 4-1 재무제표의 연계관계(자본거래로 인한 순자산 변동이 없는 경우)

다음 식은 이러한 포괄손익계산서와 재무상태표의 연계관계를 나타낸다.

기초 순자산 + 총포괄이익 = 기말 순자산

2. 포괄손익계산서, 재무상태표 및 자본변동표의 연계

만약 기간 중에 자본거래(소유주에 의한 투자와 소유주에 대한 분배)로 인한 순자산의 변동이 있다면, 기초 순자산에 총포괄이익을 더한다고 바로 기말 순자산이 되지는 않는다.

기중 순자산 변동
= 기말 순자산 - 기초 순자산 ······································ [재무상태표]
= 자본거래로 인한 순자산의 변동 + 총포괄이익 ············ [자본변동표]
= 자본거래로 인한 순자산의 변동
+ (당기순이익 ± 기타포괄손익) ························ [포괄손익계산서]

이 식이 포괄손익계산서, 재무상태표, 자본변동표의 연계관계를 나타낸다. 자본은 총포괄이익 외에 소유주와의 자본거래 등에 의해서도 증감하는데, 이러한 자본증감의 내역은 별도로 자본변동표에 표시된다. 소유주와의 자본거래의 대표적인 예는 주주에 의한 추가적인 자본출자(유상증자)와 주주에 대한 배당금지급 등이다.

다음에는 구체적인 사례를 들어 재무상태표, 포괄손익계산서 및 자본변동표의 연계관계를 설명한다.

| 사 례 |

☞ **상황**

2016년 초에 자본금과 이익잉여금이 각각 ₩3,000과 ₩1,000이 있어 순자산이 ₩4,000이었다. 2016년 중에는 유상증자(액면가 발행)를 통하여 주주로부터 ₩1,000의 추가출자가 있었고, 수익 ₩10,000, 비용 ₩9,500으로 당기순이익이 ₩500 발생했다. 그리고 설명과 이해의 편의를 위해 기타포괄손익은 발생하지 않았다고 한다.

☞ **해설**

기초 재무상태표와 기말 재무상태표를 비교하면 기초 순자산 ₩4,000에 비해 기말 순자산은 ₩5,500으로 ₩1,500 증가하였다. 이는 유상증자(주주에 의한 추가출자) ₩1,000이 자본금의 증가를 가져왔고, 영업활동으로부터의 당기순이익이 ₩500의 이익잉여금 증가를 가져온 결과이다. 이를 식으로 나타내면 다음과 같다.

기초 순자산 + 추가출자 + 총포괄이익 = 기말 순자산

기초 순자산 + 추가출자 + 당기순이익 ± 기타포괄손익 = 기말 순자산

(₩4,000) (₩1,000) (₩500) (₩0) (₩5,500)

한편, 자본변동표는 2016년 동안 자본(순자산)의 변동내역을 모두 보여주게 된다. 즉, 자본금은 기초 ₩3,000에서 주주에 의한 추가출자 ₩1,000으로 인해 기말에 ₩4,000이 된다. 그리고 이 금액이 기말 자본금으로서 2016년 12월 31일 재무상태표에 나타난다. 또한 이익잉여금은 기초에 ₩1,000이었는데, 당기순이익이 ₩500 발생하여 기말에는 ₩1,500이 된다. 이 금액이 2016년 12월 31일 재무상태표에 이익잉여금 잔액으로 나타나게 된다.

앞의 사례를 이용하여 재무제표의 연계관계를 표시하면 다음과 같다.

재무상태표
2016년 1월 1일

자산 ₩10,000	부채	₩6,000		
	자본			
	자본금	3,000	+ 추가출자(₩1,000)	⇒
	이익잉여금	1,000	+ 당기순이익(₩500)	⇒

재무상태표
2016년 12월 31일

자산 ₩13,000	부채	₩7,500
	자본	
	자본금	4,000
	이익잉여금	1,500

포괄손익계산서
2016년

수익	₩10,000
−비용	9,500
당기순이익	₩500

자본변동표
2016년

	자본금	이익잉여금	총계
기초	₩3,000	₩1,000	₩4,000
유상증자	1,000		1,000
당기순이익		500	500
기말	₩4,000	₩1,500	₩5,500

3. 재무제표 정보의 상호관계

각각의 재무제표가 서로 다른 정보를 제공한다 할지라도, 어느 한 재무제표가 특정 의사결정에 충분한 정보를 제공하지 않을 수 있으며, 또한 모든 재무제표 정보를 대신할 수 있는 것도 아니다. 재무제표들은 상호 보완적 관계에 있으며, 이러한 관계의 예는 다음과 같다.

(가) 재무상태표는 기업실체의 **유동성**과 **재무건전성**을 평가하는 데 유용한 정보를 제공한다. 재무상태표 정보가 현금흐름표 정보와 함께 이용된다면 유동성 또는 재무적 탄력성을 평가하는 데 더 유용할 수 있다.

(나) 포괄손익계산서는 기업실체의 **수익성**을 평가하는 데 유용한 정보를 제공한다. 그러나 포괄손익계산서 정보는 재무상태표 정보와 함께 사용될 때 더욱 의미 있는 해석이 가능하게 된다. 예를 들어, 자기자본이익률은 수익성의 기간별 비교 또는 기업실체 간 비교의 목적으로 유용한 정보를 제공할 수 있다.

(다) 현금흐름표는 일정 기간 동안의 **현금유입**과 **현금유출**에 대해 많은 정보를 제공한다. 그러나 동일한 회계기간 내에서 수익과 비용이 대응되는 것과 달리 현금유입과 현금유출은 서로 대응되어 표시되지 않으므로 현금흐름표는 기업실체의 미래현금흐름을 전망하는 데 충분한 정보를 제공하지 못한다. 예를 들어, 영업활동에서의 현금유입은 많은 부분이 과거의 영업활동에 의해 나타나게 되고, 또한 현재의 현금지출은 미래의 현금유입을 위해 이루어진다. 그러므로 미래의 현금흐름을 예측하기 위하여 현금흐름표 정보는 포괄손익계산서와 재무상태표의 정보가 함께 사용될 필요가 있다.

(라) 자본변동표는 자본변동의 주요 원천에 대한 정보를 제공한다. 그러나 이러한 정보는 다른 재무제표 정보와 함께 사용되어야 그 유용성이 증대된다. 예를 들어, 주주에 대한 배당은 포괄손익계산서상의 이익과 비교될 필요가 있으며, 유상증자 및 자기주식 취득과 배당은 신규 차입 및 기존 채무의 상환 등과 비교될 때 그 정보유용성이 증대될 수 있다.

연습문제

※ 서술문제 ※

01. 계속기업의 가정 및 발생기준과 결산과의 관계를 설명하시오.

02. 수정분개를 거치지 않고 작성한 손익계산서가 정확한 손익을 반영하고 있지 못하는 이유를 예를 들어 설명하시오.

03. 결산시 수정분개의 유형 중 현금흐름 시점과 수익·비용 인식 시점의 전후관계에 따라 발생항목과 이연항목을 나눈다. 이들에 대해서 각각 설명하시오.

04. 수정분개가 필요한 계정 중 유형자산의 감가상각에 대해 설명하시오.

05. 기중 및 기말 수정분개와 관련하여 명목법과 실질법은 서로 어떻게 다른지, 그리고 각 방법의 장단점은 무엇인지 설명하시오.

06. 선급비용과 선수수익에 대한 수정분개를 하지 않을 경우 재무제표에 미치는 영향에 대해 설명하시오.

07. 미수수익과 미지급비용에 대한 수정분개를 하지 않을 경우 재무제표에 미치는 영향에 대해 설명하시오.

08. 현금지출에 대한 자본화(capitalization) 및 비용화(expensing)의 회계처리에 대해 설명하시오.

09. 재무제표의 작성에서 손익계산서를 재무상태표보다 먼저 작성해야 하는 이유에 대해 설명하시오.

10. 장부의 마감(closing)에 대한 개념과 그것이 의미하는 바에 대해 설명하시오.

11. 재무상태표 계정(자산, 부채, 자본)을 마감하는 방법에 대해 설명하시오.

12. 손익계산서 계정(수익, 비용)을 마감하는 방법에 대해 설명하시오.

13. 재무상태표 계정과 손익계산서 계정의 마감방법이 다른 이유에 대해 설명하시오.

14. 손익계산서 계정의 마감시 새롭게 만들어지는 계정이 '집합손익계정'이다. 이 계정에 대한 마감방법을 설명하시오.

15. 정산표(worksheet)의 개념과 작성 이유에 대해 설명하시오.

16. 정산표의 작성순서와 정산표 작성시 계정과목을 기입하는 순서에 대해 설명하시오.

❀ 계산 및 회계처리문제 ❀

기초문제

01. 다음 각 거래의 결과, 선급비용, 선수수익, 미수수익, 미지급비용 중 어느 항목이 나타나는지 말하시오.

(1) 직원들의 급여는 발생하였으나, 이를 지급하지 않았다.
(2) 1년분 임대료를 미리 받았다.
(3) 이자수익이 발생하였으나 수취하지 못하였다.
(4) 1년치 이자를 미리 지급하였다.

02. 결산일에 체크해 보니 아직 지급하지 않은 이자비용이 ₩200이 있다는 것을 발견하였다.

(1) 이를 기록하기 위한 분개를 제시하시오.
(2) 거래를 누락하고 기록하지 않으면 정확한 손익이 계산되지 않을 수 있다. 만약 (1)의 분개를 누락한다면 재무상태표와 손익계산서에 어떤 영향을 미칠 것인지 설명하시오(과소평가 또는 과대평가라는 용어를 사용할 것).

03. 다음은 (주)개신복사서비스의 6월 중 거래이다. 각 거래를 분개하고(수정분개 포함) 손익계산서와 재무상태표를 작성하시오.

1) 6월 1일 자본금으로 ₩40,000,000의 현금을 출자하여 복사집을 창업하다. 현금은 입출금이 자유로운 보통예금에 입금하다.

2) 2일 비품이 이미 갖추어져 있는 사무실을 보증금 ₩10,000,000, 월세 ₩1,000,000으로 계약하다. 보증금은 현금으로 지급하고 월세는 월말에 지급하기로 하다.

3) 3일 화재보험에 가입하면서 1년치 보험료 ₩600,000을 지급하다.

4) 3일 복사기(₩10,000,000)를 현금으로, 제본기(₩5,000,000)를 외상으로 구입하다.

5) 4일 소모품 ₩5,000,000을 현금으로 구입하다.

6) 5일 한국대학교에서 보고서 복사 및 제본을 ₩6,000,000에 의뢰해 왔다.

7) 12일 한국대학교의 주문을 납품하고 대금 중 ₩3,000,000은 현금으로, 나머지는 외상으로 하다.

8) 28일 한국대학교에서 세미나 자료를 ₩3,000,000에 의뢰받고 선수금 ₩1,000,000을 받았다.

9) 30일 종업원 급료 ₩1,400,000, 전화요금 ₩200,000, 집세 ₩1,000,000을 지급하다.

10) 30일 소액복사서비스는 6월 중 ₩2,500,000이 발생하였으며 모두 현금으로 받았다.

11) 30일 다음과 같은 결산정리사항을 고려하다.

1) 소모품을 실사한 결과 미사용으로 남은 금액이 ₩2,300,000이다.
2) 감가상각은 해당 자산의 내용연수는 50개월, 잔존가치는 없는 것으로 하여 정액법으로 계산한다.
3) 화재보험료는 1년 단위로 지급한다.
4) 보통예금에 대한 이자는 무시한다.

04. 다음은 (주)설악의 기말 수정사항이다. 수정분개를 제시하시오.

① 기중에 사무실을 임차하기로 하고 미리 6개월분 ₩6,000을 현금으로 지급하였다. 기말 현재 이 중 3개월분은 이미 경과하였다. 기중에 자산으로 기록하였을 경우(실질법 적용)와 비용으로 계상하였을 경우(명목법 적용) 각각의 분개를 제시하시오.
② 기중에 소모품비용으로 처리해 취득한 복사용지가 기말 현재 ₩1,000만큼 남아 있다.
③ 건물에 대한 감가상각비는 ₩500이다.
④ 단기대여금에 대한 이자 ₩240이 발생하였으나, 아직 지급받지 못했다.
⑤ 기중에 주차장 부지를 임대하기로 하고 미리 3개월분 임대료 ₩3,600을 현금으로 받았다. 기말 현재 이 중 1개월분은 경과하였다. 기중에 부채로 기록하였을 경우(실질법 적용)와 수익으로 계상하였을 경우(명목법 적용) 각각의 분개를 제시하시오.
⑥ 단기차입금에 대해 발생한 이자비용 ₩300을 아직 지급하지 못하고 있다.
⑦ 종업원에 대한 급여지급일은 매월 25일이다. 기말 현재 발생한 급여는 ₩10,000이다.

05. (주)한라의 수정 전 당기순이익은 ₩6,500이다. 수정분개 시 나타난 계정 및 관련 금액이 다음과 같을 경우 정확한 당기순이익을 계산하시오. (주)한라는 이연(deferral) 처리와 관련하여 명목법을 적용한다.

미지급급여	₩1,000	미수이자	₩500
감가상각비	600	미지급이자	400
선급임차료	1,200	선수임대료	1,500

06. 다음은 (주)속리의 9월 말 재무상태표와 손익계산서 계정들이다. 마감분개가 필요한 계정에 대해서만 마감분개를 제시하시오.

용역매출	₩2,600	현 금	₩2,500
임대수익	400	감가상각비	200
단기대여금	1,000	이자비용	160
단기차입금	1,200	미수이자	150
매출채권	1,100	급 여	840
소 모 품	600	이자수익	150
선수임대료	240	비 품	600

07. (주)보람은 6월 1일에 설립되었다. 다음의 정산표에는 6월 30일에 결산준비절차로서 수정전시산표가 제시되어 있다.

(1) 다음의 자료에 따라 결산수정분개를 제시하시오.

a. 임차료 ₩600은 6개월분을 미리 지급한 것으로서 6월 한 달의 임차료는 ₩100이다.
b. 비품에 대한 감가상각누계액 ₩60을 설정한다.
c. 대여금에 대한 이자수익이 ₩20 발생하였으나 아직 현금으로 받지 못하였다.
d. 차입금에 대한 이자비용 ₩15이 발생하였으나 아직 지급하지 않았다.
e. 종업원에 대한 급여 ₩200이 추가로 발생하였으나 아직 지급되지 않았다.

(2) 위 자료를 이용하여 다음의 정산표를 완성하시오.

[정산표]

(단위 : 원)

계정과목	수정전시산표		결산수정분개		수정후시산표		손익계산서		재무상태표	
	차변	대변	차변	대변	차변	대변	차변	대변	차변	대변
현 금	1,000									
비 품	1,500									
대 여 금	1,000									
단기차입금		900								
자 본 금		2,500								
용 역 매 출		1,700								
임 차 료	600									
광 고 비	300									
급 여	700									
합 계	5,100	5,100								
합 계										
합 계										

(3) (2)의 정산표를 이용하여 손익계산서(보고식)와 재무상태표(계정식)를 작성하시오.

08. (주)달천은 용역회사이다. 이 회사는 6월에 대한 결산을 하려고 한다. 이 회사의 2017년 6월 30일 현재 수정전시산표는 다음과 같다(이 회사는 주식회사이며, 6월 한 달에 대한 결산임을 명심하시오).

수정전시산표

2017년 6월 30일 현재 (단위 : 원)

	차 변	대 변
현 금	4,500	
매 출 채 권	1,800	
비 품	16,000	
비품감가상각누계액		1,000
미 지 급 금		9,000
선 수 금		380
자 본 금		10,000
이 익 잉 여 금		2,000
용 역 매 출		3,330
수 리 비	330	
보 험 료	480	
급 여	2,600	
총 계	25,710	25,710

(1) 결산을 위한 추가 자료는 다음과 같다. 이들의 결산정리사항에 대해 분개하시오.

a. 보험료 ₩480은 6월 1일에 지급한 것으로 12개월분이다.
b. 선수금 ₩380은 용역제공을 약속하고 미리 받은 금액인데 6월 30일자로 ₩200에 해당하는 용역을 제공하였다.
c. 비품에 대한 감가상각비는 ₩250이다.
d. 6월 25일에 지급한 급여 중 ₩340은 7월분의 급여를 미리 지급한 것이다.
e. 당월의 임차료 미지급액이 ₩60이다.
f. 기말 현재 이자미수액이 ₩20이다.

(2) 위의 결산수정분개를 반영하여 수정후시산표를 작성하시오.

(3) (2)의 결과를 이용하여 보고식 손익계산서를 작성하시오.
(4) (2)의 결과를 이용하여 계정식 재무상태표를 작성하시오.

09. (주)산천이 2017년 10월 초에 1년분 보험료 ₩120,000을 지급하였다. 이에 대해서 답하시오.

(1) 보험료 지급시에 서로 다른 두 가지 방법으로 분개할 수 있다. 이 두 가지 방법을 제시하시오.
(2) 위의 각각의 방법에 대해서 12월 31일 결산시에 필요한 수정분개를 각각 제기하시오.
(3) 위의 각각의 방법에 대해서 10월 초의 거래와 결산수정분개를 모두 원장에 전기한 결과를 제시하시오.

심화문제

01. 다음은 (주)서울운송의 2017년 8월 31일자의 마감후 잔액시산표이다.

(단위 : 원)

차 변	계정과목	대 변
13,820	현금예금	
14,230	매출채권	
1,150	소모품	
24,000	차량운반구	
	감가상각누계액	11,500
	매입채무	13,600
	지급어음	14,000
	자본금	5,000
	이익잉여금	9,100
53,200	합계	53,200

2017년 9월 1일부터 9월 30일까지 1개월 동안의 거래내역은 다음과 같다.

| 9월 중 거래내역 |

1) 차량을 구입하고 대금 ₩5,000을 현금으로 지급하다.
2) 고객으로부터 운송수수료 ₩10,000을 현금으로 받다.
3) 소모품 ₩2,000을 현금으로 구입하다.
4) 매출채권 ₩4,500을 현금으로 받다.
5) 9월 중 운송한 화물운송료 ₩4,000을 청구하였으나 아직 받지 못하다.
6) 9월과 10월분 임차료 ₩2,000을 현금으로 지급하다.
7) 9월분 급여가 ₩5,000이나 이 중 ₩3,000만 현금으로 지급하다.
8) 9월 말 현재 소모품 미사용잔액은 ₩1,000이다.
9) 9월분 차량운반구 감가상각비는 ₩1,500이다.

이상의 자료에 의하여 다음 질문에 답하시오.

(1) 이 회사의 9월 중 거래에 대해 분개하시오.
(2) 결산수정분개를 제시하시오.
(3) 9월의 손익계산서(보고식)를 작성하시오.
(4) 9월 말 현재 재무상태표(보고식)를 작성하시오.
(5) 비용과 수익을 마감하기 위한 분개를 제시하시오.
(6) 집합손익계정을 마감하기 위한 분개를 제시하시오.
(7) 마감이 끝난 후 용역매출 및 급여 계정(T계정)의 모습을 보이시오.
(8) 마감이 끝난 후 원장의 집합손익계정(T계정)의 모습을 보이시오.
(9) 마감이 끝난 후 원장의 이익잉여금(T계정)의 모습을 보이시오.

02. (주)초목이 2017년 11월 초에 6개월 임대료 ₩120,000을 수령하였다. 이와 관련하여 다음 물음에 답하시오.

(1) 임대료 수령시에 서로 다른 두 가지 방법으로 분개할 수 있다. 이 두 가지 방법을 제시하시오.
(2) 위의 각각의 방법에 대해서 12월 31일 결산시에 필요한 수정분개를 각각 제기하시오.
(3) 위의 각각의 방법에 대해서 11월 초의 거래와 결산수정분개를 모두 원장에 전기한 결과를 제시하시오.

03. 다음은 (주)관악의 2017년 12월 31일의 수정전시산표를 포함한 정산표 양식이다. 다음에 답하시오.

[정산표]

(단위 : 원)

계정과목	수정전시산표		결산수정분개		수정후시산표		손익계산서		재무상태표	
	차변	대변	차변	대변	차변	대변	차변	대변	차변	대변
현금	278									
소모품	50									
비품	400									
감가상각누계액		40								
단기차입금		70								
자본금		500								
이익잉여금		18								
용역매출		600								
급여	260									
임차료	120									
보험료	60									
광고선전비	50									
이자비용	10									
합계										
합계										
당기순이익										
합계										

(1) 아래의 결산정리사항에 대해서 각각 수정분개를 제시하시오.

① 당기분 급여 ₩20이 아직 미지급된 상태이다.
② 컨설팅서비스를 해주고 아직 대금을 받지 못한 금액이 ₩28 있다.
③ 보험료 ₩60 중에서 ₩20은 다음 기에 해당하는 선급분이다.
④ 소모품 중 ₩15에 해당하는 부분은 당기에 사용하여 소비되었다.
⑤ 비품에 대한 당기의 감가상각비는 ₩40이다.

(2) (1)의 결과를 이용하여 정산표를 완성하시오.

(3) 완성한 정산표를 이용하여 손익계산서(요약보고식)를 작성하시오.

(4) 완성한 정산표를 이용하여 재무상태표(요약계정식)를 작성하시오.

04. 다음은 (주)안암의 2017년도 수정전 및 수정후 시산표 자료이다. 그런데 수정후시산표에서 금액오류가 손익에 영향을 미치는 재무상태표 계정에서 발생했다고 한다. 수정후시산표상의 오류를 찾아 수정분개하고 수정후시산표의 차변 및 대변 합계액의 정확한 금액을 구하시오.

(단위 : 원)

계정과목	수정전시산표		수정후시산표	
	차변	대변	차변	대변
현 금	7,000		7,000	
매 출 채 권	53,000		53,000	
소 모 품	1,750		2,850	
선 급 보 험 료	2,825		1,125	
비 품	85,600		85,600	
감가상각누계액		55,700		55,700
매 입 채 무		4,950		4,950
미 지 급 급 여				850
자 본 금		99,350		99,350
단 기 대 여 금	10,000		10,000	
매 출		50,000		50,000
급 여	24,500		24,500	
임 차 료	15,575		15,575	
복 리 후 생 비	8,500		8,500	
감 가 상 각 비			5,600	
소 모 품 비			1,100	
보 험 료			700	
잡 비	1,250		1,250	
합 계	210,000	210,000	216,800	210,850

05. 다음 (주)덕유의 2017년 12월 31일 현재 수정전시산표와 수정사항을 이용하여 아래 물음에 답하시오.

(단위 : 원)

과 목	수정전		수정분개		수정후	
	차변	대변	차변	대변	차변	대변
현 금	12,300					
매출채권	15,000					
소 모 품	3,600					
비 품	75,800					
매입채무		13,500				
선수임대료		4,000				
자 본 금		49,000				
매 출		90,500				
급 여	21,000					
임 차 료	16,000					
사 용 료	11,500					
잡 비	1,800					
합 계						

〈수정사항〉

① 외상으로 매출한 금액 ₩3,500이 거래기록에서 누락되었다.

② 연말 소모품재고는 ₩1,500으로 조사되었다.

③ 비품의 연간 감가상각비는 ₩1,200으로 계산되었다.

④ 선수임대료 ₩4,000에는 당기분에 해당하는 ₩800이 포함되어 있다.

⑤ 12월 31일 현재 ₩6,500의 미지급급여가 있었다.

(1) 수정사항에 대한 분개를 하시오.

(2) 위 표에 수정분개를 반영하고 수정후시산표를 완성하시오.

06. (주)속리의 2017년도 재무자료는 다음과 같다.

2017년도 당기순이익	₩500,000
2017년 12월 말 총자산	1,200,000
2017년 12월 말 총부채	650,000
2017년 12월 말 총자본	550,000

그런데 다음의 거래가 장부기록에서 누락되었음이 발견되었다.

① 매출은 발생하였으나 아직 ₩100,000을 수취하지 않았다.
② 감가상각비 ₩50,000이 발생하였다.
③ 미지급급여 중 ₩150,000을 현금으로 지급하였다.
④ 12월 초에 1년치 임차료 ₩60,000을 미리 지급하였다(월 ₩5,000).
(단, 임차기간 초기에 자산으로 처리)

(1) 상기 누락된 거래에 대해 수정분개를 제시하시오.
(2) 상기 누락된 거래를 재무제표에 반영하는 경우 당기순이익, 총자산, 총부채, 총자본에 미치는 영향을 구체적으로 설명하시오.

Chapter 05

상품매매기업의 회계

01 영업활동과 재고자산

상품매매기업(merchandising company)은 상품의 판매를 주요 영업활동 목적으로 한다. 따라서 상품매매기업에서는 서비스기업과는 달리 상품의 매입, 보유 및 판매와 관련된 거래가 발생한다. 본 장에서는 상품매매기업의 회계처리에 대해서 살펴본다. 상품매매기업의 회계처리는 상품의 매입, 보유 및 판매와 관련된 회계처리가 추가로 필요하다는 점 외에는 서비스 기업과 꼭 같다.

1. 상품매매기업의 영업활동

상품매매기업은 완성품인 상품을 매입하여 재판매한다. 따라서 상품매매기업은 상품매입에서 시작하여 대금회수로 끝나는 영업순환주기(operating cycle)를 가진다. 원재료를 매입하여 제품을 생산하여 판매하는 제조기업과는 달리 제조공정이 없어서 제조원가계산과 같은 복잡한 과정이 생략된다. 하지만 상품관련 거래가 발생하므로 서비스기업의 회계처리보다는 다소 복잡하다. 서비스기업은 상품이나 제품과 같은 재고자산이 없으므로 회계처리가 가장 단순한 형태의 기업이다.

상품매매기업은 보통 상기업이라 부르기도 하는데, 상품의 도매 또는 소매를 하는 기업이 여기에 포함된다. 가장 일반적인 소매업종은 할인점과 백화점을 들 수 있고 제조업체로부터 제품을 매입하여 할인점이나 백화점에 공급하는 기업은 도매업종에 속한다.

상품매매기업의 영업활동 그림 5-1

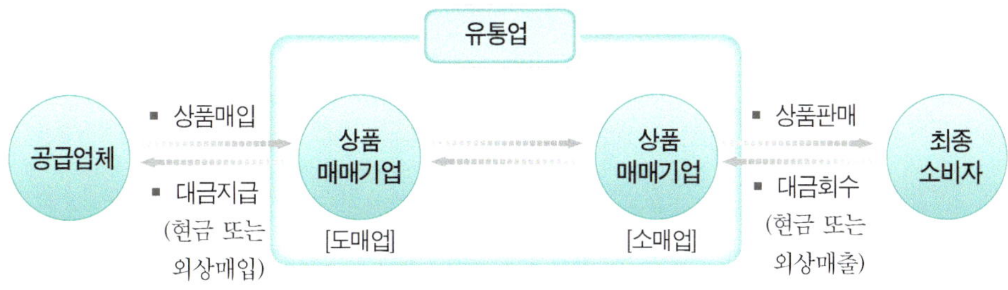

1) 재고자산과 매출원가

상품과 같이 **상품매매기업**(merchandising company)이 판매를 목적으로 보유하고 있는 자산을 재고자산이라 한다. **재고자산**에는 상품 외에도 **제조기업**(manufacturing company)이 판매를 위해 제조하여 보유하고 있는 제품(완성품)과 재공품(미완성품)이 있다. 물론 판매 목적이 아니라 자체적으로 사용할 목적으로 보유하고 있는 원재료, 저장품, 소모품 등도 재고자산에 속한다. 상품매매기업은 판매를 위해 창고 등에 상품을 보유하고 있으므로 '**재고**(inventory)' 라는 말을 '상품' 앞이나 뒤에 붙여 쓰기도 하고 단순히 재고라고 하기도 한다.

상품매매기업이 **상품**을 판매하면 판매가격으로 매출(수익)을 기록한다. 매출(sales)은 현금매출 또는 외상매출로 이루어진다. 외상매출의 경우 일정한 조건에 따라 일정한 기간이 지난 후 현금으로 회수된다. 판매된 상품과 그 상품의 매입원가(취득원가)의 차이를 일반적으로 **마진**(margin)이라 부르는데 '판매된 상품의 매입원가' 를 **매출원가**(cost of sales 또는 cost of goods sold)라 한다.

상품을 매입하여 판매하고 남으면 다음 회계기간으로 이월된다. 이때 이월되는 상품을 기말상품, 기말재고상품, 또는 기말상품 재고 등으로 부른다. 그리고 기말에 이월된 상품은 다음 회계기간의 기초상품이 된다. 다음 회계기간에 추가로 상품이 매입되고 또 판매되면 다시 기말에 판매되지 않고 남은 상품이 그 다음 회계기간으로 이월되는 순환주기가 반복된다. 이러한 관계를 표시하면 다음과 같은 **재고자산 등식**이 된다.

재고자산 등식

기초상품 + 당기에 매입한 상품 = 당기에 판매한 상품 + 기말상품

기초상품에 당기에 매입한 상품을 더하면 판매가능상품이 된다. 그 원가가 **판매가능상품원가**(cost of goods available for sale)인데, 그중에서 판매된 상품의 원가가 매출원가이며 남아 있는 상품의 원가가 기말상품 원가가 된다.

판매가능상품원가

판매가능상품원가 = 기초상품 원가 + 당기매입상품 원가
= 매출원가 + 기말상품 원가

이후, 판매가능상품, 기초상품, 기말상품이라는 말은, 특별한 경우가 아니면 판매가능상품원가, 기초상품 원가, 기말상품 원가를 각각 의미한다.

2) (주)한라의 기중거래

(주)한라는 2016년 9월에 상품매매기업으로서 영업활동을 본격적으로 시작하였다. 8월 말의 재무상태표는 다음과 같았다.

(주)한라　　　　2016년 8월 31일　　　　(단위 : 원)

자산 :		부채 :	
현　금	4,170	단기차입금	1,000
매출채권	400	미지급이자	40
선급임차료	500	부채총계	1,040
상　품	400	자본 :	
소모품	30	자본금	4,000
		이익잉여금	460
		자본총계	4,460
자산총계	5,500	부채와 자본합계	5,500

표 5-1 (주)한라의 9월 중 거래

일자	거래내용
9. 1	단기차입금에 대한 8월분 이자 ₩40을 현금으로 지급하다.
9. 8	광고비로 현금 ₩50을 지급하다.
9.10	8월의 매출채권 잔액 ₩400을 현금으로 회수하다.
9.11	소모품을 추가로 매입하고 현금 ₩40을 지급하다.
9.15	상품 ₩1,600을 외상으로 매입하다.
9.20	전월의 이익에 대한 배당을 결정하고, 배당금 ₩150을 현금으로 지급하다.
9.25	상품을 ₩3,000에 외상으로 판매하다.
9.26	9월 15일 상품의 외상매입 대금 중 ₩1,000을 현금으로 갚다.
9.29	9월 25일 상품의 외상판매 대금 중 ₩1,700을 현금으로 회수하다.
9.30	임직원 급여 ₩1,000을 현금으로 지급하다.

(주)한라의 영업순환주기에는 상품의 매입, 보관 및 판매가 포함되며 회계순환과정에도 그와 관련된 회계처리가 필요하다. 회계순환과정을 설명하기 위해서 (주)한라의 2016년 9월 중 거래를 〈표 5-1〉과 같이 가정한다.

9월 1일 단기차입금 이자지급은, 8월 중에 발생하여 비용으로 인식하였지만 현금지급이 없었던 항목에 대해 실제로 현금을 지급한 거래이다. 9월 10일에는 8월 중의 외상매출에 대해 회수되지 않았던 매출채권을 회수하였다. 9월 20일에는 주주들에게 배당을 지급하였다. 배당은 주주의 출자에 대한 대가로 이익의 일부를 주주들에게 나누어주는 것이다.

상품 이외의 거래에 대한 분개는 서비스기업이나 상품매매기업이 다르지 않으므로 본 장에서 상품 외의 거래에 대해서는 자세한 설명을 생략한다. 이 장에서는 먼저 제2절에서 상품에 대한 회계처리를 설명하고, 제3절에서 상품 이외의 거래를 모두 포함한 회계순환과정을 설명한다. 상품 외의 거래에 대한 회계처리는 제3장에서 다룬 내용과 같지만 여기서 주목하여야 할 점이 있다. 즉, 제3장에서는 모든 계정잔액이 ₩0인 상태에서 회계순환과정이 시작되었지만, (주)한라는 9월 초에 전기로부터 이월된 계정잔액이 있는 상태에서 새로운 거래에 대한 분개와 전기가 이루어진다는 점이 다르다.

02 상품매매거래의 회계

1. 상품회계의 두 가지 과제

상품과 관련해서는 상품거래의 회계처리방법의 문제와 상품의 원가결정(평가) 문제가 있다.

상품의 원가결정(평가)은 매입가격이 서로 다른 동일 상품이 판매되었을 때 매출원가 계산에 적용할 단가를 결정하는 문제이다. 예를 들어 기업이 20개의 동일한 상품을 보유하고 있다고 가정하자. 그중에서 10개는 단가 ₩100에 매입하였고, 나머지 10개는 단가 ₩120에 매입하였다. 이때 판매된 상품이 5개라면 그 단가는 얼마인가? 이 문제에 대한 정답은 원가흐름(cost flow)에 관한 가정(假定)에 달려 있다. 이에 대해서는 나중에 제9장 재고자산에서 다룬다.

상품거래의 회계처리방법은 기중에 판매된 상품과 기말상품의 수량을 결정하는 문제와 직결되어 있다. 기말상품의 평가를 위해서는 기말상품의 수량과 단가(단위당 원가)가 결정되어야 하는데, 기말상품의 수량결정의 방법에 따라 회계처리방법도 달라진다. 기말상품의 수량결정방법에는 실지재고조사법과 계속기록법의 두 가지가 있다.

2. 실지재고조사법

실지재고조사(physical inventory)란 기말에 상품재고의 수량을 실제로 조사하여 파악하는 것을 말한다. 실지재고조사법에서는 기간 중에는 상품의 매입과 판매에 대한 분개만을 하고 판매된 상품의 원가, 즉 매출원가를 파악하지 않으며 그에 대한 분개를 하지 않는다. 따라서 이 방법을 사용하면 기간 중에 판매된 상품의 매출원가가 얼마인지 장부기록으로는 알 수 없다. 대신에 기말에 실제로 재고를 조사하여 창고 등에 남아 있는 기말상품 재고를 파악한 다음 매출원가를 역으로 추정한다. 즉, 총판매가능상품 중 기말에 남아 있는 상품을 제외하고는 모두 판매된 것으로 추정한다. 실지재고조사를 통하여 매출원가를 계산하기 때문에 이 방법을 **실지재고조사법** 또는 **기간법**

(periodic method)이라 한다.

매출원가

매출원가 = 기초상품 재고 + 당기매입 − 기말상품 재고

실지재고조사법은 회계기간 중에 매출원가를 일일이 파악하여 기록하지 않으므로 기록이 단순하여 비용이 절감되는 장점이 있다. 백화점이나 할인점과 같이 수없이 많은 종류의 상품이 판매되는 업종에서는 모든 판매에 대해 매출원가를 계산하여 기록하는 데 매우 높은 관리비용이 들 수 있다.

반면에 실지재고조사법은 매출원가를 매출시마다 직접 확인하지 않고 기말상품을 파악하여 역산하여 추정하므로 매출원가가 정확하지 않을 수 있다는 단점이 있다.

1) 상품거래의 분개

실지재고조사법의 회계처리를 (주)한라의 상품거래의 예를 가지고 설명한다. 실지재고조사법에서는 상품매입시에 매입계정을 사용하여 분개한다. **매입계정**은 자산이 아니라 비용의 성격을 가지는 **임시계정**이다. 2016년 9월 15일 (주)한라가 외상으로 매입한 ₩1,600의 상품에 대한 분개는 다음과 같다. 외상으로 상품을 매입하고 부담하게 된 채무를 외상매입금이라 하는데, 본 절에서는 이를 포함하는 매입채무 계정을 사용하기로 한다.

2016.9.15	(차) 매 입	1,600	(대) 매 입 채 무	1,600

실지재고조사법에서 상품판매시에는 매출에 대한 분개만 하고 매출원가에 대한 분개는 없다. (주)한라는 2016년 9월 25일 상품을 ₩3,000에 외상으로 판매하였다.

2016.9.25	(차) 매 출 채 권	3,000	(대) 매 출	3,000

실지재고조사법에서는 기중에 매출원가를 파악하지 않으며 매출원가계정을 사용하지도 않는다. 대신에 기말에 수정분개를 통하여 매출원가와 기말상품을 파악한다. 이때 계정을 이용하는 방식은 여러 가지가 있지만, 본서는 결산일에 매출원가계정에서 매출원가가 계산되는 방식을 이용하여 설명한다. 매출원가계정이 아니라 매입계정에서 매출원가가 계산되는 방식도 많이 이용되는데 그 결과는 차이가 없으며 이 부분은 본 장의 보론으로 엮어 설명한다.

실지재고조사법에서 사용하는 매출원가는 계속기록법에서 사용하는 매출원가와는 다르다. 즉, 계속기록법에서는 판매시마다 매출원가를 계산하여 매출원가계정의 차변에 기록하지만, 실지재고조사법에서는 수정분개시에 매입과 상품계정을 이체시켜 매출원가를 확정하는 역할을 하도록 매출원가계정을 사용한다.

기중의 상품거래에 대해서 상품계정을 사용하지 않고 매입계정을 사용하였으므로 수정분개 전 상품계정의 잔액은 전기로부터 이월된 상품(기초상품)이다. 기말 수정분개시, 매출원가를 매출원가계정에서 계산하므로 기초상품(2016년 9월 1일에 전기로부터 이월되어 온 상품 ₩400)을 마치 우선적으로 판매한 것처럼 매출원가계정으로 이체한다. 그리고 당기에 매입된 상품(매입계정의 잔액)도 일단 판매된 것처럼 처리한다. 즉, 매입계정 잔액을 매출원가계정으로 이체한다.

➔ 수정분개에서 매입계정의 잔액(당기 총상품매입)과 상품계정 잔액(기초상품)을 모두 매출원가계정으로 이체시킨다(일단 모두 판매되어 나간 듯이).

상품계정의 잔액이체	(차) 매출원가	400	(대) 상　　품	400
매입계정의 잔액이체	(차) 매출원가	1,600	(대) 매　　입	1,600

위 분개는 기초상품과 매입계정잔액을 없애 주면서 매출원가계정 잔액을 증가시킨다. 이 분개를 전기한 후 매출원가계정의 차변 합계는 판매가능상품원가가 된다. 그리고 상품계정과 매입계정의 잔액은 ₩0이 된다.

그리고 기말상품의 실사결과 상품이 ₩500의 원가로 남아 있다고 가정하자. 판매가능상품 ₩2,000 중에서 기말에 재고로 남아 있는 상품이 ₩500이므로 나머지

₩1,500이 최종적인 매출원가이다.[1] 따라서 앞에서 본 매출원가계정 잔액 ₩2,000은 실제보다 과대계상된 것이다. 매출원가계정이 최종적인 매출원가를 나타내주기 위해서는 기말상품을 매출원가계정으로부터 빼내어 상품계정으로 다시 이체하기 위한 수정분개가 필요하다.

➔ 수정분개에서 기말상품에 대해서 매출원가계정에서 상품계정으로 이체시킨다(아직 판매되지 않은 것이므로).

상품계정 으로 이체	(차) 상 품	500	(대) 매출원가	500

이 분개를 통하여 상품계정의 잔액이 ₩500 증가하고 매출원가계정의 잔액은 ₩500 감소한다. 상품계정의 잔액은 기말상품의 금액을 반영하게 되고 매출원가계정의 차변 잔액이 ₩500만큼 감소하여 최종잔액 ₩1,500은 매출원가를 반영하게 된다.

2) 상품관련 분개의 전기

위 분개를 모두 총계정원장에 전기(posting)한다. 그중에서 상품, 매입, 매출 및 매출원가계정을 다음과 같이 제시한다. 여기서 매출원가계정이 상품흐름을 반영하는 중심 계정이 된다. 즉, 매출원가계정에 기초상품, 당기매입 및 기말상품이 모두 표시된다. 수정분개 반영 후 상품계정의 차변 잔액은 기말상품이다. 매입계정의 차변에는 기중에 당기매입이 기록되었다가 기말에 매출원가계정으로 이체되어 잔액이 없어진다. 매출원가계정은 기말에만 수정사항을 반영하기 위해 활용된다. 차변에 상품계정(기초재고액을 반영)과 매입계정(당기 매입액을 반영)으로부터 이체한 내용을 기입하고, 대변에는 기말재고액을 상품계정에 나타내주기 위해 상품계정으로 이체해 보내는 금액을 표시한다. 따라서 수정분개 반영 후 매출원가계정의 차변 잔액은 9월의 매출원가이다. 상품계정은 기초잔액이 나가 없어졌다가 기말재고액이 다시 들어와 최종잔액이 된다.

---

1. 판매가능상품 = 기초상품(₩400) + 당기매입(₩1,600) = ₩2,000
매출원가 = 판매가능상품(₩2,000) − 기말상품(₩500) = ₩1,500

9월 중 상품거래를 요약하면, 매출은 ₩3,000, 매출원가는 ₩1,500, 그리고 기말상품은 ₩500이다.

상 품

차변		대변	
9. 1 전기이월	400	9.30 매출원가	400
9.30 매출원가	500		
잔 액	500 → 기말상품재고		

매 입

차변		대변	
9.15 매입채무	1,600	9.30 매출원가	1,600
잔 액	0		

매출원가

차변		대변	
9.30 상품(기초)	400	9.30 상품(기말)	500
9.30 매 입	1,600		
잔 액	1,500 → 매출원가		

매 출

차변		대변	
		9.25 매출채권	3,000
		잔 액	3,000

3. 계속기록법

계속기록법(perpetual method)은 또 다른 상품수량결정 방법이다. 이 방법은 실지재고조사법과 달리 판매시마다 그 상품의 판매수량과 원가(매출원가)를 파악하여 기록하는 방법이다. 상품이 판매될 때마다 매출원가와 그 시점의 상품재고가 계속적으로 파악되고 분개장과 원장에 기록되기 때문에 이 방법을 계속기록법이라 한다. 실지재고조사법과는 달리 매출원가와 기말재고를 장부기록을 통하여 알 수 있으므로 기말에 매출원가를 추정하는 절차가 필요 없다.

계속기록법에서도 기말에 상품재고를 조사한다. 기말재고를 실사하는 것은 재고자산의 관리 목적을 달성하기 위하여 필수적인 절차이다. 계속기록법에서는 장부상의 기말재고와 실제 기말재고가 모두 파악되므로 양자의 일치 여부를 확인하여 회계기간 중에 없어진 상품을 파악할 수 있다는 장점이 있다. 즉, 계속기록법은 **재고자산감모손실**(inventory shrinkage loss ; 재고자산의 도난, 멸실 등으로 실제 수량이 장부상의 수량보다 적은 경우에 나타나는 손실)을 정확히 파악할 수 있다는 장점을 가지므로 재고자산의 관리 목적에 적합하다. 그러나 모든 상품의 판매시마다 매출원가를 계산해야 하므로 기록 및 관리비용이 많이 든다. 따라서 백화점이나 할인점과 같이 다양한 상품을 많이 판매하는 기업의 경우 지나친 비용이 발생할 수 있다.

1) 상품거래의 분개

계속기록법에서는 상품매입시에 상품계정을 사용하여 분개한다. 2016년 9월 15일 (주)한라가 외상으로 매입한 ₩1,600의 상품에 대한 분개는 다음과 같다.

2016.9.15	(차) 상 품	1,600	(대) 매 입 채 무	1,600

상품판매시에는 매출에 대한 분개와 동시에 매출원가에 대해서도 분개를 한다. 이 점이 실지재고조사법과 다름에 주목하자. 그러나 매출에 대한 분개는 실지재고조사법에서와 같다. (주)한라는 2016년 9월 25일 상품을 ₩3,000에 외상으로 판매하였는데, 이 ₩3,000의 매출에 대한 매출원가는 ₩1,500이라 가정한다.[2] 매출원가는 비용으로서 차변에 기입함과 동시에 상품을 대변에 기입함으로써 상품의 감소를 기록한다.

2016.9.25	(차) 매 출 채 권	3,000	(대) 매 출	3,000
	(차) 매 출 원 가	1,500	(대) 상 품	1,500

계속기록법에서는 기중에 매출원가를 파악하여 기록하고 동시에 상품의 매입과 판매를 상품계정을 사용하여 기록하므로 원장의 매출원가와 상품계정 잔액이 당기의 매출원가와 기말상품 잔액을 각각 나타낸다. 따라서 매출원가와 기말상품을 별도로 반영하기 위한 수정분개가 필요 없다.

2) 상품관련 분개의 전기

앞에서 설명한 상품관련 계정을 총계정원장에 전기한 결과는 다음과 같다. 상품계정은 상품의 흐름을 반영하고 있으며 수정분개 전기 후 기말에 상품계정의 차변 잔액은 자연스럽게 기말상품이 된다. 기중에 별도의 매출원가계정을 사용하므로 매출원가

---

2. 계속기록법에서 매출원가 기록시, 회계정책에 정해진 단가결정방법(선입선출법 또는 가중평균법)을 적용해야 매출원가가 계산된다. 이에 대해서는 제9장에서 설명되므로 여기서는 매출원가를 ₩1,500으로 가정하여 사용한다.

계정의 차변 합계가 9월의 총매출원가이다. 매출은 실지재고조사법과 차이가 없다.

상 품

차변	금액	대변	금액
9. 1 전기이월	400	9.25 매출원가	1,500
9.15 매입채무	1,600		
잔 액	500 → 기말상품재고		

매출원가

차변	금액	대변	금액
9.25 상 품	1,500		
잔 액	1,500 → 매출원가		

매 출

차변	금액	대변	금액
		9.25 매출채권	3,000
		잔 액	3,000

4. 재고자산감모손실

재고자산감모손실(inventory shrinkage loss)은 장부상의 기말상품과 실제 기말상품의 수량차이로 인한 재고자산 차이를 말한다. 재고자산감모손실이 발생하는 것은 도난, 소실, 증발, 파손 등의 여러 가지 이유 때문이다. 재고자산감모손실이 있을 경우 재고자산 등식은 다음과 같이 바뀐다.

재고자산 등식(재고자산감모손실이 있는 경우)

기초상품 + 당기 매입상품 = 매출원가 + 기말상품 + 재고자산감모손실

국제회계기준 채택 전 한국 기업회계기준, 그리고 현재 '일반기업회계기준' ('한국채택국제회계기준' 을 적용하지 않는 기업이 사용)은 재고자산감모손실을 정상 여부로 구분하여, 정상적 감모손실은 매출원가에 포함하고, 비정상적 감모손실은 영업외비용으로 분류했다. 그러나 '한국채택국제회계기준' 은 그러한 구분없이 재고자산감모손실을 당기비용(매출원가)에 반영시킨다. 이에 따른 분개는 다음 사례에서 보는 바와 같다.

| 사례 : 재고자산감모손실 |

☞ 상품계정의 기록에 의하면 기초상품이 10개, 당기매입이 100개, 당기 판매수량이 90개이다. 그리고 실사결과 기말상품이 15개 남아 있음을 확인하였다. 단가는 모두 @₩10이라 가정한다.

☞ 계속기록법에 의한 장부기록은 다음을 알려줄 것이다.

매출원가 = 90개 × @₩10 = ₩900

기말상품 원가 = 20개 × @₩10 = ₩200

그러나 실제 기말상품은 15개밖에 없다. 따라서 정확한 기말상품은 ₩200이 아니라 ₩150이며, ₩50은 감모손실이다. 감모손실을 구하는 방법에는 두 가지가 있다(산술적으로는 동일한 방법임).

① 방법 : 재고자산감모손실 = (기초상품 + 당기매입) - (매출원가 + 실제 기말상품)
= 장부상 판매가능상품 - 실제 판매가능상품
= (₩100 + ₩1,000) - (₩900 + ₩150)
= ₩50

② 방법 : 재고자산감모손실 = (기초상품 + 당기매입 - 매출원가) - 실제 기말상품
= 장부상 기말상품 - 실제 기말상품
= (₩100 + ₩1,000 - ₩900) - ₩150
= ₩50

이러한 감모손실에 대해서는 다음과 같이 분개한다.

(차) 매출원가(재고자산감모손실) 50
(대) 상　　품 50

☞ 실지재고조사법에서 장부기록에는 매출원가와 기말상품 원가가 없다. 단지 기초상품 ₩100과 당기매입 ₩1,000이 있을 뿐이다. 그리고 실사결과 기말상품이 ₩150임을 알게 될 것이다. 따라서 실지재고조사법의 경우라면, 위의 예에서 매출원가는 다음과 같이 ₩950이 될 것이다.

매출원가 = 기초상품 + 당기매입 - 기말상품
= ₩100 + ₩1,000 - ₩150
= ₩950

실지재고조사법은 재고자산감모손실을 포착할 수 없기 때문에 실제 판매된 상품의 매출원가와 감모손실 부분을 정확히 구분할 수 없다는 관리상의 문제점을 가진다. 따라서 관련 분개는 있을 수가 없다. 그런데 손익계산서(비용항목의 기능별 표시 경우) 상, 계속기록법 하에서 파악된 재고자산감모손실은 매출원가에 포함되므로, 결국 실지재고조사법을 사용하든 계속기록법을 사용하든 손익계산서에 나타나는 매출원가는 동일해진다.

5. 회계처리방법의 비교

계속기록법과 실지재고조사법은 기말재고의 수량을 파악하는 방법이나 목적뿐 아니라 회계처리에 있어서도 차이가 있다. 가장 중요한 차이는 기중에 상품판매시에 계속기록법에서는 매출원가를 기록하는 데 반해 실지재고조사법에서는 기록하지 않는다

는 점이다. 그리고 계속기록법에서는 상품의 매입시 '상품'(자산계정)의 차변에 기록하는 데 비해 실지재고조사법에서는 '매입'의 차변에 기록한다.

계속기록법에서는 장부상에 이미 매출원가가 기록되어 있으므로 매출원가를 계산하기 위한 결산수정분개가 필요 없으나 실지재고조사법에서는 **결산수정분개**가 필요하다. 앞에서 설명한 회계처리의 차이를 요약하면 〈표 5-2〉와 같다.

표 5-2 실지재고조사법과 계속기록법의 회계처리 비교

	실지재고조사법	계속기록법
상품매입시	(차) 매 입 1,600 (대) 매입채무 1,600	(차) 상 품 1,600 (대) 매입채무 1,600
	매입계정 차변에 분개	상품계정 차변에 분개
상품매출시	(차) 매출채권 3,000 (대) 매 출 3,000	(차) 매출채권 3,000 (대) 매 출 3,000 (차) 매출원가 1,500 (대) 상 품 1,500
	매출에 대한 분개만 하고 매출원가는 기록하지 않음	매출에 대한 분개와 함께 매출원가에 대해 분개
기말수정분개	기초상품: (차) 매출원가 400 (대) 상 품 400 매입계정: (차) 매출원가 1,600 (대) 매 입 1,600 기말상품: (차) 상 품 500 (대) 매출원가 500	
	기초상품과 매입을 매출원가계정으로 이체, 기말상품은 매출원가계정에서 이체	수정분개 필요 없음
재고감모손실	재고감모손실 파악되지 않음	재고감모손실을 파악하여 분개

두 가지 회계처리방법의 차이 때문에 수정전시산표와 수정후시산표상의 각 계정 잔액의 의미가 달라진다. 예를 들면, **수정전시산표**(pre-adjusted trial balance)상의 상품계정은 두 가지 회계처리방법하에서 서로 다른 금액을 나타낸다. 즉, 실지재고조사법에서 수정전시산표상의 상품계정 잔액은 기초상품을 나타내는 반면 계속기록법에서는 기말상품을 나타낸다.[3]

그러나 **수정후시산표**(adjusted trial balance)의 상품잔액은 두 가지 방법 모두에서

기말상품의 잔액을 반영한다. 그 외에도 두 가지 회계처리방법의 차이를 정리하면 〈표 5-3〉과 같다.

표 5-3 실지재고조사법과 계속기록법의 수정 전 · 후 시산표 비교

항목		실지재고조사법	계속기록법
상품원가의 흐름을 보여주는 중심계정		매출원가 또는 매입 계정	상품 계정
수정전시산표	매입계정 잔액	당기 총매입액을 나타냄	매입계정 없음
	매출원가계정 잔액	매출원가계정 잔액 없음	매출원가를 반영
	상품계정 잔액	기초상품 잔액 반영	기말상품 잔액 반영
수정후시산표	매입계정 잔액	매입계정 잔액 없어짐	매입계정 없음
	매출원가계정 잔액	매출원가를 반영	매출원가를 반영
	상품계정 잔액	기말상품 잔액 반영	기말상품 잔액 반영

03 회계순환과정

본 절에서는 (주)한라의 2016년 9월 거래를 이용하여 상품매매기업의 회계순환과정(accounting cycle)을 설명한다. 단순화를 위하여 재고감모손실이 없는 것으로 가정한다. 실지재고조사법이 계속기록법에 비해 회계처리가 보다 복잡하지만 독자들의 교육효과를 위하여 실지재고조사법에 의한 회계순환과정을 설명한다.

1. 상품을 포함한 모든 거래의 분개

상품거래에 대한 분개는 제2절에서 설명하였으며, 상품을 제외한 나머지 거래에 대한 분개는 제3장과 제4장에서 설명하였으므로 본 장에서는 자세한 설명을 생략한다. 상품 외의 거래에 대한 분개 중 제4장에서 설명되지 않은 거래를 분개장에 요약하

3. 앞에서 설명한 바와 같이, 재고감모손실이 있는 경우 계속기록법에서 수정분개 후에는 기말상품이 그 만큼 감소한다.

표 5-4 분개장

분개장					제1면
일 자		계정과목 및 설명	원면	차 변	대 변
2016년 9월	1일	미지급이자	214	40	
		현금	111		40
		단기차입금에 대한 8월분 이자 지급			
	8일	광고선전비	537	50	
		현금	111		50
		광고비의 현금 지급			
	10일	현금	111	400	
		매출채권	112		400
		8월분 매출채권 잔액의 현금 회수			
	11일	소모품	117	40	
		현금	111		40
		소모품의 현금 매입			
	15일	매입	512	1,600	
		매입채무	212		1,600
		상품의 외상 매입			
	20일	배당금	333	150	
		현금	111		150
		배당금의 현금 지급			
	25일	매출채권	112	3,000	
		매출	412		3,000
		상품의 외상 매출			
	26일	매입채무	212	1,000	
		현금	111		1,000
		외상매입 대금의 현금 지급			
	29일	현금	111	1,700	
		매출채권	112		1,700
		외상판매 대금의 현금 회수			
	30일	급여	531	1,000	
		현금	111		1,000
		임직원 급여 현금 지급			

여 정리하면 다음과 같다.

- 9월 1일에 지급된 이자는 8월분 이자로서 8월 말 수정분개를 통해 8월의 이자 비용으로 이미 인식된 것이다. 따라서 9월에는 미지급이자(부채)를 갚는 분개를 한다. 이 분개는 현금감소와 동시에 **미지급이자**의 감소를 기록한 것이다.
- 9월 20일의 배당금 지급은 8월의 이익을 주주들에게 분배한 것이다. 이익잉여금으로는 배당금을 지급하거나 사내유보한다. **배당금**을 결정, 지급하면 그만큼 이익잉여금이 감소하고 동시에 현금도 감소한다.[4]

2. 수정전시산표의 작성

기중거래를 모두 **총계정원장**(general ledger)에 전기하여 각 계정잔액을 구한다. 분개의 내역을 원장에 전기하는 방법은 제4장에서 자세히 설명하였으므로 본 장에서는 생략한다. 각 계정잔액을 확정한 다음 그 잔액을 수정전시산표에 요약해 표시한다.

전기 말 매출채권 잔액 ₩400은 9월 10일 회수되었으며 9월 25일 발생한 매출채권 ₩3,000 중 ₩1,700은 9월 29일에 회수되고 나머지 ₩1,300이 수정전시산표상의 매출채권 잔액으로 나타난다. 한편 9월 15일 외상매입의 결과 발생한 매입채무 ₩1,600 중 ₩1,000은 9월 26일에 지급되고 나머지 ₩600이 수정전시산표의 매입채무 잔액으로 나타난다.

수정전시산표의 상품 ₩400은 전기로부터 이월된 기초상품이다. 그리고 매입계정의 잔액 ₩1,600은 당기에 매입한 총상품매입액이다. 수정전시산표상의 상품과 매입계정의 합계가 판매가능상품이다. (주)한라는 실지재고조사법을 사용하므로 매출원가 계정이 아직 나타나지 않는다. 따라서 수정전시산표에서는 당기의 매출원가와 당기말의 상품재고액을 알 수 없다. 수정분개를 거치면서 총판매가능상품이 매출원가와 기말상품으로 나뉜다.

---

4. 이익잉여금은 자본의 구분 중 하나로서 계정과목명이라기보다는 범주(category)이다. 이익잉여금 내에는 미처분이익잉여금과 적립금(법정적립금 및 임의적립금)이 있다. 당기순이익은 미처분이익잉여금을 증가시킨다. 미처분이익잉여금을 처분하여 배당으로 외부에 지급하거나, 적립금이라는 계정과목명으로 사내에 유보하면 미처분이익잉여금이 감소한다. 따라서 보다 정확한 계정과목명은 **미처분이익잉여금**이지만 여기서는 편의상 이익잉여금으로 하여 사용한다.

표 5-5 (주)한라의 수정전시산표

(주)한라 2016년 9월 30일 현재 (단위 : 원)

	계정과목	차 변	대 변
자 산	현 금	3,990	
	매출채권	1,300	
	선급임차료	500	
	상 품	400	
	소 모 품	70	
부 채	단기차입금		1,000
	매입채무		600
	미지급이자		0
자 본	자 본 금		4,000
	이익잉여금		460
	배 당 금	150	
수 익	상품매출		3,000
비 용	매 입	1,600	
	급 여	1,000	
	광고선전비	50	
합 계		9,060	9,060

3. 결산수정분개 및 전기

수정전시산표는 기중의 대외관계에서 나타난 거래의 결과만을 반영하고 있기 때문에 정확한 손익이나 재무상태표 계정잔액을 반영하고 있지 않다. 결산절차의 일부로서 수정사항에 대해 분개하고 그 결과를 전기함으로써 손익계산서와 재무상태표 계정의

표 5-6 결산수정사항

수정분개	일자	수정사항
a	9.30	9월 30일 실사 결과 남아 있는 소모품은 ₩20이다.
b	9.30	선급임차료 중 9월분 임차료 ₩100을 비용으로 인식한다.
c	9.30	단기차입금에 대한 9월분 이자비용 ₩40이 발생하였지만 지급되지 않았다.
d	9.30	상품기말재고는 ₩500이다.
e	9.30	매출채권 잔액은 10월 중에 전액 회수될 것으로 예상된다.

정확한 잔액을 확정한다. (주)한라의 2016년 9월 결산수정사항은 〈표 5-6〉과 같다.

수정사항 b, c에 대해서는 앞 장에서 이미 상세히 다룬 내용이므로 설명을 생략한다. 수정사항 d는 본 장에서 소개되는 내용인데, 앞에서 어느 정도 이야기한 내용이지만 다시 한 번 요약하면 다음과 같다. 즉, 기초상품에 대해서는 상품계정에서 매출원가계정으로 이체하는 **수정분개**(adjusting entries)가 필요하다. 상품과 매입계정에서 매출원가계정으로 이체한다는 말의 의미는 상품계정 잔액과 매입계정 잔액을 매출원가계정으로 보냄으로써 상품 및 매입계정을 감소시키고 매출원가계정을 증가시키는 것을 말한다. 반대로 기말상품에 대해서는 매출원가계정에서 상품계정으로 이체하는 분개를 한다.

수정사항 e에서 매출채권에 대한 회수가능성이 확실하다고 가정하였다. 이러한 전제하에서는 회수불가능할 것으로 예상되는 매출채권에 대하여 수정처리할 사항은

표 5-7 수정분개

분개장					제1면
일 자		계정과목 및 설명	원면	차 변	대 변
2016년 9월	30일	소모품비	536	50	
		소모품	117		50
		소모품 사용분을 비용으로 인식			
	30일	임차료	532	100	
		선급임차료	114		100
		9월분 임차료 비용으로 인식			
	30일	이자비용	541	40	
		미지급이자	214		40
		단기차입금에 대한 발생이자를 비용으로 인식			
	30일	매출원가	511	400	
		상품(기초)	116		400
		기초상품을 매출원가계정으로 이체			
	30일	매출원가	511	1,600	
		매 입	512		1,600
		당기매입액을 매출원가계정으로 이체			
	30일	상품(기말)	116	500	
		매출원가	511		500
		상품(기초)을 제거한 후, 상품(기말)을 상품계정의 차변으로 계상하면서 매출원가 계정을 차감			

없다.[5] 이상의 수정분개를 행하면 〈표 5-7〉과 같이 된다.

〈표 5-7〉의 수정분개를 모두 총계정원장에 전기한다. 총계정원장의 각 계정의 모습과 전기결과는 제3장과 제4장에서 충분히 설명하였으므로 생략한다. 다만 상품 관련 계정에 대해서만 전기 후 T계정의 모습을 제시한다.

매출채권

9. 1 전기이월	400	9.10 현 금	400
9.25 매 출	3,000	9.29 현 금	1,700
잔 액	1,300		

매입채무

9.26 현 금	1,000	9.15 매 입	1,600
		잔 액	600

상 품

9. 1 전기이월	400	9.30 매출원가	400
9.30 매출원가	500		
잔 액	500 → 기말상품재고		

매 출

		9.25 매출채권	3,000
		잔 액	3,000

매 입

9.15 매입채무	1,600	9.25 매출원가	1,600
잔 액	0		

매출원가

9.30 상 품	400	9.30 상 품	500
9.30 매 입	1,600		
잔 액	1,500 → 매출원가		

마지막으로 소모품계정의 원장에 대해서 설명한다. 소모품은 판매나 가공을 위한 재고자산이 아니라 내부에서 사용하기 위해 보유하는 문방구, 사무용지 등의 재고자산이다. 상품과 마찬가지로 소모품에 대해서도 재고자산 등식이 성립한다. 9월의 소모품 거래에 대해서 재고자산 등식을 적용하면 다음과 같다.

소모품 재고자산 등식

기초소모품(₩30) + 당기 구입소모품(₩40) = 당기 사용소모품(₩50) + 기말소모품(₩20)

위 등식에서 당기 사용소모품이 소모품비(비용계정)를 나타낸다. 그리고 기말소모

5. 이러한 경우는 매우 예외적인 것으로서 비현실적이지만, 수정분개에 대한 이해가 쉽도록 설정된 것이다. 일반적으로 매출채권은 전액이 회수되지는 않으므로 결산일에 회수가능성을 평가하여 회수 불가능할 것으로 예상되는 금액만큼 손실충당금(loss allowance)을 설정한다. 이에 대해서는 제8장에서 자세히 설명한다.

품이 소모품(자산계정)으로서 재무상태표에 보고된다. 총계정원장상의 소모품 계정을 나타내면 다음과 같다.

소모품			
9. 1 전기이월	30	9.30 소모품비	50
9.11 현 금	40		
잔 액	20		

4. 수정후시산표의 작성

총계정원장에서 계산된 각 계정의 잔액을 모두 가져와 **수정후시산표**를 작성한다.

표 5-8 수정후시산표

(주)한라 2016년 9월 30일 현재 (단위 : 원)

	계정과목	차 변	대 변
자 산	현 금	3,990	
	매출채권	1,300	
	상 품	500	
	소 모 품	20	
	선급임차료	400	
부 채	단기차입금		1,000
	매입채무		600
	미지급이자		40
자 본	자 본 금		4,000
	이익잉여금		460
	배 당 금	150	
수 익	매 출		3,000
비 용	매출원가	1,500	
	급 여	1,000	
	임 차 료	100	
	광고선전비	50	
	소모품비	50	
	이자비용	40	
합 계		9,100	9,100

* 음영으로 표시한 항목은 수정분개에 포함된 계정들이다.

〈표 5-8〉의 수정후시산표상에서 상품계정 잔액 ₩500은 상품 기말재고이다. 그리고 매출원가 계정의 잔액 ₩1,500이 9월의 매출원가이다.

5. 마감분개와 전기

마지막으로 총계정원장의 각 계정을 마감한다. 제4장에서 설명하였듯이 재무상태표 계정은 차변·대변 잔액을 차기이월시킴으로써 마감되므로 별도의 **마감분개**(closing entries)가 필요 없다. 단, 이익잉여금 계정은 집합손익계정의 마감분개 결과 증가된 잔액(당기순이익)과 배당금 계정 마감결과 감소된 금액을 반영한 다음, 그 잔액을 차기이월시킨다. 반면에 손익계산서 계정은 잔액을 모두 ₩0으로 만들기 위하여 차변·대변 잔액을 **집합손익계정**(income summary)으로 이체하는 분개를 한다.

1) 손익계산서 계정과 배당금 계정의 마감

먼저 수익 및 비용계정과 집합손익계정을 마감분개한 후, 총계정원장에 전기함으로써 계정잔액이 ₩0이 된다. (주)한라의 예에서 수익은 매출계정 하나밖에 없으며 그 합계가 ₩3,000이다. 한편 비용은 매출원가, 급여, 임차료, 광고선전비 등으로 구성되어 있으며 비용합계는 ₩2,740이다. 따라서 수익에서 비용을 차감한 당기순이익은 ₩260이며 이 금액이 최종적으로 이익잉여금 계정으로 이체된다.

한편, 현금배당 결과, 배당금(dividends) 계정에는 ₩150의 차변잔액이 있다. 배당금 계정도 임시계정에 속하므로 이익잉여금 계정으로 이체하여 마감한다.

수익 계정의 마감분개

(차) 매 출	3,000	(대) 집합손익	3,000

비용 계정의 마감분개

(차) 집합손익	2,740	(대) 매출원가	1,500
		급　여	1,000
		임차료	100
		광고선전비	50
		소모품비	50
		이자비용	40

집합손익계정의 마감분개

(차) 집합손익	260	(대) 이익잉여금	260

배당금 계정의 마감분개

(차) 이익잉여금	150	(대) 배당금	150

2) 이익잉여금 계정의 마감

수익 및 비용, 집합손익, 배당금 계정에 대한 마감분개를 모두 원장에 전기하여 그 계정들을 마감한 다음, 최종적으로 이익잉여금(retained earnings) 계정을 마감한다. 이익잉여금 계정은 자본계정이므로 대변 잔액을 차기이월시킴으로써 마감된다. 이익잉여금 계정의 마감은 분개를 필요로 하지 않는다. 이익잉여금 계정은 전기로부터 이월되어 온 이익잉여금 ₩460에서 배당금지급으로 ₩150이 감소하고 9월의 당기순이익 ₩260만큼 증가하여 9월 말 잔액이 ₩570이 되었다. 이 대변 잔액은 차기로 이월된다. 아래에 매출, 매출원가, 집합손익, 이익잉여금 계정의 마감결과를 제시한다.

매　출

차변		대변	
		9.25 매출채권	3,000
9.30 집합손익	3,000		
합　계	3,000	합　계	3,000

매출원가

차변		대변	
9.30 상　품	400	9.30 상　품	500
9.30 매　입	1,600	9.30 집합손익	1,500
합　계	2,000	합　계	2,000

집합손익

9.30	매출원가	1,500	9.30	매 출	3,000
9.30	급 여	1,000			
9.30	임 차 료	100			
9.30	광고선전비	50			
9.30	소모품비	50			
9.30	이자비용	40			
9.30	이익잉여금	260			
	합 계	3,000		합 계	3,000

이익잉여금

9.30	배 당 금	150	9. 1	전기이월	460
			9.30	집합손익	260
9.30	차기이월	570			
	합 계	720		합 계	720
			10.1	전기이월	570

04 재무제표 작성

회계절차가 끝나고 마지막으로 재무제표를 작성한다. 제4장에서는 약식으로 재무제표를 작성하였지만 본 장의 (주)한라의 9월 예에서는 한국채택국제회계기준을 적용하되 전통적으로 이용되어온 양식으로 작성한다.

1. 포괄손익계산서

한국채택국제회계기준은 해당 기간에 인식한 모든 수익과 비용 항목을 ① 단일의 포괄손익계산서, 또는 ② 두 개의 보고서(당기순손익의 구성요소를 배열하는 보고서인 별개의 손익계산서[6], 그리고 당기순손익으로부터 시작하여 기타포괄손익의 항목들을 배열하는 보고서인 포괄손익계산서) 중 하나의 방법으로 표시하도록 하고 있다(이에 대해서는 제6장에서 더 구체적으로 설명한다).

그런데 이 장에서의 사례와 같이 기타포괄손익이 없는 경우에는 통합형 단일 포괄손익계산서(위 ①)와 손익계산서(위 ②에서의 별개의 손익계산서)가 사실상 동일하다.

한편, 비용항목을 분류하는 데 있어서 한국채택국제회계기준은 성격별(by nature) 또는 기능별(by function)로 분류할 수 있도록 허용하고 있다(역시 이에 대해서도 제6장

6. 이 책에서 '손익계산서'는 이 '별개의 손익계산서'를 말한다.

에서 구체적으로 설명한다). 우리나라나, 미국 등에서는 전통적으로 기능별로 비용항목을 분류해왔다. 이러한 손익계산서는 다음의 특징을 가진다.

- 각 단계별 이익을 계산하는 **다단계 손익계산서**이다. 즉, 당기순이익에 이르기까지 각 단계별로 의미가 다른 이익을 계산한다.
- 보고식으로 작성한다. 즉, 차변에 비용 및 당기순이익, 대변에 수익을 기록하여

표 5-9 손익계산서

(주)한라 2016년 9월 1일부터 2016년 9월 30일까지 (단위 : 원)

Ⅰ. 매 출 액		3,000
Ⅱ. 매출원가		(1,500)
기초상품재고원가	400	
+ 당기상품매입원가	1,600	
판매가능상품원가	2,000	
- 기말상품재고원가	(500)	
Ⅲ. 매출총이익		1,500
Ⅳ. 판매비(물류원가*)와 관리비		(1,200)
급 여	1,000	
광고선전비	50	
임 차 료	100	
소 모 품 비	50	
Ⅴ. 영업이익		300
Ⅵ. 금융원가		(40)
이자비용	40	
Ⅶ. 지분법관련손익		0
Ⅷ. 법인세비용차감전순이익		260
Ⅸ. 법인세비용		(0)
Ⅹ. 당기순이익		260
주당이익 : 26		

* **물류원가**(distribution costs)는 상품 및 제품이 고객에게 이전될 때까지 발생하는 원가이다. 여기에는 창고, 매장 등 시설의 운영과 관련된 임차료, 보험료 등의 원가와 광고비, 전시비 등 판매촉진 원가, 판매원의 급여, 수수료, 여비 · 접대비, 그리고 상품 및 제품의 이동과 관련된 원가 및 운송비용 등이 포함된다.

대차가 일치하도록 작성하는 계정식은 실무에서 일반적으로 사용되지 않는다. 대신에 먼저 수익을 기록하고 다음에 비용을 차감하는 보고식으로 작성한다.

- 상품매매기업의 경우 기초상품재고원가에 당기상품매입원가를 더하여 판매가능상품원가를 계산한 다음에 그 금액에서 기말상품재고원가를 차감하여 매출원가를 계산하는 형식으로 보고한다.

〈표 5-9〉는 기능별 분류에 의한 다단계 손익계산서를 예시하고 있다.

만약 회사가 기중에 일부 영업을 처분 등으로 중단하게 되면, 장래에도 계속하는 영업에만 귀속되는 순이익 정보를 알려 주기 위해 중단영업 관련 부분을 별도로 보고한다. **중단영업관련손익**(profit or loss from discontinued operations)은 '중단영업에 대한 세후 영업손익(즉, 세후 중단영업손익)'과 '중단영업에 속한 자산의 처분으로 인하여 또는 순공정가치의 측정으로 인하여 인식된 세후 손익'의 합계금액으로 보고된다.

중단영업관련손익이 있는 경우에는 **법인세비용차감전순이익**에서 법인세비용을 차감하면 **계속영업이익**(profit from continuing operations)이 된다(중단영업관련손익이 없는 경우에는 이 금액이 〈표 5-9〉에서 보았듯이 당기순이익이 됨). 이것이 장래 계속되는 회사영업활동 및 그와 관련된 부수적인 활동에서 발생하는 이익으로서, 중단영업과 관련되지 않는 모든 손익이 된다. 따라서 당기순이익보다 미래 수익성에 대해 더 유용한 정보를 제공한다. 여기에 중단영업관련손익을 가감한 것이 **당기순이익**이다.

따라서 중단영업관련손익이 있는 경우, 법인세비용을 편의상 ₩0으로 가정하면, 〈표 5-9〉의 손익계산서에서 '법인세비용차감전순이익' 이후의 항목들은 다음 그림과 같이 나타난다.

IX. 법인세비용차감전순이익		260
X. 법인세비용		(0)
XI. 계속영업이익		260
XII. 중단영업관련손익(세후순액)		××
XIII. 당기순이익		×××
주당계속영업이익 : 26		
주당이익 : ××		

상품매매기업의 **다단계 포괄손익계산서**에서는 매출총이익→법인세비용차감전순이익→계속영업이익→당기순이익→총포괄이익 순서로 이익을 계산한다. 본 사례에서는 기타포괄손익에 해당하는 항목이 없으므로 별도의 포괄손익계산서를 작성할 필요는 없다. 손익계산을 다단계로 하는 이유는 정보이용자들이 필요에 따라 적절한 단계의 이익정보를 활용할 수 있도록 하여 정보의 유용성을 높이기 위한 것이다.

(주)한라의 매출총이익은 ₩1,500이다. 매출총이익에서 관리비 ₩1,200과 금융원가 ₩40을 차감하면 법인세비용차감전순이익이 ₩260이다. 중단영업이 없으므로 법인세비용차감전순이익과 법인세비용차감전계속영업이익이 ₩260으로 동일하다. 편의상 법인세비용이 없는 것으로 가정했으므로, 당기순이익도 ₩260이다. 그리고 보통주식의 발행주식수를 10주로 가정하면 주당순이익은 당기순이익을 10주로 나눈 ₩26이 된다.

손익계산서는 위와 같은 단계별 이익의 수준도 제공하지만, 투자자가 많은 관심을 가지는 **수익성**(profitability) 지표인 다음과 같은 매출액에 대한 각종 이익의 비율을 측정하게 해준다.

$$\text{매출총이익률(gross profit ratio)} = \frac{\text{매출총이익}}{\text{매출액}}$$

$$\text{매출액순이익률(ROS : return on sales)} = \frac{\text{순이익}}{\text{매출액}}$$

(주)한라의 경우, 9월 한 달의 **매출총이익률**(gross profit ratio)은 50%, **매출액순이익률**(profit margin ratio ; return on sales ratio)은 8.7%로 계산된다. 이것은 회사가 한 달간 ₩100어치 팔았다면 ₩50의 마진을 남겨 관리비, 금융원가 등 각종 비용을 제하고 약 ₩8.7의 순이익을 벌었다는 것을 말해준다. 이러한 비율을 (주)한라와 동종 산업에 속한 회사에 대해서도 계산하여 비교해 보면 각 회사의 수익성을 가늠해 볼 수 있다.

2. 재무상태표

한국채택국제회계기준을 도입하기 전, 우리나라, 미국 등은 전통적으로 ① **유동/비유동 구분법**, ② **유동성**[7] 순서에 따른 표시방법(**유동성 순서법**)을 함께 고려하여 재

---

7. 유동성(liquidity)이란 자산이 얼마나 쉽고 빠르게 현금으로 전환되는가 하는 정도를 말한다. 부채의 경우에는 현금상환을 요구받는 기간이 짧은 정도를 말한다.

무제표를 표시하도록 하여 왔었다. 그러나 한국채택국제회계기준은 ①의 구분법과 ②의 표시방법을 구분하여 두 가지의 다른 재무상태표 표시방법으로 보고 있다. 그리하여 ①의 방법이 신뢰성 있고 더욱 목적적합한 정보를 제공하는 경우, 특히 기업이 명확히 식별가능한 영업주기 내에서 재화나 용역을 제공하는 경우에는, ①의 구분법에 의해 재무상태표에 유동자산과 비유동자산 및 유동부채와 비유동부채를 구분하여 표시하도록 하고 있다. 그 이유는 운전자본으로서 계속 순환되는 순자산과 장기 영업활동에서 사용하는 순자산을 구분하는 것이 유용한 정보를 제공하기 때문이다.

한편, ②의 표시방법(유동성 순서법)은 원칙적으로 모든 자산과 부채를 유동성의 순서에 따라 표시하는 것으로, 이 방법이 신뢰성 있고 더욱 목적적합한 정보를 제공하는 경우에 그 적용이 허용되어 있다(이에 대해서는 제6장에서 더 자세히 설명된다).

본서는 전통적으로 사용되어온 유동/비유동 구분법과 유동성 순서법을 함께 적용하여 설명한다.

재무상태표에 표시되는 자산은 성격에 따라 구분하여 표시하는데, 정상영업주기 또는 1년 기준을 적용하여 유동자산과 비유동자산으로 구분한다. 한국채택국제회계기준은 다음의 경우에 **유동자산**으로 분류하고, 그 밖의 모든 자산은 **비유동자산**으로 분류하도록 하고 있다.[8]

(1) 기업의 정상영업주기 내에 실현될 것으로 예상하거나, 정상영업주기 내에 판매하거나 소비할 의도가 있다.
(2) 주로 단기매매 목적으로 보유하고 있다.
(3) 보고기간 후 12개월 이내에 실현될 것으로 예상한다.
(4) 현금이나 현금성자산으로서, 교환이나 부채 상환 목적으로의 사용에 대한 제한 기간이 보고기간 후 12개월 이상이 아니다.

비유동자산은 다시 투자자산, 유형자산, 무형자산 및 기타비유동자산으로 구분한다.

부채도 보통 1년 기준에 따라 유동부채와 비유동부채로 구분하는데, 한국채택국제회계기준은 다음의 경우에 **유동부채**로 분류하고, 그 밖의 모든 부채는 **비유동부채**로 분류하도록 하고 있다.[9]

---

8. 기업회계기준서 제1001호 '재무제표 표시' 문단 66.
9. 기업회계기준서 제1001호 '재무제표 표시' 문단 69.

(1) 정상영업주기 내에 결제될 것으로 예상하고 있다.

(2) 주로 단기매매 목적으로 보유하고 있다.

(3) 보고기간 후 12개월 이내에 결제하기로 되어 있다.

(4) 보고기간 후 12개월 이상 부채의 결제를 연기할 수 있는 무조건의 권리를 가지고 있지 않다.

비유동부채는 다시 장기금융부채, 충당부채 및 기타장기비유동부채로 구분된다. 한편 자본은 **납입자본**(자본금 등), **이익잉여금**, **기타자본구성요소**(**자본조정**, **기타포괄손익누계액**)로 나누어진다. 이들에 대한 자세한 내용은 제12장과 제13장에서 설명한다.

(주)한라의 경우 재무상태표는 〈표 5-10〉과 같이 작성되는데, 비유동자산이나 비유동부채는 없으며 자본은 자본금과 이익잉여금으로 구성되어 있다.

표 5-10 재무상태표

(주)한라 2016년 9월 30일 (단위 : 원)

계정과목	금 액	계정과목	금 액
자 산		부 채	
I. 유동자산		I. 유동부채	
현 금	3,990	매 입 채 무	600
매 출 채 권	1,300	단기차입금	1,000
선급임차료	400	미지급이자	40
상 품	500	유동부채 합계	1,640
소 모 품	20	II. 비유동부채	0
유동자산 합계	6,210	부채 총계	1,640
II. 비유동자산	0	자 본	
		I. 자 본 금	4,000
		II. 이익잉여금	570
		(당기순이익 260)	
		자본 총계	4,570
자산 총계	6,210	부채 및 자본 총계	6,210

재무상태표는 자산, 부채, 자본의 크기, 그리고 각 분류에 속한 항목의 금액에 대한 정보를 제공하는데, 기업의 이해관계자들은 이러한 항목과 포괄손익계산서 정보를 이용하여 여러 비율을 계산하여 의사결정에 이용한다.

특히 기업의 재무적 **안정성**(stability)에 관심을 갖는 채권자는 기업이 장·단기부채를 상환할 수 있을 만큼 충분한 자산을 소유하고 있는가에 대한 정보에 큰 관심을 가지며, 채권자 보호를 중요한 목표로 하는 상법에서는 이 때문에 재무상태표를 매우 중시한다. 기업의 **단기지급능력**, 즉 **유동성**(liquidity) 및 **장기지급능력**(solvency)의 파악에는 다음의 비율들을 대표적으로 이용한다.

$$\text{단기지급능력(유동성) 지표 : 유동비율} = \frac{\text{유동자산}}{\text{유동부채}}$$

$$\text{장기지급능력 지표 : 부채비율} = \frac{\text{부채}}{\text{자기자본}}$$

위 부채비율이 클수록 기업의 재무적 안정성은 낮아진다. 부채비율이 지나치게 높은 기업은 불경기나 영업부진의 경우에 영업으로부터의 현금유입이 원활하게 이루어지지 않아 부채에 대한 원리금의 상환이 어려워지고 지급불능으로 인한 도산의 가능성이 커지게 된다. 그렇다고, 부채가 항상 부정적 측면만 있는 것은 아니다. 즉, 경기가 호전되거나 영업상황이 개선되어 영업이익이 증가한 경우에는 채권자에게는 영업이익 크기와 관계없이 미리 정해진 이자와 원금만 지급하면 되므로, 이자 지급 후의 나머지 이익은 모두 주주에게 귀속된다. 따라서 기업은 지나치게 높거나 낮은 부채비율보다는 적정수준의 부채비율을 유지하려 노력한다.

한편, 자본이 이익창출에 얼마나 기여하는지에 관심을 갖는 주주는 다음과 같은 **자기자본순이익률**(ROE ; return on equity ratio)을 이용한다.

$$\text{자기자본순이익률(ROE : return on equity)} = \frac{\text{순이익}}{\text{평균자기자본}}$$

(주)한라의 경우, **유동비율**은 379%(₩6,210/₩1,640 = 3.79)인데, 이것은 단기에 갚아야 할 유동부채에 비해 단기에 현금으로 전환될 수 있는 유동자산이 3.79배임을 말해준다. 그리고 **부채비율**은 36%(₩1,640/₩4,570 = 0.36)로서, 회사의 총자산을 조달하는 데 자본의 36%에 해당하는 부채를 이용했음을 뜻한다.

평균자본은 일반적으로 기초와 기말의 단순평균으로 계산된다. (주)한라의 평균자기자본은 ₩4,515(기초자본 ₩4,460, 기말자본 ₩4,570)이므로, 자기자본순이익률은 5.8%(₩260/₩4,515 = 0.058)이다. 이것은 소유주의 지분 ₩100당 9월 한 달간 ₩5.8의 순이익을 거두었음을 알려준다.

보론 01 정산표(Worksheet)

(주)한라의 9월 거래에 대해서 정산표를 작성해 보자. 제4장에서와 마찬가지로 10위식 정산표를 작성한다.

1) 계정과목과 수정전 잔액의 기입

정산표의 맨 왼쪽에 계정과목명을 기입한다. 이때 수정전시산표에서의 순서를 따라 자산 → 부채 → 자본 → 수익 → 비용의 순서로 기입한다. 그 바로 오른쪽에 수정전시산표 잔액을 기입한다.

2) 수정분개의 기입

다음 란에는 수정분개의 내용이 기입된다. 수정분개 란에는 해당 계정의 차변과 대변을 찾아 그 금액을 채워 넣는다. 이때 수정전시산표에는 없던 계정과목이 생기게 된다. (주)한라의 경우는 매출원가, 소모품비, 임차료, 이자비용 계정이 그 예이다. 이들 계정에 대해서는 수정전시산표에 있던 계정과목 아래에 차례대로 계정과목명을 기입한다.

3) 수정후시산표 란의 완성

다음 란에서는 처음 두 란인 수정전시산표 잔액과 수정분개의 금액을 수평으로 더하여 수정후시산표의 잔액을 계산한다. 이때 동일한 계정과목에 대해서 차변과 차변 또는 대변과 대변을 더한다. 하지만 동일한 계정과목에 대해서 차변과 대변, 또는 대변과 차변의 금액이 있을 경우에는 상계하여 순잔액을 기록한다. 상품계정은 수정전시산표상에 기초상품 ₩400이 기록되어 있는데 수정분개의 결과 차변 ₩500과 대변 ₩400이 기입되었으므로 상계하고 나면 차변 잔액이 ₩500이 된다. 이 금액이 기말상품이다. 수정전시산표상의 매입계정 잔액 ₩1,600은 당기 총매입액인데 수정분개에 의해 매출원가로 이체되면서 ₩0이 된다. 매출원가계정은 차변에 ₩400과 ₩1,600, 대변에 ₩500이 기입되었으므로 상계하면 차변 잔액 ₩1,500이 된다. 이 금액이 9월의 매출원가이다.

수정전시산표, 수정분개 및 수정후시산표의 차변 합계와 대변 합계를 계산하여 맨 아래에 기록하고 대차가 일치하는지 체크한다. 일치하지 않으면 장부기록에 어딘가 오류가 있음을 의미하므로 추적하여 찾아 낸 다음 오류를 바로잡아야 한다.

4) 손익계산서 란의 완성

수정후시산표의 수익과 비용계정을 손익계산서 란에 그대로 옮겨 적는다. 이때 차변은 차변으로, 대변은 대변으로 옮겨야 함은 물론이다. 손익계산서 란에 옮겨진 수익(대변)과 비용(차변)의 합계는 일반적으로 다르며, 그 차이가 바로 **당기순이익**이다. 이 당기순이익을 손익계산서 란의 합계 아래에 기입한다. 이때 앞장에서처럼 당기순이익이 있으면 차변에 더해 주는 형식으로 기입한다. 그래야만 맨 아래 합계란의 차변과 대변이 일치하게 된다. 반대로 만약 비용이 수익보다 커 당기순손실이 나면 그것을 대변에 더해주어 역시 합계란의 대차가 일치되도록 표시한다. (주)한라의 경우 총수익 ₩3,000, 총비용 ₩2,740으로 당기순이익이 ₩260이다.

5) 재무상태표 란의 완성

수정후시산표의 자산, 부채 및 자본 계정을 정산표의 재무상태표 란에 옮겨 적는다. 자산은 차변으로, 부채 및 자본은 대변으로 옮겨 적는다. (주)한라의 경우 재무상태표 란에 옮겨진 자산합계는 ₩6,360인 반면, 부채 및 자본합계는 ₩6,100으로 자산합계가 ₩260 더 크다. 이 금액이 손익계산서에서 계산된 당기순이익과 일치함을 알

[정산표]

계정과목	수정전시산표		수정분개		수정후시산표		손익계산서		재무상태표	
	차변	대변	차변	대변	차변	대변	차변	대변	차변	대변
현금	3,990				3,990				3,990	
매출채권	1,300				1,300				1,300	
선급임차료	500			100	400				400	
상품	400		500	400	500				500	
소모품	70			50	20				20	
단기차입금		1,000				1,000				1,000
미지급이자		0		40		40				40
매입채무		600				600				600
자본금		4,000				4,000				4,000
이익잉여금		460				460				460
배당금	150				150				150	
매출		3,000				3,000		3,000		
매입	1,600			1,600	0		0			
급여	1,000				1,000		1,000			
광고선전비	50				50		50			
합계	9,060	9,060								
매출원가			400 1,600	500	1,500		1,500			
소모품비			50		50		50			
임차료			100		100		100			
이자비용			40		40		40			
합계			2,690	2,690	9,100	9,100	2,740	3,000	6,360	6,100
당기순이익							260			260
합계							3,000	3,000	6,360	6,360

수 있다. 이 금액은 반드시 일치하여야 한다. 자본거래를 제외하고 두 시점을 비교하여 계산한 순자산(자본)의 증가가 당기순이익이며, 그 기간 중의 순자산의 변화와 그 내역을 표시하는 재무제표가 손익계산서라는 점을 기억하면 이것이 당연하다는 것을 알 수 있다. 자산총계가 부채 및 자본총계를 ₩260만큼 초과하므로 대변에 ₩260을 더 해주면 대차가 일치한다.

정산표가 완성되면 이 자료를 토대로 손익계산서와 재무상태표를 일반적으로 보고식 형식에 맞게 작성한다. 이때 주의할 것은 이익잉여금 잔액이 정산표상에는 ₩460

으로 되어 있으나 재무상태표에서는 당기순이익 ₩260(가산)과 배당금 ₩150(차감)을 반영하여 ₩570이 된다는 점이다. 그것은 당기순이익과 배당금이 모두 이익잉여금으로 이체되기 때문이다.

보론 02 기말 수정분개시 매입계정 중심의 매출원가 산정

앞의 본문에서, 실지재고조사법에서는 기말에 수정분개를 통하여 매출원가와 기말상품을 기록한다고 밝힌 바 있다. 그리고 이때 계정을 이용하는 방식은 여러 가지가 있지만, 결과는 동일하다고 하면서 매출원가계정에서 매출원가가 계산되는 방식을 이용하여 설명하였다. 여기서는 매출원가계정이 아니라 **매입계정**에서 매출원가가 산정되는 방식에 대해 (주)한라의 9월 상품거래를 예를 들어 설명하기로 한다.

수정분개 전 상품계정의 잔액은 전기로부터 이월된 상품(기초상품)이다. 기말 수정분개시, 매출원가를 매입계정에서 계산하기 위해 기초상품(2016년 9월 1일에 전기로부터 이월되어 온 상품 ₩400)을 마치 당기에 매입한 상품인 것처럼 매입계정으로 이체한다.

수정분개 (기초상품)	(차) 매　　입　　400	(대) 상　　품　　400

이 분개는 기초상품을 없애 주면서 매입계정 잔액을 증가시킨다. 당기 상품매입은 이미 매입계정에 전기되어 있으므로 이 분개를 전기한 후, 매입계정의 차변 합계는 판매가능상품(기초상품 ₩400 + 당기매입 ₩1,600 = ₩2,000)이 된다. 그리고 상품계정의 잔액은 ₩0이 된다.

그리고 판매가능상품 중에서 기말에 재고로 남아 있는 상품이 ₩500이므로 나머지 ₩1,500은 **매출원가**이다. 장부상에서 매출원가를 매입계정에서 파악하기 위해서는 기말상품을 매입계정에서 차감하기 위한 수정분개가 필요하다.

수정분개 (기말상품)	(차) 상 품 500	(대) 매 입 500

이 분개를 통하여 상품계정의 잔액이 ₩500 증가하고 매입계정의 잔액은 ₩500 감소한다. 상품계정의 잔액은 기말상품의 금액을 반영하게 되고 매입계정의 차변 잔액이 ₩500만큼 감소하여 최종잔액 ₩1,500은 매출원가를 반영하게 된다.

앞의 분개 중 상품, 매입 및 매출계정을 총계정원장에 전기하면 다음과 같다. 수정분개 반영 후 상품계정의 차변 잔액은 기말상품이다. 매입계정의 차변에는 기중에 당기매입이, 기말에 기초상품이 전기되고, 대변에는 기말에 기말상품이 전기된다. 따라서 수정분개 반영 후 매입계정의 차변 잔액은 9월의 매출원가이다. 9월 중 상품거래를 요약하면, 매출은 ₩3,000, 매출원가는 ₩1,500, 그리고 기말상품은 ₩500이다.

상 품

차변		대변	
9. 1 전기이월	400	9.30 매 입	400
9.30 매 입	500		
잔 액	500 → 기말상품재고		

매 입

차변		대변	
9.15 매입채무	1,600	9.30 상 품	500
9.30 상 품	400		
잔 액	1,500 → 매출원가		

매 출

차변		대변	
		9.25 매출채권	3,000
		잔 액	3,000

연습문제

❀ 서술문제 ❀

01. 서비스기업과 상품매매기업의 영업활동에 대해 설명하고, 손익계산서 측면에서 두 기업의 가장 큰 차이점에 대해 설명하시오.

02. 기업이 보유하고 있는 재고자산(inventories)의 개념과 종류에 대해 설명하시오.

03. 매출원가의 개념에 대해 설명하고, 재고자산 등식을 이용하여 매출원가를 구하는 계산식을 도출하시오.

04. 매출은 현금매출과 외상매출로 이루어지는데, 기업의 입장에서 외상매출을 수익으로 볼 수 있는지와 그 이유를 발생기준과 관련하여 설명하시오.

05. 상품매매의 회계처리와 관련된 주요한 2가지 과제에 대해 설명하시오.

06. 실지재고조사법(periodic inventory system)의 개념과 특징에 대해 설명하시오.

07. 계속기록법(perpetual inventory system)의 개념과 특징에 대해 설명하시오.

08. 재고자산감모손실의 개념과 발생 이유에 대해 설명하시오.

09. 실지재고조사법을 이용할 경우, 매출원가를 계산하기 위해 회계기말 수정분개가 필요하다. 기말 수정분개의 방법과 절차에 대해 설명하시오.

10. 실지재고조사법과 계속기록법의 가장 중요한 차이점 2가지에 대해 설명하시오.

11. 상품매매기업의 다단계 손익계산서 작성시 손익계산서상에 표시되는 모든 이익에 대해 설명하시오(당기순이익 계산과정).

12. 재무상태표에 표시되는 자산과 부채의 구분 표시에 대해 설명하시오.

※ 계산 및 회계처리문제 ※

기초문제

01. 다음은 (주)소백의 과거 4년 동안의 손익계산서 일부이다. 괄호 안의 정확한 금액을 계산하시오.

	2013년	2014년	2015년	2016년
매 출 액	₩12,000	₩12,500	₩14,000	₩(⑧)
매출원가	9,600	(③)	(⑤)	11,000
기초상품	(①)	1,000	(⑥)	(⑨)
당기매입	9,400	(④)	10,200	(⑩)
기말상품	1,000	1,500	(⑦)	1,300
매출총이익	(②)	3,700	3,500	3,900

02. 다음과 같은 (주)지리의 상품관련 자료를 이용하여 아래 물음에 답하시오.

2016년 1월 1일 상품잔액	₩130,000
2016년 12월 31일 상품잔액	142,000
매입액	940,500
상품매출	1,420,000

(1) 2016년의 매출원가를 계산하시오.

(2) 2016년의 매출총이익을 계산하시오.

03. (주)수원유통의 2016년 3월 상품거래는 다음과 같다.

	원가	판매가
3월 1일 전기이월	₩1,000	
3월 3일 매입(외상)	5,000	
3월 10일 매출(외상)	5,500	₩10,000
3월 31일 차기이월	500	

(1) 3월 3일의 상품매입을 실지재고조사법과 계속기록법을 이용하여 각각 분개하시오.
(2) 3월 10일의 상품매출을 실지재고조사법과 계속기록법을 이용하여 각각 분개하시오.
(3) 3월 31일 실지재고조사법하에서 상품관련 계정에 대한 결산수정분개를 제시하시오(이 회사는 매출원가가 매출원가계정에서 계산되어 나타난다).
(4) 실지재고조사법을 사용하는 경우 매출계정과 매출원가계정을 마감하는 마감분개를 제시하시오.
(5) 실지재고조사법을 사용하는 경우 마감이 끝난 후 원장의 매입계정과 매출원가계정을 보이시오.

04. (주)안양유통의 2016년 상품계정 기록에 의하면 기초상품이 20개, 당기매입이 200개, 당기 판매수량이 170개이다. 그리고 실사결과 기말상품이 25개 남아 있음을 확인하였다. 단가는 모두 @₩10이라 가정한다.

(1) 계속기록법에 의할 경우 기말 실사 전 장부상 매출원가는 얼마인가?
(2) 계속기록법에 의할 경우 기말 실사 전 장부상 기말상품은 얼마인가?
(3) 계속기록법에 의할 경우 재고자산감모손실을 계산하시오.
(4) 계속기록법에 의할 경우 재무상태표상 기말상품은 얼마이겠는가?
(5) 만약 실지재고조사법을 사용한다면 매출원가는 얼마인가?

05. (주)평택유통의 2016년 4월 30일 재무상태표는 다음과 같다.

재무상태표

(주)평택유통			2016년 4월 30일	(단위 : 원)
자　　산			부　　채	
현　　금		40,000	단기차입금	5,000
상　　품		20,000	부 채 합 계	5,000
기　　계	50,000		자　　본	
감가상각누계액	(15,000)	35,000	자 본 금	50,000
			이익잉여금	40,000
자산 합계		95,000	부채 및 자본 합계	95,000

* 기초상품의 수량은 20개, 매입단가는 ₩1,000이다. 회사는 실지재고조사법을 사용한다.

(1) 다음은 5월 중 거래이다. 각 거래를 분개하시오.

① 5월 1일 12개월분 보험료 ₩1,200을 미리 지급하다(현금지급시에 비용계정을 사용하여 기록한다).
② 5월 5일 상품 30개를 개당 ₩1,000에 현금으로 매입하다.
③ 5월 15일 상품 40개를 개당 ₩2,000에 현금으로 판매하다.
④ 5월 중 물류원가 ₩6,000을 현금으로 지급하다(계정과목은 편의상 '물류원가'로 기록하시오).

(2) 다음은 5월 말에 수정이 필요한 수정사항이다. 이들에 대해 각각 결산수정분개를 제시하시오.

① 차입금에 대한 이자 ₩50은 미지급상태이다.
② 5월의 한 달간 기계의 감가상각비는 ₩120이다.
③ 보험료 미경과분을 인식하다.
④ 실사결과, 기말상품재고는 10개이다.

(3) 총계정원장의 수정전 잔액은 다음과 같다. 다음의 수정전시산표에 (a)~(e)까지의 금액을 확정하시오.

수정전시산표

차 변	계정과목	대 변
(a)	현 금	
20,000	상 품	
50,000	기 계	
	감가상각누계액	(b)
	단 기 차 입 금	5,000
	자 본 금	50,000
	이 익 잉 여 금	(c)
(d)	보 험 료	
(e)	매 입	
	매 출	80,000
6,000	물 류 원 가	
190,000	합 계	190,000

(4) (주)평택유통의 2016년 5월의 손익계산서를 작성하시오. 다음에 제시된 형식을 사용하시오.

손익계산서

(주)평택유통	2016년 5월 1일 ~ 5월 31일	(단위 : 원)
1. 매 출 액		
2. 매출원가		
1) 기초상품		
2) 당기상품매입		
3) 기말상품		
3. 매출총이익		
4. 물류원가와 관리비		
1) 물 류 원 가		
2) 보 험 료		
3) 감가상각비		
5. 영업이익		
6. 금융원가		
이자비용		
7. 계속영업이익(당기순이익)		

06. 다음 (주)한라의 거래내용을 실지재고조사법과 계속기록법에 의하여 각각 회계처리 하시오.

① 현금 ₩50,000,000의 자본금이 출자되어 (주)한라가 설립되었다.
② 상품 ₩15,000,000을 외상으로 매입하였다.
③ 사무실 월세 ₩1,500,000을 현금으로 지급하였다.
④ 트럭을 ₩10,000,000에 구입하고 대금은 후에 지급하기로 하였다.
⑤ 상품 ₩10,000,000을 현금으로 매입하였다.
⑥ 매출원가 ₩15,000,000인 상품을 ₩20,000,000에 외상으로 매출하였다.
⑦ 소모품 ₩2,500,000을 현금으로 매입하였다.
⑧ 은행으로부터 ₩30,000,000을 차입하였다.
⑨ 위 ②의 상품매입대금 중 ₩10,000,000을 현금지급하였다.
⑩ 상품 ₩12,000,000을 현금으로 매입하였다.
⑪ 매출원가 ₩10,000,000인 상품을 ₩20,000,000에 현금으로 매출하였다.
⑫ 위 ⑥의 대금을 현금으로 전액 회수하였다.
⑬ 매출원가 ₩7,000,000인 상품을 ₩10,000,000에 현금으로 매출하였다.
⑭ 직원에 대한 급여 ₩12,000,000을 지급하였다.
⑮ 보험료 1년분 ₩2,400,000을 선지급하였다.

07. 위의 문제 6과 관련된 다음의 추가사항을 이용하여 아래 요구사항에 답하시오.

〈추가사항〉
① 트럭의 감가상각비 ₩2,000,000을 계상하다.
② 위 보험료 지급분 중 당기분은 ₩400,000이다.
③ 당기분 차입금이자는 ₩250,000이다.
④ 당기 매입한 소모품 중 기말재고액은 ₩1,000,000이다.
⑤ 기말상품재고액은 ₩5,000,000이다. (기초상품은 없는 것으로 가정한다.)

〈요구사항〉

(1) 추가사항에 대한 수정분개를 하시오.
(2) 수정후시산표를 작성하시오.
(3) 손익계산서 및 재무상태표를 작성하시오.

심화문제

01. (주)용인유통의 2016년 3월 1일 재무상태표는 다음과 같다.

재무상태표

(주)용인유통 2016년 3월 1일 (단위 : 원)

자 산			부 채	
I. 유동자산			I. 유동부채	
현 금		2,000	매 입 채 무	5,000
매 출 채 권		3,000	미지급이자	100
선급임차료		500	부 채 총 계	5,100
상 품		10,000		
II. 유형자산			자 본	
비 품	2,000		I. 자 본 금	10,000
감가상각누계액	(400)	1,600	II. 이익잉여금	2,000
			자 본 총 계	12,000
자 산 총 계		17,100	부채와 자본총계	17,100

3월 중 (주)용인유통의 거래는 다음과 같다. 이 회사는 실지재고조사법을 사용한다.

3월 1일 미지급이자 ₩100을 현금으로 지급하다.
5일 상품을 ₩16,000 현금으로 매출하다.
10일 매출채권 ₩2,000을 회수하다.
15일 상품을 ₩2,000 외상으로 매입하다.
16일 이익잉여금 중에서 ₩1,000의 배당금을 지급하다.
20일 매입채무 ₩4,000을 변제하다.
25일 광고선전비 ₩1,000을 지급하다.
31일 급여 ₩4,000을 현금으로 지급하다.

3월 31일 결산수정분개를 위한 수정사항은 다음과 같다.

① 상품의 기말실사결과, ₩3,000의 재고가 남아 있다.
② 3월분 급여 중 아직 지급되지 않은 급여가 ₩500이다.
③ 3월분 임차료는 ₩250으로 이는 1월 초에 이미 선급되었다.
④ 3월분 비품의 감가상각비는 ₩200이다.
⑤ 매출채권은 모두 회수될 것으로 예상된다.

(1) (주)용인유통의 3월 중 거래를 모두 분개하시오.

(2) 3월 31일 현재 수정전시산표를 작성하시오.

(3) 앞에서 열거한 수정사항에 대해서 3월 31일에 필요한 결산수정분개를 제시하시오. 상품에 대해서는 실지재고조사법을 사용한다.

(4) 결산수정분개를 반영한 수정후시산표를 작성하시오.

(5) 10위식 정산표를 작성하시오.

(6) (주)용인유통의 2016년 3월의 손익계산서(보고식)를 작성하시오.

(7) (주)용인유통의 2016년 말 현재 보고식 재무상태표를 작성하시오.

(8) (주)용인유통의 손익계산서 계정을 마감하기 위한 분개를 제시하시오.

(9) 집합손익계정을 마감하기 위한 분개를 제시하시오.

(10) 집합손익계정의 마감분개까지 반영하여 원장의 집합손익계정(T계정)을 보이시오.

02. (주)계룡의 2016년 12월 31일의 시산표에 나타난 계정별 원장잔액은 다음과 같다. 이를 기초로 아래 요구에 답하시오.

계정과목	금액	계정과목	금액
관리비	₩80,000	상품	₩130,000
건물	512,500	받을어음	25,000
현금	100,000	소모품	10,600
매출원가	560,000	미지급급여	3,220
이자비용	7,500	매출	845,000
자본금	735,080	물류원가	125,000
단기대여금	25,000	사무비품	7,700

(1) 손익계산서를 작성하시오.

(2) 재무상태표를 작성하시오.

03. (주)치악의 상품 매출원가와 관련된 자료이다. 본 자료와 관련하여 오류를 찾아내고 정확한 매출원가를 계산하시오(기초 및 기말 상품은 정확한 금액임).

장부상 2016년 12월 31일 상품	₩150,000
실제 2016년 12월 31일 상품	₩130,000
당기 매입액	600,000
판매가능상품원가	₩750,000
2016년 1월 1일 상품	132,000
매출원가	₩618,000

Chapter 06

회계기준과 재무제표

01 재무제표 관련 회계기준 | 02 수익 · 비용의 인식과 측정
03 재무제표 구성요소의 측정기준 | 04 재무제표의 구조와 내용

01 재무제표 관련 회계기준

지금까지 보아 왔듯이, 회계순환과정은 분개장의 분개와 원장에의 전기를 통하여 확정된 계정잔액을 일정한 형식에 따라 재무제표로 표현하여 정보이용자에게 전달하는 과정이다. 따라서 이러한 과정에서 재무제표 요소의 인식, 거래의 기록, 재무제표 작성 및 공시 등에 관한 원칙 또는 기준이 필요하다. 이와 관련한 일반적 기준을 **회계기준**(accounting standards) 또는 **회계원칙**(accounting principles)이라 하는데, 여기서는 재무제표 요소의 인식에 관한 기준과 재무제표 작성·공시에 관한 기준을 중심으로 살펴본다.

1. 재무제표 요소의 인식에 관한 기준

인식(recognition)과 **측정**(measurement)은 회계의 두 가지 기본적 문제이다. 거래의 기록을 위해서는 먼저 재무제표 요소인 자산과 부채, 그리고 수익과 비용을 인식하기 위한 기준이 필요하다. 그러기 때문에 한국채택국제회계기준의 '**재무보고를 위한 개념체계**'에서는 재무제표 요소의 인식과 측정에 관한 기준을 제시하고 있고, 우리는 제2장에서 개념체계를 다루면서 이미 재무제표 요소의 인식과 측정에 대해 학습하였다. 이 장 제2절에서 수익·비용의 인식과 측정에 대해, 그리고 제3절에서 재무제표 요소의 측정기준에 대해 구체적으로 다루기 때문에, 여기서는 개념체계에서 제시하고 있는 재무제표 요소의 인식기준(문단 89~98)에 대해 간략히 요약해 기술한다.

- **자산의 인식** : 자산은 미래경제적효익이 기업에 유입될 가능성이 높고 해당 항목의 원가 또는 가치를 신뢰성 있게 측정할 수 있을 때 재무상태표에 인식한다. 지출이 발생하였으나 당해 회계기간 후에는 관련된 경제적효익이 기업에 유입될 가능성이 높지 않다고 판단되는 경우에는 재무상태표에 자산으로 인식하지 아니한다.
- **부채의 인식** : 부채는 현재 의무의 이행에 따라 경제적효익이 내재된 자원의 유출 가능성이 높고 결제될 금액에 대해 신뢰성 있게 측정할 수 있을 때 재무상태표에 인식한다.
- **수익의 인식** : 수익은 자산의 증가나 부채의 감소와 관련하여 미래경제적효익이 증가하고 이를 신뢰성 있게 측정할 수 있을 때 포괄손익계산서에 인식한다. 이는 실제로 수익의 인식이 자산의 증가나 부채의 감소에 대한 인식과 동시에 이루어짐을 의미한다. 예를 들면, 재화나 용역의 매출에 따라 자산의 순증가가 인식되며 미지급채무의 면제에 따라 부채의 감소가 인식된다.
- **비용의 인식** : 비용은 자산의 감소나 부채의 증가와 관련하여 미래경제적효익이 감소하고 이를 신뢰성 있게 측정할 수 있을 때 포괄손익계산서에 인식한다. 이는 실제로 비용의 인식이 부채의 증가나 자산의 감소에 대한 인식과 동시에 이루어짐을 의미한다. 예를 들면, 종업원급여의 발생에 따라 부채의 증가가 인식되며 설비의 감가상각에 따라 자산의 감소가 인식된다.

재무제표 요소 중 특히 수익과 비용이 발생하였는지 여부와 어느 회계기간의 수익

인식과 측정

인식(recognition)은 재무제표 요소의 정의에 부합하고 인식기준을 충족하는, 즉 (1) 그 항목과 관련된 미래 경제적 효익이 기업에 유입되거나 기업으로부터 유출될 가능성이 높고, (2) 그 항목의 원가 또는 가치를 신뢰성 있게 측정할 수 있는 항목을 재무상태표나 포괄손익계산서에 반영하는 과정이다. 인식은 해당 항목을 서술하는 계정명칭과 화폐금액으로 기술하고 그 금액을 재무상태표 또는 포괄손익계산서 총계에 산입하는 것을 포함한다. 측정(measurement)은 재무상태표와 포괄손익계산서에 인식되고 평가되어야 할 재무제표 요소의 화폐금액을 결정하는 과정이다.

또는 비용으로 기록할 것인지를 결정하기 위한 기준이 있어야 하는데, 그것을 수익·비용의 인식기준이라고 한다. 인식과 동시에 거래의 경제적 영향을 측정하기 위한 기준, 즉 거래기록의 금액을 결정하기 위한 기준이 있어야 한다. 자산의 취득과 평가시에 적용되는 일반적인 기준은 원가모형(역사적 원가 적용) 또는 재평가모형이다(〈그림 6-1〉 참조).

2. 재무제표 작성 및 공시에 관한 기준

정보이용자에게 유용한 회계정보를 제공하기 위하여 포괄손익계산서와 재무상태표를 일정한 기준에 따라 작성할 필요가 있다. 즉, 재무제표 작성기준에 따라 포괄손익계산서와 재무상태표를 작성하여야 한다. 그리고 재무제표의 작성과 공시에 있어서 정보이용자의 의사결정에 도움이 되는 정보는 최대한 공시하여야 한다. 이 원칙을 완전공시(full disclosure)의 원칙이라 한다.

한국채택국제회계기준의 기업회계기준서 제1001호 '재무제표 표시' 에 따르면, 전체 재무제표는 (가) 재무상태표, (나) 포괄손익계산서, (다) 자본변동표, (라) 현금흐름표, (마) 주석(유의적인(significant) 회계정책의 요약 및 그 밖의 설명으로 구성)을 모두 포함하며 각 재무제표는 전체 재무제표에서 동등한 비중으로 표시한다(문단 10). 그리고 동 재무제표의 작성에 적용되는 '일반사항' 을 다음과 같이 제시하고 있다.

그림 6-1 재무제표의 작성과 공시

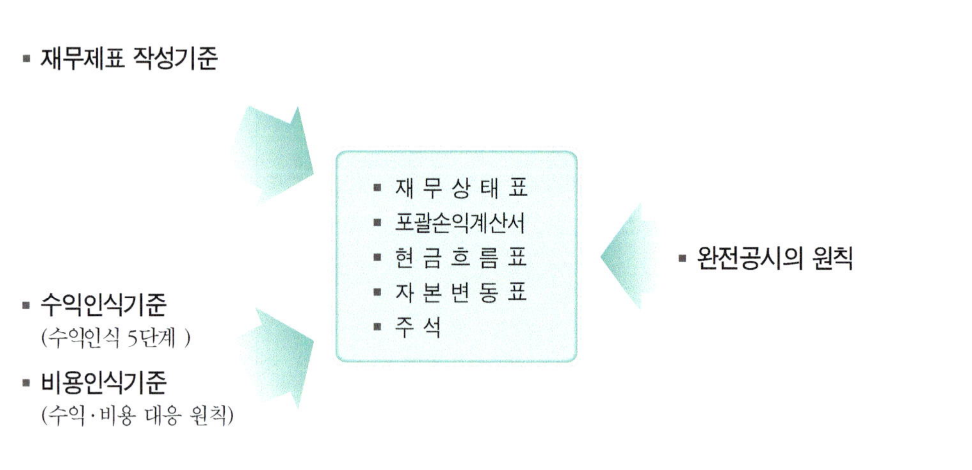

1) 공정한 표시와 한국채택국제회계기준의 준수

재무제표는 기업의 재무상태, 경영성과 및 현금흐름을 공정하게 표시해야 한다. **공정한 표시**(fair presentation)를 위해서는 '개념체계'에서 정한 자산, 부채, 수익, 비용에 대한 정의와 인식요건에 따라 거래 등 사건과 상황의 효과를 충실히 표현해야 한다. 한국채택국제회계기준에 따라 작성된 재무제표는 공정하게 표시된 재무제표로 본다.

한국채택국제회계기준(K-IFRS)을 준수하여 재무제표를 작성하는 기업은 그러한 준수 사실을 주석에 명시적이고 제한 없이 기재한다. 재무제표가 한국채택국제회계기준의 요구사항을 모두 충족한 경우가 아니라면 한국채택국제회계기준을 준수하여 작성되었다고 기재하여서는 아니 된다. 한국채택국제회계기준을 준수하여 작성된 재무제표는 국제회계기준을 준수하여 작성된 재무제표임을 주석으로 공시할 수 있다.

2) 계속기업

경영진은 재무제표를 작성할 때 **계속기업**(going concern)으로서의 **존속가능성**을 평가해야 한다. 경영진이 기업을 청산하거나 경영활동을 중단할 의도를 가지고 있지 않거나, 청산 또는 경영활동의 중단 외에 다른 현실적 대안이 없는 경우가 아니면 계속기업을 전제로 재무제표를 작성한다. 계속기업으로서의 존속능력에 유의적인(significant) 의문이 제기될 수 있는 사건이나 상황과 관련된 중요한 불확실성을 알게 된 경우, 경영진은 그러한 불확실성을 공시하여야 한다. 재무제표가 계속기업의 기준하에 작성되지 않는 경우에는 그 사실과 함께 재무제표가 작성된 기준 및 그 기업을 계속기업으로 보지 않는 이유를 공시하여야 한다.

3) 발생기준 회계

기업은 현금흐름 정보를 제외하고는 **발생기준 회계**(accrual basis accounting)를 사용하여 재무제표를 작성한다. 이 경우, 각 항목이 '개념체계'에서 규정하고 있는 정의와 인식요건을 충족할 때 자산, 부채, 자본, 광의의 수익 및 비용(재무제표의 요소)으로 인식한다.

4) 중요성과 통합표시

유사한 항목은 **중요성**(materiality) 분류에 따라 재무제표에 구분하여 표시한다. 상이한 성격이나 기능을 가진 항목은 구분하여 표시한다. 다만 중요하지 않은 항목은 성격이나 기능이 유사한 항목과 **통합**(aggregation)하여 표시할 수 있다. 재무제표에는 중요하지 않아 구분하여 표시하지 않은 항목이라도 주석에서는 구분 표시해야 할 만큼 충분히 중요할 수도 있다.

5) 상계금지

한국채택국제회계기준에서 요구하거나 허용하지 않는 한 자산과 부채 그리고 수익과 비용은 **상계**(offset)하지 아니한다(즉, 총액을 기준으로 보고하고 서로 상계한 잔액만을 보고해서는 안 된다).

6) 보고빈도

전체 재무제표(비교정보를 포함)는 적어도 1년마다 작성한다. 보고기간종료일을 변경하여 재무제표의 **보고기간**(reporting period)이 1년을 초과하거나 미달하는 경우 재무제표 해당 기간뿐만 아니라 다음 사항을 추가로 공시한다.

(1) 보고기간이 1년을 초과하거나 미달하게 된 이유
(2) 재무제표에 표시된 금액이 완전하게 비교가능하지는 않다는 사실

7) 비교정보

한국채택국제회계기준이 달리 허용하거나 요구하는 경우를 제외하고는 당기 재무제표에 보고되는 모든 금액에 대해 전기 비교정보를 공시한다. 당기 재무제표를 이해

하는 데 목적적합하다면 서술형 정보의 경우에도 비교정보(comparative information)를 포함한다.

재무제표 항목의 표시와 분류를 변경하는 경우 실무적으로 적용할 수 없는 것이 아니라면 비교금액도 재분류해야 한다. 비교금액을 실무적으로 재분류할 수 없는 경우에는 ① 해당금액을 재분류하지 아니한 이유, ② 해당금액을 재분류한다면 이루어질 수정의 성격을 공시한다.

8) 표시의 일관성

재무제표 항목의 표시와 분류는 다음의 경우를 제외하고는 매기 동일하여야 한다.[1]

(1) 사업내용의 유의적인 변화나 재무제표를 검토한 결과 다른 표시나 분류방법이 더 적절한 것이 명백한 경우.

(2) 한국채택국제회계기준에서 표시방법의 변경을 요구하는 경우

02 수익 · 비용의 인식과 측정

1. 수익의 인식과 측정

1) 수익의 정의

수익(income ; revenue)은 '**자본의 증가를 가져오는 자산의 증가 또는 부채의 감소로서 소유주의 출자를 제외한 것**'을 말한다(Income is increases in assets or decreases in liabilities that result in increases in equity, other than those relating to contributions from holders of equity claims).

이를 수익의 원천별로 보면, 수익은 '(1) 기업이 고객에게 약속한 재화나 용역의

1. 이를 일관성(consistency)의 원칙이라 하는데 재무제표의 기간 간 비교가능성을 확보하기 위한 것이다.

이전이라는 수행의무를 이행하였을 때 그 대가로 권리를 갖게 될 것으로 예상되는 금액과 (2) 기업이 보유하고 있는 자산의 장부금액 증가 및 부채의 장부금액 감소액을 합한 것' 이다. 여기에서, 소유주와의 거래(자본거래)는 물론 제외한다.[2]

그리고 주요 경영활동에서 발생한 수익은 협의의 수익(revenue)으로서, 총액으로 표시한다. 매출액, 이자수익, 수수료수익 등이 이에 해당한다. 반면, 부수적인 거래나 사건 또는 상황변화로 생기는 수익은 차익(gains)이며 순액으로 표시한다. 이에는 자산처분이익, 부채상환이익, 자산평가이익 등이 있다. 협의의 수익과 차익을 합쳐서 광의의 수익(income ; revenue)이 된다.

2) 수익인식의 5단계(five steps for revenue recognition)

수익(revenue)은 다음의 5단계를 거쳐 인식한다.

그림 6-2 수익인식의 5단계

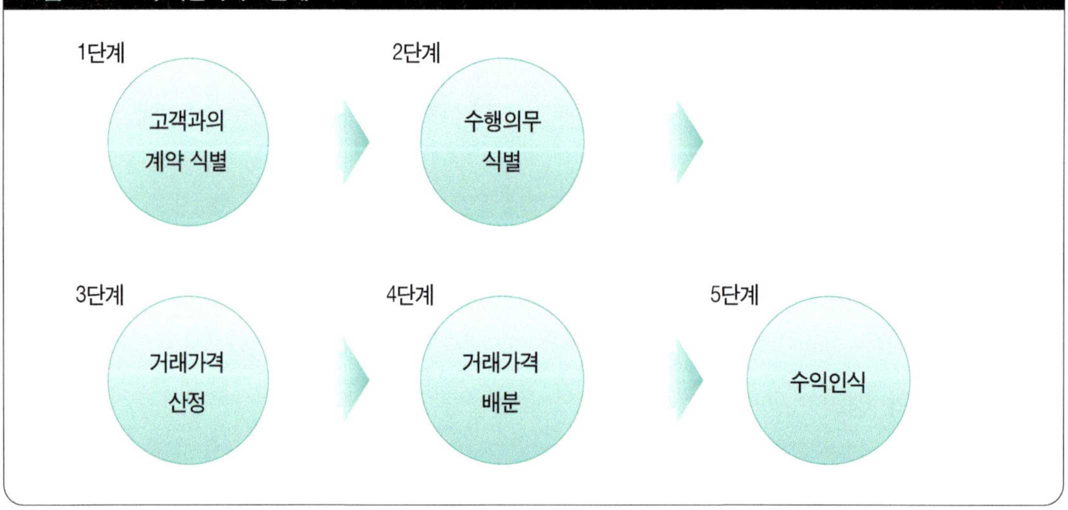

2. 기존 회계기준에서는 '위험과 보상이 고객에게 이전(위험 · 보상모형)' 되는지를 중심으로 수익인식 시점을 판단한다. 그러나 개정 회계기준(K-IFRS 제1115호 '고객과의 계약에서 생기는 수익', 2018년 1월 1일 발효)에서는 '모든 고객과의 계약' 에 하나의 모형을 적용하여 '자산의 통제가 고객에게 이전(통제모형)되는 시점' 에 수익을 인식한다. 다만, 리스, 보험, 금융상품과 같이 별도 기준서가 적용되는 계약에는 적용하지 않는다. 그리고 자산 · 부채의 증감액과 관련된 회계처리는 본서의 후반부에서 다룬다.

(1) 1단계 : 고객과의 계약 식별(identifying contract) - 계약의 존재여부 결정

수익을 인식하기 위해 회사가 가장 먼저 해야 할 일은 '고객과의 계약'을 결정하는 것이다. '고객(customer)'이란 기업의 산출물인 재화·용역을 대가와 교환하여 받기로 그 기업과 계약한 당사자를 말하며, '계약(contract)'이란 둘 이상 당사자들 사이에 집행 가능한 권리와 의무가 생기게 하는 약정(agreement)을 말한다. 계약에 해당하려면 둘 이상 당사자가 계약을 승인하고, 계약에서 각자의 권리와 의무, 지급조건을 식별할 수 있으며, 당사자가 각자의 의무를 수행할 의도가 있고, 대가의 회수가능성이 높다는 등의 조건을 충족해야 한다. 그러나 반드시 서면 계약서가 있어야 하는 것은 아니고, 구두 또는 거래 관행에 따라 당사자가 합의한다면 계약이 성립된다.

| 예제 1 : 상품매매기업의 수익인식 5단계 |

☞ **거래**

(주)서초전자는 TV 전문매매업체이다. 고객에게 원가 ₩1,000,000인 TV 한 대를 ₩1,300,000 현금을 받고 판매하였으며, TV는 즉시 매장에서 고객에게 인도되었다.

☞ **수익인식 5단계의 인식문제**

이 거래에서 수익인식 5단계는 무엇인가?

☞ **해답 및 해설**

(1) 고객과의 계약 식별 : 고객과 매매의사 동의시 구두 약정 성립 (2) 수행의무 식별 : 'TV 인도'라는 단일 수행의무 (3) 거래가격 산성 : 합의된 가격인 ₩1,300,000 (4) 거래가격 배분 : ₩1,300,000을 'TV 인도'에 총액 배분 (5) 수익인식 : TV 인도로 통제의 이전이 완료되었으므로 인도 시점에 ₩1,300,000의 수익을 인식한다.

(2) 2단계 : 수행의무 식별(identifying performance obligations) - 계약의 구성요소 결정

1단계에서 계약이 있다고 판단했다면, 2단계에서는 하나의 계약에서 고객에게 제공하는 것이 하나인지 여럿인지를 결정해야 한다. 하나의 계약에서 여러 가지 제품이나 용역을 묶음으로 판매한다면 각 제품이나 용역 단위로 별도로 수익을 인식해야 할 수 있다. 예를 들면, 고객이 단말기와 통신 용역을 함께 구매하고 회사가 이에 대해 하나의 계약서를 작성한다면, 회사는 단말기 판매와 통신 용역을 구별하여 회계처리해야 하는지를 판단해야 한다. 이들을 구별해야 한다면 이러한 구성요소를 수행의무(performance obligation)라고 부른다(예 ; 단말기 제공 수행의무, 통신용역 제공 수행의무).

'수행의무'는 계약에서 회사가 고객에게 이전하기로 약속(promise)한 의무를 말한다. 수행의무의 분리는 다음의 두 가지 기준에 따른다.

첫째, 재화 · 용역 그 자체로 또는 쉽게 구할 수 있는 다른 자원과 함께 효익을 얻을 수 있고,

둘째, 재화 · 용역을 이전하기로 한 회사의 약속을 계약의 다른 약속과 별도로 식별할 수 있다.

| 예제 2 : 수행의무의 식별 |

☞ 거래

(주)인천건설은 고객을 위하여 동대문병원을 건설하는 계약에서 자재, 기초공사, 엔지니어링, 구조물 건설, 배관 · 배선, 장비설치, 마감공사 등을 모두 제공한다.

☞ 수행의무의 식별 문제

이 계약에서 식별되는 수행의무는 무엇인가? 건설을 위한 벽돌(자재)의 제공은 별도의 수행의무로 구분될 수 있을까?

☞ 해답 및 해설

고객은 벽돌을 사용하거나 외부에 판매하여 효익을 얻을 수 있다. 그러나 벽돌은 계약에 포함된 다른 자재, 기초공사, 구조물 건설 용역과 결합하여 건물이 된다. 즉, 벽돌제공은 구별되는 재화 · 용역이나 별도로 식별되는 약속이 아니다. 따라서, 이 계약의 수행의무는 '건물의 건설'이라는 단일 수행의무이고, 벽돌의 제공은 별도의 수행의무가 아니다. 또한 이 '건물의 건설' 계약은 한 시점에 이행되는 것이 아니라 기간에 걸쳐 이행되므로 다음에 설명하는 진행기준의 적용에 의한 수익인식이 가능하다.

(3) 3단계 : 거래가격 산정(determining transaction price)

2단계에서 수행의무를 분리하여 수익인식 단위를 결정하였다면, 3단계는 인식할 수익 금액을 결정하는 단계이다. 일반적으로는 계약금액이 거래가격이 된다.

'거래가격(transaction price)'은 고객이 지급하는 고정된 금액일 수도 있으나, 어떤 경우에는 변동대가(variable consideration)를 포함하거나 현금 외의 형태로 지급될

수도 있다. 거래가격은 계약에 **유의적인 금융요소**가 포함된다면 화폐의 시간가치 영향을 조정하며, 고객에게 지급하는 대가가 있는 경우에도 거래가격에서 조정한다. 대가가 변동된다면, 고객에게 약속한 재화나 용역을 이전하고 그 대가로 받을 권리를 갖게 될 것으로 예상하는 금액을 추정하여야 한다.

예를 들어, 실제 결제하는 시점에 계약서상 금액을 할인해주는 관행이 있거나, 리베이트, 조기납품 보상금, 위약금 등이 있다면 거래가격이 미래 사건의 발생여부에 따라 결정되게 된다. 이 경우, 회사의 과거 경험이나 그 밖의 거래 조건을 고려하여 받을 권리를 갖게 될 금액(거래가격)을 추정해야 한다.

(4) 4단계 : 거래가격 배분(allocating transaction price)

4단계는 3단계에서 산정한 계약의 거래가격을 2단계에서 분리한 각 수행의무에 배분(allocation)하는 단계이다. **배분기준**(allocation criteria)은 각 수행의무의 '개별 판매가격' 이다. '개별 판매가격' 은 그 수행의무(재화, 용역)를 개별적으로 판매할 때의 가격을 말하며, 회사가 동일한 재화나 용역을 개별적으로 판매하고 있다면 그 가격이 개별 판매가격이다. 그 재화나 용역을 개별적으로 판매하지 않는다면, 유사거래의 가격 등 다른 방법으로 개별 판매가격을 '추정' 해야 한다.

| 예제 3 : 거래가격의 배분 |

☞ 거래

(주)동대문은 제품 A, B, C를 함께 판매하였다. 총 거래가격은 100원이다. 제품 A의 개별 판매가격은 50원이나(관측가능 가격 접근법), 제품 B, C는 개별 판매하지 않는다. 경쟁사인 (주)서대문은 제품 B와 매우 비슷한 제품을 25원에 판매하고 있다(시장평가 조정 접근법). 제품 C는 동일/유사 제품의 시장가격을 확인할 수 없으나, C의 생산원가에 적절한 이윤을 더한 금액은 75원으로 추정하고 있다(예상원가 · 이윤 가산접근법).

☞ 거래가격의 배분문제

이 경우, (주)동대문의 제품 A, B, C에 배분되는 거래가격은 얼마인가?

☞ 해답 및 해설

제품 A의 거래가격 = ₩100원 × (₩50/₩150) = ₩33 ;
제품 B의 거래가격 = ₩100원 × (₩25/₩150) = ₩17 ;
제품 C의 거래가격 = ₩100원 × (₩75/₩150) = ₩50.

(5) 5단계 : 수익인식(recognising revenue)

마지막은 수익을 인식하는 시점을 판단하는 단계이다. 재화나 용역에 대한 '통제'가 고객에게 이전될 때, 즉, 고객이 그 재화나 용역을 통제할 때 수행의무가 이행되었다고 하며, 이때 수익을 인식한다(통제모형). 인식하는 수익의 금액은 이행한 수행의무에 배분된 금액이다. '통제(control)'란 자산의 사용을 지시하고, 자산의 효익을 얻을 수 있는 능력을 말하며, 보통 지급청구권, 법적소유권, 물리적 점유, 소유에 따른 위험과 보상 등으로 판단한다.

수익 인식 기준이 '자산의 통제의 이전'이라면, 용역 제공에 의한 수익은 어떻게 인식해야 할까? 용역의 경우, 용역도 사용되기 전에는 순간적으로 자산이었다가 즉시 소비되는 것으로 보기 때문에 용역에도 동일한 기준을 적용하며, 이때 만약, 통제가 여러 기간에 걸쳐 지속적으로 이전된다면 진행기준(percentage-of-completion method)을 적용한다.

진행기준을 적용할 수 있는 세 가지 조건은 다음과 같다.

첫째, 고객은 기업이 수행하는 대로 기업의 수행에서 제공하는 효익을 동시에 받아 소비하거나(예 : 청소용역, 케이블TV 용역 등),

둘째, 기업이 용역을 제공하는 대로 고객이 통제권을 가지는 자산을, 기업이 만들거나 가치를 높이거나(예 : 고객의 소유지에서 제작하는 자산 · 건물 건설공사),

셋째, 기업이 만든 자산은 기업 자체에는 대체 용도가 없고, 기 완료된 수행 분에 대해 집행 가능한 지급청구권이 기업에 있다(예 : 일부 주문제작 자산 · 선박건조).

위의 셋 중 하나에 해당한다면 진행기준을 적용하게 된다.

| 예제 4 : 수익인식시점 1 |

☞ 거래

A회사는 2016년 12월 26일 ₩1,000,000에 상당하는 부품공급계약을 B회사와 체결하고, 2017년 1월 10일 ₩200,000의 부품을 납품하고 현금을 받았다.

☞ 수익인식 시점 문제

계약일에 매출을 인식할 것인가 아니면 실제 납품일에 인식할 것인가?

☞ **해답 및 해설**

2016년 12월 26일 거래가 성사되었다. 그러나 이 거래는 수익인식 조건을 만족시키지 못하고 있다. 즉, 재화판매를 통한 통제의 이전을 하기 위한 상품의 인도(delivery)가 아직 이루어지지 않았다. 따라서 2016년의 매출로 인식하지 않으며, 2017년 1월 10일 상품의 인도가 이루어진 시점에서 다음과 같은 분개를 한다. 나머지 계약분에 대해서도 실제 상품의 인도가 이루어진 시점에서 매출을 인식한다.

2017.1.10	(차) 현 금	₩200,000	(대) 매 출	₩200,000

| 예제 5 : 수익인식시점 2 |

☞ **거래**

A회사는 2016년 1월 1일 총공사금액이 ₩1,000,000인 토목공사를 수주하였다. 2016년 동안 공사진행률은 60%이며, 총공사원가는 ₩400,000이 발생하였다. 원가는 이미 인식 · 측정되어 기록되었으며, 공사대금 ₩600,000을 2016년 12월 31일에 받았다고 가정한다.

☞ **수익인식 시점 문제**

2016년에 공사수익을 인식할 것인가? 인식한다면 얼마를 공사수익으로 인식해야 하는가?

☞ **해답 및 해설**

진행기준의 적용 대상으로서 총공사수익의 일부를 2016년도 말에 기록할 수 있다. 공사가 60% 진행되었으므로 총공사수익의 60%를 인식한다.

2016.12.31	(차) 현 금	600,000	(대) 공사수익	600,000

3) 수익의 측정

수익이 발생하면 동시에 자산의 증가 또는 부채의 감소를 가져오므로 수익의 측정은 근본적으로 자산과 부채의 측정 방법에 따른다.

수익의 측정을 수익인식 기준에 맞추어 설명하자면, 재화나 용역에 대한 '통제'가 고객에게 이전될 때, 기업은 고객과의 계약으로부터의 수익을 인식하며 인식하는 수익 금액은 총수익 중 이행한 수행의무에 배분된 금액이다. 이때의 총수익 금액은 '받았거나 받을 대가의 공정가치'로 측정한다. **공정가치**(fair value)는 '합리적인 판단력과 거래의사가 있는 독립된 당사자 사이의 거래에서 자산이 교환되거나 부채가 결제될 수 있는 금액'이다.

대부분의 경우 판매 대가는 현금이나 현금성자산의 형태가 된다. 따라서 수익금액은 받았거나 받을 현금이나 현금성자산의 금액이 된다. 그러나 현금이나 현금성자산의 유입이 이연되는 경우, 대가의 공정가치는 받았거나 받을 현금의 명목금액보다 작을 수 있다. 예를 들면, 무이자로 신용판매하거나 표면이자율이 시장이자율보다 낮은 어음을 판매대가로 받는 경우이다. 대금지불약정이 실질적으로 자금 대여거래에 해당하는 경우, 그 대가의 공정가치는 미래 총수취액을 내재이자율로 할인하여 결정한다.

이때 내재이자율은 다음 중 더 명확히 결정할 수 있는 것으로 하며, 이때 판매대가의 공정가치와 명목금액의 차이는 이자수익으로 인식한다.

(가) 신용도가 비슷한 기업이 발행한 유사 금융상품의 일반적인 이자율
(나) 명목금액의 현재가치를 제공하는 재화나 용역의 현금판매금액과 일치시키는 할인율

2. 비용의 인식과 측정 – 수익 · 비용 대응의 원칙

1) 비용의 정의

'**비용**(expenses)'은 '**자본의 감소를 가져오는 자산의 감소 또는 부채의 증가 중 소유주에 대한 분배를 제외한 것**'을 말한다(Expenses are decreases in assets or increases in liabilities that result in decreases in equity, other than those relating to distributions to holders of equity claims). 즉, 비용은 자본거래가 아닌 영업활동을 통한 자본(순자산)의 감소이다.

2) 비용의 인식

영업활동을 통한 자본(순자산)의 증가가 수익인 반면, 비용은 그 수익을 창출하기

위해 소비된 자본(순자산)이다. 비용은 경제적 효익이 사용 또는 유출됨으로써 자본이 감소하고 그 금액을 신뢰성 있게 측정할 수 있을 때 인식한다. 발생기준 회계에서 수익을 인식한 다음에는, 인식한 수익을 창출하는 과정에서 발생된 비용을 정확하게 인식해야 한다.

경제적 효익의 사용은 직접대응, 간접대응 등의 **수익 · 비용 대응의 원칙**(revenue expense matching principle)에 따라 비용으로 인식된다. 보통 수익 · 비용 대응의 원칙이라고 하면 협의의 의미로 직접대응을 말한다. 그리고 과거에 인식한 자산의 미래 경제적 효익이 감소 또는 소멸되거나 경제적 효익의 수반 없이 부채가 발생 또는 증가한 것이 명백한 경우에는 비용을 인식한다.

수익·비용 대응의 원칙

수익과 관련하여 발생한 비용은 동일한 거래나 사건에서 발생하는 수익을 인식하는 기간에 인식한다. 즉, 수익을 창출하기 위하여 발생한 비용은 그 수익에 대응하여 수익이 보고된 기간과 동일한 기간에 보고한다.

수익과 비용은 항목의 성격에 따라 다음과 같이 다른 유형으로 대응된다.

(1) 직접대응 또는 제품대응

수익과 직접 관련하여 발생한 비용은 동일한 거래나 사건에서 발생하는 수익을 인식할 때 대응하여 인식한다. 이와 같은 예로서, 제품이나 상품의 매출시 판매된 상품의 원가(매출원가)는 매출과 대응되어 보고된다. 이러한 대응관계를 **직접대응** 또는 **제품대응**이라 한다.

| 예제 6 : 직접대응 |

☞ **거래**

A회사가 원가 ₩1,000,000인 상품을 보유하고 있는 상황에서 2016년 12월 20일 그중 원가 ₩500,000에 해당하는 상품을 ₩800,000에 외상판매하였다.

☞ **비용인식문제**

상품 원가 중 얼마를 2016년의 비용으로 인식할 것인가?

☞ **해답 및 해설**

2016년 12월 20일 ₩800,000의 매출을 인식하므로 그에 대응하는 상품원가 ₩500,000을 비용(매출원가)으로 인식한다. 따라서 계속기록법에 의할 경우 매출과 동시에 그 매출원가를 기록한다. 그리고 나머지 ₩500,000은 2017년에 매출될 것이며 매출시에 비용으로 인식된다.

2016.12.20	(차) 매 출 채 권	800,000	(대) 매　출 (수익)	800,000
	매 출 원 가 (비용)	500,000	상　품	500,000

(2) 간접대응 또는 기간대응

수익과 직접 대응할 수 없는 비용은 재화 및 용역의 사용으로 현금이 지출되거나 부채가 발생하는 회계기간에 인식한다. 이와 같은 예로는 판매비와 관리비를 들 수 있다. 그리고 자산으로부터의 효익이 여러 회계기간에 걸쳐 기대되는 경우, 이와 관련하여 발생한 특정 성격의 비용은 체계적이고 합리적인 배분절차에 따라 각 회계기간에 배분하는 과정을 거쳐 인식한다. 이와 같은 예로는 유형자산의 감가상각비와 무형자산의 상각비를 들 수 있다.

상품과 제품에 대해서는 직접 대응이 가능하지만 나머지 비용은 대응관계가 불명확한 경우가 많다. 예를 들면, 광고선전비 지출의 효과는 당기에 끝날 수도 있고 다음 회계기간까지 지속될 수도 있다. 정확한 수익 · 비용 대응을 위해서 그 광고선전비가 매출에 기여한 부분을 정확히 측정하여 당기와 차기에 각각 대응시켜야 하지만, 이의 신뢰성 있는 측정은 지극히 어려운 일이다. 따라서 광고선전비가 발생한 시점, 즉 실제로 광고를 한 시점의 비용으로 인식한다. 이러한 대응방법을 기간대응 또는 간접대응이라 한다. 제품 · 상품 등 재고자산에 대한 매출원가를 제외한 모든 비용은 기간 대응을 한다.

(3) 비용의 측정

비용이 발생하면 동시에 자산의 감소 또는 부채의 증가를 수반하므로, 비용의 측정은 수익과 마찬가지로 자산과 부채의 측정 방법에 따른다. 다시 말하면, 우선 수익을 인식한 후에 직접대응이든 간접대응이든 이 수익에 대응하여 비용을 인식하게 되며 그 금액의 '측정'은 비용과 동시에 발생하는 자산 또는 부채의 측정 기준에 따라서 한다.

다음에는 재무상태표의 요소인 자산과 부채의 측정기준에 대하여 논의한다.

03 재무제표 구성요소의 측정기준

측정이란 회계거래의 경제적 영향을 평가하여 장부에 기록할 화폐금액을 결정하는 것이다. 즉, 재무상태표와 포괄손익계산서에 인식되고 평가되어야 할 재무제표 요소의 화폐금액을 결정하는 과정이다. 자산의 경우, 측정은 자산의 구입시에 자산의 금액을 결정하는 것뿐 아니라 매 결산일에 자산을 평가하는 문제를 포함한다.

재무제표를 작성하기 위해서는 다수의 **측정기준**이 다양한 방법으로 결합되어 사용된다. 측정은 특정 측정기준의 선택과정을 포함한다. 그러한 측정기준의 예로서는 역사적 원가(또는 취득원가)와 역사적 현금수취액, 현행원가, 실현가능가치와 이행가치, 현재가치 등이 있다. 재무제표를 작성할 때 기업이 가장 보편적으로 채택하고 있는 측정기준은 역사적 원가이다. 역사적 원가는 일반적으로 다른 측정 기준과 함께 사용된다. 예를 들면, 재고자산은 통상 역사적 원가와 순실현가능가치를 비교하여 저가로 평가되고, 시장성 있는 유가증권은 시가로 평가되기도 하며 연금부채는 현재가치로 평가된다. 비화폐성자산에 대한 가격변동효과를 반영하지 못하는 경우에는 역사적 원가 모형에 대한 대응책으로 현행원가기준을 사용하기도 한다.

따라서 가장 보편적 기준인 역사적 원가(취득원가)를 먼저 상세히 설명하고 그후 현행원가 등 다른 측정기준에 대해 개념 중심으로 소개한다.

1. 역사적 원가 또는 취득원가

자산은 취득시의 원가(취득원가)로써 기록한다. 자산의 **취득원가**(acquisition cost)란 자산취득 당시에 그 취득의 대가로 지급한 현금, 현금성자산(cash equivalents) 또는 그 밖의 대가의 공정가치이다. 부채의 역사적 현금수취액은 그 부채를 부담하는 대가로 수취한 현금 또는 현금성자산이다.

공정가치(fair value)는 합리적 판단력과 거래의사가 있는 독립된 당사자 사이의 거래에서 자산이 교환되거나 부채가 결제될 수 있는 금액이다. 보유하고 있는 자산에 대해 시장가격이 존재하면 이 시장가격은 당해 자산에 대한 공정가치의 측정치가 된다. 이 시장가격에는 당해 자산으로부터 기대되는 미래 현금흐름의 크기와 그 불확실성에 대한 시장참여자들의 평가가 반영되어 있다.

취득원가를 **역사적 원가**(historical cost)라고도 하는데 이는 거래의 인식시점에서 보면 과거의 원가가 되기 때문이다. 역사적 원가 기준은 취득원가로 기록한 다음 원칙적으로 그 금액을 수정하지 않는다는 기준을 내포하고 있다. 즉, 원칙적으로 취득원가에 기록된 자산은 처분때까지 그 평가액을 변경하지 않는다.

그런데 한국채택국제회계기준에서는 이러한 **원가모형**(cost model ; 역사적 원가 평가)과 **재평가모형**(revaluation model ;공정가치 평가) 중 하나를 회계정책으로 선택하여 적용하도록 하고 있다. 여기서 재평가모형이란, 최초 인식 후에 공정가치를 신뢰성 있게 측정할 수 있는 자산은 보고기간말에 자산의 장부금액이 공정가치와 중요하게 차이가 나지 않도록 주기적으로 재평가를 수행하고, 그 후에는 재평가일의 공정가치에서 이후의 감가상각누계액과 손상차손누계액을 차감한 **재평가금액**(revalued amount)을 장부금액으로 하는 것을 말한다.

1) 역사적 원가 기준의 근거

어떤 자산의 공정가치가 변했을 것이라는 가능성을 알면서도 그 자산의 역사적 원가(취득원가)를 장부금액으로 유지하려는 이유는 무엇일까? 그것은 회계정보의 질적 특성과 관련이 있다. 즉, 회계정보가 정보이용자에게 유용하기 위해서는 목적적합성과 충실한 표현이 있어야 하는데, 그중 충실한 표현을 제고하기 위해서는 자산 및 부채의 평가액이 객관적으로 검증가능하여야 한다. 그런데 실제로 시장에서 그 자산을 처분하기 전에는 평가액을 추정할 수만 있을 뿐이고 그 추정치는 매매당사자나 기타 사정에 따라 다를 수 있다. 즉, 자산의 실제 처분 전에는 객관적으로 입증가능한 공정가치를 정하기 어려워 검증가능성이 훼손되기 때문에 역사적 원가 기준을 채택하는 것이다.

그러나 한편으로는 역사적 원가 기준을 택하면 보고시점의 자산의 장부금액이 그 시장가치를 반영하지 않으므로 정보이용자들의 의사결정 목적에 적합하지 않아(즉, 목적적합성의 결여) 정보의 유용성을 잃게 되는 결함이 있다. 이와 같은 목적적합성과 충실한 표현 간의 상충관계는 회계처리에서 가끔 발생한다. 유형자산 회계 등에서 원가모형(역사적 원가 기준)은 회계정보의 충실한 표현을 위해 목적적합성을 희생시키는 예이다. 그러나 기업회계기준은 원가모형의 채택에 따른 목적적합성의 희생을 최소화하기 위하여 공정가치에 의한 평가를 점차 확대하고 있다.

2) 역사적 원가 기준의 예외

역사적 원가 기준(원가모형)은 자산 측정에 관한 가장 보편적인 기준이므로 거의 모든 자산의 평가에 적용되지만 이에 대한 예외가 인정되는 경우가 있다. 즉, 객관적으로 입증 가능한 공정가치를 확보할 수 있는 경우에는 굳이 역사적 원가 기준을 고집할 이유가 없다. 이 경우에는 평가 당시의 시가로 자산평가액을 수정할 수 있다. 그 대표적인 예가 **당기손익-공정가치 측정**(FVPL) **금융자산**이다. FVPL 금융자산은 기업이 단기매매차익을 위해 적극적으로 매매할 목적으로 보유하고 있는 타기업발행 주식과 채권 등의 유가증권이다. 결산일의 FVPL 금융자산의 시가(current market value)가 취득원가와 다를 경우 결산일의 시가로 평가하여 장부금액을 수정해야 한다(결산수정분개).

이 외에도 재고자산에 대한 저가주의의 적용, 자산의 손상차손 인식, 비유동자산의 재평가, 외화자산의 평가 등 역사적 원가 기준에 대한 예외가 인정되고 있는 예는 많다. 이들에 대해서는 각각 해당 계정을 다루는 장에서 설명한다.

2. 역사적 원가(취득원가) 외의 측정기준

1) 현행원가

자산의 **현행원가**(current cost)는 그 자산과 동일하거나 또는 동등한 자산을 현재 시점에서 취득한다고 가정할 경우에 그 대가로 지급해야 할 현금이나 현금성자산의 금액을 말한다. 부채에 대한 현행원가 기준의 적용은, 현재시점에서 그 의무를 이행하는

데 필요한 현금이나 현금성자산의 할인하지 아니한 금액으로 평가하는 것이다.

2) 실현가능(이행)가치

자산의 **실현가능가치**(realizable value)는 미래에 당해 자산이 정상적으로 처분되는 경우 수취할 것으로 예상되는 현금 또는 현금성자산의 금액으로 정의되며 **유출가치**(exit value)의 개념이다. 부채의 **이행가치**(settlement value)는 미래에 정상적인 영업과정에서 부채를 상환하기 위해 지급될 것으로 예상되는 현금이나 현금성자산을 할인하지 아니한 금액을 말한다. 즉, 실현가능가치와 이행가치는 현재 시점의 가치로 환산되지 않은 금액이다.

3) 현재가치

현재가치(present value) 기준의 자산평가는 그 자산이 정상적인 영업과정에서 창출할 것으로 기대되는 미래 순현금유입액의 현재할인가치로 평가하는 것이다. 부채의 현재가치 평가는 정상적인 영업과정에서 그 부채를 상환할 때 필요할 것으로 예상되는 미래 순현금유출액의 현재할인가치로 평가하는 것이다. 이러한 현재할인가치를 현재가치라고 한다. 이때 현재가치 계산시의 할인율을 **유효이자율**(금융자산 취득 또는 금융부채 발생 시점의 그 유입가격이 당해 자산 또는 부채로부터 발생하는 미래 명목현금흐름의 현재가치와 일치되게 되는 할인율)이라고 한다.

현재가치 평가에 대해서는 제12장에서 상세히 배우게 된다.

3. 측정기준의 선택

일반적으로 취득 시점에서는 자산의 취득원가는 현행원가와 동일하다. 그러나 취득 시점 후에는 양자가 달라질 수 있으며, 또한 취득원가는 실현가능가치와도 동일하지 않다. 부채의 경우에도 유사한 문제가 있게 된다. 자산과 부채를 측정함에 있어 어떠한 측정기준을 선택하는가는 재무보고의 목적 달성을 위한 회계정보의 유용성, 즉 목적적합성과 충실한 표현 등의 관점에서 판단되어야 한다.

04 재무제표의 구조와 내용

재무제표가 정보이용자의 의사결정에 유용하기 위해서는 의미 있는 형식으로 작성되고 공시되어야 한다. 본 장의 제1절에서 재무제표 작성을 위한 '일반사항'을 설명하였다. 본 절에서는 재무제표의 구조와 내용에 관한 기준을 재무상태표, 포괄손익계산서 및 주석에 표시되어야 할 내용 및 방법, 및 체계를 중심으로 살펴본다. 자본변동표와 현금흐름에 대해서는 이해를 돕기 위해 해당 재무제표를 설명하는 장(각각 제13장과 제14장)에서 살펴보기로 한다.

기업회계기준서 제1001호 '재무제표 표시'는 '일반사항' 다음에 '재무제표의 구조와 내용'(structure and content)을 제시하면서 '재무제표의 식별'에 대해 다음과 같이 규정하고 있다.[3]

재무제표는 동일한 문서에 포함되어 함께 공표되는 그 밖의 정보와 명확하게 구분·식별되고, 각 재무제표와 주석은 명확하게 식별되어야 한다. 이를 '재무제표의 식별'이라고 한다. 또한 다음과 같은 정보가 분명하게 드러나야 하며, 정보의 이해를 위해서 필요할 때에는 반복 표시하여야 한다.

(가) 보고기업의 명칭 또는 그 밖의 식별 수단과 전기 보고기간말 이후 그러한 정보의 변경내용
(나) 재무제표가 개별 기업에 대한 것인지 연결실체에 대한 것인지의 여부
(다) 재무제표나 주석의 작성대상이 되는 보고기간종료일 또는 보고기간
(라) 표시통화
(마) 재무제표의 금액 표시를 위하여 사용한 금액 단위

한편, 재무제표에 표시되는 개별항목은 기업의 영업활동을 나타내기에 적절한 방법으로 세분류하고, 그 추가적인 분류 내용을 재무상태표 또는 주석에 공시하도록 하고 있다.[4]

3. 기업회계기준서 제1001호 '재무제표 표시' 문단 49~53.
4. 기업회계기준서 제1001호 '재무제표 표시' 문단 77.

1. 재무상태표

1) 재무상태표 표시 정보

한국채택국제회계기준에서는 표시되어야 할 항목에 대해 상세한 규정을 두고 있지 아니하다. 그러나 '재무상태표에 표시되는 정보'로서 적어도 다음의 항목과 금액은 재무상태표에 구분 표시하게 하고, 기업의 재무상태를 이해하는 데 목적적합한 경우 재무상태표에 항목, 제목 및 중간합계를 추가하여 표시할 수 있도록 하고 있다.[5]

(1) 유형자산
(2) 투자부동산
(3) 무형자산
(4) 금융자산(단, (5), (8) 및 (9)를 제외)
(5) 지분법에 따라 회계처리하는 투자자산
(6) 생물자산[6]
(7) 재고자산
(8) 매출채권 및 기타 채권
(9) 현금및현금성자산
(10) 매각예정으로 분류된 자산과 처분자산집단에 포함된 자산의 총계(기업회계기준서 제1105호 '매각예정비유동자산과 중단영업')
(11) 매입채무 및 기타 채무
(12) 충당부채
(13) 금융부채(단, (11)과 (12) 제외)
(14) 당기 법인세와 관련한 부채와 자산(기업회계기준서 제1012호 '법인세'에서 정의)
(15) 이연법인세부채 및 이연법인세자산(기업회계기준서 제1012호에서 정의)

---

5. 기업회계기준서 제1001호 '재무제표 표시' 문단 106~108.
6. 생물자산(biological assets) : 살아있는 동물이나 식물로서, 판매를 위해 성장·퇴화·생산·생식·과정의 생물적 변환(biological transformation)을 가하는 관리활동(management)의 대상이 되는 자산.

(16) 매각예정으로 분류된 처분자산집단에 포함된 부채(기업회계기준서 제1105호)

(17) 자본에 표시된 **비지배지분**(non-controlling interest)[7]

(18) 지배기업의 소유주에게 귀속되는 납입자본과 적립금[8]

위와 같은 세분류상의 세부내용은 한국채택국제회계기준의 요구사항, 당해 금액의 크기, 성격 및 기능에 따라 달라진다. 세분류 기준 을 결정할 때, 그리고 추가 항목으로의 구분 표시 여부를 결정할 때에는 ① 자산의 성격 및 유동성, ② 기업 내에서의 자산 기능, ③ 부채의 금액, 성격 및 시기 등의 요소를 고려하여 판단한다. 공시의 범위는 각 항목별로 다르며, 예를 들면 다음과 같다.[9]

(1) 유형자산 항목은 기업회계기준서 제1016호 '유형자산' 에 따른 분류로 세분화한다(제11장에서 다룸).

(2) 채권은 일반상거래 채권, 특수관계자 채권, 선급금과 기타 금액으로 세분화한다.

(3) 재고자산은 상품, 소모품, 원재료, 재공품 및 제품 등으로 세분화한다(기업회계기준서 제1002호 '재고자산').

(4) 충당부채는 종업원급여 충당부채와 기타 항목 충당부채로 세분화한다.

(5) 납입자본과 적립금은 자본금, 주식발행초과금, 적립금 등과 같이 다양한 분류로 세분화한다.

---

7. A기업이 B기업 의결권의 과반수를 소유하면, B기업을 지배한다고 하여 지배기업이 되고 B기업은 종속기업이 되는데, 지배기업은 종속기업 투자를 연결한 연결재무제표를 작성한다. 연결재무제표는 연결실체(지배기업과 그 지배기업의 모든 종속기업)를 단일 경제적 실체로 보고 작성되는 재무제표이다. 비지배지분은 연결재무제표에서 지배기업 외의 주주(비지배주주, 소수주주)에게 귀속되는 종속기업의 자본이나 당기순손익의 해당 부분을 말한다. 연결재무제표는 본서의 범위를 벗어나므로 자세한 설명을 생략한다.

8. 이것은 연결재무상태표에서 지배기업의 주주에게 귀속되는 자본(납입자본과 적립금)의 해당 부분(종속기업의 귀속분 포함)을 말한다.

9. 기업회계기준서 제1001호 '재무제표 표시' 문단 58, 78.

2) 유동과 비유동의 구분 및 유동성 순서에 따른 표시방법

한국채택국제회계기준은 표시되어야 할 항목의 순서나 형식에 대해 강제규정을 두고 있지 아니하다. 이 기준의 도입 전에는 전통적으로 유동/비유동 구분과 **유동성 배열법**이 모두 적용되어, 유동자산(부채)과 비유동자산(부채)이 구분된 후에, 전자가 후자보다 먼저 표시되고, 유동자산(부채) 중에서도 유동성이 높은 항목(계정)부터 순서(내림차순)대로 표시되어 왔다.

그런데 한국채택국제회계기준[10]은 이러한 유동성 배열법을 강제하지 아니하고, 기업이 명확히 식별 가능한 영업주기 내에서 재화나 용역을 제공하는 경우, 재무상태표에 **유동/비유동 구분법**, 즉 유동자산과 비유동자산, 유동부채와 비유동부채로 재무상태표에 구분만 하는 방법으로 표시하도록 하고 있다.[11] 그 이유는 운전자본으로서 계속 순환되는 순자산과 장기 영업활동에서 사용하는 순자산을 구분함으로써 유용한 정보가 제공되기 때문이다. 또한 정상영업주기 내에 실현될 것으로 예상되는 자산과 동 기간 내에 결제 기일이 도래하는 부채를 구분하여 보여주기 위해서이다.

유동성

유동성(liquidity)은 자산이 얼마나 빨리, 그리고 쉽게 현금으로 전환되는지를 나타내는 척도이다. 부채에 대해서는 현금지급을 요구하는 기간의 장단을 의미한다. 즉, 자산이 단기간 내에 현금으로 전환되거나 소비될 가능성이 클수록, 그리고 부채의 상환예정일이 빠를수록 유동성이 높다.

그러나 재화나 서비스를 명확히 식별 가능한 영업주기 내에 제공하지 않는 금융회사와 같은 일부 기업의 경우처럼, 종전의 유동성 배열법과 유사한 유동성 순서에 따른 표시방법(오름차순 또는 내림차순)이 신뢰성 있고 더욱 목적적합한 정보를 제공한다면 그 적용이 허용된다. 이 경우 모든 자산과 부채는 유동성 순서에 따라 표시하는 것이 원칙이지만, **혼합표시방법**[12](자산과 부채의 일부는 유동/비유동 구분법으로, 나머지는

10. 기업회계기준서 제1001호 '재무제표 표시' 문단 60～65.
11. 이 경우 이연법인세자산(부채)은 유동자산(부채)으로 분류하지 아니한다(문단 56).
12. 혼합표시방법 역시 '신뢰성 있고 더욱 목적적합한 정보를 제공한다'는 전제하에서 허용된다.

유동성 순서법으로 표시하는 것)이 허용된다. 이러한 방법은 기업이 다양한 사업을 영위하는 경우에 필요할 수 있기 때문이다.

3) 영업주기

영업주기(operating cycle)는 영업활동을 위한 자산의 취득시점부터 그 자산이 현금이나 현금성자산으로 실현되는 시점까지 소요되는 기간이다.[13] 정상영업주기를 명확히 식별할 수 없는 경우에는 그 기간이 12개월인 것으로 가정한다. 동일한 정상영업주기가 기업의 자산과 부채의 분류에 적용된다.

4) 재무상태표 항목의 분류와 체계

한국채택국제회계기준에서 제시하고 있는 재무상태표 항목에 대해 그 의미를 간략히 소개한다. 그리고 그 항목 및 관련 계정을 분류 요약하면 〈표 6-1〉과 같다. 재무상태표에는 한국채택국제회계기준에서 제시하는 분류체계와 항목, 계정과목을 사용하여야 한다.

유동자산(current assets) : 현금, 매출채권, 재고자산 등처럼 1년 이내에 현금으로 전환되거나 사용하여 없어질 자산. 한국채택국제회계기준에 의하면,[14] (i) 기업의 정상영업주기 내에 실현될 것으로 예상하거나, 정상영업주기 내에 판매하거나 소비할 의도가 있거나, (ii) 주로 단기매매 목적으로 보유하고 있거나, (iii) 보고기간 후 12개월 이내에 실현될 것으로 예상하거나,[15] (iv)현금 또는 현금성자산으로서, 교환이나 부채상환목적으로의 사용에 대한 제한 기간이 보고기간 후 12개월 미만인 자산.

비유동자산(non-current assets) : 유동자산 이외의 모든 자산. 투자자산, 유형자산

13. 기업회계기준서 제1001호 '재무제표 표시' 문단 68, 70.
14. 기업회계기준서 제1001호 '재무제표 표시' 문단 66.
15. 유동자산은 보고기간 후 12개월 이내에 실현될 것으로 예상되지 않는 경우에도 정상영업주기의 일부로서 판매, 소비 또는 실현되는 자산(재고자산, 매출채권 등)을 포함한다. 그리고 단기매매목적으로 보유하고 있는 자산(단기매매항목)과 비유동금융자산의 유동성 대체 부분을 포함한다.

(토지, 건물, 기계, 차량 등), 무형자산(특허권 등)처럼 1년 이상 장기간에 걸쳐 사용 또는 보유하는 자산

유동부채(current liabilities) : 단기차입금, 매입채무, 미지급비용 등처럼 1년 이내에 갚아야 하는 부채. 한국채택국제회계기준에 의하면,[16] (i) 정상영업주기 내에 결제될 것으로 예상하거나, (ii) 주로 단기매매 목적으로 보유하고 있거나, (iii) 보고기간 후 12개월 이내에 결제하기로 되어 있거나,[17] (iv) 보고기간 후 12개월 이상 부채의 결제를 연기할 수 있는 무조건의 권리를 가지고 있지 않는 부채이다.

비유동부채(non-current liabilities) : 유동부채 이외의 모든 부채. 장기차입금, 사채 등처럼 1년 이후에 갚아야 하는 부채

자본금(share capital, capital stock) : 발행된 주식에 대해 납입된 금액 중 주식의 액면금액에 해당하는 부분. 보통주자본금과 우선주자본금으로 구성

자본잉여금(capital surplus) : 주식발행초과금과 같이 납입자본 중 액면금액(즉, 자본금)을 초과하는 금액

이익잉여금(retained earnings) : 기업이 창출한 이익 중 배당하지 않고 사내에 재투자한, 즉 기업 내부에 유보된 이익의 누적분. 유보이익이라고도 함

---

16. 기업회계기준서 제1001호 '재무제표 표시' 문단 69.

17. 기업의 정상영업주기 내에 사용되는 운전자본 항목(매입채무, 종업원 및 그 밖의 영업원가에 대한 미지급비용과 같은 유동부채)은 보고기간 후 12개월 후에 결제일이 도래한다 하더라도 유동부채로 분류한다. 유동부채로 정상영업주기 이내에 결제되지는 않지만 보고기간 후 12개월 이내에 결제일이 도래하거나 주로 단기매매목적으로 부담하는 것도 있다(예 : 단기매매금융부채, 당좌차월, 비유동금융부채의 유동성 대체 부분, 미지급배당금, 법인세 및 기타 지급채무)

표 6-1 재무상태표 분류체계와 계정과목

<table>
<tr><th colspan="3">분류</th><th>설명</th><th>계정과목의 예</th></tr>
<tr><td rowspan="5">자산</td><td colspan="2">유동자산</td><td>재무상태표일로부터 1년 이내 또는 영업주기 이내에 현금화 또는 소비될 것으로 예상되는 자산</td><td>현금및현금성자산, 당기손익-공정가치측정(FVPL)금융자산, 단기대여금, 매출채권, 재고자산(상품, 제품, 원재료 등), 선급비용, 미수수익</td></tr>
<tr><td colspan="2">투자자산</td><td>장기투자이익이나 타기업에 대한 지배·통제를 목적으로 취득한 자산</td><td>기타포괄손익-공정가치측정(FVOCI)금융자산, 상각후원가측정(AC)금융자산, 관계기업투자, 투자부동산</td></tr>
<tr><td colspan="2">유형자산</td><td>영업활동에 장기간 사용할 목적으로 보유하는 물리적 형체가 있는 자산</td><td>설비자산(건물, 구축물, 기계장치, 차량운반구, 비품), 토지, 건설중인자산</td></tr>
<tr><td colspan="2">무형자산</td><td>영업활동에 장기간 사용할 목적으로 보유하는 물리적 형체가 없는 자산</td><td>산업재산권(특허권, 상표권, 상호권, 실용신안권 등), 광업권, 어업권, 개발비, 컴퓨터소프트웨어, 영업권</td></tr>
<tr><td colspan="2">기타 비유동자산</td><td>비유동자산 중 투자자산, 유형자산 또는 무형자산에 속하지 않는 자산</td><td>임차보증금, 이연법인세자산</td></tr>
<tr><td rowspan="4">부채</td><td colspan="2">유동부채</td><td>재무상태표일로부터 1년 이내, 또는 영업주기 이내에 현금지급 또는 기타 방법으로 변제해야 할 채무</td><td>FVPL금융부채, 매입채무, 미지급비용, 선수수익, 선수금, 미지급금, 예수금</td></tr>
<tr><td colspan="2">장기 금융부채</td><td>상환기일이 재무상태표일로부터 1년 이후에 도래하는 금융부채</td><td>장기금융부채(사채(회사채), 장기차입금)</td></tr>
<tr><td colspan="2">충당부채</td><td>과거 회계거래에 의해 현재 부담하고 있으나 그 지급시점과 금액이 확정되어 있지 않은 부채</td><td>확정급여부채, 제품보증충당부채, 구조조정충당부채</td></tr>
<tr><td colspan="2">기타 비유동부채</td><td>장기금융부채와 충당부채를 제외한 비유동부채</td><td>이연법인세부채</td></tr>
<tr><td rowspan="5">자본</td><td rowspan="2">납입자본</td><td>자본금</td><td>상법에 의해 정해진 법정자본금(주식의 액면금액 × 발행주식수)</td><td>보통주자본금, 우선주자본금</td></tr>
<tr><td>자본잉여금</td><td>주주와의 자본거래로 인한 순자산의 증가 중 자본금을 제외한 부분</td><td>주식발행초과금, 감자차익, 자기주식처분이익</td></tr>
<tr><td colspan="2">이익잉여금 (또는 결손금)</td><td>당기순이익의 누계액에서 배당 등으로 사외 유출되지 않고 사내에 유보된 부분</td><td>이익준비금, 기타적립금, 미처분이익잉여금</td></tr>
<tr><td rowspan="2">기타 자본 구성 요소</td><td>자본조정</td><td>주주와의 자본거래 중 일시적으로 발생하는 항목으로 성격이 불분명한 항목</td><td>자기주식, 주식할인발행차금, 감자차손, 자기주식처분손실</td></tr>
<tr><td>기타포괄손익누계액</td><td>기업의 활동으로부터 발생한 순자산의 증가 중 당기손익계산에 포함되지 않은 항목</td><td>FVOCI금융자산평가손익, 외환차이, 재평가잉여금</td></tr>
</table>

2. 포괄손익계산서

1) 구성요소

포괄손익계산서(statement of comprehensive income)[18]의 구성요소는 **수익**[income; **차익**(gains) 포함]과 **비용**[expenses; **차손**(losses) 포함]이다. 수익과 비용에 대해서는 제2장에서 이미 자세히 설명하였으므로 여기서는 수익과 비용의 차이인 총포괄이익에 대해 설명한다.

총포괄이익(total comprehensive income)은 일정 기간 동안 소유주와의 자본거래를 제외한 모든 거래나 사건에서 인식한 순자산의 변동이다. 기중에 소유주와의 자본거래가 없다면 기말의 순자산에서 기초의 순자산을 차감하면 총포괄이익이 계산된다. 그런데 한국채택국제회계기준에서, 이 총포괄이익이 당기순이익이 되는 것은 아니다. 당기순이익과 총포괄이익이 일치하는 완전포괄주의를 채택하고 있지 않기 때문이다. 즉, 회계기간 중의 거래로 인한 FVOCI 금융자산평가손익, 외환차이는 순자산의 증감을 야기하지만 당기순이익 계산에서는 제외된다. 이들 항목은 총포괄이익에 포함되고, 재무상태표의 자본 내의 기타포괄손익누계액에 누적되어 보고된다.

2) 포괄손익계산서에서의 수익 · 비용의 표시방법

한국채택국제회계기준에 따르면,[19] 보고기간에 인식한 모든 수익과 비용 항목은 다음 중 한 가지 방법으로 표시해야 한다.

① 단일의 포괄손익계산서 : 모든 수익과 비용 항목을 포함한 하나의 보고서. **당기손익 부분**(the profit or loss section)을 먼저 표시하고 바로 이어서 **기타포괄손익**

---

18. IFRS는 기존의 명칭 Statement of Comprehensive Income을 Statement of Profit or Loss and Other Comprehensive Income으로 2011년에 바꾸었으나(다른 명칭도 가능), 한국채택국제회계기준은 이의 번역 명칭인 '손익과기타포괄손익계산서'를 채택하지 않고, 기존의 '포괄손익계산서' 명칭을 계속 유지하기로 하였다. 이는 '손익과기타포괄손익계산서'란 명칭이 현행 법규(외감법 규정) 상의 명칭과 불일치하고 이용자에게 혼란을 줄 수 있기 때문이다.

19. 기업회계기준서 제1001호 '재무제표 표시' 문단 10A.

부분(the other comprehensive income section)을 함께 표시.

② 두 개의 보고서 : 별개의 보고서인 손익계산서(당기손익 부분을 표시)와 바로 뒤에 위치하는 포괄손익계산서(당기순손익으로부터 시작하여 기타포괄손익 항목들과 총포괄손익을 보여줌).

위 ②에서 별개의 보고서(separate statement)인 '손익계산서'(statement of profit or loss)는 한국채택국제회계기준의 도입 전에 전통적으로 사용해왔던 '손익계산서'(I/S : income statement)와 같다. 따라서 이 책에서 손익계산서라고 하면 이것을 말한다.

포괄손익계산서에는 당기손익 부분과 기타포괄손익 부분에 추가하여, 당기순손익, 총기타포괄손익, 이 둘의 합계인 (총)포괄손익을 표시한다. 따라서 수익, 비용, 당기순손익, 총기타포괄손익, 총포괄손익의 순서로 표시가 된다.

3) 포괄손익계산서 표시 정보

한국채택국제회계기준에서는 포괄손익계산서에 표시되어야 할 항목에 대해 상세한 규정을 두고 있지 아니하다. 그러나 '포괄손익계산서의 당기손익 부분 또는 손익계산서'에 (다른 한국채택국제회계기준서가 요구하는 항목에 추가하여) 당해 기간의 다음의 항목과 금액을 표시하게 하고, 기업의 경영성과를 이해하는 데 목적적합한 경우에는 항목, 제목 및 중간합계를 추가하여 표시하도록 하고 있다.[20]

① 수익

② 금융원가

③ 지분법 적용대상인 관계기업과 공동기업(joint venture)의 당기순손익에 대한 지분

④ 법인세비용

⑤ 중단영업관련 손익의 합계를 표시하는 단일금액(기업회계기준서 제1105호)

그리고 '기타포괄손익(OCI : other comprehensive income) 부분'에는 당해 기간

20. 기업회계기준서 제1001호 '재무제표 표시' 문단 82, 82A, 85.

의 기타포괄손익의 금액을 표시하는 항목을 성격별로 분류(지분법 적용대상 관계기업과 공동기업의 기타포괄손익에 대한 지분 포함)하고, (다른 한국채택국제회계기준서에 따라) 다음의 집단으로 묶어 표시한다.

(1) 후속적으로 당기손익으로 재분류되지 않는 항목
(2) 특정 조건을 충족하는 때에 후속적으로 당기손익으로 재분류되는 항목

그리고 추가적으로 당기순손익과 기타포괄손익의 배분항목으로서 다음 항목들을 포괄손익계산서에 표시한다.

(1) **비지배지분**, **지배기업의 소유주** 각각에 귀속되는 당기순손익[21]
(2) 비지배지분, 지배기업의 소유주 각각에 귀속되는 당기포괄손익

당기순손익을 별개의 보고서(손익계산서)에 표시하는 경우, 위 (1)을 그 보고서에 표시한다.

그리고 수익과 비용의 어느 항목도 당기손익과 기타포괄손익을 표시하는 보고서 또는 주석에 **특별손익** 항목으로 표시할 수 없다.

4) 성격별 및 기능별 분류 손익계산서

비용항목을 분류하는 데 있어서 한국채택국제회계기준은 비용항목을 성격별(by nature) 또는 기능별로(by function) 분류할 수 있도록 허용하고 있다. 우리나라나 미국 등에서는 전통적으로 기능별로 분류해왔다.

첫 번째 형태인 비용항목의 **성격별 분류법**에 의한 손익계산서에서는 당기손익에 포함된 비용을 그 성격(예 : 감가상각비, 원재료의 구입, 운송비, 종업원급여와 광고비)별로 통합하며, 기능별로 재배분하지 않는다. 비용을 기능별 분류로 배분할 필요가 없

---

21. 이 두 귀속분은 연결손익계산서에서 당기순손익 바로 아래에 다음과 같이 나타낸다.

XI. 당기순이익	×××
당기순이익의 귀속	
지배기업의 소유주	××
비지배지분	××

기 때문에 적용이 간단할 수 있다. 비용의 성격별 분류의 예는 〈표 6-2〉과 같다.

두 번째 형태인 **기능별 분류법**(또는 '매출원가' 법)에 의한 손익계산서에서는, 비용을 매출원가, 물류원가, 관리활동원가 등과 같이 기능별로 분류한다. 이 방법에서 적어도 매출원가는 다른 비용과 분리하여 공시한다. 이 방법은 전통적으로 오랫동안 이용되어온 방법으로서 성격별 분류보다 재무제표이용자에게 더욱 목적적합한 정보를 제공할 수 있지만 비용을 기능별로 배분하는 데 자의적인 배분과 상당한 정도의 판단이 개입될 수 있는 단점이 있다. 비용의 기능별 분류의 예는 〈표 6-2〉에서 보는 바와 같다.

본서의 사례에서는 그간 전통적으로 사용되어온 기능별 분류를 택하여 설명한다.

표 6-2 손익계산서에서의 비용의 성격별 또는 기능별 분류

비용의 성격별 분류			비용의 기능별 분류		
수익		×	수익		×
기타수익		×	매출원가		(×)
제품과 재공품의 변동	×		매출총이익		×
원재료와 소모품의 사용액	×		기타수익		×
종업원급여비용	×		물류원가	×	
감가상각비와 기타 상각비	×		관리비	×	
기타비용	×		기타비용	×	
총비용		(×)	총비용		(×)
법인세비용차감전순이익		×	법인세비용차감전순이익		×
법인세비용		(×)	법인세비용		(×)
당기순이익		×	당기순이익		×

5) 포괄손익계산서 항목의 체계

한국채택국제회계기준에서 제시하고 있는 것을 포함하여 포괄손익계산서 항목에 대해 그 의미를 간략히 소개한다.

매출액(sales) 또는 **수익**(revenue) : 상품, 제품, 용역의 판매대가

매출원가(cost of sales 또는 cost of goods sold) : 판매된 상품(또는 제품)의 매입원가(또는 제조원가)

매출총이익(gross profit) : 매출액에서 매출원가를 차감한 것으로 **총마진**(gross margin)이라고도 함

기타수익(other income) : 통상적인 기업활동에서 발생한 중요한 수익으로서 위 매출액 또는 수익에 포함되지 않은 것. 수수료수익, 이자수익, 배당금수익 등

물류원가(distribution costs) 또는 **판매비**(selling expenses) : 재화 생산 후 고객 이전시까지 발생하는 원가. 상품·제품의 보관과 이동, 촉진활동, 판매 등과 관련된 임차료, 감가상각비, 운임, 광고비, 차량관련 비용 등

관리비(administrative expenses) : 영업활동에 필요한 제반 관리활동에 소요된 비용. 급여, 임차료, 소모품비, 감가상각비 등

영업이익(operating income) : 영업활동에서 창출된 이익. 영업이익 = 매출총이익 - 판매비와 관리비(물류원가 등 포함). 다만 영업의 특수성을 고려해야 할 경우(예: 매출원가 구분 어려움)나 비용을 성격별로 분류하는 경우에는 영업수익에서 영업비용을 차감한 금액으로 영업이익(또는 영업손실)을 구분하여 표시할 수 있음.[22]

금융원가(financial cost) : 자금조달 활동에 소요된 이자비용 등의 원가

기타비용(other expenses) : 물류원가(판매비), 관리비 및 금융비용에 속하지 않는 기타 비용

지분법관련손익 : 지분법 적용대상인 관계기업과 공동기업의 당기순손익에 대한 지분

법인세비용차감전 순이익(profit before tax) : 매출총이익 + 기타수익 - 모든 당기비용(법인세비용 제외). 이 금액을 기초로 법인세비용이 산출됨

법인세비용(income tax expense) : 법인세비용차감전 순이익에 대하여 당기에 부담해야 하는 법인세비용

계속영업이익(profit from continuing operations) : 중단영업이 제외된 계속영업으로부터의 당기순손익

중단영업관련손익(profit or loss from discontinued operations) : 중단영업의 세후손익(즉, 세후 중단영업손익)과 중단영업에 속한 자산이나 처분자산집단을 순공정가치로 측정하거나 처분함에 따른 세후손익

당기순이익(profit for the period 또는 net income) : 법인세비용차감전 순이익에서 법인세비용을 차감한 금액(계속영업이익)에 중단영업관련손익을 가감한 금액.

---

22. 영업이익에 대한 이러한 정의는 IFRS에 규정되지 않은 상태이지만, 우리나라 이해관계자의 강력한 정보요구에 따라 '한국채택국제회계기준'에 추가된 것이다.

일정 기간 이룬 기업의 경영성과를 최종적으로 나타내는 단일 수치

기타포괄손익(other comprehensive income) : 당기순이익의 계산에는 포함되지 않지만 총포괄손익에는 포함되는 손익. 자본을 구성하는 기타포괄손익누계액 항목에서 누적됨(예 : FVOCI 금융자산평가손익, 재평가차익 등).

총포괄손익(total comprehensive income) : 당기순이익에 기타포괄손익항목을 가감한 손익

주당이익(EPS : earnings per share) : 보통주 1주당 이익. 당기순이익을 보통주의 **가중평균유통주식수**(총발행주식수에서 재취득된 자기주식수를 차감한 것)로 나눈 수치. 중요한 지표이기 때문에 포괄손익계산서 당기순이익 항목 밑에 별도로 표시하여 공시.

6) 손익계산

총포괄이익은 기업활동으로 인한 순자산 변동으로서, 소유주와의 자본거래로 인한 것을 제외한 개념이다. 총포괄이익은 순자산비교법 또는 거래접근법에 의해 측정될 수 있는데, 어느 접근법이든 동일한 측정기준하에서는 동일한 금액으로 결정된다.

(1) 순자산비교법

재무상태표상의 기말 순자산에서 기초 순자산을 차감하고 소유주와의 자본거래(소유주에 의한 출자, 소유주에 대한 배당)로 인한 순자산 변동액을 가감하면 **총포괄이익**이 계산된다. 이렇게 총포괄이익을 계산하는 방법을 **순자산비교법**이라 한다.

순자산비교법

총포괄이익 = 기말순자산 − 기초순자산 − (소유주에 의한 출자 − 소유주에 대한 배당)

그러나 다음과 같은 이유로 실무에서 순자산비교법을 사용하지 않는다.

- 기초와 기말에 모든 자산과 부채를 동시에 정확히 평가하여 순자산을 계산하는

것이 거의 불가능하다.

- 정확한 손익을 계산한다 하더라도 순자산비교법은 순자산 변동의 내역, 즉 수익과 비용의 내역을 자세히 보여 주지 않는다.

| 예제 7 : 순자산비교법에 의한 총포괄이익 계산 |

2017년 1월 1일 (주)한라의 자산은 ₩100억, 부채는 ₩60억, 그리고 자본은 ₩40억이었다. 그리고 2017년 12월 31일에는 자산 ₩120억, 부채 ₩70억, 그리고 자본 ₩50억으로 변하였다. 2017년 동안 소유주에 의한 출자가 ₩5억 있었으며, 기타포괄손익으로 FVOCI금융자산평가이익이 ₩1억 있었다. (주)한라의 2017년도의 총포괄이익과 당기순이익을 계산하시오.

☞ **해답**

총포괄이익 = 순자산의 증가 ₩10억 - 소유주에 의한 출자 ₩5억 = ₩5억
당기순이익 = 총포괄이익 ₩5억 - FVOCI금융자산평가이익 ₩1억 = ₩4억

(2) 거래접근법

실무에서는 복식부기 구조 내에서 각 거래에 대한 분개의 결과를 토대로 회계순환과정에 따라 당기순이익과 총포괄이익을 계산한다. 즉, 회계기간 중 거래의 기록을 종합하여 작성하는 거래접근법을 사용하여 포괄손익계산서를 작성한다. 본서에서 설명하는 인식과 측정 기준, 회계순환과정과 복식부기 등이 모두 거래접근법을 통한 손익계산을 위한 것이다.

3. 주석

주석(notes)은 재무상태표, 포괄손익계산서, 별개의 손익계산서(표시하는 경우), 자본변동표 및 현금흐름표에 표시하는 정보에 추가하여 제공된 정보로서, 당해 재무제표에 표시된 항목을 구체적으로 설명하거나 세분화하며, 재무제표 인식요건을 충족하지 못하는 항목에 대한 정보를 제공한다.

구체적으로, 주석은 다음의 정보를 제공한다.[23]

---

23. 기업회계기준서 제1001호 '재무제표 표시' 문단 112～113.

ⅰ) 재무제표 작성 근거와 사용한 구체적인 회계정책에 대한 정보

ⅱ) 한국채택국제회계기준에서 요구하는 정보이지만 재무제표 어느 곳에도 표시되지 않는 정보

ⅲ) 재무제표 어느 곳에도 표시되지 않지만 재무제표를 이해하는 데 목적적합한 정보

이러한 주석은 재무상태표, 포괄손익계산서, 별개의 손익계산서(표시하는 경우), 자본변동표 및 현금흐름표에 표시된 개별 항목은 주석의 관련 정보와 상호 연결시켜 표시하며, 실무적으로 적용 가능한 한, 체계적인 방법으로 표시한다.

주석은 재무제표이용자가 재무제표를 이해하고 다른 기업의 재무제표와 비교하는 데 도움을 줄 수 있도록 일반적으로 다음 순서로 표시한다.

(1) 한국채택국제회계기준을 준수하였다는 사실[24]

(2) 적용한 유의적인(significant) 회계정책의 요약[25]

(3) 재무상태표, 포괄손익계산서, 별개의 손익계산서(표시하는 경우), 자본변동표 및 현금흐름표에 표시된 항목에 대한 보충정보. 재무제표의 배열 및 각 재무제표에 표시된 개별 항목의 순서에 따라 표시한다.

(4) 다음을 포함한 기타 공시

(가) 우발부채(기업회계기준서 제1037호)와 재무제표에서 인식하지 아니한 계약상 약정사항

(나) 비재무적 공시항목, 예를 들어 기업의 재무위험관리목적과 정책(기업 회계기준서 제1107호)

24. 기업회계기준서 제1001호 '재무제표 표시' 문단 16 참조.

25. 기업회계기준서 제1001호 '재무제표 표시' 문단 117 참조.

연습문제

❀ 서술문제 ❀

01. 회계기준(accounting standards)의 필요성과 회계기준에서 제시하고 있는 주요 내용에 대해 설명하시오.

02. 수익(income)과 비용(expense)의 인식기준에 대해 설명하시오.

03. 원가모형(역사적 원가 기준)의 개념과 이 모형이 필요한 배경에 대해 설명하시오.

04. 회계에 있어 인식(recognition)과 측정(measurement)에 관한 문제는 매우 중요한 기본 문제이다. 인식과 측정에 대해 설명하시오.

05. 완전공시의 원칙(full disclosure principle)에 대해 설명하시오.

06. 한국채택국제회계기준(K-IFRS 제1001호 '재무제표 표시')에서 규정하고 있는 재무제표의 작성에 적용되는 '일반사항'에 대해 설명하시오.

07. 개정된 K-IFRS 제1115호 '고객과의 계약에서 생기는 수익' 기준서에 의거하여 수익인식의 5단계를 설명하시오. 이때 수행의무의 이행은 통제의 이전으로 정의되는데 그 '통제'란 무엇을 말하는가?

08. 상품매매기업과 서비스기업에서 일반적으로 적용되는 수익의 인식시점과 그 이유에 대해 설명하시오.

09. 건설이나 토목 공사처럼 완성 및 인도에 장기간이 소요되는 업종의 경우, 수익 인식기준에 대해 설명하시오.

10. 수익·비용 대응의 원칙(matching principle)에 대해 설명하시오.

11. 직접대응(direct matching)과 간접대응(indirect matching)에 대해 설명하시오.

12. 한국채택국제회계기준에서는 자산의 측정기준으로 원가모형 또는 재평가 모형 중에서 선택하도록 하고 있는데 각각의 모형에 대한 내용을 설명하시오.

13. 회계정보의 질적 특성 중 목적적합성과 충실한 표현의 상충관계(trade-off)에 관한 개념을 하나의 사례를 들어 설명하시오.

14. 역사적 원가 기준(원가모형)의 단점을 보완하기 위해 예외가 인정되고 있다. 역사적 원가 기준의 예외에 관한 내용을 설명하시오.

15. 유동성(liquidity)의 개념에 대해 설명하시오.

16. 재무상태표 작성기준 중 유동/비유동 구분에 대해 설명하시오.

17. 재무상태표에 표시되어야 하는 최소한의 항목들을 열거해보시오.

18. 포괄손익계산서의 작성과 관련하여 수익과 비용의 대응 표시에 관해 설명하시오.

19. 한국채택국제회계기준에서 손익계산서에 표시되는 비용항목의 성격별(by nature) 및 기능별(by function) 분류에 대해 설명하시오.

20. 당기순이익과 총포괄이익의 측정방법인 순자산비교법(net assets approach)과 거래접근법(transaction approach)에 대해 설명하시오.

❀ 계산 및 회계처리문제 ❀

기초문제

01. (주)원주의료기기는 2016년 12월 26일 ₩100,000에 상당하는 부품공급계약을 (주)강원유통과 체결하였다. 2017년 1월 10일 처음으로 ₩20,000의 부품을 납품하

고 현금을 받았다.

(1) 2016년 12월 26일 필요한 분개가 있으면 제시하시오.
(2) 2017년 1월 10일 필요한 분개를 제시하시오.

02. (주)수원개발은 2016년 1월 1일 총공사금액이 ₩200,000인 토목공사를 수주하였다. 총예상공사원가가 ₩160,000인데 2016년 동안 실제로 공사원가가 ₩80,000 발생하여 공사진행률은 50%였다. 공사진행률에 해당하는 공사금액 ₩100,000은 2016년 12월 31일 현재 아직 받지 못하였다. 이 회사는 진행기준을 적용하여 수익을 인식하고 있다. 공사수익으로 인식되는 금액을 구하시오.

03. 2016년 12월 20일 (주)원주의료기기가 보유하고 있는 상품 ₩100,000 중 절반을 ₩150,000에 외상판매하였다.

(1) 이 거래에서 2016년의 수익과 비용은 각각 얼마인가?
(2) 매출과 매출원가를 기록하기 위한 분개를 제시하시오.

04. (주)대전건설은 2016년 12월 15일 ₩100,000에 TV광고를 실시하고 아직 현금을 지급하지 않았다. 이 광고의 효과는 장기간에 걸쳐 지속될 것으로 예상된다. 그러나 그 광고가 2016년과 2016년의 매출에 미치는 효과를 추정하기는 거의 불가능하다. 2016년 12월 15일에 필요한 분개를 제시하시오.

05. (주)전주식품은 2016년 7월 1일에 관련 세금 및 수수료 등을 포함하여 토지를 ₩100,000에 현금구입하였다. 2016년 12월 31일 결산일에 위 토지의 시가가 ₩120,000으로 상승하였다. 회사는 자산평가에 원가모형을 적용한다.

(1) 2016년 7월 1일에 필요한 분개는?
(2) 2016년 12월 31일에 필요한 결산수정분개는?

심화문제

01. (주)백제의 2016년 1월 1일 자산총계와 부채총계는 각각 ₩100,000과 ₩60,000이다. 그리고 같은 해 12월 31일 자산총계와 부채총계는 각각 ₩200,000과 ₩100,000

이다. 2016년 동안 주주들의 추가출자액이 ₩30,000, 그리고 주주에 대한 배당금이 ₩10,000이다. 그리고 당기의 기타포괄손익으로 FVOCI 금융자산평가이익이 ₩5,000 발생했다.

(1) 2016년 동안 순자산의 증감을 계산하시오.
(2) 2016년 동안 당기순이익을 계산하시오.
(3) 2016년 동안 총포괄이익을 계산하시오.

02. (주)가야의 2016년 12월 31일 계정과목의 잔액은 다음과 같다.

단기대여금	₩1,200	이자비용	₩150
임 차 료	360	현금및현금성자산	3,600
단기차입금	1,420	배당금수익	300
매 출 액	4,500	보 험 료	120
감가상각비	240	선급보험료	600
미수이자	500	FVPL금융자산평가손실	60
매입채무	1,460	자 본 금	10,000
특 허 권	1,400	상 품	1,200
이자수익	550	투자부동산	1,500
임대료수익	650	FVPL금융자산	150
토 지	6,200	장기차입금	1,200
건 물	4,800	매출원가	3,150
선수임대료	720	매출채권	850
사 채	1,800	미지급이자	400
이익잉여금(기초)	4,000	급 여	920

(1) 한국채택국제회계기준에 의한 포괄손익계산서를 작성하시오.
(2) 한국채택국제회계기준에 의한 재무상태표를 작성하시오.

03. (주)송파는 통상적으로 제품 A, B, C를 각각 ₩400, ₩550, ₩450에 판매한다. (주)송파는 (주)강북에 제품 A, B, C를 ₩300을 할인하여 합계 ₩1,100에 판매하기로 계약하고, 각 제품을 서로 다른 시점에 인도하기로 하였다. 그런데 (주)송파는 통상적으로 B와 C를 묶어서 ₩700에 판매하고 있다. 개정수익기준서 K-IFRS 제1115호에 의하여 거래가격 ₩1,100을 제품 A, B, C에 배분하시오.

Part 3 개별 계정의 회계

Chapter_ 07 현금 및 단기금융자산 | 08 수취채권 및 지급채무 | 09 재고자산
10 유형자산 | 11 무형자산과 투자자산 | 12 비유동부채 | 13 자본

제2부에서는 복식부기와 회계순환과정을 살펴보았다. 그 과정에서 비교적 단순한 형태의 기업에서 일어나는 간단한 거래를 예를 들어 설명하였다. 그러나 실제로 기업에서는 이보다 훨씬 다양하고 복잡한 거래가 발생한다. 그리고 회계순환과정은 전산화되어 있으므로 기업의 회계담당자나 경영자에게는 어떤 거래나 사건이 있을 때 그들이 기업에 미치는 경제적 영향을 어떻게 분석하여 기록(분개)할 것인가가 중요하다. 제3부에서는 기업에서 일어나는 다양한 거래의 경제적 영향을 분석하여 회계처리하는 방법에 대해 설명한다. 여기에서 회계처리라 함은 개별 거래의 경제적 영향을 분석하여 분개하는 것을 의미한다. 모든 실질적인 거래의 경제적 영향은 분개에 의해서 체계적으로 기록되고, 분개 이후의 회계순환과정은 기계적으로 이루어지는 절차임을 제2부에서 설명하였다.

개별 계정에 대해서는 재무상태표의 전통적인 배열순서에 따라 설명한다. 즉, 제7장, 8장 및 9장에서는 유동자산, 제10장에서는 유형자산, 제11장에서는 무형자산과 투자자산을 설명한다. 기타비유동자산은 재무상태표상의 별도 자산분류이지만, 그 내용이 간단하여 제11장에서 같이 설명한다. 제12장에서는 비유동부채에 해당하는 각 계정에 대해 설명한다. 유동부채는 제8장 '수취채권 및 지급채무'에서 함께 설명하므로 별도의 장으로 구분하여 다루지 않는다. 그 이유는 수취채권과 지급채무는 동전의 양면과 같아서 거래당사자의 입장에 따라 채권이 되거나 채무가 되기 때문이다. 마지막으로 제13장에서는 자본의 회계처리에 대해 설명한다.

포괄손익계산서 계정과목에 대해서는 별도의 장으로 구분하여 설명하지 않는다. 이는 포괄손익계산서 계정인 수익과 비용이 재무상태표 계정과목과 항상 연계되어 나타나므로 재무상태표 계정을 설명할 때 자연히 수익과 비용 계정을 동시에 설명하게 되기 때문이다.

Chapter 07

현금 및 단기금융자산

01 현금 및 현금성자산 | 02 단기금융자산

제7장에서 설명될 계정과목

계정과목		포함되는 항목	설 명
현금 및 현금성자산	현금	통화, 보통예금	지폐 등의 통화와 보통예금
		타인발행수표	타기업이나 개인이 발행한 수표
		자기앞수표, 우편환증서, 송금환 등	통화대용증권
	소액현금	통화(화폐)	소액현금제도 목적으로 별도로 운용되는 현금
	당좌예금	당좌예금	기업이 수표를 발행하기 위해 개설하는 예금
	현금성자산	채권, 기업어음(CP), 양도성예금증서(CD), 어음관리계좌(CMA), 환매조건부채권(RP)	다음 두 조건을 충족하는 채권 및 금융상품 : 1) 현금화가 용이함, 2) 가치변동의 위험이 경미함
단기 금융자산	AC금융자산 (1년 이내 만기)	채권(국 · 공채, 회사채) 등	사업모형이 계약상 현금흐름(오직 원리금 지급)의 수취목적 보유(만기가 고정되고 지급금액이 확정적이나 대여금/수취채권이 아님)
		단기대여금	사업모형이 계약상 현금흐름(오직 원리금 지급)의 수취목적 보유(시장가격이 공시되지 않으나 지급금액이 확정적임)
		단기매출채권, 기타 단기수취채권	
	FVOCI 금융자산 (1년 이내 매도/만기)	FVOCI(조건만족)	사업모형이 계약상 현금흐름(오직 원리금 지급)의 수취 및 매도 목적 보유
		'FVOCI 지정' 항목 : 주식 등 지분상품	'지분상품에 대한 특정투자'의 경우, 최초 인식시점에 선택
	FVPL 금융자산	FVPL(의무적)	단기매매목적의 금융자산으로서 현금성자산이 아닌 것
		'FVPL 지정' 항목 :	최초 인식시점에 또는 후속적으로 지정한 것으로서 현금성 자산이 아닌 것

01 현금 및 현금성자산

1. 현금 및 현금성자산의 정의

기업의 영업순환주기는 현금(cash)에서 시작하여 현금으로 끝난다. 상품매매기업에 있어서 상품의 구입에 현금이 지급되고 상품판매를 통하여 현금을 회수함으로써 영업순환주기가 완성된다. 물론 그 과정에서 직원을 고용하여 영업활동을 수행하고 그 보상으로 급여 등의 인건비를 지급한다. 그리고 인건비 외에도 기타 판매비 및 관리비 등을 지급하기 위하여 현금이 필요하다. 현금이 부족하면 영업활동에 어려움이 있을 뿐 아니라 부채의 상환이나 세금의 납부 등에 문제가 생길 수도 있다. 이처럼 기업은 영업활동을 위하여 필요한 일정 수준의 현금을 보유하고 있어야 한다.

그러나 기업이 현금을 과다하게 보유하면 수익성 측면에서 불리할 수 있다. 현금은 지급수단으로서 필수적이기는 하지만 현금을 보유한다고 이익이 발생하는 것은 아니다. 즉, 지폐와 같은 통화를 보유하면 그로부터 기대되는 이익은 영(zero)이다. 그리고 현금성자산(cash equivalents)을 보유하면 이익이 발생하지만 그 기대이익률은 유형자산 등의 다른 자산으로부터의 기대이익률보다 낮다. 요약하면, 보유 현금수준이 낮으면 지급불능의 위험이 높아지는 반면에 지나치게 많은 현금을 보유하면 자산의 기대이익률이 낮아진다. 따라서 기업의 현금관리의 제1원칙은 이 두 가지를 고려하여 가장 적절한 수준의 현금을 유지하는 것이다.

회계에서의 **현금**은 일반적으로 말하는 통화(지폐와 동전)뿐만 아니라 현금과 다름없이 쓰이는 타인발행수표, 그리고 현금과 유사할 정도로 유동성이 높은 현금성자산을 포함하는 광범위한 의미로 사용된다. 즉, 재무상태표상의 계정과목인 **현금및현금성자산**(cash & cash equivalents)에서 현금은 통화, 보통예금, 타인발행수표, 자기앞수표, 우편환증서(이들의 특징은 은행에 바로 예입이 가능하다)뿐만 아니라 당좌예금 및 소액현금까지 포함한다.

한편, **현금성자산**은 현금은 아니나 현금과 거의 같은 수준의 유동성을 가지는 것으로서 중장기 투자 등의 목적이 아닌 단기의 현금수요를 충족하기 위한 목적으로 보유한다. 현금 이외의 자산이 현금성자산으로 분류되기 위해서는 확정된 금액의 현금으로 전환이 용이하고, 가치변동의 위험이 경미해야(insignificant) 한다.[1] 따라서 채권은 일반적으로 만기일이 매우 단기에 도래하는 경우(예를 들어, 취득일로부터 만기일이 3개월 이내인 경우)에만 현금성자산으로 분류된다. 채권은 만기가 가까워지면 가격변동이 거의 없기 때문이다. 주식 등 지분상품은 만기가 없으므로 현금성자산에서 제외된다(다만, 상환일이 정해져 있고 취득일로부터 상환일까지의 기간이 단기인 우선주와 같이 실질적인 현금성자산인 경우에는 예외로 한다). 기업어음(CP : commercial paper), 양도성예금증서(CD : certificate of deposit), 어음관리계좌(CMA : cash management account) 등 유동성이 매우 높은 정형화된 금융상품은 현금성자산으로 분류될 가능성이 매우 높다.

현금성자산

- 확정된 금액의 현금으로 전환이 용이할 것
- 가치변동의 위험이 경미할 것

단기금융시장의 CD, CP, CMA, RP 등

☞ **양도성예금증서**(CD : certificate of deposit)

양도성예금증서는 은행이 발행하는, 제3자에게 양도가 가능한 무기명 정기예금증서로서 증서 소지자는 이를 금융시장에서 자유로이 매매할 수 있다. 미국에서는 1961년 시티은행 등 대은행에서 주로 증권시장 유입의 기업 여유자금을 흡수할 목적으로 CD를 발행한 이후 대규모로 발행해 왔다. CD의 기간은 30일 이상으로 1년 넘는 것도 있으나 대개는 90~180일이고, 금리는 기간이 길수록 높다. 우리나라의 경우 CD는 지하자금의 양성화 차원에서 도입된 면도 있어, 1993년 금융실명제 도입 이후에도 무기명 거래가 허용됐다(처음 발행할 때는 실명임). 이러한 자금추적 불가능성 때문에 기업과 부유층이 CD를 선호하면서 CD보유가 크게 늘어났었다. 그 후 금융사고(은행에서 CD 발행직원이 고객이 맡긴 실물CD를 빼돌려 현금화한 뒤 해외로 도주) 등 부작용이 자주 발생하자, 2006년 하반기에 CD등록발행제가 도입되었고, 이에

1. 기업회계기준서 제1007호 '현금흐름표' 문단 6~7.

따라 새로운 CD소유자는 증권예탁원에 실명을 신고하고 실명 전산등록에 따라 실물 증서도 발행되지 않게 되었다.

☞ **기업어음**(CP : commercial paper)

신용평가에서 적격 등급을 받은 기업이 자금조달을 위해 발행하는 융통어음으로 투자금융회사는 이것을 할인매입하여 고객들에게 판매한다. 최저발행금액은 1천만원, 만기는 30～270일이다. 기업어음은 개별 기업이 발행하는 어음이고 보통 무담보로 팔지만 개인투자자가 매입한 경우 발행기업이 부도가 나더라도 투자금융회사에서 대납하여 위험부담이 없다.

☞ **어음관리계좌**(CMA : cash management account)

예탁금(고객이 예치한 자금)을 어음(CP)이나 양도성예금증서(CD) 국·공채 등의 채권에 투자하여 그 수익을 고객에게 돌려주는 실적배당 금융상품으로서 종합자산관리계정이라고도 한다. 증권회사의 대표적인 단기금융상품으로서, 유가증권 투자 후 남는 예치금을 자동적으로 단기 고수익 상품에 운용하며, 은행의 보통예금처럼 입출금, 자동납부, 급여이체 등의 서비스 기능이 있고, 주식청약 자격이 주어진다. 단기간 예치해도 높은 이자율을 주어 여유자금 운용에 이용된다.

☞ **환매조건부채권**(RP : repurchase agreement)

금융기관이 채권을 일정 기간 후 일정 금액으로 재매입하는 조건으로 고객에게 판매하는 중·단기 저축수단의 금융상품이다. 증권회사는 보유하고 있는 채권이 편입된 RP를 고객에게 판매한 후, 고객의 현금 필요시 은행예금처럼 언제든지 경과기간에 따라 일정한 이자를 덧붙여 다시 사주는 조건이다. 가입기간에 따라 확정 금리가 적용되고, 정부·금융기관·우량기업 등의 공신력 있는 채권에 투자 운용되므로 안전한 편이다. 그러나 예금자 보호대상이 되지 않는 단점이 있다.

2. 현금관리제도

현금및현금성자산은 재고자산, 유형자산 등에 비하여 그 금액은 크지 않은 것이 보통이나 현금이라는 특성 때문에 특별한 관리가 필요하다. 앞에서 설명하였듯이 적절한 수준의 현금을 유지하는 것도 현금관리의 중요한 요소이지만 현금의 수령, 보관 및 지출을 적절히 통제하는 것도 중요하다. 예를 들면, 원칙적으로 현금 지급시에는 통화가 아닌 어음이나 수표로 지급하고, 수령한 현금(타인발행수표 등 포함)은 즉시 은행에 입금하여 사무실에 보유하고 있는 통화를 최소화하여야 한다. 그리고 정기적으로 장부상의 현금잔액과 실제 현금잔액이 일치하는지 점검하여야 한다.

사무실에 보관하는 현금을 최소화하고 현금거래에 따른 위험을 줄이기 위하여 기업은 일반적으로 수표를 사용한다. 수표를 사용하기 위해서는 은행과 당좌계약을 체결하고 당좌예금 계좌를 개설하여야 한다. 당좌예금은 기업이 결제수단으로 수표를 사용하기 위하여 개설하는 예금으로서, 당좌예금에는 보통 이자가 발생하지 않는다. 당좌예금은 기업이 원하면 언제든지 현금을 인출할 수 있기 때문에 현금과 동일하다. 다만 기업은 현금보관과 현금지급에 따른 불편과 위험을 최소화하기 위하여 당좌예금을 기초로 하여 수표를 사용한다. 수표를 사용하는 경우 정기적으로 은행으로부터 잔고에 관한 보고서를 통지받으며, 이때 기업은 은행의 당좌예금 잔액과 기업에서 관리하는 장부상의 당좌예금 잔액을 비교하여 그 일치 여부를 확인하여야 한다.

한편, 기업이 매일 일상 업무에 필요한 소액의 현금까지 어음이나 수표로 사용하는 것은 불편하기 때문에 소액의 현금을 사무실에 보관하면서 우편료나 직원회식비 등에 필요한 현금으로 사용하는 것이 일반적이다. 이를 위한 제도가 소액현금제도인데 이에 대한 설명은 다음과 같다.

3. 소액현금제도

보통 사무실에서 발생하는 일상적인 현금수요(예 : 우편료, 회식비, 출장비, 소모품 구입 등)를 충족하기 위하여 별도로 일정한 금액의 현금을 사무직원 중의 한 사람(보통 서무라 부름)으로 하여금 관리하도록 하는 제도를 **소액현금제도**(petty cash system)라 한다. 소액현금으로부터 지출된 경비들에 대해서는 영수증이 구비되어야 하며, 소액현금이 바닥날 때쯤이면 회계담당부서에 그 영수증을 제시하고 현금을 보급받는다. 소액현금은 그 용도에 맞게 별도로 운용하는 현금이라는 점 외에는 현금과 꼭 같다.

회계담당부서에서는 소액현금을 보급해 주는 시점에서 일괄적으로 경비에 대한 분개를 한다. 분개의 예를 제시하면 다음과 같다.

| 예제 1-1 : 소액현금의 설정 |

2016.5.2 (주)한라는 소액현금제도를 시행하기로 하고 경리과는 서무직원에게 현금 ₩10,000 을 지급하였다. 이를 분개하시오.

☞ **해답**

(차) 소액현금	10,000	(대) 현 금	10,000

| 예제 1-2 : 소액현금의 지급 |

2016.5.15 서무직원은 여비출장비 ₩3,000, 접대비 ₩6,000을 지출하였다.

2016.5.25 서무직원은 위 경비에 대한 영수증을 경리과에 제출하여 총 ₩9,000의 현금을 보급(reimburse)받았다.

위 두 거래에 대해 분개하시오.

☞ **해답**

(차) 여비출장비	3,000	(대) 현 금	9,000
접 대 비	6,000		

☞ **해설**

위 분개는 2016.5.25에 기록된다. 2016.5.15에 분개는 없다. 왜냐하면 분개는 서무직원이 아니라 회계부서(위 경우 경리과)만이 하는 것이므로, 서무직원이 경리과에 공식적으로 증빙서류와 함께 보고하기 전까지는 경비지출에 대해 알 수 없고 회계처리할 수 없기 때문이다. 소액현금은 마치 별도의 자산항목인 것처럼 기록하고 유지되지만 결산시에는 그 잔액을 현금및현금성자산에 포함시킨다.

4. 현금과부족

현금과부족(現金過不足, cash over and short)이란 말 그대로 현금이 남거나 모자라는 경우에 설정되는 일시적인 계정과목이다. 현금거래가 빈번히 일어나다 보면 경우에 따라서는 장부상의 현금잔액과 실제 현금잔액이 일치하지 않는 경우가 발생한다. 실제 현금잔액인 현금시재액(現金時在額, cash on hand)이 장부상의 현금잔액보다 많으면 현금초과이며, 그 반대의 경우에는 현금부족이다. 철저한 현금관리를 위해 현금과부족은 발견 즉시 현금과부족이라는 계정과목에 기록한다. 실제 현금잔액이 장부잔액보다 많으면 원인은 아직 모르지만 현금이 들어온 것으로 보고 현금을 차변에, 그리고 현금과부족을 대변에 분개한다. 반대의 경우는 반대로 분개한다.

여기서 주의할 것은 현금과부족이란 계정과목은 일시적인 계정과목으로서 장부에는 기록되지만 재무상태표에 나타나서는 안 되는 계정이라는 것이다. 현금과부족의 원인은 반드시 밝혀서 제대로 분개해 주어야 한다. 만약 결산시까지 그 원인이 밝혀지지 않으면 현금과부족을 잡이익이나 잡손실로 처리하여야 한다. 분개의 예를 들어보자.

| 예제 2-1 : 현금과부족의 발견 |

2016.5.12 실제 현금잔액(시재액)이 장부상 잔액보다 ₩8,000 많은 것을 발견하였다. 분개하시오.

☞ **해답**

(차) 현 금	8,000	(대) 현금과부족	8,000

| 예제 2-2 : 현금과부족의 원인분석과 처리 |

2016.5.31 현금과부족의 원인을 분석한 결과 ₩8,000 중 ₩6,000은 거래처에서 매출채권을 입금시킨 것을 누락하고 기입하지 않은 것임이 밝혀졌으나, 나머지 ₩2,000은 원인을 밝힐 수 없어 잡이익으로 처리하기로 하였다. 분개하시오.

☞ **해답**

(차) 현금과부족	8,000	(대) 매출채권	6,000
		잡 이 익	2,000

5. 당좌예금과 은행계정조정표

1) 당좌예금 개설과 지급

당좌예금(checking account)은 분개시에 현금과 구분하여 별도의 계정으로 사용되지만 재무상태표상에는 현금및현금성자산이라는 계정에 포함되어 표시된다. 당좌예금은 기업이 수표(check)를 사용하기 위하여 개설한 예금이다. 수표를 상대방에게 발행하여 그 수표가 발행인의 당좌예금에서 결제되어 돈이 빠질 때까지는 어느 정도 시간이 걸린다. 그 시간은 상대방이 얼마나 신속히 그 수표를 자기 은행계정에 입금시키느냐에 달려 있다. 그러나 수표 발행인의 입장에서는 수표 발행을 현금지급과 동일하게 보고 수표금액을 당좌예금 잔액 한도 내에서 쓰는 것이 안전하다. 따라서 수표를 발행하는 순간 당좌예금 잔액을 감소시키는 기록을 하여야 한다.

| 예제 3-1 : 당좌예금의 개설과 지급 |

2016.5.1 (주)서울백화점이 거래은행인 국민은행과 당좌계약을 체결하고 당좌예금 계좌에 ₩100,000을 입금하였다. 이 거래를 분개하시오.

☞ **해답**

(차) 당좌예금	100,000	(대) 현　　금	100,000

2016.5.5 (주)서울백화점이 (주)부산유통으로부터 상품 ₩50,000을 납품받고 수표로 지급하다. 이 거래를 분개하시오. 실지재고조사법을 가정한다.

☞ **해답**

(차) 매　　입	50,000	(대) 당좌예금	50,000

2) 당좌차월

수표(당좌수표)는 당좌예금 잔액의 범위 내에서 사용할 수 있다. 그러나 잔액을 초과하여 일정한 금액 범위 내에서 수표를 사용할 수 있도록 사전에 은행과 당좌계약을 체결한 경우에는 그 한도 내에서 예금잔액을 초과하여 사용할 수 있다. 이 초과액을 **당좌차월**(overdraft)이라 하는데, 당좌예금에 마이너스 잔액으로 나타난다. 따라서 결산일에 당좌차월의 대변 잔액이 남아 있으면 단기차입금 계정에 합산하여 표시할 수 있다. 그러나 금융회사의 요구에 따라 즉시 상환하여야 하는 당좌차월은 기업의 현금관리의 일부를 구성하므로 현금및현금성자산의 구성요소(즉 현금의 차감 계정)에 포함된다(기업회계기준서 제1007호). 당좌차월금액에 대해서는 사전에 정해진 이자율에 따라 이자를 지급하여야 하며 추후에 현금을 추가로 입금하여 당좌차월을 변제할 수 있다.

| 예제 3-2 : 당좌차월의 처리 |

2016.5.10 (주)서울백화점은 국민은행과 ₩200,000을 한도로 하는 당좌차월 계약을 체결하였다. 당좌차월에 대해서는 연 10%의 이자를 지급하기로 하다. 같은 날 (주)서울백화점이 (주)광주백화점으로부터 상품 ₩90,000을 매입하고 수표를 발행하였다. 현재 당좌예금 잔액은 ₩50,000이다. 이 거래를 분개하시오.

☞ 해답

(차)	매　　입	90,000	(대)	당좌예금	50,000
				당좌차월	40,000

☞ 해설

(주)서울백화점의 5월 10일 현재 당좌예금 잔액은 ₩50,000밖에 되지 않지만 나머지 ₩40,000은 당좌차월로 조달할 수 있다.

2016.5.20 (주)서울백화점이 국민은행의 당좌예금 계좌에 ₩100,000의 현금을 입금하였다. 이 거래를 분개하시오.

☞ 해답

(차)	당좌예금	60,000	(대)	현　　금	100,000
	당좌차월	40,000			

☞ 해설

₩100,000의 입급액 중 ₩40,000은 당좌차월을 변제하는 데 사용되고 나머지 ₩60,000이 당좌예금 잔액이 된다.

2016.5.29 (주)서울백화점이 한라주식회사로부터 ₩40,000의 상품을 매입하고 수표를 발행하였다. 이 거래를 분개하시오.

☞ 해답

(차)	매　　입	40,000	(대)	당좌예금	40,000

☞ 해설

₩60,000의 잔고 중 ₩40,000이 지급되었으므로 새로운 잔액은 ₩20,000이다.

3) 은행계정조정표

장부상의 현금잔액은 실제 현금잔액과 수시로 비교하여 잔액의 일치 여부를 확인하여야 한다. 결산일에는 당좌예금 잔액도 역시 현금및현금성자산 계정에 포함되어 재무상태표에 표시되는데, 당좌예금의 장부잔액이 은행에서 보내온 은행거래내역서(bank statement)상의 당좌예금 잔액과 여러 이유로 일치하지 않는 경우가 발생한다. 이런 경우 양자의 차이가 발생한 이유를 밝혀내고 필요하다면 적절한 조치를 취해야 한다.

앞에서 예를 든 (주)서울백화점의 2016년 5월 31일자 원장의 당좌예금 잔고는 ₩20,000인데 은행에서 보내온 같은 날짜의 당좌예금 잔고가 ₩59,600이라고 가정해보자. 이 경우 첫째, 정확한 당좌예금 잔고가 ₩20,000인지, ₩59,600인지, 아니면 제3의 금액인지를 알아내어야 하고, 둘째, 그 정확한 금액을 장부에 반영하기 위해 필요한 분개를 추가로 하여야 한다. 이 두 잔액의 차이 ₩39,600을 조정(reconcile)하는 내역을 보여주는 표를 **은행계정조정표**(bank reconciliation)라 한다. (주)서울백화점의 예에서 은행과 상호 확인하여 파악한 결과 다음과 같은 사실을 밝혀냈다고 가정하자.

① (주)서울백화점이 5월 29일 당좌수표 ₩40,000을 발행하여 상품 매입대금으로 지급하였는데 거래처에서 이 수표를 아직 현금으로 찾아가지 않았다(미결제수표, outstanding check).

② 거래은행인 국민은행에서 (주)서울백화점의 당좌차월 사용에 대한 이자비용 ₩400을 인출하였는데 회사에서는 그 사실을 모르고 기록하지 않았다.

우선, 이미 발행되었으나 아직 결제되지 않고 있는 수표, 즉 **기발행미결제수표**(outstanding check) ₩40,000에 대해서 생각해 보자. 이 수표에 대해서 (주)서울백화점에서는 이미 분개를 하였다(〈예제 3-2〉의 5월 29일 분개 참조). 그러나 거래처에서 현금으로 찾아가지 않아 ₩40,000의 차이가 발생하였다.

이 ₩40,000은 수표소지자가 잠시 현금청구를 늦추고 있을 뿐이지 조만간 현금을 청구하여 찾아갈 것이므로 (주)서울백화점의 현금으로 볼 수 없다. 그리고 이미 (주)서울백화점의 현금잔고에서도 차감되어 있으므로 수정분개가 필요 없다.

두 번째 조정항목인 이자비용은 당좌차월에 대한 이자로서 당연히 (주)서울백화점의 당기 비용으로 기록되어야 한다. 다만 ₩400의 현금이 당좌예금 계좌에서 이미 차감되었으나 (주)서울백화점에서는 통지를 받지 않아 기록하지 못하였다. 따라서 이자비용을 기록하고 동시에 당좌예금 잔액의 감소를 기록하기 위하여 다음과 같은 분개를 하여야 한다.

(차) 이자비용	400	(대) 당좌예금	400

결론적으로 (주)서울백화점의 2016년 5월 31일 현재 장부상의 현금잔고는 ₩20,000이며 은행잔고는 ₩59,600이지만 정확한 당좌예금 잔액은 ₩19,600이다. 이러한 조정의 과정을 보여 주는 표가 은행계정조정표이다. 유의할 점은 이 표는 은행이 작성하는 것이 아니라 기업이 작성한다는 것이다.

| 예제 4 |

위의 자료를 이용하여 은행계정조정표를 작성하시오.

☞ 해답

은행계정조정표

2016년 5월 31일			
회사장부 잔액 :	₩20,000	은행측 잔액 :	₩59,600
차감 : 이자비용	(400)	차감 : 미결제수표	(40,000)
수정 후 잔액 :	₩19,600	수정 후 잔액 :	₩19,600

☞ 해설

회사장부의 수정을 요하는 항목을 회사잔액에 가감하여 정확한 당좌예금 잔액을 구한다. 그리고 나머지 항목은 은행잔고에 가감하여 회사의 정확한 잔액과 일치되는지 확인한다.

위의 예에서 설명한 항목 외에도 기말에 현금잔고를 확정하기 위하여 은행계정조정표를 통하여 조정하는 항목이 많이 있다. 위에서 다룬 경우를 포함하여 일반적인 조정항목을 보면 〈표 7-1〉과 같다.

표의 조정항목 중에서 **은행미기록예금**(deposit in transit)과 미통지예금을 혼동해서는 안 된다. 은행미기록예금이란 기업측에서 당좌예금 계좌로 입금하였으나 은행에서 아직 기입되지 않은 항목으로서, 예를 들면 월말에 은행시간이 마감되고 난 후에 입

표 7-1 은행계정조정표에서 조정을 필요로 하는 항목

조정항목	설명	기업장부 수정	수정분개	은행잔고 수정
미결제 수표	발행한 수표의 소지인이 아직 현금으로 인출하지 않았음	불필요	불필요	은행잔고에서 차감
은행미기록예금	당사에서 월말에 우편이나 ATM으로 (야간에) 입금하였으나 은행잔고에 반영되지 않음	불필요	불필요	은행잔고에 추가
미통지예금	당좌예금 계좌에 거래상대방이 입금하였으나 아직 통지받지 못함	입금처리(당좌예금 잔고 증가)	(차)당좌예금 (대)××××	불필요
이자비용	거래은행에서 이자비용을 차감하였으나 은행으로부터 통보 못 받음	비용처리(당좌예금 잔고 감소)	(차)이자비용 (대)당좌예금	불필요
은행수수료	거래은행에서 수수료를 차감하였으나 은행으로부터 통보 못 받음	비용처리(당좌예금 잔고 감소)	(차)수 수 료 (대)당좌예금	불필요
부도수표	거래상대방으로부터 받은 수표를 당좌예금에 입금하였으나 월말에 그 수표가 부도됨	당좌예금 잔액(수표금액 + 제반비용) 감액	(차)부도수표 (대)당좌예금	불필요
기입오류	은행 또는 기업이 기입을 잘못하여 오류가 발생	기업의 오류는 기업이 수정	상황에 따라 적절한 분개	은행의 오류는 은행이 수정

금이 이루어지는 경우에 발생한다. 이 경우 기업은 이미 당좌예금 입금을 기록하였으므로 수정분개가 필요 없다. 다만 은행계정조정표에서 은행의 당좌예금 잔액에 이 항목을 가산하면 된다.

이와는 반대로 **미통지예금**은 거래처가 온라인 등으로 입금하여 은행은 고객인 해당 기업의 당좌예금계정에 이미 입금처리를 했는데 해당 기업은 이에 대해 통지를 받지 못해 아직 기록하지 않은 항목이다. 따라서 은행 잔고를 수정할 필요는 없고 기업의 당좌예금 잔액을 그만큼 증가시키기 위한 수정분개가 필요하다.

한편, 부도수표의 경우에도 기업의 당좌예금 잔액을 감소시키는 수정분개가 필요한데, 이에 대해서는 다음에 설명한다.

4) 부도수표

우리 기업이 거래당사자로부터 받은 수표를 거래은행에 입금하면 그 은행은 상대

방기업(수표발행기업)의 거래은행에 그 수표를 제시하고 지급을 요청(추심)한다. 이 경우 지급이 원만하게 이루어지면 우리 기업의 당좌예금에 추심금액이 입금된다. 그러나 상대방기업의 당좌예금 계좌에 잔고가 충분하지 못하면 지급거절의 상황이 발생하는데, 이것을 **부도**(不渡, NSF : non-sufficient fund)라고 한다. 상대방기업의 거래은행이 최종적으로 부도를 통보해 오면 우리 기업의 거래은행은 이 사실을 우리 기업에 통보하면서 원래 수표금액에 추심 등을 위하여 발생한 비용을 합하여 청구하게 된다. 우리 기업은 이 통보를 받는 즉시 당좌예금에서 위의 금액을 차감하기 위한 분개를 한다.

이러한 분개가 이미 기간 중에 이루어져 있으면 월말에 은행계정조정표에서 이 항목에 대한 조정을 할 필요가 없으나, 만약 이러한 사실에 대한 통보가 월말에 이루어져 아직 그 사실을 통지받지 못한 우리 기업이 이에 대한 분개를 하지 않았다면 은행계정조정표에 부도수표에 대한 조정항목이 포함된다.

부도수표에 대해서는 우리 기업이 수표발행인에 대해 수수료 및 향후 회수시까지 발생할 이자를 포함한 채권을 행사할 수 있다. 부도 발생시에는 원래 수표금액과 관련 수수료를 포함한 금액을 '부도수표' 라는 자산(채권)계정에 일단 기록한다. 향후 채권을 회수하면 현금을 차변에, 부도수표를 대변에 분개한다. 만약 회수불능으로 채권을 포기하면 제각(write-off)으로 처리(다음 장에서 다룸)하여 차변에 손실충당금(대손충당금), 대변에 부도수표로 분개한다.

| 예제 5-1 |

(주)대구유통이 2016년 6월 27일 거래처인 (주)광주백화점에 대한 납품대금으로 받은 ₩50,000의 수표를 당좌예금 구좌에 입금하였다(실지재고조사법 가정). 분개하시오.

☞ **해답**

(차) 당좌예금	50,000	(대) 매　출	50,000

| 예제 5-2 |

6월 30일 위 수표가 부도가 난 사실을 통보받았다. 거래은행에서는 이미 위 수표금액과 수수료 ₩1,000을 차감하였다. 분개하시오.

☞ **해답**

(차) 부도수표	51,000	(대) 당좌예금	51,000

| 예제 5-3 |

8월 31일 위 수표의 발행회사인 (주)광주백화점으로부터 수수료 및 이자 ₩1,300을 포함하여 ₩52,300의 현금을 회수하였다. 분개하시오.

☞ **해답**

(차)	현 금	52,300	(대)	부도수표	51,000
				이자수익	1,300

| 예제 5-4 |

만약 8월 31일 위 수표에 대해 회수불능으로 포기할 것을 결정하는 경우, 분개를 제시하시오.

☞ **해답**

(차)	손실충당금	51,000	(대)	부도수표	51,000

☞ **해설**

손실충당금(대손충당금)은 채권의 회수불능 상황에 대비하여 결산일에 회수불능액을 추정하여 설정해 둔 계정으로서 이와 같은 경우에 충당하기 위한 것이다. 이에 대해서는 제8장에서 자세히 설명한다.

02 단기금융자산

한국채택국제회계기준의 도입으로 금융상품의 인식과 측정, 표시 및 공시가 매우 중요해지고 그 내용도 상당히 방대하고 복잡해지게 되었다. 따라서 금융상품에 대해 처음엔 이해하기가 쉽지 않겠지만 체계적으로 잘 정리하여 익혀두면 회계와 재무에 대한 좋은 지식으로서 매우 유용할 것이다.

금융상품(financial instrument)은 거래당사자 일방에게 금융자산(현금, 타사발행 주식 등)을 발생시키고 동시에 다른 거래상대방에게 금융부채나 지분상품을 발생시키는 모든 계약이다(기업회계기준서 제1032호 '금융상품표시' 문단 11). 여기서 **금융자산**(financial assets)이란 현금, 타기업 발행의 지분상품(주식 등), 거래상대방으로부터 현금 등 금융자산을 수취할 계약상 권리(채권 등) 등을 말한다. **금융부채**(financial liability)는 거래상대방에게 현금 등 금융자산을 인도하기로 하였거나, 잠재적으로 불리한 조건으로 거래상대방과 금융자산이나 금융부채를 교환하기로 한 계약상 의무 등을 말한다. 그리고 **지분상품**(equity instrument)은 주식처럼 기업의 자산에서 모든 부채를 차감한 후의 잔여지분을 나타내는 모든 계약을 의미한다.

금융자산 및 금융부채는 그 특성에 따라 항목의 분류가 달라지므로 주의해야 한다. 금융자산은 1) 금융자산의 관리를 위한 사업모형(현금흐름의 원천이 금융자산의 계약상 현금흐름의 수취인지, 매도인지 또는 둘 모두인지),[2] 2) 금융자산의 계약상 현금흐름 특성(원금과 이자의 지급만으로 구성)이라는 두 기준에 따라 i) 상각후원가 측정(이하, AC) 금융자산(financial assets measured at amortised cost), ii) 기타포괄손익-공정가치 측정(이하, FVOCI) 금융자산(financial assets measured at fair value through other comprehensive income), iii) 당기손익-공정가치 측정(이하, FVPL) 금융자산(financial assets measured at fair value through profit or loss)의 세 가지 범주(category)로 분류되고,[3] 금융부채는 i) FVPL 금융부채, ii) AC 금융부채의 두 가지 범주로 분류된다.[4] 이러한 각 범주별 장부금액은 재무상태표나 주석에 공시해야 한다.

금융자산의 세 범주

- **AC 금융자산** : 계약상 현금흐름의 수취(회수)를 통해 목적을 이루는 사업모형 하에서 금융자산을 보유하고, 동시에 계약조건에 의거 특정일에 원리금 지급만으로 구성되어 있는 현금흐름이 발생하는 금융자산
- **FVOCI 금융자산** : 계약상 현금흐름의 수취(회수)와 금융자산의 매도 모두를 통해 목적을 이루는 사업모형 하에서 금융자산을 보유하고, 동시에 계약조건에 의거 특정일에 원리금 지급만으로 구성되어 있는 현금흐름이 발생하는 금융자산(지분상품 경우, 후속적 공정가치 변동의 기타포괄손익 표시를 최초 인식시점에 선택가능)
- **FVPL 금융자산** : 위 두 범주에 들지 않은 금융상품(단기매매항목으로 분류되거나 최초 인식(취득)시점에 (일정 조건에 따라) FVPL항목으로 지정된 금융자산)

---

2. 조건의 충족여부는 주요 경영진이 결정한 사업모형에 근거하여 평가하는데, 사업모형은 개별 상품에 대한 경영진의 의도와는 무관하고 단순한 주장이 아닌 사실에 근거해야 한다(문단 B4.1.1~B4.1.2B).
3. K-IFRS 제1109호 '금융상품' 제4장 분류(classification) 제4.1절 금융자산의 분류에 따른 것이다. 그 이전에 적용된 기준서에서는, 금융자산은 i) 당기손익인식금융자산, ii) 만기보유금융자산, iii) 대여금 및 수취채권, iv) 매도가능금융자산의 네 가지 범주로 분류되었었다(금융부채는 변함없이 i) 당기손익인식금융부채, ii) 상각후원가측정금융부채의 두 가지 범주로 분류되었었다). 당기손익-공정가치 측정 금융자산은 이전 기준서의 당기손익인식 금융자산과 영문명칭은 동일하나 우리말 표현이 바뀐 것이다.
4. FVPL 금융부채, 파생상품부채, 금융자산의 양도가 제거조건을 충족하지 못하는(혹은 지속적 관여 접근

금융자산의 세 가지 범주별 분류 그림 7-1

▪ 계약상 현금흐름의 수취 목적(사업모형) 보유 ▪ 특정일에 원리금 지급만으로 구성된 현금흐름 발생	▪ 계약상 현금흐름의 수취, 금융자산의 매도목적(사업모형) 보유 ▪ 특정일에 원리금 지급만으로 구성된 현금흐름 발생 ▪ 최초인식시점에 지정(지분상품)	▪ 단기매매목적(단기매매항목) ▪ AC나 FVOCI가 아닌 금융자산
↓	↓	↓
AC 금융자산	FVOCI 금융자산	FVPL 금융자산

* 금융자산 중 현금및현금성자산으로 분류되는 것은 세 가지 범주에서 제외됨

이와 같이 분류된 금융자산(부채)은 **유동/비유동 구분법**에 따라 다시 유동항목인 단기금융자산(부채)과 비유동항목인 장기금융자산(부채)으로 구분할 수 있다. 이 절에서는 AC 금융자산(1년 내에 만기가 도래하거나 처분예정인 것)과 FVPL 금융자산을 단기금융자산(short-term financial assets)으로 분류하여 다룬다. FVOCI 금융자산은 장기금융자산을 다루는 제11장 투자자산 부분에서 다루고 장기금융부채는 제12장 비유동부채에서 다룬다. 지분상품과 관련된 내용은 제11장 투자자산 부분과 제13장 자본에서 다룬다.

1. 상각후원가 측정(AC) 금융자산

AC 금융자산은 다음 두 가지 조건을 모두 충족하여 상각후원가(amortized cost)로 측정해야 하기 때문에 이 범주로 분류되는 금융자산이다. 1) 계약상 현금흐름을 수취하기 위해 보유하는 것이 목적인 사업모형 하에서 금융자산을 보유하고, 2) 금융자산의 계약 조건에 따라 특정일에 **원리금**[5](원금과 원금잔액에 대한 이자)의 지급만으

법이 적용되는) 경우에 생기는 금융부채, 금융보증계약 등을 제외한, 모든 금융부채는 후속적으로 상각후원가로 측정되도록 분류한다(K-IFRS 제1109호, 문단 4.2.1 참조). 공정가치 측정을 선택한 금융부채의 자기신용(own credit risk)의 변동에 따른 공정가치의 변동은 기타포괄손익으로 인식한다(문단 BCE.12).

5. 원금은 최초 인식시점의 금융자산의 공정가치이고, 이자는 화폐의 시간가치에 대한 대가, 특정 기간에 원금잔액과 관련된 신용위험에 대한 대가, 그 밖의 기본적인 대여 위험과 원가에 대한 대가뿐만 아니라 이윤으로 구성된다(K-IFRS 제1109호, 문단 4.1.3)

로 구성되어 있는 현금흐름이 발생한다. 주가나 일반상품 가격의 변동에 노출된 주식이나 파생상품은 이러한 현금흐름의 특성을 만족시키지 못하므로 이 범주에 속하지 않고, 대여금, 수취채권(매출채권 등), 투자채권(국공채, 회사채 등)은 AC 금융자산에 속한다(〈그림 7-1〉 참조).

AC 금융자산 중 단기대여금과 수취채권(매출채권 등)이 단기금융자산으로 분류되고, 결산일로부터 1년 이내에 만기가 도래하거나 처분예정인 FVOCI 금융자산도 단기금융자산으로 분류된다.

단기대여금(short-term loans)은 임원·종업원, 관계회사, 협력업체 등에 대해서 만기 1년 이내로 대여해 준 자금이다. 단기대여금으로부터 발생하는 이자는 이자수익으로 인식한다.

이와 반대로 1년 이내의 만기로 현금을 차입하면 **단기차입금**(short-term borrowing 또는 short-term loans payable)이 되며, 이는 재무상태표상 유동부채에 속한다. 단기차입금도 관계회사 또는 협력회사로부터 차입해 올 수 있지만 가장 일반적인 단기차입금은 금융기관 단기차입금이다. 기업은 운전자금의 부족분을 보충하기 위하여 단기로 은행에서 차입해 오는 경우가 많다. 단기차입금에 대해서 약정된 이자를 지급하기로 한 경우 이자발생시에 이자비용을 기록한다.

단기금융자산에는 위 이외에 수취채권이 있는데 이에 대해서는 제8장에서 다룬다.

AC 금융자산의 경우, 상각후원가는 유효이자율법(effective interest rate method)을 적용해서 측정해야 하는데, 이 유효이자율법 적용 및 현재가치 계산은 여기서 다루기에는 적절하지 않으므로 생략하고 다음과 같은 단기금융자산·부채의 예제를 다룬다(본서 제2장 재무회계 개념체계의 내용 중에서 재무제표 표시와 관련된 임계치(판단기준)로 중요성(materiality)이 있었는데, 이에 의하면 바람직한 회계정보의 속성이라 하더라도 중요하지 않으면 무시할 수 있다는 것이다. 따라서 금융상품 금액의 표시에 있어서도 기간이 짧아서 그 액면금액과 현재가치의 차이가 중요하지 않으면, 즉 크지 않으면 현재가치 계산을 생략하고 액면금액을 사용할 수 있다). 따라서 유효이자율법이 적용되는 경우는 제12장 비유동부채에서 다루게 된다.

한편, AC 금융자산과 FVOCI 금융자산에는 손상 요구사항을 적용하여 기대신용손실(expected credit losses)을 손실충당금(loss allowance)으로 인식해야 한다. 이에 대해서는 제8장에서 다루게 되므로 여기서는 생략하기로 한다.

| 예제 6 : 단기대여금과 단기차입금의 회계처리 |

① 2016년 10월 1일 (주)서울백화점이 관계회사인 (주)안성청과에 ₩10,000을 대여해 주었다. 상환예정일은 2017년 3월 31일이며, 연 12%의 이자를 상환일에 원금과 함께 받기로 하였다. 두 회사 각각의 입장에서 분개하시오.

☞ **해답**

(주)서울백화점				(주)안성청과			
(차) 단기대여금	10,000			(차) 현　　금	10,000		
(대) 현　　금		10,000		(대) 단기차입금		10,000	

② 2016년 12월 31일 양 회사의 결산일에 3개월분의 발생이자를 인식하였다. 두 회사 각각의 입장에서 분개하시오.

☞ **해답**

(주)서울백화점			(주)안성청과		
(차) 미수이자	300		(차) 이자비용	300	
(대) 이자수익		300	(대) 미지급이자		300

☞ **해설**

연 12%의 이자율이므로 3개월분은 3%(₩300)이다. 이자지급일은 2017년 3월 말이지만 2016년 10월부터 12월까지의 이자는 이미 발생하였으므로 (주)서울백화점은 이자수익을, (주)안성청과는 이자비용을 인식하는 수정분개를 한다.

③ 2017년 3월 31일 (주)안성청과로부터 원금과 이자를 받았다. 두 회사 각각의 입장에서 분개하시오.

☞ **해답**

(주)서울백화점			(주)안성청과		
(차) 현　　금	10,600		(차) 단기차입금	10,000	
(대) 단기대여금		10,000	미지급이자	300	
미수이자		300	이자비용	300	
이자수익		300	(대) 현　　금		10,600

☞ **해설**

2017년 원금 ₩10,000과 6개월분 이자 ₩600을 현금으로 지급하였다. 이 중 ₩300은 2016년의 수정분개시에 이미 (주)서울백화점은 이자수익(과 미수이자)으로, (주)안성청과는 이자비용(과 미지급이자)으로 인식하였다. 따라서 2017년 3월 31일에는 각각 ₩300씩의 이자수익과 비용을 인식함과 동시에 미수이자와 미지급이자를 제거하는 분개를 한다. 물론 단기대여금과 단기차입금도 각각 제거한다.

2. 당기손익-공정가치 측정(FVPL) 금융자산

FVPL 금융자산(financial assets measured at fair value through profit or loss) 또는 **FVPL 금융부채**는 **단기매매항목**(trading financial assets/liabilities)으로 분류되거나 최초 인식(취득)시점에 (일정 조건을 충족하여) FVPL 항목으로 지정된(designated)[6] 금융자산이나 금융부채이다. 단기매매항목으로 분류되는 금융자산(금융부채)은 (가) 주로 단기간 내에 매각하거나 재매입할 목적으로 취득하거나 부담하는 것, 또는 (나) 최근의 실제 운용형태가 단기적 이익획득 목적이라는 증거가 있으며, 공동으로 관리되는 특정 금융상품 포트폴리오의 일부, 또는 (다) 파생상품이다(다만, 금융보증계약인 파생상품이나 위험회피수단으로 지정되고 위험회피에 효과적인 파생상품은 제외).

금융자산은 AC나 FVOCI가 아닌 경우에는, FVPL로 측정한다. 그러나 '지분상품

파생상품(derivative)

금융상품 등의 계약으로서, 다음 세 가지 특성을 모두 가진 것이다. (1) 이자율, 금융 · 일반 상품가격, 환율, 가격 · 비율의 지수 등 기초변수(underlying variable)의 변동에 따라 가치가 변동하고, (2) 최초 계약시 순투자금액이 불필요하거나 (시장요소의 변동에 유사한 영향을 받을 것으로 기대되는) 다른 유형의 계약보다 적은 순투자금액이 필요하며, (3) 미래에 결제된다(settled).

6. FVPL 항목 지정은 내재파생상품을 포함하는 복합계약 전체에 대해, 그리고 다음 ①과 ② 중 하나 이상을 충족하여 더 목적적합한 정보를 투자자 등의 재무제표 이용자에게 제공하는 경우에만 가능하다 : ① **회계불일치**(서로 다른 기준에 따른 자산 · 부채의 측정 및 그에 따른 손익의 인식으로 발생할 수 있는 인식 측정상의 불일치)가 FVPL 항목을 지정함으로써 제거되거나 상당히 감소된다. ② 기업의 위험관리전략이나 투자전략에 따라, 금융상품집합(금융부채, 금융자산과 금융부채의 조합으로 구성)을 공정가치 기준으로 관리하고 그 성과를 평가하며 그 정보를 이사회 등 주요경영진에게 내부적으로 제공한다.

에 대한 특정 투자'에 대하여는 후속적인 공정가치 변동을 FVOCI로 표시하도록 최초 인식시점에 선택할 수도 있다. 다만, 한번 선택하면 이를 취소할 수 없다.

앞에서 이미 설명하였듯이 주식, 채권, 정기예금, 정기적금 및 기타 정형화된 금융상품(기업어음(CP), CD, CMA) 등 단기금융자산 중에서 현금성자산의 조건을 충족시키는 것은 현금및현금성자산으로 분류하고, 그렇지 않은 것은 앞서 설명한 세 가지 범주의 금융자산으로 분류하여 표시한다. 물론, 결산일로부터 1년이 지난 후에 만기가 도래하거나 처분예정인 것은 장기금융자산(비유동자산)으로 분류한다.

금융자산 원래의 만기가 1년 이상인 경우에도 취득 시 현금성자산의 분류기준을 충족하면 현금성자산으로 분류하고, 만기가 1년 이상 남아 있는 경우에도 단기매매목적으로 취득하여 보유하고 있으면 FVPL 금융자산에 해당된다.

대표적인 FVPL 금융자산 범주에 속하는 것은 유가증권으로서 주식과 채권이다.

1) 주식

주식회사는 **주식**(stock, share)을 발행하여 매각함으로써 자본을 조달한다. 주식은 이를 발행하는 기업 입장에서는 자본금과 자본잉여금을 형성하지만, 그 주식을 매입한 기업 입장에서는 자산이 된다. 주식발행과 관련하여 발행회사의 회계처리는 제13장 '자본' 부분에서 다루고 본 절에서는 타회사발행 주식을 자산으로 보유하고 있는 기업의 회계처리에 대해 설명한다.

주식은 앞에서 언급한 바와 같이, 만기가 없고 현금흐름의 발생이 원리금 지급으로만 구성되지 않으므로 현금및현금성자산이나 AC 금융자산으로 분류될 수 없고, FVOCI 혹은 FVPL 금융자산 범주에 속하게 된다. 즉, 최초 인식(취득) 시점에 주식을 FVOCI 금융자산 범주로 선택(FVOCI 선택권을 행사)한 경우에는 FVOCI(유동자산 혹은 투자자산)로, 그렇지 않은 경우, 혹은 단기매매 목적으로 주식을 보유한 경우(단기매매항목)에는 FVPL 금융자산(유동자산)으로 분류한다. 그리고 주식을 취득하여 당해 주식의 발행기업의 경영에 **유의적인 영향력**(significant influence)을 행사할 수 있을 경우(직접 또는 간접으로 피투자자의 의결권 있는 주식의 20% 이상 보유 등)에는 **관계기업투자**(투자자산)로 분류하여 **지분법**이라는 독특한 회계처리방법을 적용한다(〈그림 7-2〉 참조).

그림 7-2 보유주식(타기업 발행)의 분류

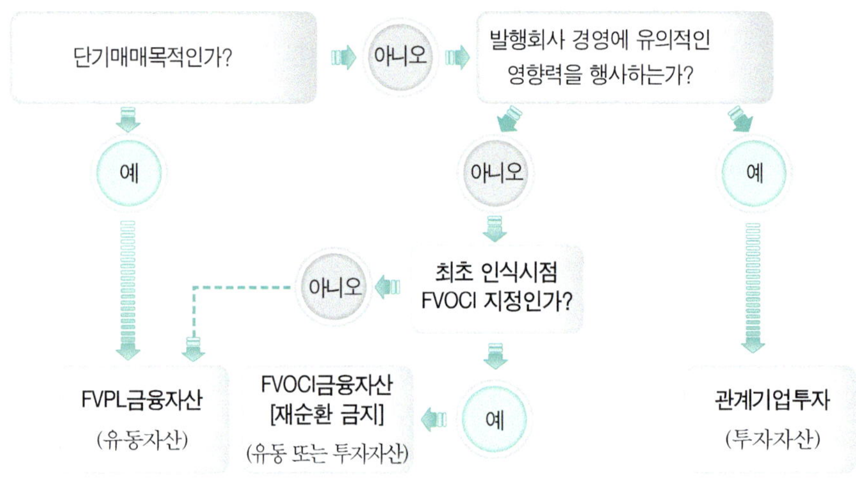

여기서 다음 〈예제 7〉을 통해 주식이 FVPL 금융자산으로 분류되는 경우의 회계처리만을 설명한다. FVOCI 금융자산과 관계기업투자의 경우는 제11장 투자자산 부분에서 설명한다.

K-IFRS(1109호)에 의하면, 금융자산(금융부채)은 최초 인식 시 공정가치로 측정한다. 그리고 이 공정가치에 금융자산(금융부채)의 취득(발행)과 직접 관련되는 거래원가를 가산(차감)하는데, FVPL 금융자산(금융부채)의 경우에만은 가산(차감)하지 않고 당기비용으로 회계처리한다. 이 점이 특징이다. **공정가치**(fair value)는 '합리적인 판단력과 거래의사가 있는 독립된 당사자 사이의 거래에서 자산이 교환되거나 부채가 결제될 수 있는 금액' 인데, **시장성**(marketability) 있는(활성시장에서 거래되는) 주식이나 채권의 시장가격(일반적으로 해당일의 종가)은 공정가치가 된다.

| 예제 7 : FVPL 금융자산으로 분류된 주식의 회계처리 |

① 주식 구입

(주)서울백화점이 2016년 11월 1일 상장회사인 (주)현대자동차가 발행한 주식을 단기매매 목적으로 ₩81,000(거래수수료 ₩1,000 포함한 가격)에 매입하였다. 분개하시오.

☞ **해답**

(차) FVPL금융자산	80,000	(대) 현　　　금	81,000
거래수수료(비용)	1,000		

② 수정분개

결산일인 12월 31일 이 주식의 시가가 ₩79,000으로 하락하였다. 분개하시오.

☞ **해답**

(차) FVPL금융자산평가손실	1,000	(대) FVPL금융자산	1,000

③ 배당금 수령

2017년 3월 28일 위 주식으로부터 ₩800의 배당금이 확정되어 수령하였다. 분개하시오.

☞ **해답**

(차) 현　　　금	800	(대) 배당금수익	800

④ 주식 매각

2017년 4월 10일 위 주식을 ₩80,400(거래수수료 공제한 가격)에 매각하였다. 분개하시오.

☞ **해답**

(차) 현　　　금	80,400	(대) FVPL금융자산	79,000
		FVPL금융자산처분이익	1,400

☞ **해설**

FVPL인 주식의 시가가 2016년 12월 31일 ₩79,000으로 하락하여 FVPL의 평가액을 ₩79,000으로 조정하고 동시에 평가손실 ₩1,000을 인식하였다. 그 후 4월 10일 주가가 ₩80,400으로 상승한 시점에서 처분하였으므로 장부금액 ₩79,000과의 차액인 ₩1,400은 FVPL금융자산처분이익으로 기록된다. FVPL금융자산평가손실은 2016년 손익계산서에 비용으로, 배당금수익 ₩800과 FVPL금융자산처분이익 ₩1,400은 2017년 손익계산서에 수익으로 보고된다.

2) 채권

채권(債券, bonds)에는 기업이 발행한 회사채(corporate bonds)와 국가나 지방자치단체가 발행한 국·공채(government bonds)가 있다(회사채는 상법상 사채(社債)이지만 사채(私債)와의 혼돈을 피하기 위해 대부분의 경우 회사채로 표기한다). 채권은 만기가 고정되어 있고 지급금액이 확정되었거나 확정가능한 금융자산으로서, 수취채권이나 대여금이 아닌 것을 말한다.

회계처리 면에서 국·공채는 회사채와 기본적으로 다름이 없으므로 본서는 기업이 발행한 회사채를 중심으로 설명한다. **회사채**는 기업이 일반투자자로부터 비교적 거액의 장기자금을 장기간 조달할 목적으로 발행한 채권이다. 회사채의 만기는 1년 이상 장기이며, 우리나라에서 발행되는 회사채의 만기는 3년이 가장 일반적이다. 채권에는 액면금액, 발행일 및 만기, 이자율과 이자지급기일 등이 명시되어 있다. 채권소지자(채권투자자)는 정해진 기일에 정해진 이자를 받고 만기일에는 액면금액을 돌려받을 권리를 가진다. 물론 채권소지자는 만기 전에 언제든지 시장에서 채권을 매각함으로써 현금화함과 동시에 시세차익을 누릴 수도 있다. 회사채는 발행회사 입장에서는 장기부채(비유동부채)이며, 이 경우의 회계처리는 제12장의 비유동부채에서 자세히 다룬다. 본 절에서는 회사채를 매입한 회사의 입장에서 자산으로 보유하고 있는 타기업발행 회사채의 계정 분류기준과 회계처리를 설명한다.

동일한 회사채라 하더라도 보유목적에 따라서 유동자산인 현금및현금성자산·FVPL 금융자산, 유동자산 또는 비유동자산(투자자산)으로 분류가능한 FVOCI 금융자산·AC 금융자산으로 분류된다. 본 절에서는 보유 회사채가 현금및현금성자산 또는 FVPL 금융자산으로 분류되는 경우의 회계처리만을 설명한다(〈그림 7-3〉 참조).

그림 7-3 타기업 발행 보유회사채의 분류

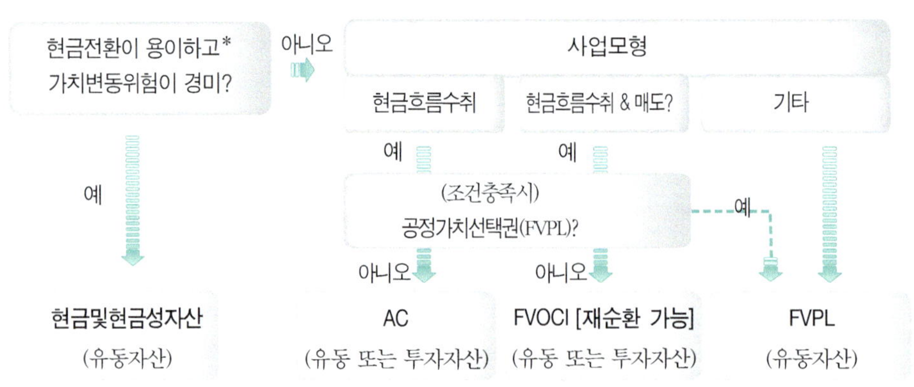

* 기업회계기준서 제1007호는 현금성자산 조건으로 '취득시 만기가 3개월 이내'를 절대적 기준이 아닌 예시로 제시하고 있다.

FVOCI 금융자산의 회계처리는 제11장 투자자산 부분에서 설명하고, 유효이자율법이 적용되는 AC 금융자산의 회계처리는 제12장 비유동부채 중 사채 부분에서 설명한다. 그 이유는 유효이자율법이 적용되는 경우의 회계처리를 알기 위해서는 미래현금흐름의 현재가치에 대해서 잘 알아야 하는데, 이에 대해서는 제12장에서 설명하기 때문이다.

회사채를 단기매매 목적으로 보유하거나 (일정 조건 충족에 따라) 최초인식시점에 지정하는 경우 FVPL 금융자산으로 분류하며, FVPL 금융자산으로부터 이자를 수령하면 이자수익을 인식한다.

그리고, 보유하는 FVPL 금융자산은 취득원가가 아닌 재무상태표일의 공정가치로 평가한다. 재무상태표일에 FVPL 금융자산의 공정가치(시가)가 장부금액보다 높으면 그만큼 평가이익을 인식하고, 반대로 낮으면 그만큼 평가손실을 인식한다.

| 예제 8 : FVPL 금융자산으로 분류된 회사채의 회계처리 |

① 회사채 구입

(주)서울백화점이 2016년 12월 1일 (주)삼성전자가 발행한 사채를 단기매매 목적으로 ₩10,300에 매입하였다(거래수수료 ₩300 포함한 가격). 이 사채의 만기는 2017년 12월 31일이며 시장에서 활발하게 거래되고 있다. 분개하시오.

☞ **해답**

(차)			(대)		
(차)	FVPL금융자산	10,000	(대)	현 금	10,300
	거래수수료(비용)	300			

② 이자수령 및 수정분개

결산일인 2016년 12월 31일 이 사채로부터 ₩100의 이자를 수령하였다. 그리고 이 사채의 시가가 ₩10,500으로 상승하였다. 분개하시오.

☞ **해답**

(차)	현 금	100	(대)	이 자 수 익	100
(차)	FVPL금융자산	500	(대)	FVPL금융자산평가이익	500

☞ **해설**

FVPL금융자산인 회사채의 시가가 2016년 12월 31일 ₩10,500으로 상승하여 평가차익 ₩500을 인식한 결과 FVPL금융자산의 장부금액(평가액)는 ₩10,500으로 증가한다. FVPL금융자산평가이익 ₩500은 2016년 손익계산서에 수익으로 보고된다.

연습문제

❀ 개념설명 및 서술문제 ❀

01. 기업이 보유하고 있는 자산 중 현금은 매우 중요한 자산이다. 기업이 적정한 수준의 현금을 보유하고 있지 않으면 안 되는 이유에 대해 설명하시오.

02. 재무상태표에 표시되는 현금및현금성자산에 포함될 수 있는 다양한 계정과목들을 열거하시오.

03. 현금성자산(cash equivalents)의 개념과 그 특성에 대해 설명하시오.

04. 소액현금제도(petty cash system)의 개념과 필요성에 대해 설명하시오.

05. 실제 현금잔액과 장부상의 현금잔액이 일치하지 않을 경우의 회계처리방법에 대해 설명하시오.

06. 당좌예금의 개념과 특징에 대해 설명하시오.

07. 당좌차월(bank overdraft)의 개념과 재무상태표상의 표시방법에 대해 설명하시오.

08. 은행계정조정표(bank reconciliation)의 작성 목적에 대해 설명하시오.

09. 은행계정조정표 작성시 기업측에서 조정해야 할 항목과 은행측에서 조정해야 할 항목을 각각 2가지 이상 설명하시오.

10. 기업이 필요로 하는 장기자금을 조달하기 위한 대표적인 방법 두 가지에 대해 설명하시오.

11. 금융상품은 무엇인지 설명하시오.

12. 금융자산의 개념 및 관련 네 가지 범주의 분류, 그리고 금융부채의 개념 및 관련 두 가지 범주의 분류에 대해 설명하시오.

13. FVPL 금융자산과 FVOCI 금융자산은 각각 무엇을 말하는지, 그리고 각각으로 분류될 수 있는 금융자산 항목에는 무엇이 있는지 들어보시오.

14. 기업이 보유하고 있는 타회사발행 회사채의 분류에 대해 설명하시오.

15. 기업이 보유하고 있는 주식의 분류에 대해 설명하시오.

16. 단기대여금과 단기차입금의 개념과 분류기준에 대해 설명하시오.

❀ 계산 및 회계처리문제 ❀

기초문제

01. 다음은 기말 현재 (주)오대가 보유하고 있는 유동자산이다. 다음의 자료를 이용하여 (주)오대가 기말 재무상태표에 기록해야 할 현금및현금성자산은 얼마인지 계산하시오.

우 표	₩500	우편환증서	₩800
동 화	1,300	보통예금	1,600
타인발행 약속어음	2,000	소액현금	500
타인발행 당좌수표	960	협력업체의 단기대여 증서	2,100
은행발행 자기앞수표	2,400	당좌예금	1,800
만기가 2개월 남은 1년 만기 정기예금			3,600
취득 당시 만기가 6개월 남은 양도성예금증서			2,000

02. 현금계정에 대한 다음의 거래를 분개하시오.

(1) 회계담당직원이 2016년 12월 15일 실제 현금 잔액이 장부상 잔액보다 ₩2,000 적은 것을 발견하였다.

(2) 12월 31일 현금부족의 원인을 분석한 결과 거래처에 대한 매입채무 ₩1,500을 지

급한 사실을 누락해 기록하지 않았으며 나머지에 대해서는 원인을 밝힐 수 없었다.

03. 소액현금제도에 대한 다음의 거래를 분개하시오.

(1) 2017년 1월 2일 소액현금제도를 시행하기로 하고 서무계에 현금 ₩5,000을 지급하였다.

(2) 1월 15일 서무계 직원이 접대비 ₩2,000, 여비출장비 ₩2,500에 대한 영수증을 제출하여 경리과에서는 총 ₩4,500의 현금을 지급하였다.

(3) 1월 20일 소액현금을 증가시키기 위하여 추가로 ₩5,000의 현금을 서무계에 지급하였다.

04. (주)진주의 다음과 같은 당좌예금 거래를 분개하시오.

(1) 거래은행인 국민은행과 당좌계약을 체결하고 당좌예금 계좌에 ₩10,000 입금하다.

(2) (주)창원기계에서 상품을 매입하면서 대금 ₩5,000을 수표로 지급하다.

(3) 국민은행과 당좌차월 계약을 맺었다. 당좌차월 한도는 ₩20,000이다.

(4) 거래처인 (주)창원기계에서 상품을 매입하면서 대금 ₩20,000을 수표로 지급하다.

(5) (주)진해조선에 상품을 판매하면서 대금 ₩15,000을 받아 당좌예금 계좌에 입금하다.

05. (주)진주의 2017년 7월 31일자 원장의 당좌예금 잔고는 ₩50,000인데 은행에서 보내온 같은 날짜의 당좌예금 잔고가 ₩53,200이다. 은행과 상호 확인하여 파악한 결과 다음과 같은 사실을 밝혀내었다.

① (주)진주가 7월 29일 당좌수표 ₩5,000을 발행하여 상품 매입대금으로 지급하였는데 거래처에서 이 수표를 아직 현금으로 찾아가지 않았다(미결제수표).

② 거래은행인 국민은행에서 (주)진주의 당좌차월 사용에 대한 이자비용 ₩800을 인출하였는데 (주)진주는 그 사실을 모르고 기록하지 않았다.

③ (주)진주가 7월 29일 입금한 수표 ₩1,000이 아직 은행계좌에는 입금되지 않았다.

(1) 진정한 당좌예금 잔액은 얼마가 되어야 하는가?

(2) 은행계정조정표를 작성하시오.

(3) (주)진주가 추가로 해야 할 분개는?

06. (주)소백의 12월 중의 다음 은행거래 자료를 이용하여 12월 31일 현재 은행계정조정표를 작성하고, (주)소백이 추가로 해야 할 분개를 제시하시오.

> ① (주)소백이 12월 24일과 28일에 각각 발행한 ₩23,000과 ₩10,000의 수표가 은행에서 아직 인출되지 않았다.
> ② 외상매입금 ₩10,000이 있는 거래처(회사의 입장에서는 외상매출금)가 12월 26일 온라인으로 입금시켜 왔으나, (주)소백에는 이 사실이 통지되지 않았다.
> ③ (주)소백이 12월 중에 이용했던 당좌차월액에 대하여 은행이 ₩5,000의 이자비용과 ₩1,000의 수수료를 부담시켰으나, (주)소백은 이 사실을 통지받지 못했다.
> ④ (주)소백이 12월 30일에 예금한 ₩8,000이 은행에 입금으로 기록되어 있지 않았다.
> ⑤ 12월 31일 현재 회사장부상 당좌예금 잔액은 ₩40,000, 은행명세서상 당좌예금 잔액은 ₩69,000이었다.

07. 부도수표에 대한 다음의 거래를 분개하시오.

(1) (주)진주는 2017년 6월 27일 거래처인 (주)진해물산에 대한 납품대금으로 받은 ₩30,000 당좌수표를 입금하였다(실지재고조사법 가정).

(2) 6월 30일 위 수표가 부도가 난 사실을 통보받았다. 거래은행에서는 이미 위 수표 진액과 수수료 ₩500을 차감하였다.

(3) 8월 31일 위 수표의 발행회사인 (주)진해물산으로부터 원금, 수수료 및 이자를 포함하여 ₩31,500을 받아 당좌계좌에 입금하였다.

08. (주)풍남이 2016년 12월 1일 액면 ₩1,000의 (주)삼성전자 회사채를 단기매매 목적으로 ₩1,000(수수료는 무시함)에 매입하였다. 이 회사채의 만기는 2017년 12월 31일이며 시장에서 활발하게 거래되고 있다.

(1) 위의 회사채 매입을 기록하기 위한 분개는?

(2) 2016년 12월 31일 이 회사채로부터 ₩20의 이자를 수령하였다. 이 거래를 분개하시오.

(3) 2016년 12월 31일 이 회사채의 시가가 ₩970으로 하락하였다. 이 거래를 분개하시오.

09. (주)마산과 (주)창원기계 간의 다음의 금전대차거래를 분개하시오. 양사의 입장에서 모두 분개하시오.

(1) 2016년 10월 1일 (주)마산이 관계회사인 (주)창원기계에 ₩1,000을 대여해 주었다. 상환예정일은 2017년 3월 31일이며 연 6%의 이자를 상환일에 받기로 하였다.
(2) 2016년 12월 31일 양 회사의 결산일에 3개월 분의 발생이자를 인식하였다.
(3) 2017년 3월 31일 (주)창원기계가 (주)마산에 원금과 이자를 지급하였다.

심화문제

01. (주)전주는 2016년 12월 1일 상장회사인 (주)SM이 발행한 주식을 단기매매 목적으로 ₩10,000(거래수수료 포함한 가격)에 매입하였다.

(1) 위의 주식매입거래를 분개하시오.
(2) 결산일인 2016년 12월 31일 이 주식의 시가가 ₩10,500으로 상승하였다. 이 거래를 분개하시오.
(3) 2017년 4월 1일 위 주식으로부터 ₩200의 배당금을 수령하였다. 이 거래를 분개하시오.
(4) 2017년 4월 10일 위 주식을 ₩10,400(거래수수료 공제한 가격)에 매각하였다. 이 거래를 분개하시오.

02. 다음 사항과 관련하여 (주)백두의 2016년 12월 31일에 필요한 수정분개와 은행계정조정표를 작성하시오.

(1) (주)백두의 원장상 12월 31일 현재 예금계정 잔액은 ₩76,714,500이다.
(2) 은행이 보내온 명세서상의 예금계정 잔액은 12월 31일 현재 ₩44,572,500이다.
(3) (주)백두가 발행한 수표 중 지급이 이루어지지 않은 금액은 ₩22,762,000이다.
(4) 은행에 기록되지 않은 (주)백두의 예금액은 ₩57,804,000이다.
(5) (주)백두는 외상대금을 갚기 위해 ₩1,450,000의 수표를 발행하면서 그 금액을 장부에는 ₩4,510,000으로 기록하였다.
(6) 은행의 수수료 ₩160,000이 회사장부에는 아직 기록되어 있지 않았다.

03. 다음은 (주)금강의 2017년 1월의 은행계정조정표이다. 여기서 오류를 찾아내어 올바른 은행계정조정표를 작성하시오.

은행		회사	
은행의 예금잔액	₩97,677,600	회사장부상 예금잔액	₩11,183,200
(가산) 발행되었으나 미지급된 수표 (차감)	 18,798,000	(가산) 은행에 추심된 받을어음 회수액 이자비용과 은행수수료 (차감)	 82,800,000 180,000
1월 31일 미기록예금	10,100,600	부도로 반환된 타인발행 수표 예금액 ₩48,500,000을 ₩45,800,000으로 기록	7,523,000 2,700,000
수정 후 금액	₩96,375,000	수정 후 금액	₩83,940,200

04. (주)한라는 기말인 2016년 12월 31일 현재 FVPL 금융자산을 다음과 같이 보유하고 있다.

FVPL 금융자산(주식)	취득일	취득원가	수량	기말 공정가치
(주)백두	2016. 2. 1	₩15,000,000	2,500	₩17,500,000
(주)소백	2016. 4. 1	21,000,000	3,000	22,500,000
(주)치악	2016. 6.10	17,000,000	2,000	20,000,000
(주)태백	2016.12.15	20,000,000	2,000	24,000,000

(1) 각 주식의 취득시점에 행하는 분개를 보이시오.

(2) 2016년 12월 31일 보유주식과 관련한 회계처리를 하시오.

(3) 보유주식으로 인해 2016년 당기순손익이 받는 영향을 설명하시오.

(4) 2017년 4월 5일에 (주)소백의 주식 1,700주를 주당 ₩8,000에 처분하는 경우 분개를 보이시오.

(5) 2017년 5월 30일에 (주)치악의 주식 1,500주를 주당 ₩7,500에 처분하는 경우 분개를 보이시오.

05. (주)북악은 기말인 2016년 12월 31일 현재 FVPL 금융자산을 다음과 같이 보유하고 있다.

FVPL 금융자산(주식)	취득일	취득원가	수량	기말 공정가치
(주)관악	2016. 3.10	₩30,000,000	2,500	₩25,000,000
(주)감악	2016. 5.10	42,000,000	3,000	45,000,000
(주)황악	2016. 7.20	34,000,000	2,000	30,000,000
(주)운악	2016.12.20	40,000,000	2,000	43,000,000

(1) 2016년 12월 31일 보유주식과 관련한 회계처리를 하시오.

(2) 2017년 1월 15일에 (주)감악의 주식 1,700주를 주당 ₩13,000에 처분하는 경우 분개를 보이시오.

(3) 2017년 2월 10일에 (주)황악의 주식 1,500주를 주당 ₩17,000에 처분하는 경우 분개를 보이시오

Chapter 08

수취채권 및 지급채무

01 매출채권과 매입채무 | 02 손상차손과 손실충당금 | 03 기타 채권 및 채무

제8장에서 설명될 계정과목

구분	계정과목	설명	관련 손익계산서 계정
수취채권 (금융자산)	매출채권	상품 · 용역을 외상으로 매출하여 발생한 채권	손상차손, 매출
	미수금	매출 외의 거래에서 발생한 금전채권(예: 중고기계 외상판매대금, 공사미수금)	손상차손
	미수수익	이미 제공한 용역에 대해 아직 현금을 받지 못하여 발생한 채권(결산수정사항)	관련수익(이자수익, 임대료수익 등)
	단기대여금	타기업이나 개인에게 단기로 현금을 대여	손상차손, 이자수익
수취채권에 대한 평가계정	손실충당금	금전채권의 회수불가능성을 추정하여 미리 비용처리하고 당해 자산에서 차감하는 계정	손상차손
지급채무 (금융부채)	매입채무	상품 · 원재료를 외상으로 매입하여 발생한 채무	매입
	미지급비용	이미 발생한 비용에 대해 아직 현금을 지급하지 않아 부담하는 부채(결산수정사항)	관련비용(이자비용, 임차료 등)
	미지급금	이미 용역을 제공받았거나 자산(상품 · 원재료 이외)을 구입하였으나 아직 현금을 지급하지 않은 부채	없음
	단기차입금	타기업이나 개인, 금융기관에서 단기차입	이자비용
비금전채권 (비금융자산)	선급비용	현금을 미리 지급하였으나 아직 그 효용이 모두 소모되지 않아 자산이지만 단기에 비용화될 것(결산수정사항)	관련비용(이자비용, 보험료 등)
	선급금	미리 현금을 지급하여 미래에 상품이나 용역을 제공받을 권리를 나타내는 채권	매입
비금전채무 (비금융부채)	선수금	미리 현금으로 받아 미래에 상품 또는 용역을 제공할 의무를 나타내는 채무	매출
	선수수익	미리 현금을 받았지만 결산일 현재 아직 관련수익이 실현되지 않아 부채이지만 단기에 수익으로 실현될 것(결산수정사항)	관련수익(이자수익, 임대료수익 등)

01 매출채권과 매입채무

유동자산과 유동부채 중에는 다른 기업이나 경제실체에 대한 채권 및 채무를 표시하는 항목이 많다. 그중에는 금전채권 · 채무도 있고 비금전채권 · 채무도 있다. 모든 채권 · 채무는 상대적이어서 한 기업의 채권이 다른 기업의 채무가 된다. 따라서 이 장에서는 채권과 그에 대응하는 채무를 같이 설명한다.

1. 상품의 외상거래

최종소비자를 대상으로 상품을 판매하는 소매업(예 : 백화점, 할인마트 등)에서는 현금판매(은행신용카드 거래 포함)가 이루어지지만, 그 외 대부분 기업 간 거래에서는 현금거래보다는 외상거래가 보다 일반적이다. 외상거래의 경우에 판매기업에게는 **매출채권**(trade receivables)이, 매입기업에게는 **매입채무**(trade payables)가 발생한다. 매출채권이란 상품매매기업이나 제조기업이 상품 또는 제품을 외상으로 판매하는 경우 발생하는 채권을 말한다. 그리고 매입채무란 그러한 기업이 외상으로 상품 또는 원재료를 매입하였을 때 발생하는 채무를 말한다. 이와 같이 상품매매기업이나 제조기업에 있어서 본래의 영업목적과 직접적으로 관련된 거래인 일반적 상거래(제조기업이 원재료를 구입하여 제품을 생산하여 판매하는 활동, 상품매매기업이 상품을 구입하여 판매하는 활동)에서 발생하는 채권 · 채무를 각각 매출채권, 매입채무라고 한다.

매출채권에는 **외상매출금**(accounts receivable)과 **받을어음**(notes receivable)이 모두 포함되고, 매입채무에는 **외상매입금**(accounts payable)과 **지급어음**(notes payable)이 모두 포함된다(받을어음은 그 거래성격에 따라 매출채권뿐 아니라 미수금, 대여금에도 포함되며, 지급어음도 그 거래성격에 따라 매입채무뿐 아니라 미지급금, 차입금에도 포함된다). 외상거래에서 거래당사자 간에 신용으로 상품을 판매하는 경우도 있지만, 보다 확실한 채권회수를 위해서는 어음을 주고받는다. **어음**(notes)이란 어음상 지급인(어음 채무자)이 일정한 날짜에 일정한 금액을 어음상 지급인이 소지인에게 지급할 것을 약속한 증서이다. 어음은 미래 현금의 지급이나 상환을 구두로가 아니라 서면으로 약속하는 효과를 가진다는 점에서 차용증서와 비슷하다. 그러나 채권 · 채무에 관한 분쟁이 발생하는 경우 어음 자체만으로 채권 · 채무관계를 증명할 수 있어 어음은 보다 확실한 채권확보수단이 된다.

거래가 빈번하거나 소액의 거래인 경우는 신용으로 외상거래가 이루어지지만 거래금액이 크거나 보다 확실한 채권확보수단을 원하는 경우 어음이 발행되는 경우가 대부분이다. 이때 어음이 발행되지 않은 경우의 매출채권을 외상매출금, 어음이 발행되는 경우의 매출채권을 받을어음이라 한다. 그 거래의 상대방 입장에서는 어음이 발행되지 않은 경우의 매입채무를 외상매입금, 어음이 발행되는 경우의 매입채무를 지급어음이라 한다. 재무상태표에 표시할 때는 양자를 합하여 판매기업은 매출채권으로 매입기업은 매입채무로 표시한다.

한편, 어음은 단순히 자금을 융통할 목적으로 발행되기도 한다. 이러한 어음을 **융통어음**(금융어음)이라 하고, 앞서 언급한 바와 같은 일반적 상거래에 바탕을 두고 발행되는 어음을 **상업어음**(혹은 진성(眞性)어음)이라고 한다. 따라서 앞서 언급한 매출채권 또는 매입채무가 되는 받을어음 또는 지급어음은 진성어음인 경우이다.

| 예제 1 : 상품의 외상매매 |

2017.6.1 (주)대구유통은 상품 ₩100,000을 (주)서울백화점에 외상으로 판매하다. 두 기업 모두에 실지재고조사법을 적용하여 분개하시오.

☞ **해답**

(주)대구유통(판매기업)	(주)서울백화점(매입기업)
(차) 매출채권 100,000 (대) 매 출 100,000	(차) 매 입 100,000 (대) 매입채무 100,000

2017.6.30 6월 1일의 외상매출금 ₩100,000을 (주)서울백화점으로부터 회수하다. 분개하시오.

☞ **해답**

(주)대구유통(판매기업)	(주)서울백화점(매입기업)
(차) 현 금 100,000 (대) 매출채권 100,000	(차) 매입채무 100,000 (대) 현 금 100,000

위의 예에서와 같이 외상판매와 현금회수에 대해서 판매기업과 매입기업은 정반

대의 회계처리를 한다. 앞의 회계처리는 가장 단순한 거래만을 가정한 경우이지만, 보통 실무에서는 상품매매거래 자체 이외에도 이와 관련하여 다양한 사건과 거래가 발생한다. 회계처리 문제도 이와 관련하여 있게 되는데 다음과 같다.

매출 · 매입과 관련한 회계처리 문제

① 매입 및 매출 거래에 부수되는 비용에 대한 회계처리
② 매출된 상품에 고객불만(클레임, claim)이 제기되어 반품되거나 값을 깎아 준 경우의 회계처리(매출에누리및환입, 매입에누리및환출)
③ 매출채권을 정해진 기간보다 빨리 회수하기 위하여 현금할인을 해준 경우의 회계처리(매출할인, 매입할인)
④ 매출채권이 회수되지 않을 경우를 대비한 손실충당금 설정과 관련한 회계처리(손상차손, 손실충당금)
⑤ 매출채권의 양도와 관련한 회계처리

2. 매매거래원가, 매출에누리및환입, 매입에누리및환출

일반적으로 상품 매매인은 매매대금(invoice price) 외에 운임이나 관련 수수료 등을 부담하는데, 이러한 비용을 **매매거래원가**(종전의 매매부대비용)라 한다. 매입자의 경우, 상품을 매입하여 원하는 장소에 있게 하기까지 필수적으로 부담하는 운임 등 추가비용을 **매입거래원가**라 한다. 회계는 이러한 매입거래원가를 매입상품의 원가를 구성하는 것으로 처리한다. 판매자의 경우 발생하는 판매운임 등의 **판매거래원가**는 **물류원가**(distribution costs)에 속하는 항목으로 처리하고, 따라서 매출원가나 순매출액을 구성하지 아니한다.

한편, 매출된 상품의 품질이나 사양(specifications)에 대해서 거래처로부터 불만(클레임)이 제기되는 경우가 있다. 이때 판매된 상품에 대해 불만을 가진 거래처나 소비자가 가격인하를 요구하여 이를 승낙한 경우 그 가격할인을 매출에누리라고 한다. 그리고 판매된 상품의 일부가 반품되어 돌아온 경우 반품된 상품의 원가를 환입이라 한다. 통상적으로, 이 두 경우를 묶어서 '**매출에누리및환입**'(sales allowances and returns)이라는 하나의 계정과목으로 처리한다. 매출에누리및환입계정은 차변잔액을 가지는 계정으로서, 매출에서 차감되어 실제 매출액(순매출)을 나타내기 위한 **차감계정**(contra account)이다. 반대로 클레임을 제기한 매입자 측에서는 '**매입에누리및환출**'(purchase allowances and returns)이라는 계정과목을 사용하여 처리한다. 매입에누리및환출 계정은 대변잔액을 가지는 계정으로서, 매입에서 차감되어 실제 매입액(순매입)을 나타내기 위한 차감계정이다.

| 예제 2 : 매매거래원가, 매출에누리및환입, 매입에누리및환출 |

2016.6.1 (주)광주유통이 (주)서울백화점에 식품 ₩100,000을 외상으로 판매하였다. 대금은 6월 30일에 받기로 하였다. 이와 관련하여 (주)광주유통은 판매운임으로 ₩1,000을 현금으로 지급하고, (주)서울백화점은 매입운임으로 ₩1,500을 한 달 후에 지급하기로 하였다. 두 기업 모두 실지재고조사법을 사용한다. 분개하시오.

☞ **해답**

(주)광주유통(판매기업)			(주)서울백화점(매입기업)		
(차) 매출채권	100,000		(차) 매　　입	100,000	
판매운임	1,000		매입운임*	1,500	
(대) 매　　출		100,000	(대) 매 입 채 무		100,000
현　　금		1,000	미지급비용		1,500

* 매입운임은 이렇게 별도 계정으로 처리한 후 기말에 매입에 산입할 수도 있고, 발생 시 매입에 포함하여 '(차) 매입 101,500' 으로 분개처리할 수도 있다.

2016.6.3 (주)서울백화점이 품질에 문제를 제기해 와 (주)광주유통이 외상판매금액 중 ₩10,000을 에누리해 주기로 하였다. 분개하시오.

☞ **해답**

(주)광주유통(판매기업)			(주)서울백화점(매입기업)		
(차) 매출에누리및환입	10,000		(차) 매입채무	10,000	
(대) 매출채권		10,000	(대) 매입에누리및환출		10,000

2016.6.30 (주)광주유통은 (주)서울백화점으로부터 매출채권 ₩90,000을 회수하였다. 분개하시오.

☞ **해답**

(주)광주유통(판매기업)			(주)서울백화점(매입기업)		
(차) 현　　금	90,000		(차) 매입채무	90,000	
(대) 매출채권		90,000	(대) 현　　금		90,000

앞의 예에서 6월 1일 매입시에 발생한 매입운임 등 거래원가는 상품의 매입원가를 구성한다. 이러한 계정을 매입에 대한 **부가계정**(adjunct account)이라 한다. 비용 발생시점에 '매입운임' 계정 대신 바로 '매입'(계속기록법의 경우 '상품') 계정으로 처리할 수도 있다. 그러나 이러한 비용은 일반적으로 별도 관리목적상 발생 당시에는 '매입운임' 등의 계정으로 처리했다가 기말에 '매입'(또는 '상품') 계정으로 이체시킨다. 한편, 판매운임 등의 판매 거래원가는 당기 비용인 물류원가의 한 항목으로서 처리된다.

여기서 다음과 같은 점에 유의할 필요가 있다.

6월 1일의 외상판매금액과 매출채권은 ₩100,000이었지만 6월 3일 ₩10,000을 에누리해 준 결과 실제 판매금액 및 매출채권은 ₩90,000으로 감소하였다. 따라서 매출에누리및환입을 기록한 후 (주)광주유통의 원장의 매출채권 잔액은 ₩90,000으로 감소한다.

그러나 매출계정의 잔액은 여전히 ₩100,000이다. 매출 ₩100,000 중 ₩10,000을 에누리해 주었음에도 불구하고 매출계정의 잔액이 여전히 ₩100,000인 것은 매출에누리에 대한 회계처리에 있어 직접 ₩10,000을 매출계정에서 차감하지 않고 별도의 계정과목인 매출에누리및환입을 설정하여 기록하였기 때문이다. 후에 손익계산서에 매출액을 보고할 때는 매출에누리및환입을 차감하여 순매출액으로 ₩90,000을 보고하게 된다.

3. 현금할인

외상으로 상품을 매매할 경우 실무에서는 보통 그 거래조건을 명시하기 위하여 독특한 표현방법을 사용한다. 외상거래 조건, 즉 **신용조건**(credit term)은 지급기일, 할인기간 및 할인율을 포함한다. 할인사항을 포함하는 이유는 외상판매대금의 조속한 회수를 촉진하기 위함이다. 할인기간 내에 대금지급이 이루어진 경우 일정 할인율에 따라 **현금할인**(cash discount)을 받는다. 지급기일이란 외상판매대금이 지급되어야 하는 최종날짜이다.

예를 들어, 외상대금의 지급기일이 외상판매 후 60일, 할인기간이 10일, 할인율이 2%라면, 외상매입자가 10일 이내에 외상대금을 지급할 경우 대금의 2%를 할인받는다.

이러한 외상조건을 간략하게 '2/10, n/60' 라는 형식으로 표현하고, '2, 10, net 60' 이라고 읽는다. 이 거래조건 표시방법에서 앞부분은 현금할인 조건을, 뒷부분은 지급기일을 의미한다.[1]

거래할인과 현금할인

백화점은 할인판매(bargain sale) 기간 동안 원래 판매가격(catalog price)보다 할인한 가격에 판매를 한다. 이러한 경우나 대량구입을 하는 경우에 받게 되는 가격할인을 거래할인(trade discount)이라 한다. 이 거래할인은 회계기록 대상이 아니다. 예를 들면, 원래 ₩1,000,000인 모피 코트를 세일기간 중 ₩600,000에 판매하는 경우, 매출은 ₩600,000이다. 따라서 ₩1,000,000은 회계기록에 나타나지 않는다. 이와는 달리 현금할인(cash discount)은 일단 외상으로 판매하여 채권이 발생한 후에 현금회수를 앞당기기 위하여 제공하는 제도이다. 따라서 이는 회계기록의 대상이 되어, 외상판매시점에 할인전 금액으로 매출채권을 기록하고, 후에 현금할인이 이루어지면 그 할인액이 매출할인으로 인식되며 동시에 매출채권이 감소된다(대체적 방법도 있지만 이 책에서는 다루지 않음).

현금할인은 이를 제공하는 판매자의 입장에서는 매출할인, 이용하는 매입자 입장에서는 매입할인이라 부른다. **매출할인**(sales discount)은 매출채권의 조기회수를 위하여 정해진 할인기간 내에 거래처가 일찍 대금을 지급하면 그 거래처에 대해서 가격할인을 해주는 제도이다. 따라서 상품에 문제가 있어서 가격을 할인해 주는 에누리와는 다르다. 그러나 성격은 달라도 매출할인도 역시 매출에누리및환입의 경우와 마찬가지로 매출에 대한 차감계정의 성격을 지닌다. 마찬가지로 **매입할인**(purchase discount)도 매입에누리및환출처럼 매입에 대한 차감계정이다.

| 예제 3 : 매출할인과 매입할인 |

2016.6.11 (주)광주유통이 (주)서울백화점에 ₩100,000의 상품을 2/10, n/30의 거래조건으로 외상으로 납품하였다. (주)서울백화점은 6월 21일 위 외상판매대금을 모두 지급하였다. 분개하시오.

---

1. 신용조건 중 외상판매일과 관계없이 매월 말 대금을 지급하기로 하는 조건을 월말지급(eom : end-of-month) 조건이라 한다. 현금할인조건이 없는 경우에는 현금할인조건 표시는 생략한다. 예를 들어, 현금할인조건 없이 매월 말에 외상대금을 지급하기로 하는 경우 'n/eom' 이라고 표시한다.

☞ **해답**

(주)광주유통(판매기업)				(주)서울백화점(매입기업)	
2016.6.11	(차) 매출채권	100,000		(차) 매 입	100,000	
	(대) 매 출		100,000	(대) 매입채무		100,000
2016.6.21	(차) 현 금	98,000		(차) 매입채무	100,000	
	매출할인	2,000		(대) 현 금		98,000
	(대) 매출채권		100,000	매입할인		2,000

☞ **해설**

외상거래 조건이 2/10, n/30이므로 거래일 후 10일(2016년 6월 21일) 이내에 지급이 이루어지면 대금의 2%, 즉 ₩2,000의 현금할인을 받는다.

지금까지 우리는 판매운임, 매입운임 등 매매거래원가, 매입에누리및환출, 매출에누리및환입, 매입할인, 매출할인에 대해 알아보았다. 이러한 항목들은 발생 즉시 당기비용으로 처리되거나 결국 당기 총매입액이나 총매출액에 가감되어, **순매입액**이나 **순매출액**을 결정하게 된다.

이미 언급했듯이, 매출에누리및환입과 매출할인은 차감계정으로서, 분개장과 원장에서는 차변 잔액을 가지고 차변에 표시되며, 손익계산서에 표시될 때는 매출에서 차감되는 형식으로 표시된다.

다음은 (주)광주유통과 (주)서울백화점의 이상의 6월 한 달 거래를 반영하여 작성한 부분 손익계산서이다. 지금까지 설명한 항목들의 관계를 요약 정리하여 보여주고 있다. (주)광주유통의 경우 6월 총매출 ₩200,000에서 매출에누리및환입 ₩10,000과 매출할인 ₩2,000을 차감하여 순매출이 ₩188,000이 되도록 손익계산서에 나타나 있다.

(주)서울백화점의 경우에는 (주)광주유통과 대조적이다. 즉, 총매입에 대한 차감계정인 매입에누리및환출과 매입할인은 총매입 ₩300,000에서 차감되었지만 매입운임이 가산되어 순매입액이 ₩289,500이 되었다.

(주)광주유통			(주)서울백화점			
손익계산서			손익계산서			
(주)광주유통			(주)서울백화점			
2016.6.1 ~ 6.30			2016.6.1 ~ 6.30			
Ⅰ. 매 출 액		₩188,000	Ⅰ. 매 출 액			×××
총 매 출	200,000		Ⅱ. 매출원가			(×××)
매출에누리및환입	(10,000)		1. 기초상품		×××	
매출할인	(2,000)		2. 당기매입		289,500	
Ⅱ. 매출원가		(×××)	총 매 입	300,000		
………			매입운임	1,500		
Ⅲ. 매출총이익		×××	매입에누리및환출	(10,000)		
Ⅳ. 물류원가와 관리비		(×××)	매입할인	(2,000)		
판매운임	1,000		3. 기말상품		(×××)	

02 손상차손과 손실충당금

1. 손상차손 인식

매출채권과 같은 금전채권과 관련하여 중요한 회계문제는 **손상차손**(impairment loss) 인식이다. 금전채권의 손상(impairment)은 채무불이행 발생 위험의 증가 등으로 인해 채권의 회수가능성이 감소된 상태를 말한다. 이 경우 채권으로부터의 기대신용손실(expected credit losses)을 측정하여 손상차손으로 인식하고 동시에 손실충당금을 설정한다. 2018년부터 적용되는 K-IFRS 제1109호 '금융상품' 에서는 손상차손과 손실충당금이라는 계정을 각각 사용한다. 일반적인 실무에서나 기존의 회계기준에서는 금전채권에 대한 손상차손을 대손상각비, 그리고 그에 상응하는 충당금을 대손충당금이라고 불렀다. 대손(credit loss, bad debt)이란 회수불능상태에 빠진 채권, 즉 부실채권을 말하며, **대손처리**한다는 것은 채권이 회수되지 않을 것으로 보고 채권을 장부에서 제거하는 것을 말한다. 이를 **제각**(除却, write-off)이라고 한다. 기업은 회계기간 말에 보유하고 있는 금융자산에 대해 기대신용손실을 평가하여 필요한 경우 손상차손을 인식하고, 이후에 실제 손상이 발생하면, 즉 채권의 회수가 불가능하다고 판단하면 자산을 장부에서 제거하게 되는데 이와 관련된 회계처리를 다음에 살펴본다.

한국채택국제회계기준(K-IFRS 제1109호 '금융상품' 5.5절)에 의하면 당기손익-공정가치 측정 금융자산(FVPL 금융자산)을 제외한 금융자산, 즉 상각후원가 측정(AC) 금융자산 및 기타포괄손익-공정가치 측정(FVOCI) 금융자산에 대해서 매기 말 손상여부를 평가하여 그 금융자산의 추정미래현금흐름에 악영향이 예상되는 경우에는 손상차손을 인식해야 한다.

상각후원가를 장부금액으로 하는 대여금 및 수취채권 등 AC 금융자산의 경우 금융자산 손상은, 금융자산으로부터 기대되는 추정미래현금흐름의 현재가치가 장부금액(상각후원가)보다 작은 경우에 발생하며 그 차이를 손상차손이라 한다. FVOCI 금융자산의 손상은 공정가치가 취득원가에 미달하는 경우에 발생한다.

본 저서에서는 FVOCI 금융자산과 대여금과 수취채권을 제외한 AC 금융자산에 대한 손상은 제11장 제2절 '투자자산'에서 설명한다. 그리고 대여금에 대한 손상은 수취채권과 동일하므로, 수취채권의 손상차손에 대해서만 본 절에서 설명한다.

손상차손은 모든 금전채권에 대해 적용되지만 본서에서는 매출채권에 대해서만 설명한다. 나머지 금전채권에 대해서도 매출채권과 동일한 방법으로 손상차손을 인식하면 되기 때문이다.

2. 충당금설정법

손상이 실제 발생한 때에 손실을 기록하는 방법에 대해 생각해 보자. 예를 들어 2016년 12월 31일 (주)서울백화점의 총 매출채권 잔액이 ₩100,000이라고 가정하자. 이 매출채권 잔액은 모두 외상매출에서 발생한 것으로서 아직 회수기간이 도래하지 않았거나 또는 기타 사정으로 인하여 아직 회수되지 않은 채권이다. 이 잔액과 관련되 외상매출은 모두 2016년 동안 발생하였고, 이 중에서 ₩97,000은 2017년 2월 28일에 회수되고 나머지 ₩3,000은 거래처의 사정으로 지급기일에 회수되지 않고 있다가 2017년 6월 말에 최종적으로 제각(write-off)되었다고 가정하자.

이러한 경우 손상차손에 대해 어떻게 회계처리할 것인가? 하나의 방법은 손상차손 금액 ₩3,000을 실제 매출채권이 제각되는 시점이 속하는 2017 회계연도 손상차손으로 기록하는 것이다. 이 방법을 직접차감법 또는 직접제각법(direct write-off method)이라 한다. 이 방법은 손상이 확정되는 시점에서 비용이 기록되므로 손상금액에 관한 불확실성이 없다는 장점을 가진다. 그러나 관련된 매출(수익계정)과 손상차손(비용계정)이 대응되지 않는다는 단점을 가진다. 즉, 매출은 2016년에 수익으로, 그 매출로 인해 야기된 손상은 2017년에 비용으로 인식되어 수익·비용 대응의 원칙과 모순된다는 것이다. 따라서 일반적으로 인정되는 회계기준은 이 방법을 허용하지 않고 있다.

손상에 관해서 수익·비용 대응의 원칙에 맞게 회계처리하기 위해서는 2016년의 매출에서 발생하는 손상은 2016년의 비용으로 기록되어야 한다. 그런데 이를 위해서는 실제로 손상이 확정되기 전인 2016년 말에 손실액을 추정하여야 한다. 2016년 말의 매출채권 잔액 ₩100,000 중 실제로 발생할 손실액에 대한 추정은 쉽지 않기 때문에 보통 기업은 매출채권 내역의 분석자료나 과거 경험을 토대로 하되 경제 및 산업 환경의 변화 등을 고려하여 손실액을 추정한다. 이렇게 추정손실액이 정해지면 2016년 말(결산일)에 그 금액을 바탕으로 당기에 부담할 비용, 즉 손상차손을 계산하여 손상차손 계정에 차기(借記)하고, 같은 금액을 그 상대계정인 손실충당금(loss allowance)에 대기(貸記)한다. 이러한 회계처리방법이 일반적으로 인정되는 회계기준에서 허용되는 것으로, 충당금설정법(allowance method)이라 한다.

앞에서 예시한 (주)서울백화점의 거래를 계속 이용하여 손상차손에 대한 구체적인 회계처리를 설명한다.

1) 손실충당금 설정과 재무상태표 표시

(주)서울백화점의 회계담당자가 모든 상황을 고려하여 2016년 12월 31일의 총 매출채권 잔액 ₩100,000 중 3%인 ₩3,000이 회수되지 않을 것으로 추정하였다. 그리고 2017년 2월 28일 ₩97,000의 매출채권이 회수되었으며 나머지는 6월 30일까지 회수 노력을 기울인 결과 회수가 불가능할 것으로 판단하여 제각하였다.

손실충당금 설정법				직접차감법			
2016.12.31	(차) 매출채권손상차손	3,000		2016.12.31	분개 없음		
	(대) 손실충당금		3,000				
2017.2.28	(차) 현 금	97,000		2017.2.28	(차) 현 금	97,000	
	(대) 매 출 채 권		97,000		(대) 매 출 채 권		97,000
2017.6.30	(차) 손실충당금	3,000		2017.6.30	(차) 매출채권손상차손	3,000	
	(대) 매 출 채 권		3,000		(대) 매 출 채 권		3,000

충당금설정법에서 손실충당금 계정은 자산(매출채권)에 대한 차감계정, 즉 **자산차감계정**(contra-asset account)으로서, 대변에 정상잔액(normal balance)을 가진다. 따라서 재무상태표에 표시할 때는 손실충당금 잔액을 매출채권 잔액에서 차감하여 순잔액을 보여주는 형식으로 표시한다. 손실충당금을 설정하면 대변 잔액이 증가하고 실제 손상이 확정되면 그만큼 손실충당금 잔액이 감소한다. 앞의 예에서 2016년 12월 31일 기준으로 매출채권은 ₩100,000이지만 실제 회수될 채권은 ₩97,000일 것으로 경영자는 판단하고 있음을 알 수 있다.

결론적으로 매출채권의 합리적인 평가액은 ₩100,000이 아니라 ₩97,000이라 할 수 있다. 그럼에도 불구하고 2016년 12월 31일의 매출채권 계정잔액을 직접 ₩97,000이라 표시하지 않고 매출채권의 잔액(₩100,000)과 그에 대한 차감계정인 손실충당금(₩3,000), 그리고 **순장부금액**(순실현가능가치) ₩97,000을 모두 보여주는 이유는, 손상이 확정되어 채권이 실제 제각되지도 않았는데 채권을 감액처리 할 수 없기 때문이다. 그리고 그것은 정보이용자에게 보다 유용한 정보를 제공해 줄 수 있다. 만약 직접차감법에 의해 매출채권 잔액을 ₩97,000으로 표시한다면 정보이용자들은 손실률, 즉 매출

재무상태표

서울백화점 2016년 12월 31일

자 산			부 채	
I. 유동자산			I. 유동부채	
1. 현금및현금성자산		××××	1. 매입채무	××××
2. 단기금융자산		××××	2. 단기차입금	××××
3. 매출채권	100,000		…………………	
손실충당금	(3,000)	97,000		
……………				

채권 중 회수불능이 될 수 있는 금액의 비율에 대한 정보를 알지 못할 것이다.

2) 손실충당금의 과다설정

위의 예에서 손실충당금 설정액(₩3,000)과 실제 손실액이 정확히 일치하였다. 그러나 실제로는 그 금액이 일치하는 경우가 드물다. 즉, 2016년 말의 매출채권 중 2017년 동안 실제로 얼마의 손실이 발생할지를 2016년 말에 정확히 알 수는 거의 없는 것이다. 단지 경영자는 과거의 경험, 거래처에 대한 분석, 경제 및 산업환경의 변화 등을 감안하여 합리적으로 추정할 수 있을 뿐이다.

따라서 손실충당금이 과다하게 설정되는 경우가 생긴다. 즉, 추정에 따라 직전 회계기간에 설정된 손실충당금이 당기의 실제 손실액보다 커서 실제 손실에 충당하고도 잔액이 생기는 경우이다. 이때에는 손실충당금 잔액을 그대로 두었다가 당기 결산일에 활용한다. 즉, 당기 결산일에 필요한 손실충당금 금액(잔액)이 추정되면, 당기 결산수정 직전의 손실충당금 잔액을 그 필요 금액에서 차감한 금액만을 추가로 설정한다. 그 추가금액이 당기 비용인 손상차손이 된다. 대부분의 경우가 이와 같다. 그런데 만일 결산수정 직전의 손실충당금 잔액이 오히려 그 필요 금액보다 크다면, 그 차액은 당기수익으로 인식하여 **손실충당금환입** 계정에 대기한다(물론 차기되는 상대계정은 손실충당금이다).

| 예제 4 : 손실충당금의 과다설정 1 |

2016.12.31 매출채권 잔액 ₩100,000에 대해서 3%의 손실충당금을 설정하다. 분개하시오. 단, 이때 손실충당금의 잔액은 ₩0이었다.

☞ **해답**

(차) 매출채권손상차손	3,000	(대) 손실충당금	3,000

2017.2.28 2016년 말 매출채권 잔액 중 ₩98,000이 회수되고, 나머지는 거래처의 파산으로 제각하다.

☞ **해답**

(차) 현 금	98,000	(대) 매 출 채 권	100,000
손실충당금	2,000		

2017.12.31 2017년 말 매출채권 잔액 ₩200,000에 대해서 3%의 손실충당금을 설정하다. 분개하시오.

☞ **해답**

(차) 매출채권손상차손	5,000	(대) 손실충당금	5,000

☞ **해설**

2017년 12월 31일 설정해야 할 손실충당금은 총 ₩6,000(₩200,000×3%)이다. 그런데 2016년 말 손실충당금 ₩1,000이 아직 사용되지 않고 손실충당금 잔액으로 남아 있다(과다설정). 따라서 2017년 말에는 ₩5,000만 추가로 설정하면 손실충당금 잔액은 총 ₩6,000이 된다.

| 예제 4-1 : 손실충당금의 과다설정 2 |

2016.12.31까지는 앞의 경우와 동일하고(손실충당금 잔액 ₩3,000), 2017년 거래가 다음과 같이 약간 다르다고 가정하고, 각 거래에 대해 분개하시오.

2017.2.28 2016년 말 매출채권 잔액 중 ₩99,400이 회수되고 나머지는 거래처의 파산으로 제각하다.

☞ **해답**

(차) 현 금	99,400	(대) 매 출 채 권	100,000
손실충당금	600		

2017.12.31 2017년 말 매출채권 잔액 ₩200,000에 대해서 1%의 손실충당금을 설정하다.

☞ **해답**

(차) 손실충당금	400	(대) 손실충당금 환입	400

☞ **해설**

2017년 12월 31일 설정해야 할 손실충당금은 총 ₩2,000(₩200,000×1%)이다. 그런데 이때 손실충당금 잔액은 ₩2,400으로 필요액보다 ₩400 많다. 따라서 손실충당금을 ₩400 감소시키고 동시에 그만큼 기타수익인 손실충당금환입(당기수익)을 인식한다.

3) 손실충당금의 과소설정

앞의 예와는 반대로 2016년 말 추정에 의해 설정한 손실충당금보다 실제 손실이 더 큰 경우에는 실제 손실발생액을 충당하기에 손실충당금이 모자란다. 이 부족액에 대해서는 실제 손실 발생시점에서 비용을 인식하여 손상차손을 계상한다.

| 예제 5 : 손실충당금의 과소설정 |

2016.12.31 매출채권 잔액 ₩100,000에 대해서 3%의 손실충당금을 설정하다. 분개하시오. 단, 이때 손실충당금의 잔액은 ₩0이었다.

☞ **해답**

(차) 매출채권손상차손	3,000	(대) 손실충당금	3,000

2017.2.28 2016년 말 매출채권 잔액 ₩100,000 중 ₩95,000이 회수되고, 나머지는 거래처의 파산으로 제각하다. 분개하시오.

☞ **해답**

(차) 현 금	95,000	(대) 매 출 채 권	100,000
손실충당금	3,000		
매출채권손상차손	2,000		

2017.12.31 2017년 말 매출채권 잔액 ₩200,000에 대해서 3%의 손실충당금을 설정하다. 분개하시오.

☞ **해답**

(차) 매출채권손상차손	6,000	(대) 손실충당금	6,000

☞ **해설**

이로써 2017년 매출채권손상차손은 모두 ₩8,000이 된다.

| 참고 : 대체적 방법 |

앞 〈예제 5〉의 경우, 2017.2.28에 〈예제 4〉에서처럼 분개하고 12.31에 이것을 고려한 수정분개를 해도 된다. 기말수정분개를 통해 위 분개와 동일한 결과(손실충당금 기말잔고 및 당기 매출채권손상차손 총액이 동일)를 얻을 수 있기 때문이다. 즉 다음과 같은 분개이다.

2017.2.28

(차) 현　　금	95,000	(대) 매 출 채 권	100,000
손실충당금	5,000		

2017.12.31

(차) 매출채권손상차손	8,000	(대) 손실충당금	8,000

☞ **해설**

기중분개로 인해 손실충당금에 일시적인 차변 잔고(₩3,000 − ₩5,000 = −₩2,000)가 나타나더라도, 기말에 매출채권손상차손 계상시에 손실충당금 잔고 필요액(₩200,000 × 3% = ₩6,000)을 감안하여 ₩8,000을 매출채권손상차손에 차기하고 동시에 손실충당금에 대기하면 된다. 이 회계처리에 의해, 손실충당금 계정에 일시적으로 나타난 차변잔액이 상쇄되어 대변에 ₩6,000의 잔액이 최종적으로 나타나게 된다. 결국 2017년 매출채권손상차손은 ₩8,000, 손실충당금 기말잔액은 ₩6,000으로서, 앞서의 회계처리방법과 그 결과가 동일함을 알 수 있다.

손실충당금을 과대 또는 과소계상한 경우에는 추정이 정확하지 못하여 수익과 비용이 정확히 대응되지 못하게 된다. 예를 들어 2016년 말 ₩3,000으로 추정하였는데 2017년 실제로 ₩5,000의 손실이 발생한 경우(과소추정) ₩3,000에 대해서는 2016년의 비용으로 정확히 계상되었지만 ₩2,000은 2017년의 비용으로 잘못 계상된다. 다시 말하면 2016년 말 손실충당금의 과소계상에 의하여 2016년의 비용이 ₩2,000 과소계상되는 반면, 2017년 비용이 ₩2,000 과대계상된다. 따라서 세금효과를 무시하면 2016년의 이익이 ₩2,000 과대계상되는 반면 2017년 이익이 ₩2,000 과소계상된다. 그러나 이러한 오류는 추정에 따른 불가피한 오류로서 회계기준에서 허용된다. 다만 경영자는 손실충당금을 정확히 추정하기 위해 최선의 노력을 기울여야 하며, 이익조작이나 다른 이유로 과다 또는 과소 추정해서는 안 된다.

4) 제각 채권의 회수

매우 희귀한 경우이겠지만, 만약 제각했던 채권(제각 채권, written-off accounts)이 회수되는 경우 분개는 어떻게 하게 될까? 이때는 편의상 두 단계로 나누어 분개할 수 있다 : i) 제각 당시의 분개를 차 · 대변을 바꾸어 완전히 환원시키는(즉, 없앤 매출채권을 되살려 놓은) 분개(역분개(逆分介, reverse entry)라 함)를 한 후, ii) 그 매출채권으로부터 현금을 회수하는 분개를 하면 된다.

| 예제 6 : 제각 채권의 회수 (예제 4의 계속) **|**

2018.1.31 전년도 2월 28일에 제각했던 ₩2,000을 거래처로부터 회수하게 되다. 분개하시오.

☞ 해답

(차)			(대)		
(차)	매출채권	2,000	(대)	손실충당금	2,000
	현 금	2,000		매출채권	2,000

또는, 위 두 단계를 통합하여(매출채권을 서로 완전히 상쇄시켜), 다음처럼 단일화할 수 있다.

(차)			(대)		
(차)	현 금	2,000	(대)	손실충당금	2,000

| 참고 : T-계정을 통해서 본 손실충당금 잔액의 변화 요인 |

손실충당금

	차변		대변		
제각액→	매출채권	×××	기초잔액	×××	
손실충당금환입액→	손실충당금환입	×××	매출채권(또는 현금)	×××	←제각채권 회수액
			매출채권손상차손	×××	←당기손상차손액
			기말잔액	×××	

3. 손실충당금의 추정

한국채택국제회계기준(K-IFRS 제1109호 '금융상품')에 의하면 금융자산의 최초 인식 후에 금융상품의 신용위험이 유의적으로 증가한 경우에는 매 보고기간 말에 전체기간 기대신용손실에 해당하는 금액으로 손실충당금을 측정한다. 반면에, 유의적으로 증가하지 않은 경우에는 보고 기간 말에 '12개월 기대신용손실'에 해당하는 금액으로 손실충당금을 측정한다. 신용위험의 유의적 증가여부를 평가할 때 기대신용손실액의 변동이 아니라 금융상품의 기대 존속기간에 걸친 채무불이행 발생 위험의 변동을 사용한다. 다만, 매출채권, 계약자산, 리스채권 중에서 일정한 조건을 충족하는 항목에 대해서는 항상 전체 기간 기대신용손실에 해당하는 금액으로 손실충당금을 설정하는 **간편법**(simplified approach)을 사용한다. 특히, 매출채권과 계약자산에 유의적인 금융요소가 없거나, 또는 있다 하더라도 회계정책의 선택에 의해 간편법을 사용할 수 있다. 재화와 용역을 고객에게 이전하는 시기와 대금 지급 시기가 달라 화폐의 시간가치를 고려해야 하는 경우 유의적인 금융요소가 있다고 본다. 그러나 두 시점의 차이가 1년 이내이면 유의적 금융요소를 고려하지 않는 실무적 방법을 쓸 수 있다(수익기준서, K-IFRS 제1115호 문단 63). 따라서 이러한 매출채권에 대해서는, 신용위험의 유의적 증가 여부를 판단할 필요 없이, 항상 전체 기간의 기대신용손실에 해당하는 금액으로 손실충당금을 설정하는 간편법을 쓸 수 있다(K-IFRS 제1109호 문단 5.5.15).

앞 절의 설명에서 문제의 단순화를 통해 독자의 이해를 높이고자, 손상추정액, 즉 회수불능 추정액을 산정할 때 3%와 같은 단일 손실률을 적용하였다. 그러나 이 방법보다 더 과학적인 방법으로서 **연령분석법**(aging schedule)이 있다. 전자는 기말의 매출채권 잔고에 대해 일률적으로 단일 손실률을 곱하는 방법인 데 비해, 후자인 연령분석법은 매출채권을 경과기간(채권발생시부터 현재까지의 기간)별로 분류하여 그 기간마다 상이한 손실률을 적용하는 좀더 과학적인 추정방법이다.

| 예제 7 : 연령분석법의 적용 |

(주)풍남상사는 회계기말의 매출채권 잔액 ₩380,000을 경과기간(연령)별로 분류하여 회수불능액을 추정한다. 기말수정 직전의 손실충당금 잔액은 ₩23,000이다. 회수불능액을 추정하기 위해 다음과 같이 연령(경과기간)별 매출채권에 대해 상응하는 추정손실률을 적용하였다. 이를 이용하여 기말 수정분개를 하시오.

경과기간	매출채권	추정손실률
정상회수일 미경과	₩ 200,000	0.5%
1~30일	100,000	5.0
31~90일	50,000	10.0
91~150일	10,000	40.0
151일 이상	20,000	80.0

☞ **해답**

아래와 같은 연령분석법 적용 결과, 회수불능 추정액이 ₩31,000으로 산정되므로, 손실충당금 기말 최종잔액은 ₩23,000에서 ₩31,000으로 증가되어야 한다. 따라서 다음과 같은 기말 수정분개가 필요하다.

(차) 손 상 차 손	8,000	(대) 손실충당금	8,000

경과기간	매출채권	추정손실률	회수불능 추정액
정상회수일 미경과	₩ 200,000	0.5%	₩ 1,000
1~30일	100,000	5.0	5,000
31~90일	50,000	10.0	5,000
91~150일	10,000	40.0	4,000
151일 이상	20,000	80.0	16,000
합 계	₩ 380,000		₩ 31,000

03 기타 채권 및 채무

1. 받을어음과 지급어음

상품의 외상거래시 어음을 주고받으면 그 어음(또는 어음채권 · 채무)을 어음채권자 입장에서는 **받을어음**(notes receivable), 어음채무자 입장에서는 **지급어음**(notes payable)이라 부른다. 어음이란 일정한 날짜(지급일)에 일정한 금액을 수취인이나 소지인에게 지급할 것을 약속한 증서이다.

어음에는 여러 종류가 있다. 발행자가 직접 지급을 약속하는 **약속어음**(promissory note), 발행인이 아닌 제3자가 지급하게 되어 있는 **환어음**(bill of exchange)이 있고, 상거래에서 물품대금으로 지급하는 어음인 **상업어음**(진성어음), 반면에 물품거래와 관계없이 자금융통을 위해 발행하는 어음인 **융통어음**(공어음)이 있다. 그리고 액면금액과 함께 이자가 명시되어 있는 **이자부어음**(interest-bearing note)과 이자가 명시되어 있지 않은 **무이자부어음**(non-interest-bearing note)이 있다.

1) 어음할인

어음을 받은 채권자는 지급일까지 기다려 현금을 수령하게 된다. 그런데 채권자가 자금이 필요한 경우 지급일까지 기다리는 대신 어음을 제3자에게 배서 · 양도하고 미리 현금화하기도 한다. 이것이 어음할인이다. **어음할인**(note discounting)이란 어음의 소지자가 어음지급일 전에 금융기관이나 다른 사람에게 어음을 양도하면서 만기일까지의 이자 상당분(**할인료**)을 지급하고 현금(**실수금**(實受金, net proceeds))을 받는 것을 말한다. 이때 어음상의 채권에 대한 소유권은 할인해 준 사람에게로 이전되는데, 이 소유권 이전의 방법으로서 어음의 뒷면에 서명을 한다. 이를 **배서**(背書, endorsement)라고 한다. 외상매출금도 지급기일 이전에 양도하여 현금화할 수 있는데 이를 **팩토링**(factoring)이라 한다. 이는 개념적으로 어음할인과 같은 것이다.

어음을 할인하여 양도한 경우 그 어음에 관한 권리가 어음 양수인에게 완전히 넘어가서 양도자의 채무가 완전히 면제되느냐 하는 것은 할인배서조건에 따라 달라진다. 즉, **소구권**(溯求權, 상환청구권) 있는 배서양도(endorse with recourse)와 소구권 없는 배서양도(endorse without recourse)가 있다. 약속어음 발행자인 거래처로부터 받은 어음을 은행에서 할인했는데 그 후 어음지급일에 그 거래처의 은행에서 잔액부족으로 어음결제가 이루어지지 않은 경우, 전자는 어음 양도인이 어음채무에 대해 배상책임을 지는 것이고(은행이 소구권을 가지므로), 후자는 배상책임을 지지 않는 것이다(은행이 소구권이 없으므로).

소구권 있는 배서가 일반적인데(법적으로, 소구권 없음을 특별히 명시하지 않는 한, 배서에는 모두 소구권이 있음), 이 경우 만일 어음의 최종소지자가 어음 지급인으로부터 어음금액을 받을 수 없게 되면 어음을 배서하여 양도한 사람들은 모두 책임을 진다. 이

매출채권의 양도 : 어음할인과 팩토링

어음할인시 어음 소지인은 어음의 만기금액(액면금액과 이자의 합계)을 일정 할인율로 할인한 금액을 현금으로 수취하게 된다. 이와 유사하게 기업은 외상매출금을 은행·할부금융 등의 금융기관에 양도함으로써 현금을 확보할 수 있는데, 이를 팩토링(factoring)이라 부른다. 이때 외상매출금을 인수한 금융기관(팩토링회사)은 일정한 수수료를 제외한 나머지 잔액을 양도인(client)에게 현금으로 지급하고 외상매출금을 양도인의 매출처(customer)로부터 직접 회수할 수 있는 권리를 갖게 된다. 이러한 점에서 팩토링은 사실상 신용카드에 의한 판매와 유사하다. 팩토링은 기업의 자금사정, 손실위험 또는 회수비용 때문에 외상매출금을 제3자에게 양도하고자 할 때 일어나는데, 팩토링 회사(factor)가 채권을 관리·회수하며, 외상매출채권을 상환청구권 없이 매입하기 때문에 만일 사들인 외상매출금이 부도가 날 경우 팩토링회사가 위험을 부담한다. 우리나라의 경우 1980년부터 팩토링 금융이 도입되어 상당한 신장을 보이고 있다.

러한 상황에서 어음을 할인하여 현금을 융통하는 것은 받을어음이라는 채권의 매각이라기보다 어음을 담보로 한 차입행위이다.

2) 어음할인의 회계처리

한국채택국제회계기준[2]에 의하면, 매출채권 등 금융자산을 타인에게 양도(어음할인은 양도임)하는 경우에, 1) 금융자산의 현금흐름에 대한 계약상 권리가 소멸하거나, 2) 그 금융자산의 소유에 따른 위험과 보상(risks and rewards)의 대부분이 이전되면 당해 금융자산을 제거(derecognize)한다. 반면에, 금융자산의 현금흐름을 수취할 계약상 권리를 양도하였지만 그 금융자산의 소유에 따른 위험과 보상의 대부분을 보유하고 있으면 당해 금융자산을 계속하여 인식한다. 따라서 양도가 전자(제거)의 경우이면 해당 금융자산을 제거하고(**매각거래**), 후자(계속 인식)의 경우이면 해당 금융자산을 그대로 두고 양도대가로 받은 금액을 부채로 인식한다(**차입거래**). 한편, 소유에 따른 위험과 보상의 대부분이 이전되었는지 불명확한 경우에는 양도자가 해당 금융자산을 통제하는지 판단하여 통제하지 않는 경우 매각거래로 본다.

따라서 소구권 있는 **어음할인**이라는 보다 일반적인 경우, 어음양도자는 어음양수자에게 당해 어음에 대해 발생할 수 있는 회수불능(uncollectability)의 보상을 보증하는 것이므로 양도자는 어음소유에 따른 위험과 보상의 대부분을 이전하지 않고 보유하게 된다. 이 경우에는 할인어음을 담보로 한 차입행위로 보고 회계처리한다. 즉, 차입금이라는 부채가 증가한다. 보유한 어음(받을어음)이 제거되지 않으므로 받을어음(또는 매출채권)은 없어지지 않는다. 이때 발생하는 **할인료**는 이자비용으로 처리한다. 여기서 유의할 점은, 만기일에는 할인어음에 대한 지급결제가 이루어지므로, 이때 차입금과 받을어음(매출채권)을 동시에 장부상에서 제거시켜야 한다는 것이다.

만일 어음할인이 차입거래가 아니라 매각거래로 간주되는 경우에는, 보유한 어음(받을어음 또는 매출채권)이 제거(즉, 대변 기입)된다. 이때 발생하는 할인료는 **매출채권처분손실**(당기비용)로 처리한다. 그리고 할인어음에 대한 지급결제가 이루어지는 만기일에는 차입거래의 경우와 달리 회계처리할 내용이 없게 된다.

---

2. 기업회계기준서 제1109호 '금융상품' 3.2절 .

앞의 예제에서는 단순한 문제를 통해 어음할인 회계의 핵심을 보여주기 위해 무이자부 어음의 경우를 다루었다. 약간 더 복잡한 이자부어음의 경우는 이 장의 보론으로 엮었으니 관심 있는 독자의 숙독을 바란다.

| 예제 8 : 받을어음의 할인과 지급 |

(주)소금강은 2016년 9월 3일 거래처에 판매대금으로 받은 어음을 바로 은행에 가서 할인하였다. 그 어음은 액면금액 ₩100,000, 3개월 만기, 무이자부 어음이다. 은행에서 이자를 제외한 ₩97,000을 수령하였다. 이 어음은 12월 3일(만기일)에 지급인에 의해 문제 없이 지급되었다. 2016년 9월 3일과 12월 3일 거래에 대해 분개하시오.

☞ **해답**

2016년 9월 3일

매출 분개 :

(차)			(대)		
(차)	받을어음(매출채권)	100,000	(대)	매　　출	100,000

어음할인 분개(별도 언급 없으므로, 소구권 있음을 전제함) :

(차)			(대)		
(차)	현　　금	97,000	(대)	단기차입금	100,000
	이자비용	3,000			

2016년 12월 3일

(차)			(대)		
(차)	단기차입금	100,000	(대)	받을어음(매출채권)	100,000

2. 미수금과 미지급금

미수금은 말 그대로 아직 받지 못한 금액이며, 반대로 미지급금은 아직 지급하지 않은 금액을 나타낸다. 미수금은 1년 이내에 받을 채권(유동자산)이고, **미지급금**은 1년 이내에 갚아야 할 채무(유동부채)이다. 그리고 1년 이후에 받을 미수금은 장기미수금(비유동자산), 1년 이후에 갚을 미지급금은 장기미지급금(비유동부채)이라 한다. 여기에서 주의할 것은 미수금과 매출채권의 차이 및 미지급금과 매입채무의 차이이다.

미수금이나 매출채권 모두 외상거래나 받을어음으로 발생한 금전채권이라는 점에서 같으나 매출채권이 '일반적 상거래' (매출, 매입 등 회사 본래의 사업목적을 위한 영업활동에서 발생하는 매매거래)에서 발생하는 채권인 데 반해, 미수금은 그 외의 매매거래에서 발생하는 금전채권이다. 예를 들면, 상품을 판매하고 아직 대금을 받지 못하면 매출채권이지만 사무실로 사용 중이던 건물을 매각하고 그 대금을 아직 못받았으면 미수금이다. 미지급금과 매입채무의 관계도 마찬가지이다. 즉, 일반적 상거래에서 발생한 채무는 매입채무이지만 그 외의 거래에서 발생한 채무는 미지급금이다. 예를 들면, 상품매매기업이 상품을 외상으로 (또는 지급어음을 주고) 매입하면 매입채무가 발생하지만 비품을 외상으로 구입하면 미지급금이 발생한다. 미수금은 금전채권이므로 필요하다면 손실충당금을 설정하여야 한다.

| 예제 9 : 미수금과 미지급금 |

2016년 6월 8일 (주)서울백화점이 (주)청주개발로부터 토지를 ₩100,000에 구입하였다. (주)청주개발의 장부상 토지가액은 ₩100,000이라고 가정한다. 이 날 (주)서울백화점은 현금 ₩90,000을 지급하고 나머지 ₩10,000은 3개월 후에 지급하기로 하고 약속어음(무이자)을 발행하였다. 그리고 나머지 ₩10,000을 실제로 2016년 9월 8일에 실제로 지급하였다. 두 회사 각각의 입장에서 분개하시오.

☞ 해답

(주)서울백화점				(주)청주개발			
2016. 6. 8				2016. 6. 8			
(차) 토　지	100,000			(차) 현　금	90,000		
(대) 현　금		90,000		미 수 금	10,000		
미지급금		10,000		(대) 토　지		100,000	
2016. 9. 8				2016. 9. 8			
(차) 미지급금	10,000			(차) 현　금	10,000		
(대) 현　금		10,000		(대) 미 수 금		10,000	

☞ 해설

단순화를 위하여 (주)청주개발이 소유하고 있던 토지의 장부금액이 ₩100,000이라고 가정하였으므로 토지 처분에 따른 처분이익이나 손실이 없다. 만약 (주)청주개발의 토지 장부금액이 ₩100,000보다 크다면(작다면) 그 차액만큼 토지처분손실(이익)이 발생하였을 것이다. 토지처분손실은 차변, 토지처분이익은 대변에 분개한다. 그리고 미수금과 미지급금에 대해서도 어음을 주고받을 수 있다. 그러나 이 경우에는 상품의 판매나 매입거래가 아니므로 매출채권이나 매입채무란 계정과목을 사용하지 않는다.

3. 선급금과 선수금

공사, 물품인도, 또는 서비스 제공 이전에 그 대금의 일부를 주고받는 경우가 있다. 이 경우 돈을 주는 측에는 **선급금**(자산)이, 돈을 받는 측에는 **선수금**(부채)이 생긴다. 공사를 위한 선급금(선수금)은 보통 공사선급금(공사선수금)이라 부른다. 선급금이 자산인 이유는 미리 현금을 지급한 대가로 공사의 이행, 원재료나 상품의 인도, 서비스 제공 등을 청구할 권리를 가지게 되기 때문이다. 반대로 선수금이 부채인 이유는 미리 현금을 받은 대가로 공사를 이행하거나 원재료 또는 상품을 인도해야 할 의무를 지기 때문이다. 선급금은 금전채권이 아니라 원재료나 상품의 인도 등을 청구할 권리, 즉 비금전채권이므로 이에 대해서는 손실충당금을 설정하지 않는다.

| 예제 10 : 선급금과 선수금 |

2016년 3월 5일 (주)서울백화점이 (주)대전상사로부터 상품 매입을 위해 대금 ₩50,000을 현금으로 미리 지급하였다. 그리고 3월 28일 나머지 ₩50,000을 추가로 지급하고 상품을 인도받았다. 두 회사 각각의 입장에서 분개하시오.

☞ **해답**

(주)서울백화점			(주)대전상사		
2016. 3. 5			2016. 3. 5		
(차) 선급금	50,000		(차) 현 금	50,000	
(대) 현 금		50,000	(대) 선수금		50,000
2016. 3. 28			2016. 3. 28		
(차) 매 입	100,000		(차) 선수금	50,000	
(대) 선급금		50,000	현 금	50,000	
현 금		50,000	(대) 매 출		100,000

4. 결산수정분개 관련 유동자산 및 유동부채

앞에서 설명한 유동자산과 유동부채들은 기업의 일상적인 활동과정에서 발생하는 계정들이다. 따라서 그러한 계정과목은 기중거래의 분개시에 나타난다. 이와는 달리 결산시 수정분개에 의해 생기거나 조정되어야 하는 유동자산과 유동부채가 있다. 제4장에서 설명한 바와 같이 **발생기준 회계**에서 정확한 손익계산을 위하여 결산수정분개를 필요로 하는데, 이때 현금흐름 시점이 수익·비용 발생시점과 달라서 생기거나 그 금액을 조정해야 하는 계정과목으로서 선급비용과 미수수익(유동자산) 및 미지급비용과 선수수익(유동부채)이 있다.

이들 계정과목에 대해서는 제4장에서 자세히 설명하였기 때문에 본 절에서 설명을 생략한다. 다만 이들 네 가지 계정과 앞 절에서 설명한 계정들의 차이에 대해 설명할 필요가 있다. 미수금과 미수수익(유동자산), 미지급금과 미지급비용(유동부채), 선급금과 선급비용(유동자산), 선수금과 선수수익(유동부채)은 서로 비슷하게 보이는 계정과목이지만 다음과 같은 점에서 차이가 있다.

미수금과 **미지급금**은 일반적 상거래(매출, 매입 등)가 아닌 자산의 매각·취득과 관련하여 기중거래에서 나타나는 자산·부채 계정인 반면, **미수수익**과 **미지급비용**은 일반적 상거래가 아닌 요인으로 당기에 발생한 비용과 수익에 대해 현금흐름이 아직 이루어지지 않아 나타나는 자산·부채 계정이다.

한편, **선급금**과 **선수금**은 상품·원재료, 토지 등의 매입, 수주공사 등의 매출이나 부동산의 매각 등의 거래에서 거래의 완결에 앞서 돈을 미리 주고받아 생기는 자산·부채 계정인 반면, **선급비용**과 **선수수익**은 일반적 상거래가 아닌 요인으로 발생하는 비용과 수익에 대해 현금흐름이 먼저 이루어져 나타나는 자산·부채 계정이다. 예를 들면, 선급금은 공사 또는 상품매입을 위하여 미리 지급한 것인 데 반해, 선급비용(예 : 선급보험료)은 미리 지급한 현금(예 : 보험료)에 대해 기간이 경과하지 않아 아직 비용(예 : 보험료 비용)으로 인식되지 않은 것이다. 양자는 모두 미래 경제적효익을 가지고 있는 자산으로서, 보통 기중거래에서 나타나며 결산 시 수정분개 대상이 될 수 있다는 공통점을 지닌다.

5. 기타 유동자산 및 유동부채

앞에서 설명한 유동자산 및 부채 외에도 가지급금과 가수금, 그리고 예수금 등의 계정과목이 있다. 가지급금과 가수금은 현금 지출과 수입의 내역이 확실하지 않은 경우 일시적으로 설정하는 계정이다. 즉, 현금이 지출되었으나 그 내역이 아직 밝혀지지 않은 경우 일단 가지급금 계정(유동자산)으로 처리한다. 마찬가지로 현금이 들어왔는데 그 내역이 아직 밝혀지지 않으면 가수금 계정(유동부채)으로 일단 처리한다. 그 후 내역이 밝혀지면 해당 금액을 가지급금과 가수금 계정으로부터 각각 적절한 계정으로 대체한다.

| 예제 11 : 가지급금 |

2016년 12월 8일 종업원을 거래처에 출장 보내면서 현금 ₩100,000을 지급하였다. 분개하시오.

☞ **해답**

(차) 가지급금	100,000	(대) 현 금	100,000

2016년 12월 26일 종업원으로부터 출장보고서와 함께 현금지출관련 증빙서류를 받고, 가지급금 중 ₩70,000은 선급금, 나머지 ₩30,000은 접대비로 지급하였음을 알게 되었다. 분개하시오.

☞ **해답**

(차) 선 급 금	70,000	(대) 가지급금	100,000
접 대 비	30,000		

기업은 자신이 부담하지는 않더라도 종업원이나 소비자 등 다른 사람이 부담할 비용을 일단 받아두었다가 제3의 기관으로 납부하는 역할을 하는 경우가 있다. 예를 들면, 종업원의 근로소득세, 건강보험료, 노동조합비 등은 종업원이 부담해야 하지만 1차적으로 기업이 종업원으로부터 징수한다. 그런 다음 해당 기관, 즉 세무서, 국민건강보험관리공단, 노동조합 등에 납부한다. 그 돈은 징수한 후 납부할 때까지 기업이 대신 맡아 보유하고 있으므로 일종의 부채이다. 이 부채를 예수금이라 한다(보통예금은 은행 입장에서 예수금 성격을 가진다). 기업은 종업원으로부터뿐만 아니라 소비자들로부터 부가가치세를 받아서 국세청에 납부하기도 하는데 이 역시 예치용으로 받은 돈, 즉 예수금이다. 예수금이 부채인 이유는 일단 현금을 받았지만 예치했다가 곧 제3자에게 건네주어야 할 의무가 있는 돈을 나타내기 때문이다.

| 예제 12 : 예수금 |

(주)서울백화점은 2016년 12월 17일 급여를 지급하면서 종업원의 근로소득세 ₩30,000과 건강보험료 ₩10,000을 공제하고 나머지 ₩160,000을 지급하였다. 그리고 위의 근로소득세와 건강보험료는 12월 27일 각각 세무서와 국민건강보험관리공단에 납부하였다. 분개하시오.

☞ **해답**

2016년 12월 17일				
(차) 급 여	200,000	(대)	현 금	160,000
			예 수 금(소득세)	30,000
			예수금(건강보험료)	10,000
2016년 12월 27일				
(차) 예 수 금(소득세)	30,000	(대)	현 금	40,000
예수금(건강보험료)	10,000			

보론 이자부어음의 할인

이자부어음은 어음지급일(만기)에 어음상에 약속된 이자율에 따라 계산된 이자가 지급되는 어음이다. 따라서 이자부어음의 만기금액(maturity value)은 액면금액과 이자의 합이다. 이러한 어음이 할인양도될 때 할인하는 은행 등 금융기관은 만기금액에 자체 이자율(어음상의 이자율이 아니라 은행이 정한 것임)을 할인일부터 만기일까지의 기간 동안 적용하여 할인료라는 이자를 계산한다. 만기금액에서 할인료를 차감한 금액을 **실수금**(實受金, net proceeds)이라 한다. 다음 예제를 보도록 하자.

| 보론예제 1 |

(주)부여상사는 (주)다물약품으로부터 받은 90일 만기의 액면가 ₩100,000인 이자부어음(이자율 12%)을 어음발행일로부터 30일 지난 후에 은행으로부터 연리 15% 조건으로 할인하고 할인료를 제외한 잔액을 현금으로 받았다. 1년을 360일로 가정하여 이 할인거래를 차입거래와 매각거래인 경우로 나누어 각각 분개하시오.

☞ **해답**

차입거래로 보는 경우

(차)	현 금	100,425	(대)	단기차입금	100,000
	이자비용(할인료)	575*		이 자 수 익	1,000

매각거래로 보는 경우

(차)	현 금	100,425	(대)	매 출 채 권(받을어음)	100,000
	매출채권처분손실(할인료)	575*		이 자 수 익	1,000

* 할인료

만기금액 :	₩103,000	= ₩100,000 + 100,000 × 0.12 × 90/360
은행할인료 :	₩2,575	= ₩103,000 × 0.15 × 60/360
실수금 :	₩100,425	
어음의 장부금액:	₩101,000	= ₩100,000 + 100,000 × 0.12 × 30/360
할인료 :	₩(575)	

☞ **해설**

어음의 만기금액은 어음 액면금액(₩100,000)에 어음상의 이자율 12%가 90일간 적용되어 계산되는 원리금 합계이다. 은행할인료는 이 만기금액(₩103,000)에 은행의 이자율인 15%를 만기일까지 남은 기간인 60일간 적용하여 계산한 금액(₩2,575)이다. 따라서 (주)부여상사가 받게 되는 실수금은 ₩100,425이 된다.

그런데 (주)부여상사는 할인일 현재 30일간의 어음상의 이자수익이 이미 발생해 있다. 이 날 이것을 인식하는 회계처리가 필요하다. 이로써 이 날 현재 어음의 장부금액은 액면금액과 발생이자의 합인 ₩101,000이 되는데, 이 장부금액와 실수금과의 차이인 ₩575이 어음양도회사인 (주)부여상사가 인식해야 하는 할인료 비용이다. 이 비용이 차입거래 경우에는 이자비용으로, 매각거래 경우에는 매출채권처분손실로 계상된다.

| 보론예제 2 |

(주)부여상사는 (주)다물약품이 상기 할인어음을 만기일에 정상적으로 결제하였다는 통지를 은행으로부터 받았다. 이 거래를 분개하시오.

☞ **해답**

차입거래로 보는 경우

(차)	단기차입금	100,000	(대)	매출채권(받을어음)	100,000

매각거래로 보는 경우 : 분개 없음

연습문제

❀ 개념설명 및 서술문제 ❀

01. 외상판매의 경우 판매기업과 매입기업에서 발생하는 계정과목은 무엇이며, 이에 대한 개념을 설명하시오.

02. 매출환입(sales returns)과 매출에누리(sales allowances)에 대해 설명하시오.

03. 매출에누리및환입은 차변 잔액을 가진다. 그 이유 및 손익계산서상 표시방법에 대해 설명하시오.

04. 현금할인(cash discount)의 개념과 목적에 대해 설명하시오.

05. 2/10, n/30가 의미하는 거래조건에 대해 설명하시오.

06. 손상차손과 매출채권 제각의 개념에 대해 설명하시오.

07. 회수불능채권의 회계처리방법 중 직접차감법(또는 직접제각법, direct write-off method)의 개념과 장·단점에 대해 설명하시오.

08. 충당금설정법(allowance method)의 개념과 특징에 대해 설명하시오.

09. 손실충당금(loss allowance)을 재무상태표상에 표시하는 방법을 설명하시오.

10. 전기 말 결산시에 설정한 손실충당금보다 당기에 실제 발생한 손상이 더 클 경우의 회계처리에 대해 설명하시오.

11. 매출채권을 이용하여 기업이 필요한 현금을 조달할 수 있는 방법에 대해 설명하시오.

12. 어음할인이 매각거래 또는 차입거래로 회계처리되는 경우에 대해 설명하고, 회계처리 면에서의 차이에 대해서도 설명하시오.

13. 외상매출금(accounts receivable)과 미수금, 외상매입금(accounts payable)과 미지급금의 차이에 대해 설명하시오.

14. 실제 현금흐름 시점과 수익·비용의 발생시점이 다르므로 발생할 수 있는 계정과목에 대해 설명하시오.

15. 가지급금, 가수금, 예수금 각각은 자산과 부채계정 중 어느 계정에 해당하는가?

❀ 계산 및 회계처리문제 ❀

기초문제

01. (주)서초유통은 3월 10일 (주)송파백화점에 상품 ₩1,000을 외상으로 판매하였고, 2달 후인 5월 10일 그 대금을 모두 (주)송파백화점으로부터 회수하였다. (주)서초유통과 (주)송파백화점은 모두 실지재고조사법을 사용하고 있었다.

(1) 위 거래와 관련하여 3월 10일과 5월 10일의 (주)서초유통의 분개를 제시하시오.
(2) 위 거래와 관련하여 3월 10일과 5월 10일의 (주)송파백화점의 분개를 제시하시오.

02. (주)인천유통이 2017년 6월 1일 (주)서울백화점에 식품 ₩10,000을 외상으로 판매하였다. 대금지급조건은 2/10, n/30이다. (주)인천유통은 실지재고조사법을 사용한다.

(1) 위 거래에 대해서 (주)인천유통과 (주)서울백화점 각각의 분개를 제시하시오.
(2) 6월 3일 (주)서울백화점이 품질문제를 제기해 와서 (주)인천유통이 외상판매금액 중 ₩500을 에누리해 주기로 하였다. 이 거래에 대한 (주)인천유통과 (주)서울백화점 각각의 분개를 제시하시오.
(3) 6월 10일 (주)서울백화점이 위의 매입채무를 현금으로 지급하였다. 이 거래에 대한 (주)인천유통과 (주)서울백화점 각각의 분개를 제시하시오.

03. (주)영종상사의 2016년 12월 31일 매출채권 잔액이 ₩10,000이었다. (주)영종상사의 경영자는 이 중 4%는 회수되지 않을 것으로 추정하였다. 2016년 말 현재 손실충당금 잔액은 ₩150이었다.

(1) 2016년 말 결산시 손실충당금을 설정하기 위한 분개는?

(2) 2017년 3월 말 전년도 매출채권 잔액 중 ₩9,500은 회수되고 나머지 ₩500은 거래처 도산으로 회수불능으로 판단되어 매출채권을 제각하였다. 이를 분개하시오.

04. (주)한라는 2016년 12월 31일부터 2017년 12월 31일까지 대손과 관련하여 다음의 거래가 있었다.

① 2016년 12월 31일: 이 날 현재 (주)한라의 매출채권 잔액은 ₩50,000이었으며, 추정 손실률을 3%로 하여 손실충당금을 설정하였다. 설정 전 손실충당금 잔액은 ₩500이었다.

② 2017년 3월 12일: (주)한라는 거래처 (주)백두의 파산으로 ₩1,000의 손상을 확정하였다.

③ 2017년 6월 24일: (주)한라는 거래처 (주)금강의 파산으로 ₩800의 손상을 확정하였다.

④ 2017년 8월 16일: 손상으로 확정되어 제각하였던 (주)백두의 매출채권 중 ₩500을 현금으로 회수하였다.

⑤ 2017년 12월 31일: 기말 현재 (주)한라의 매출채권 잔액은 ₩45,000이며, 손실률은 4%로 추정하여 손실충당금을 설정하였다.

(1) 위의 각 거래에 대해 (주)한라가 행해야 하는 분개를 제시하시오.

(2) 2017년 12월 31일에 설정한 손실충당금을 관련 매출채권과 함께 부분재무상태표에 표시해 보이시오.

05. (주)설악은 매출채권의 연령분석법에 의해 손상을 추정하고 있다. 다음은 (주)설악의 매출채권의 연령분석표이다.

만기일 경과기간	매출채권 기말잔액	추정손실률
만기일 미경과	₩45,000	2%
1 ~ 30일	5,000	4
31일 ~ 60일	3,600	10
61일 ~ 90일	1,800	20
91일 ~ 180일	1,200	35
181일 ~ 1년	600	50
1년 이상	200	80
합 계	₩57,400	

(1) 수정분개 직전의 손실충당금 잔액이 ₩2,000일 경우, 기말에 손실충당금 설정시 필요한 분개를 제시하시오.

(2) 수정분개 직전의 손실충당금 잔액이 ₩3,000일 경우, 기말에 손실충당금 설정시 필요한 분개를 제시하시오.

06. (주)인천유통이 8월 1일 상품 ₩10,000을 외상으로 매출하고 그 대금조로 액면금액 ₩10,000, 3개월 만기, 무이자부 어음을 수령하였다. 그리고 당일 그 어음을 은행에 가서 할인하고 이자와 수수료를 제외한 ₩9,800을 수령하였다. (주)인천유통은 실지재고조사법을 사용하고 있다.

(1) 8월 1일 매출에 대한 분개를 제시하시오.

(2) 8월 1일 어음할인에 대한 분개를 제시하시오.

(3) 위의 어음이 10월 31일 지급인에 의해 지급되었다고 가정하고 이 거래를 분개하시오.

07. (주)용산유통이 보유하고 있던 토지를 ₩20,000에 (주)서울백화점에 매각하였다. 이 토지의 장부금액은 ₩12,000이었다. (주)서울백화점은 매각대금 중 ₩10,000은 현금으로 지급하고 나머지는 3개월 만기 무이자부 어음으로 지급하였다.

(1) (주)용산유통의 입장에서 필요한 분개는?

(2) (주)서울백화점의 입장에서 필요한 분개는?

(3) 어음의 만기일에 어음을 지급하였을 때 (주)용산유통과 (주)서울백화점이 각각 기록할 분개를 제시하시오.

08. 2017년 2월 1일 (주)서울백화점이 (주)인천유통에 상품 ₩30,000어치를 주문하고 상품대금 중 일부인 ₩10,000을 미리 지급하였다. 두 회사 모두 실지재고조사법을 사용하고 있다.

(1) 이 거래를 (주)서울백화점과 (주)인천유통의 입장에서 각각 분개하시오.
(2) 2월 28일 상품을 인수하고 나머지 금액 ₩20,000을 지급하였다. 이 거래를 (주)서울백화점과 (주)인천유통의 입장에서 각각 분개하시오.

09. (주)김포전자는 2016년 12월 1일 종업원을 거래처에 출장 보내면서 ₩20,000을 현금으로 지급하였다.

(1) 이 거래를 분개하시오.
(2) (주)김포전자는 12월 5일 종업원으로부터 출장보고서를 받고 ₩20,000 중 ₩5,000은 접대비, 나머지는 여비출장비로 처리하였다. 이 분개를 제시하시오.

10. (주)파주통상이 12월 15일 급여를 지급하면서 종업원의 근로소득세 ₩5,000, 건강보험료 ₩2,000을 공제하고 나머지 ₩50,000을 지급하였다. 그리고 위의 근로소득세와 건강보험료는 12월 27일 각각 세무서와 국민건강보험관리공단에 납부하였다.

(1) (주)파주통상의 급여지급과 공제에 대한 분개를 제시하시오.
(2) (주)파주통상의 소득세와 건강보험료의 납부에 대한 분개를 제시하시오.

심화문제

01. (주)속리는 2016년 4월 1일 거래처로부터 판매대금으로 6개월 만기, 연리 10% 액면금액 ₩1,000,000의 약속어음을 받았다. 이 약속어음을 2개월 뒤인 6월 1일 거래은행에서 연리 12%로 할인하였다. 어음의 할인과 관련하여, (1) 차입거래로 보는 경우와 (2) 매각거래로 보는 경우에 위 어음할인에 대한 회계처리를 하시오. (2002년 세무사 시험 기출문제)

02. (주)소백은 상품대금으로 (주)오대로부터 액면금액 ₩5,000,000(연리 12%, 4개월만기)을 수취하였다. 그리고 3개월 이후에 은행으로부터 연리 14%로 할인하고 현금을 수취하였다(이자는 월할계산을 하고 소수점 첫째자리에서 반올림한다).

(1) 위 할인거래를 차입거래로 간주하여 분개하시오.

(2) 위 할인거래를 매각거래로 간주하여 분개하시오.

03. 다음은 (주)한라의 2016년 말의 일부 주요 계정들의 잔액이다. 이 자료를 바탕으로 다음 물음에 답하시오.

현 금	₩9,180,000	매출채권	₩27,200,000	상 품	₩12,000,000
소 모 품	312,000	선급보험료	816,000	비 품	7,680,000
비품감가상각누계액	1,296,000	차량운반구	14,100,000	차량운반구감가상각누계액	5,832,000
매입채무	3,240,000	미지급급여	240,000	단기차입금	3,600,000
자 본 금	32,160,000	이익잉여금	3,000,000	매 출	200,000,000
매출할인	1,320,000	매출원가	128,400,000	매출환입	2,520,000
접 대 비	3,396,000	통 신 비	132,000	임 차 료	2,658,000
보 험 료	1,530,000	차량운반구감가상각비	552,000	비품감가상각비	1,080,000
세금과공과	144,000	이자비용	120,000	급 여	30,120,000

(1) (주)한라의 순매출액을 계산하시오.

(2) (주)한라의 매출총이익과 매출총이익률을 계산하시오.

(3) 매출환입 및 매출할인에 대한 회계처리방법에 대하여 설명하시오.

Chapter 09

재고자산

01 재고자산의 종류와 회계문제 | 02 재고자산의 단가결정

03 재고자산감모손실과 평가손실 | 04 재고자산원가의 추정

제9장에서 설명될 계정과목

계정과목	포함되는 항목	설명
상품	상품 · 미착상품 · 적송품 등	상품매매기업이 판매를 목적으로 매입한 완성품
제품	제품	제조기업이 제조하여 판매를 목적으로 보유하고 있는 완성품
반제품	반제품	제조기업이 자가제조한 중간제품 및 부분품
재공품	재공품	제품 또는 반제품의 제조를 위하여 공정 중에 있는 것
원재료	원료 · 재료 · 매입부분품 · 미착원재료 등	제품 제조를 위하여 공정에 투입될 원재료 등
저장품	소모품 · 소모공구기구비품 · 수선용 부분품 및 기타 저장품	공장 또는 사무실에서 사용할 목적으로 보유하고 있는 재고자산

01 재고자산의 종류와 회계문제

1. 재고자산의 종류

재고자산(inventory)은 크게 두 가지 부류로 나눌 수 있다. 첫째는 판매를 목적으로 기업이 보유하고 있는 제품이나 상품이다. 상기업이 판매를 목적으로 완성품을 매입하여 보유하고 있으면 **상품**이라 부르고, 제조기업이 판매를 목적으로 제조하여 보유하고 있는 완성품을 **제품**이라 한다. 따라서 제품과 상품의 공통점은 완성품으로서 판매를 목적으로 보유하고 있다는 것이다. 제품에는 판매를 목적으로 생산한 제품뿐 아니라 판매 가능한 부산물도 포함된다.

따라서 판매를 목적으로 보유하고 있는 것이면 일상적인 의미의 상품(예 : 컴퓨터, 라면 등)이 아니더라도 재고자산에 포함된다. 예를 들면, 부동산개발회사가 판매를 목적으로 소유하는 토지, 건물, 기타 이와 유사한 부동산은 상품에 포함된다. 이처럼 같은 자산이라 하더라도 당해 기업의 주 영업활동이 무엇인지에 따라 자산의 분류가 달라지며, 자산의 목적이 무엇인가에 따라 분류가 달라진다. 동일한 컴퓨터라도 컴퓨터 딜러가 판매 목적으로 매입하면 재고자산이지만 사무실에서 사용할 용도로 구입하면 유형자산 중 비품이 된다.

두 번째 부류의 재고자산은 판매를 목적으로 보유하는 것이 아니라 제품의 생산과정에서 발생하거나 또는 제품의 생산 및 사무실 운영에 필요한 자산이다. 여기에는 반제품, 재공품, 원재료, 저장품 등이 포함된다. **반제품**은 자가제조한 중간제품과 부분품을 말하며, **재공품**(WIP : work-in-process)은 제품 또는 반제품의 제조를 위하여 재공과정(공정 중)에 있는 재고자산이다. **원재료**에는 원료 · 재료 · 매입부분품 · 미착원재료 등이 포함되며, **저장품**에는 소모품 · 수선용 부분품 등이 포함된다.

제4장에서 사무실용 소모품에 관해 배웠는데, 그때는 저장품이 아니라 소모품이라는 계정을 사용하였다. 저장품은 소모품을 포괄하는 계정이다. 본서는 재무회계에 초점을 맞추고 있으므로 제조기업에서 제조과정에 필요하거나 제조과정에서 발생하는 재고자산에 대해서는 구체적 설명을 생략한다.

2. 재고자산의 회계문제

재고자산의 관리는 기업경영에 있어서 아주 중요한 의미를 가진다. 우선 재고자산은 기업의 수요예측과 생산의 완충지역에 위치하고 있다. 따라서 다음의 두 가지 특성을 동시에 만족시켜야 한다. 즉, 수요가 있을 때 그 수요를 충족시킬 만큼 충분한 재고자산을 보유하고 있어야 한다는 측면과, 수요예측에 의해 생산량을 조절하여 필요 없이 많은 재고자산을 보유해서는 안 된다는 것이다. 불필요한 재고자산을 보유하면 보관에 필요한 직접비용뿐 아니라 재고자산 매입자금에 대한 이자비용이 많이 들어 기업의 수익성이 악화된다.

이러한 재고관리상의 문제와는 별도로 회계에서도 재고자산은 아주 중요한 위치를 차지한다. 우선 업종에 따라서 다르겠지만 재고자산은 금액이 크기 때문에 그 정확한 평가가 기업의 경영성과 측정과 재무상태 표시에 막대한 영향을 끼친다. 재고자산(원가)의 평가[1]와 기업의 이익측정은 직결되어 있다. 그 관계를 이해하기 위해서 제5장에서 설명한 매출액과 매출원가의 관계를 다시 한 번 정리하면 다음과 같다.

매출액과 매출원가의 관계

매출총이익 = 매출액 − 매출원가

상기업의 매출원가 = 기초상품원가 + 당기상품매입원가 − 기말상품원가

→ 매출총이익 = 매출액 − (기초상품원가 + 당기상품매입원가 − 기말상품원가)

기말상품원가 과대평가 → 매출원가 과소평가 → 매출총이익 과대평가 → 당기순이익 과대평가

기말상품원가 과소평가 → 매출원가 과대평가 → 매출총이익 과소평가 → 당기순이익 과소평가

1. 이 장에서 재고자산 또는 상품에 대해 '평가' 라는 용어가 사용되는데, 엄밀히 말하면 이것은 자산의 가치(value)에 대한 평가(valuation)가 아니라 자산의 원가(cost)를 계산하여 결정(determination)하는 것을 의미한다. 따라서 '재고자산 평가' 보다 '재고자산 원가결정' 이라는 말이 정확한 표현이다. 그러나 일반적으로 '재고자산 원가결정' 을 뜻하는 의미로 '재고자산 평가' 라는 말이 사용되고 있고, 오히려 더 익숙한 표현인 경우가 많으므로 본서는 '재고자산 평가', '상품 평가' 라는 표현을 주로 원가결정(cost determination)의 의미로 사용한다.

상기업의 경우를 예를 들면 기말상품의 평가에 따라서 매출원가가 결정되고 매출원가를 매출액에서 차감하여 **매출총이익**이 결정된다. 이때 기말상품이 과대평가되면 그만큼 매출원가가 과소평가되고, 따라서 매출총이익이 과대평가되어 결국 당기순이익이 과대평가된다. 기말상품이 과대평가되면 재무상태표상의 상품도 동시에 과대평가된다. 아래 〈표 9-1〉에서 보듯이, 이렇게 과대평가된 기말상품은 차기에는 기초상품이 되고 이로 인해 차기의 매출원가는 과대평가, 매출총이익은 과소평가된다. 결과적으로 기말상품의 과대평가는 당기의 재무상태표상의 재고자산과 손익계산서상의 당기순이익의 과대평가로 이어지고, 차기 순이익의 과소평가로 이어진다. 반대로 당기의 기말상품이 과소평가되면 당기의 순이익이 과소평가되고, 차기의 순이익이 과대평가된다.

표 9-1 기말재고자산에 대한 과대·과소 평가의 영향

항 목	평가오류 연도	차 기
기초재고	영향 없음	**과소[과대] 평가**
판매가능상품원가	영향 없음	과소[과대] 평가
기말재고	**과소[과대] 평가**	영향 없음
매출원가	과대[과소] 평가	과소[과대] 평가
매출총이익	과소[과대] 평가	과대[과소] 평가
당기순이익	과소[과대] 평가	과대[과소] 평가
이익잉여금	과소[과대] 평가	영향 없음

따라서 정확한 재고자산의 평가가 재무보고에 중요하다. 그러나 재고자산의 진정한 평가액을 정한다는 것은 어려운 일이다. 한국채택국제회계기준에서는 재고자산 평가에 관한 여러 가지 방법 중 비교적 합리적이라 판단되는 방법을 경영자가 선택할 수 있도록 허용하고 있다. 다만 한 가지 방법을 선택하면 동일한 자산에 대해서는 계속적으로 그 방법을 적용하여야 하며 특별한 이유가 없는 한 변경해서는 안 된다. 재고자산의 평가에 따라 재무상태표와 손익계산서가 달라지기 때문에 경영자들이 여러 가지 이유로 자의적으로 재고자산을 평가하고 싶은 유인이 생기게 된다. 이것이 바로 공인회계사가 외부감사를 실시할 때 재고자산을 중점적으로 감사해야 하는 이유이다.

재고자산의 평가는 구체적으로 재고자산의 원가를 결정하는 일인데 원가를 결정

하기 위해서는 재고자산의 수량과 단위원가(이하, 줄여서 단가)를 구해야 한다. 따라서 재고자산의 평가에 관한 이슈는 재고자산의 수량결정과 단가결정의 문제라 할 수 있다.

재고자산의 평가액

재고자산의 평가액 = 재고자산의 수량 x 재고자산의 단위원가

이 중에서 재고자산의 수량결정에 관해서는 제5장에서 이미 논의하였다. 즉, 기말재고 자산의 수량결정에는 계속기록법과 실지재고조사법이 있다. **계속기록법**은 재고자산의 입고와 출고에 대해서 원가를 계속 기록함으로써 언제든지 상품재고장과 원장을 보면 그 시점에 남아 있는 재고자산의 수량과 원가, 그리고 그 시점까지 판매된 재고자산의 수량과 원가(매출원가)를 파악할 수 있는 방법이다. 그렇게 하기 위해서는 재고자산의 매입시마다 수량과 단가를 모두 기록해 두어야 함은 물론이고 재고자산의 판매시에도 판매된 재고자산의 수량과 단가를 모두 기록해야 한다.

반면에 **실지재고조사법**에서는 기간 중에 판매되는 재고자산에 대한 매출원가를 계산하거나 기록하지 않는다. 계속기록법에서 매출원가를 항상 정확하게 파악하여 기록해 나가는 것과는 대조적으로 실지재고조사법에서는 매출원가를 기말에 추정한다. 실지재고조사법에서는 기말상품의 수량을 장부기록을 통해서는 알 수 없다. 왜냐하면 재고자산이 판매될 시점에서 얼마짜리 상품이 몇 단위 판매되었는지를 기록하지 않기 때문이다. 그래서 이 방법에서는 기말재고자산을 파악하기 위하여 실지재고조사를 한다.

재고자산의 회계처리 문제로서 수량결정 외에도 단가결정 및 재고감모손실의 처리 문제가 있다. 다음에는 이에 대해서 살펴본다.

재고자산의 회계처리 문제

① 재고자산의 수량결정 및 회계기록의 방법 : 계속기록법 또는 실지재고조사법
② 재고자산의 평가에 적용할 매입단가 : 개별법, 평균법, 선입선출법, 후입선출법 등
③ 재고자산의 감모손실 : 매출원가에 포함
④ 재고자산의 평가에 적용할 측정속성 : 취득원가 대 공정가치

02 재고자산의 단가결정

1. 원가흐름에 관한 가정

계속기록법에 의해서든 실지재고조사법에 의해서든 기말상품의 수량을 결정하면 기말상품의 매입단가를 알아야 기말상품의 원가를 계산할 수 있다. 그러나 기말상품에 포함되어 있는 상품은 서로 다른 시기에 매입된 상품이 섞여 있으며 매입시마다 서로 다른 단가로 매입된 경우가 대부분이다. 예를 들어, 전자상품 양판점에서 판매하고 있는 똑같은 사양의 TV 세트라도 11월의 매입원가는 대당 ₩200만이었는데 12월에는 매입원가가 올라서 대당 ₩220만인 경우가 있을 수 있다. 그런데 만약 이 두 대의 TV 세트 중 12월 말 경에 한 대는 판매되고 나머지 한 대는 기말 상품재고로 남아 있다면 기말 상품재고의 원가는 얼마이겠는가?

위의 예에서 기말상품의 단가를 결정하기 위해서는 경영자가 매입상품의 판매순서에 대해서 적용할 원가흐름에 관한 가정(assumption)이 필요하다. 예를 들어, 항상 먼저 매입한 상품이 먼저 판매된다고 가정한다면 12월 말에 판매된 TV세트의 매입단가는 ₩200만을 적용하고, 기말 재고에 남아 있는 TV세트는 매입단가 ₩220만을 적용한다. 따라서 매출원가는 ₩200만, 기말상품 평가액은 ₩220만이 된다. 그러나 원가흐름에 대해서 위와 다른 가정을 하면 결과도 달라진다. 즉, 매입시점과 관계없이 재고자산의 평균단가를 적용한다고 가정한다면 12월 말에 판매된 TV세트와 기말 재고에 남아 있는 TV세트에 동일하게 매입단가 ₩210만을 적용한다. 따라서 매출원가도 ₩210만, 기말상품 평가액도 ₩210만이 된다. 전자의 방법을 선입선출법, 후자의 방법을 가중평균법이라 한다.

이처럼 재고자산 원가의 흐름에 관한 경영자의 가정에 따라 매출원가와 기말상품의 금액이 달라지게 된다. 이외의 원가흐름 가정에 따른 방법으로 후입선출법이 있고, 그 외에 개별법, 소매재고법 등의 단가계산방법도 있다. 이 중 선입선출법과는 반대의 원가흐름을 가정한 후입선출법(LIFO : last-in-first-out method)은 한국채택국제회계기준(기업회계기준서 제1002호 '재고자산')의 도입 전에는 허용되어 왔으나 그 후로는 허용되지 않으므로 본서에서는 다루지 않는다.

개별법은 원가흐름에 대한 가정을 하지 않고 실물의 흐름을 파악하여 그에 따라 매출원가와 기말상품을 평가하는 방법으로, 실무에서는 잘 사용하지 않는 방법이다. 그리고 소매재고법은 소매점 등에서 사용하는 재고자산 추정방법인데 이에 대해서는 나중에 설명한다.

원가의 흐름(cost flow)과 **실물의 흐름**(physical flow)

재고자산의 단가(단위원가)결정에 보통 실제 재고자산의 실물의 흐름과 원가의 흐름이 일치하지는 않는다. 재고자산 실물의 흐름은 재고관리 목적상 대부분 선입선출법이다. 왜냐하면 상품의 부패, 변질 또는 진부화(구모델화)되는 것을 막기 위해 대부분의 경우 먼저 입고된 상품을 먼저 출고하기 때문이다. 물론 특별한 경우 가중평균법이 더 실물의 흐름과 맞을 수도 있다. 예를 들면, 주유소에서 휘발유 탱크에 휘발유를 보충하면 기존에 있던 휘발유와 새로 보충한 휘발유가 섞여서 주유된다. 이 경우 실물의 흐름은 가중평균법에 가깝다. 그러나 원가의 흐름은 이와 관계없이 경영자가 정할 수 있다. 그것은 실무상의 편의를 위한 것인데 원가흐름에 관해 어떤 가정을 하든 매기 계속적으로 적용하면 큰 문제가 없기 때문이기도 하다. 회계기준에 따르면 일단 선택한 방법은 매기 계속하여 적용하고 정당한 사유 없이 이를 변경해서는 아니된다.

2. 계속기록법에서의 원가흐름

재고자산의 수량결정 및 회계처리방법으로 계속기록법과 실지재고조사법이 있다는 것을 우리는 이미 배워 알고 있다. 그런데 이 중 어느 방법을 사용하는가에 따라서, 동일한 원가흐름에 관한 가정을 적용하여도 매출원가와 기말상품이 다르게 계산될 수 있다. 예를 들면, 동일한 가중평균법이라도 계속기록법을 적용할 때와 실지재고조사법을 적용할 때 그 결과가 달라진다. 따라서 본서에서는 다음의 사례를 통하여 계속기록법하에서의 각 단가결정방법에 대해 먼저 설명하고, 다음에 실지재고조사하에서의 각 단가결정방법에 대해 다룬다.

| 사 례 |

(주)서울백화점은 계속기록법을 채택하고 있다. 재고자산의 상황은 다음과 같다.

	매입수량	단가	금액	매출수량	매출가격
7. 1 기초재고	300개	@₩100	₩30,000		
7. 2 매입	300개	@₩120	₩36,000		
7. 6 매출				500개	@₩200
7.10 매입	600개	@₩140	₩84,000		
7.25 매출				500개	@₩200
7.31 실사결과 기말재고는 200개였다.					

1) 선입선출법

선입선출법(FIFO : first-in-first-out method)은 먼저 입고된 상품부터 먼저 판매된다고 가정한다. 이 가정에 따르면 (주)서울백화점의 예에서 7월 6일 판매된 500개 중 300개는 전기로부터 이월되어 온 단가 ₩100의 상품이고, 나머지 200개는 7월 2일에 매입한 단가 ₩120의 상품이다. 이로써 매출원가는 (300개 × @₩100) + (200개 × @₩120) = ₩54,000이다. 따라서 7월 6일의 분개(계속기록법 적용)는 다음과 같다.

(차) 현 금	100,000	(대) 매 출	100,000
매 출 원 가	54,000	상 품	54,000

다음 매출은 7월 25일에 일어났다. 7월 10일에 단가가 ₩140인 상품을 600개 매입하였으므로 7월 25일 판매 직전에는 총 700개의 상품 재고가 있다. 이 중 100개의 단가는 ₩120(7월 2일 매입분), 그리고 나머지 600개의 단가는 ₩140이다. 선입선출법을 적용하여 7월 25일 판매된 상품 500개의 매출원가를 구하면, 7월 2일 매입한 상품 100개(단가 ₩120)와 7월 10일 매입한 상품 400개(단가 ₩140)를 더하여 ₩68,000이다. 따라서 7월 25일 매출거래의 분개는 다음과 같다.

(차) 현 금	100,000	(대) 매 출	100,000
매 출 원 가	68,000	상 품	68,000

따라서 7월 6일 판매상품의 매출원가 ₩54,000과 7월 25일 판매상품의 매출원가 ₩68,000의 합계 ₩122,000이 7월 중의 총매출원가이다. 그리고 기말 상품재고는 아직 판매되지 않은 상품 200개 × 최근단가 ₩140 = ₩28,000이다.

2) 이동가중평균법

가중평균법(weighted average method)이란 말 그대로 기존의 재고자산 단가의 가중평균을 매출원가 계산에 적용한다는 것이다. (주)서울백화점의 예에서 7월 6일에 판매 가능한 상품 600개의 총원가는 ₩66,000이므로(전기이월 상품 300개 × 단가 ₩100 + 7월 2일 매입 상품 300개 × 단가 ₩120) 가중평균 단가는 ₩110이다. 따라서 7월 6일 판매한 500개 상품의 매출원가는 500개 × @₩110 = ₩55,000이다. 따라서 7월 6일 매출거래의 분개는 다음과 같다.

(차)			(대)		
(차)	현 금	100,000	(대)	매 출	100,000
	매 출 원 가	55,000		상 품	55,000

7월 10일에 단가가 ₩140원인 상품을 600개 매입한 후 7월 25일 기준으로 총 700개의 상품 재고가 있는데 이 중 100개의 (평균)단가는 앞에서 계산한 바와 같이 ₩110이며 나머지 600개의 단가는 ₩140이다. 이 700개의 평균단가를 계산하면 (100개 × @₩110 + 600개 × @₩140) / 700개 = ₩95,000 / 700개 = ₩135.714이다. 따라서 매출원가는 500개 × ₩135.714 = ₩67,857이다. 따라서 7월 25일 매출거래의 분개는 다음과 같다.

(차)			(대)		
(차)	현 금	100,000	(대)	매 출	100,000
	매 출 원 가	67,857		상 품	67,857

따라서 7월 중의 총매출원가는 7월 6일의 매출원가와 7월 25일의 매출원가의 합계인 ₩122,857이다.

그리고 기말 상품재고는 200개 × ₩135.714 = ₩27,143이다.

여기에서 이동가중평균법(moving weighted average method)이라는 표현을 쓰는 이유는, 계속기록법에서 매입이 일어날 때마다 재고상품의 가중평균단가를 계산하게 되는데, 그때마다 가중평균단가가 기존의 값에서 새 매입단가를 반영하여 새로운 값으로 이동(변화)하기 때문이다. 앞의 (주)서울백화점 예에서는 가중평균단가가 기초의 ₩100에서 7월 6일 매입 직후 ₩110으로, 7월 10일 매입 직후 ₩135.714으로 변화해 간 것을 알 수 있다. 이동가중평균법은 그 정의상 계속기록법에서만 사용할 수 있고, 실지재고조사법에서는 사용할 수 없다. 실지재고조사법에서 사용하는 평균법은 총평균법이라 한다.

3) 개별법

개별법(specific identification method)이란 앞의 세 가지 방법과는 달리 재고자산의 흐름에 대해서 인위적인 가정을 하는 것이 아니라 실물의 흐름을 파악하여 그에 따라 매출원가와 기말재고상품을 결정하는 방법이다. 상품의 수량이 많지 않고 고가일 때 사용할 수는 있으나 그 사용의 실익이 없으므로 실무에서 많이 사용하지 않는 방법이다.

| 예제 1 : 개별법에 의한 재고자산평가 |

(주)전주유통은 고가의 수공예상품을 백화점에 납품하는 회사이다. 3월 2일 수공예품 5개를 단가 ₩1,000에 매입하였다. 그리고 3월 10일 다시 동일한 수공예품 4개를 단가 ₩1,100에 매입하였다. 3월 20일에는 백화점에 7개의 수공예품을 납품하였는데, 4개는 3월 2일 매입분에서, 그리고 나머지 3개는 3월 10일 매입분에서 판매하였다. 상품 매입과 판매는 외상거래이며, 납품가격은 개당 ₩2,000이다. 계속기록법을 가정하여 위 거래를 분개하고, 3월 31일의 기말상품재고를 구하시오. 기초상품은 없다고 가정한다.

☞ **해답**

3월 2일

(차) 상 품	5,000	(대) 매입채무	5,000

3월 10일

(차) 상 품	4,400	(대) 매입채무	4,400

3월 20일

(차) 매출채권	14,000	(대) 매 출	14,000
매출원가	7,300	상 품	7,300

* 매출원가 : ₩7,300(= 4개 × @₩1,000 + 3개 × @₩1,100)

* 기말상품 : ₩2,100(= 1개 × @₩1,000 + 1개 × @₩1,100)

4) 두 가지 원가흐름의 비교

계속기록법의 경우 원가흐름에 관한 두 가지 가정(개별법은 가정에 의한 것이 아님)에 따라 기말상품과 매출원가의 계산에 적용할 단가가 달라져서 그 금액이 다르게 나온다는 것을 앞의 사례에서 보았다. 거기에서 매출원가는 선입선출법보다 가중평균법(이동평균법)에서 큰 것으로 나타났다. 우리의 사례에서 매입단가가 시간의 흐름에 따라 점점 상승하는 것으로 가정하였기 때문에 이는 당연한 결과이다. 즉, 선입선출법은 저가로 구성된 과거의 원가가 먼저 판매되어 나가는 것으로 가정하므로 매출원가가 상대적으로 낮게 나타나는 반면, 가중평균법(이동평균법)은 과거의 원가와 (보다 고가인) 최근의 매입원가가 평균적으로 매출원가에 포함되므로 매출원가가 상대적으로 높게 나타난다. 만약 매입가격이 계속 하락하였다면 이와 정반대의 결과가 나타났을 것이다.

앞의 사례결과를 종합, 요약한 〈표 9-2〉에서 보듯이, 매출원가는 가중평균법에 의한 경우가 선입선출법에 의한 경우보다 크며, 반대로 기말상품 평가액은 선입선출법에 의한 경우가 가중평균법에 의한 경우보다 크게 나타난다. 원가계산이란 결국 전체 판매가능상품원가(우리의 사례에서는 ₩150,000)를 기말상품과 매출원가에 배분하는 방법인 점을 생각하면 이는 당연한 결과이다.

매출원가를 매출액에서 차감하면 매출총이익이 계산된다. 선입선출법의 매출원가가 가장 작으므로 매출총이익이 가장 크게 계산된다. 즉, 상품의 매입단가가 상승하는 시기에는 선입선출법을 적용하면 가중평균법보다 더 큰 이익이 계산된다. 다음 〈표 9-2〉는 이와 같은 내용을 종합하여 요약한 것이다.

표 9-2 원가흐름에 관한 가정의 영향(계속기록법)

재무제표 및 항목	항목	선입선출법		이동평균법
손익계산서	매출액	200,000	=	200,000
	매출원가	122,000	<	122,857
	매출총이익	78,000	>	77,143
재무상태표	기말상품	28,000	>	27,143
판매가능상품	기초상품 + 매입원가 =기말상품 + 매출원가	150,000	=	150,000

3. 실지재고조사법에서의 원가흐름

실지재고조사법에서도 역시 원가흐름에 관한 가정은 마찬가지로 적용된다. 그러나 계속기록법에서와는 달리 실지재고조사법에서는 기말에 한 번만 매출원가와 기말상품원가를 산정하므로 같은 원가흐름에 관한 가정이라 하더라도 계속기록법과 실지재고조사법을 적용할 경우 결과가 다르게 나타난다. 다만 선입선출법에서는 항상 입고된 순서대로 출고가 되는 것으로 가정하기 때문에 계속기록법과 실지재고조사법 중 어떤 방법을 사용해도 그 결과가 같다. 그러나 가중평균법에서는 다르게 나타난다.

따라서 본 소절에서는 실지재고조사법하에서의 선입선출법에 대한 설명은 생략하고 가중평균법에 대해서만 설명한다.

1) 총평균법

실지재고조사법에서는 매입이 일어날 때마다 평균을 구하지 않고 기말에 한 번 전체 판매가능상품에 대한 평균단가를 계산한다. 따라서 이러한 방법을 **총평균법**(total average method)이라 부른다. 총평균법에서 평균단가는 총판매가능상품의 원가를 총판매가능상품의 수량으로 나누어 구한다. (주)서울백화점의 예에서 총평균원가는 ₩150,000/1,200개 = ₩125이다. 따라서 총매출원가는 1,000개 × ₩125 = ₩125,000이며 기말상품은 200개 × ₩125 = ₩25,000이다. 이동평균법(계속기록법)의 경우와 다르게 나타남을 알 수 있다.

2) 원가흐름의 비교

실지재고조사법에서의 선입선출법과 가중평균법 간의 관계는 계속기록법에서의 관계와 같다. 즉, 단가가 상승하는 시기에는 선입선출법의 매출원가가 총평균법에 비해 작고 기말상품은 보다 크다. 다만, 실지재고조사법에서는 그 차이가 더 커진다. 〈표 9-3〉에서 보듯이 가중평균법을 사용하는 경우에 실지재고조사법에서의 매출원가(125,000원)가 계속기록법에서의 매출원가(122,857원)보다 크다.

표 9-3 원가흐름 가정의 영향 차이(계속기록법과 실지재고조사법)

재무제표	항목	선입선출법	가중평균법	
			이동평균법(계속기록법)	총평균법(실지재고조사법)
손익계산서	매출액	200,000	200,000	200,000
	매출원가	122,000	122,857	125,000
	매출총이익	78,000	77,143	75,000
재무상태표	기말상품	28,000	27,143	25,000

03 재고자산감모손실과 평가손실

1. 재고자산감모손실

1) 감모수량의 파악

전기로부터 이월된 상품(기초상품)과 당기에 매입한 상품의 합계가 총판매가능상품이다. 이 총원가 중에서 판매된 상품의 원가는 매출원가이며 나머지는 기말상품원가가 된다. 그러나 실제로는 판매되지 않은 상품이 모두 기말상품재고로 남아 있지 않은 경우가 많다. 상품은 취급 중에 부주의나 사고 등으로 분실 또는 파손되어 없어지거나, 자연적인 현상으로 마모, 유실 또는 증발될 수도 있다. 그리고 고객이나 종업원의 절도로 수량이 감소될 수도 있다. 이러한 다양한 이유로 인한 재고자산의 감소를 **재고자산감모손실**(inventory shrinkage loss)이라 부른다. 재고자산의 적절한 관리를 통하여 재고자산감모손실이 발생하지 않도록 해야겠지만 어느 정도의 감모손실은 불가피한 경우가 대부분이다.

재고자산감모손실을 파악하기 위해서는 우선 감모되어 없어진 수량을 파악하여야 한다. 제5장에서 설명한 바와 같이 실지재고조사법을 사용하면 정확한 재고감모수량을 파악할 수 없지만 계속기록법을 사용하면 재고감모수량을 정확히 파악할 수 있다.

계속기록법을 사용할 경우 재고감모손실을 포함한 재고자산 등식은 다음과 같다.

재고자산 등식

기초상품원가 + 당기매입상품원가 = 매출원가 + 기말상품원가 + 재고자산감모손실

2) 감모손실의 회계처리

일단 재고감모수량이 파악되면 앞에서 설명한 원가흐름에 관한 가정을 적용하여 계산된 단가를 곱하여 재고자산감모손실을 계산한다. 재고자산감모손실을 기말상품원가에 포함시키면 기말상품이 부당하게 과대평가된다. 따라서 재고자산감모손실은 기말에 추가로 매출원가에 포함시킨다. 실제로 판매되지 않은 재고자산감모로 인한 손실을 매출원가에 포함시키는 이유는 재고관리상 어느 정도의 재고자산감모손실은 불가피한 정상적인 감모손실로 인정하여 당기의 매출이 부담하는 것이 타당하다고 보기 때문이다.

| 예제 2 : 재고자산감모손실 |

(주)서울백화점이 계속기록법과 이동평균법을 사용하고 있다고 가정한다. 본문의 사례에서 장부상의 기말상품이 200개였는데 실제로 재고조사를 한 결과 180개가 남아 있다고 하자. 기말상품 200개의 원가는 ₩27,143(평균단가 ₩135.714)이었다. 이와 관련하여 결산수정분개를 제시하시오.

☞ **해답**

(차) 매출원가(재고자산감모손실)	2,714	(대) 상　　품	2,714

☞ **해설**

이 분개가 반영되고 나면 (주)서울백화점의 7월 총매출원가는 ₩125,571(=2,714+₩122,857), 재무상태표상의 기말상품은 ₩24,429(=₩27,143-₩2,714)이 된다. 재고자산감모손실은 매출원가에 포함시키되 관리목적상 독립적인 계정과목을 유지하는 것이 적절하다.

2. 재고자산평가손실

1) 저가법

앞의 예에서 (주)서울백화점의 7월 말 상품 재고는 180개이며 단가는 기업이 선택한 원가흐름 가정에 의해 결정되었다. 여기서 재고자산의 원가(기업이 선택한 원가흐름의 가정에 의해 계산된 원가)가 결산일 현재 재고자산의 시가와 다른 경우에 부딪치는 회계문제를 생각하지 않을 수 없다.

본서의 제1부에서 한국채택국제회계기준은 자산평가에 관한 일반적인 원칙으로서 원가모형 또는 재평가모형을 채택하고 있다는 점을 설명하였다. 원가모형을 채택할 경우 대부분의 자산이 취득시뿐만 아니라 결산일에도 원래의 취득원가로 기록된다. 즉, 시가가 취득원가와 다르다고 판단되는 경우에도 자산의 평가를 시가에 의하지 않고 원래의 취득원가를 유지한다. 그리고 그 이유가 신뢰성 있는 평가액(공정가치)을 구하기 어렵기 때문이라는 것도 배웠다.

그러나 신뢰성 있는 평가액(공정가치)을 구할 수 있는 경우에는 취득원가기준를 포기하고 공정가치에 의해 평가하는 것이 목적적합성이 있어 훨씬 더 유용성이 있는 회계처리방법이다. 본서의 제7장에서 다룬 FVPL 금융자산(단기매매증권 등)에 대한 회계처리가 바로 공정가치에 의한 평가를 적용한 대표적인 예이다. 즉, 신뢰성 있는 공정가치가 존재하는 (그리고 단기에 매도할 목적으로 보유하고 있는) FVPL 금융자산에 대해서는 공정가치에 의한 평가가 적절하다.

상품은 단기에 판매할 목적으로 보유하고 있으므로 비교적 신뢰성 있는 공정가치를 파악할 수 있다면 FVPL 금융자산과 비슷하게 회계처리할 수도 있다. 그러나 한국채택국제회계기준에서는 보수적인 입장을 취하여 상품 등 판매목적 재고자산에 대해서 저가법을 적용할 것을 요구하고 있다.

저가법(lower of cost and net realizable value)이란 결산일에 재고자산의 순실현가능가치와 취득원가(원가흐름 가정을 적용하여 구한 원가) 중 낮은 것을 적용한다는 원칙이다. 즉, 취득원가에 비해 순실현가능가치가 낮으면 취득원가 대신 순실현가능가치를 적용하고, 반대로 취득원가보다 순실현가능가치가 높으면 취득원가를 그대로 유지한다. 따라서 취득원가보다 낮은 단가는 적용할 수 있으나 높은 단가는 적용할 수 없다.

여기서 **순실현가능가치**(NRV ; net realizable value)란 정상적인 영업과정에서 재고자산의 판매를 통해 실현할 것으로 기대하는 순매각금액이다. 즉, 결산일 기준으로 재고자산을 판매한다고 가정할 때 예상되는 판매액에서 추가완성원가와 예상판매비용을 차감한 금액이다.

2) 재고자산평가손실의 회계처리

결산일 현재 재고자산의 순실현가능가치가 취득원가보다 낮은 경우 저가법에 의하여 순실현가능가치를 적용하면 취득원가와 순실현가능가치의 차이가 발생하는데 이 차이를 **재고자산평가손실**이라 한다.

재고자산평가손실은 당기순이익 계산에 반영시킨다. 즉 그만큼 당기순이익이 감소된다(매출원가에 포함시킴으로써 당기순이익을 감소시킬 수도 있다). 동시에 그 금액만큼 재고자산에서 직접 차감할 수도 있고, **재고자산평가충당금**이라는 자산차감계정을 사용하여 재무상태표에서 재고자산으로부터 차감하는 형식으로 표시할 수도 있다(한국채택국제회계기준은 이에 대한 명시규정을 두고 있지 않다).

| 예제 3 : 재고자산평가손실 |

앞의 〈예제 2〉에서 (주)서울백화점의 7월 31일 상품의 순실현가능가치가 개당 ₩120이라고 한다. 이와 관련하여 결산수정분개를 제시하시오. 단, (주)서울백화점은 재고자산평가에 별도의 자산평가계정을 사용하고 있다.

☞ **해답**

(차) 재고자산평가손실(또는 매출원가)	2,829	(대) 재고자산평가충당금	2,829

☞ **해설**

이동평균법에 의한 기말상품 단가는 ₩135.714인데, 순실현가능가치가 ₩120이므로 그 차이는 ₩15.714이다. 기말상품수량 180개에 개당 평가손실 ₩15.714를 곱하면 ₩2,829이다. 재고자산평가손실은 이 예에서처럼 별도의 계정과목을 두고 사용할 수도 있고, 매출원가라는 계정에 직접 기입(차기)할 수도 있다. 다만, 전자의 경우에는 손익계산서상에 별도의 비용항목으로 표시할 수도 있고, 매출원가에 포함시킬 수도 있다. 한편, 별도의 자산평가계정으로는 재고자산평가충당금을 사용하여 대기한다.

04 재고자산원가의 추정

앞에서 설명한 재고자산 평가방법은 모두 실제 발생한 원가를 매출원가 및 기말상품에 배분하는 것이었다. 그러나 경우에 따라서는 실제원가를 추적하여 이를 배분하는 대신에 상품의 매출총이익률이나 판매가격 등을 사용하여 원가를 거꾸로 추정하기도 한다. 이러한 원가추정(cost estimation) 방법으로 대표적인 것이 매출총이익률법(또는 매출총이익법)과 소매재고법(또는 매출가격환원법)이다. 전자는 매출총이익률을 사용하여 매출원가 및 기말상품을 추정하는 방법이고, 후자는 판매가격에 원가율을 적용하여 매출원가 및 기말상품의 원가를 추정하는 방법이다.

1. 매출총이익률법

매출총이익률법 또는 **매출총이익법**(gross profit method)은 정상적인 기말상품 평가방법이 아니라, 재고자산이 화재, 도난 등으로 인하여 없어지게 된 경우와 같은 비정상적인 경우에 주로 활용된다. 또한 재무보고의 목적이 아닌 재고자산의 관리목적이나 회계감사인이 감사범위를 정할 필요가 있을 때 전기 대비 매출원가율 또는 매출총이익률의 변화가 있는지 파악하기 위한 방법으로 주로 활용된다.

매출총이익률법은 과거 기업의 정상적인 매출총이익률을 매출액에 적용하여 역으로 매출원가를 산정하는 방법이다. 매출총이익률은 매출액에 대한 매출총이익의 비율이다. 매출액에서 매출원가를 차감하여 매출총이익을 계산하므로 매출총이익률과 매출원가율의 합은 1이 된다.

매출총이익률과 매출원가율

매출총이익률 = 매출총이익 / 매출액

매출원가율 = 매출원가 / 매출액 = 1 − 매출총이익률

매출액에 매출원가율을 곱하면 매출원가가 계산되는 관계를 이용하여 매출원가를 추정해 내는 방법이 **매출총이익률법**(또는 매출총이익법)이다.

| 예제 4 : 매출총이익률법 |

3월 31일 (주)춘천유통에 화재가 발생하여 상품 및 상품원가에 관한 기록이 소실되었다. 소실된 월말상품에 대한 원가를 추정하고 3월 동안의 매출원가를 추정하기 위하여 자료를 조사한 결과는 다음과 같다. 이 자료를 바탕으로 매출총이익률법을 적용하여 3월의 매출원가와 월말상품을 구하시오.

〈자료〉

3월의 매출액 : ₩1,000
3월의 판매가능상품원가 : ₩500
정상적인 매출총이익률 : 60%

☞ 해답

매출원가 = 매출액 × (1 - 매출총이익률) = ₩1,000 × (1 - 0.6) = ₩400
월말상품원가 = 판매가능상품원가 - 매출원가 = ₩500 - ₩400 = ₩100

2. 소매재고법

소매재고법도 실제 원가를 기록하여 원가배분의 가정에 의해 매출원가와 기말상품을 평가하지 않는다는 점에서 매출총이익률법과 같다. 그러나 이 방법은 실제로 한국채택국제회계기준에서 허용하는 방법이며, 백화점 등 소매점에서 흔히 사용하는 방법이다. 이는 기말상품의 판매가격을 모두 파악한 다음 거기에 **원가율**(cost ratio)을 곱하여 기말상품의 원가를 추정하는 방법이다. 이 때문에 **소매재고법**(retail inventory method)은 **매출가격환원법**이라고도 한다. 원가율은 기초상품 및 당기매입상품의 원가와 판매가격을 이용하여 구한다. 한국채택국제회계기준(기업회계기준서 제1002호)에 의하면 소매재고법은 이익률이 유사하고 품종변화가 심한 다품종 상품을 취급하는 유통업에 실무적으로 다른 원가측정법을 사용할 수 없는 경우에 흔히 사용된다. 이 때 적용되는 이익률은 최초판매가격 이하로 가격이 인하된 재고자산을 고려하여 계산하는데 일반적으로 판매부문별 평균이익률을 사용한다.

| 예제 5 : 소매재고법 |

(주)강원유통은 소매재고법을 사용하고 있다. 2016년 12월 31일 다음의 자료를 이용하여 2016년의 매출원가와 기말상품(원가)을 구하시오.

	원가	판매가
기초상품	₩200	₩300
당기매입상품	₩3,300	₩4,700
기말상품	-	₩200

☞ 해답

매출원가율 = (₩200 + ₩3,300) / (₩300 + ₩4,700) = ₩3,500/₩5,000 = 0.7

기말상품(원가) = ₩200 × 0.7 = ₩140

매출원가 = ₩3,500 - ₩140 = ₩3,360

☞ 해설

실제로 매출원가율의 계산에 있어서도 어떤 원가흐름의 가정을 선택하느냐에 따라 원가율이 달라진다. 그러나 본서에서는 가장 일반적인 방법인 평균법을 적용하여 원가율을 계산하였다.

연습문제

❀ 개념설명 및 서술문제 ❀

01. 상품매매회사가 소유한 건물과 토지, 그리고 부동산개발회사가 보유하고 있는 건물과 토지는 재무상태표 자산분류상 어느 계정에 속하는지 설명하시오.

02. 재고자산의 과다 보유에 따른 문제점에 대해 설명하시오.

03. 기말재고자산이 실제보다 과대평가될 경우 매출총이익과 당기순이익에 미치는 영향에 대해 설명하시오.

04. '재고자산의 평가'가 의미하는 바가 무엇인지에 대해 설명하시오.

05. 기말재고자산의 단가를 결정하기 위해서는 원가의 흐름에 대한 일정한 가정이 필요하다. 이 가정이 필요한 이유를 예를 들어 설명하시오.

06. 선입선출법(FIFO : first-in first-out)과 가중평균법(weighted average)에서 가정하고 있는 원가흐름과 각각의 방법에 대한 특징을 설명하시오.

07. 이동가중평균법(moving weighted average method)과 총평균법(total average method)의 차이점에 대해 설명하시오.

08. 선입선출법, 가중평균법(이동가중평균법, 총평균법)에 의한 매출원가와 매출총이익의 크기를 비교하여 설명하시오.

09. 물가가 지속적으로 상승할 때, 선입선출법과 가중평균법(이동가중평균법, 총평균법)을 적용할 경우 산출되는 매출원가, 당기순이익, 기말재고자산에 미치는 영향을 비교하여 설명하시오.

10. 재고자산의 평가기준인 저가법(lower of cost and net realizable value)에 대해 설명하시오.

11. 재고자산의 순실현가능가치가 취득원가보다 하락할 경우, 저가기준에 의해 인식해야 하는 재고자산평가손실은 손익계산서상 어떤 분류의 항목으로 표시되는지에 대해 설명하시오.

12. 재고자산평가충당금이 재무상태표에 어떻게 표시되는지 예를 들어 보이시오.

13. 매출원가 및 기말재고원가를 추정하기 위한 방법인 매출총이익률법은 어떤 경우에 활용할 수 있는지 설명하시오.

14. 매출총이익률과 매출원가율의 계산식을 제시하시오.

15. 소매재고법(또는 매출가격환원법)에 의한 매출원가와 기말재고원가의 추정방법에 대해 설명하시오.

❀ 계산 및 회계처리문제 ❀

기초문제

01. (주)천안백화점의 상품재고장에 기록된 재고자산의 입출고 상황은 다음과 같다.

	매입수량	단가	금액	매출수량	매출가격
7. 1 기초재고	200개	@₩80	₩16,000		
7. 2 매입	400개	@₩100	₩40,000		
7. 6 매출				500개	@₩200
7.10 매입	600개	@₩120	₩72,000		
7.25 매출				500개	@₩200
7.31 실사결과 기말재고는 200개로 확인되었다.					

(1) (주)천안백화점이 계속기록법을 채택하고 있다고 가정하여, 선입선출법과 이동가중평균법에 의한 매출원가와 기말상품원가를 계산하시오.

(2) 문제 (1)에서 두 가지 방법이 손익계산서와 재무상태표에 미치는 영향을 서로 비교하여 설명하시오. 손익계산서 항목으로는 매출액, 매출원가 및 매출총이익을 비교하고, 재무상태표 항목으로는 기말상품 및 이익잉여금을 비교하시오(법인세는 무시한다).

(3) 앞에서 제시한 자료를 이용하되, (주)천안백화점이 실지재고조사법을 사용한다고 가정하여, 선입선출법과 가중평균법에 의한 매출원가와 기말상품원가를 계산하시오.

(4) 문제 (3)에서 두 가지 방법이 손익계산서와 재무상태표에 미치는 영향을 서로 비교하여 설명하시오. 손익계산서 항목으로는 매출액, 매출원가 및 매출총이익을 비교하고, 재무상태표 항목으로는 기말상품 및 이익잉여금을 비교하시오(법인세는 무시한다).

02. 다음은 (주)치악의 과거 3년 동안의 손익계산서 일부이다. 다음의 각각 독립적인 요구사항에 대해 답하시오.

	2015년	2016년	2017년
매출액	₩12,000	₩12,500	₩13,000
매출원가	8,400	8,700	9,100
기초상품	1,400	2,000	2,800
당기매입	9,000	9,500	9,300
기말재고	2,000	2,800	3,000
매출총이익	3,600	3,800	3,900

(1) (주)치악의 2015년 실제 기말재고원가가 ₩1,800일 경우(기말재고 과대계상의 오류), 2015년의 정확한 매출원가와 매출총이익을 계산하시오.

(2) (주)치악의 2016년 실제 기말재고원가가 ₩3,000일 경우(기말재고 과소계상의 오류), 2016년과 2017년의 정확한 매출원가와 매출총이익을 계산하시오.

03. (주)장안백화점은 계속기록법을 사용하고 있다. 장부상의 기말상품이 100개이었으나 실제로 재고조사를 한 결과 90개가 남아 있었다. 이동가중평균법에 의한 기말상품의 단가(원가)는 ₩200이다.

(1) 재고자산감모손실을 구하시오.

(2) 재고자산감모손실을 기록하기 위한 결산수정분개를 제시하시오.

04. (주)평안백화점은 계속기록법과 이동가중평균법을 사용하고 있다. 실사결과 기말상품은 300개이다. 이동가중평균법에 의한 기말상품의 단가(원가)는 ₩100인 반면 기말상품의 순실현가능가치는 ₩90이다.

(1) 재고자산평가손실을 계산하시오.

(2) 재고자산평가손실을 인식하는 결산수정분개를 제시하시오.

05. (주)서안백화점에 5월 31일 화재가 발생하여 보유상품 전체 및 상품원가에 관한 기록이 소실되었다. 소실된 월말상품에 대한 원가를 추정하고 5월 동안의 매출원가를 추정하기 위하여 자료를 조사한 결과 다음을 파악하였다.

- 5월의 매출액 : ₩100,000
- 5월의 판매가능상품원가 : ₩70,000
- 정상적인 매출총이익률 : 40%

(1) 위의 자료를 바탕으로 매출총이익률법을 적용하여 5월의 매출원가를 계산하시오.

(2) 소실된 전체 월말상품의 원가를 추정하시오.

06. (주)혜안백화점은 소매재고법(매출가격환원법)을 이용하여 기말상품원가를 추정한다. 재고자산에 관한 기록은 다음과 같다.

	매입원가	판매가격
기초상품	₩1,000	₩1,800
당기매입상품	11,000	18,200
기말상품		2,400

(1) 원가율을 계산하시오.

(2) 기말상품원가를 구하시오.

(3) 매출원가를 구하시오.

심화문제

01. (주)한라는 재고자산에 대하여 가중평균원가법을 적용하고 있다. 실지재고조사법 또는 계속기록법을 적용하는 각 경우에 대해, 다음 자료를 이용하여 2월의 매출원가를 계산하시오. (공인회계사 시험 기출문제)

날짜	적요	수량	단가	금액
2. 1	기초재고	1,000	₩10	₩10,000
2. 10	매　입	2,000	11	22,000
2. 20	매　출	(2,000)		
2. 25	매　입	1,000	12	12,000
2. 28	기말재고	2,000		

02. 다음은 (주)백두의 2016년, 2017년도 회계자료의 일부이다.

	2016	2017
선입선출법하의 순이익	₩70,000	₩150,000
선입선출법하의 기말재고(원가)	210,000	350,000
총평균법하의 기말재고(원가)	160,000	310,000

(주)백두가 2016년부터 총평균법을 적용했을 경우의 2017년도 순이익을 계산하시오. (감정평가사 시험 기출문제 수정)

03. 다음은 (주)덕유의 2017년도 회계자료의 일부이다. (주)덕유의 2017년도 매출과 매입은 모두 외상으로 거래되었다. 2017년도 매출총이익을 계산하시오. (공인회계사 시험 기출문제)

기초 매출채권	₩400,000	기말 매출채권	₩750,000
기초 매입채무	300,000	기말 매입채무	400,000
매출환입및에누리	15,000	매출채권 현금회수액	1,235,000
매입할인	10,000	매입채무 현금지급액	1,270,000
기초재고	150,000	기말재고	300,000

Chapter **10**

유형자산

제10장에서 설명될 계정과목

계정과목	포함되는 항목	설명	관련 포괄손익계산서 계정
토지	토지	영업활동에 사용되는 공장, 영업장 등의 토지	유형자산처분손익, 재평가차익, 손상차손(환입)
건물	건물	영업활동에 사용되는 공장, 영업장 등의 건물	감가상각비, 재평가차익, 유형자산처분손익, 손상차손(환입)
기계장치	기계장치 등	생산 또는 영업 등에 사용되는 설비로서 기계장치 등이 포함됨	감가상각비, 재평가차익, 유형자산처분손익, 손상차손(환입)
건설중인자산	건설중인 자산	기업이 내부에서 자체적으로 사용할 목적으로 건설 중인 건물, 기타 유형자산	
기타 유형자산	차량운반구, 집기, 사무용비품 등	기타 유형자산으로서 차량운반구, 집기, 사무용비품 등	감가상각비, 재평가차익, 유형자산처분손익, 손상차손(환입)

01 유형자산의 의의와 회계처리문제

1. 유형자산의 의의

기업은 영업활동을 수행하기 위하여 재무활동으로부터 조달한 장기자금이나 또는 영업활동으로부터 획득한 자금으로 설비 등 유형자산에 투자한다. 이와 같이 기업의 투자활동의 결과로 유형자산이 재무상태표에 나타나게 된다. 이처럼 유형자산(PP&E : property, plant, and equipment 또는 tangible assets)이란 재화·용역의 생산이나 제공, 임대, 또는 관리활동에 사용할 목적으로 보유하는 물리적 형태가 있는 자산으로서 한 회계기간을 초과하여 사용할 것이 기대되는 자산이다.[1] 생산 및 판매활동을 위한 기반인 유형자산은 토지와 건물(land and buildings), 기계장치(machinery), 차량운반구(motor vehicles), 집기(furniture and fixtures), 사무용비품(office equipment) 등 영업상 유사한 성격과 용도로 분류(separate classes)한다.[2]

토지에는 영구적이거나 반영구적인 진입로, 배수 및 하수시설, 조경공사 등이 포함된다. 그러나 울타리, 주차장, 궤도, 갱도, 굴뚝, 교량, 토목설비 등은 구축물이라는 별도의 계정으로 기록한다.

건물에는 건물뿐 아니라 냉난방, 전기통신 및 기타 건물부속설비가 포함되며, 기업이 자체적으로 사용할 목적으로 건설 중인 건물 등은 건설중인자산(construction in progress)이라는 계정과목으로 유형자산에 포함시킨다.

기계장치에는 컨베이어 등의 부속설비가 포함된다. 예비부품(spare parts)과 수선용구는 대부분의 경우 재고자산으로 분류하여, 사용되는 시점에 비용화(당기손익으로 인식)한다. 그러나 특정 유형자산에 연계되어야만 사용될 수 있는 것이거나 한 회계기간 이상 사용이 예상되는 중요한(major) 것은 유형자산으로 분류한다.[3] 그런데, 회사들

1. 기업회계기준서 제1016호 '유형자산(Property, Plant and Equipment)' 문단 6.
2. 이러한 분류는 앞으로 설명할 유형자산 재평가(revaluation)를 위해서도 필요하다. 기업회계기준서 제1016호 '유형자산' 문단 37.
3. 기업회계기준서 제1016호 '유형자산' 문단 8.

은 실무적으로, 일정수준에 미달하는 사소한 개별 유형자산들에 대해서는 그 소재추적 등 과도한 기록유지 부담을 피하기 위해 비용처리하는 경우가 많다.

유형자산은 다음과 같은 세 가지 특징을 가진다.

첫째, 유형자산은 영업활동에 사용된다. 즉, 기업의 본래 목적인 생산, 판매, 또는 임대 및 관리활동에 사용되는 자산이 유형자산이다. 따라서 동일한 자산이라 하더라도 본래 기업의 목적인 영업활동에 사용되지 않는 자산은 유형자산이 아니라 투자자산 등 다른 자산으로 분류한다. 예를 들어, 생산이나 판매활동에 사용되는 건물은 건물이라는 계정과목을 사용하여 유형자산으로 분류되지만 장기투자수익을 목적으로 보유하고 있는 건물은 투자부동산이라는 계정의 투자자산이 된다. 마찬가지로 토지공사와 같은 토지개발회사가 보유하고 있는 토지는 유형자산이 아니라 재고자산이 된다.

둘째, 유형자산은 물리적 형체를 가진(tangible) 자산이다. 이런 점에서 유형자산은 무형자산과 구분된다. 무형자산은 영업활동에 사용되기는 하지만 물리적 형체가 없는 자산이다. 예를 들면, 특허권, 실용신안권, 의장권, 상표권 등과 같은 산업재산권은 물리적 형체는 없지만 기업의 권리를 표시하며 미래의 경제적 효익을 가지므로 무형자산으로 분류된다.

셋째, 유형자산은 장기간 사용할 목적으로 보유하고 있는 장기자산이다. 즉, 유형자산은 1년 이상 장기간에 걸쳐 기업의 수익창출에 기여한다. 그리고 유형자산은 장기간 사용에 따라 그 가치(용역잠재력)가 점점 감소하므로 이를 비용으로 인식하는 과정이 필요하다. 이 과정을 감가상각이라 한다. 모든 유형자산은 원칙적으로 감가상각을 거쳐 비용화된다. 다만 토지와 건설중인자산은 감가상각을 하지 않는다. 토지는 본질적으로 사용에 따라 그 가치가 감소된다고 보기 어려우므로 감가상각하지 않으며, 건설중인자산은 아직 유형자산으로 사용되기 전 단계이므로 완성되어 유형자산이 될 때까지는 감가상각을 하지 않는다.

2. 유형자산의 회계처리문제

유형자산의 거래는 상대적으로 다른 계정에 비해 빈번하게 일어나지는 않는다. 그러나 업종에 따라 다르겠지만 유형자산이 총자산 중 차지하는 비중이 크기 때문에 어떤 회계처리방법을 적용하는가에 따라 재무제표에 미치는 영향이 크게 달라진다. 유형자산의 회계처리문제는 주로 다음과 같은 사항과 관련되어 있는데 이에 대해 알아본다.

유형자산과 관련한 회계처리문제

- 유형자산의 인식과 원가측정
- 유형자산의 감가상각
- 유형자산의 손상
- 유형자산의 재평가 모형
- 유형자산의 후속원가
- 감가상각방법 변경 등 추정의 변경
- 유형자산의 제거

02 유형자산의 인식과 원가측정

유형자산으로 인식되기 위해서는 자산의 인식기준을 충족시켜야 한다.[4] 이렇게 인식되는 유형자산은 원가로 측정한다. 여기서 원가(cost)는 '자산을 취득하기 위하여 자산의 취득시점이나 건설시점에서 지급한 현금(또는 현금성자산)이나 제공한 기타 대가의 공정가치' 를 말한다.[5]

유형자산과 관련된 모든 원가는 그 발생시점에 인식원칙을 적용하여 평가(측정)한

4. 즉, ① 자산으로부터 발생하는 미래경제적 효익이 기업에 유입될 가능성이 높고, ② 자산의 원가를 신뢰성 있게 측정할 수 있어야 한다. 기업회계기준서 제1016호 '유형자산' 문단 2, 7.

5. 공정가치(fair value)는 '합리적인 판단력과 거래의사가 있는(knowledgeable and willing) 독립된 당사자 사이의 거래에서 자산이 교환될 수 있는 금액' 이다.

다. 이러한 원가에는 유형자산을 매입하거나 건설할 때 최초로 발생하는 원가(**최초 원가**, initial costs)뿐만 아니라 후속적으로 증설, 대체 또는 수선 · 유지와 관련하여 발생하는 원가(**후속 원가** 또는 후속 지출, subsequent expenditure)를 포함한다.[6]

안전 또는 환경상의 이유로 취득하는 유형자산(safety and environmental assets)의 경우에서 보듯이, 그 자체로는 직접적인 미래경제적효익을 얻을 수 없지만, 다른 자산으로부터 미래경제적효익을 얻는 데 필요한 유형자산은 자산으로 인식할 수 있다. 그 유형자산을 취득하지 않았을 경우보다 다른 관련 자산으로부터 미래경제적효익을 더 많이 얻을 수 있게 해주기 때문이다. 예를 들면, 화학제품 제조업체가 위험한 화학물질의 생산과 저장에 관한 환경규제요건을 충족하기 위하여 새로운 화학처리공정설비를 설치하는 경우, 관련증설원가를 자산으로 인식한다. 그러한 설비 없이는 화학제품의 제조 판매를 할 수 없기 때문이다.

1. 인식시점에서의 측정(measurement at recognition)

인식기준을 충족하는 유형자산은 최초에는 원가로 인식되어야 한다. 유형자산의 원가는 인식시점(취득일)의 현금가격상당액(cash price equivalent)[7]으로서, 다음과 같이 구성된다.

① 관세 및 취득세를 가산하고 매입할인과 리베이트 등을 차감한 구입가격
② 경영진이 의도하는 방식으로 유형자산을 사용하는 데 필요한 장소와 상태(location and condition)에 이르게 하는 데 직접 관련되는 원가(예 : 유형자산의 매입 · 건설과 직접 관련되어 발생한 종업원급여, 설치장소 준비원가, 최초의 운송 · 취급 관련 원가, 설치 · 조립원가, 유형자산의 정상작동 여부에 대한 시험원가, 전문가 수수료).
③ 유형자산의 취득 시 또는 유형자산을 특정기간 동안 재고자산 생산 이외의 목적으로 사용한 결과 자산의 해체 · 제거 또는 부지의 복구에 대한 의무가 발생

6. 기업회계기준서 제1016호 '유형자산' 문단 10 ~ 11.
7. 대금지급이 일반적인 신용기간을 초과하여 이연되는 경우, 현금가격상당액과 실제 총지급액과의 차액은, 자본화해야 하는 경우(기업회계기준서 제1023호)가 아니라면 신용기간에 걸쳐 이자로 인식한다.

하는 경우 그에 소요될 것으로 최초에 추정되는 원가.[8]

그러나 다음과 같은 원가는 '직접 관련되는 원가' 가 아니므로 유형자산 원가가 될 수 없고 비용처리한다.[9]

- 새로운 시설의 개설 원가
- 새로운 상품과 서비스의 소개 원가(예 : 광고 및 판촉활동 관련 원가)
- 새로운 지역이나 새로운 고객층 대상의 영업에 소요되는 원가(예 : 직원교육훈련비)
- 관리 및 기타 일반간접원가

유형자산 원가는 해당 자산이 경영진이 의도하는 방식으로 가동(운용)될 수 있는 장소와 상태에 이른 후에는 더 이상 인식하지 않는다(즉, 인식을 중지한다). 따라서 유형자산을 사용하거나 이전하는 과정에서 발생하는 원가, 예를 들어 다음과 같은 원가는 유형자산의 장부금액에 포함하지 아니한다.

- 유형자산이 경영진이 의도하는 방식으로 가동(운용)될 수 있지만 아직 사용되지 않고 있거나 완전조업도 수준에 미치지 못하는 경우에 발생하는 원가
- 초기 가동손실(유형자산과 관련된 산출물에 대한 수요의 형성과정에서 발생하는 가동손실 등)
- 기업의 영업 전부 또는 일부를 재배치 · 재편성하는 과정에서 발생하는 원가

한편, 유형자산의 건설 · 개발과 관련된 부수적 영업활동이 건설 · 개발이 진행되는 동안 또는 그 이전단계에서 이루어질 수 있다(예 : 건설시작 전에 건설용지를 주차장 용도로 사용하여 수익 획득). 이러한 부수적인 영업은 경영진이 의도하는 방식으로의 유형자산 사용에 필요한 장소와 상태에 이르게 하는 데 필요한 활동이 아니므로, 그 영업수익 및 관련 비용은 당기손익으로 인식하고 각각 구분하여 표시한다.

8. 특정기간 동안 재고자산을 생산하기 위해 유형자산을 사용한 결과로서 그 유형자산의 해체 · 제거 또는 부지복구 의무가 발생한 경우에는 기업회계기준서 제1002호 '재고자산' 을 적용한다. [제1016호 문단 18]
9. 기업회계기준서 제1016호 '유형자산' 문단 19～21.

1) 매입에 의한 유형자산의 취득

유형자산의 취득원가는 다른 자산과 마찬가지로 자산의 구입가격뿐 아니라 그 유형자산을 경영진이 의도하는 방식으로 자산을 가동하는 데 필요한 장소와 상태에 이르게 하는 데 직접 관련되는 원가를 포함한다. 예를 들면, 중개인수수료, 운송비, 보관비, 등기비용, 취득세, 시운전비, 검사비, 설치비 등을 유형자산의 취득원가에 포함한다. 즉, 이러한 원가를 별도의 비용계정으로 처리하지 않고 유형자산의 취득원가에 포함시킨다.

표 10-1 유형자산의 취득원가에 포함될 직접 관련원가

유형자산	직접 관련원가
토지	중개인 수수료, 등기비용, 법률자문비용, 취득세, 정지작업 비용, 배수 및 하수공사 비용, 진입로공사비용, 구건물 철거비용 등
건물	중개인 수수료, 등기비용, 법률자문비용, 취득세, 설계비, 허가비 등
기계장치	운송비, 보험료, 관세, 검수비, 시운전비 등
차량운반구	운송비, 등록세, 취득세 등

| 예제 1 : 유형자산의 취득 |

(주)대구섬유는 2017년 1월 2일 구입가격이 ₩11,000인 기계장치를 외상으로 구입하였다. 대금은 3개월 후에 지급하기로 하였다. 이 기계장치의 구입 과정에서 운송비와 보험료 ₩500, 설치 및 시운전비 ₩500을 현금으로 지급하였다. 이 거래를 분개하시오.

☞ **해답**

(차) 기계장치	12,000	(대) 미지급금	11,000
		현 금	1,000

☞ **해설**

이 분개에서 운송비와 보험료, 설치 및 시운전비를 각각 별도의 비용계정으로 분개하면 안 된다. 이들은 기계장치의 취득과정에서 기계장치가 본래의 목적으로 사용될 수 있도록 하기 위해 발생한 원가이므로 기계장치의 취득원가에 포함된다.

여기에서 한 가지 참고로 알아 두어야 할 것은 유형자산의 구입이나 건설에 사용된 자금에 대한 금융비용(이자비용)을 취득과 관련한 직접 관련원가로 보아 유형자산의

취득원가에 포함시킬 것인가에 대한 논의이다. 일반적으로 기업이 조달한 자금에 대한 이자비용은 자산의 원가에 포함시키지 않고 이자비용으로 손익계산서의 금융비용에 포함시킨다. 그러나 유형자산의 취득(재고자산, 투자자산 및 무형자산의 취득에도 적용됨)에 있어 취득 개시 후 장기간(즉, 1년 이상) 시간이 소요된 후 본래의 목적에 사용될 것으로 예상되는 경우 그와 관련된 자금에 대한 금융비용을 취득원가에 포함시킨다.

이러한 이슈를 **금융비용의 자본화**(capitalization) 문제라고 한다.[10] 회계에서 지출이 발생했을 때 그것을 비용으로 기록할 것인지(**비용화**) 또는 자산으로 기록할 것인지(**자본화**)는 중요한 문제이다. 왜냐하면, 지출을 비용화하면 그만큼 법인세차감 전 당기순이익이 감소하지만 자본화하게 되면 비용이 아닌 자산의 일부로 기록되어 감가상각 등을 통하여 장기간에 걸쳐 서서히 비용화된다. 장기적으로 보면 법인세차감 전 당기순이익에 미치는 영향은 같아지지만 자본화한 경우에 비하여 비용화는 당해 연도 당기순이익을 더 크게 감소시킨다. 따라서 당기에 이익을 크게 보고하려는 유인이 있는 경영자들은 가능하면 지출을 자본화하려고 노력할 것이다.

2) 다양한 유형자산 취득방법

앞에서 유형자산을 현금 또는 외상으로 구입한 경우를 가정하고 취득원가의 결정방법 및 회계처리방법을 설명하였다. 그러나 경우에 따라서는 이 외에도 다양한 방법으로 유형자산을 취득한다. 현금이나 외상구입이 아닌 각각의 다양한 취득방법의 경우에 취득원가 결정의 문제는 단순하지 않다. 예를 들면, 사용하고 있던 자산과 교환하여 새로운 유형자산을 취득한 경우, 주주의 현물출자에 의해 기업이 유형자산을 취득한 경우, 무상으로 유형자산을 증여받은 경우, 자체적으로 사용할 목적으로 직접 제작 또는 건설한 유형자산(건설중인자산 포함) 등의 취득원가 결정문제가 있을 수 있다. 이 문제를 깊이 다루는 것은 본서의 범위를 넘어서는 것으로 이에 관해서는 중급회계에서 자세히 배운다. 다만, 사용하던 자산과 교환하여 새로운 유형자산(또는 무형자산)을 취득한 경우의 회계처리는 이 장의 보론에서 소개한다.

---

10. 자본화와 비용화에 대해서는 이미 제4장의 제1절에서 상세히 설명했음.

자가건설한 유형자산(self-built assets)

자가건설한 유형자산의 원가는 외부에서 구입한 유형자산에 적용하는 것과 같은 기준을 적용하여 결정한다. 일반적으로 그 원가는, 유사한 자산을 정상적인 영업활동과정에서 판매목적으로 만드는 자산(기업회계기준서 제1002호 참조)의 원가와 동일하다. 따라서 자가건설에 따른 내부이익과 자가건설 과정에서 원재료, 인력 및 기타 자원의 낭비로 인한 비정상적인 원가는 자산의 원가에 포함하지 않는다. 자가건설한 유형자산의 장부금액에 포함되는 이자에 대해서는 기업회계기준서 제1023호 '차입원가'의 인식기준을 적용한다.

여기서는 한 가지 경우, 즉 유형자산을 무상으로 취득한 경우에 대해서만 간략히 언급한다. 지방자치단체나 정부가 산업체 지원정책의 일부로서 무상으로 공장부지를 제공하는 경우가 있다. 이때 취득원가기준을 단순히 적용하여 이 토지의 원가를 ₩0으로 하여 회계처리할 수도 있다. 그러나 이 경우에 토지의 공정가치를 기준으로 취득원가를 정하여 기록하는 것이 정보의 목적적합성 측면에서(제2장에서의 논의 참조) 보다 타당할 것이다. 왜냐하면 취득원가기준에서도 취득시의 공정가치를 취득시의 원가로 보고 있기 때문이다. 아무튼 두 방법 모두 허용되고 있다. 다음 예제는 후자의 방법을 적용하였다.

| 예제 2 |

(주)대구섬유는 2017년 1월 2일 대구광역시로부터 공정가치 ₩12,000인 토지를 무상으로 지원받았다. 이 거래를 분개하시오.

☞ **해설**

(차) 토 지	12,000	(대) 자산수증이익	12,000

☞ **해설**

대변의 자산수증이익은 무상으로 지원받은 토지를 이익으로 인식하기 위한 계정과목이다. 자산수증이익은 기타수익에 포함된다.

2. 인식시점 이후의 측정(measurement after recognition)[11]

어떤 유형자산을 최초로 인식한 후에는 원가모형이나 재평가모형 중 하나를 선택하여 그 자산을 측정해야 한다. 일단 선택된 회계정책은 유형자산 분류별로 동일하게 적용한다. 이는 회사가 동류 자산에 대해 서로 다른 측정기반을 자의적으로 두지 않도록 하려는 것이다.

원가모형(cost model)을 선택하는 경우, 유형자산은 원가에서 감가상각누계액과 손상차손누계액을 차감한 금액으로 측정한다(감가상각누계액과 손상차손누계액에 대해서는 곧 설명함).[12] 이 금액이 **장부금액**(carrying amount)이 된다.

재평가모형(revaluation model)을 선택하는 경우, 최초 인식 후 유형자산은 재평가일의 공정가치에서 재평가일 이후의 감가상각누계액과 손상차손누계액을 차감한 금액으로 측정한다. 이 금액을 **재평가금액**(revalued amount)이라 하며, 장부금액이 된다. 이때 공정가치는 신뢰성 있게 측정할 수 있어야 한다.

03 유형자산의 감가상각

1. 감가상각의 의의

감가상각(depreciation)이란 자산의 감가상각대상금액을 그 자산의 내용연수 동안 체계적으로 배분하는 것이다. 이 과정을 거치면서 유형자산의 취득원가는 점점 비용으로 변환되어 간다. **감가상각대상금액**(depreciable amount)은 자산의 원가(또는 원가를 대체하는 다른 금액)에서 잔존가치를 차감한 금액이고, **잔존가치**(residual value)는 (자산이 오래되어 내용연수 종료시점에 도달했다는 가정하에) 자산의 처분으로부터 획득할 금액에서 추정 처분부대원가를 차감한 금액의 추정치이다(실무적으로 잔존가치는 중요하지 않은 경우가 많아 감가상각대상금액 계산 시 중요하게 다루어지지 않는다). **내용**

11. 기업회계기준서 제1016호 '유형자산' 문단 4, 6, 30~31.
12. 이 방법이 바로 전통적으로 해오던 역사적 원가(취득원가) 기준 방법이다.

연수(useful life)는 기업에서 자산이 사용가능할 것으로 기대되는 기간 또는 자산에서 얻을 것으로 예상되는 생산량이나 이와 유사한 단위 수량이다.

감가상각비를 계산함에 있어서 유형자산의 경제적 효익(용역잠재력)이 소멸된 만큼을 정확히 파악하여 그만큼 감가상각비로 비용화하는 것이 가장 합리적인 방법일 것이다. 그러나 실제로 사용 중인 유형자산의 용역잠재력이 당기에 얼마만큼 사용되어 소멸되었는지 평가하는 것은 지극히 어려운 일이며 보통 그렇게 할 실익도 없다. 따라서 실무에서는 일정한 가정에 입각하여 정해진 규칙에 따라 감가상각비를 계산한다.

감가상각은 이처럼 유형자산의 사용에 따른 가치감소분을 인식하는 평가과정이 아니라 자산의 용역잠재력 중 소멸된 부분을 비용화시키는 원가배분과정(cost allocation)이다. 그리고 앞에서 설명하였듯이 원가를 배분하는 방법에 있어서도 정확한 평가 또는 측정에 의하지 않고 인위적인 가정에 입각하여 유형자산의 내용연수에 걸쳐 자산의 취득원가를 배분해 나간다.

유형자산을 구성하는 일부의 원가가 전체원가에 비교하여 중요하다면, 해당 유형자산을 감가상각할 때 그 부분은 별도로 구분하여 감가상각한다(부분별 감가상각). 유

지출, 원가 및 비용의 관계

원가(cost)와 비용(expense)을 일반적으로 혼용해서 사용하지만 정확히 말하면 원가와 비용은 다르다. 이들 관계를 이해하기 위해서 현금지출(expenditure)을 생각해 보라. 현금지출은 일반적으로 두 가지 경우, 즉시 비용으로 기록되는 경우와 일단 자산의 원가를 구성한 후 일정한 과정을 거쳐 비용으로 전환되는 경우가 있다. 첫째 경우의 예는 여비출장비의 지출이다. 이 지출은 지출과 동시에 그 지출의 효익이 없어지는 것이다. 급여, 광고선전비, 접대비 등 거의 모든 비용계정이 이 경우에 해당된다. 둘째의 경우는 현금지출의 효익이 바로 없어지지 않고 다른 형태의 자산으로 변환되는 경우, 이를테면 현금을 지출하여 재고자산이나 유형자산을 매입하는 경우이다. 이 경우 지출된 현금의 효익은 바로 소멸되는 것이 아니라 재고자산이나 유형자산의 원가로 보존되어 있는 것이다. 이 경우에는 비용이 아니라 자산의 원가가 발생하는 것이다. 일단 자산의 원가를 구성하게 되지만 이 원가는 궁극적으로 비용으로 변환되게 된다. 유형자산의 경우 이 과정을 감가상각이라 한다. 재고자산의 경우에는 그 재고자산이 판매되었을 때 그 원가가 매출원가라는 비용으로 전환된다. 이러한 점에서 '판매가격 100원인 제품의 원가는 90원이어서 팔면 이익이 10원'이라고 할 때 90원을 원가라고 하는 것보다는 비용이라고 하는 것이 정확한 표현일 것이다.

형자산의 원가는 그 유형자산을 구성하고 있는 중요한 부분에 배분하여 각 부분별로 감가상각한다. 예를 들면, 항공기를 소유하고 있는지 금융리스하고 있는지에 관계없이, 항공기 동체와 엔진을 별도로 구분하여 감가상각하는 것이 적절할 수 있다. 유형자산의 전체원가에 비교하여 해당 원가가 중요하지 않은 부분도 별도로 분리하여 감가상각할 수 있다.[13]

감가상각과 관련하여 한 가지 더 주의하여야 할 점은 감가상각과 현금흐름과의 관계이다. 현금을 지출하고 구입한 유형자산의 취득을 가정해 보자. 현금지출의 결과 유형자산이 구입되고 그 유형자산의 취득원가를 유형자산의 내용연수에 걸쳐 배분하는 과정이 감가상각이고, 그 배분금액이 감가상각비이다. 즉, 유형자산에는 취득시에 현금이 지출되고 그 이후 감가상각비를 인식하는 시점에서는 현금지출이 없다. 따라서 감가상각비는 손익계산서상 비용으로서 수익에서 차감되기는 하지만 그에 상응하는 현금유출이 별도로 없다. 광고선전비와 비교하면 광고선전비가 현금유출을 수반하는 비용인 데 반해, 감가상각비는 현금유출을 수반하지 않는 **비현금지출 비용**인 것이다.

따라서 감가상각비는 비용으로서 당기순이익을 감소시키지만 현금유출을 가져오지는 않는다. 즉, 다른 항목을 모두 무시하면 당기순이익에 감가상각비를 더하여야만 영업활동으로부터 순현금유입이 계산된다. 영업활동으로부터 현금흐름이 당기순이익과 다르게 되는 가장 중요한 요인이 유형자산감가상각비와 같은 비현금유출 비용이다.

영업활동으로부터 순현금유입(비현금지출 비용으로 감가상각비만 있는 경우)[14]

당기순이익 + 감가상각비 = 영업활동으로부터 순현금유입

그러나 감가상각과정이 현금을 실제로 절약하여 미래에 당해 유형자산의 내용연수가 끝났을 때 새로운 유형자산을 구입하기 위한 자금마련의 과정이라고 볼 수는 없다. 만약 경영자가 현재 보유하고 있는 유형자산의 내용연수가 끝났을 때를 대비해서 자금을 준비해 두려하면 별도로 은행에 적금을 들어야 할 것이다. 일반적으로 미래 유

13. 기업회계기준서 제1016호 '유형자산' 문단 43~47.

14. 제14장에서 더 상세히 다루겠지만, '영업활동으로부터 순현금유입'의 계산 시, 비현금유출(현금유출 없는) 비용을 가산하는 외에, 비현금유입(현금유입 없는) 수익은 차감하고, 영업활동으로 인한 자산 및 부채의 변동금액을 가감한다. 그러나 여기서는 주제의 이해도를 높이기 위해 비현금유출(현금유출 없는) 비용 항목만 고려한다.

형자산의 대체를 위한 현금은 그 시점의 자금조달계획에 의해 이루어진다. 즉, 감가상각비만큼 현금흐름이 증가하는 것은 사실이나 그 현금흐름의 증가가 곧 새로운 유형자산의 취득을 위한 자금의 형성을 뜻하는 것은 아니다.

2. 감가상각대상 및 감가상각기간

감가상각은 감가상각대상금액을 자산의 내용연수에 걸쳐 체계적 방법으로 비용화해 나가는 과정이므로 원칙적으로 모든 유형자산에 적용된다. 그러나 토지와 건설중인자산은 감가상각하지 않는 것이 원칙이다. 토지는 건물이나 기계장치와는 달리 사용에 의해 물리적 또는 경제적 가치가 소멸되거나 감소되지 않으므로 감가상각하는 것은 적절하지 않다.

토지와 건물을 동시에 취득하는 경우에 이들은 분리가능한 자산이므로 별개의 자산으로 회계처리한다. 채석장이나 매립지 등을 제외하고는 토지는 내용연수가 무한하므로 감가상각하지 아니하지만, 건물은 내용연수가 유한하므로 감가상각대상자산이다. 건물이 위치한 토지의 가치가 증가하더라도 건물의 감가상각대상금액에는 영향을 미치지 않는다. 토지의 원가에 해체, 제거 및 복구원가가 포함된 경우에는 그러한 원가를 관련 경제적효익이 유입되는 기간에 그 유입 형태를 반영하는 방법으로 토지를 감가상각한다.

건설중인자산은 말 그대로 건설 중인 자산이므로 완공되기 전까지는 사용할 수 없다. 감가상각은 유형자산의 사용기간(내용연수) 동안 그 원가를 배분하는 과정이므로, 사용되기 전의 자산인 건설중인자산은 감가상각하지 않는 것이 당연하다.

감가상각비를 계산하기 위해서는 먼저 취득원가, 내용연수, 잔존가치를 알아야 한다. 그 다음 여러 감가상각방법 중 하나를 선택하여 이러한 요소를 적용한다.

감가상각비 계산의 네 가지 요소

- 취득원가
- 추정내용연수
- 추정잔존가치
- 감가상각방법

이미 언급했듯이, **내용연수**(useful life)란 기업에서 유형자산의 취득시에 경영자의 추정에 의해 향후 당해 자산이 경제적인 효익을 제공할 것으로 기대되는 기간 또는 자산에서 얻을 것으로 예상되는 생산량이나 이와 유사한 단위수량이다. 내용연수란 유형자산이 물리적으로 사용될 수 있는 최대 기간을 의미하는 것이 아니라 당해 유형자산의 사용이 경제적으로 타당할 것으로 예상되는 기간이다. 즉, 물리적으로는 예를 들어 10년 정도를 사용할 수 있는 기계장치라 하더라도 기술발전의 속도, 기업의 규모변화 등을 감안할 때 경제적으로 사용할 수 있는 기간이 3년이라면 내용연수는 3년이 된다. 따라서 일반적으로 내용연수를 경제적 내용연수(economic life)라고 부른다. 자산의 물리적인 손상이나 마모 등이 아니라 경제적으로 더 이상 사용할 수 없는 경우가 더 많은데, 이러한 상태가 되는 것을 **진부화**(obsolescence)라고 한다.

유형자산의 **미래경제적효익**은 주로 사용함으로써 소비하는 것이 일반적이다. 그러나 자산을 사용하지 않더라도 기술적 또는 상업적 진부화 및 마모나 손상 등의 요인으로 인하여 자산으로부터 기대하였던 경제적효익이 감소될 수 있다. 따라서 자산의 내용연수는 자산의 예상생산능력이나 물리적 생산량을 토대로 한 예상사용수준, 자산의 예상 물리적 마모나 손상, 생산방법의 변화나 시장수요의 변화로 인한 기술적·상업적 진부화, 자산사용에 대한 법적 또는 이와 유사한 제한 등의 요소를 모두 고려하여 결정한다.

유형자산의 내용연수가 끝난 시점에서 경우에 따라서는 폐기하지 않고 재판매 등을 통하여 일부를 회수할 수 있는 경우가 있다. 그 추정액을 **잔존가치**(residual value 또는 salvage value)라 한다. 잔존가치는 추정하기가 어려워 ₩0으로 가정하는 경우가 많은데, 추정잔존가치를 얼마로 하든 **감가상각대상금액**은 유형자산의 취득원가에서 추정잔존가치를 차감한 금액이다. 즉, 내용연수에 걸쳐 취득원가에서 추정잔존가치를 차감한 금액(감가상각 대상금액)을 배분해 나가는 과정이 바로 감가상각이다.

감가상각 대상자산과 대상금액

감가상각 대상자산 : 토지와 건설중인자산을 제외한 모든 유형자산

감가상각 대상금액 = 취득원가 − 추정잔존가치

각 기간의 감가상각액은 일반적으로 당기손익으로 인식한다. 그러나 유형자산에 내재된 미래경제적효익이 다른 자산의 생산에 사용되는 경우 그 유형자산의 감가상각액은 해당 자산의 원가의 일부가 된다. 예를 들어 제조설비의 감가상각액은 제조원가(제품의 가공원가)를 구성하고, 개발활동에 사용되는 유형자산의 감가상각액은 해당 무형자산의 원가에 포함될 수 있다(기업회계기준서 제1002호 '재고자산' 및 제1038호 '무형자산').[15]

유형자산의 공정가치가 장부금액을 초과하더라도 잔존가치가 장부금액을 초과하지 않는 한 감가상각액을 계속 인식한다. 유형자산을 수선·유지하는 활동을 한다고 해서 감가상각의 필요성이 부인되는 것은 아니다. 유형자산의 잔존가치는 해당 자산의 장부금액과 같거나 큰 금액으로 증가할 수도 있다. 이 경우에는 자산의 잔존가치가 장부금액보다 작은 금액으로 감소될 때까지는 유형자산의 감가상각액은 영(0)이 된다.

유형자산의 감가상각은 자산이 사용가능한 때부터(즉, 경영진이 의도하는 방식으로 자산을 가동하는 데 필요한 장소와 상태에 이른 때부터) 시작하여, 자산이 매각예정자산으로 분류되는(또는 매각예정으로 분류되는 처분자산집단에 포함되는) 날과 자산이 제거되는 날 중 이른 날에 중지한다. 따라서 유형자산이 가동되지 않거나 유휴상태가 되더라도, 감가상각이 완전히 이루어지기 전까지는 감가상각을 중단하지 않는다. 그러나 사용정도에 따라 감가상각하는 경우에는, 생산활동이 없을 때 감가상각액을 인식하지 않을 수 있다.[16]

3. 감가상각방법

취득원가, 추정내용연수 및 추정잔존가치가 일단 정해지면 감가상각방법을 결정하여야 한다. 이 모든 것은 경영자에 의해서 결정되며 그 결정의 타당성은 외부감사시 감사인에 의해 검토된다. 경영자는 해당 자산에 내재되어 있는 미래경제적효익의 예상 소비형태를 가장 잘 반영하는 감가상각방법을 선택해야 한다. 그런데 경영자들은 실제 유형자산의 가치감소 패턴을 고려하기보다는 감가상각방법이 보고이익에 미치는 영향, 법인세비용에 미치는 영향, 사용의 편의성 등을 감안하여 감가상각방법을 결정하

15. 기업회계기준서 제1016호 '유형자산' 문단 48~49.
16. 기업회계기준서 제1016호 '유형자산' 문단 52, 55 .

는 경우가 많다.

일단 감가상각방법을 결정하면 동일한 자산에 대해서는 같은 방법을 매년 계속적으로 적용해야 한다. 같은 회사의 자산이라도 종류가 다르면 다른 감가상각방법을 적용할 수 있지만 같은 종류의 자산은 같은 방법을 사용해야 하며 한 번 정해진 방법은 예상 소비형태가 변하지 않는 한 변경할 수 없다(일관성, consistancy).

만약 기업이 정당한 이유 없이(즉, 예상 소비형태가 변하지 않았는데도) 감가상각방법을 변경한 경우 감사인은 그 시정을 권고할 수 있으며 기업이 수정을 거절할 경우 감사보고서의 감사의견에서 한정의견을 표시할 수 있다.[17] 정당한 이유가 있는 변경의 경우에는 변경사실과 변경영향이 주석사항으로 공시된다.

유형자산의 감가상각대상금액을 내용연수 동안 체계적으로 배부하기 위해 다양한 방법을 사용할 수 있다. 감가상각 방법에는 여러 가지가 있을 수 있지만 한국채택국제회계기준은 다음의 세 가지 방법을 인정하고 있다.

- **정액법**(직선법) : 잔존가치가 변동하지 않는다고 가정할 때 자산의 내용연수 동안 매 기간 일정액의 감가상각액을 계상하는 방법
- **체감잔액법**(가속상각법) : 자산의 내용연수 동안 시간이 경과할수록 감가상각액이 점차 감소하는 방법
- **생산량비례법** : 자산의 예상조업도 또는 예상생산량에 근거하여(그리고 실제 사용 혹은 생산량에 비례하여) 감가상각액을 계상하는 방법

1) 정액법

정액법(straight-line method)은 내용연수 동안 매년 동일한 감가상각비를 계상하는 방법으로서 적용이 쉽기 때문에 가장 일반적으로 사용되는 방법이다. 정액법을 사용하는 경우 연간 감가상각비는 다음과 같이 간단히 계산된다. 즉, 감가상각 대상금액(취득원가 - 잔존가치)을 내용연수로 나누면 연간 감가상각비가 계산된다.

---

17. 감사인은 한정의견을 표명하는 감사보고서의 문단에서 피감사회사의 감가상각방법의 변경사실과 그 변경으로 인해 재무제표에 미친 영향을 표시한다.

연간 감가상각비

$$\text{연간 감가상각비} = \frac{\text{취득원가} - \text{잔존가치}}{\text{내용연수}}$$

정액법에 의한 감가상각을 도형으로 표시하면 〈그림 10-1〉과 같다. 즉, 정액법에서는 매년 유형자산의 가치감소가 동일하게 발생하고, 그에 따라 유형자산의 원가가 동일하게 소멸된다고 가정한다. 따라서 매년 동일한 금액의 감가상각비가 인식된다.

| 예제 3 : 정액법에 의한 감가상각 |

(주)부산항만은 2016년 1월 2일 차량운반구를 ₩10,000에 구입하였다. 이 자산의 내용연수는 3년, 잔존가치는 10%로 추정된다. 동 자산의 구입과 2016년 12월 31일 감가상각비를 기록하기 위한 결산수정분개를 제시하시오.

☞ **해답**

2016년 1월 2일 유형자산 구입 :

(차) 차량운반구	10,000	(대) 현　　금	10,000

그림 10-1 정액법 감가상각의 패턴

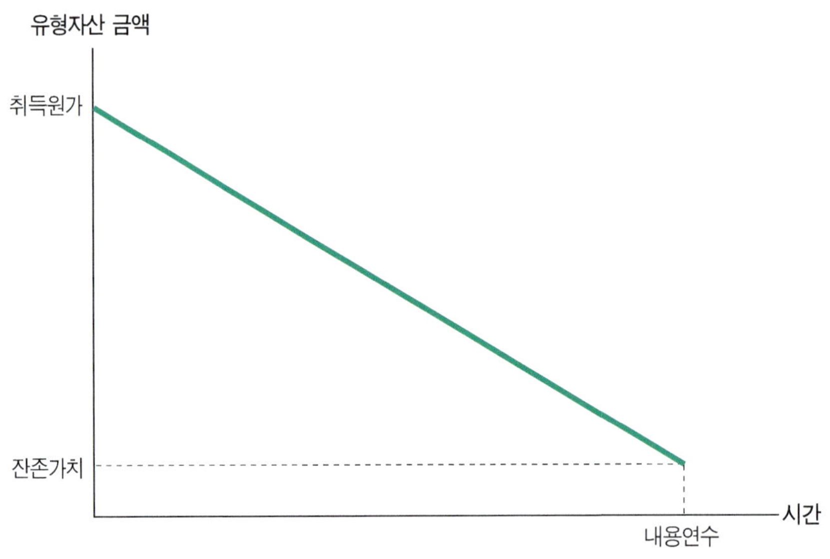

2016년 12월 31일 감가상각비 기록 :

(차) 감가상각비	3,000	(대) 차량운반구-감가상각누계액	3,000

☞ **해설**

취득원가 ₩10,000에서 추정잔존가치 ₩1,000(취득원가의 10%)을 차감하면 감가상각 대상금액 ₩9,000이 계산된다. 이 금액을 내용연수 3년으로 나누면 연간 감가상각비가 ₩3,000이 된다. 차량운반구감가상각누계액은 재무상태표에서 차량운반구에 대한 차감계정으로 표시한다(차감계정의 표시에 대해서는 제4장의 결산수정분개 내용 중 감가상각비 부분을 참조).[18]

2) 체감잔액법

정액법과는 달리 연간 감가상각비가 동일하지 않고 시간이 갈수록 점점 감소(체감)하게 하는 방법이 있다. **가속상각법**(accelerated depreciation method)이라고도 하는 **체감잔액법**(diminishing/declining balance method)이 그 방법이다. 즉, 초기에 많은

체감잔액법 감가상각의 패턴 **그림 10-2**

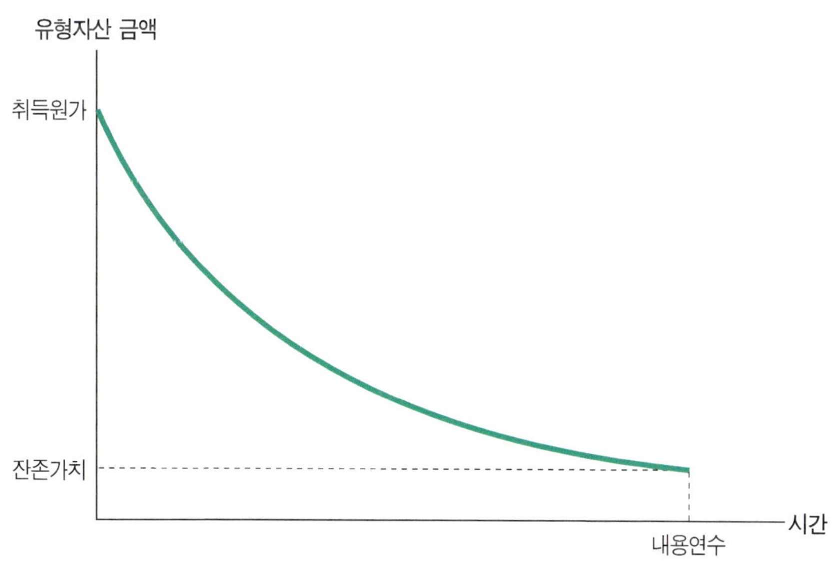

18. 일반적으로 '감가상각비'의 경우, '감가상각누계액'과 달리 '차량운반구'와 같은 특정자산의 명칭을 붙이지 않는다. 감가상각비는 감가상각누계액과 달리 개별자산별로 보고하는 실익이 거의 없기 때문이다.

감가상각비가 계상되고 시간이 경과할수록 점차 감가상각비가 감소한다. 체감잔액법에 의한 감가상각의 패턴은 〈그림 10-2〉에 나타나 있다. 이 그림에 의하면 유형자산의 가치는 처음에 급격히 감소하다가 시간이 지날수록 점점 완만해지는 반면에 감가상각비는 처음에 큰 금액으로 시작하여 갈수록 점점 작아짐을 알 수 있다.

체감잔액법에는 여러 가지가 있으나 그중에서 정률법과 연수합계법이 실무에서 가장 일반적으로 사용된다. 따라서 이 두 가지에 대해 설명한다.

(1) 연수합계법

연수합계법(sum-of-the-years'-digits method)은 가장 간편한 체감잔액법으로서, 최초연도에 가장 큰 연수, 다음 연도에 다음 큰 연수, 마지막 연도에는 가장 작은 연수(항상 1임)의 순서로 각 해당 연수를 연수합계로 나눈 비율을 감가상각 대상금액에 곱하여 감가상각비를 계산하는 방법이다. 연수의 합계란 예를 들면 3년의 내용연수일 경우 1+2+3=6이 되며, 4년의 내용연수일 경우 1+2+3+4=10이 된다. 그리고 3년의 내용연수를 가진 유형자산의 예를 들면 1차년도의 감가상각비는 전체 감가상각 대상금액에 3/6을 곱하여 계산한다. 2차년도의 감가상각비는 2/6, 그리고 3차년도는 1/6을 곱하여 계산한다. 내용연수 전체 기간 동안 이러한 비율들의 전체 합계는 당연히 1(이 경우 6/6)이 된다. 그 결과 감가상각비는 1차년도가 가장 크고 시간이 갈수록 점점 작아지게 된다.

| 예제 4 : 연수합계법에 의한 감가상각 |

(주)부산항만의 차량운반구를 연수합계법에 의해 감가상각할 경우 2016년, 2017년, 2018년의 감가상각비는 각각 얼마인가?

☞ **해답**

2016년 감가상각비 : 감가상각 대상금액(10,000 - 1,000) × 3/6 = 4,500
2017년 감가상각비 : 감가상각 대상금액(10,000 - 1,000) × 2/6 = 3,000
2018년 감가상각비 : 감가상각 대상금액(10,000 - 1,000) × 1/6 = 1,500

(2) 정률법

체감잔액법 중 유형자산의 가치감소가 매년 동일한 금액이 아니라 동일한 비율에 의해 일어난다고 가정하는 방법이 **정률법**(constant percentage method)이다. 매년 유형자산 장부금액(book value), 즉 미상각잔액이 동일한 비율로 감가상각된다고 가정하는 경우, 상각률은 정해져 있지만 미상각잔액이 매년 감소하므로 감가상각비도 매년 감소하게 된다.

정률법에서 연간 감가상각비는 다음의 산식에 의해 구할 수 있는데, 여기에서 기초 미상각잔액은 전기 말까지의 총상각누계액을 취득원가에서 차감한 금액으로서 유형자산의 장부금액이다.

연간 감가상각비

연간 감가상각비 = 기초 미상각잔액 × 상각률
= (취득원가 − 감가상각누계액) × 상각률

그리고 상각률은 다음의 식을 이용하여 구한다.

상각률

상각률 = 1 − (잔존가치/취득원가)$^{1/n}$ 단, n = 내용연수

잔존가치가 없는 경우 위 식의 마지막 항이 ₩0이 되어 상각률이 1이 되는 문제점이 있으므로 잔존가치가 없으면 간편법으로 ₩0 대신에 ₩1을 대입하여 계산한다. 잔존가치 ₩0이나 ₩1은 거의 같으면서도 상각률이 1이 되는 문제점을 해결할 수 있기 때문이다.

이때 주의할 사항은 상각률을 구할 때는 잔존가치를 사용하지만, 일단 상각률을 결정하여 적용할 때는 잔존가치를 고려하지 않는다는 것이다. 즉, 1차년도 감가상각비를 계산할 때 취득원가에서 잔존가치를 차감하지 않고 취득원가에 상각률을 곱한다. 그리고 2차년도부터는 미상각잔액(기초 장부금액)에 상각률을 곱함으로써 감가상각비를 계산한다.

| 예제 5 : 정률법에서의 감가상각 |

(주)부산항만의 차량운반구에 대해 정률법을 적용한다고 가정하고 각 년도의 감가상각비를 계산하시오.

☞ **해답**

상각률의 계산

$$상각률 = 1 - (1{,}000/10{,}000)^{1/3} = 1 - 0.4642 = 0.5358$$

감가상각표

	기초 장부금액(a)	상각률(b)	감가상각비(a × b)	감가상각누계액
1차년도	10,000	0.5358	**5,358**	5,358
2차년도	4,642	0.5358	**2,487**	7,845
3차년도	2,155	0.5358	**1,155**	9,000

☞ **해설**

3차년도 말 감가상각누계액이 ₩9,000이므로 잔존가치 ₩1,000과 추정잔존가치가 일치한다. 3년에 걸쳐 총 ₩9,000의 원가가 감가상각되었다. 이처럼 정률법에서는 마지막 미상각잔액이 추정잔존가치와 일치하도록 상각률을 계산하여 적용한다. 그리고 각 연도의 기초 장부금액은 감가상각을 적용할 시점에서의 미상각잔액으로서, 취득원가에서 전기 말 감가상각누계액을 차감한 금액이다.

3) 생산량비례법

유형자산은 사용(량)에 따라 그 가치가 감소하는 경우가 대부분일 것이므로, 유형자산의 사용시간이나 유형자산에 의한 생산량에 비례하여 감가상각을 하는 것이 가장 합리적일 수 있다. 이러한 방법을 **생산량비례법**(units-of-production method)이라 한다. 이 방법에서는 내용연수 동안 전체 사용시간 또는 생산량 등을 미리 추정한 다음, 이 추정치에 대한 당기의 사용시간 또는 생산량의 비율을 감가상각 대상금액에 곱하여 감가상각비를 계산한다.

생산량비례법은 유형자산의 실제 사용(량)에 비례해서 감가상각을 하므로 합리적인 방법으로 생각되지만 기업실무에서는 사용의 편의성을 중요하게 생각하여 이 방법보다 정액법을 많이 사용한다. 경영자들은 실제 감가상각방법을 선택할 때 그것이 이익이나 세금 등에 미치는 영향을 매우 중요한 요인으로 고려하여 그에 맞는 정액법이나 정률법 등을 사용하는 것이 보다 일반적이다.

| 예제 6 : 생산량비례법에 의한 감가상각 |

(주)부산항만의 차량운반구는 내용연수 동안 총주행거리가 10만km로 추정된다. 생산량비례법에 의해 주행거리에 따라 감가상각비를 인식한다고 가정하고 첫해의 감가상각비를 계산하시오. 2016년 동안 4만km 주행했다.

☞ **해답**

감가상각비 = 감가상각 대상금액 × 4만km/10만km
= (₩10,000 - ₩1,000) × 4/10 = ₩3,600

4. 감가상각방법별 경제적 영향 비교

동일한 자산에 대해서 서로 다른 감가상각방법을 선택함에 따라 내용연수 동안 기업의 재무제표에 미치는 영향이 다르다. 경영자들은 이러한 영향의 차이점을 고려하여 감가상각방법을 선택할 것으로 예상된다. 앞에서 세 가지 다른 방법을 적용한 결과 감가상각비가 다르게 나타나는 것을 확인하였다. 이들 세 가지 방법의 결과를 요약하여 비교 목적으로 〈표 10-2〉에 표시하였다. 생산량비례법은 실제 주행거리, 사용시간 및 생산량 등에 따라 감가상각비가 다르게 나타나 비교의 의미가 없기 때문에 비교표에서 제외한다.

표 10-2 상각방법별 감가상각비 비교

	1차년도	2차년도	3차년도	합계
정액법	3,000	3,000	3,000	9,000
연수합계법	4,500	3,000	1,500	9,000
정률법	5,358	2,487	1,155	9,000

〈표 10-2〉에서 보는 바와 같이 1차년도의 감가상각비는 정률법이 가장 크고 다음이 연수합계법이며 정액법이 가장 작다. 이와 정반대로 3차년도의 감가상각비는 정액법이 가장 크고 다음이 연수합계법이며 정률법이 가장 작다. 3개 연도를 모두 합하

면 총 감가상각비는 ₩9,000으로 감가상각 대상금액과 동일하다. 만약 경영자가 1차년도에 보고이익이 높은 것처럼 보이고 싶다면 1차년도에 감가상각비가 가장 작은 정액법을 선택하는 것이 좋을 것이다. 그러나 만약 재무보고 목적으로 사용한 감가상각비를 세무보고 목적으로도 사용해야 한다면 정액법을 선택한 경우 이익이 크게 나타나는 만큼 세금도 많이 내게 될 것이다. 따라서 경영자는 여러 가지 정책적인 측면을 고려하여 정액법과 체감잔액법 중에 적절한 방법을 선택한다.

5. 기중 취득 유형자산의 감가상각

유형자산을 회계연도 초에 취득한 경우에는 연도 말 결산시에 1년분의 감가상각을 계상하지만 연도 중간에 취득한 경우에는 사용기간에 비례하여 감가상각비를 계산한다. 이때 유형자산 취득연도의 취득일 후 결산일까지의 날짜 수를 계산하여 그에 비례하여 감가상각비를 계산할 수도 있지만 대부분 실무에서는 취득일이 속하는 달(month) 이후의 개월 수를 따져 감가상각비를 계산한다. 이때 취득일이 15일 이전이면 같은 달 1일에 취득한 것으로 간주하고, 반대로 15일 이후면 다음달 1일에 취득한 것으로 간주하여 계산한다.[19]

| 예제 7 : 유형자산 기중 취득 |

(주)부산항만이 위의 차량운반구를 2016년 1월 2일이 아닌 9월 6일에 취득하였다고 가정하여, 정액법에 의한 2016년 감가상각비를 기록하는 결산수정분개를 보이시오.

☞ 해답

(차) 감가상각비	1,000	(대) 차량운반구감가상각누계액	1,000

☞ 해설

9월 6일 취득한 유형자산은 9월 1일에 취득한 것으로 보고 9~12월의 4개월분 감가상각비를 기록한다. 물론 다음해에는 1년분인 ₩3,000의 감가상각비를 기록한다.

---

19. 날짜 수를 따져 그에 비례하여 감가상각비를 계산하는 방법을 일할계산(日割計算)이라 하고, 개월 수를 따져서 그에 비례하여 감가상각비를 계산하는 방법을 월할계산(月割計算)이라 한다.

04 유형자산의 손상

기업은 매 보고기간말마다 자산에 대해 자산손상을 시사하는 징후(indications)[20]가 있는지를 검토하여, 그러한 징후가 있다면 당해 자산의 회수가능액을 추정하고, 이 금액이 자산의 장부금액에 미달하면 **손상차손**(impairment loss)을 인식한다. 여기서 **회수가능액**[21](recoverable amount)은 자산(또는 현금창출단위[22])의 순공정가치와 사용가치 중 큰 금액을 말한다. **순공정가치**(fair value less costs to sell)는 합리적인 판단력과 거래의사가 있는 독립된 당사자 사이의 거래에서 자산(또는 현금창출단위)의 매각으로부터 수취할 수 있는 금액에서 **매각 부대원가**(costs to sell : 법률비용, 인지세 등 자산처분에 직접 귀속되는 증분원가로서 금융비용 및 법인세비용은 제외함)를 차감한 금액이고, **사용가치**(value in use)는 자산(또는 현금창출단위)에서 창출될 것으로 기대되는 미래현금흐름의 현재가치이다.

따라서 손상차손은 자산이 경제적·물리적 사건·사고 등 외부환경 변화로 인해 자산가치가 감소한 부분을 나타내는 것으로, 발생하는 즉시 당기손익으로 인식한다. 동시에 **손상차손누계액**이라는 자산 평가계정에 계상한다. 다만, 재평가모형 하에서 당해 자산에서 발생한 재평가잉여금(다음 절에서 설명함)이 있을 경우, 재평가되는 자산의 손상차손은 그 금액까지는 재평가감소액(revaluation decrease)으로 처리하여 기타포괄손익으로 인식하고, 재평가잉여금을 감소시킨다. 이에 대한 설명과 사례는 다음 제5절에서 다룬다.

원가모형 하에서는, 공정가치에 의해 유형자산의 평가액을 증가시키지는 않지만

20. 징후의 예 : ① 시간의 경과나 정상적인 사용에 따라 하락할 것으로 기대되는 수준보다 중요하게 더 하락한 자산 시장가치 ② 기업 경영상의 기술·시장·경제·법률 환경에서 또는 해당 자산을 사용하여 재화나 용역을 공급하는 시장에서 발생하였거나 가까운 미래에 발생할 것으로 예상되는 중요한 불리한 영향 ③ 자산이 진부화되거나 물리적으로 손상된 증거.

21. 회수가능액을 측정할 때에 항상 순공정가치와 사용가치 모두를 추정할 필요는 없다. 순공정가치나 사용가치 중 하나의 금액이 장부금액을 초과한다면 자산이 손상되지 않았으므로 다른 금액을 추정할 필요가 없다.

22. '현금창출단위(CGU : cash-generating unit)'는 다른 자산(또는 자산집단)에서의 현금유입과는 거의 독립적인 현금유입을 창출하는 식별가능한 최소자산집단으로 정의된다.

평가액을 감소시키는 손상차손은 인식하는데 이것은 보수주의의 회계관습이 회계처리에 적용되는 경우인 것이다.

손상차손을 인식한 후에는, 수정된 장부금액에서 잔존가치를 차감한 금액을 자산의 잔여내용연수에 걸쳐 체계적 방법으로 배분하기 위해서 감가상각비 또는 상각비를 조정한다.

| 예제 8 : 손상차손의 회계처리 |

(주)구미기계가 2015년 1월 2일 ₩10,000에 취득한 기계장치는 잔존가치 ₩0, 추정내용연수 5년에 정액법으로 상각한다. 2016년 12월 31일 급격한 시장환경의 변화로 인하여 이 기계장치의 회수가능액이 ₩3,500으로 판정되었다. 이때 손상차손을 인식하기 위한 분개를 제시하시오.

☞ 해답

(차) 기계손상차손	2,500	(대) 기계손상차손누계액	2,500

☞ 해설

2015년과 2016년의 감가상각비가 각각 ₩2,000이었으므로 이를 감안하고 나면 기계장치의 순장부금액은 ₩6,000이다. 이 시점에서 회수가능액이 ₩3,500으로 하락하였으므로 그 차액 ₩2,500을 손상차손으로 인식한다. 이때 손상차손에 해당하는 금액은 기계장치에서 직접 차감하지 않고 손상차손누계액을 설정하며 이 계정은 재무상태표상에서 기계장치에 대한 차감계정으로 표시된다. 그리고 손상차손누계액은 미래의 결산일에 회수가능액이 회복되면 회복된 금액만큼 환입시킨다.[23]

그리고 기업은 매 보고기간말마다 유형자산에 대해 과거에 인식한 손상차손이 더 이상 존재하지 않거나 감소된 것을 시사하는 징후가 있는지도 검토하여야 하며,[24] 징후가 있는 경우에는 그 자산의 회수가능액을 추정하여 자산의 장부금액을 회수가능액으로 증가시킨다. 이 증가금액이 **손상차손환입**(reversal of impairment losses)이다.[25] 단, 과거기간에 인식한 손상차손은 직전 손상차손의 인식시점 이후 회수가능액을 결정

23. 이에 관한 회계처리는 다소 복잡한데, 비교적 단순한 경우의 예를 본장의 보론에 엮었다. 관심 있는 독자는 읽어보기 바란다.
24. 손상차손환입을 시사하는 징후는 앞의 각주 20에서 예시된 손상을 시사하는 징후와 반대(대칭적)이다.
25. 단, 이 경우 그 자산에 대해 손상차손환입을 인식하지 아니한다 하더라도, 당해 자산의 잔여내용연수, 감가상각(상각)방법 또는 잔존가치에 대해 검토하여 조정해야 할 수도 있다.

하는 데 사용된 추정치(예 : 현금흐름, 할인율, 공정가치 변화 등)에 변화가 있는 경우에만 환입하며, 이 환입으로 증가된 장부금액은 과거 손상차손 인식 전 장부금액의 '감가상각(또는 상각) 후 잔액'을 초과할 수 없다. 이 한도는 달리 말하면, 손상차손이 원래 인식되지 않았더라면 산정되었을 감가상각누계액에 근거한 장부금액이다. 이와 관련된 내용은 원론 수준에서 꽤 복잡하므로 다루지 않는다.

손상차손환입은 즉시 당기손익(수익)으로 인식한다. 다만, 재평가모형에 따라 재평가금액을 장부금액으로 하는 경우에는, 상황에 따라 기타포괄손익이나 당기손익으로 인식한다.

| 예제 9 : 손상차손환입의 회계처리 |

(주)팔달물산은 2016년 1월 2일 ₩20,000에 토지를 취득하였다. 2016년 12월 31일 급격한 부동산시장 침체로 인하여 이 토지의 회수가능액이 ₩14,000으로 평가되었다. 그런데 이듬해엔 부동산시장이 급격히 회복되어 2017년 12월 31일 회수가능액이 ₩23,000으로 상승하였다. 위 토지의 평가와 관련하여 2016년 말과 2017년 말의 분개를 보이시오.

☞ 해답

2016년 12월 31일 회수가능액의 폭락으로 인한 손상차손 인식

(차) 토지손상차손	6,000	(대) 토지손상차손누계액	6,000

2017년 12월 31일 회수가능액의 회복으로 인한 손상차손환입 인식

(차) 토지손상차손누계액	6,000	(대) 토지손상차손환입	6,000

☞ 해설

2016년 12월 31일 토지의 회수가능액 폭락으로 손상차손 ₩6,000을 인식하면서 토지손상차손누계액을 설정(대기)한다. 이 계정은 재무상태표상에서 감가상각누계액처럼 유형자산(토지)에 대한 차감계정으로 표시된다. 2017년 12월 31일에는 회수가능액이 ₩23,000으로 회복되어 당해 연도에 토지손상차손환입이라는 수익을 인식한다. 주의할 점은 그 수익 인식으로 인해 토지의 손상차손처리 전 장부금액인 ₩20,000을 초과할 수 없다는 것이다. 따라서 토지손상차손환입 금액은 ₩6,000까지만 인식한다.

05 유형자산의 재평가모형 선택시 회계처리

유형자산은 취득 시 취득원가에 기록한 후, 사용기간 중에는 원가모형이나 재평가모형 중 하나를 적용하여 측정한다. 즉, 원가모형(역사적 원가 기준)에 의하여 취득 시에 기록한 취득원가를 그대로 유지하면서 감가상각을 통하여 비용화하거나, 또는 공정가치로 재평가를 한 후 감가상각을 통하여 비용화한다. 물론 토지는 감가상각하지 않으므로 취득원가 또는 공정가치를 처분 시점까지 그대로 유지한다.

그런데 유형자산의 측정을 위해 재평가모형을 택하여 재평가를 실시하는 경우에는, 유형자산은 재평가일의 공정가치에서 재평가일 이후의 감가상각누계액과 손상차손누계액을 차감한 **재평가금액**을 장부금액으로 한다. **재평가**는 보고기간말에 자산의 장부금액이 공정가치와 중요하게 차이가 나지 않도록 주기적으로 수행한다.

특정 유형자산을 재평가할 때, 해당 자산이 포함되는 유형자산 분류 전체를 동시에 재평가한다. 이는 유형자산별로 선택적 재평가(selective revaluations)를 하거나 서로 다른 기준일의 평가금액이 혼재(mixture of valuation bases)된 재무보고를 하는 것을 방지하기 위한 것이다.[26]

1. 재평가로 인한 장부금액 증가의 경우

자산의 장부금액이 재평가로 인하여 증가(increases in a valuation)된 경우에 그 증가액은 기타포괄손익으로 인식하고 **재평가잉여금**(revaluation surplus)의 과목으로 자본에 가산한다(대변기록). 그러나 동일한 자산에 대하여 이전에 당기손익으로 인식한 재평가감소액이 있다면 그 금액을 한도로 재평가증가액만큼 당기손익(수익)으로 인식한다.

유형자산을 재평가하여 장부금액이 증가하게 되면, 이를 위해 감가상각누계액의 조정을 통해 회계처리를 하게 된다. 즉, 재평가 시점의 감가상각누계액을 다음 중 하

26. 그러나 재평가가 단기간에 수행되며 계속적으로 갱신된다면, 동일한 분류에 속하는 자산을 순차적으로 재평가할 수 있다.

나의 방법으로 회계처리하여 당해 유형자산의 장부금액이 재평가금액(revalued amount)과 일치하게끔 한다.

① 재평가 후 자산의 장부금액이 재평가금액과 일치하도록 감가상각누계액과 총장부금액(gross carrying value)을 비례적으로 수정 : 이 방법은 지수를 적용하여 상각후대체원가(depreciated replacement cost)를 결정하는 방식으로 자산을 재평가할 때 흔히 사용된다. 단, 총장부금액 = 장부금액 + 감가상각누계액

② 총장부금액에서 기존의 감가상각누계액을 제거하여 그 순 금액(자산의 장부금액)이 재평가금액이 되도록 수정 : 이 방법은 건물을 재평가할 때 흔히 사용된다.

유형자산 재평가 후 당해 유형자산을 사용함에 따라, 재평가잉여금의 일부를 이익잉여금으로 대체할 수 있다. 이 경우 그 금액은, 재평가된 금액에 근거한 감가상각액과 원가에 근거한 감가상각액의 차이가 된다(이것은 재평가잉여금의 상각이라고도 할 수 있는 것으로서, 재평가로 인해 증가된 감가상각비만큼 감소하는 이익잉여금을 다시 회복시키는 역할을 한다(아래 〈예제 10〉 참조). 또한 자산이 폐기되거나 처분될 때 재평가잉여금 전부가 이익잉여금으로 직접 대체될 수 있다. 재평가잉여금이 이익잉여금으로 대체되는 경우, 당기순이익을 통하여 대체되지 않고 직접 대체된다.

위 두 방법을 이해하기 위해 〈예제 10〉을 제시한다.

| 예제 10 : 재평가 시점에서의 감가상각누계액 수정 |

2013년 1월 2일 (주)자평은 기계장치를 ₩1,000,000에 취득하였다. 내용연수는 10년이고 정액법으로 감가상각한다. 잔존가치는 없다고 가정한다. (주)자평이 유형자산에 재평가모형을 최초로 적용하기로 한 2016년 12월 31일 그 자산은 ₩900,000으로 평가되었고 내용연수에는 변함이 없었다. 2016년, 2017년 말의 재평가 및 감가상각 관련 분개를 하시오(단, 기업회계기준서 제1008호 문단 17에 따라, 자산재평가에 회계정책을 최초로 적용하는 경우의 회계정책 변경에는 정책변경에 따른 소급적용 등의 규정이 적용되지 않는다).

☞ 해답

[방법 1] 감가상각누계액의 비례적 수정

2016.12.31

(차)	기계장치	500,000	(대)	감가상각누계액	200,000
				재평가잉여금	300,000

2017.12.31

(차)	감가상각비	150,000	(대)	감가상각누계액	150,000
	재평가잉여금	50,000		이익잉여금	50,000

[방법 2] 감가상각누계액의 제거 (완전 제거하고 기존 총장부금액 조정)

2016.12.31

(차)	감가상각누계액	400,000	(대)	기계장치	100,000
				재평가잉여금	300,000

2017.12.31

(차)	감가상각비	150,000	(대)	감가상각누계액	150,000
	재평가잉여금	50,000		이익잉여금	50,000

☞ 해설

[방법 1] 감가상각누계액의 비례적 수정

2016년 12월 31일 재평가 직전의 장부금액 ₩600,000인 기계장치의 재평가금액이 ₩900,000이므로 이 둘을 일치시키기 위해서는 재평가직전 장부금액을 1.5배로 증가시켜야 한다. 따라서 총장부금액 ₩1,000,000과 감가상각누계액 ₩400,000(= 4년 × ₩100,000의 매년 감가상각비)을 각각 비례적으로 1.5배씩 증가시킨다. 그러므로 총장부금액과 감가상각누계액을 각각 ₩500,000, ₩200,000씩 증가시키고 그 차이인 장부금액증가액 ₩300,000은 재평가잉여금으로 대변에 기록한다. 2017년부터는 새로운 장부금액 ₩900,000을 잔존기간 6년 동안 감가상각하므로 매년 ₩150,000의 감가상각비를 기록한다. 동시에 재평가잉여금도 잔존기간에 걸쳐 상각하므로 ₩50,000을 재평가잉여금에서 차감하여 이익잉여금으로 직접 대체한다. 이것은 당해 자산이 더 이상 존재하지 않는 이후에도 재평가잉여금이 한없이 남아있을 상황을 회피하게 해준다.

[방법 2] 감가상각누계액의 제거 (완전 제거하고 기존 총장부금액 조정)

이 방법은 기존 감가상각누계액을 완전히 제거하는 방식이다. 2016년 12월 31일 일단 감가상각누계액 전체금액 ₩400,000을 제거한다. 그러면 (순)장부금액은 ₩600,000에서 ₩1,000,000이 되므로, 이 금액이 재평가금액 ₩900,000이 되도록 하려면 총장부금액을 ₩100,000만큼 감액조정해주어야 한다. 이 두 금액의 차이 ₩300,000는 (순)장부금액 증가분(재평가증가액)을 나타내고, 따라서 이 금액만큼 재평가잉여금 계정에 대기한다.

2017년 12월 31일 분개는 [방법 1]과 동일하다. 어느 방법을 사용하든 재평가 직후 감가상각대상금액은 재평가된 금액과 동일하게 되기 때문이다. 그리고 [방법 1]이나 [방법 2]나 사실상 동일한 회계적 결과를 가진다. 두 방법이 비록 총장부금액과 감가상각누계액 면에서 다른 결과를 보이지만, 모두 순장부금액과 재평가잉여금이 동일하기 때문이다. 앞으로 회계적 의미는 감가상각액과 유형자산제거 시 처분손익액에 있을 것인데, 감가상각대상금액, (순)장부금액이 동일한 한, 두 방법은 동일한 결과를 보일 것이기 때문이다. (방법 2의 또다른 유형으로서 기존 총장부금액을 유지하는 정도까지만 감가상각누계액을 제거하는 유형도 있으나 여기서 다루지 않는다. 이 두 방법도 모두 회계적 결과는 동일하다).

앞의 두 가지 방법의 이해를 위해 앞의 〈예제 10〉을 적용하여 그 특징을 나타내면 〈그림 10-3〉과 같다.

재평가 직후 : 감가상각누계액 및 총장부금액의 변화 그림 10-3

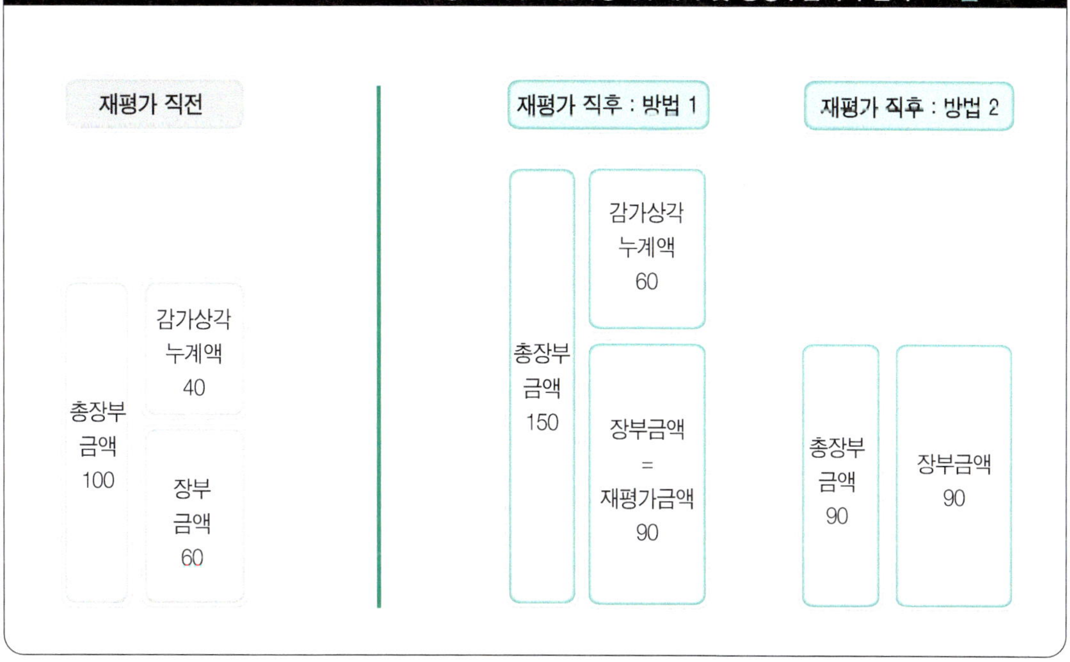

2. 재평가로 인한 장부금액 감소의 경우

장부금액의 재평가감소액은, 재평가되는 자산의 손상차손 경우처럼, 당기손익(비용)으로 인식하고, 만일 그 자산에 대한 재평가잉여금의 잔액이 있다면 그 금액한도까지는 재평가감소액을 기타포괄손익으로 인식한다. 이 경우 재평가잉여금의 과목으로 자본에 누계한 금액을 감소시킨다(차변기입).[27] 따라서 재평가잉여금은 부(負, 음수)의 잔액이 허용되지 않게 된다. 다음 〈예제 11〉은 이러한 내용을 설명한다.

| 예제 11 : 재평가모형의 경우 손상차손의 회계처리 |

(주)화완산업은 2016년 12월 31일 현재 장부금액이 ₩140,000인 보유 기계장치에 대한 손상의 징후가 파악되어 손상검사를 실시한 결과, 동 기계장치의 시장가치는 ₩48,000이며 처분관련 예상직접비용은 ₩12,000인 것으로 파악되었다. 또한 동 자산의 잔존내용연수 동안 예상되는 현금흐름의 가치는 ₩38,000으로 추정되었다. 이 기계장치와 관련하여 자본에 계상된 재평가잉여금이 ₩68,000 있을 때, 인식되어야 할 손상차손은 얼마이며, 이 중 당기손익에 반영해야 하는 금액은 얼마인가? 그리고 이를 반영하는 분개도 보이시오.

☞ **해답**

인식되어야 할 손상차손 : ₩102,000

이 중 당기손익으로 반영할 금액 : ₩34,000

분개 :

2016.12.31

차변	금액	대변	금액
(차) 손상차손(당기손익)	34,000	(대) 손상차손누계액	102,000
재평가잉여금	68,000		

☞ **해설**

회수가능액은 ₩38,000(자산의 순공정가치 ₩36,000과 사용가치 ₩38,000 중 큰 금액)이므로, 장부금액과의 차이 ₩102,000이 손상차손이 된다. 재평가잉여금이 존재하므로, 손상차손 중 기타포괄손익으로 인식(재평가잉여금 감소)되는 ₩68,000을 제외한 나머지 ₩34,000이 당기손익으로 인식된다.

---

27. 이러한 회계처리는 FVOCI 금융자산의 경우와 대비된다. 즉 FVOCI 금융자산의 평가시 평가이익이나 평가손실은 일단 자본에 속해졌다가 동 자산이 제거될 때 자산이 채무상품인 경우에는 당기손익으로 실현(재순환)되고, 동 자산이 지분상품인 경우에는 재순환이 금지되어 그대로 자본에 남아 있다. 이에 반해, 손상차손은 재평가잉여금과 우선 상계되므로 상계 후 남은 차액만이 당기손익으로 인식된다.

유형자산의 손상여부는 기업회계기준서(제1036호 '자산손상')를 적용하여 결정한다. 이 기준서는 자산의 장부금액의 검토방법, 자산의 회수가능액의 결정방법 및 손상차손과 손상차손환입의 인식시기를 설명하고 있다.

06 유형자산의 후속원가

1. 후속원가의 의의

유형자산은 취득 후 사용 중에도 여러 가지 목적 및 사유로 현금지출을 필요로 한다. 이러한 지출을 **후속원가**(subsequent costs)라 한다. 가장 일반적으로 생각할 수 있는 것은 수선비 등 유지원가(maintenance costs)이고, 이 외에도 증설, 개체(改替) 등에 많은 지출이 소요되는데 이러한 지출을 비용으로 처리(비용화)할 것인지 또는 유형자산의 원가에 추가(자본화)할 것인지가 중요한 회계 이슈이다. 그 이유는 동일한 지출에 대해 서로 다른 회계처리를 함에 따라 비용의 크기가 달라져 보고이익과 자산의 잔액이 달라지기 때문이다.

일상적인 수선·유지(repair and maintenance) 목적으로 발생하는 원가(주로 노무비와 소모품비로 구성)는 해당 유형자산의 장부금액에 포함하여 인식하지 아니하고, 발생시점에 당기손익으로 인식한다.[28]

일부 유형자산의 주요 부품(구성요소)의 정기적 교체(replacement at regular intervals)가 필요할 수 있다. 용광로의 내화벽돌을 일정시간 사용 후에 교체(relining)한다거나, 항공기의 좌석과 취사실(seats and galleys) 등 내부설비를 항공기 동체의 내용연수 동안 여러 번 교체한다거나 하는 것이 그 예이다. 이때 유형자산의 일부를 대체할 때 발생하는 원가는, 자산인식기준을 충족하는 경우, 해당 유형자산의 장부금액에 포함하여 인식한다. 대체되는 부분의 장부금액은 기준서의 제거 규정[29]에 따라 제거한다(derecognize).

---

28. 기업회계기준서 제1016호 '유형자산' 문단 7(인식원칙), 12.
29. 기업회계기준서 제1016호 '유형자산' 문단 67~72 에 제거 규정이 있음.

유형자산의 후속원가(취득 후 지출)를 비용화하는 경우에는 자본화하는 경우에 비해 당해 연도 비용을 높게 기록하므로 이익을 낮게 보고한다. 일반적으로 경영자들은 이익을 높게 보고하려는 유인이 많으므로 일반적인 회계기준은 후속원가의 자본화가 남용되지 않도록 **자산인식기준**을 충족시키는 경우에 한하여 **자본화**를 인정하고 그 외에는 **비용화**할 것을 요구하고 있다. 통상적으로, 자본화하는 지출을 **자본적 지출**(capital expenditure)이라 하고, 비용화하는 지출을 **수익적 지출**(revenue expenditure)이라 한다. 수익적 지출이란 말은 당기 비용으로 인식되어 당기의 수익에 대응되기 때문에 붙여진 이름이다.

2. 수익적/자본적 지출의 구분과 회계처리

유형자산의 사용 중 지출은 지출의 자산인식기준 충족여부(자산성이 있는지 여부)에 따라 수익적 지출과 자본적 지출로 구분한다. **지출의 자산성**이란 지출의 결과로 자산의 경제적 효익(용역잠재력)이 증가하거나 자산의 내용연수가 연장되는 것을 말한다. 즉, 지출의 결과 생산능력, 품질 등이 현저히 증가하거나 에너지절감, 생산효율 향상 등으로 생산원가가 현저히 감소하거나, 또는 자산의 내용연수가 연장되게 되면 그 지출을 **자본적 지출**이라 하고 지출금액을 기존의 자산원가에 추가한다. 예를 들면, 기존의 기계장치에 대대적인 수선(overhaul)을 한 결과 기계장치의 성능이 획기적으로 향상되어 원가절감과 내용연수 연장이 기대된다면 이때의 수선비 지출액은 기계장치의 원가에 가산된다.

반면에, 유형자산의 기존 성능이나 품질을 유지하기 위한 지출이나 정기적이고 반복적인 수선활동 등은 자산의 경제적 효익을 획기적으로 향상시키지 못하므로 **수익적 지출**로 보아 비용처리한다. 앞의 기계장치의 예에서 그 지출이 정기적이고 정상적인 수선활동을 위한 것으로 기계장치의 성능을 유지하기 위한 것이라면 수선유지비(비용계정)로 기록한다.

| 예제 12 : 자본적 지출의 회계처리 |

〈예제 3〉에서의 (주)부산항만이 차량운반구에 대해서 2년 사용 후 2018년 1월 2일에 ₩1,000을 지출하여 주요 부품을 모두 교환하는 대대적인 개량을 실시하여 차량의 성능 향상과 함께 내용연수가 1년 연장되었다. 잔존가치는 여전히 ₩1,000이라고 가정한다. 정액법을 가정하고 2018년 1월 2일과 12월 31일(결산일)의 분개를 제시하시오.

☞ 해답

2018년 1월 2일

(차) 차량운반구	1,000	(대) 현　　금	1,000

2018년 12월 31일

(차) 감가상각비	2,000	(대) 차량운반구감가상각누계액	2,000

☞ 해설

1차년도와 2차년도 감가상각비가 각각 ₩3,000씩 기록되었으므로 총감가상각누계액이 ₩6,000이 되어 2018년 1월 초 미상각잔액은 ₩4,000이다. 추가로 ₩1,000의 자본적 지출이 있었으므로 차량운반구의 총미상각잔액(장부금액)은 ₩5,000으로 증가한다. 그리고 본래 내용연수가 3년이었는데, 이미 2년이 경과한 후 위의 자본적 지출로 인하여 내용연수가 1년 연장되었으므로 총 2년의 내용연수가 남게 되었다. 따라서 새로운 감가상각 대상금액(₩5,000)에서 추정잔존가치 ₩1,000을 차감한 미상각잔액 ₩4,000을 2년에 걸쳐 정액법으로 상각하면 연간 감가상각비는 ₩2,000이 된다.

| 예제 13 : 수익적 지출의 회계처리 |

〈예제 12〉에서 (주)부산항만의 지출 ₩1,000이 정상적인 소모품의 교환으로서 수익적 지출에 해당한다고 가정하고, 2018년 1월 2일과 12월 31일에 필요한 분개를 제시하시오.

☞ 해답

2018년 1월 2일

(차) 수선유지비	1,000	(대) 현　　금	1,000

2018년 12월 31일

(차) 감가상각비	3,000	(대) 차량운반구감가상각누계액	3,000

일반적으로 자본적 지출과 수익적 지출의 구분기준을 정리하면 다음과 같다.

자본적 지출

① 새로운 공정의 채택이나 성능개선을 통한 생산능력의 증대를 위한 지출
② 새로운 설비의 부착, 기존 자산의 확장 또는 증축을 위한 지출
③ 내용연수를 증가시키는 지출
④ 자산의 이용가치를 향상시키기 위한 용도변경 및 재배치에 소요된 지출
⑤ 비경상적이며 일정 금액 이상의 지출

수익적 지출

① 기존 자산의 원상회복이나 성능유지를 위한 지출
② 경상적이며 반복적으로 발생하는 비용의 지출
③ 지출의 효과가 당기의 수익을 창출하는 데만 영향을 미치는 지출
④ 일정 금액 이하의 소액 지출

07 추정변경과 제거

1. 감가상각방법 등 추정의 변경

유형자산의 감가상각방법은 적어도 매 회계연도말에 재검토하여, 재검토 결과 자산에 내재된 미래경제적효익의 예상되는 소비형태에 중요한 변동이 없다면 계속적으로 적용하여야 하며 임의로 변경할 수 없다. 그러나 그 소비형태에 중요한 변동이 있다면, 변동된 소비형태를 반영하기 위하여 감가상각방법의 변경(예 : 정액법과 정률법 간의 변경)이 허용된다. 그러한 변경은 기업회계기준서 제1008호에 따라 **회계추정의 변경**으로 회계처리한다. 이러한 회계처리는 한국채택국제회계기준의 적용에 의한 것인데, 그 전에는 감가상각방법 변경이 '정책의 변경' 으로 회계처리되었었다.

한편, 감가상각방법의 변경이 아니라 유형자산의 사용 중 상황변화에 따라 내용연수나 잔존가치의 최초 추정치를 변경하는 경우가 있다. 이것도 추정의 변경이며 경영자가 합리적이라 판단되는 범위 내에서 추정 가능하다.

감가상각과 관련한 추정변경의 경우에는 **전진적 적용**(prospective application)의 회계처리를 한다. 즉, 이미 기록된 과거의 기록은 그대로 두고 변경시점부터, 새로운 정보의 획득, 새로운 상황의 전개 등에 따른 새로운 추정치를 적용하여 정상적인 회계처리를 한다. 따라서 기존의 관련 계정잔액 등 회계기록은 전혀 영향을 받지 아니한다. 일반적으로, 이러한 회계추정의 변경 외에 회계정책의 변경이 있는데[30] 이들을 통틀어서 **회계변경**(accounting change)이라고 한다.

30. 회계정책 변경의 경우에는 그 변경에 따른 소급적용(retrospective application)의 누적효과를 실무적으로 적용가능한 최초 회계기간까지 소급적용하도록 한다. 이에 대해서는 제13장 '자본' 에서 좀더 자세히 설명한다.

| 예제 14 : 유형자산 감가상각에 관한 회계추정 변경 |

〈예제 3〉에서의 (주)부산항만이 2016년 1월 2일 구입한 차량운반구에 대해서 정액법을 사용해 오다가 2017년 1월 2일 추정잔존가치를 당초 ₩1,000에서 ₩0으로 변경하였다. 이를 반영하여 2017년 12월 31일 감가상각비를 기록하기 위한 분개를 제시하시오.

☞ **해답**

(차) 감가상각비	3,500	(대) 차량운반구-감가상각누계액	3,500

☞ **해설**

이미 2016년 동안 ₩3,000의 감가상각이 이루어져 2017년 초에 남아 있는 미상각잔액은 ₩7,000인 상황에서 추정잔존가치가 ₩0으로 변경되었다. 따라서 미상각잔액 ₩7,000 전액이 향후 2년에 걸쳐 상각되어야 하므로 연간 감가상각비는 ₩3,500이 된다.

2. 유형자산의 제거

유형자산은 매각, 기부 등 여러 방법으로 **처분**될 수 있다. 유형자산은 처분될 때, 또는 사용이나 처분을 통하여 미래경제적효익이 기대되지 않을 때 그 장부금액을 **제거**(derecognition)한다.

유형자산을 제거할 때에는 제거로 인하여 발생하는 손익을 **순매각금액**(net disposal proceeds)과 장부금액의 차이로 결정하여 당기손익(**유형자산처분손익** : gain or loss on disposal)으로 인식한다.[31] 제거(처분)이익은 기타수익(revenue가 아닌 gain)으로 분류한다.

유형자산처분손익 산정 시 주의하여야 할 점은, 처분시점이 결산일과 일치하지 않는 경우 처분시점 기준으로 감가상각비를 추가로 인식한 후 유형자산의 장부금액을 계산해야 한다는 것이다. 예를 들면, 결산일이 12월 말인데 6월 말에 유형자산을 처분하게 되면 1월부터 6월까지의 감가상각비를 추가로 인식한 후 유형자산의 장부금액을 계산해야 한다.

유형자산의 **처분대가**(consideration)는 최초에 공정가치로 인식한다. 유형자산에 대한 지급이 지연되면, 처분대가는 최초에 **현금가격상당액**(cash price equivalent)으로

31. 단, 기업회계기준서 제1017호 '리스'에서 판매후리스거래(sale and lease-back)에 대하여 달리 규정하고 있는 경우는 제외한다.

인식한다. 처분대가의 명목금액과 현금가격상당액의 차이는 (기업회계기준서 제1018호에 따라) 처분으로 인하여 받을 금액에 유효이자율을 반영하여(reflecting effective yield on the receivable) 이자수익으로 인식한다.

유형자산이 제거(처분 또는 폐기)될 때 만일 그 유형자산과 관련하여 자본에 계상된 재평가잉여금이 있으면 그것을 이익잉여금으로 직접 대체할 수 있다. 이 경우 그 대체금액을 당기손익으로 인식할 수 없다.

유형자산 처분 시, 그 대가를 현금으로 받지 아니하고, 사용하던 다른 자산으로 교환받는 경우도 있다. 이 경우의 회계처리는 꽤 복잡하므로 이 장의 부록에 소개한다.

| 예제 15 : 유형자산의 제거(처분) |

〈예제 3〉에서의 (주)부산항만이 2016년 1월 2일 취득한 차량운반구를 정액법에 의해 감가상각을 해 오다가 2017년 6월 30일에 ₩5,000에 처분하였다. 처분비용은 ₩100이었다. 차량운반구의 취득원가는 ₩10,000, 내용연수는 3년, 그리고 추정잔존가치는 ₩1,000이었다. (주)부산항만의 결산일은 12월 31일이다. 위 자산처분 시 필요한 분개를 제시하시오.

☞ 해답

2017.1.1~6.30 동안의 감가상각비 인식

(차)	감가상각비	1,500	(대)	차량운반구감가상각누계액	1,500

처분 및 처분손익의 인식

(차)	현　　금	4,900	(대)	차량운반구	10,000
	차량운반구감가상각누계액	4,500			
	유형자산처분손실	600			

☞ 해설

2016년 12월 31일 감가상각비는 ₩3,000이었다. 그 이후 2017년 12월 31일 결산일에 이르기까지는 감가상각비를 인식하지 않지만 감가상각은 항상 발생하고 있다고 보아야 한다. 처분이 없었다면 2017년 말 ₩3,000의 감가상각을 인식하겠지만, 6월 말 유형자산을 처분하였으므로 그 6개월간의 감가상각비를 계산하여 인식한 다음, 정확한 장부금액을 이용하여 처분손익을 계산해야 한다. 6개월분 감가상각비 ₩1,500을 인식한 후 감가상각누계액은 ₩4,500이며, 따라서 처분시점에서 장부금액은 ₩5,500이다. 처분비용 ₩100을 차감한 처분가치가 ₩4,900이므로 장부금액과의 차이 ₩600이 처분손실이 된다.

사용이 끝난 유형자산을 처분하는 경우에도 마찬가지이다. 즉, 순처분가치(처분비용 차감 후)와 잔존가치의 차이가 유형자산처분손익이 된다.

보론

| 자산교환(exchange of asset)에 의한 유형자산 취득 및 처분 |

하나 이상의 자산(유형자산이든 무형자산이든)을 비화폐성자산(또는 화폐성자산과의 결합(combination))과 교환하여 취득하는 경우, 그 취득자산의 원가는 공정가치로 측정한다. 단, 그 교환거래에 상업적 실질(commercial substance)이 결여되거나, 취득한 자산과 제공한 자산 모두의 공정가치를 신뢰성 있게 측정할 수 없다면, 그 취득자산의 원가는 공정가치가 아니라 제공자산의 장부금액(원가 - 감가상각누계액 및 손상차손누계액)으로 측정해야 한다. 이 경우에는 처분손익이 전혀 발생하지 않는다. '상업적 실질' 기준은 기업에 명백한 경제적 영향이 거의 없음에도 불구하고 자산교환을 통한 이익계상유인을 억제시키고자 마련된 것이다.

교환거래에 상업적 실질이 있는지는 그 교환거래 결과 미래현금흐름이 얼마나 변동될 것인지를 고려하여 결정한다. 교환거래는 다음 (1) 또는 (2)에 해당하면서 (3)을 충족하는 경우에 상업적 실질을 가진다.

(1) 취득한(received) 자산과 관련된 현금흐름의 구성(configuration : 위험, 유출입시기, 금액)이 제공한(transferred, given up 이전된) 자산의 그것과 차이가 난다.

(2) 교환거래의 영향을 받는 영업부분의 기업특유가치(entity-specific value)[32]가 교환거래의 결과로 변동한다.

(3) 위 (1)이나 (2)에서의 차이가 교환된 자산의 공정가치에 비하여 중요하다(significant to the fair value).

전통적으로 위 상업적 실질 조건과 유사한 조건을 충족하는 교환을 이종자산(dissimilar assets) 간의 교환, 그 외의 교환은 동종자산(similar assets)의 교환이라 불러왔었다.

취득자산이나 제공자산의 공정가치를 신뢰성 있게 결정할 수 있다면, 취득자산의 공정가치가 더 명백한 경우를 제외하고는 취득자산의 원가를 제공자산의 공정가치로 측정한다.

| 예제 |

여주통상(주)은 자동차판매상과 협의하여, 사용하던 차량을 제공하는 조건으로 신형차량을 취득하였다. 사용하던 차량의 취득원가는 ₩7,000,000, 감가상각누계액은 ₩3,000,000이며, 공정가치는 ₩3,500,000이다. 신형 차량의 판매가격은 ₩8,000,000이며, 사용하던 차량의 가치를 ₩4,600,000으로 인정하기로 하고 현금 ₩3,400,000을 지급했다. 교환시 분개를 보이시오.

---

32. 기업특유가치는 '자산의 계속적 사용과 내용연수 종료시점시 처분으로부터 또는 부채의 결제로부터 발생할 것으로 기대되는 현금흐름의 현재가치' 이다.

단, 취득자산과 관련된 현금흐름의 위험과 금액 등이 제공자산의 그것과 차이나고, 그 차이는 공정가치에 비해 중요하다. (출처 : 세무사자격 기출시험문제 각색)

☞ **해답**

(차)			(대)		
(차)	차량운반구(신형)	6,900,000[1)]	(대)	현 금	3,400,000
	감가상가누계액	3,000,000		차량운반구(구형)	7,000,000
	유형자산처분손실	500,000[2)]			

1) 신차의 취득원가 = 제공한 자산의 공정가치
= 구형차의 공정가치 + 제공 현금
= ₩3,500,000 + ₩3,400,000 = ₩6,900,000

2) 구형차의 처분손익 = 구형차의 매각대가[3)] - 구형차의 장부금액[4)]
= ₩3,500,000 - ₩4,000,000 = (₩500,000)

3) 신차의 취득원가가 구형차의 '공정가치' 로 구성되었으므로 구형차의 매각대가는 구형차의 공정가치가 된다.

4) 구형차의 장부금액 = 취득원가 ₩7,000,000 - 감가상가누계액 ₩3,000,000

☞ **해설**

위 교환은 교환자산 간 공정가치의 차이가 커서(신차 ₩8,000,000, 중고차 ₩3,500,000) 상업적 실질이 충족된 교환이고, 취득자산의 공정가치가 더 명백하지는 않다. 따라서 신차의 취득원가는 제공한 자산의 공정가치로 한다.

| 후속예제 |

앞의 예에서 교환이 상업적 실질이 결여된 교환이라는 전제하에 교환시 분개를 보이시오.

(차)			(대)		
(차)	차량운반구(신형)	7,400,000[1)]	(대)	현 금	3,400,000
	감가상가누계액	3,000,000		차량운반구(구형)	7,000,000

1) 신차의 취득원가 = 제공한 자산의 장부금액
= 구형차의 장부금액[2)] + 제공 현금
= ₩4,000,000 + ₩3,400,000 = ₩7,400,000

2) 구형차의 장부금액 = 취득원가 ₩7,000,000 - 감가상가누계액 ₩3,000,000

☞ **해설**

상업적 실질이 결여된 교환인 경우, 신차의 취득원가는 제공한 자산의 장부금액으로 한다. 이 경우에는 유형자산처분손익이 전혀 나타나지 않는다. 왜냐하면, 취득자산의 취득원가가 제공자산의 '장부금액' 으로 구성되므로, 제공자산의 매각대가는 동 자산의 장부금액이 되고, 따라서 처분손익은 인식하지 않게 된다.

연습문제

❀ 개념설명 및 서술문제 ❀

01. 유형자산(PPE : property, plant & equipment)의 개념과 특징에 대해 설명하시오.

02. 재고자산(inventories)과 유형자산의 차이점에 대해 설명하시오.

03. 유형자산과 관련한 주요 회계처리 문제(주제)에 대해 간략히 설명하시오.

04. 유형자산의 최초(취득)원가 측정에 대해 설명하시오.

05. 유형자산의 인식후의 측정 모형에 대해 설명하시오.

06. 감가상각(depreciation)의 개념에 대해 설명하시오.

07. 다른 계정과목들을 무시할 경우 영업활동으로 인한 순현금유입액은 당기순이익에 감가상각비를 더해서 계산된다. 감가상각비를 더하는 이유에 대해 설명하시오.

08. 유형자산 중 토지와 건설중인자산(construction in progress)은 감가상각 대상자산에서 제외된다. 그 이유에 대해 설명하시오.

09. 감가상각 대상금액(depreciable amount)의 개념에 대해 설명하시오.

10. 정액법(straight-line method)의 개념, 그리고 정액법에 의할 경우 인식해야 할 감가상각비 산정방법에 대해 설명하시오.

11. 체감잔액법(declining-balance method) 또는 가속상각법(accelerated depreciation method)의 개념 및 특징, 그리고 구체적으로 어떤 방법들이 있는지에 대해 설명하시오.

12. 생산량비례법(units-of-production method)의 개념과 감가상각비 산정방법에 대해 설명하시오.

13. 유형자산의 손상차손의 의미와 그 회계처리에 대해 설명하시오.

14. 유형자산의 재평가시점에서 감가상각누계액의 회계처리방법에 대해 설명하시오.

15. 유형자산의 재평가시, 재평가증가액(increases in a valuation) 및 재평가감소액(decreases in a valuation)의 회계처리방법에 대해 설명하시오.

16. 수익적 지출(revenue expenditure)의 개념에 대해 설명하고 몇 가지 예를 들어 보시오.

17. 자본적 지출(capital expenditure)의 개념에 대해 설명하고 몇 가지 예를 들어 보시오.

18. 수익적 지출과 자본적 지출 각각의 회계처리방법에 대해 설명하시오.

19. 감가상각방법의 변경이 있을 때 그 회계처리방법에 대해 설명하시오.

20. 유형자산의 처분시 처분시점과 결산일이 다를 경우, 이에 대한 회계처리방법(제거방법)에 대해 설명하시오.

※ 계산 및 회계처리문제 ※

기초문제

01. (주)ABC는 2017년 1월 2일 구입가격(invoice price)이 ₩20,000인 자동차를 외상으로 구입하고 대금은 3개월 후에 지급하기로 하였다. 이 차량운반구의 구입과정에서 다음과 같은 비용을 현금으로 지급하였다. 이 거래를 분개하시오.

> 중개료 ₩100, 운송비와 보험료 ₩1,000, 취득세 및 등록세 ₩500

02. (주)ABC는 2017년 1월 2일 지방자치단체로부터 공정가치 ₩30,000인 기계장치를 무상으로 지원받았다. 이 거래를 분개하시오.

03. (주)ABC는 2017년 1월 2일 차량운반구를 ₩12,000에 구입하였다. 이 자산의 내용연수는 3년, 잔존가치는 없다.

(1) 위 자산의 취득을 기록하기 위한 분개를 제시하시오.
(2) 2017년 말 결산수정절차로서 정액법에 의한 감가상각비를 기록하는 분개를 제시하시오.

04. (주)ABC는 2017년 1월 2일 기계장치를 ₩20,000에 구입하였다. 이 자산의 내용연수는 4년이며 추정잔존가치는 취득원가의 10%이다. 법인세율은 30%이다.

(1) 위의 기계장치를 정액법에 의해 상각하는 경우와 연수합계법에 의해 상각하는 경우 감가상각비를 비교하는 표를 작성하시오.
(2) 위의 두 가지 방법이 각 연도에 감가상각비, 법인세차감전순이익, 당기순이익 등 손익계산서에 미치는 영향을 비교하시오.
(3) 위의 두 가지 방법이 각 연도에 기계장치의 순장부금액 및 이익잉여금에 미치는 영향을 비교하시오.
(4) 기계장치 사용 초기에 법인세를 절감하려면 어떤 방법을 사용하여야 하는가? 그리고 1차년도 법인세 절감액은 얼마인가?

05. (주)ABC는 구축물에 대해 정률법을 적용하여 감가상각을 기록한다. 이 구축물은 취득원가 ₩4,000, 내용연수 3년, 그리고 잔존가치는 취득원가의 10%이다.

(1) 감가상각비의 계산에 적용될 정률(상각률)을 계산하시오.
(2) 감가상각비를 계산하는 다음의 표를 완성하시오.

	기초 장부금액(a)	상각률(b)	감가상각비(a × b)	감가상각누계액
1차년도				
2차년도				
3차년도				

06. (주)ABC의 복사기는 총 100,000장을 복사할 수 있다. 이 복사기는 취득원가가 ₩10,000이며, 추정잔존가치는 취득원가의 10%이다. 이 복사기에 대해 생산량비례법을 적용한다.

(1) 복사 한 장당 감가상각비를 계산하시오.
(2) 2016년에 총 2만 장을 복사하였다면 2016년 감가상각비는 얼마인가?

07. (주)ABC가 2016년 7월 5일 건물을 취득하였다. 이 건물의 취득원가는 ₩100,000, 내용연수 10년, 그리고 추정잔존가치는 없다. 이 회사는 건물에 대해 정액법을 사용하고 있다. 이 회사는 감가상각기간을 산정함에 있어 월할계산을 한다.

(1) 2016년 말 감가상각비를 기록하는 결산수정분개를 보이시오.
(2) 2017년 말 감가상각비를 기록하는 결산수정분개를 보이시오.

08. 다음 각각의 거래가 수익적 지출인지 자본적 지출인지를 구분하고, 필요한 분개를 제시하시오.

(1) (주)속리는 영업용 차량에 네비게이션을 장착하는 데 현금 ₩30,000을 지출하였다.
(2) (주)속리는 영업용 차량의 오일을 교체하고 ₩5,000을 지급하였다.
(3) (주)속리는 사무실의 형광등을 새것으로 교체하는 데 현금 ₩6,000을 지출하였다.
(4) (주)속리는 공장외벽을 새로이 도색하고 ₩12,000을 지급하였다.
(5) (주)속리는 소유하고 있는 건물에 ₩80,000을 지급하고 엘리베이터를 설치하였다.

09. (수)ABC가 2015년 1월 2일 ₩100,000에 건물을 취득하였다. 이 건물의 내용연수는 10년이며 잔존가치는 없다. 이 건물에 대해 정액법으로 감가상각을 해오다가 2017년 6월 30일에 ₩70,000에 처분하였으며 처분비용은 ₩1,000이었다.

(1) 처분시점에서 건물의 순장부금액을 계산하시오.
(2) 유형자산의 처분이익 또는 처분손실을 계산하시오.
(3) 위의 처분거래를 분개하시오.

심화문제

01. (주)ABC가 2017년 1월 2일 구입한 기계장치에 대해서 정액법을 사용해 왔다. 기계장치의 취득원가는 ₩30,000, 추정내용연수는 3년, 그리고 잔존가치는 취득원가의 10%였다. 2018년 1월 2일 시장환경의 변화로 인하여 추정내용연수를 3년에서 4년으로, 그리고 잔존가치를 취득원가의 10%에서 0으로 변경하였다.

(1) 2017년 12월 31일 감가상각비를 기록하기 위한 결산수정분개를 제시하시오.
(2) 2018년 12월 31일 감가상각비를 기록하기 위한 결산수정분개를 제시하시오.

02. (주)ABC가 2015년 초 취득한 기계장치에 대해 2년간 정액법에 의한 감가상각을 해오고 있다. 이 기계장치의 취득원가는 ₩50,000, 추정내용연수는 5년, 추정잔존가치는 취득원가의 10%였다. 2017년 1월 2일에 ₩3,000을 지출하여 주요 부품을 모두 교환하는 대대적인 개량을 실시하여 기계장치의 성능이 향상되고 내용연수가 1년 연장되었다. 잔존가치는 여전히 ₩5,000으로 추정된다.

(1) 2017년 1월 2일 개량에 대한 분개를 제시하시오.
(2) 2017년 12월 31일 감가상각비를 기록하기 위한 분개를 제시하시오.

03. 위 문제 2에서 (주)ABC의 지출이 정상적인 소모품의 교환으로서 수익적 지출에 해당한다고 가정하시오.

(1) 2017년 1월 2일 지출에 대해 분개하시오.
(2) 2017년 12월 31일 감가상각비를 기록하기 위한 분개를 제시하시오.

04. (주)ABC가 2016년 1월 2일 ₩30,000에 취득한 기계장치는 잔존가치 0, 추정내용연수 5년에 정액법으로 상각한다. 2017년 12월 31일 급격한 시장환경의 변화로 인하여 이 기계장치의 회수가능액이 ₩12,000으로 판정되었다. 이때 손상차손을 인식하기 위한 분개를 제시하시오.

05. 2013년 1월 2일 (주)산평은 기계장치를 ₩5,000,000에 취득하였다. 내용연수는 10년이고 정액법으로 감가상각한다. 잔존가치는 없다고 가정한다. 2016년 12월 31일 그 자산은 ₩4,500,000으로 평가되었고 내용연수에는 변함이 없었다. 2016년, 2017년 말의 감가상각 관련 분개를 다음 각각의 경우에 대해 하시오.

(1) 감가상각누계액을 비례적으로 수정하는 경우

(2) 기존 감가상각누계액을 완전히 제거하는 경우

06. (주)이산산업은 2015년 12월 31일 현재 감가상각누계액 ₩300,000, 손상차손누계액 ₩50,000, 장부금액 ₩100,000인 기계장치를 보유하고 있다. 감가상각은 정액법을 적용하고 있다. 잔존가치는 ₩0이다. 동 기계장치에 대해서는 2015년에 ₩50,000의 손상차손이 비용으로 인식되었었다. 2016년 1월 1일 (주)이산산업은 동 기계장치에 대해 재평가를 실시하여 재평가금액으로 ₩270,000으로 결정하였다. 그리고 2016년 12월 31일 손상검사를 실시한 결과, 동 기계장치의 시장가치는 ₩70,000이며 처분관련 예상직접비용은 ₩10,000인 것으로 파악되었다. 또한 동 자산의 잔존내용연수 동안 예상되는 현금흐름의 가치는 ₩80,000으로 추정되었다. 해당 기계장치의 재평가 직후 잔존내용연수는 3년이라고 한다.

(1) (주)이산산업의 1월 1일 재평가시 분개를 하시오. 단, 감가상각누계액을 (완전히) 제거하는 경우를 가정하시오.

(2) 2016년 12월 31일 인식되어야 할 손상차손은 얼마이며, 이 중 당기손익에 반영해야 하는 금액을 계산하고 이를 반영하는 분개도 보이시오.

07. (주)소백은 2016년 7월 1일에 기계장치를 현금으로 구입하였다. 취득원가는 ₩30,000이며, 내용연수는 3년, 잔존가치는 ₩3,000이다. (주)소백은 불가피한 사정에 의해 2017년 10월 1일에 신형기계장치로 대체하기 위해 이 기계를 처분하였다. 다음 각각의 경우 필요한 시점에 적절한 분개를 제시하시오. 이 회사의 결산일은 12월 31일이다.

(1) (주)소백이 기계장치의 감가상각방법으로 정액법을 적용하고, 기계장치를 현금 ₩15,000에 처분하였을 경우

(2) (주)소백이 기계장치의 감가상각방법으로 연수합계법을 적용하고, 기계장치를 현금 ₩18,000에 처분하였을 경우

08. (주)가야는 2016년 7월 1일에 차량(내용연수 5년, 잔존가치 ₩0)을 ₩30,000,000에 취득하고, 취득시 필요비용으로 취득세 및 등록세 ₩5,000,000를 지급하였다.

(1) 차량의 취득시 회계처리를 하시오.

(2) 정액법 상각 경우와 연수합계법 상각 경우 중, 2016년도 이익을 극대화할 수 있는 방법에 대해 설명하시오.

(3) 2017년 12월 31일에 ₩20,000,000에 처분하는 경우, 정액법 상각과 연수합계법 상각 중 2017년도 이익을 극대화시키는 방법에 대해 설명하시오.

Chapter 11

무형자산과 투자자산

01 무형자산 | 02 투자자산

제11장에서 설명될 계정과목

무형자산

계정과목	포함되는 항목	설명	관련 손익계산서 계정
영업권	영업권	인수 · 합병 또는 영업양수 등의 경우 그 대가가 대상기업의 공정가치에 의한 순자산액을 초과하는 부분	영업권상각비
산업재산권	특허권, 실용신안권, 지적재산권, 상표권 등	법률에 의해 보호되는 법적 권리인 산업재산권	산업재산권상각비 산업재산권처분손익
컴퓨터 소프트웨어	소프트웨어	컴퓨터 소프트웨어로서 중요한 것	소프트웨어상각비 소프트웨어처분손익
광업권	광업권	일정한 지역에서 광물을 채굴할 수 있는 법적 권리	광업권상각비 광업권처분손익
어업권	어업권	일정한 수역 내에서 어업을 할 수 있는 권리	어업권상각비 어업권처분손익
개발비	개발비	연구개발 활동을 위한 지출 중 특정 상품과 관련이 있으며, 미래 수익을 창출할 가능성이 큰 개발비	개발비상각비

투자자산

계정과목	포함되는 항목	설명	관련 손익계산서 계정
FVOCI 금융자산	주식, 채권	계약상 현금흐름(원리금)의 수취 및 금융자산의 매도 목적으로 보유하는 타사발행 회사채 및 국 · 공채, 그리고 FVOCI 지정된 타사발행 주식	이자수익, 배당금수익, FVOCI금융자산처분손익
AC 금융자산	채권, 예금, 적금 등	계약상 현금흐름(원리금)의 수취목적으로 보유하는 타사발행 회사채와 국·공채, 1년 이상 만기 예금 및 적금	이자수익
	장기대여금 및 장기수취채권	결산일 기준으로 1년 이후에 회수될 것으로 예상되는 대여금 및 수취채권	이자수익, 손상차손
관계기업투자	주식	기업이 타사를 지배 또는 통제할 목적으로 상당부분(지분율 20% 이상)을 매입한 타사발행 주식(지분법에 의해 회계처리함)	지분법손익, 관계기업투자처분손익
투자부동산	건물, 토지 등	영업활동 사용 목적이 아니라 장기투자이익 목적으로 구입한 건물, 토지 등	임대료, 투자부동산손상차손, 투자부동산처분손익

01 무형자산

무형자산은 미래경제적효익이 장기간 기업에 유입되리라고 기대되는 물리적 형체가 없는 자산이다. 사업결합 시에 취득되는 영업권도 무형자산이지만 식별가능(identifiable)하기 곤란하므로 식별가능한 여타의 무형자산에 비해 특이한 방법으로 인식되고 회계처리된다. 따라서 이 절을 영업권 및 그 외의 무형자산으로 나누어[1] 설명한다.

1. 영업권

1) 영업권의 인식과 측정

합병 · 인수(M&A ; mergers and acquisitions)나 영업양수 등의 경우처럼 취득자가 하나 이상의 사업에 대한 지배력을 획득하는 거래나 그 밖의 사건을 **사업결합**(business combination)[2]이라 하는데, 일반적으로 이 경우에 **영업권**(goodwill)이 유상취득된다.

사업결합에 참여하는 기업 중 다른 결합참여기업에 대한 지배력(control)을 획득하는 결합참여기업을 취득자(인수자, acquirer)라 하고 취득되는 결합참여기업을 피취득자(피인수자, acquiree)라 한다.

취득자는 취득일(피취득자에 대한 지배력을 획득한 날) 현재, 영업권과 분리하여 식별가능한 취득 자산과 인수 부채(identifiable assets acquired and the liabilities assumed)를 인식한다(이때 피취득자에 대한 비지배지분(any non-controlling interest in the acquiree)이 있거나, 사업결합이 단계적으로 이루어지는(achieved in stages) 경우는 설명의 단순화를 위해 여기서 배제하기로 한다).

---

1. 이는 무형자산에 대한 한국채택국제회계기준이 두 개의 기준서로 나누어져 있는 데 따른 것이다. 즉, 기업회계기준서 제1038호 '무형자산'은 영업권을 제외한 무형자산의 회계를, 기업회계기준서 제1103호 '사업결합'은 사업결합에서 취득한 영업권의 회계처리를 다루고 있다.
2. 기업회계기준서 제1103호 '사업결합'에 의한 정의임(문단 B5). 그리고 동 기준서(문단 B7)은 '사업'을 투입물 그리고 그러한 투입물에 적용되어 산출물을 창출할 수 있는 과정으로 구성되는 것으로 정의한다(A business consists of inputs and processes applied to those inputs that have the ability to create outputs).

피취득자의 식별가능한 자산과 부채는 과거 피취득자의 재무제표에 인식되었는지 여부와 관계없이 취득일의 공정가치로 인식한다. 즉, 피취득기업의 재무상태표상 자산·부채의 장부금액을 사용하지 않고 이들의 공정가치를 평가하여 취득 자산의 공정가치와 인수 부채의 공정가치와의 차이인 '취득일의 식별가능한 취득 자산과 인수 부채의 순액' (이하 순자산 공정가치라 함)을 산정하는 것이다. 왜냐하면 피취득기업의 자산·부채는 대부분 역사적 원가기준에 따라 기록되어 있으므로 취득일의 공정가치를 반영하고 있지 않으며, 피취득기업은 이제 계속기업으로서 기업실체를 유지하지 않으므로 역사적 원가기준의 적용이 더 이상 의미가 없기 때문이다. 한편, 이 경우 피취득자의 이전 재무제표에 자산과 부채로 인식되지 않았던 자산과 부채가 일부 인식될 수 있다. 예를 들어 취득자는 피취득자가 내부에서 개발하고 관련 원가를 비용으로 처리하였기 때문에 피취득자 자신의 재무제표에 자산으로 인식하지 않았던 브랜드명, 특허권 또는 고객관계와 같은 '취득가능한 무형자산' 을 인식한다.

순자산 공정가치

순자산 공정가치 = 식별가능한 취득 자산의 공정가치의 합계
− 식별가능한 인수 부채의 공정가치의 합계

여기에서 주의할 점은 순자산 공정가치가 바로 이전대가(취득대가)가 되는 것이 아니라는 점이다. 순자산의 공정가치란 식별가능자산 공정가치의 합계와 식별가능부채 공정가치의 합계 차이이므로, 이들을 모두 결합하여 영업을 계속할 때의 종합적인 가치를 나타내 주지 못한다. 취득기업은 피취득기업의 개별 자산과 부채를 취득하는 것이 아니라 전체를 취득하는 것이기 때문에 순자산의 공정가치와는 다른 금액을 지급하는 것이 보통이다. 사업결합에서 이전대가(consideration transferred)는 공정가치로 측정하며, 그 공정가치는 취득자가 이전하는 자산(assets transferred), 피취득자의 이전 소유주에 대하여 부담하는 부채 및 취득자가 발행한 지분(liabilities incurred by the acquirer to former owners of the acquiree and the equity interests issued by the acquirer)의 취득일의 공정가치 합계로 산정한다.

이전대가(취득대가)

이전대가 = 취득자가 사업결합과정에서 이전하는 자산의 취득일 공정가치
+ 취득자가 피취득자의 이전 소유주에 대하여 부담하는 부채의 취득일 공정가치
+ 취득자가 발행한 지분의 취득일 공정가치

취득기업이 피취득기업에게 지급하는 이러한 이전대가(취득대가)가 취득일의 식별가능한 취득 자산과 인수 부채의 순액(순자산 공정가치)을 초과하면, 영업권이 자산으로 인식된다.

반대로, 순자산 공정가치가 이전대가를 초과하는 경우도 발생할 수 있는데, 이러한 사업결합을 **염가매수**(bargain purchase)라 하고 그 초과금액을 **염가매수차익**(gain on a bargain purchase)이라 한다(종전에는 **부**(負)**의 영업권**(negative goodwill)이라 했었음). 이러한 염가매수는 예를 들어 매도자가 매각을 강요받아(under compulsion) 행한 강제매각(forced sale)인 사업결합에서 발생할 수 있다. 염가매수차익을 인식하기 전에, 취득자는 모든 취득 자산과 인수 부채를 정확하게 식별하였는지에 대해 재검토하고, 이러한 재검토에서 식별된 추가 자산이나 부채가 있다면 이를 인식한다. 이때 취득자는 취득일에 식별가능한 취득 자산과 인수 부채, 그리고 이전대가 등 모든 사항에 대해, 그 금액을 측정하는 데 사용한 절차를 재검토(review)한다. 이러한 검토 이후에도 계속해서 남는 차익은 취득일에 당기손익으로 인식한다.

영업권의 원가(취득원가)

영업권의 원가(취득원가) = 이전대가(자산·부채의 취득대가) − 취득 순자산의 공정가치

* 만일 영업권(자산)의 측정치가 음(陰)인 경우에는, 위 이전대가와 공정가치 각각에 대해 재검토하고, 그러고도 남는 음의 금액은 당기손익(염가매수차익)으로 인식.

한 기업이 다른 기업의 전부를 취득하는 경우, 취득기업이나 피취득기업은 각자 피취득기업의 순자산은 물론 영업망, 기술, 인적 자원, 제품 및 업종의 특성 등 많은 요인을 고려하여 피취득기업의 가치를 결정하고, 협상에 의해 이전대가(취득대가)를 결정한다. 일반적으로 취득기업은 피취득기업의 주주에게 취득기업의 주식이나 현금으로 대가를 지급한다.

여기서 한 기업이 다른 기업 전부를 취득(인수)하는 경우를 예로 들어 사업결합 및 영업권의 회계처리에 대해 설명한다.

| 예제 1 : 영업권의 유상취득(인수 · 합병) |

(주)대덕바이오는 2017년 1월 2일 동종업계의 (주)유성미생물을 인수하고 취득(인수)대가로 현금 ₩10,000을 지급하였다. 인수 당시 (주)유성미생물의 재무상태는 다음과 같다. (주)유성미생물에 대한 취득(인수)거래를 분개하시오.

계정과목	장부금액	공정가치
FVPL금융자산	₩500	₩600
매출채권	1,000	900
기계장치	4,000	3,000
토지	3,000	5,000
장기차입금	(2,000)	(2,000)
순자산	₩6,500	₩7,500

☞ 해답

(차) FVPL금융자산	600	(대) 장기차입금	2,000
매 출 채 권	900	현 금	**10,000**
기 계 장 치	3,000		
토 지	5,000		
영 업 권	**2,500**		

☞ 해설

(주)유성미생물의 자산과 부채를 일괄 취득(인수)하므로 각각의 개별 자산과 부채의 취득에 대한 분개를 해야 한다. 이때 각 항목은 원래 장부금액이 아닌 공정가치로 기입함은 물론이다. 그리고 순자산의 공정가치가 ₩7,500인데 취득대가(사업결합원가)로 ₩10,000을 지급하였으므로 그 차액인 ₩2,500이 영업권에 대한 대가(최초원가)인 것이다.

2) 영업권의 무상각과 손상검사

사업결합으로 취득한 영업권은 상각하지 않는다. **영업권의 상각**에 대해서는 **무상각**(반증이 없는 한, 내용연수는 무한함), **즉시상각**(영업권의 취득원가를 취득연도에 주주지분에서 전액 차감), **내용연수 상각** 등의 입장들이 있어 왔는데, 우리나라 등 여러 나라가 내용연수 상각(우리나라 경우 20년 이내 정액법 상각)을 회계기준으로 택하여 왔었다. 이에 따르면, 용역잠재력으로서의 영업권은 언젠가는 소멸될 것이므로 이를 내용연수에 걸쳐서 비용으로 상각해야 하고, 이렇게 배분함으로써 수익 · 비용대응이 적절하게 된다고 보는 입장이었다. 그런데 국제회계기준 도입으로 영업권의 무상각 입장을 취하게 되었다.

영업권은 상각하지 않는 대신에, 영업권에 대해 최소한 매 회계연도마다 손상검사(impairment test)를 해야 한다. 또한 손상이 발생했다고 판단할 만한 사건이나 기타 환경 등의 변화가 있을 경우에도 그 시점에 손상검사를 한다. 영업권의 손상검사 및 손상차손 회계처리는 기업회계기준서 제1036호 '자산손상'에 따라 하는데 본서의 범위를 벗어나므로 자세한 설명은 생략한다.

2. 무형자산(영업권 제외)

회계정보의 유용성이 낮을 뿐 아니라 점점 감소하고 있다는 주장이 20세기 말부터 강하게 제기되고 있는데, 이 주장의 가장 중요한 근거는 무형자산의 정확한 평가액이 재무상태표에 계상되지 않는다는 점이다. 최근 들어 기업이 보유하고 있는 인적자원, 기술가치, 경영 노하우, 브랜드가치 등의 무형자산이 과거에 비해 월등하게 커지고 있지만 이들을 정확하게 평가하여 기록할 수 있는 신뢰성 있는 기법이 개발되지 않아 기업의 실제가치와 재무상태표상의 순자산 가치는 그 괴리가 점점 커지고 있다.

1) 무형자산의 정의

기업은 과학적 · 기술적 지식, 새로운 공정이나 시스템의 설계와 실행, 라이선스, 지적재산권, 상표 등의 자원을 취득, 개발, 유지, 개선한다. 이러한 자원의 공통점은 무형자산이라는 점이다. 무형자산(intangible assets)은 물리적 실체(physical substance)는 없지만 식별가능한(identifiable) 비화폐성자산(non-monetary assets)으로 정의된다.[3]

3. 이연법인세 자산, 금융리스, 사업결합으로 취득하는 영업권 등은 무형의 자산이지만 여기서 말하는 무형자산은 아니다. 그러나 금융리스에 의하여 기초자산으로 보유하는 무형자산, 그리고 라이선스 계약(영화필름, 비디오 녹화물, 희곡, 대본, 특허권과 저작권과 같은 항목에 대한 것)에 의한 권리는 여기서 말하는 무형자산에 속한다.

한국채택국제회계기준은 무형자산을 식별가능성, 자원에 대한 통제와 미래경제적효익의 존재라는 조건을 충족하는 것으로 정의하고 있다.[4] 이는 개념체계상의 자산의 일반 정의, '과거 사건의 결과로 기업이 통제하고 있고 미래경제적효익이 유입될 것으로 기대되는 자원'에, 물리적 실체가 없는 자산임을 감안하여 식별가능성을 특별히 추가한 것이다.

어떤 항목을 무형자산으로 인식하기 위해서는 그 항목이 위 정의와 자산인식기준[5]을 모두 충족해야 한다. 이러한 조건은 무형자산을 취득하거나 내부적으로 창출하기 위하여 최초로 발생한 원가(initial cost)와 후속원가(subsequent costs : 취득이나 완성 후의 증가·대체·수선 원가)에 적용한다. 따라서 무형자산의 정의는 매우 중요하므로 그 의미에 대해 구체적으로 이해해 보도록 하자.

(1) 무형자산의 식별가능성

무형자산 정의에서의 식별가능성(identifiability)은 전술한 영업권과 구별하기 위하여 요구된 것이다. 사업결합으로 취득하게 되는 영업권은 개별적으로 식별되지 않고 분리하여 인식될 수 없는 자산으로부터 미래경제적효익(자산 사이의 시너지효과 등)을 기대하여 취득자가 지급하는 대가이기 때문이다.

자산은 ① 분리가능하거나, ② 계약상 권리 또는 기타 법적 권리로부터 발생하는 경우에 무형자산 정의의 식별가능성 조건을 충족한다. 여기서 ①은 해당 자산이 기업에서 분리 또는 분할할 수 있고, 개별적으로(individually) 또는 관련 계약, 자산, 부채와 함께 매각, 이전되거나 임대될 수 있다는 말이고, ②의 경우에는 언급된 권리의 이전가능(transferable) 여부 또는 기업이나 기타 권리 의무로부터의 분리가능(separable) 여부는 고려하지 아니한다.[6]

4. 국제회계기준 도입 이전 기업회계기준에서는 보유하려는 목적이 무형자산의 정의에 포함되어 있었다. 그러나 기업이 위 특성을 지닌 항목을 보유하려는 목적(예 : 재화의 생산이나 용역의 제공, 타인에 대한 임대 또는 관리 등)이 그러한 항목을 무형자산으로 분류하는 것과는 관련이 없다고 보아, 한국채택기업회계기준은 무형자산의 정의에서 보유 목적을 삭제하였다.

5. 다음 두 조건으로 되어있다. ① 자산에서 발생하는 미래경제적효익이 기업에 유입될 가능성이 높다. ② 자산의 취득원가를 신뢰성 있게 측정할 수 있다.

6. 기업회계기준서 제1038호 '무형자산' 문단 11~12.

(2) 무형자산의 통제가능성

무형자산의 정의에서 기업이 자산을 통제(control)하고 있다는 말은 무엇일까? 그것은 그 기초가 되는 자원(underlying resource)에서 유입되는 미래경제적효익을 확보할 수 있고 그 효익에 대한 제3자의 접근을 제한할 수 있다는 뜻이다. 무형자산의 미래경제적효익에 대한 통제능력은 일반적으로 강제할 수 있는 법적 권리에서 나온다. 그러나 법적 권리가 없는 경우에도, 통제를 증명하기는 어렵지만 다른 방법으로도 미래경제적효익을 통제할 수 있기 때문에 권리의 법적 집행가능성이 통제의 필요조건은 아니다. 미래경제적효익을 발생시킬 수 있는 시장이나 기술에 대한 지식이 저작권, 계약상 제약, 종업원의 법적 기밀유지의무 등과 같은 법적 권리에 의하여 보호된다면, 그러한 지식에서 얻을 수 있는 미래경제적효익은 기업이 통제하고 있는 것이다.

기업은 종업원에 대한 교육훈련을 통하여 미래경제적효익을 줄 수 있는 종업원의 기술 향상을 식별할 수 있고, 그러한 기술이 계속 이용될 것으로 기대할 수 있다. 그러나 숙련된 종업원이나 교육훈련으로부터 발생하는 미래경제적효익은 이에 대해 일반적으로 무형자산의 정의를 충족하기에는 충분한 통제를 기업이 갖고 있지 않으므로 무형자산으로 인식할 수 없다.

또한 기업은 특정 경영능력이나 기술적 재능을 사용하여 미래경제적효익을 확보할 수 있고, 고객구성이나 시장점유율에 근거하여 고객 관계와 고객 충성도를 잘 유지함으로써 고객이 계속하여 거래할 것(미래경제적효익 창출)을 기대할 수 있다. 그러나 이러한 능력과 재능, 고객 관계, 고객 충성도를 지속할 수 있는 법적 권리나 그것을 통제할 다른 방법이 없다면 그로부터 창출될 미래경제적효익에 대해서 충분한 통제를 가지고 있지 않으므로, 무형자산의 정의는 충족되지 못하고 따라서 무형자산은 인식될 수 없다.[7]

(3) 무형자산의 미래경제적효익

무형자산의 미래경제적효익은 제품 매출, 원가절감 또는 자산사용에 따른 기타 효익의 형태로 발생하여 기업에 유입이 된다. 예를 들면, 제조과정에서 지적재산을 사용하여 미래 제조원가를 감소시킬 수 있다. 미래경제적효익의 유입가능성은 무형자산의

7. 기업회계기준서 제1038호 '무형자산' 문단 6~10.

내용연수 동안의 경제상황에 대한 경영자의 최선의 추정치를 반영하는 합리적이고 객관적인 가정에 근거하여 평가해야 한다.[8]

무형자산이 유형자산과 다른 점은 형체가 없다는 점 뿐 아니라 무형자산은 유형자산에 비해 미래경제적효익에 있어서 고도의 불확실성이 존재한다는 것이다. 자산의 미래경제적효익을 측정한 것이 자산의 평가액이므로 무형자산의 미래경제적효익 실현에 고도의 불확실성이 존재한다는 것은 무형자산의 평가가 매우 어렵다는 것을 의미한다. 예를 들면 코카콜라나 삼성처럼 기업의 상표권이 거액의 가치를 가지고 있는 경우가 많은데, 소위 브랜드가치라 불리는 상표권은 경우에 따라 그 평가액이 크게 차이가 난다.

그러나 이러한 항목들의 정확한 가치를 평가할 수 있는 적절한 방법은 없으며, 있다 하더라도 평가에 포함된 가정들의 불확실성으로 인하여 신뢰성 있는 평가액을 구할 수 없다는 문제점이 있다. 본서의 제2장에서 설명한 바와 같이 회계정보는 목적적합성도 중요하지만 신뢰성이 또한 중요하다. 즉, 목적적합성이 있는 정보라 하더라도 신뢰성이 없기 때문에 그 정보를 아예 공시하지 않는 경우도 있다. 따라서 아무리 금액이 큰 무형자산이라 하더라도 신뢰성 있는 측정값을 구할 수 없다면 재무상태표에 인식할 수 없다.

무형자산의 예로 생각할 수 있는 것에는 컴퓨터소프트웨어, 특허권, 저작권, 영화필름, 고객목록, 모기지관리용역권, 수입할당량, 프랜차이즈, 고객이나 공급자와의 관계, 고객의 충성도, 시장점유율, 판매권 등이 있을 수 있다. 그러나 이 모든 항목이 무형자산의 정의 즉, 자원에 대한 통제가능성과 미래경제적효익의 존재, 식별가능성을 충족하는 것은 아니다. 무형자산이 되기 위해서는 이 무형자산 정의가 모두 충족되어야 한다. 미래경제적효익을 얻기 위한 지출이라도 무형자산의 정의를 충족하지 못하면 취득이나 내부적 창출에 발생한 지출(사업개시비용, 교육훈련비, 광고 및 판매촉진비, 사업이전비 등)은 발생시점에 비용으로 인식한다. 그러나 이러한 항목을 사업결합으로 취득하는 경우에는 취득일에 인식하는 영업권의 일부를 구성하게 된다. 최초에 비용으로 인식한 무형항목에 대한 지출은 그 이후에 무형자산의 취득원가로 인식할 수 없다.[9]

---

8. 기업회계기준서 제1038호 '무형자산' 문단 17, 22.
9. 기업회계기준서 제1038호 '무형자산' 문단 15.

2) 무형자산의 분류

여기서의 무형자산은 개별적으로 식별이 가능한 것으로서, 개별적으로 식별이 불가능한 영업권은 제외한다. 영업권 외의 무형자산은 성격상 다음 두 가지로 분류할 수 있다.

첫째, 법적으로 보호되는 법적인 권리를 나타내는 것으로서 **산업재산권**(특허권, 지적재산권, 실용신안권, 상표권), 컴퓨터소프트웨어, 광업권, 어업권 등이 이에 속한다. 이들은 법적으로 일정기간 동안 보호를 받는 권리이다.

둘째, 기업의 지출 중에서 자산성을 인정한 것으로 **개발비**가 이에 해당된다. 소위 연구개발비(R&D 지출) 중 연구비는 기초기술을 개발하기 위한 활동에서 발생한 비용으로 전액 당기비용으로 처리한다. 개발비는 기초기술을 상품화하기 위한 지출로서, 경상적인 개발비는 비용(경상개발비 등)으로 처리하는 한편, 특정 상품의 개발과 관련하여 수익 창출의 가능성이 큰 개발비는 무형자산(개발비)으로 인식한다.

영업권 외의 무형자산에는 다음과 같은 것들이 있다.

① **산업재산권** : 일정기간 독점적 · 배타적으로 이용할 수 있는 권리로서 특허권, 실용신안권, 의장권, 상표권, 상호권 및 상품명 등을 말한다.
- **특허권**(patent) : 제품을 제조 · 판매할 수 있는 독점적 권리
- **실용실안권** : 특정 고안(device)에 대한 독점적 사용권
- **의장권** : 특정 의장(design)이나 로고(logo) 등에 대한 독점적 사용권
- **상표권**(trade mark), **상호권**, **상품명**(trade name) : 특정제품이나 특정회사를 식별할 수 있는 문구 또는 상징물(symbol)

② **라이선스**(license) : 일정기간 특정 기술 · 지식에 대한 이용권

③ **프랜차이즈**(franchise) : 일정 지역내에서 특정 상품 · 용역에 대한 독점적 영업권리(예 : 피자헛, 맥도널드, 롯데리아)

④ **저작권**(copyright) : 특정저작물(서적, 영화, 음반 등)에 대한 독점적 사용권

⑤ **컴퓨터 소프트웨어**

⑥ **개발비** : 신제품, 신기술 등의 개발과 관련하여 발생한 지출(다음에 상세히 설명함)

⑦ **임차권리금** : 전세권을 취득하면서 초과수익력에 대한 대가로 지급한 금액

⑧ **광업권** : 광업법에 의해, 일정광구에서 광물을 채굴할 수 있는 권리

⑨ **어업권** : 수산업법에 의해 일정 수면에서 어업을 영위할 수 있는 권리

3) 무형자산의 회계처리

(1) 무형자산의 최초 인식(취득)

무형자산을 최초로 인식할 때에는 취득원가로 측정한다. 무형자산은 다른 자산의 경우와 마찬가지로 취득에 직접적으로 소요된 원가만을 자산의 취득원가로 기록한다.

무형자산도 유형자산의 경우처럼, 그 자산을 경영자가 의도하는 방식으로 운용될 수 있는 상태에 이르면 취득원가의 인식을 중지한다(cease). 따라서 무형자산의 사용이나 재배치에 발생하는 원가는 그 장부금액에 포함하지 아니한다. 예를 들어, ① 무형자산이 경영진 의도방식으로 운용될 수 있으나 아직 미사용 중에 발생한 원가, ② 무형자산의 산출물에 대한 수요의 확립 전까지 발생하는 손실 등 초기 영업손실은 무형자산의 장부금액에 포함하지 아니한다.

무형자산의 최초인식에 대해서는 외부에서 개별적으로 또는 사업결합으로 인하여 구입한 경우와 내부적으로 창출한 경우 두 가지로 구분하여 설명한다.

(1.1) 외부로부터 구입한 무형자산

외부로부터 구입한 무형자산은 자산의 정의를 충족하기 때문에 유형자산처럼 취득원가기준에 따라 자산으로 기록하고 내용연수에 걸쳐 상각한다. 따라서 특별한 회계처리 문제가 발생하지 않는다.

① 개별 취득(separate acquisition)[10]

개별적으로 취득되는 무형자산은 자산으로 인식된다. 개별 취득에 지급하는 가격은 일반적으로 그 무형자산에 내재된 기대 미래경제적효익이 기업에 유입될 확률에 대한 기대를 반영하기 때문이다. 즉, 확률의 효과는 자산의 취득원가에 반영된다는 것이다. 따라서 개별 취득의 경우, 자산인식기준 중 발생가능성 인식기준(probability recognition criterion)[11]은 항상 충족되는 것으로 보며, 그 취득원가는, 특히 현금 등의 화폐성자산으로 구입대가를 지급하는 경우에는 더욱, 신뢰성 있게 취득원가를 측정할 수 있다고 본다.

개별 취득하는 무형자산의 취득원가는 ① 구입가격(매입할인과 리베이트는 차감, 수입관세와 제세금은 포함), ② 자산을 의도한 목적에 사용할 수 있도록 준비하는 데 직접 관련되는 원가(종업원급여, 전문가 수수료, 검사 시 발생 원가) 등으로 크게 구성된다.

그러나 새로운 제품 용역의 홍보원가(광고와 판매촉진활동 원가 등), 새로운 지역 계층의 고객을 대상으로 하는 사업 수행 시 발생하는 원가(교육훈련비 등), 관리원가와 기타 일반간접비에 대한 지출 등은 무형자산 취득원가에 포함하지 않는다.

② 사업결합으로 인한 취득

인수·합병 등의 사업결합으로 인해 사업취득기업이 피취득기업으로부터 상표권, 특허기술 등 무형자산을 취득하는 경우가 있다. 이 경우 그 무형자산의 취득원가는 취득일의 공정가치로 한다.[12] 이 공정가치는 그 자산에 내재된 미래경제적효익이 기업에 유입될 확률에 대한 시장의 기대를 반영하므로, 개별취득을 위해 지급하는 가격의 경우처럼, 자산인식기준 중 확률인식조건을 항상 충족하며, 영업권과 분리하여 인식할 수 있을 정도로 충분히 신뢰성 있게 측정할 수 있는 것으로 보기 때문이다.[13]

자산의 공정가치를 신뢰성 있게 측정할 수 있다면, 사업결합 전에 그 자산을 피취득자가 인식하였는지 여부에 관계없이, 취득자는 취득일에 피취득자의 무형자산을 영

---

10. 기업회계기준서 제1038호 '무형자산' 문단 25~29.

11. 자산에서 발생하는 미래경제적효익이 기업에 유입될 가능성이 높다.

12. 기업회계기준서 제1103호 '사업결합'에 따름.

13. 무형자산의 공정가치 추정치에 대하여 각각 다른 확률을 가진 가능한 결과의 범위가 있는 경우에는, 그러한 불확실성은 그 자산의 공정가치 측정에 반영되어 그 측정에 대한 신뢰성을 가능하게 한다. 만약 사업결합으로 취득하는 무형자산의 내용연수가 유한하다면, 명백한 반증이 없는 한, 그 자산의 공정가치를 신뢰성 있게 측정할 수 있는 것으로 추정된다.

업권과 분리하여 인식한다. 이것은 피취득자가 진행하고 있는 연구·개발 프로젝트가 있는 경우, 무형자산의 정의를 충족하고[14] 그 공정가치를 신뢰성 있게 측정할 수 있다면 취득자가 영업권과 분리하여 별도의 자산으로 인식하는 것을 의미한다.

③ 자산의 교환으로 취득

무형자산도 다른 자산과 교환하여 취득할 수 있다. 이 경우의 회계처리는 유형자산의 경우와 동일하므로 제10장 유형자산의 보론 내용을 참조하기 바란다.

(1.2) 내부적으로 창출한 무형자산

① 내부 창출 무형자산의 인식기준 : 연구와 개발

내부적으로 창출한 무형자산은 자산의 인식기준에 부합하는지를 평가하기 쉽지 않다. 왜냐하면 기대 미래경제적효익을 창출할 식별 가능한 자산이 있는지 여부와 그 시점을 파악하기 어렵고, 자산의 취득원가를 신뢰성 있게 결정하는 것이 어렵기 때문이다. 경우에 따라서는 무형자산의 내부 창출을 위한 원가를, 내부 창출 영업권을 유지·향상시키는 원가나 일상적 경영관리활동에서 발생하는 원가와 구별할 수 없다.

이 때문에 한국채택국제회계기준[15]은 내부 창출 무형자산에 대해서는 무형자산의 인식과 최초 측정에 대한 일반적 규정과 함께 추가적인 규정과 지침(문단 52~67)을 정하고 있다. 이에 의하면, 인식기준을 충족하는지를 평가하기 위해 무형자산의 창출과정을 '연구단계'와 '개발단계'로 엄격히 구분하고 있다.

사실, 회계기준은 그 정립과정에서 연구개발지출의 비용화와 자본화(일정 조건하에서)의 요청 사이에서 논란이 있어왔는데, 기업회계기준서 제1038호 '무형자산'에 의하면 연구개발(R&D : research and development) 관련 지출 중, "연구활동(또는 내부 프로젝트의 연구단계)에 대한 지출은 발생 시점에 비용으로 인식하고"(즉, 무형자산으로서 재무상태표에 포함시킬 수 없음), "개발활동(또는 내부 프로젝트의 개발단계)은 연구단계보다 훨씬 더 진전되어 있는 상태이기 때문에 무형자산을 식별할 수 있으며, 그 무형자산이 미래경제적효익을 창출할 것임을 제시(demonstrate)할 수 있다면 개발활동

---

14. ① 자산의 정의를 충족하고, 동시에 ② 식별가능(즉, 분리가능하거나 계약상 또는 기타 법적권리에서 발생)할 경우 무형자산의 정의를 충족한다.

15. 기업회계기준서 제1038호 '무형자산' 문단 51~67.

에서 발생한 무형자산을 인식한다."

구체적으로 다음 사항을 모두 제시할 수 있는 경우에만 무형자산을 인식한다.

(1) 무형자산을 사용 또는 판매하기 위해 그 자산을 완성할 수 있는 기술적 실현 가능성
(2) 무형자산을 완성하여 사용 또는 판매하려는 기업의 의도
(3) 무형자산을 사용 또는 판매할 수 있는 기업의 능력
(4) 무형자산이 미래경제적효익을 창출하는 방법(그중에서도 특히 무형자산의 산출물이나 무형자산 자체를 거래하는 시장이 존재함을 제시할 수 있거나 또는 무형자산을 내부적으로 사용할 것이라면 그 유용성을 제시할 수 있다).
(5) 무형자산의 개발을 완료하고 그것을 판매하거나 사용하는 데 필요한 기술적, 재정적 자원 등의 입수가능성(availability)
(6) 개발과정에서 발생한 무형자산 관련 지출을 신뢰성 있게 측정할 수 있는 능력

한편, 동 기준서는 **연구활동**의 예로 다음을 제시하고 있다.

(1) 새로운 지식을 얻고자 하는 활동
(2) 연구결과나 기타 지식을 탐색, 평가, 최종 선택, 응용하는 활동
(3) 재료, 장치, 제품, 공정, 시스템이나 용역에 대한 여러 가지 대체안(alternatives)을 탐색하는 활동
(4) 새롭거나 개선된 재료, 장치, 제품, 공정, 시스템이나 용역에 대한 여러 가지 대체안을 제안, 설계, 평가, 최종 선택하는 활동

그리고 **개발활동**의 예로도 다음을 제시하고 있다.
(1) 생산이나 사용 전(pre-production and pre-use)의 시제품(prototypes)과 모형을 설계, 제작(construction), 시험하는 활동
(2) 새로운 기술과 관련된 공구, 지그(jigs), 주형(moulds), 금형(dies) 등을 설계하는 활동
(3) 상업적 생산 목적으로 실현가능한 경제적 규모가 아닌 시험공장을 설계, 건설,

가동하는 활동

(4) 신규 또는 개선된 재료, 장치, 제품, 공정, 시스템이나 용역에 대하여 최종적으로 선정된 안을 설계, 제작, 시험하는 활동

내부적으로 창출한 브랜드, 제호, 출판표제, 고객목록, 이와 실질이 유사한 항목은 (전체적 사업개발에 발생한 원가와 구별할 수 없으므로) 무형자산으로 인식하지 아니한다.

② 내부 창출 무형자산의 취득원가

내부 창출 무형자산의 취득원가는 그 무형자산이 인식기준[16]을 최초로 충족시킨 이후에 발생한 지출금액의 합으로 한다. 이미 비용으로 인식한 지출은 그 이후에 무형자산의 취득원가로 인식할 수 없다.[17]

내부 창출 무형자산의 취득원가는 그 자산의 창출, 제조 및 경영자가 의도하는 방식으로 운영될 수 있게 준비하는 데 필요한 모든 직접 관련 원가로서, 다음 예와 같은 항목을 포함한다.[18]

(1) 무형자산의 창출에 사용되었거나 소비된 재료원가, 용역원가 등

(2) 무형자산의 창출을 위하여 발생한 종업원급여(기업회계기준서 제1019호의 정의)

(3) 법적 권리를 등록하기 위한 수수료

(4) 무형자산의 창출에 사용된 특허권과 라이선스의 상각비

그러나 다음 항목은 내부 창출 무형자산의 취득원가에 포함하지 아니한다.

(1) 판매비, 관리비 및 기타 일반 간접 지출(다만, 무형자산을 의도한 용도로 사용할 수 있도록 준비하는 데 직접 관련된 경우는 제외).

(2) 무형자산이 계획된 성과를 달성하기 전에 발생한 명백한 비효율로 인한 손실

16. 기업회계기준서 제1038호 '무형자산' 문단 21, 22, 57.
17. 기업회계기준서 제1038호 '무형자산' 문단 71.
18. 취득원가 구성요소로서 이자의 인식기준은 기업회계기준서 제1023호에서 제시됨.

과 초기 영업손실

(3) 무형자산을 운용하는 직원의 교육훈련과 관련된 지출

한편, 무형자산의 개발과 관련한 영업활동 중에는 해당 자산을 경영자가 의도하는 방식으로 운영될 수 있는 상태에 이르도록 하는 데 반드시 필요하지는 않은 활동도 있다. 이러한 부수적인 영업활동이 개발활동 전이나 개발활동 중에 발생할 수 있다. 이러한 부수적인 영업활동은, 유형자산의 경우에서처럼, 자산을 경영자가 의도하는 방식으로 운영될 수 있는 상태에 이르도록 하는 데 반드시 필요한 것은 아니기 때문에 그러한 활동과 관련된 수익과 비용은 즉시 당기손익으로 인식하며, 각각의 해당 손익계정에 분류한다.

무형자산과 관련된 최초(취득) 지출의 자산/비용 처리에 대한 지금까지 내용을 요약하면 다음 표와 같다.

<table>
<tr><td rowspan="4">무형자산 관련 최초 지출(취득)</td><td rowspan="3">무형 자산 원가 구성</td><td>외부 개별구입</td><td>인식기준을 충족하여 무형자산 취득원가의 일부가 됨</td></tr>
<tr><td>사업결합으로 구입</td><td>취득일의 공정가치를 취득원가로 함</td></tr>
<tr><td>내부창출</td><td>무형자산의 인식기준을 최초로 충족시킨 이후에 발생한 지출금액의 합을 취득원가로 함</td></tr>
<tr><td colspan="2">발생시점에 비용</td><td>위 어느 것에도 속하지 아니한 것</td></tr>
</table>

| 예제 2 : 내부 창출 무형자산의 취득원가[19] |

A기업은 새로운 생산공정을 개발하고 있다. 회계기간은 1.1 ~ 12.31이다. 2017년 동안 발생한 지출은 ₩1,000이었는데 그중 ₩900은 2017년 12월 1일 전에 발생하였으며 ₩100은 2017년 12월 1일과 2017년 12월 31일 사이에 발생하였다. A기업은 2017년 12월 1일에 새로운 생산공정이 무형자산의 인식기준을 충족했다는 사실을 제시할 수 있다고 한다. 그 공정에 내재된 노하우의 회수가능액(그 공정이 사용가능하기 전에 해당 공정을 완료하기 위한 미래 현금유출액 포함)은 ₩500으로 추정되었다.

다음 해인 2018년 중 A기업은 추가로 ₩2,000을 지출하였다. 2018년 말에 해당 공정에 내재된 노하우의 회수가능액(해당 공정이 사용가능하게 되기 전에 해당 공정을 완료하기 위한 미래 현금유출액 포함)은 ₩1,900으로 추정되었다.

19. 기업회계기준서 제1038호 '무형자산'에 제시되어 있는 '문단 65에 대한 사례'임.

A기업은 2017년 말과 2018년 말의 재무상태표에 생산공정은 얼마의 금액에 어떤 자산으로 보고해야 하는가? 그리고 2017년 말과 2018년 말에 추정된 회수가능액은 어떤 인식을 요구하는가?

☞ **해답**

2017년 말에, 그 생산공정은 ₩100의 원가(인식기준을 충족한 날 즉, 2017년 12월 1일 이후에 발생된 지출)로 무형자산으로 인식되어 보고된다.

2018년 말에, 해당 생산공정은 원가 ₩2,100(2017년 말에 인식된 ₩100에 2018년에 인식된 ₩2,000을 가산)에 무형자산으로 인식되어 보고된다.

그리고 2017년 말 생산공정의 ₩500의 회수가능액이 당시 장부금액 ₩100보다 크므로 손상차손은 없다. 그러나 2018년 말에는 A기업은 해당 공정의 장부금액인 ₩2,100을 회수가능액인 ₩1,900으로 수정하기 위하여 ₩200의 손상차손을 인식해야 한다.

☞ **해설**

2017년 12월 1일 전에 발생한 ₩900의 지출은 비용으로 인식한다. 왜냐하면 무형자산의 인식기준이 2017년 12월 1일까지 충족되지 않았기 때문이다. 그러므로 ₩900의 지출은 재무상태표에 자산으로 인식되는 생산공정의 원가의 일부를 구성할 수 없다.

2018년 말에 인식한 손상차손은 기업회계기준서 제1036호의 손상차손 환입에 대한 요구사항이 충족되는 경우, 차기 이후에 환입될 것이다.

| 예제 3 : 개발비의 인식 |

(주)대덕바이오는 2016년 1월 2일 다음과 같은 R&D 활동과 지출을 하였다. 이 중 음식물찌꺼기 사료화특장차는 상품화를 위한 것이며, 수익을 창출할 가능성이 거의 확실하다. 이들 거래를 분개하시오.

음식물찌꺼기의 연료화를 위한 발효공법의 기초적 연구 : ₩2,000

음식물찌꺼기의 사료화를 위한 기술의 개발 : ₩1,000

음식물찌꺼기 사료화특장차의 개발 : ₩4,500

☞ **해답**

(차)			(대)		
(차)	연 구 비	2,000	(대)	현 금	7,500
	경상개발비	1,000			
	개 발 비	4,500			

☞ **해설**

연구비와 경상개발비는 당기 비용으로서 손익계산서의 판매비 및 일반관리비에 포함된다. 반면에 사료화특장차의 개발은 구체적인 상품화와 관련된 개발비이며 수익을 창출할 가능성이 높은 지출이므로 개발비라는 무형자산으로 기록된다.

(2) 무형자산의 최초인식 후 측정

무형자산의 최초인식 후 측정에는 회계정책으로 원가모형이나 재평가모형을 선택할 수 있다. 그 내용은 유형자산의 경우와 유사하다. 재평가모형을 적용하는 경우에는 재평가 목적상 공정가치는 활성시장을 기초로 하여 결정하고, 재무상태표일에 자산의 장부금액이 공정가치와 중요하게 차이가 나지 않도록 재평가 측정을 주기적으로 수행한다.

재평가모형을 적용하는 경우에 ① 이전에 자산으로 인식하지 않은 무형자산의 재평가, ② 취득원가 아닌 금액으로써 무형자산의 최초 인식은 허용되지 않는다.

(3) 무형자산의 상각

유형자산의 감가상각(depreciation)과 마찬가지로, 내용연수가 유한한(finite) 무형자산의 상각대상금액도 상각을 통해 비용화한다. 무형자산의 상각(amortization)도 자산의 상각대상금액을 내용연수에 걸쳐 체계적으로 배분함으로써 비용화해 나가는 과정이다.

그러나 내용연수가 비한정(非限定)인 무형자산은 상각하지 아니한다. '비한정'(indefinite)이라는 용어는 '무한'(infinite)을 의미하는 것이 아니라, 관련된 모든 요소의 분석에 근거하여 그 자산이 순현금유입을 창출할 것으로 기대되는 기간에 대하여 예측가능한 제한이 없음을 말한다.

무형자산의 내용연수는 다음과 같은 요인 등을 종합적으로 고려하여 결정한다

- 자산의 예상 사용방식, 다른 경영진에 의한 효율적 자산관리가능 여부
- 자산의 전형적인 제품수명주기, 비슷한 방식으로 사용되는 유사한 자산들의 내용연수 추정치에 관한 공개된 정보
- 기술적, 공학적, 상업적 또는 기타 유형의 진부화
- 자산이 운용되는 산업의 안정성, 자산으로부터 산출되는 제품 용역의 시장수요 변화
- 기존 또는 잠재적인 경쟁자의 예상 전략
- 예상 미래경제적효익의 획득에 필요한 자산 유지비용의 수준과 그 수준을 부담할 수 있는 능력과 의도

- 자산의 통제가능 기간, 자산사용에 대한 법적 또는 이와 유사한 제한[20](예 : 관련된 리스들의 만기일)
- 내용연수가, 다른 자산의 내용연수에 의해 결정되는지의 여부

(3.1) 상각기간과 상각방법

무형자산의 상각기간과 상각방법은 유형자산의 경우와 유사한 점이 많다.

즉, 내용연수가 유한한 무형자산의 상각은 자산이 사용가능한 때(즉, 자산이 경영자가 의도하는 방식으로 운영할 수 있는 위치와 상태에 이르렀을 때)부터 시작하여, 매각예정으로 분류되거나(classified as held for sale) 재무상태표에서 제거되는 때 **중지**한다.

유형자산 경우처럼, 무형자산의 상각방법도 정액법, 체감잔액법, 생산량비례법 등 다양한 방법 중 자산의 미래경제적효익이 소비되는 형태를 반영하여 선택하고, 예상되는 그 소비형태가 변하지 않는다면 매 회계기간에 일관성 있게 적용한다. 다만, 소비되는 형태를 신뢰성 있게 결정할 수 없는 경우에는 **정액법**을 사용한다. 각 회계기간의 상각액은 원칙적으로[21] 당기손익으로 인식한다.

(3.2) 잔존가치

내용연수가 유한한 무형자산의 잔존가치는 원칙적으로 영(0)으로 본다. 단, 다음의 ①과 ②중 하나에 해당하는 경우에는 잔존가치가 영(0)이 아닌데, 이는 경제적 내용연수 종료시점 이전에 그 자산을 처분할 것이라는 기대를 나타낸다.

① 내용연수 종료 시점에 제3자가 자산을 구입하기로 한 약정(commitment)이 있다.

② 무형자산의 활성시장(active market)[22]이 있고 다음을 모두 충족한다.

---

20. 관계법령 상의 존속기간인 법정 내용연수는, 산업재산권의 경우, 특허권 12년(세법 10년), 실용신안권 5년, 의장권 8년(세법 7년), 상표권 10년, 그리고 광업권 20년이다.

21. 다른 기준서에서 다른 자산의 장부금액에 포함하도록 허용하거나 요구하는 경우는 예외이다. 즉, 자산에 내재된 미래경제적효익이 다른 자산의 생산에 소모되는 경우, 그 자산의 상각비용은 다른 자산의 원가를 구성하여 장부금액에 포함한다. 예를 들면, 제조과정에서 사용된 무형자산의 상각은 재고자산의 장부금액에 포함한다(기업회계기준서 제1002호 '재고자산' 참조).

22. 활성시장 : ① 거래 항목들이 동질적이고, ② 일반적으로(normally), 거래의사가 있는 구매자들과 판매자들을 언제든지 찾을 수 있으며, ③ 가격이 공개되어 이용가능하다는 세 조건을 모두 충족하는 시장.

- 잔존가치를 그 활성시장에 기초하여 결정할 수 있다.
- 그러한 활성시장이 내용연수 종료시점에 존재할 가능성이 높다.

| 예제 4 : 무형자산의 상각 |

(주)대덕바이오의 예에서 개발비(취득원가 ₩4,500)는 3년에 걸쳐 상각하기로 한다. 2016년 12월 말 필요한 결산수정분개를 제시하시오.

☞ 해답

(차) 개발비상각비	1,500	(대) 개발비상각누계액	1,500

☞ 해설

개발비를 잔존가치 없이 정액법으로 상각한 결과 ₩1,500의 상각비가 인식되었다.

(3.3) 상각기간과 상각방법의 검토 및 추정의 변경

내용연수가 유한한 무형자산의 상각기간과 상각방법은 적어도 매 회계연도 말에 검토한다. 자산의 예상 내용연수가 과거의 추정치와 다르다면 상각기간을 이에 따라 변경하고, 자산에 내재된 미래경제적효익의 예상소비형태가 변동된다면, 변동된 소비형태를 반영하기 위하여 상각방법을 변경한다. 그러한 변경은 **회계추정의 변경**(기업회계기준서 제1008호)으로 회계처리한다.

상각하지 않는 무형자산에 대하여는 사건과 상황이 그 자산의 내용연수가 **비한정**이라는 평가를 계속하여 정당화하는지를 매 회계기간에 검토한다. 사건과 상황이 그러한 평가를 정당화하지 않는 경우에는 비한정 내용연수를 유한 내용연수로 변경하여, 회계추정의 변경으로 처리한다.

이와 같이 무형자산의 상각은 유형자산의 감가상각과 유사한 점이 많지만, 다음과 같은 차이점이 있다.[23]

첫째, 무형자산의 상각에는 감가상각이라는 표현을 사용하지 않고 **상각**이라는 표현을 사용한다. 감가상각은 유형자산에 사용하는 표현이다.

---

23. 무형자산은 전통적으로 해당 무형자산 계정에 직접 대기(貸記)하여 상각액만큼 차감하는 직접법(direct write-off)을 사용해온 점이 간접법을 사용(감가상각누계액 같은 차감계정 사용)하는 유형자산과 중요한 차이였었다. 그러나 국제회계기준의 도입으로 그 차이는 없어졌다.

둘째, 유형자산의 감가상각에는 다양한 감가상각방법이 사용되지만, 영업권 외의 무형자산에 대해서는 일반적으로 **정액법**을 사용한다. 추정잔존가치는 원칙적으로 ₩0이다.

(3.4) 연구개발 활동의 성공 및 상각

연구개발 활동은 실패로 끝나는 경우도 많지만 성공하는 경우도 많다. 연구개발 활동이 결국 성공으로 이어지는 경우, 일단 그 기술을 타인으로부터 보호하기 위하여 특허 출원하여 특허권, 실용신안권 등을 취득한다. 이 경우 연구개발 활동에 소요된 비용 중 개발비(무형자산)로 인정된 항목 중 얼마를 특허권 등 산업재산권의 취득원가로 계상할 것인가의 문제가 있다. 예를 들면, (주)대덕바이오의 예에서 개발비를 투입한 결과 상품개발에 성공하여 특허출원하고 특허권을 취득하였다고 할 때, 기존의 개발비를 특허권의 원가에 포함시킬 것인지가 문제이다.

이미 투입된 개발비의 결과로 특허권을 취득하게 된 것은 사실이지만, 이미 투입된 개발비는 성공여부와 관계없이 상각해 나가고 새로 취득한 특허권의 취득원가는 특허출원과 관련되어 직접 발생한 지출만을 포함한다.

| 예제 5 |

(주)대덕바이오의 예에서 2016년 개발비 ₩4,500을 투입한 결과 특장차의 개발에 성공하여 2017년 1월 초 특허출원을 한 후 특허권을 취득하였다. 특허취득과 관련하여 발생한 제반비용은 ₩1,000이다. 위 특장차와 관련하여 2017년에 필요한 분개를 하시오. 특허권은 5년에 걸쳐 상각한다.

☞ **해답**

(차)			(대)		
	특 허 권	1,000		현 금	1,000
	개발비상각비	1,500		개발비상각누계액	1,500
	특허권상각비	200		특허권상각누계액	200

☞ **해설**

특허권의 취득원가는 취득과 관련된 직접적인 지출만을 포함한다. 따라서 특허권 취득원가는 출원 및 등록과 관련된 직접지출액 ₩1,000이다. 그리고 2016년에 지출된 개발비는 2016년에 개발비(무형자산)로 기록되었으며, 매년 ₩1,500씩 3년간 상각된다. 2017년에 기록된 특허권도 2017년부터 매년 ₩200씩 5년간 정액법으로 상각된다.

(4) 무형자산의 손상과 제거

무형자산도 유형자산의 경우처럼, 매 보고기간말마다 자산에 대해 자산손상을 시사하는 징후(indications)가 있는지를 검토하여, 그러한 징후가 있다면 당해 자산의 회수가능액을 추정하고, 이 금액이 자산의 장부금액에 미달하면 **손상차손**을 인식한다. 손상차손은 즉시 당기손익으로 인식하는 등, 회계처리는 유형자산의 경우와 동일하다.

이는 보수주의 입장에서 무형자산의 불확실성을 감안하여 자산의 공정가치의 증가는 반영하지 않고 하락만을 반영하는 회계처리의 관습이 반영된 것이라 할 수 있다.

유형자산의 경우처럼, 무형자산도 처분될 때, 또는 사용이나 처분으로부터 미래경제적효익이 기대되지 않을 때 재무상태표에서 **제거**(derecognition)하고, 이때 제거로 인하여 발생하는 손익을 순매각금액과 장부금액의 차이로 결정하여 당기손익으로 인식한다.

무형자산의 매각 또는 기부 등의 처분은 산업재산권 등의 법률적인 권리에만 해당된다. 즉, 개발비는 처분대상이 아니다. 기업이 소유하고 있던 특허권 등 산업재산권을 외부에 매각하는 경우에는, 처분대금(처분비용 차감 후)이 당해 무형자산의 처분 시 장부금액보다 크면 **무형자산처분이익**, 작으면 **무형지산처분손실**을 계상한다.

02 투자자산

1. 투자자산의 정의와 분류

1) 투자자산의 정의

투자자산(investments)은 장기적인 투자이익을 얻기 위해 보유하고 있는 채무증권과 지분증권(이상 모두 AC 금융자산 또는 FVOCI 금융자산으로 분류), 특정목적의 예금(설비확장 · 채무상환 등에 사용), 장기대여금, 관계기업투자(타기업의 지배 또는 통제 목적으로 보유), 투자부동산(영업활동에 사용되지 않는 토지나 건물 등)을 포함한다. **채무증권**(debt securities)이란 발행자 입장에서 채무가 되는 증권으로서 회사가 발행한 사채(회사채)나 국가·공공기관이 발행한 국·공채를 말하며, **지분증권**(equity securities)이란 발행회사 입장에서 소유주지분이 되는 증권, 즉 주식이나 신주인수권을 말한다.

투자자산은 다음과 같은 특징을 가진다. 첫째, 투자자산은 기업의 주 영업활동의 일부로 보유하고 있는 자산이 아니다. 기업의 주 영업활동에 사용할 목적으로 보유하고 있는 유형자산 및 무형자산과는 달리 투자자산은 장기투자이익을 얻거나 타사를 통제할 목적으로 보유하고 있는 자산이다. 둘째, 투자자산은 장기자산이다. 즉, 1년 이상 보유할 목적으로 취득하여 보유하는 자산이다.

2) 투자자산의 분류

제7장에서 설명한 바와 같이 유가증권, 즉 채무증권이나 지분증권을 기업이 매입한 경우 그 매입 목적(사업모형)에 따라 재무상태표상 분류가 달라진다.[24] 이 중에서 유가증권의 공정가치를 쉽게 확인할 수 없거나 1년 이상 보유할 목적으로 취득한 유가증권은 투자자산에 속한다. 동일한 주식이라 하더라도 1년 이내 처분(단기매매)할 목적으로 취득한 상장주식은 투자자산이 아니라 FVPL 금융자산(유동자산)으로 분류됨은 이미 배웠다.

투자자산으로 분류되는 유가증권 등 금융자산 중 **채권**(債券, bond)은 사업모형에 따라 AC 금융자산과 FVOCI 금융자산으로 분류된다. 기업이 국·공채나 타사발행 회사채를 계약상 원리금의 수취만을 목적으로 매입하여 보유하면 **AC 금융자산**(financial assets measured at amortised cost)으로 분류하고, 계약상 원리금의 수취 및 매도를 목적으로 취득하면 **FVOCI 금융자산**(financial assets measured at fair value through other comprehensive income)으로 분류한다. 물론 1년 이내에 처분할 단기매매 목적이면 유동자산인 **FVPL 금융자산**(단기매매항목)으로 분류되므로, 투자자산으로 분류되는 채권은 적어도 1년 이상 보유할 목적이 있어야 한다(국·공채의 회계처리는 회사채와 동일하므로 이후 회사채 중심으로 설명한다). AC 금융자산과 FVOCI 금융자산이 재무

24. 금융자산의 분류체계는 제7장에서 상세히 설명하였으므로 필요하다면 독자들은 제7장을 다시 복습하기 바란다.

유가증권의 분류 순서도 그림 11-1

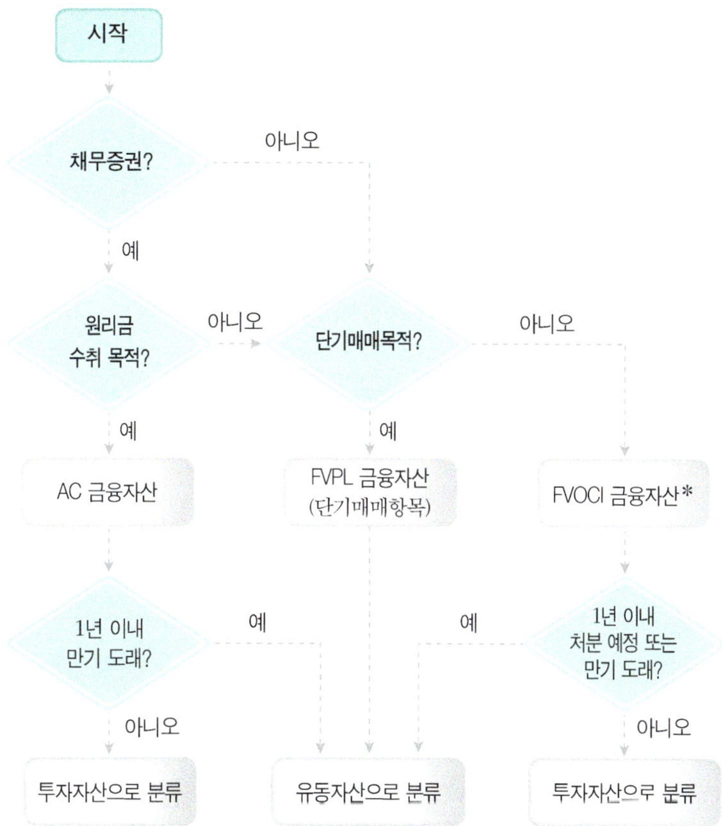

* 후속적인 공정가치 변동을 기타포괄손익으로 표시하도록 최초 인식시점에 선택

상태표일로부터 1년 내에 만기가 도래하거나 또는 매도 등에 의하여 처분할 것이 거의 확실하게 되면 유동자산으로 분류한다(〈그림 11-1〉 참조).

주식의 경우에는, 1년 이내에 매각할 목적으로 취득한 타사발행 주식은 FVPL 금융자산(단기매매항목, 유동자산)으로 분류되고, 후속적인 공정가치 변동을 기타포괄손익(OCI)으로 표시하도록 최초 인식(취득)시점에 선택(일단 선택하면 취소 불가)하면 FVOCI 금융자산(투자자산)으로 분류된다. 단, 이때는 OCI의 재순환이 금지된다.

그런데, 타회사 주식을 보유한 투자기업은 주주로서 의결권을 가진다. 이 경우 투자기업이 보유한 주식의 보유비율(지분율)이 어느 수준 이상 높아지면 단순한 주주를 넘어서서 그 기업의 경영에 유의적인 영향을 미칠 수 있게 된다. 이러한 투자자와 단순한 투자자는 성격이 다르기 때문에 보유주식에 대한 회계처리도 다르다. 즉, 한 기업이 다른 기업에 **유의적인 영향력**(significant influence)을 행사할 수 있을 때 투자기업은 투자주식에 대해서 지분법이라는 특별한 회계처리방법을 적용하고 그 경우 투자주식에 대해서는 **관계기업투자**라는 계정과목을 사용한다. 한국채택국제회계기준에서는 유의적인 영향력 행사 여부를 판단하는 기준으로서 원칙적으로 20%의 지분율을 제시하고 있다.

앞에서 설명한 유가증권 외에 투자자산에 속하는 계정으로서 장기대여금 및 장기수취채권과 투자부동산이 있다. 이 장에서는 유가증권과 관련하여 FVOCI 금융자산(주식)과 관계기업투자에 대한 설명을 중심으로 서술하고 나머지 투자자산은 마지막에 간단히 언급한다.

투자자산으로 분류된 유가증권과 관련한 회계 이슈

- 취득원가의 산정 및 회계처리
- 결산일에 보유하고 있는 유가증권의 평가와 손상차손의 회계처리
- 유가증권 보유로부터 발생하는 수익(이자와 배당금)의 회계처리
- 유가증권의 처분으로부터 발생하는 처분손익의 회계처리

2. FVOCI 금융자산의 회계처리

1) FVOCI 금융자산(주식)의 취득

주식을 취득하고 후속적인 공정가치 변동을 기타포괄손익(OCI)으로 표시하기로 최초 인식(취득)시점에 선택하는 경우, FVOCI 금융자산으로 분류하고 그 공정가치를 자산의 원가(취득원가)로 기록한다. 이때 일반적인 자산 취득 경우와 마찬가지로 취득원가는 매입가격 뿐 아니라 매입에 따른 제반비용, 즉 매입수수료, 세금 등을 포함한다.

| 예제 6-1 : FVOCI 금융자산(주식)의 취득 |

(주)안동식품은 2016년 10월 1일 장기투자수익을 얻을 목적으로 (주)구미전자의 주식 100주를 총 ₩10,000(수수료 포함 가격)에 취득하였다. 이 때 회사는 이 주식의 후속적인 공정가치 변동에 대해 기타포괄손익(OCI)으로 표시하기로 하였다. 취득일의 분개를 제시하시오. (주)구미전자의 주식은 증권거래소에 상장되어 있다.

☞ **해답**

(차) FVOCI금융자산	10,000	(대) 현 금	10,000

FVOCI 금융자산으로 분류된 타사발행 회사채의 취득에 대해서도 마찬가지로 분개한다. 즉, 취득시에 매입가격에 매입에 따른 비용을 합산하여 FVOCI 금융자산으로 기록한다. 그러나 이 경우의 회사채는 주식과 달리 액면금액과 매입가격이 다른 경우 발생이자 및 평가손익의 산정에 있어서 현재가치 개념을 이용한 복잡한 회계처리가 필요하므로, 이 장에서는 회사채(채권)의 경우는 다루지 않고, FVOCI 금융자산에 속하는 주식의 경우만을 예로 들어 회계처리에 대해 설명한다. 투자자산인 AC 금융자산(회사채)에 대해서는 제12장 비유동부채에서 설명하기로 한다.

2) 결산일의 평가

결산일에 보유하고 있는 FVOCI 금융자산은 공정가치가 있는 경우 공정가치로 평가한다. **공정가치**(fair value)는 시장에 근거한 측정치(기업 특유의 측정치가 아님)로서, K-IFRS 제1113호 '공정가치 측정' (문단 9)은 "공정가치를 측정일에 시장참여자 사이의 **정상거래**(orderly transaction)에서 자산을 매도하면서 받거나 부채를 이전하면서 지급하게 될 가격으로 정의한다." 여기서 정상거래란 '해당 자산이나 부채와 관련되는 거래를 위하여 통상적이고 관습적인 마케팅활동을 할 수 있도록 측정일 전 일정기간 동안 시장에 노출되는 것을 가정한 거래' 로 정의된다(즉 강제 청산이나 재무적 어려움에 따른 매각 같은 강제된 거래가 아니다).

활성시장(active market)에서 거래되는 유가증권은 그 시장에서 공시되는 가격을 공정가치로 보며 시장가격은 재무상태표일 현재의 종가로 한다. 그러한 증권은 보통 **시장성**(marketability)이 있다고 한다. 제7장에서 FVPL 금융자산에 대한 회계처리에서 설명한 바와 같이 공정가치가 있는 금융자산은 신뢰성 있는 평가액을 확보할 수 있으므로 원가가 아니라 공정가치로 평가한다. 왜냐하면 모든 지분상품 투자에 대한 측정에는 공정가치를 사용해야 하는데, 이러한 공정가치에 대해서 원가가 적절한 추정치가 될 수는 있지만, 이는 제한된 상황에만 허용되기 때문이다. 그러한 상황의 예는 공정가치 결정을 위해 가용한 더 최근의 정보가 불충분하거나, 가능한 공정가치 측정치의 범위가 넓고 그 범위에서 원가가 공정가치의 최선의 추정치를 나타내는 경우이다(K-IFRS 제1109. 문단 B5.2.3 참조).[25] 일반적으로 증권거래소에 상장된 주식은 활성시장에서 거래되는 증권으로서 신뢰성 있는 공정가치가 있는 것으로 본다.

결산일 현재 공정가치가 FVOCI 금융자산의 장부금액(결산수정분개 직전)보다 높으면 **FVOCI 금융자산평가이익**이, 낮으면 **FVOCI 금융자산평가손실**이 발생한다. 여기서 장부금액(결산수정분개 직전)은 직전결산일 평가액에 당기매입주식의 취득원가를 더하고 당기매도주식의 장부금액을 차감한 것이다.

기타포괄손익-공정가치측정(FVOCI) 금융자산평가손익

FVOCI 금융자산평가손익 = 결산일 현재 공정가치 − 수정분개 전 장부금액

여기서 깊이 생각해봐야 할 것은 평가이익이라는 미실현이익을 당기손익으로 인정할 수 있느냐에 대한 것이다. **미실현이익**(unrealized gain)이란 아직 실현되지 않은 이익을 말하는데, 주가가 올라 평가액이 증가한 경우 실제로 그 주식을 처분하기 전에는 그 평가차익이 실현된 것으로 볼 수 없다. 따라서 평가차익을 미실현이익이라 하며 그것을 당기이익으로 간주할 것인가에 대해서는 여러 가지 다른 견해가 있을 수 있다.

| 예제 6-2 : FVOCI 금융자산(주식)의 평가 |

2016년 12월 31일 결산일에 (주)안동식품이 보유하고 있는 (주)구미전자 주식 100주의 공정가치는 ₩11,000(주당 ₩110)이다. 공정가치를 반영하기 위한 수정분개를 제시하시오.

☞ **해답**

(차) FVOCI금융자산	1,000	(대) FVOCI금융자산평가이익	1,000

25. K-IFRS 1039에서는 공시가격 없는(활성시장에서 공시된 시장가격이 없고, 따라서 공정가치를 신뢰성 있게 측정할 수 없는 공시가격이 없는) 지분상품에 대한 측정 요구사항에 예외를 두어, 이러한 금융상품은 원가로 측정한다. K-IFRS 1109에서는 이 예외를 삭제하고 모든 지분투자를 공정가치로 측정하도록 요구하면서, 동시에 원가가 공정가치의 적절한 추정치가 되는 경우에 대한 지침을 제공한다(문단 BCE.33).

☞ **해설**

(주)구미전자 주식의 공정가치가 장부금액(₩10,000)보다 ₩1,000 높으므로 그만큼 FVOCI금융자산을 증가시킴과 동시에 평가이익을 인식한다. 이 분개를 반영한 후, FVOCI금융자산의 장부금액은 ₩11,000(차변 잔액)이 된다.

FVOCI 금융자산에 대한 평가손익은 기타포괄손익(OCI)으로 인식한다. 재무상태표의 자본에 보고되는 당해 손익의 누계액은, FVOCI 금융자산이 주식과 같은 지분상품인 경우에는(채권 같은 채무상품인 경우와 달리) 당해 금융자산이 처분되더라도 당해 자산의 처분손익으로서 당기손익에 반영될 수 없다(즉, 자본에서 당기손익으로 재순환 금지 ; 단, 이익잉여금으로의 대체는 허용). 주식이라 하더라도 FVPL 금융자산이라면 결산일 후 단기간 내 처분이 예상되므로, 결산일 현재 평가손익이 비록 미실현손익이지만 당기손익에 포함시킨다.

FVOCI 금융자산은 단기매매항목이 아니어서 한 회계기간에 가격이 오르더라도 다음 회계기간에 다시 하락할 수도 있을 것으로 예상되므로 미실현이익이 당기순이익에 미치는 영향을 배제하기 위해서 당기손익으로 인정되지 않고 있다. 대신에, 앞서 언급했듯이 FVOCI 금융자산평가손익은 포괄손익계산서에서 기타포괄손익(OCI)으로서 총포괄손익 계산에 포함시키고 재무상태표의 자본 항목 중 **기타포괄손익누계액**에 누적하여 이 계정잔액과 함께 표시한다. FVOCI 금융자산평가손익은 당기순이익에 영향을 미치지

표 11-1 재무상태표

(주)안동식품 2016년 12월 31일 (단위 : 원)

자산		부채	
유동자산		유동부채	
…		…	
비유동자산		비유동부채	
투자자산		부채합계	
…		자본	
FVOCI금융자산	11,000	자본금	
…		…	
유형자산		**기타포괄손익누계액**	
…		**FVOCI금융자산평가이익**	1,000
		…	

는 않지만 총포괄손익 및 재무상태표의 자본(자기자본 또는 순자산)에는 증감을 가져온다.

위의 거래를 모두 반영하고 난 후, 부분 재무상태표를 예시하면 〈표 11-1〉과 같다. 별개의 손익계산서에는 위 거래의 영향이 나타나지 않는다.

그런데 다음 회계연도 말에 FVOCI 금융자산(주식)의 공정가치가 장부금액 미만으로(앞 예의 (주)구미전자의 주가가 ₩96으로) 하락하게 되면, 평가손실(앞 예에서 주당 ₩14, 총 ₩1,400)이 발생하게 될 것이다. 그런데 (주)구미전자의 경우처럼 이미 기타포괄손익누계액에 FVOCI 금융자산평가이익(₩1,000)이 있다면 그 평가손실은 그것(₩1,000)을 먼저 제거(상쇄)한다. 그리고 나서 남은 손실(₩400)은 기타포괄손익누계액에 FVOCI 금융자산평가손실로 기록된다. 다음과 같은 분개는 이러한 내용을 나타내고 있다.

(차) FVOCI금융자산평가이익	1,000	(대) FVOCI금융자산	1,400
FVOCI금융자산평가손실	400		

3) 투자수익의 인식

주식을 보유하면 **배당금수익**이 발생한다. 주식회사는 당기순이익이 발생하면 그 중 일부를 이사회의 결의와 주주총회의 승인에 의하여 주주들에게 배당금의 형태로 배분한다. 주주 입장에서 배당금은 투자수익이 실현되는 한 형태이다. 물론 주주는 주식을 매각하여 시세차익을 누릴 수도 있다. FVOCI 금융자산으로부터 발생하는 배당금은, FVPL 금융자산의 경우처럼, 그 권리 확정일에 배당금수익으로 인식하고 손익계산서상 기타수익에 반영시킨다.

| 예제 6-3 : 배당금수익의 인식 |

(주)구미전자의 주식에 대해 2017년 3월 1일 주당 ₩5의 배당이 확정되어 그 배당금을 수령하였다. 이 거래를 분개하시오.

☞ 해답

(차) 현　　금	500	(대) 배당금수익	500

* 배당금 : 100주 × ₩5/주

4) FVOCI 금융자산(주식)의 처분

보유하고 있던 FVOCI 금융자산 중 채권 등 채무상품을 처분하는 경우에는, 다른 자산의 경우와 마찬가지로 처분가치에서 처분에 필요한 비용을 차감한 금액에서 처분일의 FVOCI 금융자산장부금액을 차감하여 그 차액을 **FVOCI 금융자산처분손익**으로 기록한다. 그 차액이 양의 금액이면 처분이익을, 음의 금액이면 처분손실을 기록한다. 그러나 보유 FVOCI 금융자산 중 주식 등 지분상품 처분 시에는 i) 기업회계기준(K-IFRS 제1109호 문단 3.2.12, 5.7.1, 5.7.5, BC4.152)에 따라 재평가를 먼저 하여 OCI를 인식한 후 처분해야 하므로, 사실상 처분손익은 발생하지 않게 되고(이는 기업의 당기손익 조작가능성을 방지하려는 국제회계기준기구의 노력이 반영), ii) 처분되는 주식인 당해 FVOCI 금융자산에 대해서 취득 후 처분 시까지 발생했던 FVOCI 금융자산평가손익의 누계액은 FVOCI 금융자산의 처분과 함께 당기손익(처분손익)으로 **재순환**(recycle)될 수 없다. 즉, FVOCI 금융자산에 대해 그동안 발생했던 평가손익은 자본 내의 기타포괄손익누계액 중에 포함되어 있었는데, 이제 FVOCI 금융자산이 더 이상 존재하지 않게 되면 주식과 같은 지분상품의 경우에는 그 부분과 관련된 평가손익이 그 매각으로 실현되는 것(즉, 재순환)이 금지되어 있는 것이다. 이 경우 회사채와 같은 채무상품의 경우라면 보유 회사채의 평가손익이라는 미실현손익이 그 매각으로 실현되는 게 인정되어 당기손익으로 재순환된다. 단, 이익잉여금으로의 대체는 선택적으로 허용된다.

| 예제 6-4 : FVOCI 금융자산(주식)의 처분 |

2017년 12월 1일 (주)구미전자의 주식 전량을 ₩10,600(수수료차감 후 금액)에 처분하였다. 이 거래를 분개하시오.

☞ **해답**

(차) FVOCI금융자산평가이익	400	(대) FVOCI금융자산	400
현 금	10,600	FVOCI금융자산	10,600
(차) FVOCI금융자산평가이익	600	(대) 이익잉여금	600

☞ **해설**

2017년 12월 1일 주식처분 직전 장부상의 FVOCI금융자산 계정잔액은 ₩11,000이고, FVOCI금융자산평가이익 계정잔액은 ₩1,000이었다. FVOCI금융자산의 최초 취득원가는 ₩10,000이었지만 2016년 12월 31일에 시가 ₩11,000을 반영하여 FVOCI금융자산이 ₩11,000으로 증가하고 동시에 평가이익 ₩1,000이 기록되었었다. 이 평가이익 ₩1,000은 그 해 손익계산서의 당기순이익에는 반영되지 않고 재무상태표의 자본에 기타포괄손익누계액으로 보고된 것이다. FVOCI 금융자산이 주식이 아니고 채무상품이었더라면 처분시 그 기타포괄손익누계액도 제거되면서 처분이익(실현이익)으로 재순환될 수 있었겠지만, 이 예에서처럼 주식의 경우에는 재순환처리가 금지되어 자본에 그대로 머물러 있고, 처분시에는 재평가를 먼저 해야 하므로 재평가로 인한 평가손실 ₩400이 발생하고, 그 손실만큼 동 주식의 장부금액은 감소하여, ₩10,600이 된다. 동시에 관련 주식의 기존 평가이익 ₩1,000을 이 ₩400의 평가손실로 우선 상계한다. 이렇게 되면 처분시점의 처분가격(₩10,600)은 FVOCI금융자산의 새 장부금액(₩10,600)과는 차이가 없게 되어 처분손익은 발생하지 아니한다. 한편, 마지막 줄의 분개는, 기존 평가이익의 이익잉여금으로의 대체를 반영한다. 물론 이 허용된 선택권을 행사하지 않으면 이 마지막 줄의 분개는 불필요하다.

3. 상각후원가측정(AC) 금융자산(회사채)의 회계처리

1) AC 금융자산(회사채)의 취득

채권의 한 종류인 **회사채**는 발행회사가 투자자들로부터 장기간 자금을 차입하는 수단으로서 발행회사는 약속된 시점에 액면금액을 회사채소지자에게 돌려주어야 한다. 이 시점을 **만기**(maturity date)라고 한다. 우리나라에서는 3년 만기 회사채가 가장 일반적이다. 계약상의 원리금만의 수취를 목적으로 타사발행 회사채를 매입하여 보유하고 있는 경우 투자기업의 입장에서 그 회사채를 AC 금융자산으로 분류한다. 회사채에 투자하는 경우 회사채의 최초 발행시점에서 매입할 수도 있고, 또는 이미 발행되어 거래되고 있는 회사채를 매입할 수도 있다. 모든 회사채는 액면금액을 가지는데 발행회사는 재량으로 어떤 액면금액이든지 선택할 수 있다. 예를 들면 ₩1,000, ₩10,000, ₩1,000,000, ₩10억 등 발행회사가 유통의 편의를 위하여 적절하게 액면금액을 선택할 수 있으며, 서로 다른 액면금액을 섞어서 발행할 수도 있다. 본 장에서는 편의상 액면 ₩1,000의 회사채를 예를 들어 설명한다.

회사채의 가격산정 방식과 이자계산 등은 제12장에서 자세히 배우게 되겠지만 회사채의 발행가격이나 발행 후 유통가격은 액면금액과 반드시 일치하지는 않는다. 즉, 액면 ₩1,000인 회사채의 시장가격은 ₩1,000보다 높거나 낮게 거래되는 경우가 대부분이다. 이는 시중의 금리수준과 회사채의 **표시이자율**(액면이자율이라고도 함)과의 관계에 따라 달라지는데, 일반적으로 회사채의 표시이자율은 발행시에 확정되므로 회사채의 유통가격은 시장이자율에 따라 변동한다. 회사채의 표시이자율은 발행회사가 채권 권면상에 표시하여 지급하기로 약속한 이자율이다. 그리고 회사채를 발행하는 기업은 액면금액과 다른 가격에 회사채를 발행하기도 한다. 이에 대해서는 제12장에서 자세히 설명한다. 다만 본 장에서는 설명의 단순화를 위하여 타사발행 회사채를 액면금액에 매입하여 만기까지 보유하는 경우의 예를 설명한다.

AC 금융자산인 회사채에 대해서는 결산일에 공정가치에 의한 평가를 할 필요가 없다. 왜냐하면 원리금만의 수취가 보유 목적이기 때문에 만기 이전의 회사채 가격변동이 의미가 없기 때문이다. 따라서 AC 금융자산에 대해서는 공정가치에 의한 평가를 하지 않고, 유효이자율법을 사용하여 **상각후원가**(amortized cost)를 측정한다. 그리고 유효이자율법에 의한 스케줄에 따라 각 회계기간의 이자수익을 인식하여야 한다. 유효이자율법에 대해서는 제12장에서 자세히 설명하기로 한다.

| 예제 7-1 : AC 금융자산의 취득 |

(주)춘천유통은 2016년 1월 2일 (주)신성전자가 발행한 회사채를 ₩1,000(매입에 따른 수수료 포함)에 매입하였다. (주)춘천유통은 이 회사채를 원리금만으로 구성된 현금흐름의 수취를 목적으로 보유할 계획이다. 이 회사채의 발행조건은 다음과 같다. 이 회사채의 취득에 대해서 분개하시오.

- 액면 : ₩1,000
- 만기 : 3년
- 표시이자율 : 연 10%
- 이자지급방법 : 매년 말 현금 지급

☞ **해답**

(차) AC금융자산	1,000	(대) 현 금	1,000

2) AC 금융자산(회사채)의 이자수익

AC 금융자산으로부터 발생하는 액면이자(현금수취 이자)는 이자수익으로 처리된다. 다만 액면금액과 취득금액이 다른 경우에는 액면이자(수취이자)와 이자수익이 일치하지 않게 된다. 즉, 액면이자뿐 아니라 액면금액과 취득금액의 차이를 감안하여 유효이자율법에 의해 회사채의 이자수익을 계산하여야 한다(이에 대한 원리는 제12장에서 다룬다). 그러나 본 장에서는 액면금액과 취득금액이 동일한 경우를 다루므로 액면이자와 이자수익이 일치한다.

| 예제 7-2 : 이자수익의 인식 |

2016년 12월 31일 (주)신성전자로부터 회사채에 대한 이자 ₩100을 수령하였다. 이에 대해서 분개하시오.

☞ **해답**

(차) 현　　금	100	(대) 이자수익	100

☞ **해설**

이 분개는 2017년과 2018년 말에도 반복된다. 즉, 매년 말 액면금액(₩1,000)의 10%에 해당하는 이자를 수령하므로 매년 말 동일한 이자수익을 인식하기 위한 분개를 한다.

3) AC 금융자산(회사채)의 상환

AC 금융자산이 만기가 되면 투자기업은 액면금액을 상환받고 AC 금융자산은 장부에서 제거된다. 회사채의 발행가격이나 매입가격과는 상관없이 발행회사로부터 만기일에 액면금액을 상환받는다.

| 예제 7-3 : AC 금융자산의 상환 |

2018년 12월 31일 (주)신성전자로부터 회사채를 상환받았다. 이 거래를 분개하시오.

☞ **해답**

(차) 현　　금	1,100	(대) AC금융자산	1,000
		이자수익	100

☞ **해설**

일반적으로, 채권을 만기에 상환받게 되면 그때 이자도 함께 받게 된다.

4) AC 금융자산(회사채)의 손상차손

AC 금융자산의 발행자나 지급의무자의 중요한 재무적 어려움, 혹은 이자지급이나 원금상환의 불이행 또는 지연과 같은 계약위반 사유 등이 발생한 경우 그 AC 금융자산에 대해 손상차손(대손)을 인식한다(이러한 손상차손에 대해서는 이미 제8장 제2절에서 논의하였으므로 여기서 재론하지 않는다. 제8장 제2절 참조).

5) AC 금융자산의 재분류(분류변경)

AC 금융자산은 원리금만으로 구성된 현금흐름의 수취를 사업모형으로 갖고 있기 때문에 앞의 예에서와 같이 계정분류되고 회계처리된 것이다. 그런데 만일 AC 금융자산의 사업모형에 변화가 있어 재분류(분류변경)가 필요한 경우에는 그것이 허용될까? 한국채택국제회계기준에 의하면, AC 금융자산뿐 아니라 모든 범주의 금융자산은 보유목적(사업모형)을 변경한 경우에 한해서 다른 범주의 금융자산으로 재분류할 수 있다.

재분류가 이루어지면 재분류일(사업모형을 변경한 날이 속하는 보고기간의 다음 보고기간 첫째 날)에 공정가치를 재측정하고 당기손익 또는 기타포괄손익을 인식한다. FVOCI 금융자산 혹은 FVPL 금융자산은 재분류되는 일의 공정가치를 금융자산의 새로운 장부금액으로 한다. 재분류에 따른 회계처리는 범주 간 재분류(6가지 경우의 수)의 각 경우마다 측정방법 및 재분류시점의 손익에 대한 처리가 서로 다르고 단순하지 않으므로 본서에는 다루지 않기로 한다.

4. 관계기업투자의 회계처리

한 회사가 타사발행 주식의 상당한 지분율을 보유하고 있으면 그 회사의 경영에 유의적인 영향을 미칠 수 있다. 회사의 경영에 유의적인 영향을 미치는 주주와 그렇지 않은 주주(소액주주)는 회사의 소유권(지분)을 부분적으로 가지고 있다는 점에서는 동일하나 본질적으로 다른 점이 있다. 즉, 소액주주는 그 회사의 소유주라는 인식보다는 투자로부터 수익을 노리는 단순한 투자자의 성격이 강하다. 이들은 발행기업의 경영에 참여 또는 간섭할 능력이 없을 뿐 아니라 일반적으로 그럴 의사도 없다. 이들 소액주주는 배당수익과 주가상승으로 인한 시세차익을 노리고 투자를 한다. 따라서 기업이 소액주주로서 타사발행 주식을 보유하고 있으면 앞에서 보았듯이 기타포괄손익(OCI) 측정의 선택여부에 따라 FVPL 금융자산이나 FVOCI 금융자산으로 분류하고 각각에 맞는 회계처리를 한다.

그러나 투자기업이 그 주식의 발행회사(피투자기업)를 통제하거나 지배하게 되면 그와는 전혀 다른 회계처리방법으로 투자주식을 기록하여야 한다. 왜냐하면 이 경우에는 단순한 투자수익보다는 기업의 소유주로서 통제 또는 지배권을 확보할 목적으로 투자한 것으로 간주할 수 있기 때문이다. 유의적인 영향력을 행사할 수 있는 투자기업은 피투자기업을 자신이 소유한 회사로 인식하고 있으므로 그에 맞는 회계처리방법을 선택해야 하는데 그 방법을 지분법이라고 하며, 이러한 방법이 적용되는 주식을 **관계기업투자**(investments in associates)라 한다. 한국채택국제회계기준에서는 유의적인 영향력 행사 여부를 판단하는 기준으로서 원칙적으로 20%의 지분율을 제시하고 있다.

지분법(equity method)이란 피투자기업이 보고한 순손익에 대해 투자기업이 보유하고 있는 주식의 지분율에 해당하는 만큼을 투자기업의 몫이라고 보고 기록하는 방법이다. 즉, 피투자기업이 당기순이익을 보고하면 투자기업은 당기순이익 중 자신의 지분율에 해당하는 만큼 투자주식의 장부금액을 증가시킴과 동시에 **지분법이익**을 기록한다. 지분법을 적용하지 않는 경우에는 피투자기업이 당기순이익을 보고한다고 해서 투자기업이 그중 일부를 이익으로 기록하지 않는다. 대신에 앞에서 FVPL 금융자산이나 FVOCI 금융자산의 회계처리에서 보았듯이 투자기업이 배당받을 권리가 확정될 때만 배당금수익을 인식한다.

1) 관계기업투자의 취득

관계기업투자도 취득시에는 취득원가(부대비용 포함)로 기록한다는 점에서는 FVOCI 금융자산과 동일하다.

| 예제 8-1 : 관계기업투자의 취득 |

2016년 7월 1일 (주)안동식품은 (주)강릉수산의 총발행주식수의 20%에 해당하는 주식 100주를 주당 ₩500(수수료 포함가격)에 취득하였다. (주)강릉수산은 상장기업이다. 이 거래를 분개하시오.

☞ **해답**

(차) 관계기업투자	50,000	(대) 현 금	50,000

2) 피투자기업의 당기순이익 보고시 회계처리

투자기업이 피투자기업의 경영에 유의적인 영향을 미치는 경우에는 피투자기업의 당기순손익에 대해 투자기업이 지분율만큼 청구권(claim)을 가지고 있다고 본다. 따라서 피투자기업이 당기순손익을 보고하면 즉시 투자기업도 당기순손익에 지분율을 곱한 금액을 지분법손익으로 인식함과 동시에 같은 금액만큼 관계기업투자의 잔액을 변동시킨다. **지분법손익**(지분법 적용대상인 관계기업과 혹은 "공동기업"의 당기순손익에 대한 지분)은 당기손익으로서 포괄손익계산서에서 별도의 항목(최소표시항목)으로 보고한다.

| 예제 8-2 : 피투자기업의 당기순손익 인식 |

2016년 12월 31일 (주)강릉수산이 2016년도 당기순이익 ₩4,000을 보고해 왔다. (주)안동식품은 (주)강릉수산의 의결권 있는 보통주 20%를 소유하고 있다. 이에 대해 필요한 분개를 제시하시오.

☞ **해답**

(차) 관계기업투자	800	(대) 지분법이익	800

이 분개의 결과, 관계기업투자의 장부금액은 최초 취득원가 ₩50,000에서 ₩800 증가하여 ₩50,800이 된다. 지분법이익은 손익계산서에 별도의 항목으로 표시되어 당기손익에 반영된다. 만약 (주)강릉수산이 당기순이익이 아니라 당기순손실 ₩4,000을 보고하였다면 관계기업투자를 대변에, 그리고 지분법손실을 차변에 분개하였을 것이다. 그 결과 관계기업투자의 원장잔액은 ₩49,200으로 감소하게 되며 손익계산서에 지분법손실 ₩800이 표시될 것이다.

3) 배당금 수령권 확정시 회계처리

지분법에서는 투자기업이 피투자기업으로부터 배당금 수령권이 확정되면 배당금 수익으로 보는 것이 아니라 투자기업 입장에서 투자금액 일부의 환급으로 본다. 왜냐하면 피투자기업이 이익을 보고하는 시점에서 이미 투자기업은 지분법이익을 인식하였으므로, 피투자기업의 배당금지급은 이미 인식된 이익의 일부를 주주에게 배분해 주는 것이기 때문이다. 따라서 배당금 수령권이 확정되면 이미 관계기업투자에 가산되어 있던 피투자기업의 이익 중 일부를 돌려받는 것으로 간주하여 그만큼 관계기업투자를 감소시킨다.

이러한 회계처리방식은 FVPL 금융자산이나 FVOCI 금융자산으로 분류된 주식에 대한 투자와는 기본적으로 다르다. 이들 주식의 회계처리는 피투자기업이 손익을 보고하는 시점에서는 아무런 기록을 하지 않고 있다가 실제로 배당금이 확정되는 시점에서 배당금수익을 인식한다는 점에서 관계기업투자의 회계처리와는 차이가 있다.

| 예제 8-3 : 관계기업투자로부터의 배당금 수령권 확정 |

(주)강릉수산은 2017년 3월 10일 주당 ₩5의 배당금을 확정하였다. 이에 따라 (주)안동식품은 같은 날짜에 ₩500의 배당금을 현금으로 수령하였다. 이에 대해 분개하시오.

☞ 해답

(차) 현 금	500	(대) 관계기업투자	500

이 거래의 결과, 관계기업투자의 장부금액은 ₩50,800에서 ₩500 감소하여 ₩50,300이 된다. 여기서 주의할 것은 지분법에서는 배당금수령과 관련하여서는 수익을 인식하지 않기 때문에 포괄손익계산서는 영향을 받지 않는다는 것이다. 즉, 배당금 수령권 확정을 수익으로 인식하지 않고 투자자산, 즉 관계기업투자의 일부 환급으로 보는 것이다. 반면에 FVPL 금융자산이나 FVOCI 금융자산에서는 배당금 수령권 확정을 투자수익으로 인식한다. 설사 피투자기업이 거액의 이익을 보고하여 기대배당금이 커진다 하더라도 실제 배당금 수령권이 확정되기 전에는 FVPL 금융자산이나 FVOCI 금융자산에 대해서는 투자수익을 인식하지 않는다.

4) 관계기업투자의 처분

관계기업투자의 처분에 있어서도 모든 다른 자산의 처분과 마찬가지로 처분금액(수수료 차감 후)에서 처분 직전 장부금액을 차감한 금액이 **관계기업투자처분손익**이 된다. 물론 그 차액이 양의 값이면 처분이익, 반대로 음의 값이면 처분손실이 된다.

| 예제 8-4 : 관계기업투자의 처분 |

(주)안동식품은 2017년 11월 1일 (주)강릉수산의 주식을 전량 ₩50,100(수수료 차감 후)에 처분하였다. 이에 대해 분개하시오.

☞ **해답**

(차)			(대)		
(차)	현 금	50,100	(대)	관계기업투자	50,300
	관계기업투자처분손실	200			

처분 직전 (주)안동식품의 관계기업투자 장부금액은 ₩50,300이었다. 장부금액이 ₩50,300인 자산을 ₩50,100에 매각하였으므로 ₩200의 처분손실이 발생하였다. 이 분개의 결과 (주)안동식품의 재무상태표에서 관계기업투자는 사라지게 되며 (주)안동식품의 2017년 손익계산서에 관계기업투자처분손실 ₩200이 기록된다.

위의 설명에서 보듯이 동일한 투자주식이라 하더라도 관계기업투자로 분류되는 경우 전혀 다른 회계처리를 한다. 이를 명확히 보여주기 위해, 동일한 주식이 FVPL 금융자산으로 분류되었다면 이루어졌을 회계처리와 비교해서 관계기업투자로 분류된 경우를 종합적으로 보면 〈표 11-2〉와 같다.[26]

26. 타회사의 의결권 있는 보통주 20% 이상을 소유하면 지분법을 적용해야 한다. 다만 20%는 기업회계기준서에서 정하고 있는 자의적인 기준으로서 특별한 이유가 있는 경우에는 20% 기준과 관계없이 지분법적용 여부를 결정한다. 따라서 지분율 20%인 주식은 FVPL 금융자산이 될 수 없지만 본서에서는 비교목적으로 FVPL 금융자산이 되는 가상적인 상황을 전제하여 설명한다.

표 11-2 주식에 대한 회계처리의 비교

	관계기업투자 경우	FVPL금융자산 경우
주식 취득	(차) 관계기업투자 50,000 (대) 현금 50,000	(차) FVPL금융자산 50,000 (대) 현금 50,000
피투자기업의 이익보고	(차) 관계기업투자 800 (대) **지분법이익** **800**	분개 없음
배당금 확정 및 수취	(차) 현금 500 (대) 관계기업투자 500	(차) 현금 500 (대) **배당금수익** **500**
주식 처분	(차) 현금 50,100 **관계기업투자처분손실** **200** (대) 관계기업투자 50,300	(차) 현금 50,100 (대) FVPL금융자산 50,000 **FVPL금융자산처분이익** **100**

위 비교표에서 보듯이 FVPL 금융자산으로 회계처리한 경우와 지분법을 적용한 경우 그 분개 내용은 다르다. 그런데 전체 보유기간을 통틀어 보면 손익에 미치는 총영향은 동일하다. 즉, FVPL 금융자산은 배당금수익 ₩500과 FVPL 금융자산처분이익 ₩100을 합하여 ₩600의 순자산 증가가 나타났다. 한편 관계기업투자의 경우 지분법이익 ₩800과 관계기업투자처분손실 ₩200을 합하여 ₩600의 순자산 증가가 나타났다. 변화된 이익의 구성항목은 각각 다르지만 전체적으로 순이익에 미치는 효과는 동일하다는 것을 알 수 있다.

5. 투자부동산 및 기타 투자자산

1) 투자부동산

장기투자수익을 얻을 목적으로 보유하고 있는 토지, 건물 등의 부동산은 **투자부동산**(investment property)으로 분류한다. 투자부동산은 임대수익이나 시세차익을 얻기 위하여 보유하는 부동산이다. 또한 장래 사용목적을 결정하지 못한 채로 보유하고 있는 토지도 투자부동산에 속한다. 이들 자산은 장기투자수익을 목적으로 보유되고 기업의 주 영업활동에 사용되지 않으므로 유형자산으로 분류하지 않는다. 동일한 자산이라 하더라도 영업활동을 위해 공장이나 사무실용으로 사용하는 건물은 유형자산으로 분류되지만 장기투자 목적으로 보유하고 있는 건물은 투자부동산으로 분류된다.

투자부동산은 최초 인식시점에 원가로 측정한다. 구입한 투자부동산의 원가는 구입금액과 구입에 직접 관련이 있는 지출로 구성된다. 직접 관련이 있는 지출의 예를 들면 법률용역의 대가로 전문가에게 지급하는 수수료, 부동산 구입과 관련된 세금 및 그 밖의 거래원가 등이 있다. 그리고 자가건설한 투자부동산의 원가는 건설 또는 개발이 완료된 시점까지의 투입원가이다.

유형자산이나 무형자산과 마찬가지로 투자부동산에 대해서도 취득 후 평가 시 공정가치모형이나 원가모형을 선택적으로 적용할 수 있다. 투자부동산의 공정가치는 합리적인 판단력과 거래의사가 있는 독립된 당사자 사이의 거래에서 자산이 교환될 수 있는 금액을 말한다. 공정가치모형을 선택한 경우 투자부동산의 공정가치 변동으로 발생하는 손익은, 유형자산의 경우와 달리, 발생한 기간의 당기손익에 반영한다.

공정가치모형은 투자부동산의 공정가치를 계속적으로 신뢰성 있게 측정할 수 있다는 가정을 기초로 한다. 그러나 예외적으로 비교할 만한 시장거래의 발생빈도가 낮고 신뢰성 있는 공정가치의 대체적 추정방법(예 : 미래현금흐름을 할인하는 방법)이 가능하지 않는 경우에는 투자부동산의 공정가치를 계속하여 신뢰성 있게 결정하기가 어려울 수 있다. 이 경우 투자부동산에 대한 평가는 유형자산평가에 있어서의 원가모형을 적용하여 원가에서 감가상각누계액과 손상차손누계액을 차감한 금액을 장부금액으로 한다.

2) 기타 투자자산

이외에도 결산일 기준으로 1년 이후에 회수될 것으로 예상되는 장기대여금과 장기수취채권 등이 AC 금융자산으로서 투자자산에 속한다. 장기수취채권은 상품매출과 관련된 장기매출채권과 기타 채권(예 : 장기미수금)을 포함한다. 장기수취채권은 표시이자율과 시장이자율이 일치하는 경우 채권 액면금액으로 보고하지만 양자가 다른 경우 현재가치 계산에 의해 채권금액을 정하고 제12장에서 배우게 될 유효이자율법에 의해 회계처리하여야 한다.

연습문제

❀ 개념설명 및 서술문제 ❀

[무형자산]

01. 영업권(goodwill)의 개념과 인식요건에 대해 설명하시오.

02. 영업권의 상각(amortization)에 대해 설명하시오.

03. 영업권이 아닌 무형자산(intangible assets)의 개념과 특징에 대해 설명하시오.

04. 영업권이 아닌 무형자산의 인식요건에 대해 설명하시오.

05. 내부적으로 창출한 무형자산과 관련된 지출의 회계처리에 대해 설명하시오.

06. 무형자산의 최초 인식후 측정, 상각(amortization)과 유형자산의 감가상각(depreciation)의 차이점을 설명하시오.

[투자자산]

01. 투자자산의 보유 목적과 특징에 대해 설명하시오.

02. AC 금융자산과 FVOCI 금융자산의 분류기준에 대해 설명하시오.

03. FVPL 금융자산평가손익과 FVOCI 금융자산평가손익에 대한 회계처리상의 차이점과 그 이유에 대해 설명하시오.

04. 시장성 있는 유가증권의 경우, 기말시점에 취득원가가 아닌 공정가치(fair value)로 평가하도록 하고 있다. 공정가치를 평가기준으로 이용하는 이유에 대해 설명하시오.

05. FVPL 금융자산이나 FVOCI 금융자산으로부터 발생하는 배당금은 손익계산서에서 어떤 분류에 속하는지 설명하시오.

06. FVOCI 금융자산(주식)의 처분시 회계처리방법에 대해 설명하시오.

07. AC 금융자산의 경우, FVPL 금융자산 및 FVOCI 금융자산과 달리 기말 자산평가시 공정가치에 의한 평가를 하지 않는다. 그 이유에 대해 설명하시오.

08. 유가증권을 관계기업투자로 분류할 수 있는 조건에 대해 설명하시오.

09. 지분법 적용의 논리적 근거에 대해 설명하시오.

10. 지분법 적용시 피투자기업이 당기순이익을 보고하였을 경우와 당기순손실을 보고하였을 경우 투자기업의 회계처리에 대해 설명하시오.

11. 지분법 적용시 투자기업이 피투자기업으로부터 받은 배당금을 수익으로 인식하지 않는 이유에 대해 설명하시오.

12. 관계기업투자의 처분에 따른 이익과 손실은 손익계산서에서 어떤 분류에 속하는지 설명하시오.

13. 유가증권 이외의 기타 투자자산에는 어떤 항목이 포함되는지 설명하시오.

❀ 계산 및 회계처리문제 ❀

기초문제

[무형자산]

01. (주)ABC는 2017년 R&D와 관련하여 다음과 같은 활동과 지출을 하였다. GPS용 안테나는 제품에 적용하기 위한 개발비이며 수익을 창출할 가능성이 높다. 이들 활동에 대해 분개하시오.

- 박막형 안테나의 새로운 회로패턴을 위한 연구비 : ₩5,000
- 박막형 안테나 회로기술의 특허출원비 : ₩1,000
- 핸드폰용 안테나의 기술개발을 위한 재료비 및 검사비 : ₩3,000
- GPS용 안테나의 상품화를 위한 개발비 : ₩10,000

02. (주)ABC는 다음과 같은 무형자산의 목록을 가지고 있다. 2016년 말 이들 각각의 상각비를 인식하는 결산수정분개를 제시하시오.

계 정	취득연월일	취득원가	내용연수
개발비	2016. 1. 2	₩6,000	3년
특허권	2016. 7. 1	10,000	5년
컴퓨터소프트웨어	2016. 1. 2	100,000	5년

03. (주)창원바이오텍은 2016년 1월 2일 다음과 같은 R&D 활동과 지출을 하였다. 이 중 특수공기정화기는 상품화를 위한 것이며 수익을 창출할 가능성이 거의 확실하다. 이들 거래를 분개하시오.

특수공기정화기의 공기정화공법의 기초적 연구 : ₩2,000
특수공기정화기를 위한 기술의 개발 : ₩1,000
특수공기정화기의 개발 : ₩4,500

04. 문제 3의 (주)창원바이오텍은 무형자산(개발비)의 취득원가는 3년에 걸쳐 상각하기로 하였다. 2016년 12월 말 필요한 결산수정분개를 제시하시오.

[투자자산]

01. (주)SOC는 2017년 10월 1일 장기투자이익을 얻을 목적으로 (주)BTL의 상장주식 200주를 주당 ₩5,000에 취득하였다. (주)BTL의 총발행주식수는 10,000주이다. 수수료 등 ₩10,000은 현금으로 지급하였다. 그리고 당해 주식의 후속적인 공정가치 변동은 기타포괄손익으로 표시하도록 최초 인식(취득)시점에 선택하였다.

(1) (주)SOC의 10월 1일 분개를 제시하시오.
(2) 2017년 12월 31일 결산일에 (주)SOC가 보유하고 있는 (주)BTL의 주식의 시가가 ₩5,000에서 ₩6,000으로 상승하였다. 이를 기록하기 위한 결산수정분개를 제시하시오.
(3) 위의 결산수정분개가 손익계산서와 재무상태표에 미치는 영향을 분석하시오.
(4) (주)BTL의 주식으로부터 2018년 4월 1일 주당 ₩10의 배당금을 현금으로 수령하였다. 이 거래를 분개하시오.
(5) 위 4월 1일의 분개가 손익계산서와 재무상태표에 미치는 영향을 분석하시오.
(6) 2018년 12월 1일 (주)BTL의 주식을 주당 ₩5,500에 처분하고 처분수수료 ₩10,000을 현금으로 지급하였다. 이 거래를 분개하시오.

02. (주)SOC는 2017년 1월 2일 (주)BTL이 발행한 회사채를 ₩3,000(매입에 따른 수수료 포함 가격)에 매입하였다. (주)SOC는 이 회사채를 만기까지 보유할 계획이다. 이 회사채의 발행조건은 다음과 같다.

- 액면 : ₩3,000
- 만기 : 2년
- 표시이자율 : 연 12%
- 이자지급방법 : 매년 말 현금지급

(1) 회사채 매입거래를 분개하시오.
(2) 2017년 12월 31일 (주)BTL로부터 회사채에 대한 이자 ₩360을 수령하였다. 이에 대해서 분개하시오.

(3) 2018년 12월 31일 (주)BTL로부터 회사채를 상환받았다. 이 거래를 분개하시오.

03. 2017년 11월 1일 (주)알파론은 (주)베타론의 총발행주식수의 30%에 해당하는 상장주식 300주를 주당 ₩5,000(거래수수료 없음을 가정)에 취득하였다.

(1) 위의 거래를 분개하시오.
(2) 2017년 12월 31일 (주)베타론이 2017년도 당기순이익 ₩10,000을 보고해 왔다. 이에 대해 필요한 분개를 제시하시오.
(3) 2018년 4월 1일 (주)베타론으로부터 위의 주식에 대해 ₩1,500의 배당금을 현금으로 수령하였다. 이에 대해 분개하시오(미지급배당금 계정은 설정하지 않는 것으로 가정한다).
(4) (주)알파론은 2018년 11월 21일 (주)베타론의 주식을 전량 주당 ₩6,000에 처분하고 수수료 등 ₩10,000을 현금으로 지급하였다. 이 거래를 분개하시오.

04. 위의 문제 3번에서 (주)알파론이 11월 1일 취득한 (주)베타론의 주식 300주가 (주)베타론의 총발행주식수의 20%에 해당한다고 가정하시오. 위의 각각의 거래에 대해서 지분법을 적용하는 경우와 FVPL 금융자산으로 분류하는 경우의 회계처리를 다음의 표에서 비교하여 제시하시오.

거래	관계기업투자	FVPL금융자산
주식 취득		
피투자기업의 이익보고		
배당금수령		
주식 처분		

05. 다음은 (주)칠대가 보유하고 있는 유가증권에 관한 거래내역이다. 다음에 제시한 각각의 경우에 해당하는 분개를 제시하시오(각 문제의 상황은 서로 독립적임).

① 2015년 3월 5일 (주)덕유가 발행한 보통주 10주를 주당 현금 ₩500에 취득
② 2015년 12월 31일 (주)덕유 주식의 기말 공정가치 ₩450, 당기순이익 ₩100,000 보고
③ 2016년 4월 5일 (주)덕유는 총 ₩40,000의 현금배당을 주주들에게 지급
④ 2016년 12월 31일 (주)덕유 주식의 기말공정가치 ₩600 당기순손실 ₩20,000 보고
⑤ 2017년 2월 3일 (주)칠대는 (주)덕유 주식을 주당 ₩650에 처분

(1) (주)칠대가 단기매매를 목적으로 시장성 있는 (주)덕유의 보통주 10주(전체 의결권주식의 10%)를 취득했을 경우
(2) (주)칠대가 장기투자수익을 목적으로 시장성 있는 (주)덕유의 보통주 10주(전체 의결권주식의 10%)를 취득하고, 이 때 동 주식의 후속적인 공정가치 변동을 기타포괄손익으로 표시하도록 선택한 경우
(3) (주)칠대가 (주)덕유가 발행한 전체 의결권주식의 30%에 해당하는 보통주 10주를 취득했을 경우

심화문제

[무형자산]

01. (주)ABC는 2016년 1월 2일 동종업계의 (주)알파론을 인수하였다. 인수 당시 (주)알파론의 재무상태는 다음과 같았다.

	장부금액	공정가치
상품	₩1,000	₩800
상품매출채권	800	700
건물	4,000	3,500
토지	5,000	7,000
특허권	1,000	3,000
장기차입금	(6,000)	(6,000)
순자산	₩5,800	₩9,000

(1) 인수대가로 ₩10,000의 현금을 지급하였다고 가정하고 영업권을 계산하시오.

(2) 인수거래를 분개하시오.

(3) 인수대가로 현금 대신 (주)ABC의 주식 20주를 발행하여 (주)알파론 주주들에게 지급하였다고 가정하고 앞의 인수거래를 분개하시오. (주)ABC 주식의 액면가와 시가는 ₩500으로 동일하다.

[투자자산]

01. (주)태백은 장기투자수익을 얻을 목적으로 2016년 6월 1일에 (주)소백의 전체발행주식의 15%인 주식 5,000주를 주당 ₩6,500에 매입하였다. 그리고 2018년 9월 30일에 1,500주를 주당 ₩7,500에 처분하였다. 각 연도별 (주)소백의 주식에 대한 공정가치는 다음과 같다. 한편 동 주식의 후속적인 공정가치 변동은 기타포괄손익으로 표시하도록 최초 인식(매입)시점에 선택하였다.

해당 연도	공정가치	배당금수령액
2016년도 말	주당 ₩7,000	₩3,000,000
2017년도 말	주당 6,000	1,500,000
2018년도 말	주당 8,000	2,500,000

(1) 2016년도 (주)소백 주식에 대한 회계처리를 하시오.

(2) 2017년도 (주)소백 주식에 대한 회계처리를 하시오.

(3) 2018년도 (주)소백 주식 처분시의 회계처리를 하시오.

(4) (주)소백 주식과 관련하여 (주)태백이 2018년도 12월31일에 인식해야 할 평가손익은 얼마인가?

(5) (주)태백의 2018년도 당기순손익은 (주)소백 주식의 보유 및 처분으로 인해 얼마만큼의 영향을 받는지 구체적으로 설명하시오.

02. (주)백두의 2018년 12월 31일 현재 유가증권의 보유현황은 다음과 같다.

회사명	취득일	주식수	주당 취득가격	공정가치			보유 목적
				2016년 말	2017년 말	2018년 말	
(주)한라	2016. 2. 1	1,000	₩5,000	₩6,000	₩7,000	₩4,500	단기매매
(주)설악	2017. 1.10	2,000	6,000	5,000	6,500	7,000	장기투자
(주)지리	2016. 12. 1	3,000	6,500	7,000	7,500	8,000	장기투자

(주)백두는 (주)설악 총발행주식수의 5%, (주)지리 총발행주식수의 30%를 보유하고 있다. (주)지리는 당기순이익을 2016년도 말 현재 ₩10,000,000, 2017년도 말 현재 ₩15,000,000을 보고했으며, 현금배당은 2016년도 말에 ₩5,000,000, 2017년도 말에 ₩7,000,000을 지급했다.

(1) (주)백두의 각 연도별 회계처리를 하시오.

(2) (주)백두가 보유하는 주식과 관련한 회계처리가 (주)백두의 2016년도 2017년도 당기순손익에 미치는 영향에 대해 설명하시오.

03. (주)한강의 유가증권의 보유현황은 다음과 같다. 유가증권은 모두 주식으로 구성되어 있다.

유가증권 종류	취득일	취득원가	수량	공정가치	
				2016년 말	2017년 말
(주)청주 (FVOCI금융자산)	2016. 12. 1	₩25,000,000	5,000	₩26,500,000	₩27,000,000
(주)대전 (FVPL금융자산)	2017. 8.12	14,000,000	2,000	18,000,000	15,000,000
(주)천안 : 25%보유 (지분법적용 대상주식)	2016. 9.20	24,000,000	4,000	25,000,000	23,000,000

(1) 유가증권의 취득시점에서의 회계처리를 하시오.

(2) 2016년 12월 31일의 회계처리 및 손익에 미치는 영향을 설명하시오.

(3) 2017년 12월 31일의 회계처리 및 손익에 미치는 영향을 설명하시오.

(4) 2018년 6월 8일 (주)청주의 유가증권을 ₩28,000,000에 처분하는 경우의 회계

처리를 하시오.

(5) (주)천안이 2016년도에 당기순이익 ₩5,000,000을 보고하고 ₩2,500,000의 배당결의를 한 경우 회계처리를 하시오.

04. (주)경복은 2016년 8월 10일에 (주)덕수의 발행주식의 30%인 5,000주를 ₩25,000,000에 취득하였다. (주)덕수의 재무보고 현황은 다음과 같다.

	2016년도	2017년도
당기순이익보고	₩10,000,000	₩18,000,000
현금배당	6,000,000	12,000,000
주식의 공정가치	주당 ₩6,000	주당 ₩5,500

(1) 취득시점의 회계처리를 하시오.

(2) 당기순이익 보고 및 배당시 각각의 회계처리를 보이시오.

(3) 상기 주식과 FVPL 금융자산에 대한 평가방법이 갖는 차이를 설명하고 손익에 미치는 영향을 비교 설명하시오.

Chapter 12

비유동부채

01 비유동부채의 의의 | 02 현재가치와 미래가치 | 03 사채
04 기타 장기금융부채 등 | 05 충당부채

제12장에서 설명될 계정과목

계정과목		포함되는 항목	설명	관련 손익계산서 계정
장기금융부채 (AC 금융부채)	장기차입금	금융기관차입금, 주주차입금, 관계회사차입금	1년 이상의 만기로 금융기관 등으로부터 차입한 장기부채	이자비용
	사채	회사채	회사채의 발행을 통해 투자자로부터 차입한 장기부채	이자비용, 사채상환손익
	장기성매입채무	장기 외상매입금, 장기 지급어음	일반적 상거래에서 발생한 1년 이상 만기의 외상매입금 및 지급어음	이자비용(현재가치할인차금 상각)
	장기미지급금	공사미지급금, 기타미지급금	공사 등 일반적 상거래 이외에서 발생한 1년 이상 만기의 외상대금 및 지급어음	이자비용(현재가치할인차금 상각)
	임대보증금	임대보증금	건물 등의 임대로부터 받은 1년 이상의 보증금	
충당부채	퇴직급여충당부채	퇴직급여충당부채	종업원의 퇴직시에 지급할 퇴직금에 해당하는 부채를 당기의 비용과 함께 설정	퇴직급여
	제품보증충당부채	제품보증충당부채	제품의 보증책임 이행에 충당할 부채를 당기의 비용과 함께 설정	제품보증비
이연법인세부채	이연법인세부채	이연법인세부채	세법과 회계기준의 차이로 인하여 당기가 아니라 미래 회계기간에 납부할 법인세 금액	법인세비용
기타	장기선수금 등	장기선수금 등	제품 판매, 공사 및 기타 일반적 상거래에서 발생한 1년 이상의 선수금 등	

01 비유동부채의 의의

1. 비유동부채의 의의와 종류

비유동부채는 재무상태표일로부터 1년 이후의 시점에 상환하거나 의무를 이행하여야 하는 장기부채이다. 재무상태표의 표시에 있어서 1년 기준을 적용하여 재무상태표일로부터 1년 이내에 상환해야 하는 부채는 유동부채, 그렇지 않은 부채는 비유동부채로 구분한다. 재무상태표에서 유동부채와 비유동부채를 구분하여 표시함으로써 기업의 유동성(단기현금지급능력)에 관한 정보와 미래 현금소요액에 관한 정보를 제공할 수 있다. 비유동부채는 크게 **장기금융부채**(long-term financial liabilities), **충당부채**(provisions), **이연법인세부채**(deferred tax liabilities) 및 **기타비유동부채**로 나눌 수 있다.

표 12-1 비유동부채의 종류

분류	포함되는 계정과목
장기금융부채	장기차입금, 사채, 장기성매입채무, 장기미지급금, 임대보증금
충당부채	제품보증충당부채, 퇴직급여충당부채
이연법인세부채	이연법인세부채
기타비유동부채	장기선수금

장기금융부채가 기간이 경과하면 1년 이내 상환해야 하는 시점이 도래하게 된다. 이처럼 본래는 장기금융부채였으나 기간이 경과함에 따라 재무상태표일 기준으로 다음 회계기간 중에 상환해야 할 부채는 유동부채로 재분류해야 한다. 즉, 부채 발생 당시에 비유동부채로 기록되었다 하더라도 재무상태표에 표시할 때는 재무상태표일 기준으로 1년 기준을 적용해 유동부채 부분(유동성 대체부분)과 비유동부채 부분으로 구분해 표시한다. 따라서 비유동부채 중 다음 회계연도 중에 상환해야 할 부분을 **유동성장기금융부채**(current portion of long-term financial liabilities)라 하여 유동부채로 재분류하여 별도로 구분 표시한다. 예를 들면, 전체 장기차입금이 ₩100,000인데 그중 다음 회계연도에 상환해야 할 부분이 ₩40,000이라면 ₩100,000 중 ₩60,000은 장기차입금으로, 나머지

₩40,000은 유동성장기금융부채로 분류한다.

2. 비유동부채(장기금융부채)의 평가와 현재가치

자산이 미래의 경제적 효익의 획득을 나타내는 반면 부채는 미래 경제적 효익의 희생을 나타낸다. 즉, 부채는 미래 특정시점에 현금 또는 다른 형태의 자산을 포기하면서 변제해야 할 의무이다. **금융부채**(financial liability)는[1] (1) 거래상대방에게 현금 등 금융자산을 인도하기로 한 계약상 의무(contractual obligation), 또는 잠재적으로 불리한 조건(potentially unfavorable conditions)으로 거래상대방과 금융자산이나 금융부채를 교환하기로 한 계약상 의무(예 : 지급보증계약에 따른 의무)이거나, 혹은 (2) 자기지분상품(own equity instruments)으로 결제하거나 결제할 수 있는 계약(contract)으로서 지분상품이 아닌 것이다. 금융부채에는 매입채무 등 지급채무(payables), 차입금(loans), 발행한 사채 등 부채증권, 파생금융부채(derivative financial liabilities) 등이 있다. 선수금(deferred revenue)이나 제품보증의무(warranty obligations)는 금융부채가 아니다. 장래에 재화나 서비스의 인도와 관련되어 있어, 현금 등 금융자산으로 지급해야 할 계약상 의무를 발생시키지 않기 때문이다.

금융부채는 금융자산처럼 최초 인식시 공정가치로 측정한다.[2] 이 경우 공정가치는 일반적으로 미래 상환시점에 채권자에게 양도해야 할 현금 등 자산의 현 시점에서의 가치와 같다. 금융부채는 그 정의상 미래시점에 상환되므로 현재시점과 상환시점 사이에는 시간차가 존재한다. 그리고 그 시간차에 대한 보상이 **이자**(interest)이다. 즉, 이자는 **화폐의 시간가치**에 대한 보상이다. 예를 들면, 2015년 7월 1일에 은행에서 ₩10,000의 현금을 차입해 와서 3개월 후에 갚기로 하면 3개월 동안 화폐의 시간가치에 대한 보상으로 이자를 지급해야 한다. 만약 채권자와 채무자의 합의에 의해서 연이자 12%를 지급하기로 한다면 채무자는 3개월 후인 10월 1일에 3개월분 이자 ₩300(=₩10,000 × 12% × 3개월/12개월)과 원금을 더하여 ₩10,300을 상환하게 된다.

---

1. 기업회계기준서 제1032호 '금융상품 : 표시' (Financial Instruments : Presentation) 문단 11.
2. 최초 인식시점에 금융자산이나 금융부채를 공정가치로 측정하며, 당기손익-공정가치 측정 금융자산 또는 당기손익-공정가치 측정 금융부채가 아닌 경우에 해당 금융자산의 취득이나 해당 금융부채의 발행과 직접 관련되는 거래원가는 공정가치에 가감한다(기업회계기준서 제1109호 '금융상품' 문단 5.1.1).

이처럼 이자는 화폐(현금)를 일정 기간 사용함에 대한 대가로 채무자가 채권자에게 지급하는 비용이다. 그렇다면 매입채무처럼 이자를 지급하지 않는 채무에 대해서 생각해 보자. 재고자산을 외상으로 매입함에 따라 발생한 채무인 매입채무에 대해서는 일반적으로 이자를 지급하지 않는다. 예를 들면, 2015년 7월 1일에 상품을 외상으로 매입하고 3개월 후에 그 대금의 지급을 약속한 ₩10,000 액면의 무이자부 약속어음을 발행하였다고 가정해 보자. 이 경우 매입채무는 무이자이므로 채무자는 3개월 후 액면금액인 ₩10,000만 지급하면 채무를 변제할 수 있다. 그렇다면 이 경우 3개월 동안 화폐의 시간가치가 0이란 말인가?

앞의 매입채무의 예의 경우, 만약 적용되어야 할 적정 이자율이 연 12%라면 이자가 전혀 명시되지 않더라도 실제로는 이자를 부담하는 것으로 보아야 한다. 즉, 3개월 후 ₩10,000을 지급하기로 한 약속의 이면에는 거래 당시 상품의 판매가격이 약 ₩9,700이라는 것을 유추해야 한다. 차액인 3개월간 이자 ₩300의 존재를 인정해야 하기 때문이다.[3] 따라서 거래 당시 매입채무의 진정한 금액은 ₩10,000이 아니라 ₩9,700이다. 이와는 달리 매입채무 ₩10,000에 대해 3개월 후 300원의 이자를 지급하기로 하는 경우에는 상품의 판매가격은 ₩10,000이며, 따라서 거래 당시 정확한 부채금액도 ₩10,000이 될 것이다. 그리고 그 대금을 현재 지급하지 않고 3개월 후에 지급하므로 그에 대한 이자로서 ₩300을 부담하는 것이다.

요약하여 정리하면, 미래시점에 상환해야 할 부채에 대해서 정당한 이자의 지급이 명시되어 있다면 그 부채의 액면금액은 현재 기업이 부담하고 있는 진정한 부채금액을 나타내지만, 그렇지 않은 경우에는 부채의 액면금액이 그 기업이 실제 부담하는 진정한 부채금액과 다르게 된다. 이때 진정한 부채금액을 계산하기 위해서는 상환시점까지 이자(화폐의 시간가치)를 고려하여 부채의 **현재가치**(present value)를 계산해야 한다. 그리고 현재가치를 계산함에 있어서 복리계산 원리에 의해 적절한 방법을 적용하는데, 그 방법을 **할인**(discount)이라고 한다. 비유동부채 회계처리의 핵심은 미래에 지급해야 할 현금을 할인하여 현재가치를 계산하는 것이다.

3. 여기에서 약 ₩9,700이라고 표현한 이유는 정밀하게 계산하면 ₩9,700보다 약간 큰 금액이기 때문이다. 이것을 이해하기 위해서는 다음에 설명하는 현재가치와 그 계산방법을 알아야 한다. 독자들은 뒷부분의 현재가치 계산방법을 배운 후에 정확한 금액을 계산해 보기 바란다.

그런데 실제로 회계처리에 있어서 매입채무의 금액을 ₩9,700으로 기록하지 않는다. 왜냐하면 기간이 짧아서 부채의 액면금액과 현재가치와의 차이가 크지 않으면 중요성(materiality)을 고려하여 현재가치 계산을 생략할 수 있기 때문이다. 본서 제2장 재무회계 개념체계의 내용 중에서 재무제표 표시와 관련된 임계치(판단기준)로 중요성이 있었는데, 이에 의하면 바람직한 재무회계의 속성이라 하더라도 중요하지 않으면 무시해도 좋다는 것이다. 따라서 부채금액의 표시에 있어서도 부채의 액면금액과 현재가치의 차이가 중요하지 않으면, 즉 크지 않으면 현재가치 계산을 생략하고 액면금액으로 부채를 기록할 수 있다. 부채의 평가에 있어서 중요성 여부를 판단하는 기준은 1년 기준이다. 즉, 만기가 1년 이상 남은 비유동부채에 대해서는 현재가치를 계산하지만 1년 이내의 유동부채에 대해서는 현재가치의 계산을 생략할 수 있고 대부분의 경우 그렇게 한다.

| 예제 1 : 유동부채의 평가와 기록 |

(주)창원기계는 2015년 4월 1일 상품을 외상으로 매입하고 2개월 후에 그 대금 ₩10,000을 지급하기로 하였다. 2개월에 대한 이자는 별도로 지급하지 않으며 당시 이 회사의 기타 차입금에 대해 적용되는 적정한 이자율은 연 12%였다. 이 회사는 재고자산의 회계처리에 계속기록법을 사용하고 있다. 위 매입거래를 분개하시오.

☞ 해답

(차) 상 품	10,000	(대) 매입채무	10,000

☞ 해설

매입채무에 대해서 2개월분 이자를 지급하지 않으므로 진정한 부채 및 상품매입대금은 ₩10,000에서 2개월분 이자를 차감한 금액에 가깝다. 그러나 이 채무는 유동부채이므로 중요성의 원칙에 의하여 현재가치 계산을 생략하고 액면금액인 ₩10,000에 기록된다.[4]

본 장에서는 현재가치 계산에 대해 먼저 논의하고 그 후에 비유동부채에 대해 설명한다. 현재가치 개념은 상각후원가측정(AC)금융부채 범주에 속하는 장기금융부채(사채)뿐 아니라 이와 대칭적 관계에 있는 AC 금융자산(주로 채권: 투자자산)에도 적

4. 비유동부채인 장기매입채무에 대한 현재가치 계산과 회계처리는 본 장의 마지막 부분에서 설명한다.

용되므로, 독자이해와 효율적인 설명을 위해, AC 금융자산이 비록 자산이지만 부채를 다루는 이 장에서 그에 대한 회계를 장기금융부채 회계와 함께 설명한다.

02 현재가치와 미래가치

1. 복리계산에 의한 미래가치

화폐의 미래가치 계산은 복리에 의한 이자계산방식으로 한다. 우리가 은행에 예금을 하게 되면 정해진 이자율에 따라 정해진 시점에 이자를 지급받는다. 예를 들어, 2015년 1월 1일 ₩10,000을 1년 만기, 12% 이자율의 정기예금에 들면 2015년 12월 31일 원금 ₩10,000과 이자 ₩1,200을 받는다.[5] 즉, 현재 예금한 ₩10,000이 1년 후에 ₩11,200이 된다. 이 경우 현재 현금 ₩10,000의 1년 후 미래가치가 ₩11,200이 된다. 즉, **미래가치**(future value)란 일정한 기간이 경과한 후 정해진 이자율에 따라 지급될 이자와 원금을 합계한 금액이다.

그렇다면 만기 2년인 정기예금의 경우는 미래가치가 어떻게 될 것인가? 위의 정기예금의 예에서 이자율은 12%인데 만기가 2년이라고 가정해 보자. 현재 ₩10,000의 현금은 1년이 경과한 후 ₩11,200이 되고 그 돈이 다시 재투자되므로 ₩11,200에 대한 이자 12%가 발생하여 2년이 경과한 후의 미래가치는 ₩12,544이 될 것이다.

- **1년 후 미래가치** : $10{,}000 \times (1 + 0.12) = 11{,}200$
- **2년 후 미래가치** : $10{,}000 \times (1 + 0.12)(1 + 0.12) = 10{,}000(1 + 0.12)^2$
  $= 12{,}544$

마찬가지 방법으로 3년, 4년 … n년 후의 미래가치를 계산하면 다음 표와 같다.

5. 일반적으로 이자율의 표시는 연간 이자율(annual interest rate)로 표시한다. 따라서 특별히 다른 표시가 없으면 이자율은 연간 이자율로 이해하여야 한다.

표 12-2 미래가치 표

기간	현재현금	이자율(12%)	미래가치
1	₩10,000	$(1+0.12)$	₩11,200
2	10,000	$(1+0.12)^2$	12,544
3	10,000	$(1+0.12)^3$	14,049
4	10,000	$(1+0.12)^4$	15,735
:			
n	10,000	$(1+0.12)^n$	$10{,}000 \times (1+0.12)^n$

2. 단일금액의 미래가치와 현재가치

앞의 예에서 연 12%의 이자율을 적용할 때 현재 ₩10,000의 1년 후 미래가치는 ₩11,200임을 배웠다. 이 표현을 뒤집어 보면 **현재가치**(present value)를 정의할 수 있다. 즉, 연 12%의 이자율을 적용할 때 1년 후 현금 ₩11,200의 현재가치는 ₩10,000이다. 이를 계산식에서 확인하면 다음과 같다.

기간 1년, 이자율 12%

$$\underset{(\text{현재가치})}{10{,}000} \times (1+0.12) = \underset{(\text{미래가치})}{11{,}200}$$

$$\underset{(\text{현재가치})}{10{,}000} = \underset{(\text{미래가치})}{11{,}200} / \underset{(\text{할인율})}{(1+0.12)}$$

마찬가지로 현재 ₩10,000의 2년 후 미래가치가 ₩12,544이므로 이를 뒤집어 보면 2년 후 ₩12,544의 현재가치가 ₩10,000임을 알 수 있다.

기간 2년, 이자율 12%

$$\underset{(\text{현재가치})}{10{,}000} = \underset{(\text{미래가치})}{12{,}544} / \underset{(\text{할인율})}{(1+0.12)^2}$$

위의 관계로부터 1년 후의 현금을 (1 + 이자율)로 나누면, 즉 할인하면 현재가치가 계산되고, 2년 후의 현금을 $(1+\text{이자율})^2$로 나누면 현재가치를 계산된다는 것을 알 수 있다. 따라서 이를 확장하여 적용하면 n년 후의 현금을 (1 + 이자율)^{n}으로 나누면 현재가치를 계산할 수 있다. 여기에서 현재가치 계산에 사용된 이자율을 **할인율**(discount rate)이라 한다.

표 12-3 현재가치 표

기간	미래현금	이자율(12%)	현재가치
1	₩11,200	$1/(1+0.12)$	₩10,000
2	12,544	$1/(1+0.12)^2$	10,000
3	14,049	$1/(1+0.12)^3$	10,000
4	15,735	$1/(1+0.12)^4$	10,000
:			
n	$10{,}000 \times (1+0.12)^n$	$1/(1+0.12)^n$	10,000

현재 1원의 미래가치

$FV = 1 \times (1+r)^n$,

여기에서 FV : 미래가치(future value), r : 할인율, n : 미래기간

미래 1원의 현재가치

$PV = 1/(1+r)^n$,

여기에서 PV : 현재가치(present value), r : 할인율, n : 미래기간

앞의 현재가치 공식에서 보듯이 미래 단일금액인 현금 ₩1의 현재가치는 할인율(r)과 미래기간(n)에 의해 결정된다. 예를 들면, 12%의 할인율을 적용할 경우 1년 후, 2년 후 및 3년 후 ₩1의 현재가치를 계산하면 각각 $1/(1+0.12)$ = ₩0.8929, $1/(1+0.12)^2$ = ₩0.7972 및 $1/(1+0.12)^3$ = ₩0.7118이다. 각기 다른 할인율과 기간에 대해 미래 ₩1의 현재가치가 달라지는데, 이러한 값들을 **현재가치계수**(present value factor)라 한다.[6] 이러한 현재가치계수가 미리 계산되어 있는 표를 활용하면 이용자들

6. 여러 이자율과 기간에 대해서 미래 ₩1의 현재가치를 계산한 현재가치계수 표(present value factor table)와 현재 ₩1의 미래가치를 계산한 미래가치계수 표(future value factor table)는 이 책의 부록에

이 현재가치를 쉽게 계산할 수 있다. 예를 들면, 할인율 12%, 할인기간 3년의 현재가치계수는 0.7118인데, 이를 활용하면 12%의 할인율을 적용할 때 3년 후 ₩10,000의 현재가치를 다음과 같이 계산할 수 있다.

₩10,000 × PVF(12%, 3년) = ₩10,000 × 0.7118 = ₩7,118[7]

이와 같이 미래 일정한 시점에 한 번 발생하는 현금의 현재가치를 단일금액의 현재가치(present value of a single payment)라 부른다.

3. 연금의 현재가치

앞에서는 단일금액의 현재가치에 대해서 살펴보았다. 그러나 경우에 따라서는 미래에 동일한 금액이 반복적으로 발생하는 현금흐름의 형태가 있는데, 이를 보통 **연금**(annuity)이라 부른다. 미래 동일한 금액의 현금이 반복적으로 발생하는 경우에 각각의 현금흐름에 대해 현재가치를 계산하여 모두 합하면 전체 현금흐름의 현재가치를 계산할 수 있다. 또는 미래 ₩1의 현금이 연금의 형태로 반복적으로 일정 기간 발생할 때의 현재가치계수를 미리 계산하여 만든 표를 활용할 수도 있다. 이때 연금이 매 기간 말에 지급될 수도 있고 매 기간 초에 지급될 수도 있다. 연금이 첫 연도의 말부터 시작하는 형태를 **정상연금**이라 하고, 연금이 첫 연도의 초, 즉 지금부터 시작하는 형태를 **이상연금**이라 한다. 본서에서는 정상연금의 경우만을 다룬다.

매년 ₩1의 현금을 미래 n기간 동안 정상연금의 형태로 받거나 지급할 경우 그 현금흐름을 할인율 r로 할인한 **연금의 현재가치**는 다음과 같다.

미래 연금(정상연금) **₩1의 현재가치**

$$\text{미래 연금 ₩1의 현재가치} = \sum_{t=1}^{n} 1/(1+r)^t$$

$$= 1/(1+r) + 1/(1+r)^2 + 1/(1+r)^3 + \cdots + 1/(1+r)^n$$

제시되어 있다.

7. PVF(12%, 3년)는 12% 할인율과 3년의 기간에 대한 현재가치계수를 나타내는 표현이다. 마찬가지로 FVF(12%, 3년)는 12% 이자율과 3년의 기간에 대한 미래가치계수를 나타내는 표현이다.

이를 단일금액의 현재가치표에서 나타내면 다음 〈표 12-4〉와 같다. 표에서 보는 바와 같이 2년 동안 매년 말 ₩1의 현금을 받게 되는 연금의 현재가치가 ₩1.6901이므로 만약 ₩10,000의 연금을 받는다면 ₩10,000×1.6901=₩16,901임을 알 수 있다. 같은 방법으로 3년 동안 매년 말 ₩10,000을 받게 되는 연금의 현재가치는 ₩24,019이다. 여기에서 주의할 것은 할인율이 변하면 연금의 현재가치계수도 변한다는 것이다. 할인율이 높을수록 동일한 현금흐름의 현재가치가 작아진다.

표 12-4 연금의 현재가치 표(할인율 12%)

기간	현금흐름액	단일금액의 현재가치	연금의 현재가치
1	₩1	0.8929	0.8929
2	1	0.7972	1.6901
3	1	0.7118	2.4019

03 사채

장기금융부채의 대표적인 것이 사채이므로 장기금융부채의 회계는 사채를 중심으로 살펴본다.

1. 사채의 정의와 종류

기업이 1년 이상 사용할 장기자금을 외부에서 조달할 때 크게 두 가지 방법에 의존한다. 첫 번째 방법은 주식을 발행하여 주주들에게 매각함으로써 자본을 조달하는 방법이다. 이러한 방법을 유상증자라고 하며 유상증자의 결과 기업의 자본금이 증가한다. 두 번째 방법은 자본금 증가가 아니라 부채의 증가를 통하여 자금을 조달하는 것이다. 외부에서 장기부채를 조달하는 방법으로는 금융기관에서 자금을 차입하는 방법(장기차입금)과 **회사채**(corporate bonds)를 발행하는 방법이 있다. 회사채는 기업이 외부의 다수 투자자에게 부채를 조달하는 수단이므로 거액의 자금을 조달할 수 있다는 장점이 있다. 본 장에서는 사채를 중점적으로 설명하고 나머지 비유동부채는 본 장의 마지막에 간략히 설명한다. 그리고 주식에 대해서는 제13장에서 자세히 배운다.[8]

회사채는 기업이 장기자금을 조달하기 위하여 일반 투자자에게 발행한 채권이다. 기업의 채무를 나타내는 유가증권인 채권(債券)을 발행하여 불특정 다수인 일반 투자자로부터 자금을 조달한다는 점에서 금융기관차입금과 같은 장기차입금과는 구분된다. 일반 투자자는 누구든지 그 채권을 구입함으로써 그 회사의 채권자가 될 수 있다. 투자자는 투자의사결정을 할 때 주식, 회사채, 부동산, 기타금융자산 등의 다양한 투자수단의 각 장·단점을 고려하여 최적의 의사결정을 한다. 그리고 회사채에 투자하려고 할 때 투자자들은 다음과 같은 발행조건을 고려하여 투자결정을 한다.

- **발행회사** : 회사채 발행회사의 신용도(원금 및 이자 지급능력)
- **액면금액** : 채권의 권면(face)에 인쇄되어 있는 금액으로서 만기에 발행회사가 지급할 금액
- **표시이자율**(또는 액면이자율) : 채권의 권면에 명기되어 있는 연간 이자율
- **발행일과 이자지급일** : 회사채 발행일과 이자지급일(예를 들면, 발행일 기준으로 1년 또는 매 3개월마다)
- **만기** : 회사채의 액면금액을 상환하는 일자

위와 같은 기본적인 발행조건 외에도 회사채의 담보, 제3자 보증 여부, 상환방법 등의 조건에 따라서 다양한 종류의 회사채가 발행될 수 있다. 예를 들면, 회사채의 지급을 위해 발행회사가 담보를 설정하면 **담보부사채**(secured bond), 그렇지 않으면 **무담보사채**(unsecured bond)이다. 투자자 입장에서 담보부사채가 더 유리하기 때문에 다른 조건이 모두 같다면 담보부사채의 이자율이 무담보사채의 이자율보다 낮다. 즉, 발행회사 입장에서는 담보를 설정함으로써 보다 낮은 이자를 지급하고 자금을 조달할 수 있다.

발행회사가 제3자로 하여금 만기 원금상환과 이자지급을 보증하도록 할 수 있는

---

8. 회사채의 법적 공식명칭은 사채(社債)이다. 금융기관이 아닌 특정 개인으로부터 자금을 빌리는 사채(私債)와는 구분하여야 한다.

데 이를 **보증사채**(guaranteed bond)라 한다. 보증은 일반적으로 금융기관에 의해 제공되는데 이때 발행회사는 보증비용을 지불한다. 발행회사가 보증비용을 지불하면서 보증을 제공하는 이유는 투자자에게 지급불능위험(default risk)을 경감시켜 줌으로써 회사채의 발행을 용이하게 하기 위해서이다. 다른 조건이 같다면 보증사채는 **무보증사채**(debenture)보다 이자율이 낮다. 즉, 투자자 입장에서는 제3자의 지급보증이 있는 보증사채가 무보증사채보다 더 매력적이므로 보다 낮은 이자율을 감수할 수 있다.

담보나 보증의 유무에 따라 회사채의 종류가 나뉘는 것과 마찬가지로 상환방법에 따라서도 회사채의 종류가 나뉜다. 일반적으로 회사채는 채권의 권면(face)에 기재되어 있는 만기일에 상환된다. 만기일에 일시에 상환되는 사채를 **만기상환사채**(term bond)라 한다. 우리나라에서는 3년 만기 회사채가 가장 일반적이지만 자본시장이 발달한 선진국에서는 다양한 만기의 사채가 발행되고 있으며, 길게는 30년 만기의 회사채도 흔히 발행된다. 만기일에는 회사채의 **액면금액**(face value)을 발행회사가 채권소지자에게 상환한다. 그러나 만기에 이르기까지 일정한 금액을 정해진 스케줄에 따라 연속해서 상환하는 사채가 있는데, 이를 **연속상환사채**(serial bond)라 한다. 만기일 전 어느 때라도 임의로 상환하여 회수할 수 있는 권리를 회사채 발행회사가 가지고 있는 경우도 있는데 이러한 조건이 있는 사채를 **조기상환사채**(redeemable/callable bond)라고 한다.

한편, 발행시에 정한 조건에 따라 사채권자들의 요구에 의해 주식으로 전환할 수 있는 사채를 **전환사채**(convertible bond)라고 한다. 전환 전에는 일반사채와 같이 정해진 이자를 받지만 전환 후에는 주식이 되므로 전환사채는 사채와 주식의 특성을 동시에 가지고 있다고 할 수 있다.

2. 사채의 발행가격

1) 시장이자율과 표시이자율(액면이자율)

투자자가 회사채에 투자할 때 그 투자로부터 요구하는 최소한의 수익률이 있다. 그것을 **기대수익률** 또는 **요구수익률**이라고 한다. 이러한 기대나 요구에 맞지 않으면 투자자는 그 회사채에 투자하지 않는다. 투자자의 요구수익률은 발행회사의 재무상태나 경영성과, 그리고 그 회사채의 발행조건 등을 감안하여 결정된다. 이러한 요구수익률은 거시경제 및 산업동향 등과 같은 외부 요인에 의해서도 영향을 받겠지만 요구수익률에 가장 중요한 영향을 미치는 변수는 회사채의 위험이다. 회사채의 위험은 발행회사가 이자 또는 원금을 상환하지 못할 위험, 즉 **지급불능위험**(default risk)이다. 이러한 지급불능위험이 클수록 투자자들은 투자하기를 꺼릴 것이므로 그러한 투자자들로 하여금 회사채에 투자하게 만들기 위해서는 높은 수익률(이자율)을 약속하여야 한다. 즉, 투자자는 높은 위험에 대해서 높은 수익률을 요구한다. 예를 들면, 다른 조건이 동일할 때 지급불능위험이 낮은 우량기업의 회사채에 대한 요구수익률이 지급불능위험이 높은 기업의 회사채에 대한 요구수익률보다 낮다.

이러한 요구수익률은 개인별로 다를 수 있다. 왜냐하면 요구수익률은 회사채에 대해 투자자가 느끼는 위험에 따라 다른데, 그 주관적 위험의 정도는 개인에 따라 다르기 때문이다. 그러나 회사채의 가격은 각 거래당사자 간의 개별적인 협의에 의해 정해지는 것이 아니라 시장에서 많은 투자자들의 평균적인 요구수익률에 의해 결정된다. 따라서 각 개인투자자는 시장에서 형성되는 평균수익률을 선택할 것인지 여부를 결정하여야 한다. 이처럼 시장에서 형성되는 평균적인 요구수익률을 **시장이자율**(market interest rate)이라 한다. 한편 발행회사가 회사채 발행시 사채 권면에 명기하여 지급하기로 약속한 이자율을 **표시이자율**(stated interest rate) 또는 **액면이자율**이라고 한다. 따라서 회사채에 관해서는 시장이자율과 표시이자율의 두 가지의 이자율이 중요한 의미를 가지고 있는데, 양자는 일반적으로 같지 않다.

2) 액면발행

사채의 발행은 기업이 투자자들이 원하는 이자를 지급하고 자금을 조달하는 재무활동이다. 투자자로 하여금 사채를 구입하도록 하기 위해서는 그들이 원하는 평균적인 이자, 즉 시장이자율을 보장해 주어야 한다. 투자자는 당해 기업의 사채 외에도 다른 기업의 사채에 투자할 수도 있으며 또는 사채가 아닌 주식이나 부동산 등 다른 투자대상을 찾아갈 수도 있기 때문에 그들이 발행회사로부터 요구하는 시장이자율을 주어야만 그 사채에 투자할 것이다. 예를 들면, ₩10,000의 액면을 가진 사채에 대해서 투자자가 연 12%의 시장이자율을 요구하고 있다면 발행회사는 연 12%의 이자(표시이자율)를 지급하는 약속을 하여야 사채를 발행할 수 있을 것이다. 만약 12%보다 낮은 이자율을 제시한다면 투자자들은 다른 회사의 사채를 구입하거나 또는 전혀 다른 투자수단을 찾게 될 것이며 그 회사는 회사채 발행에 어려움을 겪을 것이다.

투자자가 요구하는 시장이자율을 발행회사가 표시이자율로써 지급하기로 약속한 경우에는 사채를 액면금액에 발행하는 데 문제가 없다. 즉, 시장이자율과 표시이자율이 동일한 12%라면 ₩10,000의 액면을 가진 사채를 ₩10,000에 발행할 수 있으며 발행회사나 투자자 모두에게 만족스런 거래가 이루어진다. 이 경우 사채의 발행가격이 액면금액과 일치하기 때문에 **액면발행**(issuing at the face value)이라고 한다.

본 장의 제2절에서 설명한 바와 같이 비유동부채에 대해서는 그 부채로부터의 모든 현금흐름을 현재가치로 환산하여 더한 금액이 부채의 평가액이 된다. 사채도 비유동부채이므로 이러한 현재가치에 의한 평가가 필요하다. 그러나 시장에서 요구하는 이자를 지급하는 부채는 부채의 액면금액과 현재가치가 동일하므로 현재가치를 계산할 필요가 없다. 따라서 액면발행의 경우 사채의 평가액(현재가치)은 액면금액과 일치한다.

| 예제 2 : 사채의 액면발행 |

(주)갑을전자는 2015년 1월 1일에 다음과 같은 조건의 회사채를 발행하고 그 대가를 현금으로 취득하였다. 회사채의 발행가격을 계산하시오. 발행 당시 시장이자율은 12%이다. 단 사채발행 비용은 무시하시오.

- 발행회사 및 발행일 : (주)갑을전지, 2015년 1월 1일
- 액면금액 : ₩10,000
- 총발행금액 : ₩10,000[9]
- 표시이자율 : 12%
- 이자지급방법 : 매년 말 지급
- 만기 : 3년
- 상환방법 : 만기 일시상환

☞ 해답

- 사채발행가격 : 이자의 현재가치 : 연금(12%, 3년) × ₩1,200 = ₩2,882

  액면금액의 현재가치 : 단일금액(12%, 3년) × ₩10,000 = ₩7,118

  합계 ₩10,000

9. 총발행금액이 정해지면 발행회사는 발행과 유통의 편의를 위하여 적절한 액면금액의 채권을 여러 종류 발행한다. 본서는 단순화를 위하여 액면 ₩10,000인 채권 1매를 발행하는 것으로 가정하고 설명한다.

☞ **해설**

위와 같이 현재가치를 계산하면 정확하게 ₩10,000으로서 액면금액과 일치한다. 사채발행비용을 무시한다면 액면발행에 있어서 항상 발행가격과 액면금액이 일치하므로 실제로 현재가치를 계산할 필요가 없다. 본서에서는 이를 증명하기 위하여 계산식을 제시하였다. 다시 말하면 액면발행의 경우 시장이자율 = 표시이자율이므로, 발행가격 = 현재가치 = 액면금액이다(다음에서 설명하는 사채발행가격 계산방법을 적용하여 확인해 보기 바란다).

3) 할인발행

시장이자율과 표시이자율이 일치하는 경우 시장의 투자자들이 요구하는 수익률을 발행회사가 표시이자율로 제공하므로 사채를 액면금액에 발행하는 데 전혀 문제가 없다. 그러나 만약 시장이자율이 12%인 상황에서 표시이자율이 10%이면 어떤 일이 벌어질지 생각해 보자. 투자자들이 12%의 이자율을 요구하는데 발행회사가 10%의 이자를 지급한다면 투자자들은 이 사채에 투자하지 않을 것은 명백한 일이다. 이렇게 얼핏 보면 시장이자율보다 낮은 표시이자율은 실제로 존재하지 않을 것 같다. 그럴까? 발행회사가 시장이자율보다 낮은 표시이자율을 제시하는 경우 ₩10,000 액면의 사채를 투자자들이 ₩10,000에 구입하지 않을 것이다. 그러나 만약 ₩10,000 액면의 사채를 할인(discount)하여 낮은 가격에 살 수 있다면 투자하려는 사람들이 있을까? 여기에서 기억하여야 할 것은 발행가격과 상관없이 만기일에는 투자자들이 액면금액을 발행회사로부터 상환받는다는 것이다. 예를 들어 액면 ₩10,000인 사채를 ₩9,000에 구입한 투자자도 만기일에는 ₩10,000을 상환받는다.

이런 상황에서 투자자는 시장이자율 12%와 표시이자율 10%의 차이를 가격할인으로부터 보상받을 수 있다는 전제하에서 표시이자율 10%를 수용할 수 있을 것이다. 다시 말하면, 만기일에 이르기까지 매년 2% 이자를 적게 받는 데 대한 보상으로서 발행가격을 적절한 수준으로 할인해 줄 수 있다면 결국 투자자는 자신들이 원하는 12%의 이자율을 보장받는 셈이 된다. 이런 이유로 회사채는 액면금액보다 낮은 가격에 발행되는데, 이것을 **할인발행**(issuing at a discount)이라 한다. 할인발행시 발행가격은 시장이자율과 표시이자율의 차이를 정확하게 보상해 줄 수 있을 만큼 할인한 가격에 형성되는데, 구체적으로 발행회사가 지급할 실제 현금(이자와 액면금액)의 현재가치의 합계로써 계산한다. 이때 반드시 주의하여야 할 것은 현금이자는 액면금액에 표시이자율을 곱하여 계산하지만, 현재가치 계산(즉, 할인)에 있어서 할인율에는 시장이자율을 적용해야 한다는 것이다.

| 예제 3 : 사채의 할인발행 |

〈예제 2〉의 (주)갑을전자 사례에서 다른 조건은 모두 동일한데 표시이자율만 10%라고 가정하여 사채발행가격을 계산하시오.

☞ 해답

사채발행가격 :	이자의 현재가치 :	연금(12%, 3년) × ₩1,000	=	₩2,402
	액면금액의 현재가치 :	단일금액(12%, 3년) × ₩10,000	=	₩7,118
	합계			₩9,520

☞ 해설

3년 동안 매년 말 받을 현금이자 ₩1,000의 현재가치 ₩2,402과 3년 후 받을 원금 ₩10,000의 현재가치 ₩7,118을 합한 금액 ₩9,520에 위의 회사채가 발행될 것이다. 사채발행비용은 당분간 무시한다. 액면금액과 발행가격의 차이인 ₩480을 **사채할인발행차금**(discount on bonds payable)이라 부르는데, 이 금액은 시장이자율보다 낮은 표시이자율에 대해 투자자를 보상하기 위해 미리 지급된 금액이라고 해석할 수 있다. 사채할인발행차금은 사채라는 부채에 대한 차감적 평가계정이다.

4) 할증발행

앞에서는 시장이자율보다 낮은 표시이자율을 제시하는 경우 사채가 할인발행된다는 점과 발행가격에 대해서 설명하였다. 실제로 대부분의 사채가 액면으로 발행되고 있지만 간혹 할인발행되기도 한다. 그렇다면 그 반대의 경우도 가능한 것일까? 즉, 시장이자율보다 높은 표시이자율이 제시된다면 어떤 일이 일어날까? 투자자들이 12%를 요구하는 상황에서 만약 발행회사가 14%의 표시이자율을 제시하면 아마 수많은 투자자들이 서로 이 사채에 투자하려고 할 것이며, 그러한 수요초과는 이 회사채의 발행가격을 끌어올려 액면금액보다 높게 형성되도록 만들 것이다. 시장에서 투자자들은 이 회사채로부터 12%의 이자율을 받으면 만족할 것이므로 14%의 표시이자율로부터 얻는 연 2%의 이자 프리미엄이 상쇄되는 선까지 회사채의 가격을 높게 지급할 의사가 있을 것이다. 그리고 궁극적으로 가격상승으로 인한 부담이 이자 프리미엄을 상쇄하는 시점에서 더 이상 가격은 상승하지 않을 것이다. 이러한 경우에 사채의 **할증발행**(issuing at a premium)이 이루어진다.

| 예제 4 : 사채의 할증발행 |

〈예제 2〉의 (주)갑을전자 사례에서 다른 조건은 모두 동일한데 표시이자율만 14%라고 가정하여 사채발행가격을 계산하시오.

☞ 해답

사채발행가격 :	이자의 현재가치 :	연금(12%, 3년) × ₩1,400	= ₩3,362
	액면금액의 현재가치 :	단일금액(12%, 3년) × ₩10,000	= ₩7,118
	합계		₩10,480

☞ 해설

3년 동안 매년 말 받을 현금이자 ₩1,400의 현재가치 ₩3,362과 3년 후 받을 원금 ₩10,000의 현재가치 ₩7,118을 합한 금액 ₩10,480에 위의 회사채가 발행될 것이다. 사채발행비용은 당분간 무시한다. 액면금액과 발행가격의 차이인 ₩480을 **사채할증발행차금**(premium on bonds payable)이라 부르는데, 이 금액은 시장이자율보다 높게 받게 될 표시이자율에 대해 투자자가 미리 지급하는 가격프리미엄으로 볼 수 있다. 사채할증발행차금은 사채라는 부채에 대한 부가적 평가계정이다.

앞에서 살펴 본 바와 같이 회사채의 발행가격은 시장이자율과 표시이자율에 의해 결정됨을 알 수 있다. 시장이자율은 시장에서 거시경제변수, 산업동향, 발행기업의 신용도 등 많은 요인에 의해 결정되므로 발행회사나 개별 투자자의 입장에서는 주어진 변수이다. 즉, 시장이자율은 발행기업이나 개별 투자자가 결정할 수 없다. 그러나 표시이자율은 발행기업이 정할 수 있으며 그 표시이자율에 따라 사채의 발행가격이 정해진다. 그 관계를 표시하면 다음의 표와 같다.

표 12-5　시장이자율, 표시이자율 및 사채 발행가격

이자율 간의 관계(예)	발행가격	액면과 발행가격 차이
시장이자율(12%) = 표시이자율(12%)	액면발행(₩10,000)	0
시장이자율(12%) > 표시이자율(10%)	할인발행(₩9,520)	사채할인발행차금(₩480)
시장이자율(12%) < 표시이자율(14%)	할증발행(₩10,480)	사채할증발행차금(₩480)

3. 액면발행 사채의 회계처리[AC 금융자산의 회계처리도 나란히 보여줌]

액면발행의 경우 사채의 액면금액과 발행가격이 동일하다. 따라서 액면금액에 해당하는 현금이 유입되고 기업은 액면금액에 해당하는 부채를 기록한다. 시장이자율과 표시이자율이 동일하므로 부채의 액면금액과 부채의 평가액이 일치한다. 그리고 매년 말 12%의 현금이자가 지급되므로 매년 말 현금지출과 이자발생에 대한 기록이 이루어진다. 사채의 만기일인 2017년 12월 31일에는 이자지급과 함께 액면금액의 상환이 동시에 이루어진다. 다만 사채발행비용을 고려하면 유효이자율과 이자비용이 달라지므로, 특별한 경우가 아니면 사채발행비용은 무시하기로 한다.

이때 사채를 매수한 투자기업은 어떻게 기록할까? 우선 그 사채는 금융자산이 되는데 무엇으로 분류해야 할지 결정해야 한다. 매입과 보유의 목적(사업모형)에 따라 AC, FVOCI, FVPL 이 셋 중 하나의 항목으로 처리해야 한다. 앞의 제11장(3절)에서 우리는 "AC 금융자산인 회사채에 대해서는 결산일에 공정가치에 의한 평가를 할 필요가 없다. 왜냐하면 원리금만의 수취가 보유 목적이기 때문에 만기 이전의 회사채 가격변동이 의미가 없기 때문이다"라고 하였었다. 따라서 AC 금융자산에 대해서는 공정가치에 의한 평가를 하지 않고, 유효이자율법에 의한 스케줄에 따라 각 회계기간의 이자수익을 인식하여야 한다. 유효이자율법에 대해서는 제12장에서 자세히 설명하기로 한다고 했는데, 그 때 미루었던 'AC 금융자산'에 대한 회계처리를 설명할 최적지가 여기이다. AC 금융자산(채권)이 비록 자산이지만 사채(금융부채)와 대칭적 관계에 있고 현재가치 개념을 적용하여 회계처리하기 때문이다. 따라서 독자이해와 효율적인 설명을 위해 다음의 예제를 통해 '부채로서의 사채'를 주로 다루면서 동시에 'AC 금융자산으로서의 사채'를 나란히 함께 다루도록 한다.

| 예제 5 : 사채발행 및 이자의 회계처리 |

앞에서 예로 든 (주)갑을전자의 사채의 액면발행, 이자지급 및 액면금액 상환에 대한 회계처리를 제시하시오.

(주)병정물산은 2015년 1월 1일 (주)갑을전자가 발행한 사채를 원리금만의 수취를 목적으로 액면가에 현금으로 취득하였다. 이 사채의 취득, 이자수취 및 액면금액 상환에 대한 회계처리를 제시하시오.

☞ **해답**

2015.1.1 (발행)

(차) 현 금 10,000
(대) 사 채 10,000

2015.12.31 (이자지급)

(차) 사채이자비용 1,200
(대) 현 금 1,200

2016.12.31 (이자지급)

(차) 사채이자비용 1,200
(대) 현 금 1,200

2017.12.31 (이자지급 및 상환)

(차) 사채이자비용 1,200
사 채 10,000
(대) 현 금 11,200

☞ **해설**

매년 말 액면금액의 12%인 ₩1,200이 현금이자로 지급되며, 2017년 12월 31일에는 ₩1,200의 이자지급과 함께 액면금액 ₩10,000의 상환이 이루어진다.

☞ **해답**

2015.1.1 (취득)

(차) AC금융자산 10,000
(대) 현 금 10,000

2015.12.31 (이자수취)

(차) 현 금 1,200
(대) 사채이자수익 1,200

2016.12.31 (이자수취)

(차) 현 금 1,200
(대) 사채이자수익 1,200

2017.12.31 (이자지급 및 상환)

(차) 현 금 11,200
(대) AC금융자산 10,000
사채이자수익 1,200

☞ **해설**

매년 말 액면금액의 12%인 ₩1,200이 현금이자로 받게 되며, 2017년 12월 31일에는 ₩1,200의 이자수취와 함께 액면금액 ₩10,000을 상환받게 된다.

4. 할인발행사채의 회계처리[AC 금융자산의 회계처리도 나란히 보여줌]

1) 발행시 회계처리

할인발행사채는 액면금액보다 낮은 가격에 발행된다. 따라서 발행시 현금유입액이 액면금액보다 작다. 그리고 그 차이를 **사채할인발행차금**이라 부른다. 앞의 (주)갑을전자의 예에서 보았듯이 ₩10,000의 액면을 가진 사채가 ₩9,520에 발행되어 실제로 그 금액만큼의 현금이 유입된다. 이때 액면금액과 현금이자 지급액의 현재가치가 ₩9,520이며, 이 금액이 이 기업의 진정한 부채금액이 된다. 즉, 이 회사는 액면 ₩10,000의 사채를 발행하여 자금을 조달하지만 실제 부채액은 ₩9,520이다. 그렇다면 이 사채에 대해 어떻게 기록할 것인가?

위 사채의 발행을 기록하는 한 가지 방법은 차변에 실제 현금유입액 ₩9,520, 그리고 대변에 진정한 부채금액 ₩9,520을 기록하는 것이다. 이런 방법으로 사채발행을 기록하면 현금유입액과 진정한 부채금액이 기록되지만 액면금액이 장부상에 나타나지 않는다. 회계기록의 원칙 중 하나인 **완전공시의 원칙**(principle of full disclosure)에 의하면 정보이용자의 의사결정에 필요한 정보를 가능하면 충분히 공시하여야 한다. 따라서 할인발행의 경우 액면금액, 사채할인발행차금(사채에 대한 차감적 평가계정) 및 장부금액을 동시에 보여주는 방법으로 기록한다(〈표 12-6〉 참조). 이때 대변에 기록될 사채금액 ₩10,000과 차변에 기록될 사채할인발행차금 ₩480을 상계하면 진정한 부채금액인 ₩9,520이 된다.

| 예제 6 : 사채할인발행시 회계처리 |

앞에서 예로 든 (주)갑을전자의 할인발행사채의 발행시 회계처리를 제시하시오. 즉, 액면 ₩10,000, 시장이자율 12%, 표시이자율 10%(매년 말 지급), 만기 3년인 사채의 발행을 위한 분개를 제시하시오.

☞ **해답**

(차) 현 금	9,520	
사채할인발행차금[10]	480	
(대) 사 채		10,000

(주)병정물산은 2015년 1월 1일 (주)갑을전자가 할인발행한 사채를 원리금만의 수취를 목적으로 액면 ₩10,000, 만기 3년인 사채를 ₩9,520에 현금으로 취득하였다. 이에 대한 회계처리를 제시하시오.

☞ **해답**

(차) AC금융자산(채권)	9,520	
(대) 현 금		9,520

10. 사채할인발행차금은 사채기간에 걸쳐 액면이자보다 사실상 더 부담할 이자차액을 사채발행시 미리 한꺼번에 낸 것으로 볼 수 있다. 따라서 이 계정은 부채의 차감계정이지만, 마치 장기성 선급이자(자산)인 듯이 생각하고 회계처리하면 편리하다. 회계기간이 진행됨에 따라 이 차금이 사채이자비용으로 전환되는 개념도 이해하기 쉽다.

☞ **해설**

대변에 기록된 액면금액 ₩10,000과 차변의 사채할인발행차금 ₩480을 상계하면 현금유입액(진정한 부채금액) ₩9,520이다. 그러나 사채할인발행차금을 재무상태표에 표시할 때는 차변이 아니라 대변에 차감항목으로 표시한다는 점을 주의해야 한다.[11]

☞ **해설**

AC금융자산은 취득가인 ₩9,520으로 차변에 기록된다. 여기서 사채 발행회사의 회계처리에서 나타나는 '사채할인발행차금'은 독립적인 계정으로 나타나지 않고, 만기금액과 상계된 취득원가가 나타난다.

표 12-6 **사채의 재무상태표 표시**(제1차 연도)

재무상태표

(주)갑을전자 2015년 1월 1일 (단위 : 원)

자 산		부 채		
. . .		. . .		
. . .		사 채	10,000	
		사채할인발행차금	(480)	9,520

재무상태표

(주)병정물산 2015년 1월 1일 (단위 : 원)

자 산		부 채
. . .		. . .
투자자산		. . .
AC금융자산(채권)	9,520	

2) 이자계산 및 기록

앞에서 기업이 조달하는 자금은 액면금액이 아니라 실제 발행가격이라는 것과 기

11. 대변항목을 차변으로 이동하거나 차변항목을 대변으로 이동할 때 해당금액의 부호가 바뀐다는 점을 본서의 제3장에서 설명하였다. 원장에서 대변 잔액을 가지지만 재무상태표에서는 차변에 차감계정으로 표시되는 계정으로 손실(대손)충당금, 감가상각누계액 등이 있음은 이미 배웠다. 원장에는 차변 잔액을 가지지만 재무상태표에는 대변에 차감계정으로 표시되는 항목으로 사채할인발행차금이 있다.

업이 부담하는 이자율은 표시이자율이 아니라 시장이자율이라는 것을 설명하였다. 즉, 할인발행의 경우 (주)갑을전자의 자금조달액은 ₩10,000이 아니라 ₩9,520이며, 이자율(자본비용)은 10%가 아니라 12%이다. (주)갑을전자가 매년 말 현금으로 지급하는 이자는 액면의 10%인 ₩1,000이지만 진정한 이자는 12%가 되는 선에서 발행가격이 할인되었다. 따라서 진정한 이자율은 12%가 된다. 그렇다면 발행 첫 해인 2015년에 (주)갑을전자의 진정한 이자비용은 얼마일까?

현금이자와 진정한 이자비용을 비교하여 정리하면 다음과 같다.

현금이자와 진정한 이자비용

현금이자 = 액면금액 × 표시이자율 = ₩10,000 × 10% = ₩1,000

진정한 이자비용 = 진정한 부채금액 × 진정한 이자율 = ₩9,520 × 12% = ₩1,142

(주)갑을전자의 2015년 진정한 이자비용은 ₩1,142으로서 현금이자 ₩1,000보다 ₩142만큼 크다. 진정한 이자비용은 ₩1,142인 데 반해, 현금이자는 ₩1,000밖에 되지 않으므로 이를 일치시키기 위해서 그 차액을 사채할인발행차금으로부터 상각(amortization)하여 가져온다. 사채할인발행차금 전액 ₩480은 시장이자율보다 낮은 표시이자율에 대해 3년간의 보상을 투자자에게 일시에 준 성격을 띠므로, 전체 사채할인발행차금 중 일부씩을 3년에 걸쳐 현금이자에 더하여 매년 진정한 이자금액을 산출한다. 이런 과정을 **사채할인발행차금상각**이라고 부른다. 이런 상각과정을 거치면서 사채할인발행차금은 3년에 걸쳐 전액 상각되며 만기일에 사채할인발행차금의 잔액은 ₩0이 된다.

| 예제 7 : 할인발행사채의 1차년도 이자기록 |

앞에서 (주)갑을전자의 할인발행사채에 대해 2015년 12월 31일의 이자를 기록하기 위한 분개를 제시하시오.

앞의 (주)병정물산의 AC금융자산에 대해 2015년 12월 31일의 이자를 기록하기 위한 분개를 제시하시오.

☞ **해답**

(차) 사채이자비용 1,142
(대) 현 금 1,000
사채할인발행차금 142

☞ **해설**

진정한 이자비용은 ₩1,142인데 실제 현금 지급이자는 ₩1,000이다. 그 차액은 이미 발행시 가격을 할인함으로써 투자자에게 보상이 이루어졌다. 따라서 매년 현금이자에 사채할인발행차금의 일부가 더해져서 이자비용이 된다. 이러한 과정을 거치면서 사채할인발행차금 계정잔액은 감소하며, 3년에 걸쳐 전액 상각된다. 동시에 이자비용(상각액)만큼씩의 현금지급은 이루어지지 않으므로 부채의 장부금액은 만기금액을 향해 증가하게 된다.

☞ **해답**

(차) 현 금 1,000
AC금융자산(채권) 142
(대) 사채이자수익 1,142

☞ **해설**

진정한 이자수익은 ₩1,142인데 실제 현금 수취이자는 ₩1,000이다. 그 차액은 이미 취득시 가격을 할인함으로써 보상이 이루어졌다. 따라서 매년 현금수익에 사채할인발행차금(명시적인 계정으로 나타나 있지는 않지만 사실상 존재함)의 일부가 더해져서 이자수익이 된다. 이러한 과정을 거치면서 사채할인발행은 감소하며 3년에 걸쳐 전액 상각된다. 동시에 AC금융자산 금액(장부금액)은 상각액만큼씩 증가하게 된다.

이 분개가 반영된 후 사채할인발행차금 계정의 잔액은 ₩338이 된다. 즉, 발행시 잔액 ₩480에서 1년차 상각액 ₩142을 차감하고 나면 ₩338이 남는다. 이를 재무상태표에 표시하면 다음 〈표 12-7〉과 같다.

여기서 (주)갑을전자의 재무상태표를 보면, 액면금액으로 표시된 사채 금액에서, 그 밑에 표시된 사채할인발행차금의 미상각잔액인 ₩338이 차감되어 순장부금액 ₩9,662이 표시되어 있음을 볼 수 있다. 이 순장부금액이 사채의 **상각후원가**(amortized cost)를 나타내는데, 이것은 금융자산이나 금융부채의 최초인식시점의 측정금액(사례의 경우 ₩9,520)에, 상환된 원금이 있으면 이를 차감하고(사례의 경우 상환원금 없음), 최초인식금액과 만기금액의 차액(사례의 경우 ₩480)에 유효이자율법을 적용하여 계산된 상각누계액(사례의 경우 ₩142)을 가감('할증'의 경우에는 차감하고, 사례처럼 '할인'의 경우에는 가산)한 금액이다.

한국채택국제회계기준은[12] 당해 기준이 열거한 경우(파생상품을 포함한 당기손익인

12. 기업회계기준서 제1109호 '금융상품' 문단 4.2.1과 5.4.1~2.

표 12-7 사채의 재무상태표 표시(제1차 연도)

재무상태표

(주)갑을전자 2015년 12월 31일 (단위 : 원)

자 산		부 채		
...		...		
...		사 채	10,000	
		사채할인발행차금	(338)	9,662

재무상태표

(주)병정물산 2015년 12월 31일 (단위 : 원)

자 산		부 채
...		...
투자자산		...
AC금융자산(채권)	9,662	

식금융부채 등)를 제외한 모든 금융부채는 '최초인식 후' 에는 이렇게 유효이자율법을 사용하여 상각후원가로 측정하도록 하고 있다. 한편, 금융자산(파생상품자산 포함)은 최초인식 후 공정가치로 측정하는 것이 원칙이나, AC 금융자산은 유효이자율법을 사용하여 상각후원가로 측정한다. 이에 따라 사례의 (주)병정물산의 AC 금융자산 ₩9,662 역시 상각후원가로 측정하여 나타낸 것이다.

그렇다면 2년째 이자비용은 얼마일까? 2년째의 이자비용은 1년째의 이자비용과 동일한 방법으로 계산된다. 다만 2년째 이자비용 계산에 적용될 부채금액의 계산에 유의하여야 한다. 1차년도 초의 진정한 부채금액(장부금액)은 ₩9,520이었지만, 첫해 말 사채할인발행차금의 일부 상각이 이루어지고 난 후 위 표에서 보듯이 ₩9,662으로 증가하였다. 즉, 사채할인발행차금이 감소한 만큼 사채의 순장부금액이 증가하였다. 따라서 2차년도 초의 부채금액은 1차년도 초의 부채금액보다 증가한 9,662원이 된다. 하지만 이자율은 여전히 발행 당시의 것인 12%로 동일하다.

| 예제 8 : 할인발행사채의 2차년도 이자 기록 |

(주)갑을전자의 2차년도 이자비용을 계산하고 분개하시오.

☞ **해답**

(차) 사채이자비용	1,159	
(대) 현 금		1,000
사채할인발행차금		159

☞ **해설**

이자비용 = 기초의 부채 순장부금액 × 시장이자율(발행 당시)
= ₩9,662 × 12%
= ₩1,159

2차년도에도 역시 현금이자는 ₩1,000이므로 그 차액인 ₩159은 사채할인발행차금 상각액으로 보전한다(메꾼다).

(주)병정물산의 AC금융자산의 2차년도 이자수익을 계산하고 분개하시오.

☞ **해답**

(차) 현 금	1,000	
AC금융자산(채권)	159	
(대) 사채이자수익		1,159

☞ **해설**

2차년도의 이자수익
= 2차년도 초 AC금융자산의 순장부금액 × 시장이자율(취득 당시)
= ₩9,662 × 12% = ₩1,159

2차년도에도 역시 현금수익은 ₩1,000이므로 그 차액인 ₩159만큼 AC금융자산 금액(장부금액)을 증가시킨다.

2차년도 말 재무상태표상에는 2차년도의 상각액을 반영하여 사채할인발행차금이 감소하고 그만큼 사채의 순장부금액은 증가하여 표시된다(〈표 12-8〉 참조).

마찬가지 방법으로 3차년도의 이자비용을 계산할 수 있다.

| 예제 9 : 할인발행사채의 3차년도 이자 기록 |

(주)갑을전자의 3차년도 이자비용을 계산하고 분개하시오.

☞ **해답**

(차) 사채이자비용	1,179	
(대) 현 금		1,000
사채할인발행차금		179

(주)병정물산의 AC금융자산의 3차년도 이자수익을 계산하고 분개하시오.

☞ **해답**

(차) 현 금	1,000	
AC금융자산(채권)	179	
(대) 사채이자수익		1,179

표 12-8 사채의 재무상태표 표시(제2차 연도)

재무상태표

(주)갑을전자 2016년 12월 31일 (단위 : 원)

자 산		부 채		
...		...		
...		사 채	10,000	
		사채할인발행차금	(179)	9,821

재무상태표

(주)병정물산 2016년 12월 31일 (단위 : 원)

자 산		부 채
...		...
투자자산		
AC금융자산(채권)	9,821	

☞ **해설**

이자비용 = 기초의 부채 순장부금액 × 시장이자율(발행 당시)
= ₩9,821 × 12%
= ₩1,179

3차년도에도 역시 현금이자는 ₩1,000이므로 그 차액인 ₩179은 사채할인발행차금 상각액으로 보전한다. 3차년도의 사채할인발행차금 상각액은 3차년도 초의 사채할인발행차금 잔액과 일치한다. 즉, 3차년도의 상각에 의해 사채할인발행차금은 완전히 상각되는 것이다.

☞ **해설**

3차년도의 이자수익
= 3차년도 초 AC금융자산의 순장부금액 × 시장이자율(취득 당시)
= ₩9,821 × 12% = ₩1,179

3차년도에도 역시 현금수익은 ₩1,000이므로 그 차액인 ₩179만큼 AC금융자산 금액(장부금액)을 증가시킨다. 이로써 AC금융자산 금액은 액면금액에 이르게 된다.

앞에서 할인발행사채의 이자비용계산과 기록방법을 살펴보았다. 매년 기초 부채의 순장부금액이 달라지는 만큼 이자비용이 달라짐을 알 수 있다. 이와 같이 기초부채

표 12-9 유효이자율법에 의한 이자비용 계산

일자	기초사채 장부금액 (a)	유효이자율 (시장이자율) (b)	이자비용 (c = a×b)	현금이자 (d = 10,000 ×10%)	사채할인발행 차금 상각액 (c－d)	사채할인 발행차금 미상각액	기말사채 장부금액
2015. 1. 1	－	－	－	－	－	480	9,520
2015.12.31	9,520	12%	1,142	1,000	142	338	9,662
2016.12.31	9,662	12%	1,159	1,000	159	179	9,821
2017.12.31	9,821	12%	1,179	1,000	179	0	10,000

(자산)의 순장부금액에 시장이자율을 곱하여 진정한 이자비용(수익)을 구하는 방법을 **유효이자율법**(effective interest rate method)이라 부른다. 여기에서 유효이자율이란 발행회사가 궁극적으로 부담하는 진정한 이자비용이란 의미로서 사채발행비용을 무시하면 발행 당시의 시장이자율과 동일하다.

위의 예에서 다룬 3년간의 이자비용 계산과정을 모두 요약해 보면 〈표 12-9〉와 같다. 표에서 보듯이 매년 초의 사채장부금액이 증가함에 따라 이자비용도 매년 증가한다. 현금이자는 매년 ₩1,000으로 동일하므로 사채할인발행차금 상각액도 매년 증가한다. 그 결과 사채할인발행차금 잔액(미상각잔액)은 매년 체감하여 3년째 말에는 ₩0이 된다. 이처럼 유효이자율법에서는 할인발행사채의 이자비용이 매년 증가한다. 이와는 달리 간편법으로서 유효이자율 계산을 거치지 않고 사채할인발행차금을 3등분하여 동일한 이자비용을 매년 기록하는 방법이 있는데, 이를 **직선법** 또는 **정액법**(straight line method)이라 한다. 즉, 당초 사채할인발행차금 ₩480의 1/3인 ₩160을 매년 상각하여 이를 현금이자와 합한 ₩1,160의 이자비용을 매년 기록하는 방법이다. 이 방법은 이론적으로는 적절하지 않으나 계산이 간단하다는 장점을 가진다. 한국채택국제회계기준은 유효이자율법만을 적용하도록 하고 있다.

3) 할인발행사채의 상환

할인발행사채를 만기상환하는 경우 액면사채의 경우와 동일한 회계처리를 한다. 즉, 사채상환을 위한 현금지급(액면금액)을 대변에 기록함과 동시에 사채를 차변에 기록함으로써 사채를 장부에서 제거한다. 사채를 만기 상환하는 경우, 마지막 이자도 함께 지급하므로 액면금액의 상환과 함께 분개한다.

| 예제 10 : 할인발행사채의 만기상환 |

3차년도 말, (주)갑을전자의 사채상환에 대해 분개하시오(이자 부분은 앞 〈예제 9〉에서 했으므로 여기서는 나머지 부분인 액면금액의 상환 부분만 보이시오).

☞ **해답**

(차) 사　　채	10,000	
(대) 현　　금		10,000

3차년도 말, (주)병정물산의 AC금융자산의 만기회수에 대해 분개하시오(이자 부분은 앞 〈예제 9〉에서 보았으므로 여기서는 나머지 부분인 액면금액의 회수 부분만 보이시오).

☞ **해답**

(차) 현　　금	10,000	
(대) AC금융자산(채권)		10,000

한편, 발행회사가 만기 전에 채권시장에서 사채를 구입함으로써 실질적인 상환을 할 수 있다. 발행회사가 사채를 구입하여 소각해 버리면 더 이상 사채가 존재하지 않으므로 사채를 상환한 결과를 가져온다. 이 경우 사채상환시점에서 사채의 순장부금액과 상환액(비용포함)의 차이를 **사채상환손익**(gain or loss on bond redemption)으로 기록하여야 한다. 사채상환 비용을 포함한 상환액이 상환시점의 순장부금액보다 크면 사채상환손실이, 작으면 사채상환이익이 발생한다.

| 예제 11 : 할인발행사채의 조기상환 |

앞의 (주)갑을전자의 할인발행사채를 3년차인 2017년 1월 1일에 ₩9,700(상환비용 포함)에 상환하였다고 가정하고, 그에 따른 분개를 제시하시오.

☞ **해답**

(차변)			(대변)	
사　　채	10,000		사채할인발행차금	179
			현　　금	9,700
			사채상환이익	121

☞ **해설**

사채상환시점인 2017년 1월 1일에 사채의 순장부금액은 ₩9,821이다(〈표 12-9〉 참조). ₩9,821인 부채를 ₩9,700에 상환하였으므로 ₩121의 상환이익이 발생하였다. 상환시에는 사채와 사채할인발행차금 잔액을 모두 제거하여야 한다.

5. 할증발행사채의 회계처리 [AC 금융자산의 회계처리도 나란히 보여줌]

1) 발행시 회계처리

사채가 액면금액보다 높은 가격에 할증발행되는 경우 **사채할증발행차금**이 나타난다. 다음 예를 보자.

| 예제 12 : 사채할증발행시 회계처리 |

앞에서 예로 든 (주)갑을전자의 사채의 할증발행시 회계처리를 제시하시오. 즉, 액면 ₩10,000, 시장이자율 12%, 표시이자율 14%(매년 말 지급), 만기 3년인 사채를 ₩10,480에 발행한 분개를 제시하시오.

☞ 해답

(차) 현　　금	10,480	
(대) 사　　채		10,000
사채할증발행차금		480

☞ 해설

대변에 기록된 액면금액 ₩10,000과 차변의 사채할증발행차금 ₩480을 합하면 현금유입액(진정한 부채금액) ₩10,480이다. 그러나 사채할증발행차금은 재무상태표에 사채에 더하여 표시한다는 점에 유의하자.

(주)병정물산은 2015년 1월 1일 (주)갑을전자가 할증발행한 사채를 원리금만의 수취를 목적으로 액면 ₩10,000, 만기 3년인 사채를 ₩10,480에 현금으로 취득하였다. 이에 대한 회계처리를 제시하시오.

☞ 해답

(차) AC금융자산(채권)	10,480	
(대) 현　　금		10,480

☞ 해설

AC금융자산은 취득가인 ₩10,480으로 차기된다. 취득원가로 기록되기 때문에, 부채로서의 사채와 관련한 회계처리에서 보는 '사채할증발행차금' 은 반영되어 있지만 독립적인 계정으로는 나타나지 않는다.

할인발행 경우와 마찬가지로, 재무상태표에는 액면금액, 사채할증발행차금 및 현금유입액을 동시에 보여 주는 형식으로 다음 〈표 12-10〉과 같이 표시된다.

표 12-10

재무상태표

(주)갑을전자	2015년 1월 1일			(단위 : 원)
자 산	부 채			
...	...			
...	사 채	10,000		
	사채할증발행차금	480	10,480	

재무상태표

(주)병정물산	2015년 1월 1일	(단위 : 원)
자 산		부 채
...		...
투자자산		...
AC금융자산(채권)	10,480	

2) 발행 후의 회계처리

할증발행의 경우에도 할인발행 경우와 마찬가지의 이자계산논리, 즉 유효이자율법이 적용된다. 3년간의 이자비용 계산 내용을 모두 요약해 보면 다음 〈표 12 11〉과 같다. 단, 할인발행의 경우에는 '상각' 이란 용어를 사용하지만, 할증발행의 경우에는 '환입' 이란 용어를 쓴다(영어로는 두 경우 모두 amortization이다).

표 12-11 유효이자율법에 의한 이자비용 계산

일자	기초사채 장부금액 (a)	유효이자율 (시장이자율) (b)	이자비용 (c = a × b)	현금이자 (d = 10,000 × 14%)	사채할증발행차금 환입액 (d-c)	사채할증 발행차금 미환입액	기말사채 장부금액
2015. 1. 1	-	-	-	-	-	480	10,480
2015.12.31	10,480	12%	1,258	1,400	142	338	10,338
2016.12.31	10,338	12%	1,241	1,400	159	179	10,179
2017.12.31	10,179	12%	1,221	1,400	179	0	10,000

위의 표에서 보듯이 할증차금의 경우에는, 할인발행의 경우와 반대로, 매년 초의 사채장부금액이 감소함에 따라 이자비용도 매년 감소한다. 현금이자는 매년 ₩1,400으로 동일하므로 사채할증발행차금 환입액도 매년 증가한다. 그 결과 사채할증발행차금 잔액(미환입잔액)은 매년 체감하여 3년째 말에는 ₩0이 된다. 이처럼 유효이자율법에서는 할증발행사채의 이자비용이 매년 감소한다.

(주)갑을전자의 2015년 진정한 이자비용은 ₩1,258으로서 현금이자 ₩1,400보다 ₩142만큼 적다. 진정한 이자비용은 ₩1,258인 데 반해, 현금이자는 ₩1,400이나 되므로 이를 일치시키기 위해서 그 차액을 사채할증발행차금에서부터 환입하여 가져온다. 사채할증발행차금 전액 ₩480은 시장이자율보다 높은 표시이자율에 대해 3년간 보상을 투자자로부터 일시에 받은 성격(미리 받은 가격프리미엄)을 띠므로, 전체 사채할증발행차금 중 일부씩을 3년에 걸쳐 현금이자에서 차감하여 매년 진정한 이자금액을 산출한다. 이런 과정을 **사채할증발행차금환입**이라고 부른다. 이런 환입과정을 거치면서 사채할증발행차금도 역시 3년에 걸쳐 전액 환입되며 만기일에 사채할증발행차금의 잔액은 ₩0이 된다.

할인발행의 경우나 할증발행의 경우나 많은 부분이 비슷하므로, 여기서는 중복설명을 피하기 위해, 발행 후에 일어나는 이자지급 및 만기상환에 대한 분개를 자세히 소개한다.

현금이자와 진정한 이자비용

현금이자 = 액면금액 × 표시이자율 = ₩10,000 × 14% = ₩1,400

진정한 이자비용 = 진정한 부채금액 × 진정한 이자율 = ₩10,480 × 12% = ₩1,258

| 예제 13 : 할증발행사채의 발행 후 만기상환까지의 회계처리 |

앞에서 (주)갑을전자의 할증발행사채에 대해 2015년 및 2016년 12월 31일의 이자와 관련한 분개를, 그리고 2017년 12월 31일 만기상환시의 분개를 제시하시오.

앞의 (주)병정물산의 AC금융자산에 대해 2015년 및 2016년 12월 31일의 이자와 관련한 분개를, 그리고 2017년 12월 31일 만기상환시의 분개를 제시하시오.

☞ **해답**

2015년 12월 31일

(차) 사채이자비용 1,258
사채할증발행차금 142
(대) 현 금 1,400

2016년 12월 31일

(차) 사채이자비용 1,241
사채할증발행차금 159
(대) 현 금 1,400

2017년 12월 31일

(차) 사채이자비용 1,221
사채할증발행차금 179
(대) 현 금 1,400

(차) 사 채 10,000
(대) 현 금 10,000

☞ **해설**

진정한 이자비용(첫년도 ₩1,258)과 실제 현금지급이자(매년 ₩1,400)의 차액은 이미 발행시 가격을 할증함으로써 투자자로부터 보상을 받았다. 따라서 매년 현금이자에서 사채할증발행차금의 일부가 빠지면서 이자비용이 된다. 이런 과정을 거치면서 사채할증발행차금 계정잔액은 감소하며, (동시에 이자비용보다 많은 현금지급이 이루어지므로 부채의 장부금액이 감소하고) 3년에 걸쳐 전액 환입된다.

2017년 12월 31일은 사채만기일로서 이 날짜에는 이자지급과 액면금액 만기상환 두 부분으로 분개가 이루어짐을 잘 기억하자.

☞ **해답**

2015년 12월 31일

(차) 현 금 1,400
(대) 사채이자수익 1,258
AC금융자산(채권) 142

2016년 12월 31일

(차) 현 금 1,400
(대) 사채이자수익 1,241
AC금융자산(채권) 159

2017년 12월 31일

(차) 현 금 1,400
(대) 사채이자수익 1,221
AC금융자산(채권) 179

(차) 현 금 10,000
(대) AC금융자산(채권) 10,000

☞ **해설**

진정한 이자수익(첫년도 ₩1,258)과 실제 현금지급이자(매년 ₩1,400)의 차액은 이미 취득시 가격을 할증해 줌으로써 보상을 했다. 따라서 매년 현금수익에서 사채할증발행차금(명시적인 계정으로 나타나 있지는 않지만 사실상 존재함)의 일부가 차감되어 이자수익이 된다. 이런 과정을 거치면서 사채할증발행 계정잔액은 감소하며 3년에 걸쳐 전액 환입된다.

2017년 12월 31일은 사채만기일로서 이 날짜에는 이자수취와 액면금액 만기회수 두 부분으로 분개가 이루어짐을 잘 기억하자.

6. 사채발행비용

회사채 발행시에는 발행비용이 발생한다. 이는 회사채 발행 공고, 채권의 인쇄비 등의 비용을 포함한다. 그리고 일반적으로 기업이 회사채를 발행하는 경우 증권회사 등의 인수기관에 발행을 의뢰한다. 이때 증권회사는 회사채 발행에 대한 **인수**(underwriting) 대가를 요구하는데, 이러한 인수 수수료도 사채발행비용에 포함된다. **사채발행비용**은 사채의 발행에 수반되어 발생하는 비용이므로 별도의 비용계정으로 기록하지 않고 총자본비용에 포함시킨다. 즉, 사채발행비용도 이자비용의 일부로 본다. 구체적으로 사채발행가격에서 사채발행비용을 차감하고 난 후의 순현금유입액을 최종적인 사채발행가격으로 간주한다. 한국채택국제회계기준은 금융부채(FVPL 금융부채 제외)의 발행과 직접 관련되는 거래원가는 최초 인식하는 공정가치에서 차감하여 측정하도록 하고 있다.[13]

앞의 예에서 시장이자율과 유효이자율은 항상 일치하였다. 즉, 시장에서 투자자들이 요구하는 이자율과 기업이 실제로 부담하는 자본비용이 동일하였다. 그러나 사채발

| 예제 14 |

앞의 〈예제 6〉에서 (주)갑을전자의 사채의 할인발행의 경우, 다른 조건이 동일한데 사채발행비용이 발행가격의 1%라고 가정하자. 새로운 부채평가액을 계산하고 발행시 분개를 제시하시오.

☞ **해답**

부채평가액 = 발행가격 - 사채발행비용 = ₩9,520 - ₩95.2 = ₩9,425(반올림)

(차) 현 금	9,425	(대) 사 채	10,000
사채할인발행차금	575		

☞ **해설**

사채발행비용을 무시하고 계산한 사채발행가격은 ₩9,520이다. 사채발행비용은 이 가격의 1%인 ₩95.2이다. 이 비용을 사채발행으로부터의 자금조달액에서 지급하고 나면 순현금조달액은 ₩9,425이 되며, 이 순현금조달액이 새로운 부채평가액이다(그리고 유효이자율은 시장이자율 12%에 사채발행비용을 감안하여 별도로 계산한다).

---

13. 기업회계기준서 제1109호 '금융상품' 문단 5.1.1.

행비용을 고려하면 기업이 실제로 부담하는 자본비용인 **유효이자율**이 항상 시장이자율보다 크며 그 차이가 바로 사채발행비용이 된다.

04 기타 장기금융부채 등

1. 장기차입금

사채 외의 장기금융부채로는 금융기관, 주주, 관계회사 등으로부터 1년 이상 차입한 **장기차입금**이 있다. 일반적으로 금융기관에서 차입하는 경우가 가장 많다. 금융기관에서 장기자금을 차입할 때 사채발행시와 마찬가지로 그 기업의 신용도에 따라 대출금리가 달라진다. 예를 들면 기업의 신용도가 아주 높은 우량기업에 대해서는 금융기관이 **우대금리**(prime rate)를 적용하여 신용도가 낮은 기업에 비해 낮은 금리를 적용한다. 즉, 신용도가 높은 기업은 낮은 자본비용을 지불하고 자금을 사용할 수 있다.

금융기관차입금에 대해서는 계약에 의해 차입기업에 적용할 이자(시장이자율)를 매년 지급하도록 하는 것이 일반적이므로, 장기부채라 하더라도 부채의 액면금액이 부채의 평가액과 일치하는 경우가 대부분이다. 즉, 사채와 같은 할인 또는 할증의 개념이 적용되지 않는다. 다시 말하면, 장기차입금에 대해 미래 발생할 현금흐름의 현재가치가 그 부채의 액면금액과 일치하는 경우가 대부분이다. 따라서 장기차입금에 대해서는 복잡한 계산이나 회계처리가 나타나지 않는다.

2. 장기성매입채무와 기타 비유동부채

사채, 장기차입금 외 장기금융부채로서 장기성매입채무, 장기미지급금 등이 있다. **장기성매입채무**는 외상으로 재고자산을 매입하고 1년 이상의 지급기간을 가진 어음을 발행한 경우 발생하는 비유동부채이다. 1년 이상 지급기간을 가진 어음에 대해서는 그 어음에 적용될 시장이자율과 어음상의 지급이자가 일치하지 않는 경우 현재가치 계산에 의한 부채평가액을 계산하여야 한다. 예를 들어, 어떤 회사가 발행한 장기지급어음이 액면 ₩10,000, 1년 만기, 매년 10% 이자지급 조건을 가지고 있는데, 이 어음발행회사에 적용되는 시장이자율이 12%라고 가정하자. 사채의 경우와 마찬가지로 시장이자율보다 현금지급이자가 낮으므로 부채의 평가액(현재가치)은 액면금액보다 낮다. 이러한 **장기지급어음**의 회계처리는 할인발행사채의 회계처리와 정확하게 일치한다. 다만 액면금액과 부채평가액의 차이를 사채할인발행차금이 아니라 **현재가치할인차금**이라 부른다는 점만 다르다.

| 예제 15 |

(주)평택물류가 2015년 1월 1일 거액의 재고자산을 구입하고 그 대금으로서 액면금액 ₩10,000, 지급기일 1년 후, 연이자 10%의 지급조건을 가진 약속어음을 발행하였다. 이 회사의 동일한 거래에 적용되는 시장이자율은 12%이다. 계속기록법을 가정하여 이에 대한 회계처리를 제시하시오.

☞ 해답

$$현재가치 = (₩10,000 + ₩1,000) / (1 + 0.12) = ₩9,821$$

약속어음 발행시 :

차변	금액	대변	금액
(차) 상　　품	9,821	(대) 장기성매입채무	10,000
현재가치할인차금	179		

약속어음 지급시 :

차변	금액	대변	금액
(차) 장기성매입채무	10,000	(대) 현　　금	11,000
이자비용	1,179	현재가치할인차금	179

☞ 해설

1년 후 현금이자는 ₩1,000이지만 현재가치할인차금을 더한 이자비용은 ₩1,179이다. 이 이자비용은 약속어음의 현재가치 ₩9,821에 유효이자율을 곱한 금액과 일치한다.

현재가치할인차금은 금융부채나 금융자산 모두에 나타날 수 있는 계정으로서 **차감계정**이다. 여기서는 장기성매입채무의 평가계정으로서 차변잔액을 가지는 것으로 나타난다. 따라서 현재가치할인차금은 그 상대계정이 자산이냐 부채이냐에 따라 각각 대변 또는 차변 잔액을 가질 수 있다.

장기성매입채무 외에 자산(재고자산 제외)의 외상구입으로 인해 발생한 **장기미지**

급금, 공사미지급금, 건물 등의 임대로부터 받았다가 계약종료와 함께 반환하여야 할 1년 이상의 임대보증금도 장기금융부채로서 장기매입채무의 경우와 유사한 방법으로 회계처리한다. 제품판매나 공사용역제공의 1년 이상 전에 고객으로부터 미리 받은 장기선수금은 기타비유동부채에 속하지만, 이 장 제1절에서 언급했듯이 금융부채가 아니다. 장래에 재화나 서비스의 인도와 관련되어 있어, 현금 등 금융자산으로 지급해야 할 계약상 의무가 없기 때문이다.

05 충당부채

미래에 지급할 것이 거의 확실하지만 그 금액과 지급시점이 확정되지 않은 부채로서 당기에 그 원인이 발생한 부채를 충당부채(provisions)라고 한다. 이 부채는 미래 특정한 사건이 발생하면 그에 충당할 목적으로 설정되기 때문에 충당부채라고 부른다. 감가상각, 자산손상 등과 관련하여 충당금(allowance)이라는 용어가 사용되는 경우가 있는데 이러한 항목은 자산 장부금액의 조정에 해당하는 것(자산 차감계정)이지 충당부채가 아니다(예 : 손실(대손)충당금, 감가상각누계액 대신 과거에 오랫동안 사용했었던 감가상각충당금).

충당부채는 다음의 요건을 모두 충족하는 경우에 인식한다.[14]

(i) 과거사건의 결과로 현재의무가 존재한다.
(ii) 당해 의무를 이행하기 위하여 경제적 효익이 내재된 자원[15]이 유출될 가능성이 높다.
(iii) 그 의무의 이행에 소요되는 금액을 신뢰성 있게 추정할 수 있다.

조건 (i)은 당연한 조건이다. 부채는 '과거사건에 의하여 발생하였으며 경제적효

14. 기업회계기준서 제1037호 '충당부채, 우발부채 및 우발자산' (Provisions, Contingent Liabilities and Contingent Assets) 문단 14.
15. 이하, 자원은 '경제적효익이 내재된 자원' 을 말한다.

익이 내재된 자원이 기업으로부터 유출됨으로써 이행될 것으로 기대되는 현재의무' 이기 때문이다. 현재의무란 법적의무만이 아니라 의제의무도 포함한다. **법적의무**(legal obligations)란 명시적 또는 묵시적 조항에 따른 계약, 법률 등 법적 효력에 의하여 발생하는 의무인 데 반해, **의제의무**(constructive obligations)는 기업이 과거의 실무관행, 발표한 경영방침이나 유효한 구체적 약속 등을 통하여 특정 책임을 부담하겠다는 것을 상대방에게 표명하고, 그 결과 기업이 당해 책임을 이행할 것이라는 정당한 기대를 상대방이 가지게 함에 따라 발생하는 의무이다.[16]

조건 (ii)에서, 자원의 유출 등 특정 사건의 "가능성이 높다"(probable)의 의미는 그 사건이 발생할 가능성이 (매우) 높다(즉 70 ~ 80%)는 말이다.

재무제표는 미래 시점의 예상 재무상태가 아니라 보고기간말(재무상태표일)의 재무상태를 표시하는 것이므로, 과거사건과 관계없이 미래에 발생될 비용에 대하여는 충당부채를 인식하지 아니한다. 재무상태표에 인식되는 부채는 보고기간말에 현존하는 부채에 국한한다. 또한 미래의 예상 영업손실(future operating losses)은 부채의 정의에 부합하지 않을 뿐 아니라 충당부채의 인식기준을 충족시키지 못하므로 충당부채로 인식하지 아니한다.

과거사건이 현재의무를 발생시켰는지의 여부는 대부분의 경우 분명하다. 그러나 소송이 진행 중인 경우와 같이 어떤 사건이 실제로 발생하였는지 혹은 그 사건으로 현재의무가 발생하였는지의 여부가 불분명한 경우가 있다. 이러한 경우에는 재무상태표일 후에 발생한 사건이 제공하는 추가적인 증거를 포함한 이용 가능한 모든 증거를 고려하여 보고기간말 현재 의무가 존재하는지의 여부를 결정하여, 현재의무가 존재할 가능성이 부재할 가능성보다 높고 위 (ii)와 (iii)의 인식기준을 충족하는 경우에는 충당부채를 인식한다. 그러나 보고기간말에 현재의무의 부재 가능성이 높다면, 자원의 유출 가능성이 아주 낮지 않는 한, **우발부채**(다음에 곧 설명)로 공시한다(즉 자원 유출가능성이 아주 낮은 경우에는 우발부채로도 공시할 필요가 없다).

충당부채는 결제에 필요한 미래지출의 시기 또는 금액의 불확실성으로 인하여 매입채무, 미지급비용(accruals)과 같은 다른 부채와 구별된다. 충당부채는 별도로 보고되는 반면, 미지급비용은 흔히 매입채무와 기타 부채의 일부분으로 보고된다.

---

16. 기업회계기준서 제1037호 '충당부채, 우발부채 및 우발자산' 문단 10 '용어의 정의'.

한국채택국제회계기준[17]에 의하면, 매입채무는 공급 제공받은 재화나 용역에 대하여 송장을 받았거나 공급자와 공식적으로 합의한 경우에 지급해야 하는 부채이고, 미지급비용은 공급·제공받은 재화나 용역에 대해 아직 그 대가를 지급하지 않았거나, 송장을 받지 않았거나 공급자와 공식적으로 합의하지 못한 경우에 지급해야 하는 부채(미지급유급휴가비용과 관련된 금액과 같이 종업원에게 지급의무가 있는 금액 포함)이다. 미지급비용도 지급시기 또는 금액을 추정할 필요가 있는 경우가 있지만 일반적으로 충당부채보다는 불확실성이 훨씬 작다.

1. 충당부채와 우발부채

일반적 의미에서, 모든 충당부채는 결제에 필요한 지출의 시기나 금액이 불확실하므로 우발적이라고 할 수 있다. 그러나 '우발' 이라는 용어를 사용하는 경우는, 기업이 전적으로 통제불가능한 불확실한 미래사건의 발생 여부에 의해서만 부채나 자산의 존재가 확인되기 때문에 재무제표에 부채나 자산으로 인식할 수 없는 경우에 한정한다.

따라서, 우발부채(contingent liability)는 부채의 인식기준을 충족하지 못하는 것으로서 부채가 아니며, ① 경제적효익이 내재된 자원의 유출을 초래할 현재의무가 있는지의 여부가 아직 확인되지 아니한 잠재적 의무이거나, ② 현재의무이지만 부채 인식기준을 충족하지 못한다(의무이행에 자원유출 가능성이 높지 않거나 당해 금액을 신뢰성 있게 추정할 수 없음)는 점에서, 현재의무로서 부채로 인식되는 충당부채와 차이가 있다.

한편, 우발자산(contingent asset)은 일반적으로 경제적효익의 유입가능성을 발생시키는, 예기하지 못한 사건으로부터 발생한다. 기업이 제기하였으나 그 결과가 불확실한 소송의 경우에 발생할 수 있다. 이러한 우발자산은 미래에 전혀 실현되지 않을 수도 있는 수익을 인식하는 결과를 초래할 수 있기 때문에,[18] 재무제표에 자산으로 인식하지 않으며, 경제적효익의 유입가능성이 높은 경우에만 공시한다.

17. 기업회계기준서 제1037호 '충당부채, 우발부채 및 우발자산' 문단 11.
18. 그러나 수익의 실현이 거의 확실시 된다면 관련자산은 더 이상 우발자산이 아니며, 따라서 당해 자산을 인식하는 것이 타당하다.

2. 충당부채의 측정, 변동 및 사용

충당부채로 인식하는 금액은 현재의무를 보고기간말에 이행하기 위하여 소요되는 지출에 대한 **최선의 추정치**이어야 한다. 최선의 추정치는 보고기간말에 의무를 이행하거나 제3자에게 이전시키는 경우에 합리적으로 지급해야 할 금액이다.[19]

충당부채로 인식해야 하는 금액과 관련된 불확실성은 상황에 따라 판단한다. 측정하고자 하는 충당부채가 다수의 항목과 관련되는 경우에 당해 의무는 모든 가능한 결과와 그와 관련된 확률을 가중평균하여 '기대가치'(기대치)를 추정한다.

| 예제 16 : 제품수선비용의 기대가치 |

(주)방촌은 재화를 판매할 때, 구입 후 첫 6개월 이내에 제조상 결함으로 인하여 발생하는 수선비용을 보장하는 보증서를 발행한다. 판매한 모든 생산품에서 중요치 않은 결함이 발생할 경우에는 ₩1,000,000의 수선비용이 발생한다. 판매한 모든 생산품에서 중요한 결함이 발생할 경우에는 ₩4,000,000의 수선비용이 발생한다. (주)방촌의 과거경험 및 미래예상에 따르면 내년도에 판매될 재화 중에서 75%는 전혀 결함이 발생하지 아니하는 반면, 20%는 중요하지 아니한 결함, 나머지 5%는 중요한 결함이 발생할 것으로 예상된다. (주)방촌은 보증의무와 관련된 자원의 유출가능성을 판단할 때 당해 의무 전체에 대하여 판단한다. 수선비용의 기대가치(기대치)는 얼마인가?

☞ **해답**

(75% × 0) + (20% × ₩1,000,000) + (5% × ₩4,000,000) = ₩400,000

화폐의 시간가치 효과가 중요한 경우, 충당부채는 의무를 이행하기 위하여 예상되는 지출액의 현재가치로 평가한다. 이 때 사용되는 할인율은 부채의 고유한 위험과 화폐의 시간가치에 대한 현행 시장의 평가를 반영한 세전 이율이다. 충당부채를 현재가치로 평가하여 표시하는 경우에는 장부금액을 기간 경과에 따라 증가시키고 해당 증가금액은 차입원가(비용)로 인식한다.

충당부채는 매 보고기간말마다 그 잔액을 검토하고, 보고기간말 현재 최선의 추정

19. 보고기간말에 그 의무의 이행이나 이전이 불가능하거나 과다한 비용이 소요되는 경우에도, 그 의무의 이행이나 이전을 위한 합리적 지급액의 추정액은 현재의 의무를 보고기간말에 이행하는 데 소요될 지출에 대한 최선의 추정치가 된다.

치를 반영하여 조정한다. 의무이행을 위해 자원이 유출될 가능성이 높지 아니하게 된 경우에는 관련 충당부채를 환입한다.

1) 제품보증충당부채

자동차나 가전제품 판매회사는 일반적으로 판매시에 제품에 관한 보증서비스를 제공한다. 예를 들면, 자동차를 판매하면서 2년 또는 4만km 이내에 발생하는 모든 고장이나 문제점에 대해서 수리 또는 부품교체를 약속하는 보증판매를 하기도 한다. 이러한 보증서비스를 제공하는 이유는 자동차 판매를 늘리기 위해서다. 이러한 거래는 다음의 특징을 가진다.

첫째, 미래에 정확히 몇 대의 차가 어떤 정도의 수리를 요구하게 될지 알 수가 없다. 따라서 그 금액을 현재로서는 추정할 수밖에 없다. 과거의 경험이나 공학적인 분석, 타사의 경험 등을 활용하여 추정한 금액을 적용하여 **제품보증충당부채**를 설정한다. 이러한 보증채무는 미래에 보증서비스를 제공해야 할 의무이므로 판매회사의 부채이다.

둘째, 실제로 수리 또는 부품교체 등으로 인한 지출이 발생하는 것은 미래시점이지만 그 비용이 발생하게 된 원인은 자동차의 판매가 이루어진 회계기간에 귀속된다. 따라서, 판매가 일어난 회계연도에 보증비용을 기록한다. 이는 매출(수익)과 그와 관련된 보증비용을 대응시키기 위한 것이다(수익 · 비용 대응의 원칙).

| 예제 17 : 제품보증충당부채의 회계처리 |

(주)가야자동차가 자동차를 판매하면서 2년 이내에 발생하는 모든 고장이나 문제점에 대해서 보증서비스를 제공하기로 계약하였다. 2015년 12월 28일 대당 ₩1,000의 자동차를 100대 현금판매하였다(실지재고조사법 사용). 과거의 경험에 기초하여 판매가격의 5%를 제품보증충당부채로 설정하기로 하였다. 위의 100대의 자동차 중 2016년 동안 20대에 대해 보증서비스를 제공하였으며 보증서비스를 위한 실제 지출액은 총 ₩2,000이었다. 2015년과 2016년의 분개를 제시하시오.

☞ **해답**

제품보증충당부채 = ₩1,000/대 × 100대 × 5% = ₩5,000

2015.12.28(매출)

(차) 현 금	100,000	(대) 매 출	100,000

2015.12.31(제품보증충당부채 설정)

(차) 제품보증비	5,000	(대) 제품보증충당부채	5,000

2016년 중(실제 보증서비스 제공)

(차) 제품보증충당부채	2,000	(대) 현　　금	2,000

☞ **해설**

2015년의 매출을 기록하면서 그 매출과 관련되어 미래 지출이 예상되는 보증비용 ₩5,000을 당기의 비용으로 기록한다(수익·비용 대응의 원칙). 그리고 동 비용은 발생은 했지만 아직 지출되지 않았으므로 그만큼 제품보증충당부채를 설정한다. 보증계약이 2년이므로 이 부채는 비유동부채로 분류된다. 2015년 판매된 자동차 중 일부가 2016년 중에 수리를 요구하여 실제로 ₩2,000의 보증비용이 지출되었다. 이에 대한 비용은 이미 2015년에 기록되었으므로 더 이상 비용은 인식하지 않고 제품보증충당부채에서 충당한다. 즉, 충당부채잔액을 그만큼 감소시킨다. 2015년 말 재무상태표상의 제품보증충당부채 잔액은 ₩5,000, 손익계산서상의 제품보증비용(판매비 및 일반관리비)은 ₩5,000이다. 한편 2016년 말 재무상태표상의 제품보증충당부채는 ₩3,000으로 감소하였으며 손익계산서에는 제품보증비용이 나타나지 않는다.

만약 2017년에 나머지 보증서비스를 제공해 주었다면 2016년과 마찬가지로 제품보증충당부채를 감소시켜야 할 것이다. 여기에서 주의할 것은 제품보증충당부채는 추정에 의해 설정되므로 미래 실제로 발생할 보증서비스지출과 정확히 일치하지 않는다는 점이다. 이는 마치 매출채권에 대한 손실(대손)충당금 설정에 있어서 실제 제각액과 손실충당금 설정액이 일치하지 않는 것과 같다. 충당부채에 있어서도 추정액과 실제 발생금액의 차이를 적절히 수정하거나 지속적인 조정이 필요하다.

2) 퇴직급여 관련 충당부채

종업원의 퇴직 시 또는 퇴직 후 종업원과의 고용계약의 일부로서 고용주(회사)는 종업원에게 일시불(퇴직금)이나 연금(퇴직연금)의 형식으로 급여를 지급한다. 이러한 약정을 **퇴직급여제도**(post-employment benefit plan)라고 하는데, 이 제도에 의한 급여는 종업원이 근속기간 중 회사의 수익창출에 기여한 대가로 지급되기 때문에 일종의 급여인 것이다. 다만 일상적인 급여와는 달리 노동의 제공은 매년 이루어지지만 그에 대한 지급은 퇴직시에 일시퇴직금 형식으로, 또는 퇴직 후에 연금 형식으로 이루어진다.

퇴직급여제도에는 두 가지 유형, 즉 i) 기업이 별개의 실체(separate entity)인 기금(fund)에 출연해야 하는 고정 기여금과 그 기여금으로부터 발생하는 투자수익에 의해 종업원이 받게 되는 퇴직급여 금액이 결정되는 제도인 **확정기여제도**(DC : defined contribution plans), ii) 확정기여제도 이외의 모든 퇴직급여제도(우리나라 기업에서 종래에 일반적으로 사용해 왔던 퇴직금제도 포함)인 **확정급여제도**(DB : defined benefit plans)[20]가 있다. 어느 제도를 사용할 것인가는 원칙적으로 기업이 종업원들과 협의하여 결정한다.

확정기여제도에서는 기업이 종업원 근무기간에 고정 기여금만 기금에 출연하면 되므로, 그 기금이 보유하게 되는 자산이 모든 종업원급여(당기와 과거기간에 제공된 종업원 근무용역과 관련된 것)의 지급에 불충분하더라도 기여금을 추가로 납부해야 하는 의무(법적 또는 의제)는 없다. 따라서 종업원이 받게 되는 실제급여액이 기대급여액에 미치지 못할 위험(**보험수리적 위험** actuarial risk)과 기여금을 재원으로 투자한 자산이 기대급여액을 지급하는 데 충분하지 못하게 될 위험(**투자위험** investment risk)을 종업원이 부담하게 된다.

따라서 확정기여제도 하에서 회계처리는 현재의 비용이나 부채의 측정을 위해 미래 상황과 관련한 어떤 불확실성이나 가정을 고려할 필요가 없고 관련 충당부채도 존재하지 않아 단순명료하다. 즉, 당해 회계기간에 기업이 납부해야 할 부담금(기여금)을 퇴직급여(비용)로 인식하고, 납부한 금액은 현금지출로 처리한다. 다만 납부해야 할 고정 기여금보다 적게 납부한 경우에는 미납된 기여금을 부채(미지급비용)로 인식하며, 이미 납부한 기여금이 보고기간 말 이전에 제공된 근무용역에 대해 납부해야 하는 기여금을 초과하는 경우에는 초과액만큼을 자산(선급비용)으로 인식한다.

한편, 확정급여제도에서는 기업이 전·현직종업원에게 약정한 급여의 지급의무가 있으므로 투자실적 등이 예상보다 저조하다면 기업의 의무가 증가할 수 있다. 즉, **보험수리적 위험**(기업의 경우, 약정급여를 위한 원가가 기대원가를 초과할 위험)과 투자위험을 실질적으로 기업이 부담한다. 따라서 이 제도 하에서 기업은 퇴직급여 제공을 위한 궁극적 원가에 대한 여러 결정변수들에 대한 최선의 추정을 반영하는 가정, 즉

20. 확정기여제도에서의 고정 기여금이나 확정급여제도에서의 약정급여는 일정한 산출식(formula)에 의해 정해지므로, 제도 명칭에 확정(define)이란 말이 붙는다.

보험수리적 가정[21](actuarial assumptions)을 필요로 하게 된다. 이 가정은 급여 수령권이 있는 전·현직종업원의 미래 특성(퇴직전이나 퇴직후의 사망률 등)에 관한 인구통계적 가정 및 할인율, 미래 급여수준 등에 대한 재무적 가정으로 구성된다.

따라서 확정급여제도 하에서 회계처리는 퇴직급여와 관련된 현재의 비용이나 부채의 측정과 관련한 상당한 불확실성을 고려하고 충당부채를 인식하게 되어, 회계원리 수준을 넘는 매우 복잡한 내용으로 되어 있다. 따라서 확정급여제도 하에서의 퇴직급여 관련 충당부채회계는 중요 내용만을 간략하게 설명하기로 한다.

종업원이 근무용역을 제공함에 따라 기업은 퇴직급여를 지급할 의무를 부담하게 된다. 이 확정급여채무(defined benefit obligation)의 현재가치[22], 즉 종업원이 당기와 과거기간에 근무용역을 제공하여 발생한 채무를 결제하는 데 필요한 예상 미래지급액의 현재가치에서 사외적립자산(plan assets)[23]의 공정가치의 차감 등이 이루어진 후의 산출금액인 확정급여부채(defined benefit liability)가 기업의 재무상태표에 부채로 보고된다. 확정급여채무나 확정급여부채나 모두 충당부채인데 후자가 재무상태표에 보고되는 것이다(확정급여부채 명칭 대신에 퇴직급여부채 혹은 퇴직급여채무가 재무상태표상 계정으로 사용되기도 한다).

3) 구조조정충당부채

구조조정은 일부 사업의 매각이나 폐쇄, 특정 국가·지역 소재 사업체의 폐쇄 또는 다른 국가·지역으로의 이전, 조직구조의 변경(특정 경영진 계층을 조직에서 제거 등),

---

21. 보험수리적 가정들은 지나치게 낙관적이지 않으면서 지나치게 보수적이지도 않아야, 즉 편의가 없어야(unbiased) 하며 서로 간에 양립가능해야(compatible) 한다(기업회계기준서 제1019호 '종업원급여(Employee Benefits)' 문단 72). 그리고 이러한 보험수리적 가정은 실제 결과와 차이가 나거나 변경이 될 수 있는데 이로 인해 발생하는 손익을 보험수리적손익이라 한다.

22. 확정급여채무의 현재가치와 당기근무원가(current service cost : 당기에 종업원이 근무용역을 제공함에 따라 발생하는 확정급여채무 현재가치 증가액)는 모두 일정한 보험수리적 기법을 사용하여 추정한다.

23. 사외적립자산은 장기종업원급여기금이 보유하고 있는 자산과 적격보험계약으로 구성된다. 전자는 보고기업과 법적으로 별개이고, 오로지 종업원급여를 지급하기 위하여 또는 종업원급여 기금적립을 위하여만 존재하는 실체(기금)가 보유하고 있는 자산이며, 후자는 보고기업과 특수관계자가 아닌 보험자와의 보험계약으로서, 보험금이 오직 확정급여제도상 종업원급여를 지급하기 위하여 또는 종업원급여 기금적립에만 사용될 수 있는 것이다.

영업의 성격과 목적에 중대한 변화를 초래하는 근본적 사업구조조정 등을 말한다.[24]

구조조정과 관련된 충당부채는 일반적인 인식기준을 모두 충족하는 경우에만 인식한다. 기업이 매각의 이행을 약정하기 전까지, 즉 구속력 있는 매각계약을 체결하기 전에는 사업매각과 관련된 의무가 발생하지 않는다.

구조조정에 대한 의제의무는 다음의 요건을 모두 충족하는 경우에 발생된다.

(가) 구조조정에 대한 공식적이며 구체적인 계획에 의하여 적어도 아래에 열거하는 내용을 모두 확인할 수 있어야 한다.

- 구조조정 대상이 되는 사업 또는 사업의 일부
- 구조조정의 영향을 받는 주사업장 소재지
- 해고에 따른 보상을 받게 될 것으로 예상되는 종업원의 근무지, 역할 및 대략적인 인원
- 구조조정에 소요되는 지출
- 구조조정계획의 이행시기

(나) 기업이 ① 구조조정 계획의 이행에 착수하였거나, ② 구조조정의 주요 내용을 (충분히 구체적으로) 공표함으로써 구조조정의 영향을 받을 당사자가 기업이 구조조정을 이행할 것이라는 정당한 기대를 가져야 한다(보고기간말 전에 경영진 또는 이사회가 구조조정계획을 수립하였더라도 보고기간말 전에 이 ①, ② 중 적어도 하나에 해당하는 사건이 발생하지 아니하였다면 보고기간말에 의제의무가 발생하지 아니한 것으로 본다).

구조조정충당부채(provision for restructuring)로 인식할 수 있는 지출은 구조조정과 관련하여 **직접** 그리고 **필수적**으로 발생하는 지출이며, 기업의 계속적인 활동과 관련이 없어야 한다(이 경우, 상대계정으로 **구조조정비용** 사용). 따라서 계속 근무 직원에 대한 교육훈련과 재배치, 마케팅, 새 제도와 물류체제의 구축에 대한 투자와 관련한 지출은 미래의 영업활동과 관련된 것이므로 보고기간말에 구조조정충당부채로 인식하지 아니하고, 구조조정과 관계없이 독립적으로 발생한 경우와 같은 방식으로 인식한다.

---

24. 기업회계기준서 제1037호 '충당부채, 우발부채 및 우발자산' 문단 70~83.

또한, 구조조정을 완료하는 날까지 발생할 것으로 예상되는 영업손실은 충당부채로 인식하지 아니한다. 단, 앞에서 정의한 손실부담계약과 관련된 예상영업손실은 충당부채로 인식한다.

구조조정의 일환으로 자산의 매각을 계획하는 경우라도 구조조정 관련 자산의 예상처분이익은 (앞서 언급한 바와 같이) 구조조정충당부채를 측정하는 데 반영하지 아니한다.

4) 손실부담계약(손실부담충당부채)

손실부담계약(onerous contract)은 계약상의 의무에 따라 발생하는 회피불가능한 원가(비용)가 당해 계약에 의하여 얻을 것으로 기대되는 경제적효익을 초과하는 (미이행)계약(executory contract)을 말한다.

손실부담계약을 체결하고 있는 경우, 관련된 현재의무를 충당부채로 인식하고 측정한다. 통상적인 구매주문처럼 상대방에 대한 보상 없이 해약할 수 있는 계약은 아무런 의무가 발생하지 않지만, 당사자 간에 권리와 의무를 발생시키는 계약(예 : 설비자산에 대한 취소불능 리스 계약)이 특정 사건(예 : 리스기간 동안 리스료를 계속 지급해야 하는 상황에서, 그 리스 자산의 이용을 불가능하게 하는 공장이전)으로 인하여 손실부담계약이 될 경우에는 충당부채(예 : 장래 지급해야 할 리스료)를 인식한다.

손실부담계약에 대한 충당부채를 인식하기 전에, 당해 손실부담계약을 이행하기 위하여 사용하는 자산에서 손상차손이 발생했다면 이를 먼저 인식한다.[25]

25. 기업회계기준서 제1036호 '자산손상'.

연습문제

❀ 개념설명 및 서술문제 ❀

01. 비유동부채의 개념과 종류에 대해 설명하시오.

02. 금융부채의 정의 및 포함 항목들에 대해 말하고, 장기금융부채와 유동성장기금융부채에 대해 설명하시오.

03. 기업이 부담해야 할 진정한 부채를 이자지급과 관련하여 설명하시오.

04. 화폐의 현재가치(present value)와 미래가치(future value)의 개념에 대해 설명하시오.

05. 화폐의 현재가치와 미래가치를 계산하기 위한 요소들에 대해 설명하시오.

06. 기업이 필요로 하는 막대한 자금을 조달하기 위한 방법에 대해 설명하시오.

07. 전환사채(convertible bonds)에 대해 설명하시오.

08. 표시이자율(stated interest rate)과 시장이자율(market interest rate)에 대해 설명하시오.

09. 사채를 소유하고 있을 경우 발행기업으로부터 실제 현금으로 지급받는 이자는 표시이자율과 시장이자율 중 어느 이자율에 의해 결정되는가?

10. 사채발행시 액면발행, 할인발행, 할증발행은 각각 어떤 경우에 발생하는지, 그리고 각각의 경우 사채의 발행금액과 액면금액은 어느 것이 큰지에 대해 설명하시오.

11. 사채의 발행금액을 결정하는 방법에 대해 설명하시오.

12. 사채를 할인발행, 할증발행할 경우 발행시점에서 사용하는 각 경우의 회계처리방법

에 대해 설명하시오.

13. 금융부채의 최초 인식후 측정방법에 대해 기술하고, 사채할인발행차금과 사채할증발행차금을 재무상태표에 표시하는 방법에 대해 설명하시오.

14. AC금융자산의 정의 및 측정, 그리고 재무상태표상 표시방법에 대해 설명하시오.

15. 사채발행비를 고려할 경우 사채의 발행금액 결정방법에 대해 설명하시오.

16. 장기차입금과 장기성매입채무의 개념, 그리고 각각의 회계처리방법에 대해 설명하시오.

17. 부채와 관련하여 현재의무, 법적의무(legal obligations), 의제의무(constructive obligations)에 대해 설명하시오.

18. 충당부채의 개념과 인식요건에 대해 말하고, 이에 해당되는 계정에 대해 설명하시오.

19. 우발부채의 의미와 충당부채와의 차이점에 대해 설명하시오.

20. 손실부담계약 및 관련 충당부채는 무엇인지 설명하시오.

21. 퇴직급여에 대한 충당부채의 설정과 지급에 대한 회계처리방법을 설명하시오.

22. 구조조정과 관련한 의제의무, 그리고 구조조정충당부채로 인식가능한 지출에 대해 설명하시오.

❀ 계산 및 회계처리문제 ❀

기초문제

01. (주)가네는 2017년 4월 1일 상품 ₩20,000을 외상으로 구입하고 두 종류의 약속어음을 발행하였다. 하나는 2개월 후에 그 대금 중 ₩10,000을 지급하기로 한 약속어음이고, 다른 하나는 1년 후에 나머지 ₩10,000을 지급하기로 한 것이다. 두 어음 모두 무이자부 어음이며 당시 이 회사의 차입금에 대해 적용되는 적정한 이자율은 연 10%이었다. 이 회사는 재고자산의 회계처리에 계속기록법을 사용하여 왔다.

(1) 2개월 후에 지급할 어음의 발행에 대해 분개하시오.
(2) 1년 후에 지급할 어음의 발행에 대해 분개하시오.
(3) 2개월 후 어음 지급시의 분개를 제시하시오.
(4) 1년 후 어음 지급시의 분개를 제시하시오.

02. (주)가야는 2016년 1월 1일 3년 만기의 액면금액 ₩50,000, 액면이자율 10%인 사채를 발행하였다. 이자는 매년도 말에 지급하고, 사채할인(할증)발행차금의 상각(환입)방법은 유효이자율법을 적용하고 한다. 그리고 사채발행비는 없는 것으로 가정한다. 나음의 각각의 경우에 대해 ① 사채 발행일, ② 2016년 12월 31일 필요한 회계처리를 제시하시오.

(1) 시장이자율이 10%인 경우
(2) 시장이자율이 12%인 경우
(3) 시장이자율이 8%인 경우

03. (주)가나는 2015년 1월 1일에 다음과 같은 조건의 회사채를 발행하고 그 대가를 현금으로 받았다.

- 액면금액 : ₩10,000
- 액면이자율 : 8%
- 이자지급방법 : 매년 말 지급
- 만기 : 3년
- 상환방법 : 만기 일시상환

(1) 사채의 발행가격을 계산하시오. 시장이자율은 10%이며 사채발행비용은 무시한다.

(2) 위 사채의 발행을 기록하기 위한 분개를 제시하시오.

(3) 위 사채의 1년째 말 이자비용을 계산하시오.

(4) 1년째 말 이자의 현금지급과 이자비용을 기록하기 위한 분개를 제시하시오.

(5) 3년째 말 위 사채의 상환을 기록하기 위한 분개를 제시하시오.

04. 앞의 (주)가나의 할인발행사채를 3년차 초가 되는 2017년 1월 1일에 ₩9,800(상환비용 포함)에 상환하였다.

(1) 사채상환이익 또는 손실을 계산하시오.

(2) 사채상환을 기록하기 위한 분개를 제시하시오.

05. (주)가자는 2017년 1월 1일 다음과 같은 조건의 회사채를 발행하였다.

- 액면금액 : ₩10,000
- 액면이자율 : 7%
- 이자지급방법 : 매년 말 지급
- 만기 : 3년
- 시장이자율 : 10%
- 사채발행비용 : 발행가격의 1%

(1) 사채발행비용 계산 전 회사채 발행가격을 계산하시오.

(2) 사채발행비용을 계산하시오.

(3) 사채발행을 기록하기 위한 분개를 제시하시오.

06. (주)계룡은 산악용자전거를 생산 · 판매하는 회사이다. 이 회사는 자전거보증서비스에 대하여 서비스기간 1년, 판매금액의 3%를 제품보증비로 설정한다.
2016년 매출액(모두 현금)은 ₩1,000,000이고 2017년의 제품보증비 지출액은 ₩28,000이다. 2016년과 2017년의 회계처리를 보이시오.

심화문제

01. (주)오나는 새로운 투자대안을 검토하고 있다. 이 프로젝트는 현재시점에서 ₩10,000의 현금투자를 필요로 한다. 그리고 3년 동안 이 투자는 감가상각이 완료되며, 이 투자로부터 매년 ₩3,800의 순현금유입이 예상된다. 이 투자로부터 잔존가치는 없다. 이 회사의 CEO로서 당신은 이 투자를 할 것인지 결정하여야 한다. 투자는 투자액의 현재가치와 투자로부터 기대되는 현금유입액의 현재가치를 비교함으로써 결정된다.

(1) 할인율이 10%일 때 투자의사결정은?
(2) 할인율이 5%일 때 투자의사결정은?

02. (주)솔리는 2015년 7월 1일에 액면금액 ₩1,000,000의 사채(표시이자율 9%, 만기 3년, 이자는 매년 6월 30일 지급)를 발행하였다. 시장이자율은 12%이다. 단, 결산일은 매년 12월 31일이며 사채발행비용은 없다고 한다.

(1) 사채발행시의 분개를 보이시오.
(2) 사채와 관련하여 2015년(사채발행 후), 2016년, 2017년의 분개를 보이시오.
(3) 2018년 6월 30일 사채상환시의 분개를 보이시오.

03. 위 문제 2에서 시장이자율이 7%라는 것만 다르다고 가정하고 다음에 답하시오.

(1) 사채발행시의 분개를 보이시오.
(2) 사채와 관련하여 2015년(사채발행 후), 2016년, 2017년의 분개를 보이시오.
(3) 2018년 6월 30일 사채상환시의 분개를 보이시오.

04. 다음은 (주)월악의 2016년 1월 1일 사채발행시의 관련 자료이다.

- 액면금액 : ₩5,000,000
- 표시이자율 : 7%
- 이자지급일 : 매년 12월 31일
- 만기 : 2년
- 상환방법 : 만기 일시상환

* 시장이자율은 10%이며 사채발행비용은 무시한다.

(1) 사채발행시의 분개를 보이시오.

(2) 매년 이자지급시의 분개를 보이시오.

(3) 만기 상환시의 분개를 보이시오.

(4) 2016년 12월 31에 위 사채를 ₩4,900,000에 조기상환하는 경우, 그 분개를 보이시오.

05. (주)가라는 상품을 판매하면서 2년 이내에 발생하는 모든 문제점에 대해서 보증서비스를 제공하기로 계약하였다. 2015년 결산 시 동년도에 판매된 제품 매출액 ₩10,000에 대해 10%의 제품보증충당부채를 설정하였다. 다음 각 사안에 대해 분개하시오.

(1) 위처럼 제품보증충당부채를 설정하였다.

(2) 2016년 동안 고객의 요구에 의해 ₩400에 해당하는 보증서비스를 제공하였다.

(3) 2016년 판매된 제품 매출액 ₩12,000의 10%를 제품보증충당부채로 설정하였다.

(4) 2017년 동안 고객의 요구에 의해 ₩800에 해당하는 보증서비스를 제공하였다.

Chapter 13

자본

01 자본의 의의와 구성 | 02 자본금의 변동 : 증자와 감자 | 03 자기주식의 회계처리
04 이익잉여금의 처분 및 처분가능이익잉여금 | 05 자본변동표 | 06 주당이익

제13장에서 설명될 계정과목

계정과목		포함되는 항목	설명
자본금 (납입자본)	보통주자본금	보통주	주식회사의 소유권을 나타내는 주식의 액면금액에 발행주식수를 곱한 금액
	우선주자본금	우선주	보통주의 권리 중 일부를 포기하는 대신 다른 권리에 있어서 우선적 지위를 가지는 우선주의 자본금
자본잉여금 (납입자본)	주식발행초과금	주식발행초과금	액면금액을 초과하는 주식의 발행금액
	기타자본잉여금	자기주식처분이익	자기주식처분이익으로서 자기주식처분손실을 차감한 금액, 그 밖의 기타자본잉여금
자본조정	자기주식	자기주식	자사가 발행한 주식 중 다시 취득하여 보유하고 있는 주식
	주식할인발행차금	주식할인발행차금	주식발행금액이 액면금액에 미달하는 경우 그 미달하는 금액
기타포괄손익 누계액	FVOCI금융자산 평가손익	FVOCI금융자산 평가손익	FVOCI금융자산(타사발행 주식 및 채권)을 공정가치로 평가할 때 발생하는 평가손익
	외환차이	외환차이	해외사업의 성과를 원화로 환산할 때 환율변동으로 인해 발생하는 손익
이익잉여금 (또는 결손금)	법정적립금	이익준비금 등	법규에 의해 사내에 적립한 이익잉여금
	임의적립금	사업확장적립금 등	기업의 자체적인 필요에 의해 사내에 적립한 이익잉여금
	미처분이익잉여금 (또는 미처리결손금)	이익잉여금 또는 결손금	이익잉여금 누적액 중에서 현금배당으로 인한 사외유출과 사내유보한 적립액 등을 제외한 나머지 부분

01 자본의 의의와 구성

1. 주식회사와 주식

주식회사는 주주가 유한책임을 지며, 주주(shareholders, stockholders)는 주식을 소유함으로써 그 지분율만큼 그 회사에 대한 소유권을 가지게 되는 상법상의 회사이다. 개인기업이나 상법상의 다른 회사형태와는 달리 주식회사는 주주가 유한책임을 지고 주주 수에 제한이 없기 때문에 많은 투자자들로부터 거액의 자금을 조달할 수 있는 장점을 가진다. 이러한 특성 때문에 오늘날 규모가 어느 정도 되는 회사 중 대부분은 주식회사이다. 주식회사는 일반 투자자에게 주식을 발행함으로써 자금을 조달한다. 그리고 주식은 주식회사에 대한 소유권을 나타낸다. 주주는 주식을 보유함으로써 그 회사의 주주가 되며 주주는 소유주로서 여러 가지 권리를 가진다. 주식회사의 소유권은 주식의 수에 따라 정해지므로 주주는 자신이 소유하고 있는 주식수만큼 권리를 행사할 수 있다. 즉, 주주는 지분율에 비례해서 권리를 행사할 수 있다.

1) 보통주

주주는 주식회사의 소유주이므로 기본적인 권리를 가진다. **보통주**(ordinary shares 또는 common stock) 주주는 기본적으로 의결권, 배당받을 권리, 잔여재산청구권 및 신주인수권을 가진다. 이 중에서 신주인수권은 협약이나 정관 등에 의해 제한되는 경우도 있다.

주주의 네 가지 권리

① 의결권 : 주주총회에 참여하여 지분율에 해당하는 의결권을 행사할 수 있다.

② 배당받을 권리 : 지분율에 따라 회사의 이익배분에 참여할 수 있다

③ 잔여재산청구권 : 회사가 청산될(liquidated) 때 잔여재산의 배분에 참여할 수 있다.

④ 신주인수권 : 회사가 주식을 추가로 발행(증자)할 때 그 신주를 인수할 수 있다.

주주총회는 모든 주주가 참여하는 주식회사의 최고 의결기구이다. 모든 중요한 의사결정은 주주총회의 승인을 받아야 한다. 주주총회에서 주주들은 자신이 소유하고 있는 주식수에 비례해서 투표권을 행사한다. 이러한 의결권은 주주 고유의 권한이므로 특별한 경우가 아니면 제한할 수 없다.

주식회사의 당기순이익은 원칙적으로 주주의 몫이다. 즉, 영업활동을 통해 창출한 이익은 주주에게 귀속된다. 그러나 당기순이익이 전액 주주에게 지급되는 것은 아니다. 주식회사는 법에서 정한 절차와 내부 정책에 따라 주주들에게 배당할 금액을 결정한다. 결정된 배당금액에 대해서 주주는 자신이 보유하고 있는 주식수에 비례해서 배당금을 받을 권리를 가진다.

일반적으로 주식회사는 계속기업의 가정에 맞게 지속적으로 존속하고 성장해 간다. 그러나 경영상의 어려움이나 외부환경의 변화로 기업이 청산되어 소멸되는 경우도 많이 있다. 이 경우 청산 시점에서 회사의 자산은 우선적으로 부채의 변제에 사용된다. 그리고 부채를 변제한 후에 남는 자산(잔여자산)은 주주들에게 배분된다. 이 경우 주주는 지분율에 따라 잔여자산을 배분받을 권리를 가진다.

신주는 주식회사가 추가로 발행하는 주식이다. 회사가 주식을 추가로 발행할 때 기존의 주주는 자신의 지분율에 비례해서 주식을 인수할 수 있는 권리(신주인수권, pre-emptive right)를 가진다. 신주의 인수는 무상으로 이루어지기도 하고(무상증자), 유상으로 이루어지기도 한다(유상증자). 무상증자의 경우 신주는 당연히 기존 주주의 지분율에 비례하여 배분되지만, 유상증자의 경우 기존 주주가 신주를 인수하지 않으면 자신의 지분율이 하락하기 때문에 주주에게 신주인수의 우선권을 주는 것이다. 예를 들어, 총발행주식수가 1,000주인 회사의 주식 500주를 소유한 주주의 지분율은 50%이다. 그런데 추가로 1,000주의 신주를 발행하여 유상증자를 하기로 한 경우 이 주주가 지분율대로 신주를 인수하면 총보유주식수가 1,000주가 되어 지분율 50%를 유지하겠지만, 만약 신주를 인수하지 않으면 지분율이 25%(=500주/2,000주)로 하락할 것이다.

2) 우선주

보통주의 네 가지 기본적 권리 중 일부를 포기하는 대신 다른 권리에 대해 우선적 지위를 가지는 주식을 우선주(preference shares 또는 preferred stock)라고 한다. 가장 일반적인 형태의 우선주는 의결권을 포기하는 대신에 배당에 관해 우선적인 지위를 부여받는 우선주이다. 즉, 우선주주는 주주총회에 참여할 수 없지만 보통주주에 비해 배당을 더 많이 받는다. 배당에 관한 우선권에 있어서 여러 가지 유형의 우선주가 있을 수 있다.

우선주의 유형

① 참가적 우선주(participating preferred stock) : 기본적으로 약정된 배당금 외에 추가로 보통주주와 동일하게 배당금을 받는 우선주

② 비참가적 우선주(non-participating preferred stock) : 기본적으로 약정된 배당금만 받을 수 있는 우선주

③ 누적적 우선주(cumulative preferred stock) : 약정된 배당을 당기에 받지 못하게 되는 경우, 다음 회계기간에 소급해서 배당을 받을 수 있는 우선주

④ 비누적적 우선주(non-cumulative preferred stock) : 당기에 배당을 받지 못하면 당기의 배당권은 소멸되는 우선주

우선적으로 정해진 배당만을 받되 더 이상 배당을 받지 않는 우선주가 **비참가적 우선주**이다. 반면에 정해진 배당을 받고 난 후에 나머지 배당금을 보통주와 동일하게 지분율에 비례해서 배당금을 받을 수 있는 우선주를 **참가적 우선주**라 한다.

우선주라고 해서 항상 우선배당률에 따른 배당이 보장되어 있는 것은 아니다. 이익잉여금이 없거나 또는 있더라도 회사의 정책상의 이유로 배당을 주지 않을 수 있다. 이때 우선주주가 정해진 배당금을 받지 못한 이러한 배당금을 **연체배당금**(dividends in arrears)이라 하는데, 추후 이를 소급해서 받게 되는 우선주를 **누적적 우선주**라고 하고 그렇지 않은 우선주를 **비누적적 우선주**라고 한다.

한편 일정 조건이 충족되었을 때 우선주의 발행회사에게 우선주를 상환할 수 있는 권리가 주어진 우선주가 있는데, 이를 **상환우선주**(redeemable preferred stock)라 한다. 상환우선주 중 특히 상환일과 상환조건에 따라 발행회사가 상환의무를 부담하거나 보유자가 상환청구권을 갖고 있는 것은, 자본(지분)이 아니라 금융부채로 분류하며, 이러한 상환우선주의 배당은 포괄손익계산서상 손익항목으로 표시하여야 한다.[1] 이외

1. 금융상품은 법적 형식이 아니라 실질에 따라 재무제표에 분류되어야 하는데, 발행회사는 상환우선주 보유자에게 현금 등 금융자산을 인도하기로 한 계약상 의무가 있기 때문이다. 기업회계기준서 제1032호

에 전환우선주(convertible preferred stock)가 있는데 이는 보통주로 전환할 수 있는 권리가 주어진 우선주이다.

2. 장기자본조달의 수단

기업이 시설투자 등에 필요한 장기자금을 조달할 때 크게 두 가지 수단에 의존한다. 즉, 회사채발행이나 금융기관 차입과 같이 부채(타인자본)를 통해 자본을 조달하는 방법과 주식의 발행과 같이 자기자본을 통한 자본조달방법이 있다. 이들은 각각 장 · 단점을 가지므로 기업의 최고경영자 또는 재무담당경영자(CFO : chief financial officer)는 양자의 장 · 단점과 자금사용 및 상환계획 등을 고려하여 적절한 방법을 선택하여야 한다.

1) 타인자본과 자기자본

기업은 장기자본을 조달할 때 자금조달의 용이성, 각 조달수단의 장 · 단점 등을 고려하여 자금조달의 수단을 선택한다. 회사채를 발행하여 자본조달을 할 경우 발행회사의 입장에서 부채가 증가하므로 회사채를 채무증권이라 한다. 반면에 주식은 발행회사 입장에서 자본(금)을 증가시키므로 주식을 지분증권이라 한다. 회사채에 대해서는 정해진 이자를 지급하는 반면 주식에 대해서는 배당금을 지급한다. 회사채에 대해서는 영업성과에 관계없이 정해진 이자를 지급해야 한다. 따라서 회사의 영업성과가 악화되어 손실이 나더라도 반드시 이자는 지급해야 하므로 타인자본이 많아져서 이자부담이 증가하면 불경기 때나 기타 기업의 재무상황이 나빠졌을 때 지급불능의 위험에 빠질 수 있다. 즉, 부채가 많아지면 도산위험이 커진다. 반면에 경기가 호전되거나 기타 이유로 영업성과가 좋아지면 정해진 이자를 제외하고는 모두 당기순이익으로서 주주에게 귀속된다(〈표 13-1〉 참고).

이처럼 총자본(자기자본 + 부채) 중 부채가 차지하는 정도(레버리지, leverage)가 점점 커져서 영업성과의 변동폭이 커지는 효과를 지렛대효과(leverage effect)라고 한다.

'금융상품 : 표시' 문단 16~18.

표 13-1 타인자본과 자기자본의 비교

구분	타인자본	자기자본
자본조달 수단	회사채 발행, 금융기관 차입	보통주 또는 우선주 발행
재무상태표상 분류	부채	자본
투자자의 지위	채권자	주주
증권의 명칭	채무증권	지분증권
자금 사용의 대가	이자	배당
법인세 효과	법인세 절감(손금인정)	법인세 효과 없음
만기	발행시 정해짐	만기 없음(상환우선주 제외)

부채가 아닌 자본으로 자금을 조달하면 정해진 이자를 지급하는 대신 당기순이익에서 배당을 지급하므로 이러한 지렛대효과가 나타나지 않는다. 즉, 영업성과가 좋아서 이익이 많이 나면 배당을 많이 지급하고 반대로 영업성과가 나빠져 이익잉여금이 부족하면 배당을 지급하지 않아도 된다.

2) 자본조달 비용

장기자본조달의 방법을 선택함에 있어 가장 중요한 고려요소는 **자본비용**(cost of capital)이다. 자본비용은 기업이 자금사용의 대가로 지불하는 비용이다. 제12장에서 배운 바와 같이 회사채의 발행 시 자본조달비용은 유효이자율이다. 그리고 일반적으로 장기차입금은 금융기관과의 약정에 의해 정해진 이자율이 차입회사의 자본조달비용이 된다. 회사채나 장기차입금 등의 부채에 대한 자본비용은 비교적 파악하기가 쉬우나 자기자본의 자본비용의 파악은 지극히 어렵다. 독자들이 여기에서 주의해야 할 점은 주주에게 지불하는 배당금은 주식에 의한 자본조달의 비용과 일치하지 않는다는 점이다. 주주의 입장에서 투자수익률은 배당금뿐 아니라 주가의 상승에 의한 시세차익도 포함한다. 주식의 자본비용은 이론적 모형을 사용하여 추정하는데, 이는 본서의 범위를 벗어나므로 설명을 생략한다.

자본조달 수단 간의 자본비용을 비교할 때 고려하여야 할 요소로서 세금효과가 있다. 즉, 타인자본에 대해 지급하는 이자비용은 손익계산서상의 영업외비용으로서 당기순이익을 계산하는 과정에서 수익에서 차감된다. 따라서 이자비용에 법인세율을 곱한 만큼 법인세를 덜 내게 된다.[2] 그러나 주식을 통해 자본조달을 하여 주주들에게 배당을 지급하면 이러한 법인세효과가 없다. 왜냐하면, 배당금지급은 손익계산서상 비용이 아니라 당기순이익의 처분사항이므로 배당금은 세법상 손금으로 인정되지 않는다. 예를 들어, ₩1,000의 자금을 조달할 때 채권자에게 연간 ₩100(이자율 10%)의 이자를 지급한 경우와 주주에게 배당금을 ₩100 지급한 경우를 비교해 보자. 단순화를 위하여 수익을 ₩300, 이자를 제외한 다른 비용의 합계가 ₩100, 그리고 법인세율은 30%라고 가정한다.

	회사채발행	주식발행
수익	₩300	₩300
−기타비용	100	100
−이자비용	100	−
세전당기순이익	₩100	₩200
−법인세비용(30%)	30	60
당기순이익	₩70	₩140
배당금지급	−	100
미처분이익잉여금	₩70	₩40

위의 예에서 보듯이 사채권자와 주주에게 꼭 같이 투자에 대해 ₩100의 대가가 지급되지만 기업에 남는 이익잉여금은 서로 다르다. 즉, 회사채발행의 경우 ₩70이 기업에 미처분이익잉여금으로 남아서 주식발행의 경우보다 ₩30 더 크다. 이러한 차이가 발생하는 이유는 이자비용이 손금으로 인정되어 법인세효과를 가지지만 배당금은 손금이 아니라 이익처분 항목이어서 법인세효과가 없기 때문이다. 따라서 순전히 세금효과만을 고려한다면 주식보다는 차입을 통한 자본조달이 항상 유리하다. 그러나 앞에서 설명한 레버리지 효과에 의한 위험요소 등을 고려하면 주식이 차입보다 유리한 점도

2. 법인세 계산시에, 기업회계기준에 의한 재무회계상의 수익(비용)과 대응하는 개념이 익금(손금)이다. 재무회계상 수익(비용)이 아닌 것이 익금(손금)으로 인정되어 과세소득(taxable income)을 증가(감소)시키게 되는 것을 익금(손금)산입이라 한다. 반면에 재무회계상 수익(비용)이지만 법인세법상 익금(손금)으로 인정되지 않는 경우는 익금(손금)불산입이라 한다. 손금으로 인정되는 비용은 과세소득을 감소시켜 세금을 적게 내는 효과를 가져오는데 세금효과는 비용금액×법인세율이다. 예를 들어, 이자비용이 연간 ₩1,000이고 법인세율이 30%라면 이자비용이 손금으로 인정됨으로써 기업이 절감할 수 있는 법인세비용은 ₩300이다.

있으므로 이들을 모두 고려하여 결정하여야 한다.

3. 자본의 구성

자본은 크게 두 가지로 구성된다. 첫째, **납입자본**(paid-in capital)으로서 주주들이 출자한 자본금 및 자본잉여금으로 구성된다. 둘째, **이익잉여금**(retained earnings)은 주식회사가 영업활동을 통하여 창출한 당기순이익에서 배당금을 차감한 금액의 누적액이다. 이와 같이 통상 납입자본과 이익잉여금을 구분하는 이유는 주식회사의 유한책임이라는 특성 때문이다. 즉, 주식회사의 주주는 자신이 출자한 금액만큼만 책임을 지고 회사의 부채에 대해서는 책임지지 않는다. 최악의 경우 주주들은 자신이 출자한 금액을 모두 잃고 나면 더 이상 책임이 없다. 따라서 상법에서는 기업의 재무구조 건전성을 유지하여 채권자 및 기타 이해관계자의 보호를 위하여 이익잉여금 외에 다른 자본항목으로부터는 주주에 대한 배당을 엄격히 금지하고 있다. 즉, 주식회사가 영업을 통해서 창출한 이익 외에는 주주에 대한 배당의 원천이 될 수 없기 때문에 이익잉여금을 납입자본(자본금과 자본잉여금)과 구분하여 보고하는 것이다.

현재 기업회계기준서상의 자본은 여러 가지 기술적인 이유로 다양한 분류와 계정과목을 포함하고 있다. 상법에 의하면 자본금은 **액면금액**(par value)으로 결정되는 것으로, 액면금액에 발행주식수를 곱한 것이다. 예를 들면, 보통주를 총 100주 발행한 기업의 주식 1주당 액면금액이 ₩5,000이면 보통주자본금은 ₩500,000이다. 자본금은 상법에서 자본금에 대해 정의하고 있기 때문에 이를 **법정자본금**(legal capital)이라 하고 상징적 의미를 지닌다. 법정자본금은 주주총회의 결의 등에 의한 법정감자절차를 거치지 않고는 감소될 수 없다. 우선주에 대해서도 마찬가지 방법으로 우선주자본금을 계산하며 보통주와 우선주는 구분하여 표시한다.

주식의 발행은 설립시에 액면에 의한 발행이 있을 수 있지만 그 이후의 추가적인 발행시에는 액면금액이 아니라 발행 당시의 시가 기준에 의한 발행이 대부분이다(발행가는 발행 당시 시가보다 보통 수십 퍼센트 할인하여 결정됨). 예를 들면, 100주의 주식을 추가로 발행하는 유상증자의 경우 주식 1주당 액면금액(par value)은 ₩5,000이지만 당시 시가(market price)를 반영한 발행가가 ₩6,000이라면 주주의 총납입금액이 ₩600,000이 된다. 보통주자본금의 증가액은 ₩500,000(액면금액×발행주식수)인데 총납입액은

₩600,000이므로 ₩100,000의 초과납입액(프리미엄)이 발생한다. 이를 **주식발행초과금**(paid-in capital in excess of par)이라 한다. 주식발행초과금은 자본잉여금으로 구분되며 주주에 의한 납입자본이므로 배당의 대상이 될 수 없다.

한편, **이익잉여금**(retained earnings)은 기업이 영업활동을 통하여 창출한 이익으로서, 배당 등을 통해 사외(社外)로 유출되거나 또는 자본금계정이나 자본잉여금계정으로 대체되지 않고 기업 내부에 유보되어 있는 금액을 말한다. 원칙적으로 주주들의 결정에 의해 자유롭게 처분할 수 있다. 그러나 상법 등 다른 법규에서 이익잉여금의 일부를 강제적으로 내부에 적립(유보)할 것을 요구하고 있다. 이를 **법정적립금**이라 한다. 예를 들면, 상법에서 당기순이익의 일부를 이익준비금으로 **적립**(reserve)하도록 하고 있다. 법정적립금의 적립 후에는 이사회의 결의와 주주총회의 승인으로 이익잉여금을 처분할 수 있다. 그런데 보통 기업은 이익잉여금을 모두 배당하지 않고 정책적인 목적으로 일부를 적립하는데 이를 **임의적립금**이라 한다. 예를 들면, 미래에 영업실적이 악화되어 배당을 줄 수 없을 때를 대비하여 이익잉여금의 일부를 적립하기도 하는데, 이를 **배당평준화적립금**이라 한다. 또는 미래 시설확장에 대비하여 **사업확장적립금**을 설정하기도 한다. 배당과 적립금 설정으로 이익처분하고 남은 부분은 차기로 이월되는데 이를 **미처분이익잉여금**이라 한다.

한편 자본금, 자본잉여금 및 이익잉여금에 속하지 않으면서 당기손익 결정에 반영되는 수익이나 비용으로 처리할 수 없는 순자산의 변동이 있다. 여기에는 자본조정과 기타포괄손익이 포함된다. **자본조정**은 자본거래로 인한 순자산의 변동(증감)인데 자본잉여금과는 달리 일시적인 성격을 가져 관련 후속거래가 종료되면 소멸될 항목이다. 예를 들면, 기업이 자신이 발행한 주식을 일시적으로 취득하면 자기주식이라 부르며 자본조정에 포함시킨다. 자기주식은 특수한 경우에만 취득할 수 있으며 가능한 빠른 시일 내에 재매각 또는 소각하여야 한다.

앞에서 언급한 자본금과 자본잉여금 및 자본조정 등은 영업활동이 아닌 주주와의 자본거래와 관련된 항목들이다. 따라서 손익계산서가 아닌 재무상태표 항목으로 분류된다. 그러나 영업활동과 관련된 순자산의 변동 중에서도 당기순이익 계산항목으로 인정되지 않는 항목이 있는데, 그것이 **기타포괄손익**이다. 예를 들면, 동일한 주식에서 발생한 평가손익이라 하더라도 FVPL 금융자산평가손익은 비용 또는 수익으로서 당기손익계산에 포함되지만, FVOCI 금융자산평가손익은 포함되지 않는다. 다만 FVOCI 금

표 13-2 재무상태표상 자본의 분류

자본의 분류	포함되는 계정과목	설명
자본금	보통주자본금, 우선주자본금	주식의 액면금액에 발행주식수를 곱한 금액으로서 법정자본금이라 함. 보통주와 우선주를 구분하여 표시함
자본잉여금	주식발행초과금, 기타자본잉여금	시가에 의한 주식발행을 할 때 시가가 액면을 초과하는 부분을 주식발행초과금이라 함. 이외에 기타 합병차익, 감자차익 등 자본거래에 의한 순자산의 증가도 포함됨
자본조정	자기주식, 기타자본조정	자본거래에 의해 일시적으로 발생한 순자산의 증감으로서 관련거래가 종료되면 소멸되는 계정임. 자기주식은 기업 자신이 발행한 주식을 다시 취득한 것임
기타포괄손익누계액	FVOCI금융자산 평가손익, 재평가잉여금, 외환차이	당기순손익 계산에는 포함되지 않으나 포괄손익계산서에 포함되는 항목이 누적된 금액. FVOCI금융자산(주식 및 사채)의 평가손익, 재평가차익, 외환차이 등의 누계액이 포함됨
이익잉여금	법정적립금, 임의적립금, 미처분이익잉여금	당기순이익의 누적액 중 주주에 대한 배당으로 사외유출된 부분을 제외하고 사내에 유보된 부분임. 이 중 법규에 의해 적립이 강제화된 법정적립금(이익준비금 등)과 기업이 임의로 적립한 임의적립금이 있음

융자산평가손익은 포괄손익계산서에 기타포괄손익으로서 포함된다. 이러한 기타포괄손익의 누적 잔액을 **기타포괄손익누계액**(accumulated other comprehensive income)이라 하여, 재무상태표의 자본 내의 한 항목으로 보고한다(〈표 13-2〉 참조).

02 자본금의 변동 : 증자와 감자

기업은 필요에 따라 **증자** 또는 **감자**를 하고, 이에 따라 자본의 변동이 이루어진다. 그런데 보통 말하는 증자 또는 감자란 엄격히 말하면 자본이 아니라 자본금이 증가 또는 감소하는 것을 뜻한다. 자본의 증가 또는 감소는 순이익이나 순손실의 발생 또는 배당금의 지급을 통한 이익잉여금의 증감으로도 이루어질 수 있는데, 증자나 감자는 이러한 상황을 말하는 것은 아니다.

1. 주식의 발행 : 유상증자와 무상증자

1) 유상증자

주식회사는 설립시와 설립 후 필요할 때 주식을 발행한다. 설립 후 추가로 주식을 발행하면 자본금이 증가하게 되므로 이를 증자라고 한다. 특히 기존 주주나 또는 신규 주주에게 일정한 발행가격에 신주를 발행하고 주식 대금을 납입받아 자본을 조달하는 과정을 **유상증자**라고 한다. 이 경우 주주는 주식발행 당시의 시가를 기준한 가격에 주식을 매입하게 되므로 이를 **시가발행**이라 한다. 한편, 주식회사 설립 초기의 주식발행은 액면가에 발행하는 것이 일반적인데, 이를 **액면발행**이라 한다. 현행 상법에서 주식의 액면은 ₩100 이상 ₩100의 배수로 할 수 있게 허용하고 있다. 우리나라에서는 가장 일반적인 액면금액이 ₩5,000인데 코스닥(KOSDAQ) 상장 주식의 경우에는 ₩500이 일반적이다. 상법에서 액면을 정하고 있기 때문에 선진국에서 발행되고 있는 무액면주식의 발행이 우리나라에서는 금지되어 있다.

주식회사의 정관에는 회사의 이사회가 발행할 수 있는 총주식수를 정하고 있는데, 이를 수권(授權)주식수라고 하고 그 액면금액을 **수권자본금**(authorized capital stock)이라 한다. 그리고 실제 설립시에 발행하는 주식은 이 수권주식의 절반 이상을 발행하도록 상법이 정하고 있다. 따라서 기업은 수권주식수의 범위 내에서 필요에 따라 주식을 발행한다. 주식수의 증가는 주주의 이해관계에 중요한 영향을 미치기 때문에 원칙적으로 신주발행의 결정은 주주총회에서 해야 함이 마땅하다. 그러나 주주총회의 소집과 개최에는 상당한 시간이 걸리기 때문에, 일반적으로 필요 자금조달 목적으로 이루어지는 신주발행이 신속히 또는 적시에 이루어지기 위해서는 이사회가 적시에 의사결정할 수 있도록 하는 것이 더 합리적이다. 이러한 이유로, 우리나라 등 많은 국가들의 경우, 회사의 주주총회는 정관에 '발행할 주식의 총수'를 규정하고, 이 한도 내에서 이사회의 결의를 거쳐 신주를 발행할 수 있게 하고 있다. 주주가 이사회에 신주 발행권한을 주었다고 해서 이러한 제도를 **수권자본제도**라 한다. 이 제도는 회사가 간단한 절차를 거쳐 적시에 신주를 발행함으로써 필요한 자본수요에 탄력적으로 대처케 하는 데 그 의의가 있다.

주식을 발행하면 자본금이 증가한다. 액면발행의 경우는 주식발행초과금이 발생하지 않으나 할증발행의 경우는 주식발행초과금이 발생한다. 주식발행을 위해서는 공고비,

광고비, 주권인쇄비 등 제반 비용이 발생하는데 이를 주식발행비라 한다. 주식발행비는 별도의 비용으로 기록하지 않고 주식발행으로 인한 납입자본금액에서 바로 차감한다.

| 예제 1-1 : 유상증자(액면발행) |

2016년 1월 1일 (주)전주식품을 설립하고 액면 ₩5,000의 보통주 100주를 발행하였다. 주주들은 그 대금을 현금으로 납입하였다. 이 거래를 분개하시오. 주식발행비용은 무시한다.

☞ **해답**

(차) 현　　금	500,000	(대) 보통주자본금	500,000

☞ **해설**

보통주의 액면 × 발행주식수가 자본금이 된다.

앞에서 설명하였듯이 기업이 유상증자를 할 경우 시가를 기준으로 한 가격에 주식을 발행한다. 이 발행가는 액면보다 낮을 수도 있고 높을 수도 있다. 액면보다 낮은 가격에 주식을 발행하는 것을 할인발행이라 하는데 현재 우리나라에서는 할인발행이 원칙적으로 금지되어 있다. 할인발행의 경우 발행가와 액면의 차이는 주식할인발행차금으로서 자본조정에 속하는 자본의 차감계정이다. 일반적으로 액면보다 높은 가격에 주식을 발행하는데 이를 할증발행이라고 한다. 할증발행의 경우 발행가와 액면의 차이는 주식발행초과금으로서 자본잉여금에 속한다.

| 예제 1-2 : 유상증자(할증발행) |

(주)전주식품이 2016년 7월 1일 추가로 보통주 60주를 ₩8,000에 발행하였다. 이 거래를 분개하시오. 주식발행비용은 무시한다.

☞ **해답**

(차) 현　　금	480,000	(대) 보통주자본금	300,000
		주식발행초과금	180,000

☞ **해설**

액면(₩5,000) × 발행주식수(60주) ＝ 자본금증가액(₩300,000)이 된다. 액면금액을 초과하는 ₩180,000은 주식발행초과금이다. 이 계정은 자본잉여금으로 분류된다.

일반적으로 주주는 현금을 출자함으로써 주식을 취득한다. 그러나 때로는 현금 대신에 특허권 등의 무형자산이나, 건물 등의 유형자산을 출자함으로써 주식을 취득하기도 한다. 현금 대신 다른 자산을 출자하는 것을 **현물출자**(investment in kind)라고 한다. 현물출자시에 가장 어려운 점은 출자된 자산을 평가하는 일이다. 우리 기업회계기준서에 의하면 출자된 자산의 평가는 그 자산의 공정가치와 출자의 대가로 발행된 주식의 공정가치 중 더 명확한 금액을 선택한다.

| 예제 1-3 : 현물출자 |

(주)전주식품이 2016년 10월 1일 주주로부터 특허권을 출자받았다. 이 특허권의 공정가치는 ₩300,000이며, 출자자에게 액면 ₩5,000인 주식 50주를 지급하였다. 이에 대한 분개를 제시하시오. 주식발행비용은 무시한다.

☞ **해답**

(차) 산업재산권	300,000	(대) 보통주자본금	250,000
		주식발행초과금	50,000

☞ **해설**

액면금액(₩5,000) × 발행주식수(50주) = 자본금증가액(₩250,000)이다. 특허권의 공정가치가 ₩300,000이므로 나머지 ₩50,000은 주식발행초과금이다. 이로써 (주)전주식품의 2017년 10월 1일자로 보통주자본금은 총 ₩1,050,000이며 주식발행초과금은 ₩230,000이다.

2) 무상증자

앞서 언급한 현금 또는 현물에 의한 증자, 즉 유상증자는 기업이 실질적으로 자본을 조달하기 위한 수단으로서, 순자산과 자본금이 동시에 증가하므로 **실질적 증자**에 속한다. 반면, 간혹 주식을 주주들에게 무상으로 나누어 줄 목적으로 발행하기도 한다. 이러한 증자를 **무상증자**라 한다. 이 경우에는 주식을 추가로 발행하므로 자본금이 증가하기는 하지만 기업으로 유입되는 현금 등의 자산이 없어 자본총액이나 실질적인 기업 순자산은 증가하지 않으므로 **형식적 증자**이다(〈그림 13-1〉 참조). 무상증자는 자본조달수단이 아니라 단순히 기술적으로 자본잉여금이나 이익잉여금을 자본금화(자본금전입)하는 절차이다.[3]

이익잉여금을 자본금전입하는 경우 앞에서 설명한 주식배당과 실질적으로 동일하다. 다만 배당의 형식이 아니라 이익준비금이나 기타 적립금을 자본금전입한다는 점에서 차이가 있다. 자본잉여금을 자본금전입하는 경우에는 자본금전입의 원천이 자본잉여금이라는 점에서 이익잉여금으로부터 지급하는 주식배당과는 다르다. 그러나 이익잉여금이든 자본잉여금이든 실질적인 자본조달이 아니라 자본항목 간의 재분류가 일어날 뿐이라는 점에서는 동일하다. 즉, 자본잉여금을 자본금전입하면 자본잉여금이 감소한 만큼 자본금이 증가하고, 이익잉여금을 자본금전입하면 이익잉여금이 감소한 만큼 자본금이 증가한다.

무상증자는 기존 주식에 대한 비율로 결정된다. 이는 주식배당 때에도 마찬가지이다. 예를 들면, 기존 주식(구주) 1주당 1주의 주식(신주)을 지급할 때 100%의 무상증자라고 표현한다. 주식배당의 경우와 마찬가지로 무상증자로 인한 자본금의 증가를 대변에, 이익잉여금 또는 자본잉여금의 감소를 차변에 기록한다. 주식배당과 마찬가지로 100%의 무상증자가 주주의 자산가치를 두 배로 증가시키는 것은 아니다. 100% 무상증자의 결과 주식의 수는 두 배로 증가하나 이론상 주가는 절반으로 하락하므로, 결국 주주가 보유하는 주식의 총가치에는 변함이 없다.

자본잉여금의 자본금전입에 의한 증자(무상증자) 그림 13-1

3. 상법에서의 자본전입은 바로 이 자본금전입을 말한다. '자본전입' 은 자본에 속하지 않은 항목을 자본으로 전입한다는 해석을 낳을 수 있는데, 사실 이러한 경우는 없고 자본금 이외의 항목을 자본금으로 전입하는 것을 말한다.

| 예제 2 : 무상증자 |

(주)대전상사는 2016년 5월 1일 보통주(액면가 ₩5,000)에 대해서 20%의 무상증자를 실시하였다. 발행주식수는 200주이고, 자기주식은 없다. 무상증자의 원천(재원)은 주식발행초과금이다. 이 거래를 분개하시오.

☞ **해답**

(차) 주식발행초과금	200,000	(대) 자 본 금	200,000

☞ **해설**

2016년 현재 보통주 유통주식수 200주에 대해 20%의 무상증자를 실시하므로 추가로 발행되는 주식은 200주의 20%인 40주이다. 액면금액이 ₩5,000이므로 증가되는 자본금은 40주 × ₩5,000 = ₩200,000이다. 무상증자의 결과 자본금은 ₩1,000,000에서 ₩1,200,000으로 증가하고 주식발행초과금은 ₩200,000만큼 감소한다.

3) 주식분할과 주식병합

주식회사의 주가가 지나치게 높아 시장에서 원활한 거래에 문제가 있는 경우 1주를 여러 개의 주식으로 분할하는 경우가 있다. 예를 들어, 주가가 ₩1,000,000인 주식을 1주당 10주로 분할하면 1주당 주가가 ₩100,000으로 하락하여 시장에서 거래가 보다 용이해질 것이다. 이러한 기법을 주식분할(株式分割, stock split)이라 한다. 즉, 액면 ₩5,000인 주식 1주를 액면 ₩500인 주식 10주로 분할하는 것이다(이러한 이유로 액면분할이라고도 함). 주식분할은 그 결과 액면이 작아지고 발행주식수가 많아질 뿐 회계기록의 대상이 되는 실질적인 변화를 가져오지 않으므로 분개를 필요로 하지 않는다.

주식분할은 기업의 순자산에 실질적인 변화를 초래하지 않는다는 점에서 무상증자나 주식배당과 유사하다. 그러나 무상증자와 주식배당이 자본금을 증가시키고 자본잉여금 또는 이익잉여금을 감소시키는 데 비해 주식분할은 자본금의 구성요소와 금액을 변화시키지 않는다. 반면에 주식분할은 주식의 액면금액을 감소시키지만 주식배당이나 무상증자는 액면에 영향을 미치지 않는다.

주식분할과 반대의 개념으로 주식병합(株式併合, consolidation of stocks)이 있다. 이것은 1인의 주주에 속하는 여러 개의 기존 주식을 합하여 그보다 적은 수의 주식으로 하는 회사의 행위를 말한다. 이 경우 회사의 자본금 및 순자산에 아무런 변화가 없이 이미 발행된 주식수만이 감소하게 되므로 회계처리(분개)를 할 필요는 없다. 회사의 입장에서는 주가의 조정이나 주주 관리비의 절감 등으로 기업운영상 효과를 얻을 수 있다. 발행회사의 자발적인 동기에 의해서 실시되는 외국의 경우와는 달리 우리나라에서는 회사의 자본감소, 회사합병, 그리고 주식 액면금액의 상향조정을 위한 강제합병의 경우에 인정되고 있으며, 모두 주주총회의 특별의결을 요구함으로써 엄격한 절차를 취하고 있다.

2. 주식의 소각 : 유상감자와 무상감자

기업이 이미 발행되어 있는 주식을 사정에 의해 소각하면 감자가 일어난다. 이에는 유상감자와 무상감자 두 가지 형태가 있다. 유상감자는 순자산과 자본금이 동시에 감소되므로 실질적 감자이고, 무상감자는 순자산의 감소 없이 자본금이 감소되므로 형식적 감자이다.

1) 유상감자 : 주식의 매입소각

유상감자는 발행되어 있는 주식을 일정한 가격으로 매입하여 소각하는 경우에 일어난다. 이러한 감자는 순자산을 감소시키므로 실질적 감자인데, 기업의 규모를 축소할 목적으로 주로 이용된다.

이 경우, 소각된 주식의 주주에게 그 대가로 지급하는 환급금액은 매입주식의 액면금액(즉, 자본금 감소액)보다 크거나 작을 수가 있다. 만일 환급금액이 자본금 감소액보다 작을 경우에는 **감자차익**이 나타나게 된다. 즉, 감자차익 계정이 대기된다. 감자차익은 당기의 이익이 아니고 자본잉여금에 속하는 계정이다. 반대로, 환급금액이 자본금 감소액보다 클 경우에는 **감자차손**이 나타나게 된다. 즉, 감자차손 계정이 차기된다. 감자차손은 당기의 손실이 아니고 자본총액을 감소시키는 자본조정에 속하는 계정이다. 감자차손이 발생하는 경우, 이미 감자차익의 잔액이 있으면 이와 우선 상계하고, 그래도 남게 되는 감자차손은 결손금 처리순서[4]에 준하여 처리한다. 다음의 예를

4. 결손금의 처리순서는 결손금을 메우는 순서로서, 미처분이익잉여금, 처분이익잉여금(임의적립금 등), 기타 법정적립금, 이익준비금, 자본잉여금의 순서이다.

보자.

| 예제 3 : 유상감자 |

(주)강경상사는 설립초기에 액면금액 ₩5,000인 주식 100,000주를 주당 ₩9,000에 발행했었다. 그런데 현재의 영업활동 규모가 너무 커서 이를 축소하고자, 발행 주식 중에서 5,000주를 매입소각할 것을 주주총회에서 결의하였다. 이에 따라 (주)강경상사는 5,000주를 매입하여 소각하였다. 주당 매입가격이 각각 ₩7,000과 ₩4,000인 경우 매입 소각시 분개를 제시하시오.

☞ **해답**

—주당 매입가격이 ₩7,000인 경우,

매입 :

(차)	자기주식	35,000,000	(대)	현 금	35,000,000

소각 :

(차)	자 본 금	25,000,000	(대)	자기주식	35,000,000
	감자차손*	10,000,000			

* 감자차손 : 감자차익이 있는 경우에는 감자차익에서 우선 차감하고, 나머지는 감자차손 계정(자본조정)에 차기.

—주당 매입가격이 ₩4,000인 경우,

매입 :

(차)	자기주식	20,000,000	(대)	현 금	20,000,000

소각 :

(차)	자 본 금	25,000,000	(대)	자기주식	20,000,000
				감자차익	5,000,000

2) 무상감자 : 주식의 무상소각

무상감자는 발행되어 있는 주식을 주주총회의 결의에 의하여 무상으로 소각하는 경우에 일어난다. 이러한 감자는 기업의 재무제표상에 결손금이 누적되었을 때 이를 더 이상 나타나지 않도록 제거시키고자 할 때 실시된다. 결손 누적으로 기업 규모는 이미 축소되어 있는 경우가 많겠지만, 무상감자로 인해 순자산이 줄어드는 것은 아니므로 기업 규모가 추가로 축소되는 것은 아니다.

무상감자의 경우, 자본금을 감소시키는 한편, 그 금액으로 이월결손금에 대체시킴으로써 이월결손금(결국 이익잉여금)을 ₩0으로 하게 된다. 이 경우, 이월결손금이 소각 주식의 액면금액보다 작다면, **감자차익**이 나타나게 된다. 즉, 감자차익 계정이 대기된다. 이미 언급했듯이, 감자차익은 당기의 이익이 아니고 자본잉여금에 속하는 계정이므로, 자본금의 자본잉여금화가 나타나게 된다. 반대로, 이월결손금이 소각 주식의 액면금액보다 크다면, 그 차액만큼이 이월결손금으로 그냥 존속하게 되는데, 무상감자의 목적상 이러한 경우는 거의 없을 것이다. 여기서 주의할 점은 유상감자의 경우처럼 감자차손 계정이 차기되는 것이 아니라는 것이다. 다음의 예를 보도록 하자.

| 예제 4 : 무상감자 |

(주)여산기업은 누적된 이월결손금 ₩4,000,000을 전보(塡補)하기 위하여 현재의 발행주식을 2주당 1주의 비율로 감소시키기로 의결하였다. (주)여산기업의 감자 직전 발행주식총수는 10,000주이며, 주당 액면금액은 ₩1,000이다. 이때 해야 할 분개를 제시하시오.

☞ **해답**

(차) 자 본 금	5,000,000*	(대) 이월결손금	4,000,000
		감 자 차 익	1,000,000

* (10,000주 × 1/2) × ₩1,000 = ₩5,000,000

03 자기주식의 회계처리

1. 취득시 회계처리

주식회사가 자신이 발행한 후 다시 취득한 주식을 **자기주식**(treasury shares, treasury stock)이라고 한다. 금융업계나 언론매체 등에서는 주로 **자사주**(自社株)라고 표현한다. 자기주식의 취득은 사실상 자본감소 효과가 있으므로 우리나라 상법 등은 자본충실의 목적을 위해 다음과 같은 특별한 경우에만 허용하고 있다.[5,6]

- 자본감소(감자)의 과정에서 주식의 소각을 위한 경우
- 임직원 등에게 상여금 등으로 지급하기 위한 경우
- 경영권을 보호하거나 주가를 유지하기 위한 경우[7]

위와 같은 경우에도 목적이 달성되고 나면 가능한 한 빨리 주식을 소각하거나 매각하여야 한다.[8] 자기주식을 매입하면 일시적으로 주식을 상환한 것과 같은 효과가 나타난다. 즉, 발행기업이 취득한 자기주식은 더 이상 유통주식이라고 볼 수 없고, 이 주식에 대해서는 의결권도 행사할 수 없으며 배당도 지급되지 않는다. 따라서 자기주식이 있는 경우 유통주식수는 발행주식수에서 자기주식수를 차감한 수가 된다. 그러나 자기주식을 취득했다고 해서 곧바로 자본금이 감소하는 것은 아니다. 자기주식이 소각되기 전까지는 주식이 완전히 소멸되지 않으며, 자기주식을 재매각하는 경우에는 다시 유통주식수에 산입되기 때문이다. 그러나 자기주식은 기존주주에게 자본 일부를 환급한 셈이 되므로 자본 감소의 효과를 가진다. 따라서 자기주식은 일시적으로 기업이 보

| 예제 5-1 : 자기주식 취득 |

(주)전주식품이 2016년 11월 1일 자신이 발행한 주식 20주를 주당 ₩9,000(수수료 포함 가격)에 취득하였다. 이 거래를 기록하기 위한 분개를 제시하시오.

☞ 해답

(차) 자기주식	180,000	(대) 현　　금	180,000

☞ 해설

자기주식은 취득원가로 기록하고 재무상태표에는 자본조정에 포함시킨다.

---

5. 자기주식 취득을 인정하면 이사 등 내부자에 의한 주가조작 등 투기행위가 발생할 우려가 있고, 자기주식에 의결권이 없는 점을 이용하여 자기주식 취득회사가 대주주에게 의결권면에서 더 유리한 지위를 갖게 할 수도 있다.
6. 이외에도 상법상, 합병 등의 경우 소멸회사(피합병회사)가 소유하고 있던 존속회사(합병회사)의 주식을 존속회사가 취득하는 경우, 회사가 권리의 실행(강제집행 등)을 달성하기 위해 필요한 경우, 단주 처리를 위해 필요한 경우에 자기주식 취득이 허용된다. 단 이러한 경우 취득한 자기주식은 상당한 시기에 처분해야 한다.
7. 증권거래법상, 상장법인은 기업매수에 대한 방어수단으로 배당 가능한 이익의 범위 내에서 발행주식총수의 10% 이내에서 자기주식을 취득할 수 있다.
8. 소각을 위해 취득한 자기주식은 지체없이 실효(失效) 절차를 밟아야 하는데, 우리사주조합원 등에게 상여금으로 사용하기 위해 자기주식을 취득한 경우에는 취득일로부터 1년간 보유할 수 있다.

유하는 항목으로서 자본조정에 포함되었다가 모두 소각 또는 재매각되면 재무상태표에서 제거된다.

2. 매각시 회계처리

자기주식의 취득 목적이 달성되어 자기주식을 재매각할 때 매각금액이 취득금액과 다른 경우 처분손익이 발생한다. 자기주식의 취득과 매각은 영업거래가 아닌 자본거래이므로 이로부터 발생하는 손익을 손익계산서상 비용이나 수익으로 인식할 수 없다. 이러한 처분이익은 자본잉여금에, 처분손실(처분이익을 상계한 후 남은 손실금액)은 자본조정에 포함시킨다.

| 예제 5-2 : 자기주식 매각(처분이익의 경우) |

(주)전주식품이 취득한 자기주식 중 10주를 2016년 12월 10일 주당 ₩10,000(수수료 차감 후 가격)에 매각하였다. 이 거래를 분개하시오.

☞ **해답**

(차) 현　　금	100,000	(대) 자기주식	90,000
		자기주식처분이익	10,000

☞ **해설**

자기주식 총 20주 중 10주를 주당 ₩10,000에 처분하였다. 자기주식의 취득원가는 주당 ₩9,000이었으므로 주당 ₩1,000의 매각차익이 발행하였다. 10주 × ₩1,000 = ₩10,000의 매각차익은 자기주식처분이익으로 기록하며 이 항목은 기타자본잉여금에 속한다. 위의 거래가 반영된 후 2016년 12월 10일자 재무상태표의 자본부분을 표시하면 다음과 같다.

재무상태표

(주)전주식품　　　2016년 12월 10일　　　(단위 : 원)

자　산		부　채	
. . .		. . .	
		자　본	
		자 본 금	
		보통주자본금	1,050,000
		자본잉여금	

	주식발행초과금	230,000
	자기주식처분이익	10,000
	자 본 조 정	
	자기주식	(90,000)
	기타포괄손익누계액	
	...	
	이익잉여금	
	...	
	자본총계	1,200,000

자기주식은 일시적인 계정으로서 소각 또는 재매각 등 자기주식과 관련된 후속거래가 완료되면 원장과 재무상태표에서 제거된다. 그러나 **자기주식처분이익**은 기타자본잉여금이므로 자기주식 거래가 완료되어도 자본잉여금으로 남는다. 한편, 자기주식 처분시 처분금액이 취득금액보다 낮으면 **자기주식처분손실**이 발생한다. 자기주식처분손실이 발생하면 우선적으로 기존의 자기주식처분이익 잔액과 상계한다. 이때 자기주식처분손실이 너무 커서 상계하고도 초과하면 그 초과분을 자기주식처분손실로 기록한다. 이 경우 자기주식처분손실은 자본잉여금이 아니라 자본조정에 속한다.

한편 자기주식이 모두 처분된 시점에서 자기주식처분손실 계정에 잔액이 남아 있는 경우를 생각해 보자. 자본조정은 일시적인 항목으로서 관련계정이 소멸될 때 모두

| 예제 5-3 : 자기주식 매각(처분손실의 경우) **|**

2016년 12월 20일 (주)전주식품의 자기주식 10주를 마저 처분하였다. 처분금액은 주당 ₩8,400 (수수료 차감 후 가격)이다. 이 거래를 분개하시오.

☞ **해답**

(차) 현　　금	84,000	(대) 자기주식	90,000
자기주식처분이익	6,000		

☞ **해설**

나머지 10주의 자기주식을 주당 ₩8,400에 처분하였으므로 10주 × ₩600/주 = ₩6,000의 처분손실이 발생하였다. 이 자기주식처분손실은 이전에 매각한 자기주식으로부터 발생한 자기주식처분이익 ₩10,000과 먼저 상계한다(자기주식처분손실금액을 차변에 기록). 이로써 자기주식처분이익 계정은 상계되고 남은 ₩4,000의 잔액을 가지게 된다.

제거되어야 하므로 자기주식처분손실도 제거되어야 한다. 자기주식처분손실은 자본거래로서 자본거래에서 발생한 손실도 궁극적으로 이익잉여금으로 보충하여야 한다. 즉, 자기주식처분손실 잔액은 이익잉여금으로 상각한다.

04 이익잉여금의 처분 및 처분가능이익잉여금

영업활동의 결과 당기순이익이 발생하면 (마감분개에 의해) 미처분이익잉여금 계정으로 대체된다. 즉, 일단 발생한 당기순이익은 미처분이익잉여금에 축적된다. 미처분이익잉여금은 이익잉여금 중 처분이 이루어지고 남은 잔액으로서 미래에 처분이 가능한 부분이다. 이익잉여금은 당기순이익의 누적액이며 당기순이익은 기업의 영업활동의 결과 창출된 이익이므로 원칙적으로 기업이 이사회의 결정과 주주총회의 승인에 의해 자유로이 처분할 수 있다. 미처분이익잉여금의 처분은 크게 적립 등의 사내유보와 현금배당 등의 사외유출로 나뉜다(〈그림 13-2〉 참조). **적립**은 세부 계정을 정하여 이익잉여금을 계속 유보시키고, 현금배당은 이익잉여금 자체 및 자본총액을 감소시킨다.

이익잉여금의 처분 **그림 13-2**

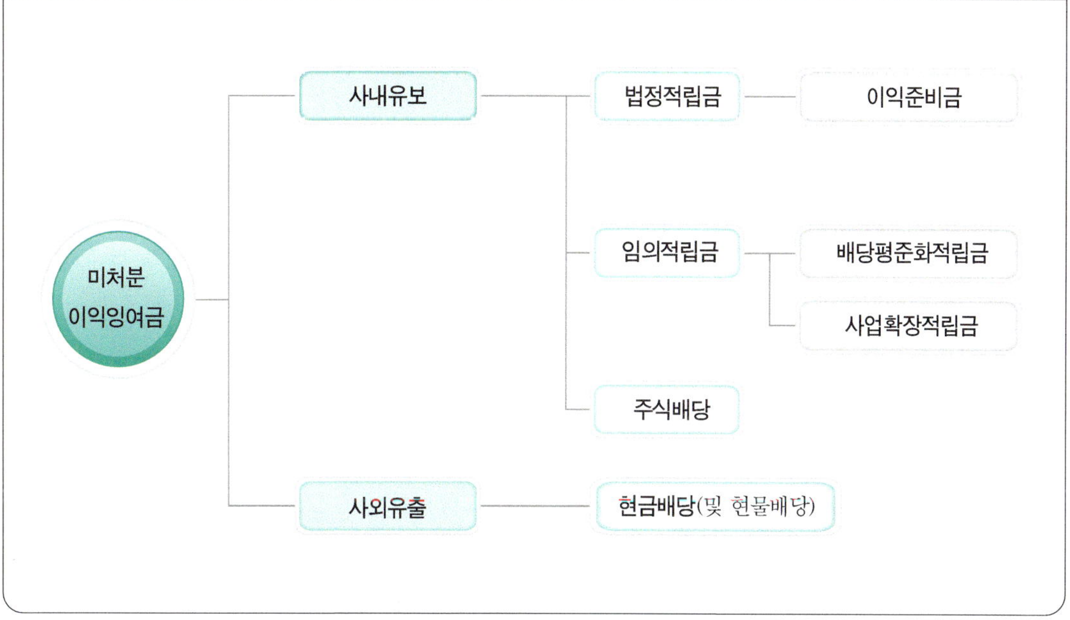

처분에는 일부 자본조정 계정(주식할인발행차금, 자기주식처분손실, 배당건설이자 등)의 상각도 포함되는데, 이는 이익잉여금 자체를 감소시키지만, 자본총액에는 영향을 주지 않는다(〈그림 13-4〉 참조). 이 상각에 대한 상세한 논의는 여기서 다루지 않기로 한다.

1. 적립

적립이란 기업 이익의 일부를 배당하지 않고 사내에 계속 남겨 두는 것이다. 이 결과 생기는 계정이 적립금 계정인데, 적립금이 많으면 배당이 제한되어 이익이 유출되지 않고 사내에 계속 축적되므로 재무구조가 건전해지며 따라서 채권자를 보호하는 효과가 있다.

유의할 점은 적립이 실제 현금이나 특정 기금과 같은 자금을 별도로 마련했다는 것이 아니고 이익잉여금의 배당(실질적 처분) 가능액을 제한하는 조치라는 것이다. 즉, 사실상 이익잉여금 내 세부 계정으로 이전하는 이전거래이다. 따라서 적립으로써 이익잉여금의 총액이 변하는 것은 아니다.

적립은 기업의 의사결정에 의해 하는 것이 원칙이지만, 재무구조의 건전성과 채권자 보호를 위하여 상법 등은 당기순이익의 일부를 적립하도록 규정하고 있다. 이를 법정적립금이라 하고, 기업의 자율적인 의사결정에 따른 적립금을 임의적립금이라 한다.

1) 법정적립금

가장 대표적인 법정적립금은 상법에 의한 이익준비금이다. 주식회사는 자본금의 1/2에 달할 때까지 매 결산기에 현금배당액의 1/10 이상을 적립할 것을 요구하고 있다.[9] 법정적립금은 결손금 전보 및 자본금전입에만 사용하도록 되어 있다.

9. 또 다른 법정적립금으로서 재무구조개선적립금이 2007년 12월까지 있었는데, '유가증권의 발행 및 공시 등에 관한 규정' 에 의해 상장법인들이 유형자산처분이익(특별이익)의 일부를 자기자본비율이 30%에 달할 때까지 적립해야 했던 것이다. 이 적립금은 당시 금융감독위원회가 상장법인에 대한 재무관리규제를 완화하고자 위 규정을 개정하여 당해 제도를 폐지함으로써 더 이상 법정적립금이 안 되게 되었다. 그러나 기존 항목은 재무상태표에 계속 잔존해 있을 수 있으므로 여기서 간단히 언급한다.

2) 임의적립금

임의적립금은 법규의 요구에 의해서가 아니라 기업이 자체적으로 미래 필요한 시점에서 필요한 용도에 사용할 목적으로 이익의 일부를 사내에 유보해 놓은 것이다. 예를 들면, 미래 영업성과가 악화되어 배당을 줄 수 없을 때를 대비해서 배당평준화적립금을 설정할 수 있으며, 미래 시설확장에 대비해서 사업확장적립금을 설정할 수도 있다. 사업확장적립금은 미래 자금수요를 대비해 현재 배당을 제한하여 두면서 이익을 유보해 두는 것으로 외부로부터의 장기자금 조달을 대신하는 수단으로 사용된다. 여기에서 다시 강조하는 바는 적립금의 설정이 미래 사용할 현금을 비축해 둔다는 의미가 아니라는 것이다. 다만 기업의 순자산가치를 그 금액만큼 유출시키지 않고 내부에 유보해 둔다는 의미로서, 미래 배당 또는 시설투자에 현금이 필요하게 되면 그 시점에서 자본조달정책에 의해 조달되어야 한다.

| 예제 6-1 |

(주)전주식품의 2016년 당기순이익은 ₩230,000이었다. 2017년 2월 15일 주주총회에서 승인을 받은 미처분이익잉여금 처분안에 의하면 이익준비금 ₩6,000, 사업확장적립금 ₩15,000을 적립하기로 하였다. 이에 대한 분개를 제시하시오.

☞ **해답**

(차) 미처분이익잉여금	21,000	(대) 이익준비금	6,000
		사업확장적립금	15,000

☞ **해설**

당기순이익 ₩230,000은 마감분개를 거쳐 최종적으로 미처분이익잉여금 계정에 대체되고, 미처분이익잉여금의 잔액은 ₩230,000(대변)이 된다. 이로부터 적립금 적립과 배당 등의 처분이 이루어지는데, 우선 ₩21,000의 적립이 이루어져 미처분이익잉여금 잔액은 ₩209,000이 된다.

2. 배당

영업활동을 통해 창출한 이익의 일부를 주주들에게 배분해 주는 것을 배당 또는 배당금(dividend)이라 한다. 주주는 주식회사의 소유주로서 회사의 이익에 대해 청구권을 가진다. 기업의 당기순이익이 모두 주주에게 배당되는 것은 아니지만 궁극적으로 이익잉여금은 전액 주주에게 귀속된다. 배당은 회계기간 말에 주주총회의 승인에 의해 결정되지만 현재 우리나라 상법은 회계기간 중 1회에 한하여 중간배당을 허용하고 있다. 중간배당의 경우 현금배당만 허용된다.

배당금은 주주의 입장에서 투자이익의 일부 회수(回收)를 구성하므로 주주들은 높은 배당을 원할 수 있다. 그러나 높은 배당의 지급이 기업이나 주주의 입장에서 반드시 최선의 결정이 아닐 수 있다. 예를 들면, 도약기나 성장기에 있는 기업은 많은 투자기회로 인해 자금수요가 많다. 높은 투자이익을 얻을 수 있는 기회가 많은 기업에서는 이익잉여금을 주주들에게 배당으로 지급하는 것보다 오히려 사내에 유보하여 투자재원으로 사용함으로써 더 높은 투자이익을 주주들에게 줄 수 있다. 따라서 고성장을 하는 기업의 경우 배당을 하지 않음으로써 기업가치를 증가시킬 수 있다. 그러나 일반적으로 성숙기에 진입한 우량기업들은 적절한 배당을 매년 지속적으로 유지하려는 경향이 있다. 이러한 배당정책 때문에 배당평준화적립금을 설정하는 회사가 많다.

1) 현금배당

배당은 간혹 현금이 아닌 다른 자산의 형태로 지급되기도 하지만 대부분 현금으로 지급된다. 이것이 **현금배당**(cash dividend)이다. 예를 들면, 기업이 소유하고 있는 유가증권이나 제품 등을 지급함으로써 현물배당(dividend in kind)을 하기도 하지만 이런 경우는 많지 않다.

배당은 이사회의 결의를 거쳐 주주총회의 승인을 얻어야 효력을 발생한다. 그리고 주주총회의 승인을 받은 지 보통 1～2개월 후에 실제 현금이 지급된다. 따라서 배당금에 관해서는 이사회의 결의, 주주총회의 승인, 그리고 실제 배당금의 지급이라는 과정을 거친다. 이사회의 결의는 주주총회의 승인을 필요로 하므로 배당이 확정되었다고 볼 수 없다. 따라서 이사회 결의일에는 배당에 관한 분개를 하지 않는다. 이는 배당 외의 이익잉여금처분사항에 대해서도 마찬가지이다.

그러나 주주총회일에 현금배당이 확정되면 기업으로서는 그 배당금을 지급해야 할 의무, 즉 부채가 발생한다. 따라서 지급될 배당금에 해당하는 금액만큼 **미지급배당금**이라는 유동부채를 기록함과 동시에 미처분이익잉여금을 감소시킨다. 그리고 실제로 현금배당을 지급하는 날에 현금감소와 함께 미지급배당금을 없애는 분개를 한다.

| 예제 6-2 : 현금배당 |

(주)전주식품의 2017년 2월 1일 이사회에서 보통주 1주당 ₩200의 현금배당을 결의하였으며 2월 15일 주주총회에서 이를 승인하였다. 그리고 4월 1일 주주에 대해 현금배당금을 지급하였다. 이 회사의 보통주 총발행주식수는 210주이며, 자기주식은 없으므로 총유통주식수도 210주이다. 여기 세 날짜에 기록할 분개를 보이시오.

☞ 해답

2017년 2월 1일 : 분개 없음

2017년 2월 15일

(차) 미처분이익잉여금	42,000	(대) 미지급배당금	42,000

2017년 4월 1일

(차) 미지급배당금	42,000	(대) 현　　금	42,000

☞ 해설

이사회 결의일에는 배당금이 확정되지 않아 분개를 하지 않는다. 주주총회일에 배당금이 확정되면 부채가 발생하므로 이에 대한 분개를 한다. 그리고 실제 지급일에 현금감소와 미지급배당금 제거를 위한 분개를 한다. 2016년 12월 31일 기준으로 유통주식수는 210주이므로 210주에 대해서 배당을 지급한다. 자기주식은 배당금을 받지 못한다.[10]

2) 주식배당

현금배당이 일반적이지만 경우에 따라서 기업은 현금 대신 주식을 발행하여 주주

10. 주식은 항상 거래되어 주주가 바뀔 수 있으므로 배당의 대상이 되는 주주를 결정하기 위한 날짜(기준일)를 임의로 정하여야 한다. 즉, 이 기준일에 보유하고 있는 주주는 배당을 받을 수 있지만 그 다음날에 취득한 주주는 배당을 받을 권리가 없다. 따라서 배당기준일의 주가는 배당에 대한 권리를 반영하고 있는 반면(배당부 주가), 기준일 다음날의 주가는 배당에 대한 권리가 없는 주가(배당락주가)이다. 이론적으로 다른 조건이 동일하다면 배당부 주가에서 예상 주당배당액을 차감하면 배당락(ex-dividend)주가가 된다. 우리나라의 경우 12월 31일이 결산일인 회사의 배당락일은 다음해 최초거래일(보통 1월 2일)의 2영업일 전(매매 2일 후 결제되므로)이 된다. 그리고 20×1년 12월 말에 주식을 보유하고 있는 주주는 통상 20×2년 3~4월경에 배당금을 지급받는다. 20×2년 1월 2일 위 주식을 취득한 주주는 배당을 받을 권리가 없다.

들에게 배당하기도 하는데 이를 **주식배당**(stock dividend)이라 한다. 기업 입장에서는 현금 대신 주식을 배당함으로써 현금 등 자원의 사외유출을 막을 수 있는 이점이 있고, 투자자로서는 주식을 무상으로 받을 수 있다는 장점이 있다(곧 이 점에 대해 좀더 논의한다). 주식배당은 간혹 현금배당과 동시에 이루어지기도 한다.

주식배당은 주식의 추가발행을 수반하므로 미처분이익잉여금의 감소와 동시에 자본금의 증가를 가져온다. 즉, 미처분이익잉여금의 일부를 자본금으로 전환하는 효과(**이익잉여금의 자본금전입**)를 가져온다(〈그림 13-3〉 참고). **잉여금구분의 원칙**에 의해 이익잉여금과 납입자본(자본금+자본잉여금)은 엄격히 구분되어야 하지만 이익잉여금을 자본으로 전입하는 것은 허용된다. 반면에 자본금이나 자본잉여금을 결손금 전보에는 사용할 수 있지만 이익잉여금으로 전환하는 것은 절대 허용되지 않는다.

그림 13-3 주식배당에 의한 (무상)증자효과

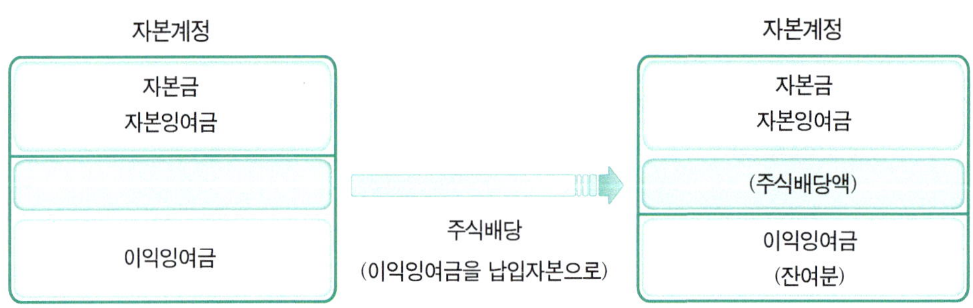

주식배당은 현금배당처럼 1주당 몇 주의 형태로 결정된다. 예를 들면, 기존 주식 1주당 0.5주의 주식배당을 결정하면 50%의 주식배당이라 표현한다. 50% 주식배당의 경우 기존 주주는 무상으로 1주에 대해 0.5주씩의 주식을 배당받는다. 실제로 100%의 주식배당도 있을 수 있는데 이 경우 기존 주주는 1주당 1주씩의 주식을 무상으로 지급받는다.

주주총회에서 주식배당에 관한 승인이 나면 주식을 교부해야 할 의무가 발생하므로 일단 **미교부주식배당금**이라는 자본조정계정을 설정한다. 이는 현금배당의 경우 미지급배당금에 해당하지만, 미지급배당금이 부채인 것과는 달리 주식을 발행·교부할 의무로서 자본금 증가를 예정하고 있는 것이므로 자본조정항목(자본가산)으로 구분한다. 추후 실제로 주식이 교부될 때 위의 미교부주식배당금을 제거하고 자본금을 증가시키는 기록을 한다.

| 예제 6-3 : 주식배당 |

(주)전주식품이 2017년 2월 15일 주주총회에서 10%의 주식배당을 결정하고 2017년 4월 1일 자로 실제로 주식을 지급하였다. 주식배당 전 이 회사의 유통주식수는 210주이다. 주식의 액면금액은 ₩5,000이다. 이 거래를 분개하시오.

☞ **해답**

2017년 2월 15일

(차) 미처분이익잉여금	105,000	(대) 미교부주식배당금	105,000

2017년 4월 1일

(차) 미교부주식배당금	105,000	(대) 자 본 금	105,000

☞ **해설**

총유통주식수 210주의 10%인 21주를 추가로 발행하여 주주들에게 무상으로 배당하였으므로 그에 해당하는 미처분이익잉여금(21주 × ₩5,000)이 감소한다. 일단 주주총회 승인과 동시에 미교부주식배당금(자본가산적 자본조정 항목)을 설정한 다음, 실제 교부일에 이를 제거하고 자본금을 증가시킨다.

앞서, 주식배당은 투자자로서 주식을 무상으로 받을 수 있다는 장점을 가진다고 했다. 과연 그러할까? 주식배당의 경우 주주의 자산가치에는 어떤 변화가 일어날까? 예를 들어 10% 주식배당의 경우 주주가 무상으로 10%에 해당하는 주식을 받게 되므로 자산가치가 10% 증가한 것일까? 예를 들어, A 주주가 주식을 10주 보유하고 있는 상황에서 추가로 1주를 배당받게 되었다고 가정해 보자. 주식의 액면금액은 ₩5,000, 배당시점에서 시가는 ₩10,000이라고 가정한다. 기존에 보유하고 있는 주식의 가치는 ₩100,000(=10주×₩10,000)이다. 추가로 1주를 더 보유하게 되었으므로 만약 이 주식의 시가가 여전히 ₩10,000이라면 총자산은 ₩110,000이 되어 주주의 자산가치도 10% 증가할 것이다. 그러나 기업의 총가치가 불변인 상황에서 단순히 총발행주식수가 증가한다고 해서 기업의 가치가 증가하지는 않는다.

기업의 가치를 총발행주식수로 나누면 주당 기업가치가 계산되며 주당 기업가치가 주가이다. 주식배당은 이익잉여금을 자본금으로 전환(전입)하는 것이기 때문에 자본총액, 따라서 기업가치는 불변이다. 기업가치는 불변인데 발행주식수가 10% 증가하므로 그만큼 주당 기업가치는 감소하게 되고, 따라서 이론적인 주가는 ₩9,091(=₩100,000/11주)으로 하락하게 된다. 결국 주주의 입장에서 자산가치의 변화는 없다.

주식배당 전후의 주주의 자산가치

주식배당 전 주주의 자산가치 = 10주 × ₩10,000 = ₩100,000

주식배당 후 주주의 자산가치 = 11주 × ₩9,091 = ₩100,000

그러나 실제로 주식시장에서 10% 주식배당 후 정확히 위와 같은 비율로 주가가 하락하지는 않는다. 주식배당을 선언한 기업에 대한 투자자들의 판단에 의해 위의 계산식에서와는 다소 다른 주가변화를 보일 수 있다.

주식배당은 이러한 점에서 앞서 이미 설명한 무상증자와 사실상 그 성격이 비슷하다. 주식배당, 무상증자 및 주식분할을 다음 표를 통해 비교해 보자.

표 13-3 주식배당, 무상증자 및 액면분할의 비교

	주식배당	무상증자	주식분할(액면분할)
자본금	증가	증가	불변
자본잉여금 또는 이익잉여금	이익잉여금 감소	자본잉여금 또는 이익잉여금 감소	불변
발행주식수	증가	증가	증가
액면금액	불변	불변	감소
자산과 부채	불변	불변	불변
순자산(자본)	불변	불변	불변
회계처리	(차) 미처분이익잉여금 (대) 자본금	(차) 자본잉여금 또는 이익잉여금 (대) 자본금	분개 없음

만일 이익잉여금처분이 확정되어 현금배당이 지급되고 배당주식이 발행된 직후 재무상태표를 작성한다면 〈표 13-4〉와 같이 될 것이다.

표 13-4 재무상태표

(주)전주식품 2017년 4월 1일 (단위 : 원)

자　　산	부　　채	
…	…	
	자　　본	
	자 본 금	
	보통주자본금	1,155,000
	(총발행주식수 231주)	
	자본잉여금	
	주식발행초과금	230,000
	자기주식처분이익	4,000
	자 본 조 정	
	자 기 주 식	(0)
	기타포괄손익누계액	0
	…	
	이익잉여금	
	법정적립금	
	이익준비금	6,000
	임의적립금	
	사업확장적립금	15,000
	미처분이익잉여금	62,000
	자본총계	1,472,000

3. 이익잉여금의 변동요인

여기서 이익잉여금의 변동요인에 대해 좀더 생각해보자. 이익잉여금은 〈표 13-5〉에서 보는 바와 같은 원인에 의해 증가 또는 감소한다. 각 항목에 대해 간단히 검토해 보자.

표 13-5 이익잉여금의 변동 원인

감소(차변)	증가(대변)
당기순손실	당기순이익
회계정책변경효과(손실)	회계정책변경효과(이익)
중요한 전기오류수정(손실)	중요한 전기오류수정(이익)
배당	결손금 전보에 따른 이입액 등
일부 자본조정항목의 상각	

- **당기순이익 · 순손실** : 당기의 경영성과를 보여주는 단일 지표로서, 손익계산서의 최종 수치(bottom line)이다. 당기순이익 · 순손실이 손익계산서에서 계산된 결과로서 이익잉여금처분계산서에 반영되는 데 비해, 나머지 항목들은 직접 반영되어 이익잉여금을 가감시킨다.
- **회계정책변경효과** : 회계변경에는 회계정책의 변경과 회계추정의 변경이 있다고 이미 말한 바 있다. **회계정책의 변경**이란 회계기준이나 관련 법규의 개정이 있거나, 회계정보의 신뢰성과 목적적합성을 향상시키기 위해 새로운 회계정책을 적용할 때 기존의 회계정책을 변경(예를 들어, 재고자산의 가격결정방법을 선입선출법에서 평균법으로, 또는 그 반대로 변경)하는 것이다. 이 경우에는 그 변경에 따른 소급적용(retrospective application)의 누적효과를 실무적으로 적용가능한 최초 회계기간까지 소급적용하도록 한다. 즉, 비교표시되는 (회계정책변경의 영향을 실무적으로 결정할 수 없는 경우에는 실무적으로 소급적용할 수 있는) 가장 이른 과거기간의 영향 받는 자본의 각 구성요소(통상적으로 이익잉여금)의 기초 금액과 비교 공시되는 각 과거기간의 기타 대응금액(the other comparative amounts disclosed)을 새로운 회계정책이 처음부터 적용된 것처럼 조정한다.

  한편, **회계추정의 변경**은 새로운 정보의 획득, 새로운 상황의 전개 등에 따라 회계적 추정치를 바꾸는 것이며, 따라서 오류수정과는 다르다. 이 경우에는 과거기간의 재무보고 내용은 변경하지 아니하고, 그 영향이 미치는 당기 및 당기 이후의 기간에 대해서만 새 추정치에 의거하여 정상적인 회계처리를 한다(즉, 전진적 적용 prospective application). 이는 회계변경으로 인한 누적효과와 관련이 없다.
- **중요한 전기오류수정**(correction of material prior-period errors) : 전기오류는 과거기간에 발생한 재무제표에의 누락이나 왜곡표시를 말한다. 이러한 오류는 ① 산술적 계산오류, ② 회계정책의 적용 오류, ③ 사실의 간과 또는 해석의 오류 및 ④ 부정 등의 영향을 포함한다. 당기에 발견한 당기의 잠재적 오류는 재무제표의 발행승인일 전에 수정한다. 후속기간에 발견한 중요한 전기오류는 발견 후 최초로 발행을 승인하는 재무제표에 비교표시된 재무정보를 실무적으로 적용가능한 가장 이른 회계기간까지 **소급재작성**(retrospective restatement)하여 수정한다. 즉, 전기오류가 처음부터 발생하지 않은 것처럼 재무제표 구성요소의 인식, 측정 및 공시를 수정하는 것이다. 한편 전기오류 중 중요하지 않

은 것은 (한국채택국제회계기준은 별도의 규정이 없으나) 손익계산서에 당기의 손익(전기오류수정손익)으로 인식해야 할 것이다.

- **배당** : 현금배당, 주식배당은 이익잉여금을 감소시킨다. 주식배당은 이익잉여금의 자본금전입 효과를 가지는 감소요인이다.
- **자본조정항목의 상각** : 여기에 해당하는 항목으로서는 주식할인발행차금 상각, 배당건설이자 상각, 자기주식처분손실 상각, 감자차손상각 등이 있다.
- **결손금 전보에 따른 이입액 등** : 법정적립금이나 자본잉여금의 이입을 통해 이월결손금을 전보하는 경우 이익잉여금은 증가하게 된다. 물론, 이때 자본총액이 변하는 것은 아니다.

위 변동요인 중 전기오류수정에 대해 다음의 예를 들어 설명한다.

| 예제 7 : 전기오류수정 |

(주)조영은 2016년에 발생한 급여 ₩3,000,000을 인식하는 회계처리를 하지 않았음을 발견하였다. (주)조영의 회계기간은 1월 1일부터 12월 31일까지이다. 동 오류는 중요한 오류이다.

질문 1) 2016년 12월 31일, 장부가 마감되기 전에 위의 오류가 발견되었다면, (주)조영은 어떻게 분개해야 할지 제시하시오.

질문 2) 2017년 1월 3일, 장부가 2016년 말 마감된 후에 위의 오류가 발견되었다면, (주)조영은 어떻게 분개해야 할지 제시하시오.

☞ 질문 1 : 해답

2016년 12월 31일, 장부 마감 전 발견

(차) 급 여	3,000,000	(대) 미지급비용	3,000,000

☞ 질문 2 : 해답

2017년 1월 3일, 장부 마감(2016년 말) 후 발견

(차) 전기오류수정손실*	3,000,000	(대) 미지급비용	3,000,000

* 2017년 자본변동표상의 이익잉여금의 조정항목이다. 만일 해당 오류가 중요하지 않은 경우에는 당기 손익계산서(2017년)에 전기오류수정손실이라는 비용으로 보고한다.

4. 처분가능이익잉여금

처분가능이익잉여금은 다음 두 항목을 합산한 것인데, 기업이 이익잉여금으로써 처분하는 데 사용할 수 있는 금액이다.

① **미처분이익잉여금**(unappropriated retained earnings) : 전기이월 미처분이익잉여금(전년도 말 차기이월미처분이익잉여금)에 회계정책변경효과 및 중요한 전기오류수정이 있으면 이를 가감조정한 후의 금액에 당기순이익을 합산한 금액이다.

② **임의적립금 이입액** : 임의적립금의 과거 설정시 목적(사업확장 등)이 달성되거나 적립금 정책이 변하는 경우, 해당 임의적립금을 해제하여 미처분이익잉여금으로 환원시킨다. 이를 이입이라 하고 관련 금액을 이입액이라 한다.

미처분이익잉여금으로 특정 적립금을 임의로 설정한다는 것은 일정한 공터(미처분이익잉여금)에 구획을 임의로 그어 그곳에 특정 이름(임의적립금)을 붙여서 공터를 줄이는 것에 비유할 수 있다. 그러다가 그 구획 그은 목적이 달성되면 그 구획선을 제거하여 다시 공터로 돌려놓아(임의적립금의 이입) 공터 크기를 원상회복시키듯, 임의적립금이 이입되면 미처분이익잉여금이 그만큼 커진다. 이 커진 금액을 '처분가능이익잉여금' 이라 한다. 적립금도 사실상 이익잉여금의 일부이므로, 적립금 설정여부가 이익잉여금의 전체 크기에 영향을 미치는 것은 아니다.

처분가능이익잉여금에 대해 앞서 설명한 적립, 배당, 상각 등의 방법으로 처분을 하는데 그 금액을 이익잉여금 처분액이라 한다. 이 처분을 하고 남은 금액은 차기로 이월되므로 차기이월 미처분이익잉여금이라 한다.[11] 처분의 순서는 법정준비금(이익준비금, 기타 법정적립금)의 적립, 주주총회의 결의에 의한 임의 처분(배당금, 각종 임의적립금)이다. 배당건설이자[12] 및 주식할인발행차금의 당기상각분 등도 기타의 이익잉여

---

11. 이 내용은 이 장 부록에 있는 이익잉여금처분계산서를 보면 더 명확히 알 수 있다.

12. 배당건설이자에 대해서는 본서가 자세히 다루지 않으나, 배당건설이자의 정의만 언급하고자 한다. 상법은 회사의 영업개시 전까지(회사의 설립 후 2년 이상 영업전부의 개시가 불가능하다고 인정되는 때) 많은 기간과 자본이 소요되는 전기, 철도, 가스 등의 공익사업에 대해서는 예외적으로 자금의 원활한 조달을 위해 이익이 발생하지 않았어도 정관으로 일정한 주식에 대해 개업 전 일정 기간 내에 일정한 이자(연 5% 이내)를 주주에게 배당을 할 수 있도록 규정하고 있다. 이러한 배당을 배당건설이자라 하는데, 이는 이익의 배당이라기보다 사실상 투자액의 회수이므로 회계기준은 이를 자본차감항목인 자본조정으로 처리한다.

이익잉여금의 구성 및 처분 그림 13-4

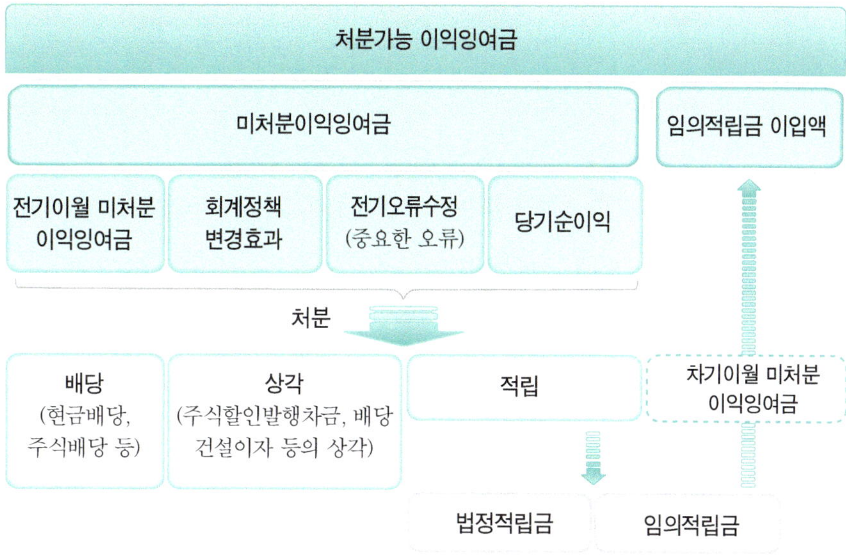

금처분액이다.

5. 결손금

당기에 거액의 당기순손실 등이 발생하여 당기 말에 **결손금**(deficit)이 나타난 경우에는, 이를 처리해야 하므로 미처리결손금이라 한다.[13]

미처분이익잉여금에 대한 처분금액이 이익잉여금처분액인 것처럼, 미처리결손금에 대한 처리금액이 결손금처리액인데, 처분이익잉여금(과거에 처분된 적립금 등)이나 자본잉여금을 끌어와(이입시켜) 전보(塡補)하게, 즉 메우게 된다. 이때 우선 임의적립금으로 전보하고, 모자라면 기타법정적립금, 이익준비금 및 자본잉여금을 사용할 수 있으며, 그렇게 하고도 남은 결손금을 차기이월미처리결손금이라 한다.

13. 결손금이 생기면 최근까지 이익잉여금처분계산서 대신에 결손금처리계산서를 작성했다. 그 양식(form)은 이익잉여금처분계산서와 매우 유사하며, 이익잉여금 대신 결손금이라는 용어를 사용하는 점이 기본적인 차이이다.

05 자본변동표

자본변동표는 보고기간 동안 자본의 각 계정의 변동내역을 매트릭스 형식으로 보여 준다. 즉, 자본변동표에는 자본의 구성요소(납입자본, 기타포괄손익누계액, 이익잉여금 등)를 각 열(column)에 열거하여, i) 해당 기간의 총포괄손익(당기순이익 및 기타포괄손익), ii) 회계정책변경과 전기오류수정에 의한 소급적용이나 소급재작성의 영향, iii) 소유주에 의한 출자와 소유주에 대한 배분을 구분하여 표시한, 소유주와의 거래금액, iv) 자본의 각 구성요소별 기초시점과 기말시점의 장부금액 조정내역을 해당하는 열에 표시한다. 당해 기간 동안에 소유주에 대한 배분으로 인식된 배당금액과 주당배당금은 자본변동표나 주석에 표시한다.[14]

보고기간의 기초와 기말 사이의 자본의 변동은 당해 기간의 순자산 증가 또는 감소를 반영한다. 소유주와의 거래(예 : 출자, 자기주식의 취득, 배당) 등을 제외하고는, 한 기간 동안의 자본의 총 변동은 그 기간 동안 기업 활동에 의해 발생된 차익과 차손을 포함한 수익과 비용의 총 금액을 나타낸다.

한국채택국제회계기준이 자본의 다른 구성요소의 소급 수정을 요구하는 경우를 제외하고는, 소급법을 적용한 수정과 재작성은 자본의 변동은 아니지만 이익잉여금 기초잔액을 수정하게 한다. 회계정책변경효과와 오류수정에 대해서는 (실무적으로 적용할 수 있는 범위까지) 소급법을 적용하여 재작성할 것이 요구되므로(기업회계기준서 제1008호), 회계정책변경에 따른 각 자본항목의 수정사항 총액과 오류수정으로 인한 수정사항 총액은 각각 구분하여 자본변동표에 공시한다. 이러한 수정사항은 과거의 각 기간과 당기의 기초에 대하여 공시한다.

앞에서 예로 든 (주)전주식품의 첫 2개 회계연도인 2016년 및 2017년 중에 발생한 자본변동 내역을 자본변동표에 나타내면 다음 〈표 13-6〉과 같이 될 것이다. 단, (주)전주식품은 앞서의 거래 외에, 2017년도 포괄손익계산서에 당기순이익 ₩400,000, 기타포괄손익으로 FVOCI 금융자산평가이익 ₩10,000을 보고하였다고 하자. 이로써

14. 기업회계기준서 제1001호 '재무제표 표시' 문단 106~108.

(주)전주식품의 2017년말 자본총계는 〈표 13-4〉 상의 2017년 4월 1일 현재 금액인 ₩1,472,000보다 ₩410,000 증가하게 될 것이다.

〈표 13-6〉내 이익잉여금(미처분) 열에서의 변동사항만을 별도로 작성한 것이 이익잉여금처분계산서이다(이 장의 부록 참조). 이렇게 자본변동표는 이익잉여금처분계산서 내용을 포함하여 보여주므로, 특별한 필요가 있지 않는 한, 이익잉여금처분계산서를 주석 등에 구태여 중복하여 공시할 필요는 없을 것이다.

표 13-6 **자본변동표**

제2기 2017년 1월 1일 ~ 2017년 12월 31일

(주)전주식품 제1기 2016년 1월 1일 ~ 2016년 12월 31일 (단위 : 원)

구 분	자본금	자본 잉여금	자본조정 (자기주식)	기타포괄 손익누계액	이익잉여금		합 계
					적립금	미처분	
2017.1.1(보고금액)	1,050,000	240,000	(90,000)			230,000	1,430,000
회계정책변경효과						-	-
전기오류수정						-	-
수정후 이익잉여금						230,000	
자기주식처분		(6,000)	90,000				84,000
이익준비금 적립					6,000	(6,000)	0
사업확장적립금 적립					15,000	(15,000)	0
현금배당						(42,000)	(42,000)
주식배당	105,000					(105,000)	0
처분후 이익잉여금						62,000	
당기순이익						400,000	400,000
FVOCI금융자산평가이익				10,000			10,000
총포괄이익							410,000
2017.12.31	1,155,000	234,000	0	10,000	21,000	462,000	1,882,000
2016.1.1							0
유상증자(3회)	1,050,000	230,000					1,280,000
자기주식 취득			(180,000)				(180,000)
자기주식 매각		10,000	90,000				100,000
당기순이익						230,000	230,000
2016.12.31	1,050,000	240,000	(90,000)	-	-	230,000	1,430,000

06 주당이익

주당이익(EPS : Earnings Per Share)은 기업의 성과평가 혹은 가치측정 등에서 많이 이용되는 중요한 개념으로서, 언론매체에서도 자주 등장하는 용어이다. 주당이익은 기업의 보통주 1주당 이익으로 정의되는데, 분모인 보통주 발행주식수와 분자인 이익은 다양하게 정의된다. 주당이익은 지배기업의 보통주에 대해서만 적용되며 계산에 포함되는 항목의 범위에 따라 기본주당이익(basic EPS)과 희석주당이익(diluted EPS)으로 구분된다. 보통, 주당이익(EPS)이라고 하면 기본주당이익을 말한다.[15]

기본주당이익 정보의 목적은 특정 회계기간의 경영성과에 대한 지배기업의 보통주 1주당 이익의 측정치를 제공하는 것이다. 기본주당이익(또는 기본주당손실)은 지배기업의 보통주에 귀속되는 특정 회계기간의 당기순이익(또는 당기순손실)을 그 기간에 유통된 보통주식수를 가중평균한 것, 즉 가중평균 유통보통주식수(number of common shares outstanding)로 나누어 계산한다(지배기업의 보통주에 귀속되는 계속영업손익을 표시할 경우 이에 대하여 기본주당이익을 계산한다).

기본주당이익

$$\text{기본주당이익} = \frac{\text{지배기업의 보통주에 귀속되는 당기순이익(즉, 우선주배당금은 차감)}}{\text{가중평균 유통보통주식수}}$$

보통주에 귀속되는 특정 회계기간의 당기순이익은 손익계산서상의 당기순이익에서 우선주 배당금을 차감한 금액이다. 분모인 가중평균 유통보통주식수는 주당이익을

15. 기업회계기준서 제1027호 '연결재무제표와 별도재무제표' 에 따라 작성한 연결재무제표와 별도재무제표를 모두 제시하는 경우, 여기에서 다루는 사항은 연결정보에만 적용한다. 따라서 연결재무제표에서 기본주당이익은 지배기업의 보통주에 귀속되는 계속영업손익과 당기순손익(지배기업에 귀속되는 해당 금액에서 자본으로 분류된 우선주에 대한 세후 우선주 배당금, 우선주 상환 시 발생한 차액 및 유사한 효과를 조정한 금액)을 그 기간에 유통된 보통주식수를 가중평균한 주식수(분모)로 나누어 계산한 것이다. 별도재무제표에 기초한 주당이익을 공시하기로 한 기업은 별도재무제표의 본문에만 그러한 주당이익 정보를 표시하며 연결재무제표에 그러한 주당이익 정보를 표시해서는 아니 된다.

계산하는 기간 동안의 유통보통주식수를 가중평균한 것이다. **유통주식수**란 발행주식수 중 자기주식수를 제외한 주식수를 말한다. 유통보통주식수를 기간에 따라 가중평균하는 이유는 한 기업의 유통주식수가 시점에 따라서 크게 변동할 수 있기 때문이다. 즉, 자기주식의 취득, 유상증자, 무상증자, 주식배당, 주식분할, 주식병합,[16] 전환증권의 전환 등이 유통보통주식수에 영향을 주기 때문이다.

기본주당이익과 대비가 되는 **희석주당이익**은 희석효과가 있는 잠재적 보통주('희석성 잠재적 보통주' 라 함)의 영향을 고려하여 기본주당이익의 계산에 사용된 이익(분자)과 유통보통주식수(분모)를 조정하여 산정한 것이다. **잠재적 보통주**(potential ordinary share)란 전환사채, 전환우선주, 옵션, 신주인수권 등과 같이 보통주를 발행받을 수 있는 권리가 보유자에게 부여된 금융수단(금융상품 등 계약)을 일컫는다. 그 권리가 행사되거나 또는 특정 조건이 충족되어 보통주가 발행된다고 가정하는 경우 유통보통주식수가 증가하여 주당이익이 감소하거나 주당손실이 증가할 수 있는데, 그 효과를 **희석효과**(dilution)라 한다. 희석주당이익의 구체적 산정과정은 중급회계에서 다루어질 내용으로서 본서의 범위를 넘으므로 다루지 않는다.

가중평균유통보통주식수는 특정 회계기간의 유통주식수의 변동에 따른 자본의 변동을 반영한다. 가중평균유통보통주식수는 기초의 유통보통주식수에 회계기간 중 재취득된 자기주식수 또는 신규 발행된 보통주식수와 그 주식 각각의 유통기간에 따른 가중치를 고려하여 조정한 보통주식수이다. 이 경우 유통기간에 따른 가중치는 그 회계기간의 총일수에 대한 특정 보통주의 유통일수의 비율로 산정한다.

가중평균유통보통주식수를 산정하기 위한 보통주유통일수 계산의 기산일은 주식발행이나 주식재취득의 대가를 받거나 지급한 시점이다. 이는 주식발행과 관련된 특정 조건에 따라 결정되며, 이때 주식발행에 관한 계약의 실질이 적절히 고려되어야 한다. 즉, 유상증자의 경우에는 유상주대금 납입기일, 자기주식 매입의 경우에는 자기주식 대금의 지급일이 그 기산일이 된다.

---

16. SK증권(주)은 1998년 경영개선명령에 따른 증자를 위해 주식병합(형식적 감자)과 액면분할을 동시에 실시한 바 있다. 이는 주식가치의 변동 없이 액면가를 현재 시가보다 낮게 함으로써 증자참여자들의 손해가 없도록 하기 위한 것이었다. SK증권은 주식 2주를 1주로 병합하여 자본금을 ₩5,738억에서 ₩2,869억으로 반절로 줄이는 감자를 실시하고, 이와 동시에 주식액면가도 ₩5,000에서 ₩2,500으로 절반 줄였다. 이렇게 주식병합과 주식분할(액면분할)이 동시에 실시됨으로써 총발행주식수는 변하지 않게 되었다.

그러나 자본의 실질적 변동을 유발하지 않으면서 유통보통주식수의 변동을 가져오는 무상증자, 주식배당, 주식분할, 주식병합과 같은 사건이 발생한 경우에는, 재무제표에 보고되는 회계기간(비교표시되는 회계기간 포함)의 초일에 그러한 사건이 발생한 것으로 보아, 그 초일이 기산일이 된다. 이 경우 각 회계기간의 유통보통주식수를 비례적으로 조정하여, 손익계산서에 그 회계기간과 비교표시되는 모든 회계기간에 대한 가중평균유통보통주식수를 계산한다. 다만, 기중에 유상증자로 발행된 신주에 대하여 무상증자 등이 실시된 경우에는 당해 유상증자의 주금납입기일에 무상증자 등이 실시된 것으로 보아 유통보통주식수를 조정한다.

여기서 다음의 예를 통해 가중평균유통주식수와 주당이익을 어떻게 계산하는지 살펴보자.

| 예제 8-1 : 가중평균유통보통주식수 1 |

회계기간이 1월 1일부터 12월 31일까지인 (주)방림의 당기 중 유통주식수가 다음과 같다.

1월 2일 : 발행주식수 30,000주(자기주식 없음)
7월 2일 : 유상증자로 10,000주를 추가 발행(이때 무상증자 효과는 전혀 없음)

당기에 (주)방림의 EPS를 구하기 위한 가중평균유통보통주식수를 구하시오.

☞ 해답

가중평균유통보통주식수 = (30,000주 × 12개월/12개월) + (10,000주 × 6개월/12개월)
= 35,000주

| 예제 8-2 : 가중평균유통보통주식수 2 |

회계기간이 1월 1일부터 12월 31일까지인 (주)방일의 당기 중 유통주식수가 다음과 같다.

1월 2일 : 발행주식수 30,000주(자기주식 없음)
3월 2일 : 자본잉여금을 원천(재원)으로 20% 무상증자
4월 2일 : 자기주식 1,000주를 증권시장에서 취득
7월 2일 : 유상증자로 10,000주를 추가 발행(이때 무상증자 효과는 전혀 없음)

당기에 (주)방일의 EPS를 구하기 위한 가중평균유통보통주식수를 구하시오.

☞ **해답**

가중평균유통보통주식수 = {(30,000주 + 6,000주) × 12개월/12개월}
- (1,000주 × 9개월/12개월) + (10,000주 × 6개월/12개월)
= 40,250주

☞ **해설**

보통주의 유통일수

1월 2일 현재의 발행주식수 30,000주 : 12개월

3월 2일의 20% 무상증자로 인한 6,000주 : 12개월(자본의 실질적 변동 없이 유통보통주식수의 변동을 가져오므로 당기의 초일, 즉 1월 2일에 무상증자가 발생한 것으로 봄)

4월 2일 : 취득한 자기주식 1,000주(유통주식수 감소 효과) : 9개월

7월 2일 : 유상증자로 증가한 10,000주 : 6개월

| 예제 8-3 : 주당이익 |

(주)동덕은 당기 초인 2017년 1월 1일에 보통주(주당액면 ₩5,000) 40,000주, 우선주(주당액면 ₩5,000, 연 10% 배당, 비참가적) 10,000주가 발행되어 있었다. 이때 자기주식은 없었다. (주)동덕은 금년 3월 2일 보통주에 대해 현금배당 15%와 함께 주식배당 20%를 실시하였다. 그리고 9월 1일에 추가로 보통주 36,000주를 시가에 발행하였다. (주)동덕의 2017년 당기순이익은 ₩35,000,000, 중단영업관련손실 발생액은 ₩8,000,000, 이 중단영업관련손실에 해당하는 법인세비용은 ₩2,000,000이다. 이 자료에 근거하여 (주)동덕의 2017년도 주당계속영업이익과 주당이익을 계산하시오.

☞ **해답**

1) 주당계속영업이익 = 보통주에 귀속되는 계속영업이익* ÷ 가중평균유통보통주식수**
= ₩36,000,000 ÷ 60,000주 = ₩600/주

* 보통주에 귀속되는 계속영업이익 = 손익계산서상의 계속영업이익 - 우선주배당소요액
= 당기순이익 + (중단영업관련손실 발생액 - 중단영업관련손실에 해당하는 법인세비용)
- 우선주배당소요액
= ₩35,000,000 + (₩8,000,000 - ₩2,000,000) - (₩5,000 × 10,000 × 10%)
= ₩36,000,000

** 가중평균유통보통주식수 = {(40,000주 + 8,000주) × 12/12} + (36,000주 × 4/12)
= 48,000주 + 12,000주 = 60,000주

2) 주당이익(주당순이익) = 보통주에 귀속되는 순이익* ÷ 가중평균유통보통주식수
= ₩30,000,000 ÷ 60,000주
= ₩500/주

* 보통주에 귀속되는 순이익 = 당기순이익 - 우선주배당소요액
= ₩35,000,000 - (₩5,000 × 10,000 × 10%)
= ₩30,000,000

부록 | 이익잉여금 처분계산서

기업회계기준서 제21호에서는 이익잉여금의 처분은 이익준비금, 기타법정적립금, 이익잉여금 처분에 의한 상각, 배당금, 임의적립금으로 구분하여 표시하도록 하고 있으나, 한국채택국제회계기준(기업회계기준서 제1001호)에서는 이익잉여금처분계산서를 기본재무제표에 포함하지 않고 있으며, 배당 이외에는 이익잉여금의 처분의 유형에 대해 별도로 언급하지 않고 있다. 따라서 이익잉여금처분계산서는 기본재무제표에 속하지는 않으나, 상법 등에서 이익잉여금처분계산서(또는 결손금처리계산서)의 작성을 요구하는 경우에는 재무상태표의 이익잉여금(또는 결손금)에 대한 보충정보로서 이익잉여금처분계산서(또는 결손금처리계산서)를 주석으로 공시한다.

이 장 본문에서 예로 든 (주)전주식품의 2016년 이익잉여금처분사항을 모두 반영한 이익잉여금 처분계산서를 제시하면 다음과 같다.

이익잉여금처분계산서

2016년 1월 1일 ~ 2016년 12월 31일

(주)전주식품　　처분확정일 2017년 2월 15일　　(단위 : 원)

I. 미처분이익잉여금		
1. 전기이월 미처분이익잉여금	-	
2. 당기순이익	230,000	230,000
II. 임의적립금 이입액		-
합계		230,000
III. 이익잉여금 처분액		
1. 이익준비금	6,000	
2. 사업확장적립금	15,000	
3. 현금배당	42,000	
4. 주식배당	105,000	(168,000)
IV. 차기이월 미처분이익잉여금		62,000

이익잉여금처분계산서의 구성항목은 과거 한 동안 사용되어온 다음의 이익잉여금처분계산서를 보면 더 잘 이해할 수 있다.

이익잉여금처분계산서

제××기 2016년 1월 1일~2016년 12월 31일

푸차레(주) 처분확정일 2017년 2월 25일 (단위 : 원)

과 목	금 액	
I. 미처분이익잉여금*		
1. 전기이월 미처분이익잉여금**		
2. 회계정책변경효과		
3. 전기오류수정이익		
4. 당기순이익***		
II. 임의적립금 이입액		
1. 사업확장적립금		
2. 배당평균적립금		
합계		
III. 이익잉여금 처분액		
1. 이익준비금		
2. 사업확장적립금		
3. 현금배당		
4. 주식배당		
IV. 차기이월 미처분이익잉여금		

* 당기 말 재무상대표상 미처분이익잉여금과 동일하다.

** 전년도 말 이익잉여금처분계산서상 차기이월미처분이익잉여금이다.

*** 당기의 손익계산서상에 표시되어 있는 당기순이익과 일치되어야 한다.

연습문제

※ 개념설명 및 서술문제 ※

01. 주식회사(corporation)의 특징에 대해 설명하시오.

02. 보통주와 우선주의 차이점에 대해 설명하시오.

03. 참가적 우선주와 누적적 우선주에 대해 설명하시오.

04. 상환우선주에 대한 배당의 특징과 그 배당의 재무제표상 표시방법에 대해 설명하시오.

05. 기업의 자본조달방법 중 자기자본과 타인자본에 의한 자본조달방법에 대해 설명하시오.

06. 자본을 납입자본(paid-in capital)과 이익잉여금으로 구분하는 이유에 대해 설명하시오.

07. 법정적립금과 임의적립금의 개념과 그 종류에 대해 설명하시오.

08. 재무상태표상 자본의 분류에 대해 설명하시오.

09. 주식발행초과금의 개념과 회계처리방법에 대해 설명하시오.

10. 자기주식(treasury stock)의 개념과 취득 목적에 대해 설명하시오.

11. 자기주식처분손실이 발생할 경우의 회계처리방법에 대해 설명하시오.

12. 주식발행초과금과 자기주식은 재무상태표상에 어떻게 표시되는지 예를 들어 설명하시오.

13. 이익잉여금의 처분유형에 대해 설명하시오.

14. 처분가능 이익잉여금은 무엇으로 구성되는지 설명하시오.

15. 현금배당과 주식배당의 회계처리방법에 대해 설명하시오.

16. 주식배당의 경우 주주의 자산가치에 어떤 변화가 일어나는지에 대해 설명하시오.

17. 무상증자의 개념과 회계처리방법에 대해 설명하시오.

18. 주식배당, 무상증자, 액면분할, 주식병합을 할 경우 자본금, 발행주식수, 액면금액, 순자산(자본)에 각각 어떠한 영향을 미치는지에 대해 설명하시오.

19. 결손금의 처리에 대해 설명하시오.

20. 자본변동표에 열거되는 주요 구성요소는 무엇인지, 그리고 회계정책변경효과와 오류수정 내용은 어떻게 나타내야 하는지 설명하시오.

❊ 계산 및 회계처리문제 ❊

기초문제

01. (주)갑자는 2017년 1월 1일 액면 ₩5,000의 보통주 200주를 주당 ₩6,000(주식발행비 차감 후 가격)에 발행하였다. 주주들은 그 대금을 현금으로 납입하였다. 이 거래를 분개하시오.

02. (주)갑순은 2016년 7월 1일 주주로부터 토지와 건물을 출자받았다. 이 토지와 건물의 공정가치는 각각 ₩100,000, ₩50,000이다. 이 출자에 대한 대가로 액면 ₩5,000의 보통주 20주를 지급하였다. 주식발행비용은 무시하고 이 거래를 분개하시오.

03. 다음 (주)갑오의 자기주식에 관한 거래에 대해서 답하시오.

(1) 2016년 10월 1일 자신이 발행한 주식 20주를 주당 ₩7,000(수수료 포함 가격)에 취득하였다. 이 거래를 분개하시오.

(2) 위에서 취득한 자기주식 중 10주를 2016년 12월 10일 주당 ₩7,500(수수료 차감 후 가격)에 매각하였다. 이 거래를 분개하시오.

(3) 2017년 2월 1일 남아 있는 자기주식 10주 중 5주를 주당 ₩5,000(수수료 차감 후 가격)에 매각하였다. 이 거래를 분개하시오.

(4) 2017년 3월 3일 나머지 5주를 주당 ₩6,500(수수료 차감 후 가격)에 매각하였다. 이 거래를 분개하시오.

04. (주)갑신의 2016년 당기순이익은 ₩100,000이다. 2017년 2월 15일 주주총회에서 다음과 같은 미처분이익잉여금 처분안을 승인하였다.

> 이익준비금 ₩6,000, 사업확장적립금 ₩15,000,
> 현금배당 총 ₩20,000, 주식배당 총 ₩30,000

(1) 주주총회의 이익잉여금처분 결과를 기록하기 위한 분개를 제시하시오.

(2) 4월 6일 현금과 주식을 실제로 배당하였다. 이 거래를 분개하시오.

05. (주)갑술은 2017년 5월 1일 주식발행초과금을 원천(재원)으로 하여 무상증자를 실시하였다. 증자비율은 보통주에 대해서 20%이다. 이 당시 보통주 발행주식수는 총 100주(액면가 주당 ₩5,000)이며 자기주식은 없다. 이 거래를 분개하시오.

심화문제

01. (주)갑을의 CFO는 시설확장을 위하여 ₩20,000의 자금을 조달할 계획을 세우고 있다. 자금을 제공할 투자자는 투자금액에 대해 연간 10%의 이익을 요구하고 있다. 즉, 회사채를 발행하여 이 자금을 조달할 경우 유효이자율은 10%이다(사채발행비용은 무시한다). 유상증자를 통하여 자본을 조달할 경우에도 신규 주주들에게 연 10%의 이익을 배당의 형태로 지급하여야 한다. 당신이 CFO라면 주식과 사채 중 어떤 방법으로 자금을 조달하겠는가? (주)갑을의 당기 매출액은 ₩10,000, 이자를 제외한 다른 비용의 합계는 ₩5,000, 법인세율은 30%이다.

(1) 회사채발행과 주식발행의 경우 각각 법인세차감전 이익을 구하시오.

(2) 회사채발행과 주식발행의 경우 각각 당기순이익을 구하시오.

(3) 회사채발행과 주식발행의 경우 이로 인한 미처분이익잉여금의 변화액을 각각 구하시오.

(4) 위의 결과에 근거하여 자금조달수단으로서 회사채와 주식 중 어떤 방법이 우월한지 설명하시오.

02. 다음은 (주)설악의 2015년 말 재무상태표의 자본의 구성내역과 2016년 동안의 자본 거래내역이다. 각각의 요구사항에 답하시오.

재무상태표

(주)설악	2015년 12월 31일	(단위 : 원)
자 본		
자 본 금		20,000
보통주자본금	15,000	
우선주자본금	5,000	
자본잉여금		1,200
주식발행초과금	800	
자기주식처분이익	400	
자본조정		(1,500)
자기주식	(1,500)	
기타포괄손익누계액		300
FVOCI금융자산평가이익	300	
이익잉여금		9,000
이익준비금	4,000	
사업확장적립금	3,000	
미처분이익잉여금	2,000	
자 본 총 계		29,000

① 3월 5일 : (주)설악은 주주총회에서 ₩150을 이익준비금, ₩50을 사업확장적립금으로 적립하기로 결의하였으며, ₩200의 현금배당과 ₩100의 주식배당을 결의하였다.

② 4월 3일 : (주)설악은 주주총회에서 결의한 배당금을 지급하고 배당주식을 교부하였다.

③ 5월 20일 : (주)설악은 감자를 위하여 자기주식 50주를 주당 ₩70에 취득하였다.

④ 6월 18일 : (주)설악은 주주로부터 공정가치가 ₩3,000인 특허권을 출자받았다. (주)설악은 특허권을 출자한 주주에게 보통주 20주(액면금액 ₩50)를 발행하여 교부하였다.

⑤ 7월 26일 : (주)설악은 자기주식 30주를 주당 ₩80에 매각하였다.
⑥ 9월 16일 : (주)설악은 주식발행초과금을 원천으로 보통주 40주를 발행하여 무상증자를 실시하였다.
⑦ 12월 31일 : (주)설악이 보유 중인 FVOCI금융자산의 공정가치 상승으로 ₩100의 FVOCI금융자산평가이익을 인식하였다.
⑧ 12월 31일: (주)설악의 당기순이익은 ₩4,000이다.

(1) 2016년 (주)설악의 거래에 대해 필요한 분개를 제시하시오.
(2) 2016년도의 자본변동표를 작성하시오.
(3) 2016년 12월 31일 재무상태표상의 자본 부분을 작성해 보이시오.

03. (주)백두의 2016년 12월 31일 부분재무상태표상의 자본계정의 일부이다.

부분재무상태표

자 본 금	
보통주자본금	50,000,000
우선주자본금	10,000,000
자본잉여금	
주식발행초과금	10,000,000
자본조정	
자기주식	5,000,000
.	
.	

* 2016년 말 자기주식수는 1,000주임

보통주와 우선주의 주당 액면금액은 ₩5,000이며, 우선주는 연 10%의 현금배당률을 가진 비참가적 우선주이다. (주)백두의 2016년 말 자기주식수는 1,000주이었다. 2017년 4월 1일 보통주에 대해 20%의 주식배당을 실시하였으며, 6월 30일 1,000주의 자기주식을 취득하였다. 그리고 (주)백두는 2017년 10월 1일 보통주 2,000주를 추가 발행(무상증자 효과 전혀 없는 유상증자)하였다. (주)백두의 2017년의 법인세비용차감후 계속영업이익은 ₩14,200,000이며, 당기순이익이 ₩17,500,000일 경우, 다음 요구에 답하시오.

(1) 2017년의 가중평균유통보통주식수를 계산하시오.

(2) 주당계속영업이익을 계산하시오.

(3) 주당이익(주당순이익)을 계산하시오.

Part 4 현금흐름표와 회계정보의 활용

Chapter_ 14 현금흐름표 | 15 재무제표분석

지금까지 회계의 기본 개념, 회계순환과정, 개별 계정의 회계처리 등을 살펴 보았다. 그리고 기본재무제표에 관해서는 포괄손익계산서와 재무상태표를 중심으로 설명하였고, 나머지 재무제표에 대해서는 간략히 언급하였다. 제4부에서는 현금흐름표와 재무제표분석에 대해서 배운다. 현금흐름표는 회계원리 수준에서는 깊이 다루지 않지만, 중요한 주제이다. 실무에서 현금흐름에 관한 정보는 경영성과와 재무상태에 관한 정보 이상으로 유용한 정보로 활용되고 있고, 회계학 관련 시험에서도 중요하게 다루어지기 때문이다. 제14장에서는 현금흐름표의 유용성, 구조 및 작성방법을 살펴본다. 제3장부터 제14장까지 재무제표의 작성에 대해서 설명하였는데, 이와는 달리 제15장에서는 이렇게 작성된 재무제표를 어떻게 회계정보이용자가 경제적 의사결정에 활용하는지 기본적인 핵심사항 중심으로 설명한다.

Chapter **14**

현금흐름표

01 현금흐름표의 유용성 | 02 현금흐름표의 구조 | 03 현금흐름표의 작성방법

01 현금흐름표의 유용성

1. 발생기준 회계와 현금흐름 정보

회계순환과정의 산출물인 재무제표는 각각 서로 다른 유용한 정보를 이해관계자에게 제공한다. 예를 들면, 포괄손익계산서는 한 회계기간 동안 기업의 경영성과에 관한 정보를 제공해 준다. 포괄손익계산서는 발생기준 회계(accrual basis accounting)에 의해 작성되므로 현금수입·지출보다는 수익·비용의 발생에 기초하여 당기순손익을 계산한다. 그렇게 함으로써 회계기간 동안 당해 기업의 손익을 보다 정확하게 계산할 수 있다.

한편 재무상태표는 결산일의 재무상태를 나타낸다. 포괄손익계산서와 재무상태표는 제2장의 재무제표 간의 연계관계에서 보았듯이 동전의 양면처럼 연결되어 있다. 그것은 발생기준에서 영업활동으로 인한 순자산의 증가를 수익으로 정의하고, 그 감소를 비용으로 정의하기 때문이다. 재무상태표는 회계기간 말의 자산, 부채 및 자본의 구성내역을 보여줌으로써 기업의 재무상태에 관한 정보를 제공해 준다.

그리고 이익잉여금의 변동 등 전체적인 자본(순자산) 증감에 대한 자세한 정보는 자본변동표를 통해서 제공된다.

종합하면, 기본적 재무제표 중에서 포괄손익계산서는 회계기간 동안의 영업성과에 관한 정보를, 재무상태표는 결산일의 재무상태에 관한 정보를, 그리고 자본변동표는 회계기간 동안 자본의 변동내역을 보여준다. 그러나 이들 재무제표가 제공해 주지 못하는 중요한 정보가 있다. 그것은 회계기간 동안 당해 기업이 현금을 어디서 얼마나 조달하여 어디에 얼마를 사용하였는지에 관한 정보, 즉 현금흐름(cash flow)에 관한 정보이다.

재무상태표에는 현금잔액이 기록되어 있다. 즉, 재무상태표의 현금계정 잔액이 결산일의 현금잔고를 표시해 준다. 그리고 비교재무상태표상의 전년도 말 현금계정 잔액과 비교하면 회계기간 동안 현금의 증감액을 알 수 있다. 전년도 말 현금계정 잔액은 당년도의 현금 기초잔액과 일치하므로 비교재무상태표를 보면 기초 대비 기말의 현금 증감액을 파악할 수 있다. 그러나 현금의 변동에 관한 상세한 내역은 어디에도 표시되지 않는다.

다음의 예를 들어 생각해 보자. 어떤 회사의 기초현금이 ₩100이고 기말현금이 ₩200이라 가정하면 ₩100만큼 현금잔액이 증가하였다. 그러나 재무상태표만을 봐서는 현금 잔액의 증가가 차입에 의한 것인지, 아니면 영업활동(예 : 상품판매)에 의한 것인지 알 수 없다. 또 다른 예로서 포괄손익계산서의 당기순이익이 ₩100이라 가정해 보자. 포괄손익계산서는 발생기준에 의해 작성되므로 당기순이익이 ₩100이라고 해서 영업활동을 통해서 ₩100의 현금이 창출되었다는 것을 의미하지 않는다는 것을 이미 알고 있을 것이다. 만약 상품매출이 모두 외상으로 이루어졌고 그 대금이 아직 회수되지 않았다면 영업활동으로부터 현금창출은 전혀 없지만 여전히 매출 ₩100은 발생하여 당기순이익을 증가시킨다. 요약하면, 우리가 발생기준 회계시스템을 적용하고 있으므로 당기순이익은 영업활동으로부터 창출된 현금과 일치하지 않는다. 그리고 재무상태표는 기초와 기말의 현금잔액을 보여줄 뿐 그 변동내역을 전혀 보여주지 않는다.

이러한 발생기준의 단점을 보완하기 위하여 현금흐름에 관한 자세한 정보를 제공해 주는 별도의 재무제표가 **현금흐름표**(statement of cash flows)이다. 만약 발생기준 회계가 아닌 현금기준 회계를 적용한다면 손익계산서상의 당기순이익이 영업활동에 의한 현금흐름을 나타낼 것이므로 현금흐름표가 별도로 제공되어야 할 필요성이 적을 것이다. 현금기준 회계에서는 현금의 수입(receipt)을 수익으로, 그리고 현금의 지출(disbursement)을 비용으로 인식하기 때문이다. 그러나 제2장에서 배웠듯이 현금기준 회계는 손익계산의 정확성을 결여하므로 우리나라 등 많은 나라들이 발생기준 회계를 사용하고 있다. 따라서 발생기준 회계를 통해 영업성과를 정확히 나타냄과 동시에 현금흐름표를 통해 현금흐름에 관한 정보를 제공해 줌으로써 정보이용자의 정보욕구를 보다 잘 충족시킬 수 있다.

2. 현금흐름표의 유용성

현금을 기업의 상품으로 간주하는 금융회사뿐 아니라 모든 기업은 영업활동을 수행하고 채무를 상환하며 투자자에게 투자수익을 분배하기 위해 현금이 필요하다. 기업이 현금을 어떻게 얼마나 창출하는지, 재무구조(유동성과 지급능력 포함) 등 상황의 변화와 기회에 적응하기 위하여 현금흐름의 금액과 시기를 조절할 수 있는지 그 능력을 재무제표이용자는 평가할 수 있어야 하는 데, 여기서 현금흐름 정보는 매우 유용하다.[1]

현금흐름표는 기업의 각 활동, 즉 영업활동, 투자활동 및 재무활동으로부터 창출된 현금과 그에 사용된 현금에 관한 정보를 제공해 준다. 전체적인 활동으로부터 유입 또는 유출된 현금을 총액으로 표시하는 것보다 각 활동별로 유입과 유출을 세분하여 표시함으로써 그 유용성을 높일 수 있다. 정보이용자는 현금흐름표에서 다음의 정보를 얻을 수 있다.

- 영업활동에 얼마의 현금을 사용하였으며 그로부터 얼마의 현금이 창출되었는가?
- 기업의 투자활동에 사용된 현금은 얼마이며 그 현금의 원천은 무엇인가?
- 투자활동에 필요한 현금을 주로 영업활동으로부터 창출하였는가 아니면 차입 등 재무활동을 통하여 조달하였는가?
- 영업활동으로 인한 현금흐름이 이자 또는 배당을 지급할 만큼 충분한가?
- 차입금 등 부채의 상환을 위한 현금을 영업활동으로부터 조달하였는가 아니면 또 다른 부채를 조달하여 상환하였는가?
- 당기순이익은 증가하는데 그에 비례하여 영업활동으로부터 현금흐름도 증가하고 있는가?
- 당기순이익이 증가하는데 영업활동으로부터 현금이 감소한다면 그 이유는 무엇인가?
- 기업의 투자활동에 필요한 현금을 재무활동으로 조달하였다면 그 부채는 장기부채인가 단기부채인가?
- 현재 및 미래의 부채와 이자지급에 필요한 현금을 충분히 보유하고 있는가?

---

1. 기업회계기준서 제1007호 '현금흐름표' 문단 3~4.

투자자와 채권자는 현금흐름표가 제공하는 정보를 다른 재무제표의 정보와 결합하여 투자 및 대출 의사결정에 활용한다. 예를 들면, 제2장에서 설명한 바와 같이 재무회계의 목적은 투자자와 채권자가 기업의 미래현금흐름의 크기, 시기 및 불확실성을 평가하는 데 유용한 정보를 제공하는 것인데, 현금흐름표는 바로 그러한 정보를 제공한다.

현금흐름정보는 현금창출능력을 평가하는 데 유용할 뿐만 아니라, 서로 다른 기업의 미래현금흐름의 현재가치를 비교 평가하는 모형을 개발할 수 있도록 한다. 또한 동일한 거래와 사건에 대하여 서로 다른 회계처리를 적용함에 따라 발생하는 영향을 제거하기 때문에 영업성과에 대한 기업 간의 비교가능성을 제고시킨다. 역사적 현금흐름정보는 과거에 추정한 미래현금흐름의 정확성을 검증하고, 수익성과 순현금흐름 간의 관계 및 물가 변동의 영향을 분석하는 데도 유용하다.[2]

02 현금흐름표의 구조

1. 현금의 정의

현금흐름표에서 현금은 본서의 제7장에서 설명한 **현금및현금성자산**(cash and cash equivalents)이다. 현금및현금성자산에 포함되는 항목을 다시 보면 다음과 같다.

표 14-1 현금및현금성자산

계정과목	포함되는 항목		조 건
현금및현금성자산	현 금	통화, 타인발행 수표, 우편환, 보통예금, 당좌예금	-
	현금성자산	채권, 기업어음(CP), 양도성예금증서(CD), 어음관리계좌(CMA), 환매조건부채권(RP) 등 단기금융자산	1) 현금으로서 전환이 용이함 2) 가치변동의 위험이 중요하지 않음

2. 기업회계기준서 제1007호 '현금흐름표' 문단 4~5.

유동자산 중 현금및현금성자산을 제외한 계정의 변동은 대부분 영업활동의 결과로 나타난다. 예를 들면, 상품(재고자산)을 매입하고 현금을 지급하였다면 그 활동은 영업활동에서의 현금유출로서 현금흐름표에 포함된다. 그리고 매출채권, 선급비용 계정의 경우, 전자는 매출로부터의 현금유입 계산에, 후자는 영업비용의 현금유출 계산에 포함된다. 또한 매입채무, 미지급비용 계정의 경우, 전자는 상품매입에 대한 현금유출 계산에, 후자는 영업비용의 현금유출 계산에 포함된다.

여기서 주의하여야 할 것은 현금및현금성자산이 아닌 유동자산 중 매매(dealing, trading) 목적으로 보유하는 증권이나 대여금은 판매목적의 재고자산과 유사하므로 이들의 변화는 영업활동으로 분류한다. 예를 들어, (주)SG화학이 2016년 12월 초에 FVPL 금융자산 100원을 매입하였다면 이것은 매매목적 자산의 취득으로 보아 영업활동으로 분류한다.

반면, 선급금, 단기대여금 등의 변화는 투자활동으로 분류한다. 그러나 금융회사의 선급금이나 대여금은 당연히 영업활동의 일부로 보아 영업활동으로 분류한다.

단기차입금은 일반적으로 단기간 사용할 운전자금의 조달을 위해 차입된다. 단기차입금의 용도가 대부분 재고자산의 구입, 급여의 지급 등에 사용되기는 하지만, 차입금의 조달은 그 자체가 영업활동은 아니므로 재무활동으로 구분한다.

요약하면, 매매목적의 금융자산의 구입 및 처분은 영업활동, 선급금, 단기대여금 등의 변화는 투자활동, 그리고 단기차입금의 차입과 상환은 재무활동으로 분류한다.

2. 현금흐름표 등식

본서의 제1장에서 설명한 바와 같이 기업의 활동은 크게 세 가지로 나누어진다. 세 가지 활동을 다시 한 번 요약하면 다음과 같다.

기업의 세 가지 활동

① **영업활동** : 기업의 본래 목적인 재화나 용역의 생산 및 판매활동과 그에 직접적으로 관련된 활동으로서 원재료 구입, 생산, 판매, 대금회수 등의 활동을 포함한다.

② **투자활동** : 영업활동을 위한 기반을 구축하는 활동으로서 유형자산, 무형자산 및 투자자산 등의 비유동자산을 구입하거나 처분하는 활동이다.

③ **재무활동** : 기업이 영업활동과 투자활동을 위해 필요한 운영자금이나 시설자금을 조달하고 상환하는 활동으로 금융기관 차입 및 상환, 회사채 발행 및 상환, 주식발행 등을 포함한다.

현금흐름표는 기초 현금잔액과 기말 현금잔액의 차이, 즉 회계기간 동안의 현금잔액의 변동내역을 상세히 나타내 주는 재무제표이다. 따라서 다음의 등식이 성립한다.

현금흐름표

기말 현금잔액 − 기초 현금잔액 = 기중 현금의 변동 = 순현금흐름

여기에서 **순현금흐름**(net cash flows)이란 현금의 창출(유입)에서 사용(유출)을 차감한 순액을 의미하는 것으로, 전자가 후자보다 크면 순현금흐름은 양의 값(순현금유입)을, 그리고 그 반대이면 음의 값(순현금유출)을 가진다. 현금흐름표가 정보이용자에게 보다 유용하기 위해서는 앞에서 설명한 바와 같이 기업의 모든 활동을 영업, 투자 및 재무활동으로 나누어 각 활동별로 현금흐름의 내용을 표시해 주어야 한다.

순현금흐름

순현금흐름 = 영업활동 순현금흐름 + 투자활동 순현금흐름 + 재무활동 순현금흐름

정상적인 기업들은 일반적으로 영업활동으로부터 양의 순현금흐름, 즉 **순현금유입**을 보이며, 투자활동으로부터 음의 순현금흐름, 즉 **순현금유출**을 보인다. 다시 말해, 영업활동으로부터 창출한 순현금흐름을 투자활동에 사용하는 기업이 많으며, 그런 기업이 정상적인 성장을 하는 기업이라 할 수 있다. 그러나 거액의 시설투자가 필요한 경우, 영업활동으로부터 창출된 현금 외에도 재무활동을 통해 투자에 필요한 현금을 조달하는 경우가 많다. 그리고 영업활동 순현금흐름은 차입금의 상환 등에 사용되기도 한다. 따라서 재무활동 순현금흐름은 정상적인 경우에도 순현금유입(양의 값) 또는 순현금유출(음의 값)을 가질 수 있다.

이를 종합하여 표시하면 다음과 같은 **현금흐름표 등식**이 된다.

현금흐름표 등식

기말 현금잔액 − 기초 현금잔액
= 영업활동 순현금흐름 + 투자활동 순현금흐름 + 재무활동 순현금흐름

| 예제 1 : 현금흐름표 등식 |

(주)SG화학의 2016년 회계기간 동안의 재무자료로부터 다음과 같은 정보를 얻을 수 있었다. 이 정보를 이용하여 현금흐름표 등식을 표시하시오.

2016. 1. 1	현금계정 잔액 : ₩250
2016.12.31	현금계정 잔액 : ₩400

2016년	영업활동 순현금유입 : ₩270
	투자활동 순현금유출 : ₩500
	재무활동 순현금유입 : ₩380

☞ **해답**

현금흐름표 등식 : 기말 현금잔액(₩400) − 기초 현금잔액(₩250)

= 영업활동 순현금유입(₩270) + 투자활동 순현금유출(−₩500) + 재무활동 순현금유입(₩380)

☞ **해설**

이 회사는 2016년에 영업활동으로부터 ₩270의 순현금을 창출하고, 재무활동으로 ₩380의 순현금을 조달하여 그중 ₩500을 투자활동에 사용하였으며, 나머지 ₩150만큼 현금잔액이 증가하였다.

3. 현금흐름표의 구조

현금흐름표는 기업의 세 가지 활동별로 순현금흐름의 내역을 보여준다. 그리고 각 활동별로 구체적인 현금의 유입과 유출을 가져오는 활동과 그에 해당하는 금액을 표시한다. 본서의 제2장에서 설명한 바와 같이 현금흐름표의 구조는 [그림 14-1]과 같이 요약할 수 있다.

실제 현금흐름표에는 각 활동범주별로 구체적인 활동별 현금유출과 유입액이 표시된다(제2장의 현금흐름표 사례 참조). 영업활동 순현금흐름은 영업활동으로부터의 현금유입, 즉 매출로 인한 현금의 유입액에서 영업활동을 위한 현금유출액, 즉 매입처에 대한 원재료, 상품 등의 매입대금 지급액과 영업비용의 현금지급액 등을 차감하여 구한다. 투자활동 순현금흐름은 비유동자산의 구입 및 처분과 관련된 현금흐름의 내역을 표시한다. 구체적으로, 유형자산 처분으로부터의 현금유입액에서 유형자산 취득에 사용된 현금을 차감하는 형식으로 보고한다. 재무활동 순현금흐름은 차입이나 주식발행을

현금흐름표의 구조 그림 14-1

영업활동 현금흐름
±투자활동 현금흐름
±재무활동 현금흐름

= 현금의 증감
+ 기초현금

= 기말현금

통한 자금조달(현금유입)에서 차입금의 상환이나 배당금의 지급에 사용된 현금(현금유출)을 차감하는 형식으로 보고한다.

| 예제 2 : 현금흐름표 작성 |

〈예제 1〉의 (주)SG화학의 2016년 장부로부터 현금흐름표의 작성에 필요한 보다 상세한 정보를 추출하였다. 다음 정보를 이용하여 현금흐름표를 작성하시오.

매출처로부터 회수한 현금 : ₩2,000	매입처에 지급한 현금 : ₩1,000
급여 등의 영업비용 지출(이자지급 ₩30 포함) : ₩730	
유형자산 취득 : ₩600	단기차입금 상환 : ₩50
무형자산 처분 : ₩100	장기차입금 조달 : ₩500
배당금 지급 : ₩70	

☞ **해답**

현금흐름표

(주)SG화학 2016년 1월 1일부터 2016년 12월 31일까지 (단위 : 원)

I. 영업활동 현금흐름		
영업활동 현금유입액		
매출로부터의 현금수입	2,000	
영업활동 현금유출액		
매입에 대한 현금지출	(1,000)	
급여 등 영업비용 지출(이자 포함)	(730)	270

II. 투자활동 현금흐름		
투자활동 현금유입액		
무형자산의 처분	100	
투자활동 현금유출액		
유형자산의 취득	(600)	(500)
III. 재무활동 현금흐름		
재무활동 현금유입액		
장기차입금	500	
재무활동 현금유출액		
배당금지급	(70)	
단기차입금 상환	(50)	380
IV. 현금의 증가		150
V. 기초의 현금		250
VI. 기말의 현금		400

☞ **해설**

(주)SG화학은 매출처에서 상품매출대금 ₩2,000을 회수하여 매입처에 상품매입대금 ₩1,000을 지급하였고 급여 등 영업비용으로 ₩730을 지급하여, 영업활동에서 ₩270의 순현금을 창출하였다. 재무활동으로서, 기중에 장기차입금 ₩500을 차입하여 단기차입금 ₩50을 상환하고, 배당금 ₩70을 지급하여 재무활동으로부터 순현금 ₩380이 유입되었다. 따라서 영업활동과 재무활동으로부터 합계 ₩650의 순현금이 유입되었다. 투자활동으로서, 기중에 무형자산의 처분으로 ₩100의 현금이 유입되었고, 유형자산의 취득을 위해 ₩600의 현금을 유출하여 투자활동에 ₩500의 순현금이 유출되었다. 따라서 영업활동과 재무활동으로 인한 순현금유입 ₩650 중 ₩500을 투자활동에 사용하여 순현금의 증가는 ₩150이 된다. 이 금액이 바로 기초현금과 기말현금의 차이인 기중 현금 증가액이 된다.

03 현금흐름표의 작성방법

현금흐름표는 다른 재무제표, 즉 포괄손익계산서, 재무상태표 및 자본변동표를 작성한 후 모든 정보를 활용하여 작성된다. 본 절에서는 현금흐름표의 작성방법 중 각 활동별, 항목별로 현금흐름의 측정방법을 설명한다. 여기서 주목할 것은 앞에서 현금흐름표의 예에서도 보았듯이 현금흐름표에 나타나는 항목들의 명칭은 손익계산서나 재무상태표의 경우와 달리 원장의 계정명칭이 아니고 현금거래(활동)들의 요약이라는 점이다.

현금흐름표의 작성은 매우 복잡하여 회계원리 수준에서는 보통 다루지 않으나 본서에서는 비교적 간단한 예를 들어 구체적인 작성방법을 설명한다.

1. 영업활동 현금흐름

앞에서 예로 든 현금흐름표에서 **영업활동 현금흐름**(cash flows from operating activities)은 매출로부터의 현금수입에서 매입을 위한 현금지출과 급여 등 영업비용의 현금지출을 차감하여 계산하였다. 이 방법으로 현금흐름표를 작성하기 위해서는 각 항목별로 실제 현금의 유입과 유출을 구체적으로 밝혀내야 한다. 예를 들면, 매출로부터의 현금수입과 매입을 위한 현금지출뿐 아니라, 급여, 임차료, 접대비, 광고선전비 등의 영업비용에 대한 현금지출액을 모두 파악해야 한다. 발생기준 회계에서는 영업비용에 미지급비용과 선급비용을 고려하여 실제 현금지출액을 파악할 수 있다.

직접법과 간접법에 의한 양식 비교 **그림 14-2**

직 접 법	간 접 법
I. 영업활동으로 인한 현금흐름	I. 영업활동으로 인한 현금흐름
가. 매출로부터의 현금수입	1. 당기순이익(손익계산서상)
나. 매입에 대한 현금지출	2. 현금유출이 없는 비용 등의 가산
다. 급여 등 영업비용의 현금지출	가. 감가상각비
	나. 퇴직급여
	다. ......
	3. 현금유입이 없는 수익 등의 차감
	가. 사채상환이익
	나. ......
	4. 영업활동으로 인한 자산·부채의 변동
	가. 재고자산의 감소(증가)
	나. 매출채권의 감소(증가)
	다. ......

이와 같이 각각의 항목에 대해서 현금의 유입액과 유출액을 파악하여 영업활동 현금흐름을 파악하고 현금흐름표를 작성하는 방법을 **직접법**(direct method)이라고 한다. 그러나 실무에서는 직접법 대신에 주로 발생기준과 현금기준 회계의 차이를 조정하는 방법인 **간접법**(indirect method)을 이용하여 영업활동 현금흐름을 파악한다. 즉, 발생기준에 의한 당기순이익으로부터 출발하여 발생기준과 현금기준의 차이를 가감(조정)해 나가면서 결과적으로 영업활동 현금흐름을 파악하는 것이다(〈그림 14-2〉 참조).

1) 직접법에 의한 영업활동 현금흐름 측정

직접법에서는 각 수익과 비용항목별로 현금의 유출과 유입액을 직접 계산한다. 여기에는 두 가지 방식이 있다. 하나는 현금출납장 등을 통해 현금을 수반하여 발생하는 수익·비용항목을 원천별로 구분하여 직접 계산하는 방식이고, 다른 하나는 손익계산서와 재무상태표 계정들을 이용하는 방식이다. 전자의 방식은 별도의 설명이 필요 없으므로 후자의 방식을 중심으로 설명한다. 앞의 예에서 보았듯이 크게 세 가지 범주, 즉 매출로부터의 현금수입, 매입에 대한 현금지출, 그리고 급여 등 영업비용의 현금지출로 나누어 계산하고 보고한다.

(1) 매출로부터의 현금수입 계산

발생기준 회계에서 손익계산서상의 매출액과 **매출로부터의 현금수입액**이 일치하지 않는 이유는 매출 중 외상매출이 있기 때문이다. 예를 들면, 2016년 12월 초에 ₩100을 외상으로 매출하고 기말까지 현금을 회수하지 않았다면 손익계산서상의 매출은 ₩100이겠지만 현금수입은 없다. 대신에 재무상태표상에 매출채권 ₩100이 기록된다. 따라서 매출로부터 현금수입을 파악하기 위해서는 손익계산서상의 매출액과 재무상태표상의 매출채권 변동을 동시에 고려하여야 한다. 즉, 매출 ₩100에서 매출채권 증가액 ₩100을 차감하면 ₩0이 되고, 이는 위의 매출로부터 현금수입액이 없음을 뜻한다.

반대로 당기의 매출은 없는데 전기의 매출채권 ₩100이 당기에 회수되었다면 어떠한가? 손익계산서상 매출액은 ₩0이지만 매출처로부터 현금수입은 ₩100이 있다. 이 경우 매출액 ₩0에 매출채권 감소액 ₩100을 더하면 ₩100이 된다. 이는 매출은 없어도 매출로부터 현금수입은 ₩100임을 의미한다. 따라서 손익계산서상의 매출액에 매출채권의 증가액을 차감하고 감소액을 더해 주면 매출처로부터의 현금수입을 계산할 수 있음을 알 수 있다. 다시 말하면 당기매출액에서 매출채권 증가액(= 매출채권 기말잔액 - 매출채권 기초잔액)을 차감하면 당기의 매출채권 회수액을 구할 수 있다. 물론 매출채권이 감소하면 그만큼 가산해 준다.

매출로부터의 현금수입 1

매출로부터의 현금수입 = 매출액 − (매출채권 기말잔액 − 매출채권 기초잔액)
= 매출액 + 매출채권 기초잔액 − 매출채권 기말잔액

여기에서 주목할 것은 현금매출과 외상매출의 구분에 관한 것이다. 앞의 예에서 외상매출을 가정하고 설명하였다. 만약 현금매출과 외상매출이 섞여 있으면 어떻게 달라지는가? 결론적으로 말하면 현금매출과 외상매출을 구분할 필요가 없다. 즉, 모든 매출을 외상매출로 취급하여 위의 식을 적용하면 매출로부터의 현금수입을 구할 수 있다. 굳이 현금매출과 외상매출을 구분한다면 위의 식을 다음과 같이 변형해야 할 것이다.

매출로부터의 현금수입 2

매출로부터의 현금수입 = 현금매출액 + 외상매출액 회수액
= 현금매출액 + 외상매출액 − (매출채권 기말잔액 − 매출채권 기초잔액)
= 매출액 + 매출채권 기초잔액 − 매출채권 기말잔액

이 식의 결과는 그 앞 식의 결과와 동일하다. 이는 매출로부터의 현금수입을 계산할 때 현금매출과 외상매출을 구분할 필요가 없음을 말해주고 있다.

| 예제 3 : 매출로부터 현금수입의 계산 |

(주)SG화학의 2016년 재무자료는 다음과 같다. 다른 조건은 무시하고 매출로부터 현금수입을 계산하시오.

매출액 (손익계산서) : ₩2,100
매출채권(재무상태표) : 기초잔액 ₩230 ; 기말잔액 ₩330

☞ **해답**

매출로부터의 현금수입 = 매출액 - (매출채권 기말잔액 - 매출채권 기초잔액)
= ₩2,100 - (₩330 - ₩230) = ₩2,000

실제로 현금흐름표를 작성할 때는 채무불이행(default)에 의한 매출채권의 제각(write-off)을 고려하여야 한다. 예를 들어, 앞의 〈예제 3〉에서 만약 기중에 제각된 매출채권이 ₩20 있었다고 가정하면, 매출로부터 현금수입은 얼마였을까? 제각된 ₩20은 매출채권을 감소시키기는 하지만 현금으로 회수되지 않은 부분이다. 따라서 제각된 ₩20만큼은 현금회수액에서 차감해 주어야 한다. 즉, 매출로부터의 현금수입이 ₩1,980이 된다.

매출로부터의 현금수입 3

매출로부터의 현금수입
= 총매출액 - (매출채권 기말잔액 - 매출채권 기초잔액) - 제각액
= ₩2,100 - (₩330 - ₩230) - ₩20 = ₩1,980

그런데 이 예에서 제각액의 값이 ₩20으로 주어졌지만, 일반적으로 이 값을 알아내기 위해서는 손익계산서의 손상차손(대손상각비)과 재무상태표상의 손실충당금(대손충당금)의 기초 및 기말잔액을 파악하여야 한다.

앞의 예제에서 설명한 매출채권 회수액을 매출채권 T계정에서 표시하면 다음과 같다. 실제로 현금흐름표를 작성할 때 T계정을 사용하는 방법이 가장 널리 사용된다. 총계정원장의 매출채권 T계정을 재현해 보면 다음과 같다. 위에서 제시한 등식과 다음의 T계정은 동일한 것이다. 즉 T계정의 차변 합과 대변 합은 같다는 속성으로부터 매출채권 회수액을 계산할 수 있다.

매출채권
(기중 제각액이 없는 경우)

전기이월(기초)	230	현금(회수)	2,000
매출(당기)	2,100	차기이월(기말)	330
합 계	2,330	합 계	2,330

매출채권
(기중 제각액이 ₩20 있는 경우)*

전기이월(기초)	230	현금(회수)	1,980
매출(당기)	2,100	손실충당금(제각)	20
		차기이월(기말)	330
합 계	2,330	합 계	2,330

* 참고 : 기중 ₩20의 손상처리(제각)시 분개 : 차변) 손실충당금 20 대변) 매출채권 20

(2) 매입에 대한 현금지출

상품매매기업에 있어서 영업활동에 대한 현금사용 용도 중 가장 큰 부분은 상품의 매입이다. 상품의 **매입에 대한 현금지출**도 매출과 마찬가지로 손익계산서상의 매출원가와 일치하지 않는다. 그것은 다음의 두 가지 이유 때문이다. 첫째, 모든 매입이 현금으로 이루어지는 것이 아니라 현금과 외상매입으로 구성되어 있거나 또는 전액 외상매입일 경우가 많다. 이 경우 당기매입액에 매입채무의 잔액 변화를 고려하여야만 상품매입에 실제로 지급한 현금이 계산된다. 이는 매출로부터의 현금수입 계산시, 매출에 대해 매출채권 잔액을 고려하여야 하는 것과 마찬가지이다. 둘째, 매출액의 경우와는 달리 일반적으로 당기매입액 자체가 바로 주어지는 것이 아니므로 매출원가에서 상품재고의 변화를 고려하여 구해야 한다. 종합하면, 매입에 대한 현금지출을 구하기 위해서는 매출원가에 상품재고의 변동과 매입채무의 변동을 모두 고려해야 한다.

매출채권의 경우와 마찬가지로, 현금매입과 외상매입을 구분할 필요 없이 당기 총매입액을 사용한다. 즉, 매입에 대한 현금지출 계산에 관한 한, 모든 매입을 외상매입으로 가정해도 무방하다. 따라서 매입에 대한 현금지출은 다음의 식으로 표현된다.

매입에 대한 현금지출 = 당기매입액 – (기말매입채무 – 기초매입채무)

그런데 당기매입액을 구하기 위해서는 매출원가와 상품재고를 알아야 한다. 즉, 당기매입액은 매출원가에 상품재고의 증감(=기말상품 – 기초상품)을 더함으로써 구할 수 있다.

당기매입액 = 매출원가 + (기말상품 – 기초상품)[3]

따라서 위의 두 식을 종합하면 다음과 같이 매입에 대한 현금지출이 계산된다.

---

3. 이 관계는 재고자산 등식과 동일하다. 즉, (기초상품 + 당기매입 = 매출원가 + 기말상품)으로 표현되는 재고자산 등식에서 기초상품을 우변으로 이동하면 이 식이 된다.

매입에 대한 현금지출

매입에 대한 현금지출 = 매출원가 + (기말상품 − 기초상품)
− (기말매입채무 − 기초매입채무)

다시 말하면 손익계산서상의 매출원가에 상품재고의 증감을 더해 주고 매입채무의 증감을 차감해 주면 매입에 대한 현금지출이 계산된다.

| 예제 4 : 매입에 대한 현금지출의 계산 |

(주)SG화학의 2016년 재무자료에 의하면 다음과 같다. 매입에 대한 현금지출액을 계산하시오.

매출원가 : ₩1,100
매입채무 : 기초잔액 ₩100 ; 기말잔액 ₩140
상품 : 기초잔액 ₩280 ; 기말잔액 ₩220

☞ 해답

당기매입액 = 매출원가 +(기말상품 - 기초상품) = ₩1,100 + (₩220 - ₩280) = ₩1,040
매입에 대한 현금지출 = 당기매입액 - (기말 매입채무 - 기초 매입채무)
= ₩1,040 - (₩140 - ₩100) = ₩1,000

☞ 해설

당기매입은 매출된 상품(매출원가)에 당기 재고증가분을 합한 것이다. 또한 총판매가능원가 ₩1,320(기초상품 ₩280과 당기매입 ₩1,040의 합)에서 기말상품이 ₩220을 차감하여 역산하면 매출원가는 ₩1,100이 됨을 알 수 있다. 다음으로 매입에 대한 현금지출은 당기매입액에 매입채무의 증가를 차감하여 구할 수 있다. 이와 같이 각각 계산할 수도 있으나 한꺼번에 표시하면 다음과 같이 구할 수 있다.

매입에 대한 현금지출 = 매출원가 + 상품재고 증가 - 매입채무 증가
= ₩1,100 + (₩220 - ₩280) - (₩140 - ₩100) = ₩1,000

위의 〈예제 4〉에서 매입에 대한 현금지출을 파악할 때 T계정을 사용하여 다음과 같이 구할 수도 있다. 먼저 상품 T계정에서 당기 매입채무의 발생액을 구한다. 여기에서 주의할 것은 실제로 현금매입이 일부 있을 수 있지만 계산의 편의상 전액 외상매입이라 간주한다. 매입에 대한 현금지출 계산에서 모든 매입을 외상매입으로 가정해도 무방하기 때문이다. 그렇게 구한 당기 매입채무의 발생액은 매입채무를 증가시키므로

매입채무의 대변에 기록하여 기초잔액과 합하고 이 합계에서 매입채무 기말잔액을 차감하여 역산하면 매입채무의 차변에서 매입채무의 상환액(현금지출액)이 계산된다.

매입채무

현금(지출)	1,000	전기이월(기초)	100
차기이월(기말)	140	상품	1,040
합 계	1,140	합 계	1,140

←

상 품

전기이월(기초)	280	매출원가	1,100
매입채무	1,040	차기이월(기말)	220
합 계	1,320	합 계	1,320

(3) 급여 등 영업비용의 현금지출

영업비용에 대한 현금지출은 손익계산서상의 당해 비용항목과 다를 수 있다. 본서의 제4장에서 설명하였듯이 미지급비용이나 선급비용은 발생기준에 의한 비용과 실제 현금지출액의 차이를 가져온다. 예를 들어, 본서 제4장에서 (주)서울의 3월의 임차료는 손익계산서상 ₩100이지만 실제 현금지출은 ₩600이었다. 그 차이인 ₩500은 선급임차료로서 재무상태표에 자산으로 기록되었다. 이 예에서 손익계산서상의 임차료 ₩100에 선급임차료 ₩500(즉, 기중 증가액)을 더해야만 실제 임차료 지출액이 계산된다. 이처럼 영업비용에 있어서도 현금지출액 계산을 위해서 미지급비용(부채)의 기초와 기말잔액의 차이, 그리고 선급비용(자산)의 기초와 기말잔액의 차이를 고려하여야 한다.

영업비용에 대한 현금지출의 계산에 선급비용을 고려하는 방법은 위에서 본 바와 같이 손익계산서상의 당해 비용(예: 임차료)에 선급비용(예: 선급임차료)의 기중 증가액(= 선급임차료 기말잔액 - 선급임차료 기초잔액)을 더해 준다. 선급임차료뿐 아니라 모든 선급비용(예: 선급보험료, 선급급여 등)에 대해서 동일한 공식을 적용하여 현금지출액을 구할 수 있다.

임차료에 대한 현금지출 = 임차료 + (선급임차료 기말잔액 - 선급임차료 기초잔액)

일부 비용에 대해서는 선급이 아니라 미지급이 발생할 수 있다. 예를 들면, 2016년 말 (주)서울의 급여 발생분 ₩100에 대해 미지급비용이 발생하였다고 가정해 보자. ₩100은 발생기준에 의해 비용으로 기록되지만 실제 현금이 지급되지 않았다. 따라서 결산일에 결산수정분개를 통하여 미지급급여(부채) ₩100과 급여(비용) ₩100을 기록하게 된다. 이 예에서 보듯이 2016년 중 급여(비용)는 실제 현금 급여지출액보다 ₩100이 많다. 따라서 급여에 대한 현금지출액을 계산하기 위해서는 손익계산서상의 급여에 미지급급여(부채)의 증가액 ₩100을 차감해 주어야 한다.

급여에 대한 현금지출 = 급여 – (미지급급여 기말잔액 – 미지급급여 기초잔액)

요약하면, 미지급비용이 발생하는 영업비용 항목에 대해서 현금지출액을 계산하기 위해서는 손익계산서상의 비용에서 관련 미지급비용(예 : 미지급광고선전비, 미지급보험료, 미지급임차료 등)의 기중 증가액을 차감해 준다.

| 예제 5 : 영업비용에 대한 현금지출 |

(주)SG화학의 2016년 재무자료에 의하면 영업비용과 관련 계정 잔액은 다음과 같다. 이를 이용하여 영업비용에 대한 현금지출액을 구하시오. 비용항목은 급여와 보험료만 있는 것으로 가정한다.

손익계산서상 보험료 : ₩80
재무상태표상 선급보험료 : 기초잔액 ₩10 ; 기말잔액 ₩30
손익계산서상 급여 : ₩550
재무상태표상 미지급급여 : 기초잔액 ₩70 ; 기말잔액 ₩20

☞ 해답

보험료에 대한 현금지출액 = 보험료 + (선급보험료 기말잔액 – 선급보험료 기초잔액)
= ₩80 + (₩30 – ₩10) = ₩100
급여의 현금지출액 = 급여 – (미지급급여 기말잔액 – 미지급급여 기초잔액)
= ₩550 – (₩20 – ₩70) = ₩600
영업비용에 대한 현금지출액(합계) = ₩100 + ₩600 = ₩700

선급비용과 미지급비용에 대해서도 T계정 접근법을 적용할 수 있다. 〈예제 5〉에서 선급보험료와 미지급급여에 관한 T계정을 재현해 보면 다음과 같다. 단, 여기서 이연항목(선급비용 및 선수수익)에 대해 기중에 실질법을 이용하는 것을 전제로 설명한다(제4장 결산수정분개 참조). 즉, 보험료를 지급할 당시 전액 선급보험료로 하여 선급보험료 계정의 차변에 보험료 지급액을 전기하는 것이다. 이 방식이 개념상 보다 적절하고 현금흐름표 작성에도 도움이 된다.

선급보험료

전기이월(기초)	10	보험료	80
현금(지출)	100	차기이월(기말)	30
합 계	110	합 계	110

미지급급여

현금(지출)	600	전기이월(기초)	70
차기이월(기말)	20	급 여	550
합 계	620	합 계	620

2) 간접법에 의한 영업활동 현금흐름 측정

직접법이 개별 수익 및 비용 항목에 대해 현금 유입과 유출을 파악하는 반면, **간접법**(indirect method)은 당기순이익으로부터 출발하여 발생기준 항목에 대한 조정을 거쳐 영업활동으로부터의 현금흐름을 파악하여 보고한다. 즉, 간접법에서는 당기순이익과 실제 현금흐름과의 차이를 가져오는 항목들을 모두 가감하여 궁극적으로 영업활동으로부터 현금흐름을 파악한다.

예를 들면, 본서 제4장에서 설명한 (주)서울의 예에서 비품에 대한 감가상각비에 대해서 생각해 보자. (주)서울은 3월 31일 결산수정분개로 ₩10의 감가상각비를 인식하였다. 이 감가상각비는 손익계산서상에 비용으로 기록되어 당기순이익을 ₩10만큼 감소시켰다(법인세 고려하지 않음). 그러나 감가상각비 ₩10은 실제로 현금이 지출된 비용이 아니라 이미 구입한 비품의 취득원가의 배분 절차에 의해 비용으로 인식되었을 뿐이다. 이러한 비용을 **현금지출 없는 비용**이라 한다. 발생기준에 의한 당기순이익과 영업활동으로부터의 현금흐름에 차이를 가져오는 가장 대표적인 항목이 바로 감가상각비와 같이 현금지출이 없는 비용이다. 따라서 당기순이익으로부터 영업현금흐름을 계산하는 간접법에서는 이러한 비용항목을 당기순이익에 다시 더해(add back) 주어야만 한다. 유형자산에 대한 감가상각비뿐 아니라 무형자산에 대한 상각비도 마찬가지로 현금지출이 없는 비용항목이다.

이외에도 당기순이익에 가감되었지만 **영업활동과 관련 없는 수익**(예: 유형자산처분이익)은 차감해 주고, **영업활동과 관련 없는 비용**(예: 투자자산처분손실)은 더해 준다. 유형자산처분이익은 원래 손익계산서의 당기순이익에 가산항목이었으므로 현금흐름표에서는 차감하고, 반대로 투자자산처분손실은 원래 손익계산서에서 차감항목이었으므로 현금흐름표에서는 가산한다.

마지막으로 직접법에서와 같이, 발생기준에 의한 수익·비용과 현금의 유입·유출의 차이를 가져오는 항목에 대해 조정해야 한다. 즉, 매출액에 대해 매출채권 증감액의 조정, 매입에 대해 상품재고 증감액과 매입채무 증감액의 조정, 그리고 영업비용에 대해 미지급비용과 선급비용 증감액의 조정이 각각 필요하다. 이러한 항목들에 대한 조정의 원리는 직접법이나 간접법이나 동일하다. 다만 직접법은 개별 계정과목에 대해 직접 현금흐름을 파악하는 반면, 간접법은 전체적인 금액을 당기순이익에 대해 조정하는 점이 다르다.

손익계산서의 각 항목에 대해서 보다 구체적으로 위의 조정내용을 설명하면 다음과 같다.

손익계산서 항목에 대한 조정

손익계산서(당기손익) 구성요소	조정 항목 및 금액의 성격
매출액	매출채권 증감액 조정: 매출액과 현금회수액의 차이
− 매출원가	매입채무와 상품재고 증감액 조정: 매입과 현금지출의 차이
매출총이익	
+ 기타수익	현금유입이 없는 수익, 비영업활동 수익 차감, 미수수익 및 선수수익 조정
− 물류원가	현금유출이 없는 비용 가산, 선급비용 및 미지급비용 조정
− 관리비	현금유출이 없는 비용 가산, 선급비용 및 미지급비용 조정
− 금융원가	영업활동이 아닌 비용 가산
− 기타비용	현금유출이 없는 비용 가산, 비영업활동 비용 가산, 선급비용 및 미지급비용 조정
법인세비용차감전 순이익	
− 법인세 비용	미지급법인세 증감액 조정
당기순이익	

위의 표에서 각각의 손익계산서 구분에 대해서 필요한 조정을 다하고 나면 당기순이익의 금액이 바뀌게 되는데 그 금액이 바로 영업활동 현금흐름이다.

이러한 조정을 거쳐 당기순이익으로부터 영업활동 현금흐름을 계산하는 과정을 보여주는 것이 간접법에 의한 현금흐름표 작성방법이다. 간접법에 의한 현금흐름표는 다음과 같은 양식에 의해 작성된다.

간접법을 이용한 영업현금흐름 계산(조정)

1. 손익계산서상의 당기순이익
2. 현금유출이 없는 비용 등의 가산
   + 현금유출이 없는 영업활동 비용 : 감가상각비
   + 투자 및 재무활동에 따른 비용 : 유형자산처분손실
3. 현금유입이 없는 수익 등의 차감
   − 현금유입이 없는 영업활동 수익 : 지분법이익
   − 투자 및 재무활동에 따른 수익 : 유형자산 처분이익
4. 영업활동으로 인한 자산 및 부채의 변동
   − 영업활동 관련 유동자산 항목의 증가
   + 영업활동 관련 유동자산 항목의 감소
   + 영업활동 관련 유동부채 항목의 증가
   − 영업활동 관련 유동부채 항목의 감소
5. 영업활동 현금흐름

간접법에 의해서 영업활동 현금흐름을 계산함에 있어서 주의할 것은 반드시 영업활동에 따른 현금흐름만을 포함시켜야 한다는 점이다. 앞에서도 설명하였듯이 유동자산의 변동이 모두 영업활동과 관련된 것은 아니다. 예를 들면, 유동자산 중 매출채권, 상품, 선급비용과 유동부채 중 매입채무, 미지급비용 등은 영업활동과 관련된 항목이므로 간접법에 의한 영업현금 계산에 조정이 필요한 항목이다. 그러나 단기투자자산과 단기차입금은 각각 유동자산과 유동부채이지만 영업활동과 관련하여 발생한 항목이 아니라 전자는 투자활동, 후자는 재무활동의 결과인 것이다. 또한 매출채권이 아닌 미수금이나 매입채무가 아닌 미지급금은 영업활동이 아니라 투자활동과 관련하여 발생한 항목이다. 따라서 이러한 항목들에 대해서는 조정을 하지 않는다.

| 예제 6 : 간접법에 의한 현금흐름표 작성 |

(주)서울의 2016년 재무자료는 다음과 같다. 이 자료를 이용하여 간접법에 의한 영업활동 현금흐름을 계산하고 부분현금흐름표를 작성하시오. 기타영업비용은 전액 현금으로 지급하였다.

당기순이익: ₩170　　보험료: ₩80　　급여: ₩550
감가상각비: ₩80　　기타영업비용: ₩100　　이자비용: ₩30
무형자산처분이익: ₩10
매출채권 기초잔액: ₩230, 기말잔액: ₩330
매입채무 기초잔액: ₩100, 기말잔액: ₩140
상품재고 기초잔액: ₩280, 기말잔액: ₩220
선급보험료 기초잔액: ₩10, 기말잔액: ₩30
미지급급여 기초잔액: ₩20, 기말잔액: ₩70

☞ **해답**

I. 영업활동으로 인한 현금흐름		
1. 손익계산서상의 당기순이익	₩170	₩170
2. 현금유출이 없는 비용 등의 가산[1]		
+ 현금유출이 없는 영업활동 비용		
감가상각비	80	80
3. 현금유입이 없는 수익 등의 차감		
- 투자 및 재무활동에 따른 수익		
무형자산처분이익	(10)	(10)
4. 영업활동으로 인한 자산 및 부채의 변동		
- 영업활동 관련 유동자산 항목의 증가[2]	(120)	
+ 영업활동 관련 유동자산 항목의 감소[3]	60	
+ 영업활동 관련 유동부채 항목의 증가[4]	90	
- 영업활동 관련 유동부채 항목의 감소	(0)	30
5. 영업활동 현금흐름		₩270

1) 기타영업비용과 이자비용은 영업활동의 결과이므로 여기서 조정대상이 아니다.
2) 매출채권 잔액 증가 : ₩100 (= ₩330 - ₩230)
　선급보험료 잔액 증가 : ₩20 (= ₩30 - ₩10)
3) 상품재고 잔액 감소 : ₩60 (= ₩280 - ₩220)
4) 매입채무 잔액 증가 : ₩40 (= ₩140 - ₩100)
　미지급급여 잔액 증가 : ₩50 (= ₩70 - ₩20)

2. 투자활동 현금흐름

영업활동에 대해서는 직접법과 간접법이 있으나 투자활동과 재무활동은 투자활동별 및 재무활동별 현금흐름을 직접 파악한다. 이런 점에서 **투자활동 현금흐름**(cash flows from investing activities)과 **재무활동 현금흐름**(cash flows from financing activities)을 파악하는 방법은 직접법이라 할 수 있다. 투자활동은 유형자산, 무형자산 및 기타 장기성자산의 취득과 처분활동, 그리고 제3자에 대한 선급금 및 대여금의 제공이나 회수를 포함한다. 단기매매목적으로 보유하고 있는 유가증권이나 매출채권과 관련된 활동은 영업활동으로 분류한다.

투자활동 현금유입 = 유형자산, 무형자산 및 기타 장기성자산 매각대금의 현금수취액 + 선급금 및 대여금 회수

투자활동 현금유출 = 유형자산, 무형자산 및 기타 장기성자산 취득금액의 현금지출액 + 선급금 및 대여금 제공

유형자산의 처분과 취득으로부터의 현금흐름을 파악하기 위해서는 유형자산의 기초잔액과 기말잔액, 그리고 감가상각비 및 감가상각누계액의 내역을 파악하여야 한다. 그리고 유형자산의 취득은 전액 현금으로 이루어지지 않을 수 있다. 즉, 유형자산을 외상으로 취득하면 미지급금이 발생한다. 따라서 유형자산의 취득과 관련된 미지급금의 변동도 고려하여 기간 중의 현금지출액을 파악해야 한다. 또한 유형자산의 매각도 외상으로 이루어질 수 있다. 이 경우 발생하는 미수금도 고려하여 유형자산 매각으로부터 현금유입을 계산하여야 한다. 이는 무형자산에 대해서도 마찬가지이다. 즉, 무형자산의 변동, 무형자산 상각비와 무형자산 취득 및 처분과 관련한 미지급금 및 미수금을 고려하여야 한다.

| 예제 7 : 투자활동 현금흐름 |

(주)SG화학의 2016년 재무자료에 의하면 보유하고 있던 장부금액 ₩90의 산업재산권을 ₩100에 현금으로 매각하였다. 그리고 신규로 ₩600의 현금을 지급하고 유형자산을 취득하였다. 투자활동으로부터 현금흐름을 나타내는 부분현금흐름표를 작성하시오.

☞ **해답**

II. 투자활동으로 인한 현금흐름		
투자활동 현금유입액		
무형자산의 처분	₩100	
투자활동 현금유출액		
유형자산의 취득	(600)	(₩500)

☞ **해설**

무형자산을 ₩100의 현금에 처분하였으므로 ₩100의 현금유입이 있었다. 그리고 유형자산의 취득에 ₩600이 현금이 사용되었으므로 순현금유출은 ₩500이다. 무형자산처분이익 ₩10(처분금액 - 장부금액)도 투자활동과 관련된 현금유입이므로 이 부분에 포함시켜야 한다. 영업활동 현금흐름을 계산할 때 무형자산처분이익을 차감하는 것은, 무형자산처분이익이 영업활동으로부터 현금흐름이 아니므로 간접법에서 당기순이익에서 차감하여 투자활동의 현금흐름에 포함시키고자 하기 때문이다. 간접법에서 만일 당기순이익에서 차감하지 아니하면 무형자산처분이익이 현금유입으로 중복하여 계산된다.

3. 재무활동 현금흐름

재무활동은 영업활동이나 투자활동에 필요한 자금을 외부에서 조달하거나 상환하는 활동이며, 이 활동으로부터의 현금흐름을 **재무활동 현금흐름**(cash flows from financing activities)이라 한다. 재무활동은 단기차입금과 같이 주로 운전자금(단기자금)을 조달·상환하는 활동과 장기차입금, 사채 및 주식발행 등과 같이 장기자금을 조달·상환하는 활동을 모두 포함한다.

재무활동으로부터의 현금유입

차입금 조달 : 단기차입금이나 장기차입금으로부터의 실제 현금유입액

사채발행 : 사채발행을 통한 실제 현금유입액

유상증자 : 보통주 또는 우선주 발행을 통한 실제 현금유입액

재무활동으로 인한 현금유출

차입금 상환 : 단기차입금과 장기차입금의 상환을 위해 지출한 현금

사채상환 : 사채상환을 위해 지출한 현금

배당금 : 보통주나 우선주에 대한 현금배당[4]

장기차입금의 경우, 부채의 액면금액과 현금유입 또는 현금유출액은 다를 수 있다. 자금의 조달과 상환은 모두 현금의 실제 유입액 · 유출액을 사용해야 한다. 유의할 것은 장단기 차입금이나 회사채에 대한 이자지급은 한국채택국제회계기준 도입 전에는 재무활동이 아니라 영업활동으로 분류해왔지만, 도입 후에는 이자지급이 당기순손익의 결정에 영향을 미친다는 점에서 영업활동으로 분류할 수도 있고, 재무자원을 획득하는 원가라는 점에서 재무활동으로 분류할 수도 있게 된 것이다. 한편, 투자자산에 대한 수익으로 보아 종전에 투자활동으로만 분류해왔던 이자수입 및 배당금수입도 당기순손익의 결정에 영향을 미친다는 점에서 영업활동으로도 분류할 수 있게 되었다.

그리고 재무자원을 획득하는 비용으로서 종전에 재무활동으로만 분류해왔던 배당금지급은 재무제표이용자가 영업활동 현금흐름에서 배당금을 지급할 수 있는 기업의 능력을 판단하는 데 도움을 주기 위하여 영업활동 현금흐름의 구성요소로도 분류할 수 있게 되었다. 다만, 기업은 일단 선택한 분류를 매 기간 일관성 있게 적용하여야 한다.

| 예제 8 : 재무활동 현금흐름 |

(주)SG화학의 재무자료에 의하면 2016년에 장기차입금 ₩500을 조달하였으며 단기차입금 ₩50을 상환하였다. 자금사용에 대한 대가로서 2016년에 이자 ₩30과 배당금 ₩70이 지급되었다. 이 자료를 이용하여 부분현금흐름표를 작성하시오.

4. 한국채택국제회계기준에 의하면 배당금지급은 바로 다음에 설명하듯이 재무활동이나 영업활동으로 분류할 수 있으나, 본서의 예에서는 재무활동으로 분류하기로 한다.

☞ **해답**

III. 재무활동으로 인한 현금흐름		
재무활동 현금유입액		
장기차입금	₩500	
재무활동 현금유출액		
단기차입금 상환	(50)	
배당금지급	(70)	₩380

☞ **해설**

위 해답에서는 이자지급은 영업활동, 배당금 지급은 재무활동으로 분류하였다. 그러나 한국채택 국제회계기준에 의하면 이자지급은 영업활동, 투자활동 또는 재무활동으로, 배당금지급은 영업활동 또는 재무활동으로 기업이 임의로 선택하여 분류할 수 있다. 다만, 한번 선택하면 일관성은 유지하여야 한다.

지금까지 작성한 영업활동 현금흐름(순현금유입 ₩270), 투자활동 현금흐름(순현금유출 ₩500), 그리고 재무활동 현금흐름(순현금유입 ₩380)을 종합하면 전체적으로 ₩150의 순현금유입이 발생했음을 알 수 있다. 이는 현금계정의 증가액(기말잔액 - 기초잔액)과 정확히 일치한다.

4. 기타 사항

1) 이자와 배당금의 활동별 분류

이자와 배당금에 대해서는 앞에서 부분적으로 논의가 있었다. 하지만 이를 종합하여 정리하자면, 이자와 배당금의 수취 및 지급은 다음과 같이 분류한다. 다만, 분류를 한번 택하면 매기 일관성 있게 적용하여야 한다.

이자와 배당금의 활동별 분류

이자 수취 및 배당금 수취 :

- 금융회사 : 일반적으로 영업활동으로 분류
- 비금융회사 : 현금흐름의 분류방법에 대하여 재량적
  당기순손익의 결정에 영향을 미치므로 영업활동으로 분류 가능
  투자자산에 대한 수익으로 보아 투자활동으로 분류 가능
  K-IFRS에서는 '재무활동' 분류를 허용하나, 비논리적이어서 실무상 거의 없음

이자 지급 :

- 금융회사 : 일반적으로 영업활동으로 분류
- 비금융회사 : 현금흐름의 분류방법에 대하여 재량적
  당기순손익의 결정에 영향을 미치므로 영업활동 현금흐름으로 분류 가능
  재무자원이나 투자자산을 획득하는 원가로 보아 재무활동이나 투자활동으로 분류 가능

배당금 지급 :

- 재무자원을 획득하는 비용이므로 재무활동 현금흐름으로 분류 가능
- 재무제표이용자가 영업활동 현금흐름에서 배당금 지급 능력에 대한 판단에 도움을 주기 위해 영업활동 현금흐름의 구성요소로 분류 가능

2) 비현금활동의 표시

비현금활동(non-cash activities)이란, '현금의 유출이나 유입이 없는 투자활동 또는 재무활동'을 말한다. 예를 들어, 회사채 발행으로 토지 매입을 하거나, 장기차입금을 주식발행으로 상환하는 경우가 이에 해당된다.

한국채택국제회계기준(K-IFRS)에서는 이를 현금흐름표 본문이 아니라 주석 등으로 표시하도록 하고 있다.

그러나 미국회계기준(US GAAP)에서는 현금 유입과 유출을 각각 현금흐름표 본문에 표시할 수 있도록 허용하고 있다. 위의 예에서 회사채 발행으로 토지를 매입한 경우에 회사채 발행은 재무활동으로, 토지 매입은 투자활동으로 분류한다. 그리고 주식 발행으로 장기차입금을 상환한 경우에는 주식 발행은 재무활동의 현금 유입, 장기차입금 상환은 재무활동의 현금 유출로 분류하여 보고할 수 있다.

연습문제

❀ 개념설명 및 서술문제 ❀

01. 현금흐름표의 목적을 간략하게 서술하시오.

02. 현금흐름표에 나타나는 a) 영업활동, b) 투자활동, c) 재무활동과 관련하여,

(1) 각 분류에 들어갈 현금유입과 유출에 대해 각각 두 가지 예를 드시오.

(2) 기업의 장기적 관점에서 이 세 가지 활동 중 어느 활동에서 양(陽)의 현금흐름을 갖는 것이 중요한가? 왜 그런가?

(3) 이 세 활동 중에서 지속적으로 성장하는 기업에서 양(陽)의 순현금흐름(net cash flows)을 보일 가능성이 가장 낮은 활동은 어느 활동일까? 왜 그러한지 설명하시오.

03. 당기에 (주)평창은 보통예금에서 ₩5백만을 인출하여 어음관리계좌(CMA)에 넣었다. 이 거래는 현금흐름표에 나타날 것인가? 만약 그렇다면, 어느 부분에 나타나는가? 설명하시오.

04. (주)알펜시아의 당기순매출액이 ₩8억4천만에 달했고, 매출채권은 기초의 ₩9천만에서 기말에 ₩1억6천만으로 증가했다. 당기에 고객들로부터 회수한 현금을 계산하시오.

05. 당기순이익이 영업활동으로 인한 순현금흐름과 차이가 나는 요인 세 가지를 말하시오.

06. 영업활동으로 인한 순현금흐름 계산방식에서 직접법과 간접법의 차이점을 간략히 서술하시오.

07. 매입채무에 대한 현금상환은 영업활동으로 보는가 아니면 재무활동으로 보는가?

08. (주)용평의 자본금과 자본잉여금 계정에 당기 중 각각 ₩2억과 ₩3억이 대변에

기록되었다. 이 대변의 변화를 가져올 수 있었던 현금 거래의 유형을 말하고, 이 거래가 현금흐름표에서 어떻게 표시되는지 보이시오.

09. '비현금활동' 이란 무엇이며, 국제회계기준과 미국회계기준은 이를 각각 어떻게 현금흐름표에서 표시하도록 정하고 있는가?

❀ 계산 및 회계처리문제 ❀

기초문제

01. (주)금강의 총계정원장상 FVPL 금융자산 계정의 잔액 및 그 변동내역은 다음과 같다.

1월 기초 잔고 :	₩80,000
차변 분개 합 :	25,000
대변 분개 합 :	(30,000)
12월 31일 기말 잔고 :	₩75,000

그리고, 회사의 손익계산서에는 ₩1,000의 FVPL 금융자산평가이익과 ₩4,000의 FVPL 금융자산처분손실이 보고되어 있다. 회사의 FVPL 금융자산에는 현금성자산이 전혀 없다. 현금흐름표에 나타나야 하는 다음의 값을 구하시오.

(1) FVPL 금융자산의 매입액

(2) FVPL 금융자산의 매도로 인한 현금수취액

02. (주)동해의 당기 매출은 현금매출 ₩120,000과 외상매출 ₩350,000으로 이루어져 있다. 기중에 매출채권은 ₩20,000 감소하였다.

(1) 당기 중의 다음 값을 계산하시오.

a. 손익계산서에 수익으로 보고되는 매출액
b. 매출채권으로부터의 현금회수액
c. 고객으로부터 받은 현금수취액

(2) 고객으로부터 받은 현금수취액이 매출액과 왜 다른지 그 이유를 간략히 설명하시오.

03. (주)정동의 총계정원장에는 상품매입과 관련하여 다음과 같은 자료가 있다.

	기 초	기 말
재고상품	₩32,000	₩27,000
매입채무	20,000	22,000

회사의 당기 매출원가는 ₩550,000이었다. 당기 중 상품매입처에 지급한 현금액을 계산하시오.

04. (주)한성의 재무상태표와 손익계산서는 다음의 자료를 보여주고 있다.

	2017.12.31	2017.1.1
손익계산서		
당기순이익	₩350,000	
감가상각비	50,000	
무형자산 상각비	12,000	
유형자산처분이익	15,000	
투자자산처분손실	9,000	
재무상태표		
매출채권	₩220,000	₩280,000
매입채무	270,000	360,000
상품재고	330,000	260,000
선급비용	11,000	13,000
미지급비용	130,000	150,000

위의 자료를 이용하여 2017년도 부분현금흐름표를 작성하시오. 영업활동으로 인한 순현금흐름의 산정과정은 간접법을 이용하여 보이시오.

05. 다음은 (주)치악의 부분재무상태표이다. 이 표와 표 아래의 거래자료를 이용하여 (주)치악의 2017년도 투자활동으로 인한 현금흐름을 계산하시오.

부분재무상태표

	2016년 말	2017년 말
기계장치	₩3,000	₩4,800
감가상각누계액	2,400	1,900
미지급금	800	2,300

① (주)치악은 기중에 구 기계장치를 ₩1,200의 현금을 받고 처분하였다.
② (주)치악은 신 기계장치를 ₩3,500에 구입하였으며, 이 중 ₩1,500은 미지급 상태이다.
③ (주)치악의 기계장치처분이익은 ₩200이었다.
④ 미지급금은 모두 기계장치의 구입과 관련된 것이다.

06. 다음은 2017년 (주)설악의 현금유입과 유출에 관련된 활동들이다.

① 매출처로부터의 매출채권의 회수 ₩400
② 매입처로부터의 매입채무의 지급 ₩200
③ 토지와 건물의 취득 ₩900
④ 기계장치의 처분 ₩300
⑤ 종업원에 대한 급여 지급 ₩120
⑥ 특허권의 처분 ₩260
⑦ 장기차입금의 조달 ₩540
⑧ 단기차입금의 상환 ₩180
⑨ 차입금에 대한 이자지급 ₩40
⑩ 주주들에 대한 배당금 지급 ₩140
⑪ 차량운반구에 대한 보험료 지급 ₩210
⑫ 현금매출 ₩1,200
⑬ 선수임대료 수취 ₩360
⑭ 선급임차료 지급 ₩120

(1) 위의 자료에서 각각의 활동이 다음의 어느 활동에 속하는지를 구분하시오. 단, 이자지급은 영업활동, 배당금 지급은 재무활동으로 분류한다.

a. 재무활동으로 인한 현금유입:
b. 재무활동으로 인한 현금유출:
c. 투자활동으로 인한 현금유입:
d. 투자활동으로 인한 현금유출:
e. 영업활동으로 인한 현금유입:
f. 영업활동으로 인한 현금유출:

(2) 위의 자료를 이용하여 영업활동, 재무활동 및 투자활동으로 인한 순현금흐름을 계산하고, (주)설악의 2017년 순현금흐름을 계산하시오.

07. 다음은 (주)월악의 2017년 재무활동과 관련된 자료이다. 이 자료를 이용하여 (주)월악의 2017년 재무활동으로 인한 현금흐름을 계산하시오. 단, 이자지급은 영업활동, 배당금 지급은 재무활동으로 분류한다.

① 사채발행을 통해 ₩2,400을 조달하다.
② 단기차입금 중 ₩800을 상환하다.
③ 유상증자를 통해 ₩1,000을 조달하다.
④ 주주들에 대해 ₩260의 현금배당을 실시하였다.
⑤ 사채할인발행차금상각액을 포함한 이자 ₩200을 지급하다.

심화문제

01. 다음은 (주)한라의 2017년 현금흐름표를 작성하기 위한 재무상태표와 손익계산서이다. 이 자료를 이용하여 다음의 요구사항에 답하시오. 현금흐름표는 직접법을 이용하여 작성하시오. 단, 이자지급은 영업활동, 배당금 지급은 재무활동으로 으로 분류한다.

재무상태표

(주)한라

	2016년 말	2017년 말		2016년 말	2017년 말
자 산			부 채		
현　　금	₩600	₩810	매 입 채 무	₩160	₩240
매 출 채 권	200	260	미지급이자	100	80
상　　품	370	400	단기차입금	200	180
선급임차료	160	180	자 본		
선급보험료	180	200	자　본　금	1,040	1,040
단기대여금	290	140	이익잉여금	300	450
자산총계	1,800	1,990	부채와 자본총계	1,800	1,990

손익계산서

(주)한라 2017.1.1~2017.12.31

매 출 액		₩2,700
매출원가		1,650
매출총이익		₩1,050
기타수익		
이자수익	₩30	30
관리비		
급 여	₩810	
임 차 료	60	
보 험 료	50	(920)
금융원가		
이자비용	₩10	(10)
당기순이익		₩150

(1) 매출로부터의 현금유입 금액을 구하시오.

(2) 매입에 대한 현금유출 금액을 구하시오.

(3) 급여 등 영업비용의 현금지출 금액을 구하시오.

(4) 영업활동으로 인한 현금흐름 금액을 구하고, 부분현금흐름표를 작성하시오.

02. 다음은 (주)계룡의 2017년 손익계산서와 2016년과 2017년 재무상태표를 통해 추가적으로 얻어진 자료이다. 이 자료를 이용하여 간접법에 의한 영업활동으로 인한 현금흐름을 계산하시오. 단, 이자지급은 영업활동, 배당금 지급은 재무활동으로 분류한다.

손익계산서

(주)계룡 2017.1.1~2017.12.31

매 출 액		₩3,200
매출원가		1,700
매출총이익		₩1,500
기타수익		
이자수익	₩60	60
지분법평가이익		40
관리비		
급 여	₩720	

임 차 료	180	
보 험 료	120	
감가상각비	80	(1,100)
금융원가		
이자비용	₩80	(80)
기타비용		
유형자산처분손실	₩40	(40)
당기순이익		₩380

〈재무상태표로부터의 추가자료〉

① 매출채권의 기초잔액 ₩450, 기말잔액 ₩560

② 매입채무의 기초잔액 ₩220, 기말잔액 ₩340

③ 상품의 기초잔액 ₩320, 기말잔액 ₩280

④ 선급보험료의 기초잔액 ₩150, 기말잔액 ₩180

⑤ 선급임차료의 기초잔액 ₩180, 기말잔액 ₩240

⑥ 미지급급여의 기초잔액 ₩200, 기말잔액 ₩180

03. 다음은 현금흐름표를 작성하기 위한 (주)백두의 재무상태표와 손익계산서이다. 이 재무제표와 그 다음의 추가자료를 이용하여 (주)백두의 2017년 현금흐름표를 작성하시오. 단, 이자지급은 영업활동, 배당금 지급은 재무활동으로 분류한다.

재무상태표

(주)백두

	2016년	2017년		2016년	2017년
자 산			부 채		
현 금	₩920	₩890	매입채무	₩480	₩630
매출채권	650	940	미지급이자	100	160
상 품	220	420	단기차입금	330	430
선급임차료	60	80	장기차입금	690	840
선급보험료	40	60	퇴직급여충당부채	290	500
AC금융자산	2,100	2,400	자 본		
기계장치	1,800	2,100	자 본 금	3,000	3,000
감가상각누계액	(600)	(800)	이익잉여금	300	530
자산총계	₩5,190	₩6,090	부채와 자본총계	₩5,190	₩6,090

손익계산서

(주)백두 2017.1.1 ~ 2017.12.31

매 출 액		₩5,400
매출원가		3,250
매출총이익		₩2,150
기타수익		
이자수익	₩80	
유형자산처분이익	240	320
관리비		
급 여	₩1,100	
퇴직급여	210	
기계장치감가상각비	300	
임 차 료	120	
보 험 료	150	(1,880)
금융원가		
이자비용	₩60	(60)
당기순이익		₩530

① AC금융자산을 ₩300을 현금으로 구입하였다.
② 신 기계장치를 ₩1,000에 구입하였다.
③ 취득원가 ₩700(장부금액 ₩600)인 구 기계장치를 ₩840에 처분하였다.
④ 2017년 초 단기차입금 중 ₩200을, 장기차입금 중 ₩350을 상환하였고, 기중에 단기차입금 ₩300, 장기차입금 ₩500만큼을 다시 조달하였다.
⑤ 주주들에게 ₩300의 현금배당을 지급하였다.

(1) 직접법에 의한 현금흐름표를 작성하시오.

(2) 간접법에 의한 현금흐름표를 작성하시오.

Chapter **15**

재무제표분석

01 비교분석 | 02 비율분석 | 03 재무제표분석시 유의사항

01 비교분석

정보이용자의 의사결정과정과 목적은 아주 다양하기 때문에 이를 정형화하기는 어렵다. 그렇지만 한 기업에 대한 평가는 일반적으로 다음의 4단계 과정을 거친다. (i) 질적분석과 산업 및 기업의 경쟁전략을 분석하는 **경영전략분석**(business strategy analysis), (ii) 기업의 회계가 경영의 실질을 제대로 평가하는지를 분석하는 **회계분석**(accounting analysis), (iii) 앞의 회계분석에서 신뢰성이 확보된 재무제표 자료를 사용하여 여러 기법으로 기업의 수익성, 안정성 등을 분석하는 **재무제표분석**(financial statement analysis), 그리고 (iv) 앞의 3단계를 종합하여 재무제표를 추정하고 기업가치를 평가하는 **전망분석**(prospective analysis).

본 장에서는 위에서 3단계인 **재무제표분석**(financial statements analysis)에 초점을 두어 학습하고자 한다. 특히 재무제표분석에 일반적으로 많이 사용하는 기본적 분석기법을 배움으로써 이를 응용하여 다양한 의사결정에 이용할 수 있도록 하고자 한다. 이러한 기본적 분석에는 비교분석과 비율분석이 있다.

기업의 경영성과와 재무상태를 평가할 때, 투자자들은 주로 세 가지 비교, 즉 기업간 비교 및 산업평균과의 비교 그리고 기간별 비교를 통해 회계정보의 의사결정 유용성을 제고하게 된다.[1] 우선, 동종 산업에 속한 다른 기업들과 각종 지표를 비교하는 것은 당해 기업의 경쟁력을 평가하는 데 아주 유용하다. 특히 **산업평균**(industry average) **비교**는 한 기업에 대한 각종 지표를 산업평균과 비교함으로써 해당 산업 내의 그 기업

1. 이외에도 절대 벤치마크(absolute bench mark)와 비교하는 방법이 있다. 이는 자사의 총자산순이익률을 해당 국가의 장기산업평균총자산순이익률(예 : 미국의 경우, 11～13%)과 비교하거나, 자기자본순이익률을 그 기업의 자기자본비용(자기자본의 자금조달비용)과 비교하는 것으로서, 장기적으로 그 기업의 경쟁지위를 평가할 수 있게 해준다.

의 상대적 경쟁지위(competitive position)를 평가할 수 있게 해준다. 또한 재무변수 간의 관계와 중요한 추세의 변화를 감지하는 데 동일 기업의 각종 측정치에 대해서 다른 기간 간의 비교를 유용하게 사용할 수 있다. 이러한 **비교분석**(comparative analysis)을 위해서 크게 다음의 세 가지 분석기법이 유용하다.

1. 추세분석

추세분석(trend analysis)은 여러 회계기간에 걸쳐 재무제표의 시계열자료(time series data)를 평가하는 기법이다. 이에는 두 회계기간에 대한 ① 절대금액 또는 ② 증감률의 비교와 ③ 다년간의 추세비율 분석을 포함한다. 다년간 추세비율 분석에서는, 먼저 기준연도의 비교대상치를 100으로 두고 다른 연도의 값을 비교연도의 값으로 나누어 추세비율을 계산하여 장기추세를 파악하게 된다.

다음의 표는 2003년을 기준연도로 한 삼성전자의 매출액에 대한 5개년간의 추세분석 결과이다.

표 15-1 삼성전자의 5개년간 매출액 추세분석

	2003(기준연도)	2004	2005	2006	2007	비고
매출액(조원)	43.58	57.63	57.46	58.97	63.17	
전년대비 증감액(조원)	+3.77	+14.05	−0.17	+1.51	+4.2	
전년대비 증감률(%)	19.5	+32.2	−0.3	+2.6	+7.1	
5개년 추세	100	132	131	135	144	

상기 분석에 의하면, 매출의 절대금액이 지속적으로 증가함을 절대금액 및 증가율 비교로 알 수 있으나, 2005년의 경우 전년도의 급격한 성장에 따른 숨고르기로 미미한 성장의 감퇴를 볼 수 있다. 그리고 5개년 추세를 보면 기준연도인 2003년을 기준으로 봤을 때 지속적인 매출성장을 보여 2007년에는 기준연도 대비 약 44%의 성장을 보여주고 있다. 그러나 연도별 성장률을 이용할 때는 물가상승을 감안한 실질성장률을 검토해야 한다. 그 이유는 물가상승률 이상으로 성장해야지만 진정한 성장이라 할 수 있기 때문이다. 또한 환율변동도 고려하여야 한다. 만약 비교기간 중에 원화환율이 강세였다면 매출성장률이 비록 물가상승률을 밑돌았더라도 국제통화기준으로는 실질성장을 달성하였을 수도 있기 때문이다.

이러한 추세분석은 미래의 매출성장률을 추정하는 데 사용될 수도 있다. 다만, 산업의 특성상 계절성(seasonality)이 있으면 분기별 또는 반기별로 전년도의 동일 분·반기와 비교하여 비교분석을 함으로써 계절변동에 따른 추정의 왜곡을 방지하도록 해야 할 것이다.

상기 추세분석은 재무상태표 및 포괄손익계산서의 주요 항목별로 따로 또는 종합적으로 이루어질 수 있다.

2. 구성비율분석

구성비율분석(component ratio analysis)은 **공통형분석**(common-size analysis)이라고도 부르는 것으로 재무제표의 각 항목을 기본항목(base)에 대한 비율로 표현하여 비교하는 기법이다. 일반적으로 **공통형재무상태표**에서는 총자산(또는 부채와 자본총계)을 기본항목으로 하고 **공통형포괄손익계산서**에서는 매출액을 기본항목으로 하여 각 세부항목을 이의 백분율로 표시한다.

공통형재무상태표에 대해 다음 〈표 15-2〉와 같은 현대자동차의 예를 들어 보기로 하자.

〈표 15-2〉는 총자산(또는 부채와 자본총계)을 100으로 두고 각 세부항목을 이의 백분율로 표시하고 있다. 2007년도 중 현대자동차는 몇 가지 재무상태의 변화를 보여주고 있다. 우선 총자산은 전년 대비 12% 증가하였으며 투자자산의 금액이 크게 증가하였고 그 비중 면에서도 다소 증가한 것을 볼 수 있다. 하지만 당좌자산의 경우는 금액은 증가했지만 비중은 오히려 약간 감소한 것을 볼 수 있다. 그 결과 유동자산은 그 금액이 약 8,800억원 증가했지만 비율은 30%에 머물렀다. 한편, 유형자산은 그 금액이 3,500억원 증가하였지만 비율은 35.8%에서 32.9%로 크게 떨어졌다. 비유동자산은 투자자산의 증가로 그 비중이 0.2% 포인트[2](이하 'p' 로 표시) 증가하였다. 한편 부채를 보면, 유동부채 금액의 대폭적인 증가에도 불구하고 총부채에서 차지하는 비중이

2. 비율에서 포인트(point) 변화는 퍼센트 값의 변화분을 의미한다. 이를테면 A라는 항목의 비중이 8%에서 10%로 변하는 경우, 비율로 말하면 25% 증가한 것이지만 보통 2% 포인트 증가했다고 말한다. 이러한 예는 특히 이자율 변동을 언급할 때 자주 보는데, 이자율이 4%에서 3%로 하락하면 1% 포인트 하락했다고 한다. 사실상 하락율은 25% 이다.

표 15-2 현대자동차의 공통형재무상태표

	2007년 12월 31일		2006년 12월 31일	
	금액(백만원)	비율(%)	금액(백만원)	비율(%)
자산				
Ⅰ. 유동자산	8,921,168	30.1	8,043,005	30.4
(1) 당좌자산	7,472,194	25.3	6,823,419	25.8
(2) 재고자산	1,448,974	4.9	1,219,586	4.6
Ⅱ. 비유동자산	20,665,761	69.8	18,386,953	69.6
(1) 투자자산	9,079,373	30.7	7,802,882	29.5
(2) 유형자산	9,721,065	32.9	9,465,474	35.8
(3) 무형자산	1,381,124	4.7	1,118,597	4.2
자 산 총 계	29,586,929	100.0	26,429,958	100.0
부채				
Ⅰ. 유동부채	7,055,992	23.8	6,333,745	24.0
Ⅱ. 비유동부채	4,328,306	14.6	4,045,385	15.3
부 채 총 계	11,384,298	38.5	10,379,130	39.3
자본				
Ⅰ. 자본금	1,486,980	5.3	1,484,942	5.6
Ⅱ. 자본잉여금	5,439,915	18.3	5,409,005	20.5
Ⅲ. 이익잉여금	11,446,497	38.7	10,090,465	38.2
Ⅳ. 자본조정	(-)718,855	-2.4	(-)933,584	-3.5
자 본 총 계	18,202,631	61.5	16,050,828	60.7
부채와 자본총계	29,586,929	100	26,429,958	100.0

0.2%p 감소하였으며 총부채의 비중도 0.8%p 줄어들었다. 자본은 2007년도에 당기순이익 1.7조원(아래 손익계산서 참조) 발생의 영향으로 이익잉여금이 크게 늘어나 전체적으로 총자본이 약 2.2조원, 총자산에 대한 비중이 0.8%p 증가하였다.

〈표 15-3〉은 현대자동차의 2개 연도 공통형손익계산서이다. 이 표는 매출을 100으로 두고 각 세부항목을 이에 대한 비율로 표시하고 있다. 2007년도 현대자동차의 매출은 전년 대비 12% 증가한 데 비해 매출원가가 10% 미만의 증가에 그쳐 매출총이익은 19%나 증가했고, 판매관리비의 10% 미만 증가에 힘입어 영업이익이 47%나 대폭 증가하였다. 반면, 영업외수익은 22%나 줄어들었다.

최종적으로 당기순이익이 0.15조원, 전년 대비 10% 증가하였다. 이를 통해 기업의 수익적 경영환경 측면에서 점점 더 개선되었음을 알 수 있다.

표 15-3 현대자동차의 공통형손익계산서

	2007년도		2006년도	
	금액(백만원)	비율(%)	금액(백만원)	비율(%)
Ⅰ. 매출액	30,489,129	100.0	27,335,368	100.0
Ⅱ. 매출원가	24,638,849	80.8	22,408,572	82.0
Ⅲ. 매출총이익	5,850,280	19.1	4,926,796	18.0
Ⅳ. 판매비와관리비	4,035,299	13.2	3,692,348	13.5
Ⅴ. 영업이익	1,814,981	6.0	1,234,448	4.5
Ⅵ. 영업외수익	1,459,087	4.8	1,858,949	6.8
Ⅶ. 영업외비용	1,052,041	3.5	1,207,514	4.4
Ⅷ. 경상이익	2,222,027	7.3	1,885,883	6.9
Ⅸ. 법인세비용차감전순이익	2,222,027	7.3	1,885,883	6.9
Ⅹ. 법인세비용	539,608	1.8	359,820	1.3
Ⅺ. 당기순이익	1,682,419	5.5	1,526,063	5.6

표 15-4 현대자동차의 현금흐름표

(단위 : 백만원)

	2007년도	2006년도
Ⅰ. 영업활동으로 인한 현금흐름	2,306,384	1,259,419
1. 당기순이익	1,682,419	1,526,063
2. 현금의 유출이 없는 비용 등의 가산	2,436,107	2,528,393
3. 현금의 유입이 없는 수익 등의 차감	△614,052	△931,920
4. 영업활동으로 인한 자산·부채의 변동	△1,198,090	△1,863,117
Ⅱ. 투자활동으로 인한 현금흐름	△2,108,848	△882,492
1. 투자활동으로 인한 현금유입액	5,517,230	5,176,607
2. 투자활동으로 인한 현금유출액	△7,626,078	△6,059,099
Ⅲ. 재무활동으로 인한 현금흐름	△134,149	△797,531
1. 재무활동으로 인한 현금유입액	2,635,711	12,717,811
2. 재무활동으로 인한 현금유출액	△2,769,860	△13,515,342
Ⅳ. 합병으로 인한 현금흐름	–	–
Ⅴ. 현금의 증가(감소) (I + II + III +IV)	63,387	△420,604
Ⅵ. 기초의 현금	1,382,678	1,803,282
Ⅶ. 기말의 현금	1,446,065	1,382,678

참고로, 본 절과 직접 관계는 없지만 뒤에서 배우게 될 비율분석시에 필요한 현대자동차의 요약현금흐름표를 보면 〈표 15-4〉와 같다. 이 현금흐름표에 의하면 2007년도에 현대자동차는 영업활동에서 2조3천억 원의 현금을 창출하여 투자활동과 재무활동에 각각 2조1천억 원과 1천3백억 원을 사용하였다. 그 결과 기말 현금잔액은 기초 대비 6백억 원 증가하였다. 이를 2006년도와 비교해 보면, 영업활동에서의 현금창출이 1조4백억 원 증가하였으며, 재무활동에 대한 현금지출(부채상환 등)이 6천6백억 원 감소하였고, 투자활동에의 지출은 1조2천억 원 증가한 것을 알 수 있다.

3. 비율분석

비율분석(ratio analysis)이란 재무제표의 각 항목이 서로 어떠한 상관관계가 있는가를 파악하는 것이다. 비율을 나타내는 방법에는 여러 가지 방법이 있을 수 있다. A와 B 항목의 관계를 'A와 B는 2:1이다'로 나타낼 수도 있고, 'A는 B의 200%이다'라고 보여줄 수도 있다. 어떻게 표현하는지는 관계가 없다. 다만, 비율이 의미를 지니기 위해서는 비교항목 간에 중요한 상관관계가 존재하여야 하며 이 상관관계가 논리적으로 설명이 가능하여야 한다. 비율분석을 이용하면 재무제표 각 항목 간의 관계를 쉽게 이해할 수 있고 각 항목간의 관계가 비율별로 한 숫자로 표시되기 때문에 재무제표의 분석이 아주 용이해진다. 제2절에서는 비율에는 어떠한 것이 있으며 어떻게 활용할 수가 있는지를 학습한다.

02 비율분석

재무제표정보를 이용하여 계산하는 재무비율에는 수익성비율, 효율성(활동성)비율, 유동성비율 및 지급능력비율이 있다.

1. 수익성비율

기업의 수익성은 궁극적으로 그 기업의 부채와 자기자본을 포함한 자본조달능력, 유동성 상태 및 성장잠재력에 영향을 미친다. 수익성비율(profitability ratios)은 일정 회계기간 동안 한 기업실체의 영업실적 또는 이익을 보여주는 비율로서 분자는 각종 이익(순이익, 매출총이익 등)이고, 분모는 투자금액 또는 매출액(총자산, 자기자본, 매출액 등)이다. 일반적으로 널리 사용되고 있는 수익성비율은 다음과 같다.

1) 매출총이익률

매출총이익률(gross profit ratio, gross margin ratio)의 산식과 이 산식을 〈표 15-3〉의 자료에 적용한 현대자동차의 2007년도 매출총이익률은 다음과 같다.

$$매출총이익률 = \frac{매출총이익}{매출액} = \frac{5,850,280백만원}{30,489,129백만원} = 19.2\%$$

매출총이익률은 매출액에서 매출원가를 차감한 매출총이익이 매출액에서 차지하는 비율, 즉 매출총이익마진을 말한다. 매출총이익률에 영향을 미치는 요인은 판매마진의 축소를 통한 매출증대 전략, 경쟁격화에 의한 판매가격의 하락, 상품 또는 제품의 원가 상승, 상품배합(product mix)의 변화 등이 있을 수 있다.

현대자동차의 2007년도 매출총이익률은 전년도 대비 1.2%p 개선되었다.

2) 매출액순이익률

매출액순이익률(ROS : return on sales; profit margin ratio)의 산식과 이 산식을 〈표 15-3〉의 자료에 적용한 현대자동차의 2007년도 매출액순이익률은 다음과 같다.

$$매출액순이익률 = \frac{순이익}{매출액} = \frac{1,682,419백만원}{30,489.129백만원} = 5.5\%$$

이는 매출에 대한 순이익의 비율로서 순이익은 기업경영의 순성과이므로 경영의 모든 활동이 이에 영향을 미친다고 할 수 있다. 분자에 순이익 대신 영업이익을 사용할 수도 있으며 이는 영업외활동과 관련된 성과를 제외한 순수 영업활동에 의한 이익률을 의미한다.

현대자동차의 2007년도 매출액순이익률은 전년도 대배 0.1%p 감소되었다.

3) 총자산순이익률

총자산순이익률(ROA : return on assets)의 산식과 이 산식을 〈표 15-2〉 및 〈표 15-3〉의 자료에 적용한 현대자동차의 2007년도 총자산순이익률은 다음과 같다.

$$\text{총자산순이익률} = \frac{\text{순이익}}{\text{평균총자산}} = \frac{1{,}682{,}419\text{백만원}}{\dfrac{26{,}429{,}958\text{백만원} + 29{,}586{,}929\text{백만원}}{2}}$$

$$= 6.0\%$$

총자산순이익률은 기업의 총체적 수익성을 나타내는 비율로서 그 기업에 투자된 화폐단위당 얼마의 이익을 올렸는가를 보여준다. 이는 그 기업이 형성한 비즈니스모델의 수익성이라고도 볼 수 있다.

앞의 산식에서 2007년 초와 2007년 말 총자산의 평균을 분모에 사용하였는데 일반적으로 재무상태표 금액과 손익계산서 금액을 동시에 사용하여 비율을 계산하는 경우 재무상태표 금액은 기간 초와 기간 말 금액의 평균을 사용한다. 그 이유는 손익계산서는 일정 기간에 대한 성과인 반면에 재무상태표는 일정 시점에서의 재무상태이기 때문이다.

현대자동차의 2007년도 총자산순이익률은 전년도 대배 0.3%p 줄어들었다.

4) 자기자본순이익률

자기자본순이익률(ROE : return on common stockholders' equity)의 산식과 이 산식을 〈표 15-2〉, 〈표 15-3〉 및 이익잉여금처분계산서상의 우선주배당금 자료에 적용한 현대자동차의 2007년도 자기자본순이익률은 다음과 같다.

$$\text{자기자본순이익률} = \frac{\text{순이익} - \text{우선주배당금}}{\text{평균자기자본}}$$

$$= \frac{1{,}682{,}419\text{백만원} - 390{,}199\text{백만원}}{\dfrac{(16{,}050{,}828\text{백만원} - 331{,}011\text{백만원}) + (18{,}202{,}631\text{백만원} - 331{,}011\text{백만원})}{2}}$$

$$= 7.7\%$$

이때 평균자기자본은 자기자본에서 우선주자본금을 차감한 보통주자기자본의 기초금액 및 기말금액의 단순 평균을 말한다.

현대자동차의 경우 자기자본순이익률은 7.7%로서 앞에서 본 총자산순이익률 6.0%보다 훨씬 높음을 알 수 있다. 이는 현대자동차의 부채 조달비용(세후 이자율)이 6.0%보다 낮기 때문에 자기자본에 추가하여 부채를 조달하여 사업을 한 결과 자기자본순이익률을 증가시킬 수 있었음을 의미한다. 이를 **레버리지 효과**(leverage effect)라고 하는데, 만약 불경기가 되어 자기자본순이익률이 부채의 이자율 아래로 떨어질 경우에는 그 반대의 효과, 즉 자기자본순이익률이 총자산순이익률보다 밑도는 결과가 초래될 것이다. 자기자본순이익률은 현재 및 잠재적 주주들이 가장 관심을 가지는 매우 중요한 비율이다.

현대자동차의 2007년도 자기자본순익률은 전년도보다 1.9%p 감소한 것이다.

5) 주당이익

주당이익(EPS : earnings per share)은, 제13장에서 본 바와 같이, 기본주당이익과 희석주당이익으로 구분된다. 여기서는 기본주당이익을 주당이익으로 보기로 한다. 주당이익 산식과 이 산식을 〈표 15-2〉 및 〈표 15-3〉의 자료에 적용한 현대자동차의 2007년도 주당이익은 다음과 같다.

$$\text{주당이익} = \frac{\text{순이익} - \text{우선주배당금}}{\text{가중평균유통보통주식수}}$$

$$= \frac{1,682,419\text{백만원} - 390,199\text{백만원}}{\frac{207,776,640 + 208,194,947}{2}}$$

$$= 6,213\text{원}$$

위 식에서 분모는 단순화를 위해 유통보통주식수의 기초와 기말의 평균으로 한다. 즉, 2006년 말과 2007년 말 현대자동차의 유통보통주식수는 각각 207,776,640주와 208,194,947주이다.

주주들은 일반적으로 자기가 보유하거나 매입 또는 매각할 주식이 한 주당 얼마의 이익을 벌고 있는지에 대한 정보에 특별히 관심이 많다. 그것은 가장 단순하면서도 명백한 성과측정치를 제공해 주기 때문이다. 이러한 정보를 제공해 주는 지표가 주당이익이다. 이때 일반적으로 주주는 보통주주를 의미하며, 따라서 분자로서 보통주주에게 귀속되는 순이익, 즉 순이익에서 우선주배당금을 차감한 이익을 사용한다. 공시된 손익계산서에 의하면 현대자동차의 2006년도 주당이익은 약 ₩5,636이었으므로 2007년도에 전기대비 경영성과가 대폭 개선되었음을 알 수 있다.

6) 주가순이익비율

주가순이익비율(PER : price-earnings ratio)의 산식과 이 산식을 〈표 15-2〉 및 〈표 15-3〉의 자료에 적용한 현대자동차의 2007년도 주가순이익비율은 다음과 같다.

$$\text{주가순이익비율} = \frac{\text{주가}}{\text{주당순이익}} = \frac{71,600\text{원}}{6,207\text{원}} = 11.5$$

이때 분자는 기말 종가를 사용하고 분모는 앞에서 보여준 EPS를 사용한다. 현대자동차의 주가는 주당순이익의 11.5배에서 형성되고 있음을 알 수 있다. 이는 전년도의 9.6배에 비하면 상당폭 개선된 것이다. PER는 자주 인용되고 있는 통계치로서 투자자들의 그 기업에 대한 미래 이익 전망을 나타내 주고 있다. 따라서 고성장이 기대되는 기업의 PER는 그렇지 않은 기업에 비해 아주 높게 형성된다. 우리나라 기업의 경우에는 선진국의 유사한 기업에 비해 PER가 저평가되어 있는 바, 이를 코리아디스카운트(Korea discount)라 부르고 있다. 이것은 경영환경, 경영·회계투명성, 정치·군

사·지리적 환경 등에 기인하는 것으로 알려져 있다.

7) 배당성향

배당성향(payout ratio)은 순이익 중에서 현금으로 주주에게 지급하는 비율을 나타내 준다. 고성장 기업의 경우는 순이익의 대부분을 그 기업에 재투자하기 때문에 배당성향이 일반적으로 성숙기(성장기 다음)의 기업보다 낮게 된다.

배당성향의 산식과 이 산식을 적용한 현대자동차의 2007년도 배당성향은 다음과 같다.

$$\text{배당성향} = \frac{\text{배당액}}{\text{순이익}} = \frac{275{,}997\text{백만원}}{1{,}682{,}419\text{백만원}} = 16.4\%$$

이때 분자는 해당 연도의 총배당액을, 분모는 순이익을 사용한다. 현대자동차의 2007년도의 배당성향 16.4%는 전기인 2006년도의 18.0%보다 낮은 편이다. 이는 2007년도의 경영성과가 전년도에 비해 개선되었으나(순이익이 10% 증가) 주당 배당액을 전기 수준과 비슷하게 유지하는 배당정책을 견지한 결과이다. 따라서 총배당액은 소폭 증가한 반면 순이익이 대폭 증가한 결과 배당성향에 차이를 보이고 있다. 보통의 경우, 배당정책에 관해 상당한 결정권을 가지고 있는 경영진이 경영성과 변동에 연계하여 배당액을 급격하게 변동시키기를 일반적으로 꺼려하기 때문에 배당성향을 일정하게 유지하고자 하는 경향이 있다.

배당의 다른 비율로는 배당수익률(dividend yield)이 있는데 주당배당액을 주가로 나누어 표시하며 이는 투자자가 주식의 공정가치 대비 배당으로 얻은 수익의 비율을 의미한다. 투자자의 입장에서 보면 배당수익률이 투자액의 최근 가치에 대한 배당수익을 나타내주므로 액면금액에 대비한 수익률보다는 의미가 더 클 것이다. 한편, 주식투자에 대한 총수익률을 측정하려면 배당수익에다 주가상승에 의한 시세차익도 합산하여야 한다.

2. 효율성비율 또는 활동성비율

자산의 전체 혹은 특정 자산그룹 또는 자기자본이 얼마나 효율적으로 운용되고 있는지를 보여주는 비율을 **효율성비율**(efficiency ratios), **활동성비율**(activity ratios) 또는 **회전율**(turnover ratios)이라 부른다. 이 비율은 총자산, 자기자본, 재고자산, 매출채권 등이 분모가 되고 매출관련 항목이 분자가 되어 측정된다. 또한 이들 회전율 지표를 응용하여 계산된 재고자산평균회전기간, 매출채권평균회수기간 등의 지표도 효율성비율에 속하는데, 평균적으로 얼마 동안 특정의 자산형태로 기업 내에 남아 있는가를 보여준다.

1) 총자산회전율

총자산회전율(asset turnover ratio)은 다음에 비율의 상관성에서 보는 바와 같이 자기자본순이익률의 결정인자 중의 하나로서 기업이 수익을 창출하기 위해서 얼마나 효율적으로 자산을 이용하고 있는가를 보여주는 지표이다. 총자산회전율의 산식과 현대자동차의 2007년도 총자산회전율은 다음과 같다.

$$\text{총자산회전율} = \frac{\text{매출액}}{\text{평균총자산}} = \frac{30{,}489{,}129\text{백만원}}{\dfrac{26{,}429{,}958\text{백만원} + 29{,}586{,}929\text{백만원}}{2}} = 1.08\text{회}$$

이는 투자된 총자산 1원당 얼마의 매출을 달성하였는가를 보여준다. 현대자동차의 2007년도 총자산회전율은 1.08회로서 전년도의 1.03회보다 다소 증가되었다. 이는 전년 대비 매출이 상승되었기 때문으로 2007년의 자산운용 효율성이 다소 향상되었음을 나타내 준다.

2) 자기자본회전율

자기자본회전율(equity turnover ratio)은 총자산회전율과 유사하게 타인자본을 제외한 자기자본이 얼마나 효율적으로 수익을 창출하는가를 보여준다. 그 산식과 현대자동차의 2007년도 자기자본회전율은 다음과 같다.

$$자기자본회전율 = \frac{매출액}{평균자기자본} = \frac{30,489,129백만원}{\frac{16,050,828백만원 + 18,202,631백만원}{2}}$$

$$= 1.78회$$

이는 2006년도의 1.76회에 비해 다소 증가된 것으로 그 이유는 앞에서 본 바와 같은 매출증가에 있어 보인다. 자기자본순이익률의 계산에서와는 달리 자기자본, 즉 자본총계에서 우선주자본금을 별도로 차감하지 아니한다.

3) 재고자산회전율

재고자산회전율(inventory turnover ratio)은 매출원가를 재고자산평균액으로 나누어 계산한다. 다음 산식에서 분자에 매출액 대신 **매출원가**를 사용한다는 점에 주목해야 하는데, 그 이유는 취득원가로 평가되는 재고자산이 결국 매출원가로 전환되기 때문이다. 재고자산회전율의 산식과 현대자동차의 2007년도 재고자산회전율은 다음과 같다.

$$재고자산회전율 = \frac{매출원가}{평균재고자산} = \frac{24,638,849백만원}{\frac{1,219,586백만원 + 1,448,974백만원}{2}}$$

$$= 18.47회$$

이는 재고자산의 운용 효율성을 나타내 주는 비율로서, 동 비율이 높을수록 상대적으로 낮은 수준의 재고자산으로 매출을 달성하는 것이므로 재고자산의 운용효율성이 높다고 할 수 있다. 이때 재고자산회전율이 높다고 무조건 좋다고 볼 수는 없다. 왜냐하면 적정수준의 재고자산은 마케팅 및 생산전략 면에서 필요하기 때문이다. 그러나 동종산업평균치에 비해 지나치게 낮다거나 계속 낮아지고 있는 추세라면 재고자산관리를 재점검하여 비효율성을 제거할 필요가 있다.

그리고 재고자산회전율에서 파생된 연관지표로 **재고자산평균회전기간**(days in inventory)이 있는 바, 이는 다음과 같이 계산된다.

$$재고자산평균회전기간 = \frac{365일}{재고자산회전율} = \frac{365일}{18.47회} = 20일$$

재고자산평균회전기간은 재고자산이 매입된 시점부터 판매되는 데 걸리는 평균기간을 보여주는 지표로서 재고자산의 유동성(liquidity)을 의미한다.

4) 매출채권회전율

매출채권회전율(receivables turnover ratio)은 매출채권의 유동성, 즉 현금화 속도를 보여주며 그 산식은 다음과 같다.

$$\text{매출채권회전율} = \frac{\text{순신용매출액}}{\text{평균매출채권}}$$

실무적으로 매출을 신용매출과 현금매출로 구분하는 것이 어렵기 때문에 현대자동차의 매출 전액을 신용매출이라고 간주하고 2007년도 매출채권회전율을 계산하면 다음과 같다.

$$\text{매출채권회전율} = \frac{30,489,129\text{백만원}}{\dfrac{1,558,631\text{백만원} + 2,196,795\text{백만원}}{2}} = 16.24\text{회}$$

또한 1년, 즉 365일을 매출채권회전율로 나누면 **매출채권평균회수기간**(average collection period)이 계산되는데 이는 매출채권이 현금으로 회수되는 데 걸리는 평균일수를 의미한다. 매출채권평균회수기간의 산식과 현대자동차의 2007년도 매출채권평균회수기간은 다음과 같다.

$$\text{매출채권평균회수기간} = \frac{365\text{일}}{\text{매출채권회전율}} = \frac{365\text{일}}{16.24\text{회}} = 22\text{일}$$

위에서 보면 현대자동차의 매출채권은 연간 약 16회전하며 평균적으로 22일 만에 회수됨을 알 수 있다. 매출채권의 회수기간은 중요한 마케팅 전략의 하나이기 때문에 사전에 목표 회수기간을 정해놓기 마련이다. 이를 실제회수기간과 비교하여 신용매출 정책을 강화하거나 완화해 나가게 된다.

한편, 여기서 우리는 현대자동차의 영업순환주기(operating cycle), 즉 재고자산의 매입에서부터 판매를 거쳐 현금으로 회수되기까지의 기간이 얼마인지 짐작할 수 있다.

이 기간은 재고자산의 보유일수를 나타내는 재고자산평균회전기간(20일)과 매출채권평균회수기간(22일)의 합인 42일이다. 현대자동차의 영업순환주기는 6주일 정도임을 알 수 있다. 이는 전년도의 수치 37일에 비해 5일 증가한 것으로 영업효율성이 다소 둔화되었음을 말해준다.

3. 유동성비율

유동성비율(liquidity ratios)은 기업의 만기도래 부채원리금 및 예상하지 못한 현금지급수요에 대한 단기지급능력(short-term paying ability)을 측정해서 보여주는 지표이다. 이 지표는 주로 단기부채에 대하여 이에 대한 상환자금의 원천인 유동자산의 비율로써 측정된다. 주로 은행경영자, 납품업자 등의 단기채권자들이 기업의 유동성을 평가하기 위해 이들 비율에 특별한 관심을 보인다.

1) 유동비율

유동비율(current ratio)은 한 기업의 유동성을 평가하는 대표적인 비율로서 그 산식과 현대자동차의 2007년도 말 유동비율은 다음과 같이 계산된다.

$$\text{유동비율} = \frac{\text{유동자산}}{\text{유동부채}} = \frac{8{,}921{,}168\text{백만원}}{7{,}055{,}992\text{백만원}} = 1.26(\text{또는 } 126\%)$$

유동비율은 기업의 단기적 부채상환능력 평가시 가장 많이 사용되며 일반적으로 2(200%) 이상이면 충분하다고 평가된다. 현대자동차의 경우 이보다는 낮은 수준이지만 다음에서 볼 당좌비율과 함께 고려하면 우려할 수준은 아니라고 판단된다. 또한 유동자산에서 유동부채를 차감한 잔액을 **운전자본**(working capital)이라고 부르며 금액기준의 유동성을 보여준다.

유동비율에서 유의할 점은, 첫째, 이 비율은 연말 한 시점 기준으로 계산되기 때문에 구매의 지연 또는 유동부채의 일시상환 등으로 의도적인 조정을 할 수 있으며, 둘째, 너무 높은 유동비율은 자산운용의 비효율성을 나타내 줄 수도 있다는 것이다. 따라서 유동비율은 절대금액 수준을 보여주는 운전자본과 동시에 검토되어야 한다.

2) 당좌비율

당좌비율(quick ratio)은 **산성시험비율**(acid test ratio)이라고도 하는데, 유동자산 중 유동성이 비교적 낮다고 볼 수 있는 재고자산을 제외한 당좌자산을 이 비율의 분자로 사용한다. 당좌비율은 유동비율보다 유동성을 더 보수적으로 평가하는 데 사용된다. 유동비율의 산식과 현대자동차의 2007년도 말 당좌비율은 다음과 같다.

$$\text{당좌비율} = \frac{\text{당좌자산}}{\text{유동부채}} = \frac{\text{유동자산} - \text{재고자산}}{\text{유동부채}}$$

$$= \frac{8{,}921{,}168\text{백만원} - 1{,}448{,}974\text{백만원}}{7{,}055{,}992\text{백만원}} = 1.06(\text{또는 } 106\%)$$

일반적으로 당좌비율은 1(100%) 이상이면 유동성이 양호하다고 평가된다. 현대자동차의 경우 당좌비율이 1.06이므로 유동성이 양호하다고 할 수 있다. 그러나 유동비율에서와 마찬가지로 당좌비율도 조작가능성이 상존하므로 그 이용시 주의하여야 한다.

3) 현금유동부채보상비율

현금유동부채보상비율(current cash debt coverage ratio)은 영업활동에서 조달된 현금이 유동부채를 상환하기에 충분한지를 나타내주는 지표이다. 이 지표는 유동비율 및 당좌비율 등 일정 시점에서 측정되는 비율의 단점을 보완하기 위해 마련된 것이다. 현금유동부채보상비율의 산식과 〈표 15-2〉~〈표 15-4〉를 이용하여 계산한 현대자동차의 2007년도 동 비율은 다음과 같다.

$$\text{현금유동부채보상비율} = \frac{\text{영업현금흐름}}{\text{평균유동부채}}$$

$$= \frac{2{,}306{,}384\text{백만원}}{\frac{6{,}333{,}745\text{백만원} + 7{,}055{,}992\text{백만원}}{2}} = 0.34$$

이 비율은 회계기간 전체의 현금흐름과 평균 유동부채를 사용하기 때문에, 한 시점의 금액들만의 정태적 비율인 다른 유동성비율들보다 더 우수한 지표라고 볼 수 있다. 일반적으로 0.40이 동 비율의 기준치이므로, 현대자동차의 경우 이 비율로 본 유동성은 약간 미흡하다고 할 수 있으나 전년도(0.16)에 비해서는 대폭 개선된 것이다.

4. 장기지급능력비율

장기지급능력비율(solvency ratios)은 기업이 장기간에 걸쳐 존속할 수 있는 능력, 즉 장기적인 부채 원리금을 만기도래 시 상환할 수 있는 능력을 보여주는 지표이다. 따라서 이 비율을 **안정성비율**(safety ratios)이라고도 한다. 주로 장기채권자와 주주들이 이 비율에 관심을 가진다.

1) 부채비율

부채비율(debt to equity ratio)은 자기자본에 대한 부채의 비율로 계산되며 재무레버리지를 나타낸다. 이 비율이 높을수록 만기도래 부채 원리금의 상환능력이 부족함을 의미하며 낮을수록 부채상환을 위한 자산여유분이 있음을 보여준다. 부채비율의 산식과 현대자동차의 2007년도 말 부채비율은 다음과 같다.

$$\text{부채비율} = \frac{\text{부채}}{\text{자기자본}} = \frac{11,384,298\text{백만원}}{18,202,631\text{백만원}} = 0.63(\text{또는 } 63\%)$$

채권자 입장에서는 부채비율이 낮을수록 더 좋을 것이다. 현대자동차의 부채비율 0.63은 매우 보수적인 안정성 기준인 1.0보다도 매우 낮으므로, 장기적인 재무안정성이 아주 양호하다고 할 수 있다. 특히 우리나라의 경우, 기업이 많이 소유하고 있는 부동산이 취득원가로 표시되어 있기 때문에 부채비율 등으로 표시되는 지급능력은 비교적 저평가되는 경향이 있다고 할 수 있다.

부채비율을 다른 방법으로도 표시할 수도 있는데, 예를 들어 부채총자산비율(debt to total assets ratio)은 부채의 총자산에 대한 비율로 측정하고 있다. 이의 산식과 현대자동차의 2007년도 말 동 비율은 다음과 같다.

$$\text{부채총자산비율} = \frac{\text{부채}}{\text{총자산}} = \frac{11,384,298\text{백만원}}{29,586,929\text{백만원}} = 0.38(\text{또는 } 38\%)$$

현대자동차는 부채 원리금을 상환하는 데 총자산의 38%가 소요된다는 의미이므로 장기지급능력이 충분하다고 할 수 있다.

2) 현금부채보상비율

현금부채보상비율(cash debt coverage ratio)은 현금유동부채비율과 유사하게 현금흐름에 기초한 지급능력비율로서, 영업활동에서 조달된 현금으로 장·단기부채 전체를 충분히 상환할 수 있는지를 보여준다. 현금부채보상비율의 산식과 현대자동차의 2007년도 동 비율은 다음과 같다.

$$\text{현금부채보상비율} = \frac{\text{영업현금흐름}}{\text{평균부채}}$$

$$= \frac{2{,}306{,}384\text{백만원}}{\frac{10{,}379{,}130\text{백만원} + 11{,}384{,}298\text{백만원}}{2}} = 0.21$$

이 비율을 산업평균과 최근의 동 기업의 추세를 동시에 비교하여 분석하는 것이 합리적이며, 일반적으로 동 비율의 안전성 기준치가 0.20으로 알려져 있다. 이 점에서 현대자동차의 경우 이 비율로 평가한 장기지급능력은 무난하게 보인다.

3) 이자보상비율

이자보상비율(times interest earned ratio, interest coverage ratio)은 이자 및 법인세 지급 전 이익을 이자비용으로 나누어 계산한다. 이자 및 법인세 지급 전 이익은 이자지급에 사용될 수 있는 이익총액을 나타내주기 때문에, 이 비율은 기업이 벌어들인 이익으로 이자를 지급할 수 있는 능력을 보여준다. 현대자동차의 2007년도 이자보상비율은 다음과 같이 계산된다.

$$\text{이자보상비율} = \frac{\text{순이익} + \text{이자비용} + \text{법인세비용}}{\text{이자비용}}$$

$$= \frac{1{,}682{,}419\text{백만원} + 158{,}409\text{백만원} + 539{,}608\text{백만원}}{158{,}409\text{백만원}} = 15.03$$

위의 계산에서 보듯이 현대자동차는 이자비용의 15.03배를 벌고 있으므로 이자부담은 거의 없다고 볼 수 있다. 한편, 실제 이자비용의 지급은 현금으로 이루어지므로 이 비율의 분자에 영업현금흐름을 이용하기도 한다. 양 비율을 동시에 고려하여 판단하면 보다 정확한 분석이 될 수 있을 것이다.

4) 잉여현금흐름

기업은 영업능력의 유지와 미래성장을 위해 영업활동에서 조달된 현금흐름 중 일부를 재투자해야 하는 바, 이러한 투자활동 현금흐름을 영업현금흐름에서 차감한 현금흐름이 바로 최종적으로 기업이 가지는 여유 현금흐름이다. 이를 **잉여현금흐름**(free cash flow) 또는 **순현금흐름**이라고 부른다. 현대자동차의 2007년도 잉여현금흐름(free cash flow)은 다음의 식으로 계산된다.

$$\begin{aligned} \text{잉여현금흐름} &= \text{영업현금흐름} - \text{투자활동 현금흐름} \\ &= 2{,}306{,}384\text{백만원} - 2{,}108{,}848\text{백만원} \\ &= 197{,}536\text{백만원} \end{aligned}$$

기업은 잉여현금흐름으로 이자, 배당금, 차입금상환 등으로 지급하며 남은 현금이 있으면 재무자산에 운용하고 모자라면 추가차입 또는 증자를 통해 조달하게 된다. 따라서 이러한 잉여현금흐름은 이자, 배당금, 차입금상환 등의 지급능력을 보여주는 것으로 또 하나의 지급능력 지표이다. 현대자동차는 2007년도에 ₩1,975억원의 잉여현금흐름이 발생하여 이를 단기차입금의 상환 등에 사용하였다.

앞에서 배운 비율들을 요약한 것이 다음의 〈표 15-5〉이다.

표 15-5 주요 비율의 산식과 의미

	비율	계산식	의미
1. 수익성비율 (profitability ratios)	매출총이익률	매출총이익 / 매출액	매출총이익 마진
	매출액순이익률	순이익 / 매출액	매출의 순이익 마진
	총자산순이익률	순이익 / 총자산	총자산의 수익률
	자기자본순이익률	(순이익 − 우선주배당금) / 평균자기자본	보통주의 수익률
	주당이익	(순이익 − 우선주배당금) / 가중평균유통보통주식수	보통주 1주당 순이익금액
	주가순이익비율	주가 / 주당순이익	주가수준과 순이익의 관계
	배당성향	배당액 / 순이익	순이익 중 배당금 지급비율
2. 효율성비율 (efficiency ratios)	총자산회전율	매출액 / 평균총자산	자산의 수익창출 효율성
	자기자본회전율	매출액 / 평균자기자본	자기자본의 수익창출 효율성
	재고자산회전율	매출원가 / 평균재고자산	재고자산의 효율성
	재고자산평균회전기간	365일 / 재고자산회전율	재고자산의 유동화 기간 (보유기간)
	매출채권회전율	순신용매출액 / 평균매출채권	매출채권의 효율성
	매출채권평균회수기간	365일 / 매출채권회전율	매출채권 회수기간
3. 유동성비율 (liquidity ratios)	유동비율	유동자산 / 유동부채	단기 채무상환능력
	당좌비율	당좌자산 / 유동부채 또는 (유동자산 − 재고자산) / 유동부채	초단기 채무상환능력
	현금유동부채보상비율	영업현금흐름 / 평균유동부채	단기채무의 현금지급능력
4. 장기지급능력비율 (solvency ratios)	부채비율	부채 / 자기자본	부채의 상대적 크기
	현금부채보상비율	영업현금흐름 / 평균부채	장·단기채무에 대한 현금지급능력
	이자보상비율	(순이익 + 이자비용 + 법인세비용) / 이자비용	이익의 이자지급 능력
	잉여현금흐름	영업현금흐름 − 투자활동현금흐름	재무활동에 운용가능한 여유현금 크기

03 재무제표분석시 유의사항

1. 지속가능이익

한 기업의 가치는 궁극적으로 미래현금흐름에 의해 결정되며, 미래현금흐름은 과거 및 현재의 순이익(net income)을 가지고 추정하게 된다. 그러므로 이러한 순이익에는 비정상적(irregular)인 수익, 비용, 이익 및 손실이 포함되지 않도록 주의할 필요가 있다. 왜냐하면 비정상적인 항목들은 말 그대로 비정상적이므로 미래현금흐름의 추정을 왜곡시키기 때문이다. 비정상적인 항목을 수정한 순이익을 **지속가능이익**(sustainable income)이라고 부르며, 이는 미래에 달성될 가능성이 가장 높은 순이익 수준이다.

이 지속가능이익이 과거 및 현재의 성과 분석을 가장 정확하게 할 수 있게 할 뿐만 아니라 미래이익을 가장 정확하게 예측할 수 있도록 해주기 때문에 회계정보이용자들은 이에 관심을 기울인다. 예를 들어 (주)서울산업이 2015년도 순이익이 10억원인데 이 중 7억원은 평생에 한 번 있을까 말까 한 비정상적인 이익이었다고 하자. 2016년도의 순이익을 예측할 때는 이러한 비정상적인 이익을 제외하고 약 3억원을 최선의 추정치로 하는 것이 타당할 것이다. 이때 대체적으로 3억원을 지속가능이익으로 본다. 그러므로 한 기업의 가치를 평가할 때는 비정상적 항목을 확인해서 제외하고 지속가능이익만을 사용하는 것이 중요하다.

지속가능이익을 결정할 때는 아래의 세 가지 유형의 항목을 확인하여 조정을 해주어야 한다.

① 중단사업(discontinued operations)

② 특별항목(extraordinary items)

③ 회계정책 변경(changes in accounting policies)

중단사업(discontinued operations)은 사업부진 또는 경영전략변경 등의 사유로 주요 사업 또는 영업부문의 전부 또는 중요 부분을 매각, 처분 또는 폐쇄하는 것을 말한다. **특별항목**(extraordinary items)은 성격상 비정상적(unusual)이고 발생빈도가 아주 낮은(infrequent) 거래나 경제적 사건을 말한다. 따라서 예측 가능한 미래에 일반적으로 그 발생이 기대되지 않는다. 예를 들어 급작스런 화산폭발로 인한 피해의 경우가 이에 해당된다. 기업회계기준서에서는 중단사업손익을 계속사업과는 별도로 표시하도록 함으로써 계속영업이익을 포괄손익계산서에서 쉽게 확인할 수 있도록 하였다. 다만, 종전과 달리 특별손익항목을 손익계산서에 더 이상 별도로 표시하지 않게 되었기 때문에, 재무제표분석자가 비정상적이고 발생빈도가 아주 낮은 특별항목을 추가적으로 확인하여 조정해 줄 필요가 있다.

회계정책 변경(changes in accounting policies)은 이번 회계기간의 회계정책이 전기의 회계정책과 달라졌을 경우를 말한다. 회계정책의 변경이 허용되는 경우는 ① 한국채택국제회계기준에서 변경을 요구하는 경우, ② 회계정책의 변경을 통하여 신뢰성 있고 더 목적적합한 회계정보를 제공하는 경우[3] 그 이외의 경우에는 일관성의 원칙에 의거 회계정책의 변경이 허용되지 않는다. 회계정책의 변경은 비교가능성을 확보하기 위해 소급하여 그 영향을 재무제표에서 수정해 주어야 한다.

상기 항목들로부터의 손익금액은 모두 법인세 차감 후의 순액으로 재무제표에 표시된다.

2. 이익의 품질

이익은 기업의 경영성과를 집약해서 보여주며 기업을 평가하는 데 가장 중요한 숫자이다. 장기적으로 이익의 추세가 어떠한지, 기업 내 각 사업부별, 지역별 또는 제품별로 이익의 추세가 어떠한지 등에 대하여 투자자 및 채권자들이 가장 많은 관심을 보인다. 따라서 **이익의 품질**(quality of earnings)이란 제공된 이익이 재무제표이용자들을 혼란시키거나 오도하지 않고 완전하고 투명한 정보를 제공해 줄 수 있는 정도를 의미한다. 몇 년 전 미국의 엔론(Enron) 사건 등 최근의 전 세계에 걸친 분식회계(accounting manipulations) 사건들은 이러한 이익의 품질이 중요함을 일깨워 주고 있다.

이익의 품질에 영향을 미치는 요소는 다음의 두 가지이다.

---

3. 이때는 경영자가 경영환경의 변화로 회계정책의 변경이 회계정보의 유용성을 높일 수 있음을 입증할 수 있어야 한다.

① 대체적인 회계처리방법(alternative accounting methods)

② 부적절한 인식(improper recognition)

회계기준 범위 내에서 동일한 경제적 사건에 대하여 기업들이 서로 다른 대체적 회계처리방법(alternative accounting methods)을 적용하게 되면 비교가능성과 이익의 품질을 낮추게 된다. 예를 들어, 재고자산 평가방법에 있어 한 기업은 선입선출법(FIFO)을, 다른 기업은 평균법(average)을 사용한다고 하자. 만약 재고자산이 두 기업 모두에게 중요하다고 하면, 재고자산의 매입원가가 기중에 상당히 변동하는 경우 이들 기업의 유동비율(current ratio)은 비교의 의미가 매우 떨어질 것이다. 또한 기업들은 유형자산의 감가상각, 무형자산의 상각 및 자연자원의 감모상각의 경우에도 각기 다른 회계처리방법을 많이 사용하고 있다. 이들 주요 회계처리방법은, 우리나라 기업회계기준에 따라 재무제표의 주석에 표시되긴 하지만, 이들의 차이를 조정해서 비교하는 것이 일반이용자의 경우엔 불가능한 것은 아니더라도 그렇게 쉽지가 않다.

기업경영자들은 재무분석가의 기대이익수준을 맞추도록 엄청난 시장의 압력을 느끼고 있어 종종 이익을 조작하는 회계분식을 저지르고 있다. 이때 가장 흔한 방법이 수익의 부적절한 인식(improper recognition)이다. 예를 들어, 자사제품 유통업자들한테 큰 가격할인을 주어 밀어내기식 판매를 통하여 일시적 수익 증대를 꾀하는 것이다. 이러한 수법은 당기의 성과는 좋게 보이게 하지만 차기의 수익에는 부정적 영향을 미치게 된다. 또 다른 방법으로는 일부 영업비용을 자본화(capitalization)하거나 부채를 숨기고 보고하지 않는 것이다.[4]

3. 비율의 상관성

비율들은 서로 완전 독립적이 아니라 상호 의존관계가 있는데 이를 **비율의 상관성**(interrelationship of ratios)이라고 한다. 예를 들어, 자기자본순이익률(ROE : return on common stockholders' equity)은 다음과 같이 몇 가지 비율로 분해된다.

4. 미국의 월드컴(WorldCom)의 경우, 과거 회계분식 사건에서 70억불의 영업비용을 당기비용 대신 부적절하게 자산으로 회계처리한 바 있다. 또한 엔론(Enron)의 경우, 2001년도에 불거진 회계분식사건에서 39억불의 부채를 장부에 기재하지 않았고 6억불의 이익을 과대계상했음이 드러났었다. (자료원 : 최명수, 『회계부정이야기』, 굿인포메이션, 2003).

$$
\begin{aligned}
\text{ROE} &= \frac{\text{순이익}}{\text{자기자본}} \\
&= \frac{\text{순이익}}{\text{총자산}} \times \frac{\text{총자산}}{\text{자기자본}} \\
&= \frac{\text{순이익}}{\text{총자산}} \times \frac{(\text{부채} + \text{자기자본})}{\text{자기자본}} \\
&= \frac{\text{순이익}}{\text{총자산}} \times (1 + \text{부채비율}) \\
&= \text{ROA(총자산순이익률)} \times \text{재무레버리지(financial leverage)}
\end{aligned}
$$

또는

$$
\begin{aligned}
\text{ROE} &= \frac{\text{순이익}}{\text{자기자본}} \\
&= \frac{\text{순이익}}{\text{매출액}} \times \frac{\text{매출액}}{\text{자기자본}} \\
&= \text{매출액순이익률} \times \text{자기자본회전율}
\end{aligned}
$$

또는

$$
\begin{aligned}
\text{ROE} &= \frac{\text{순이익}}{\text{매출액}} \times \frac{\text{매출액}}{\text{총자산}} \times \frac{\text{총자산}}{\text{자기자본}} \\
&= \frac{\text{순이익}}{\text{매출액}} \times \frac{\text{매출액}}{\text{총자산}} \times \left(1 \times \frac{\text{부채}}{\text{자기자본}}\right) \\
&= \text{매출액순이익률} \times \text{총자산회전율} \times (1 + \text{부채비율}) \\
&= \text{매출액순이익률} \times \text{총자산회전율} \times \text{재무레버리지}
\end{aligned}
$$

위에서 보면, 자기자본순이익률은 우선 **총자산순이익률**과 **재무레버리지**로 분해되므로 이들 두 가지 요인에 의해 결정된다는 것을 알 수 있다. 또한 매출액순이익률과 자기자본회전율로도 분해될 수 있다. 이를 다시 분해하면 자기자본순이익률은 매출액순이익률, 총자산회전율 및 부채비율의 결합으로 표시된다. 따라서 자기자본순이익률을 향상시킬 수 있는 방법을 찾으려면 이들 둘 또는 세 구성비율들을 면밀히 분석하여 각각의 구성비율을 높일 수 있는 방안을 모색해야 할 것이다. 예를 들어, 기업의 비즈니스 모델인 총자산순이익률은 단기에 변화가 어려워 그대로 있다고 가정하면, 재무레버리지, 즉 그 기업의 재무구조를 변경하여 자기자본순이익률을 향상시킬 수 있다. 여기서 재무구조는 부채와 자기자본의 상대적 구성비율을 말한다.

4. 재무제표분석의 한계점

본 장에서 배운 재무제표분석은 몇 가지 한계점(limitations)을 지니고 있다. 첫째, 재무제표분석은 회계자료를 사용하고 있기 때문에, 현행 회계제도의 문제점, 즉 역사적 원가회계의 문제점이 있다. 자산의 상당부분이 취득원가에 의하여 평가되어 있어 공정가치(fair value)를 반영하지 못하고 있고, 동일한 회계적 사상(事象)에 대하여 회계처리방법이 다양하여 비교가능성이 떨어진다는 문제점이 있다.

둘째, 기업의 각종 비율을 기간 간 비교를 할 때는 비교대상기간의 경영환경변화가 비율에 영향을 미쳐 비율분석의 오류가 생길 수 있다. 비율분석 시 비율의 차이가 기업의 실질변화와 환경변화의 영향을 혼합하여 포함하고 있을 수 있다. 따라서 환경변화의 영향을 제거하고 기간 간 비교를 하여야 정확한 분석이 될 수 있다. 또한 비교대상기간 중에 회계원칙이 변경된 경우, 앞에서 본 바와 같이 회계원칙 변경의 효과를 감안하여 재무제표분석을 하여야 한다.

셋째, 한 기업의 비율을 동일 산업 내의 타기업과 비교할 때는 경영, 영업형태, 인사조직, 고객, 원재료 구매형태, 자본조달방법, 회계처리방법 등의 기업 간 차이를 감안하여야 한다. 이들을 고려하지 않고 단순 비교를 하는 것은 재무제표분석의 오류를 가져올 수 있다.

마지막으로, 재무제표분석은 기업평가의 한 부분에 불과하며, 재무자료 이외에 보유기술, 인적자원, 대고객관계 등의 비재무적 자료를 포함한 종합적인 분석을 해야 균형 있고 정확한 기업분석이 된다.

연습문제

※ 개념설명 및 서술문제 ※

01. 기업의 경영성과와 재무상태를 평가할 때, 투자자들이 주로 사용하는 비교분석에는 무엇이 있는지 간단히 설명하시오.

02. 추세분석이란 무엇이며 그 기법에는 어떠한 것이 있는지 설명하시오.

03. 구성비율분석(component ratio analysis)이란 무엇인가? 그리고 그 분석기법에는 어떠한 것이 있는가?

04. 비율분석(ratio analysis)은 크게 4가지로 나누어 볼 수 있다. 이에 대해 간결하게 설명하시오.

05. 총자산순이익률(ROA)은 어떻게 계산되며 그 기업의 비즈니스 모델과는 어떠한 관계가 있는가?

06. 유동부채의 채권자와 비유동부채의 채권자는 재무제표분석시 그 목적이 다를 수 있다고 한다. 어떻게 다른지를 설명하시오.

07. 유동비율에 추가하여 당좌비율을 분석하는 이유는 무엇인가?

08. 한 기업의 재고자산회전율과 매출채권회전율을 이용해서 그 기업의 영업순환주기를 계산할 수 있다고 하는데 어떻게 하는지를 설명하시오.

09. 효율성비율과 수익성비율의 관계에 대해서 설명하시오.

10. 보상비율(coverage ratios)에는 어떠한 것이 있으며 무엇을 보여주는지를 간단히 설명하시오.

11. 잉여현금흐름(free cash flow)의 개념은 무엇인가? 그리고 이를 분석하는 것이 왜 중요한가?

12. 비율의 상관성(interrelationship of ratios)이란 무엇인가? 그리고 자기자본순이익률(ROE : return on equity)의 예를 들어 구체적으로 설명하시오.

13. 이익의 품질(quality of earnings)이란 무엇을 의미하는가? 재무제표분석에서 왜 이익의 품질이 중요한가를 설명하시오.

14. 투자자들은 단순한 순이익보다 지속가능이익에 관심이 더 많다. 그 이유는 무엇인가?

15. 재무제표분석의 한계점은 무엇인가?

❀ 계산 및 회계처리문제 ❀

기초문제

01. 인천(주)은 최근 5년간 다음과 같은 총자산을 보이고 있다. 아래 추세분석표를 채워 넣고 5개년간 추세를 분석하시오.

	2013 (기준연도)	2014	2015	2016	2017
총자산(억원)	12.0	15.5	14.3	18.3	20.7
전년대비 증감액(억원)	–				
전년대비 증감률(%)	–				
5개년 추세	100				

02. 서울(주)에 대해 다음 주어진 자료를 이용하여 공통형포괄손익계산서를 작성하고('비율' 칸을 채울 것), 손익내용과 관련한 특징에 대해 설명하시오.

	2017년도		2016년도	
	금액(억원)	비율(%)	금액(억원)	비율(%)
Ⅰ. 매출액	20.7	100.0	18.3	100.0
Ⅱ. 매출원가	16.3		14.4	
Ⅲ. 매출총이익	4.4		3.9	
Ⅳ. 판매비와관리비	2.1		2.0	
Ⅴ. 영업이익	2.3		1.9	
Ⅵ. 기타수익	0.3		0.3	
Ⅶ. 기타비용	1.5		1.6	
Ⅷ. 법인세비용차감전순이익	1.1		0.6	
Ⅸ. 법인세비용	0.3		0.2	
Ⅹ. 당기순이익	0.8		0.4	

03. 부산(주)의 다음 재무자료를 이용하여 비율분석에 관한 아래 물음에 답하시오.

포괄손익계산서 자료 (단위: 억원)

	2016	2017
매 출 액	1,200	1,500
매 출 원 가	1,000	1,250
매출총이익	200	250
당기순이익	60	80

재무상태표 자료 (단위: 억원)

	2016	2017
총 자 산	25,000	30,000
자 본 총 계	16,000	19,000
우선주자본금	1,000	1,000

배당금 자료 (단위: 억원)

	2016	2017
보통주배당금	20	20
우선주배당금	5	5

보통주식수 자료 (단위: 백만주)

	2016	2017
보통주유통주식수	12	14

주가 자료 (단위: 원)

	2016	2017
보통주 연말 종가	67,000	75,000

(1) 2017년의 매출총이익률과 매출액순이익률을 계산하시오.

(2) 2017년의 총자산순이익률을 계산하시오.

(3) 2017년의 자기자본순이익률을 계산하시오.

(4) 2017년의 주당이익(기본주당순이익)을 계산하시오.

(5) 2017년의 주가순이익비율(PER)을 계산하시오.

(6) 2017년의 배당성향을 계산하시오.

(7) 2017년의 보통주에 대한 배당수익률을 계산하시오. 주가는 연말종가를 사용하시오.

04. 문제 3의 자료와 다음의 추가자료를 이용하여 다음 물음에 답하시오.

추가 자료 (단위: 억원)

	2016	2017
재고자산	65	71
매출채권	58	63

(1) 2017년의 총자산회전율과 자기자본회전율을 계산하시오.

(2) 2017년의 재고자산회전율과 재고자산평균회전기간을 계산하시오.

(3) 2017년의 매출채권회전율과 매출채권평균회수기간을 계산하시오(단, 모든 매출은 외상으로 이루어졌다).

(4) 부산(주)의 영업순환주기를 개략적으로 계산하시오.

05. 대구(주)의 다음 자료를 이용하여 물음에 답하시오.

재무상태표 자료 (단위: 억원)

	2016	2017
유동자산	2,400	2,500
재고자산	900	1,200
유동부채	1,300	1,000

현금흐름표 자료 (단위: 억원)

	2016	2017
영업활동현금흐름	450	500

(1) 2017년의 유동비율을 계산하시오.

(2) 2017년의 당좌비율을 계산하시오.

(3) 2017년의 현금유동부채보상비율을 계산하시오.

(4) 위의 비율을 종합적으로 활용하여 2017년 대구(주)의 단기지급능력을 평가하시오.

06. 광주(주)의 다음 자료를 이용하여 물음에 답하시오.

포괄손익계산서 자료 (단위: 억원)

	2016	2017
당기순이익	400	500
이 자 비 용	100	120
법인세비용	140	160

재무상태표 자료 (단위: 억원)

	2016	2017
부 채 총 계	2,200	2,500
자본총계(자기자본)	1,900	2,000
총 자 산	4,200	4,500

현금흐름표 자료 (단위: 억원)

	2016	2017
영업활동현금흐름(순유입)	500	550
투자활동현금흐름(순유출)	330	420

(1) 2017년의 부채비율과 부채총자산비율을 계산하시오.
(2) 2017년의 현금부채보상비율을 계산하시오.
(3) 2017년의 이자보상비율을 계산하시오.
(4) 2017년의 잉여현금흐름을 계산하시오.
(5) 앞의 비율을 근거로 2017년 광주(주)의 장기지급능력 또는 안정성을 평가하시오.

심화문제

01. 다음의 자료는 (주)인천의 재무비율을 나타내 주고 있다. 물음에 답하시오.

매출액순이익률 : 4.2%
총자산회전율 : 1.2회
부 채 비 율 : 150%

(1) 위의 자료를 이용하여 (주)인천의 ROE(자기자본순이익률)를 계산하시오.
(2) 다른 조건이 동일하다고 가정하고 이 회사가 총자산회전율을 1.2회에서 1.3회로 높이면 ROE에는 어떤 영향을 미치는지 계산하시오.
(3) 이 회사가 매출액 증대를 위한 강력한 판매촉진 정책을 시행하려 한다. 그 결과 총자산회전율이 1.2회에서 1.3회로 높아질 것으로 예상되지만 동시에 매출액순이익률이 다소 감소하여 3.8%가 될 것으로 예상된다. 다른 조건을 무시하고 이 정책이 ROE에 미치는 영향만을 토대로 정책시행이 바람직한지 분석하시오.

02. (주)파주의 다음 재무비율 자료를 이용하여 물음에 답하시오.

총자산순이익률 : 5.0%
부 채 비 율 : 150%

(1) (주)파주의 ROE(자기자본순이익률)를 계산하시오.
(2) 이 회사가 부채비율을 현재의 150%에서 200%로 높이면 ROE에는 어떤 영향을 미치게 될지 분석하시오.
(3) 부채비율을 계속 증가시킴으로써 ROE를 높일 수 있다는 주장에 대해 평가하시오.

부록

- 화폐의 시간가치 표
- 한국채택국제회계기준(K-IFRS) 제·개정 목록 및 국제회계기준(IFRS) 대비

〈표 A-1〉 단일금액 1원의 미래가치 $FV_s(r, n) = (1 + r)^n$ 기간이자율(r)

기간수 (n)	1%	2%	3%	4%	5%	6%	7%	8%	9%	10%
1	1.0100	1.0200	1.0300	1.0400	1.0500	1.0600	1.0700	1.0800	1.0900	1.1000
2	1.0201	1.0404	1.0609	1.0816	1.1025	1.1236	1.1449	1.1664	1.1881	1.2100
3	1.0303	1.0612	1.0927	1.1249	1.1576	1.1910	1.2250	1.2597	1.2950	1.3310
4	1.0406	1.0824	1.1255	1.1699	1.2155	1.2625	1.3108	1.3605	1.4116	1.4641
5	1.0510	1.1041	1.1593	1.2167	1.2763	1.3382	1.4026	1.4693	1.5386	1.6105
6	1.0615	1.1262	1.1941	1.2653	1.3401	1.4185	1.5007	1.5869	1.6771	1.7716
7	1.0721	1.1487	1.2299	1.3159	1.4071	1.5036	1.6058	1.7138	1.8280	1.9487
8	1.0829	1.1717	1.2668	1.3686	1.4775	1.5938	1.7182	1.8509	1.9926	2.1436
9	1.0937	1.1951	1.3048	1.4233	1.5513	1.6895	1.8385	1.9990	2.1719	2.3579
10	1.1046	1.2190	1.3439	1.4802	1.6289	1.7908	1.9672	2.1589	2.3674	2.5937
11	1.1157	1.2434	1.3842	1.5395	1.7103	1.8983	2.1049	2.3316	2.5804	2.8531
12	1.1268	1.2682	1.4258	1.6010	1.7959	2.0122	2.2522	2.5182	2.8127	3.1384
13	1.1381	1.2936	1.4685	1.6651	1.8856	2.1329	2.4098	2.7196	3.0658	3.4523
14	1.1495	1.3195	1.5126	1.7317	1.9799	2.2609	2.5785	2.9372	3.3417	3.7975
15	1.1610	1.3459	1.5580	1.8009	2.0789	2.3966	2.7590	3.1722	3.6425	4.1772
16	1.1726	1.3728	1.6047	1.8730	2.1829	2.5404	2.9522	3.4259	3.9703	4.5950
17	1.1843	1.4002	1.6528	1.9479	2.2920	2.6928	3.1588	3.7000	4.3276	5.0545
18	1.1961	1.4282	1.7024	2.0258	2.4066	2.8543	3.3799	3.9960	4.7171	5.5599
19	1.2081	1.4568	1.7535	2.1068	2.5270	3.0256	3.6165	4.3157	5.1417	6.1159
20	1.2202	1.4859	1.8061	2.1911	2.6533	3.2071	3.8697	4.6610	5.6044	6.7275
21	1.2324	1.5157	1.8603	2.2788	2.7860	3.3996	4.1406	5.0338	6.1088	7.4002
22	1.2447	1.5460	1.9161	2.3699	2.9253	3.6035	4.4304	5.4365	6.6586	8.1403
23	1.2572	1.5769	1.9736	2.4647	3.0715	3.8197	4.7405	5.8715	7.2579	8.9543
24	1.2697	1.6084	2.0328	2.5633	3.2251	4.0489	5.0724	6.3412	7.9111	9.8497
25	1.2824	1.6406	2.0938	2.6658	3.3864	4.2919	5.4274	6.8485	8.6231	10.835
26	1.2953	1.6734	2.1566	2.7725	3.5557	4.5494	5.8074	7.3964	9.3992	11.918
27	1.3082	1.7069	2.2213	2.8834	3.7335	4.8223	6.2139	7.9881	10.245	13.110
28	1.3213	1.7410	2.2879	2.9987	3.9201	5.1117	6.6488	8.6271	11.167	14.421
29	1.3345	1.7758	2.3566	3.1187	4.1161	5.4184	7.1143	9.3173	12.172	15.863
30	1.3478	1.8114	2.4273	3.2434	4.3219	5.7435	7.6123	10.063	13.268	17.449
35	1.4166	1.9999	2.8139	3.9461	5.5160	7.6861	10.676	14.785	20.414	28.102
40	1.4889	2.2080	3.2620	4.8010	7.0400	10.286	14.974	21.725	31.409	45.259
45	1.5648	2.4379	3.7816	5.8412	8.9850	13.765	21.002	31.920	48.327	72.891
50	1.6446	2.6916	4.3839	7.1067	11.467	18.420	29.457	46.902	74.358	117.39
60	1.8167	3.2810	5.8916	10.520	18.679	32.988	57.946	101.26	176.03	304.48

기간이자율(r)

기간수 (n)	11%	12%	13%	14%	15%	16%	17%	18%	19%	20%
1	1.1100	1.1200	1.1300	1.1400	1.1500	1.1600	1.1700	1.1800	1.1900	1.2000
2	1.2321	1.2544	1.2769	1.2996	1.3225	1.3456	1.3689	1.3924	1.4161	1.4400
3	1.3676	1.4094	1.4429	1.4815	1.5209	1.5609	1.6016	1.6430	1.6852	1.7280
4	1.5180	1.5735	1.6305	1.6890	1.7490	1.8106	1.8739	1.9388	2.0053	2.0736
5	1.6851	1.7623	1.8424	1.9254	2.0114	2.1003	2.1924	2.2878	2.3864	2.4883
6	1.8704	1.9738	2.0820	2.1950	2.3131	2.4364	2.5652	2.6996	2.8398	2.9860
7	2.0762	2.2107	2.3526	2.5023	2.6600	2.8262	3.0012	3.1855	3.3793	3.5832
8	2.3045	2.4760	2.6584	2.8526	3.0590	3.2784	3.5115	3.7589	4.0214	4.2998
9	2.5580	2.7731	3.0040	3.2519	3.5179	3.8030	4.1084	4.4355	4.7854	5.1598
10	2.8394	3.1058	3.3946	3.7072	4.0456	4.4114	4.8068	5.2338	5.6947	6.1917
11	3.1518	3.4785	3.8359	4.2262	4.6524	5.1173	5.6240	6.1759	6.7767	7.4301
12	3.4985	3.8960	4.3345	4.8179	5.3503	5.9360	6.5801	7.2876	8.0642	8.9161
13	3.8833	4.3635	4.8980	5.4924	6.1528	6.8858	7.6987	8.5994	9.5964	10.699
14	4.3104	4.8871	5.5348	6.2613	7.0757	7.9875	9.0075	10.147	11.420	12.839
15	4.7846	5.4736	6.2543	7.1379	8.1371	9.2655	10.539	11.974	13.589	15.407
16	5.3109	6.1304	7.0673	8.1372	9.3576	10.748	12.330	14.129	16.172	18.488
17	5.8951	6.8660	7.9861	9.2765	10.761	12.468	14.427	16.672	19.244	22.186
18	6.5436	7.6900	9.0243	10.575	12.375	14.463	16.879	19.673	22.901	22.623
19	7.2633	8.6128	10.197	12.056	14.232	16.777	19.748	23.214	27.252	31.948
20	8.0623	9.6463	11.523	13.743	16.367	19.461	23.106	27.393	32.429	38.338
21	8.9492	10.804	13.021	15.668	18.822	22.574	27.034	32.324	38.591	46.005
22	9.9336	12.100	14.714	17.861	21.645	26.186	31.629	38.142	45.923	55.206
23	11.026	13.552	16.626	20.362	24.891	30.376	37.006	45.008	54.648	66.247
24	12.239	15.179	18.788	23.212	28.625	35.236	43.297	53.109	65.032	79.497
25	13.586	17.000	21.231	26.462	32.919	40.874	50.658	62.669	77.388	95.396
26	15.080	19.040	23.991	30.167	37.857	47.414	59.270	73.949	92.092	114.48
27	16.738	21.325	27.109	34.390	34.535	55.000	69.345	87.260	109.56	137.37
28	18.580	23.884	30.634	39.204	50.066	63.800	81.134	102.97	130.41	164.84
29	20.624	26.750	34.617	44.693	57.575	74.009	94.927	121.50	155.19	197.81
30	22.892	29.960	39.116	50.950	66.212	85.850	111.06	143.37	184.67	237.38
35	38.575	52.800	72.068	98.100	133.18	180.31	243.56	327.99	440.70	590.67
40	65.001	93.051	132.78	188.88	267.86	378.72	533.86	750.38	1051.6	1469.8
45	109.53	163.99	244.64	363.68	538.77	795.44	1170.5	1716.7	2509.6	3657.3
50	184.56	289.00	450.74	700.23	1083.7	1670.7	2566.2	3927.4	5988.9	9100.4
60	524.06	897.60	1530.1	2595.9	4384.0	7370.2	12335.	20555.	34105.	56347.

* $F_n > 52.999$

〈표 A-2〉 단일금액 1원의 현재가치 $PV_s = \frac{1}{(1+r)^n}$ 기간이자율(r)

기간수 (n)	1%	2%	3%	4%	5%	6%	7%	8%	9%	10%
1	.9901	.9704	.9709	.9615	.9524	.9434	.9346	.9259	.9174	.9091
2	.9803	.9612	.9426	.9246	.9070	.8900	.8734	.8573	.8417	.8264
3	.9706	.9423	.9151	.8890	.8638	.8396	.8163	.7938	.7722	.7513
4	.9610	.9238	.8885	.8548	.8227	.7921	.7629	.7350	.7084	.6830
5	.9515	.9057	.8626	.8219	.7835	.7473	.7130	.6806	.6499	.6209
6	.9420	.8880	.8375	.7903	.7462	.7050	.6663	.6302	.5963	.5645
7	.9327	.8706	.8131	.7599	.7107	.6651	.6227	.5835	.5470	.5132
8	.9235	.8535	.7894	.7307	.6768	.6274	.5820	.5403	.5019	.4665
9	.9143	.8368	.7664	.7026	.6446	.5919	.5439	.5002	.4604	.4241
10	.9053	.8203	.7441	.6756	.6139	.5584	.5083	.4632	.4224	.3855
11	.8963	.8043	.7224	.6496	.5847	.5268	.4751	.4289	.3875	.3505
12	.8874	.7885	.7014	.6246	.5568	.4970	.4440	.3971	.3555	.3186
13	.8787	.7730	.6810	.6006	.5303	.4688	.4150	.3677	.3262	.2897
14	.8700	.7579	.6611	.5775	.5051	.4423	.3878	.3405	.2992	.2633
15	.8613	.7430	.6419	.5553	.4810	.4173	.3624	.3152	.2745	.2394
16	.8528	.7284	.6232	.5339	.4581	.3936	.3387	.2919	.2519	.2176
17	.8444	.7142	.6052	.5134	.4363	.3714	.3166	.2703	.2311	.1978
18	.8360	.7002	.5874	.4936	.4155	.3503	.2959	.2502	.2120	.1799
19	.8277	.6864	.5703	.4746	.3957	.3305	.2765	.2317	.1945	.1635
20	.8195	.6730	.5537	.4564	.3769	.3118	.2584	.2145	.1784	.1486
21	.8114	.6598	.5375	.4388	.3589	.2942	.2415	.1987	.1637	.1351
22	.8034	.6468	.5219	.4220	.3418	.2775	.2257	.1839	.1502	.1228
23	.7954	.6324	.5067	.4057	.3256	.2618	.2109	.1703	.1378	.1117
24	.7876	.6217	.4919	.3901	.3101	.2470	.1971	.1577	.1264	.1015
25	.7798	.6095	.4776	.3751	.2953	.2330	.1842	.1460	.1160	.0923
26	.7720	.5976	.4637	.3604	.2812	.2198	.1722	.1352	.1064	.0839
27	.7644	.5859	.4502	.3468	.2678	.2074	.1609	.1252	.0976	.0763
28	.7568	.5744	.4371	.3335	.2551	.1956	.1504	.1159	.0895	.0693
29	.7493	.5631	.4243	.3207	.2429	.1846	.1406	.1073	.0822	.0630
30	.7419	.5521	.4120	.3083	.2314	.1741	.1314	.0994	.0754	.0573
35	.7059	.5000	.3554	.2534	.1813	.1301	.0937	.0676	.0490	.0356
40	.6717	.4529	.3066	.2083	.1420	.0972	.0668	.0460	.0318	.0221
45	.6391	.4102	.2644	.1712	.1113	.0727	.0476	.0313	.0207	.0137
50	.6080	.3715	.2281	.1407	.0872	.0543	.0339	.0213	.0134	.0085
60	.5504	.3048	.1697	.0951	.0535	.0303	.0173	.0099	.0057	.0033

기간이자율(r)

기간수 (n)	11%	12%	13%	14%	15%	16%	17%	18%	19%	20%
1	.9009	.8929	.8850	.8772	.8696	.8621	.8547	.8475	.8403	.8333
2	.8116	.7972	.7831	.7695	.7561	.7432	.7305	.7182	.7062	.6944
3	.7312	.7118	.6931	.6750	.6575	.6407	.6244	.6086	.5934	.5787
4	.6587	.6355	.6133	.5921	.5718	.5523	.5337	.5158	.4987	.4323
5	.5935	.5674	.5428	.5194	.4972	.4761	.4561	.4371	.4190	.4019
6	.5346	.5066	.4803	.4556	.4323	.4104	.3898	.3704	.3521	.3349
7	.4817	.4523	.4251	.3996	.3759	.3538	.3332	.3139	.2959	.2791
8	.4339	.4039	.3762	.3506	.3269	.3050	.2848	.2660	.2487	.2326
9	.3909	.3606	.3329	.3075	.2843	.2630	.2434	.2255	.2090	.1938
10	.3522	.3220	.2946	.2697	.2472	.2267	.2080	.1911	.1756	.1615
11	.3173	.2875	.2607	.2366	.2149	.1954	.1773	.1619	.1476	.1346
12	.2858	.2567	.2307	.2076	.1869	.1685	.1520	.1372	.1240	.1122
13	.2575	.2292	.2042	.1821	.1625	.1452	.1299	.1163	.1042	.0935
14	.2320	.2046	.1807	.1597	.1413	.1252	.1110	.0985	.0876	.0779
15	.2090	.1827	.1599	.1401	.1229	.1079	.0949	.0835	.0736	.0649
16	.1883	.1631	.1415	.1229	.1069	.0930	.0811	.0708	.0618	.0541
17	.1696	.1456	.1252	.1073	.0929	.0802	.0693	.0600	.0520	.0451
18	.1523	.1300	.1103	.0946	.0803	.0691	.0592	.0508	.0437	.0376
19	.1377	.1161	.0981	.0829	.0703	.0596	.0506	.0431	.0367	.0313
20	.1240	.1037	.0863	.0723	.0611	.0514	.0433	.0365	.0303	.0261
21	.1117	.0926	.0768	.0633	.0531	.0443	.0370	.0309	.0259	.0217
22	.1007	.0326	.0680	.0560	.0462	.0382	.0316	.0262	.0218	.0181
23	.0907	.0738	.0601	.0491	.0402	.0329	.0270	.0222	.0183	.0151
24	.0817	.0659	.0532	.0431	.0349	.0284	.0231	.0188	.0154	.0126
25	.0736	.0588	.0471	.0378	.0304	.0245	.0197	.0160	.0129	.0105
26	.0663	.0525	.0417	.0331	.0264	.0211	.0169	.0135	.0109	.0087
27	.0597	.0469	.0369	.0291	.0230	.0182	.0144	.0115	.0091	.0073
28	.0538	.0419	.0325	.0255	.0200	.0157	.0123	.0097	.0077	.0061
29	.0485	.0374	.0289	.0224	.0174	.0135	.0105	.0082	.0064	.0051
30	.0437	.0334	.0256	.0196	.0151	.0116	.0090	.0070	.0054	.0042
35	.0259	.0189	.0139	.0102	.0075	.0055	.0041	.0030	.0023	.0017
40	.0154	.0107	.0075	.0053	.0037	.0026	.0019	.0013	.0010	.0007
45	.0091	.0061	.0041	.0027	.0019	.0013	.0009	.0006	.0004	.0003
50	.0054	.0035	.0022	.0014	.0009	.0006	.0004	.0003	.0002	.0001
60	.0019	.0011	.0007	.0004	.0002	.0001	.00008	.00005	.00003	.00002

〈표 A-3〉 정상연금 1원의 미래가치 $FV_A(r, n) = \sum_{t=1}^{n}(1+r)^{n-1}$ 기간이자율(r)

기간수 (n)	1%	2%	3%	4%	5%	6%	7%	8%	9%	10%
1	1.0000	1.0000	1.0000	1.0000	1.0000	1.0000	1.0000	1.0000	1.0000	1.0000
2	2.0100	2.0200	2.0300	2.0400	2.0500	2.0600	2.0700	2.0800	2.0900	2.1000
3	3.0301	3.0604	3.0909	3.1216	3.1525	3.1836	3.2149	3.2464	3.2781	3.3100
4	4.0604	4.1216	4.1836	4.2465	4.3101	4.3746	4.4399	4.5061	4.5731	4.6410
5	5.1010	5.2040	5.3091	5.4163	5.5256	5.6371	5.7507	5.8666	5.9847	6.1051
6	6.1520	6.3081	6.4684	6.6330	6.8019	6.9753	7.1533	7.3359	7.5233	7.7156
7	7.2135	7.4343	7.6625	7.8983	8.1420	8.3938	8.6540	8.9228	9.2004	9.4872
8	8.2857	8.5830	8.8923	9.2142	9.5491	9.8975	10.260	10.637	11.028	11.436
9	9.3685	9.7546	10.159	10.583	11.027	11.491	11.978	12.488	13.021	13.579
10	10.462	10.950	11.464	12.006	12.578	13.181	13.816	14.487	15.193	15.937
11	11.567	12.169	12.808	13.486	14.207	14.972	15.784	16.645	17.560	18.531
12	12.683	13.412	14.192	15.026	15.917	16.870	17.888	18.977	20.141	21.384
13	13.809	14.680	15.618	16.627	17.713	18.882	20.141	21.495	22.953	24.523
14	14.947	15.974	17.086	18.292	19.599	21.015	22.550	24.215	26.019	27.975
15	16.097	17.293	18.599	20.024	21.579	23.276	25.129	27.152	29.361	31.772
16	17.258	18.639	20.157	21.825	25.657	25.673	27.888	30.324	33.003	35.950
17	18.430	20.012	21.762	23.698	25.840	28.213	30.840	33.750	36.974	40.545
18	19.615	21.412	23.414	25.645	28.132	30.906	33.999	37.450	41.301	45.599
19	20.811	22.841	25.117	27.671	30.539	33.760	37.379	41.446	46.018	51.159
20	22.019	24.297	26.870	29.778	33.066	36.786	40.995	45.762	51.160	57.275
21	23.239	25.783	28.676	31.969	35.719	39.993	44.865	50.423	56.765	64.002
22	24.472	27.299	30.537	34.248	38.505	43.392	49.006	55.457	62.873	71.403
23	25.716	28.845	32.453	36.618	41.430	46.996	53.436	60.893	69.532	79.543
24	26.973	30.422	34.426	39.083	44.502	50.816	58.177	66.765	76.790	88.497
25	28.243	32.030	36.459	41.646	47.727	54.865	63.249	73.106	84.701	98.347
26	29.526	33.671	38.553	44.312	51.113	59.156	68.676	79.954	93.324	109.18
27	30.821	35.344	40.710	47.084	54.669	63.706	74.484	87.351	102.72	121.10
28	32.129	37.051	42.931	49.968	58.403	68.528	80.698	95.339	112.97	134.21
29	33.450	38.792	45.219	52.966	62.323	73.640	87.347	103.97	124.14	148.63
30	34.785	40.568	47.575	56.085	66.439	79.058	94.461	113.28	136.31	164.49
35	41.660	49.994	60.462	73.652	90.320	111.43	138.24	172.32	215.71	271.02
40	48.886	60.402	75.401	95.026	120.80	154.76	199.64	269.06	337.88	442.59
45	56.481	71.893	92.720	121.03	159.70	212.74	285.75	386.51	525.86	718.90
50	64.463	84.579	112.80	152.67	209.35	290.34	406.53	573.77	815.08	1163.9
60	81.671	114.05	163.05	237.99	353.58	533.13	813.52	1253.2	1944.8	3034.8

기간이자율(r)

기간수 (n)	11%	12%	13%	14%	15%	16%	17%	18%	19%	20%
1	1.0000	1.0000	1.0000	1.0000	1.0000	1.0000	1.0000	1.0000	1.0000	1.0000
2	2.1100	2.1200	2.1300	2.1400	2.1500	2.1600	2.1700	2.1800	2.1900	2.2000
3	3.3421	3.3744	3.4069	3.4396	3.4725	3.5056	3.5389	3.5724	3.6061	3.6400
4	4.7097	4.7793	4.8498	4.9211	4.9934	5.0665	5.1405	5.2154	5.2913	5.3680
5	6.2278	6.3528	6.4803	6.6101	6.7424	6.8771	7.0144	7.1542	7.2966	7.4416
6	7.9130	8.1152	8.3230	8.5355	8.7537	8.9775	9.2068	9.4420	9.6830	9.9299
7	9.7830	10.089	10.405	10.730	11.067	11.414	11.772	12.142	12.523	12.916
8	11.859	12.300	12.757	13.233	13.727	14.240	14.773	15.327	15.902	16.499
9	14.163	14.776	15.416	16.085	16.786	17.519	18.285	19.086	19.923	20.799
10	16.722	17.549	18.419	19.337	20.304	21.321	22.393	23.521	24.709	25.959
11	19.561	20.655	21.814	23.045	24.349	25.733	27.199	28.755	30.404	32.150
12	22.713	24.133	25.650	27.271	29.002	30.850	32.823	34.931	37.180	39.581
13	26.211	28.029	29.984	32.089	34.352	36.786	39.404	42.219	45.244	48.497
14	30.095	32.393	34.883	37.581	40.505	43.672	47.103	50.818	54.841	59.196
15	34.405	37.280	40.418	43.842	47.580	51.660	56.110	60.965	66.261	72.035
16	39.199	42.753	46.672	50.980	55.717	60.925	66.649	72.939	79.850	87.442
17	44.501	48.884	53.739	59.118	65.075	71.673	78.979	87.068	96.022	105.93
18	50.396	55.750	61.725	68.394	75.836	84.141	93.406	103.74	115.26	128.12
19	56.939	63.440	70.749	78.969	88.212	98.603	110.29	123.41	138.16	154.74
20	64.203	70.052	80.947	91.025	102.44	115.38	130.03	146.63	165.42	186.69
21	72.265	81.699	92.469	104.77	118.81	134.84	153.14	174.02	197.85	225.03
22	81.214	92.503	105.49	120.44	137.63	157.41	180.17	206.34	236.44	271.03
23	91.148	104.60	120.20	138.30	159.28	183.60	211.80	244.49	282.36	326.24
24	102.17	118.16	136.83	158.66	184.17	213.98	248.81	289.49	337.01	392.48
25	114.41	133.33	155.62	181.87	212.79	249.21	292.10	342.60	402.04	471.98
26	127.99	150.33	176.85	208.33	245.71	290.09	342.76	405.27	497.43	567.38
27	143.08	169.37	200.84	238.50	283.57	337.50	402.03	479.22	571.52	681.85
28	159.82	190.70	227.95	272.89	327.10	392.50	471.38	566.48	681.11	819.22
29	178.39	214.58	258.58	312.09	377.17	456.30	552.51	669.45	811.52	984.07
30	199.02	241.33	293.19	356.79	434.75	530.31	647.44	790.95	966.71	1181.9
35	341.59	431.66	546.68	693.57	881.17	1120.7	1426.4	1816.7	2314.2	2948.3
40	581.83	767.09	1013.7	1342.0	1779.1	2360.8	3134.5	4163.2	5529.8	7343.9
45	986.64	1358.3	1874.2	2590.6	3585.1	4965.3	6879.2	9531.6	13203.	18281.
50	1668.7	2400.0	3459.5	4994.5	7217.7	10436.	15089.	21813.	31515.	45497.
60	4755.1	7471.6	11762.	18535.	29220.	46057.	72555.	114189.	179494.	281737.

〈표 A-4〉 정상연금 1원의 현재가치 $PV_A(r, n) = \sum_{t=1}^{n} \frac{1}{(1+r)^t}$ 기간이자율(r)

기간수 (n)	1%	2%	3%	4%	5%	6%	7%	8%	9%	10%
1	0.9901	0.9804	0.9616	0.9615	0.9524	0.9434	0.9346	0.9259	0.9174	0.9091
2	1.9704	1.9416	1.9165	1.8861	1.8594	1.8334	1.8080	1.7833	1.7591	1.7355
3	2.9410	2.8839	2.8286	2.7751	2.7232	2.6730	2.6243	2.5771	2.5313	2.4868
4	3.9020	3.8077	3.7171	3.6299	3.5460	3.4651	3.3872	3.3121	3.2397	3.1699
5	4.8534	4.7135	4.5797	4.4518	4.3295	4.2124	4.1002	3.9927	3.8897	3.7908
6	5.7955	5.6014	5.4172	5.2421	5.0757	4.9173	4.7665	4.6229	4.4859	4.3553
7	6.7282	6.4720	6.2303	6.0021	5.7864	5.5824	5.3893	5.2064	5.0330	4.8684
8	7.6517	7.3255	7.0197	6.7327	6.4632	6.2098	5.9713	5.7466	5.5348	5.3349
9	8.5660	8.1622	7.7861	7.4353	7.1078	6.8017	6.5152	6.2469	5.9952	5.7590
10	9.4713	8.9826	8.5302	8.1109	7.7217	7.3601	7.0236	6.7101	6.4177	6.1446
11	10.368	9.7868	9.2526	8.7605	8.3064	7.8869	7.4987	7.1390	6.8052	6.4951
12	11.255	10.575	9.9540	9.3851	8.8633	8.3838	7.9427	7.5361	7.1607	6.8137
13	12.134	11.348	10.635	9.9856	9.3936	8.8527	8.3577	7.9038	7.4869	7.1034
14	13.004	12.106	11.296	10.563	9.8986	9.2950	8.7455	8.2442	7.7862	7.3667
15	13.865	12.849	11.938	11.118	10.380	9.7122	9.1079	8.5595	8.0607	7.6061
16	14.718	13.578	12.561	11.652	10.838	10.106	9.4466	8.8514	8.3136	7.8237
17	15.562	14.292	13.166	12.166	11.274	10.477	9.7632	9.1216	8.5436	8.0216
18	16.398	14.992	13.756	12.659	11.690	10.828	10.059	9.3719	8.7556	8.2014
19	17.226	15.679	14.324	13.134	12.085	11.158	10.336	9.6036	8.9501	8.3649
20	18.046	16.351	14.877	13.590	12.462	11.470	10.594	9.8181	9.1285	8.5136
21	18.857	17.011	15.415	14.029	12.821	11.764	10.835	10.017	9.2922	8.6487
22	19.660	17.658	15.937	14.451	13.163	12.042	11.061	10.201	9.4424	8.7715
23	20.456	18.292	16.444	14.857	13.489	12.303	11.272	10.371	9.5802	8.8832
24	21.243	18.914	16.935	15.247	13.799	12.550	11.469	10.529	9.7066	8.9847
25	22.023	19.524	17.413	15.622	14.094	12.783	11.654	10.675	9.8266	9.0770
26	22.795	21.121	17.877	15.983	14.375	13.003	11.826	10.810	9.9290	9.1609
27	23.560	20.707	18.327	16.330	14.643	13.210	11.987	10.935	10.027	9.2372
28	24.316	21.281	18.764	16.663	14.898	13.406	12.137	11.051	10.116	9.3066
29	25.066	21.844	19.188	16.984	15.141	13.591	12.278	11.158	10.198	9.3696
30	25.808	22.397	19.600	17.292	15.373	13.765	12.409	11.258	10.274	9.4269
35	29.409	24.999	21.487	18.665	16.374	14.498	12.948	11.655	10.567	9.6442
40	32.835	27.356	23.115	19.793	17.159	15.046	13.332	11.925	10.757	9.7791
45	36.095	29.490	24.519	20.720	17.774	15.456	13.605	12.108	10.881	9.8628
50	39.196	31.424	25.730	21.482	18.256	15.762	13.801	12.233	10.962	9.9148
60	44.955	34.761	27.676	22.623	18.929	16.161	14.039	12.376	11.048	9.9671

기간이자율(r)

기간수 (n)	11%	12%	13%	14%	15%	16%	17%	18%	19%	20%
1	0.9009	0.8929	0.8850	0.8772	0.8696	0.8621	0.8547	0.8475	0.8403	0.8333
2	1.7125	1.6901	1.6681	1.6467	1.6257	1.6052	1.5852	1.5656	1.5465	1.5278
3	2.4437	2.4018	2.3612	2.3216	2.2832	2.2459	2.2096	2.1743	2.1399	2.1065
4	3.1024	3.0373	2.9745	2.9137	2.8550	2.7982	2.7432	2.6901	2.6386	2.5887
5	3.6959	3.6048	3.5172	3.4331	3.3522	3.2743	3.1993	3.1272	3.0576	2.9906
6	4.2305	4.1114	3.9975	3.8887	3.7845	3.6847	3.5892	3.4976	3.4098	3.3255
7	4.7122	4.5638	4.4226	4.2883	4.1604	4.0386	3.9224	3.8115	3.7057	3.6046
8	5.1461	4.9676	4.7988	4.6389	4.4873	4.3436	4.2072	4.0776	3.9544	3.8372
9	5.5370	5.3282	5.1317	4.9464	4.7716	4.6065	4.4506	4.3030	4.1633	4.0310
10	5.8892	5.6502	5.4262	5.2161	5.0188	4.8332	4.6586	4.4941	4.3389	4.1925
11	6.2065	5.9377	5.6869	5.4527	5.2337	5.0286	4.8364	4.6560	4.4865	4.3271
12	6.4924	6.1944	5.9176	5.6603	5.4206	5.1971	4.9884	4.7932	4.6105	4.4392
13	6.7499	6.4235	6.1218	5.8424	5.5831	5.3423	5.1183	4.9095	4.7147	4.5327
14	6.9819	6.6282	6.3025	6.0021	5.7245	5.4675	5.2293	5.0081	4.8023	4.6106
15	7.1909	6.8109	6.4624	6.1422	5.8474	5.5755	5.3242	5.0916	4.8759	4.6755
16	7.3792	6.9740	6.6039	6.2651	5.9542	5.6685	5.4053	5.1624	4.9377	4.7296
17	7.5488	7.1196	6.7291	6.3729	6.0472	5.7487	5.4746	5.2223	4.9897	4.7746
18	7.7016	7.2497	6.8399	6.4674	6.1280	5.8178	5.5339	5.2732	5.0333	4.8122
19	7.8393	7.3658	6.9380	6.5504	6.1982	5.8775	5.5845	5.3162	5.0700	4.8435
20	7.9633	7.4694	7.0248	6.6231	6.2593	5.9288	5.6278	5.3527	5.1009	4.8696
21	8.0751	7.5620	7.1015	6.6870	6.3125	5.9731	5.6648	5.3837	5.1263	4.8913
22	8.1757	7.6446	7.1695	6.7429	6.3587	6.0113	5.6964	5.4099	5.1486	4.9094
23	8.2664	7.7184	7.2297	6.7921	6.3988	6.0442	5.7234	5.4321	5.1668	4.9245
24	9.3481	7.7843	7.2829	6.8351	6.4338	0.0726	6.7465	5.4509	5.1822	4.9371
25	8.4217	7.8431	7.3300	6.8729	6.4641	6.0971	5.7662	5.4669	5.1951	4.9476
26	8.4881	7.8957	7.3717	6.9061	6.4906	6.1182	5.7831	5.4804	5.2060	4.9563
27	8.5478	7.9426	7.4086	6.9352	6.5135	6.1364	5.7975	5.4919	5.2151	4.9636
28	8.6016	7.9844	7.4412	6.9607	6.5335	6.1520	5.8099	5.5016	5.2223	4.9697
29	8.6501	8.0218	7.4701	6.9830	6.5509	6.1656	5.8024	5.5093	5.2292	4.9747
30	8.6938	8.0552	7.4957	7.0027	6.5660	6.1772	5.8294	5.5168	5.2347	4.9789
35	8.8552	8.1755	7.5856	7.0700	6.6166	6.2153	5.8582	5.5386	5.2512	4.9915
40	8.9511	8.2433	7.6344	7.1050	6.6418	6.2335	5.8713	5.5482	5.2582	4.9966
45	9.0079	8.2825	7.6609	7.1232	6.6543	6.2421	5.8773	5.5523	5.2611	4.9986
50	9.0417	8.3045	7.6572	7.1327	6.6605	6.2463	5.8801	5.5541	5.2623	4.9995
60	9.0736	8.3240	7.6873	7.1401	6.6651	6.2491	5.8819	5.5553	5.2630	4.9999

한국채택국제회계기준(K-IFRS) 제·개정 목록 및 국제회계기준(IFRS) 대비

한국채택국제회계기준		국제회계기준	
개념체계	재무보고를 위한 개념체계	*Framework*	Framework for Financial Reporting
제1001호	재무제표 표시	IAS 1	Presentation of Financial Statements
제1002호	재고자산	IAS 2	Inventories
제1007호	현금흐름표	IAS 7	Statement of Cash Flows
제1008호	회계정책, 회계추정의 변경 및 오류	IAS 8	Accounting Policies, Changes in Accounting Estimates and Errors
제1010호	보고기간후사건	IAS 10	Events after the Reporting Period
제1011호	건설계약	IAS 11	Construction Contracts
제1012호	법인세	IAS 12	Income Taxes
제1016호	유형자산	IAS 16	Property, Plant and Equipment
제1017호	리스	IAS 17	Leases
제1018호	수익	IAS 18	Revenue
제1019호	종업원급여	IAS 19	Employee Benefits
제1020호	정부보조금의 회계처리와 정부지원의 공시	IAS 20	Accounting for Government Grants and Disclosure of Government Assistance
제1021호	환율변동효과	IAS 21	The Effects of Changes in Foreign Exchange Rates
제1023호	차입원가	IAS 23	Borrowing Costs
제1024호	특수관계자공시	IAS 24	Related Party Disclosures
제1026호	퇴직급여제도에 의한 회계처리와 보고	IAS 26	Accounting and Reporting by Retirement Benefit Plans
제1027호	별도재무제표	IAS 27	Separate Financial Statements
제1028호	관계기업투자와 공동기업에 대한 투자	IAS 28	Investments in Associates and Joint Ventures
제1029호	초인플레이션 경제에서의 재무보고	IAS 29	Financial Reporting in Hyperinflationary Economies
제1032호	금융상품: 표시	IAS 32	Financial Instruments: Presentation
제1033호	주당이익	IAS 33	Earnings per Share
제1034호	중간재무보고	IAS 34	Interim Financial Reporting

한국채택국제회계기준		국제회계기준	
제1036호	자산손상	IAS 36	Impairment of Assets
제1037호	충당부채, 우발부채 및 우발자산	IAS 37	Provisions, Contingent Liabilities and Contingent Assets
제1038호	무형자산	IAS 38	Intangible Assets
제1039호	금융상품: 인식과 측정	IAS 39	Financial Instruments: Recognition and Measurement
제1040호	투자부동산	IAS 40	Investment Property
제1041호	농림어업	IAS 41	Agriculture
제1101호	한국채택국제회계기준의 최초채택	IFRS 1	First time Adoption of International Financial Reporting Standards
제1102호	주식기준보상	IFRS 2	Share based Payment
제1103호	사업결합	IFRS 3	Business Combinations
제1104호	보험계약	IFRS 4	Insurance Contracts
제1105호	매각예정비유동자산과 중단영업	IFRS 5	Non current Assets Held for Sale and Discontinued Operations
제1106호	광물자원의 탐사와 평가	IFRS 6	Exploration for and Evaluation of Mineral Resources
제1107호	금융상품: 공시	IFRS 7	Financial Instruments: Disclosures
제1108호	영업부문	IFRS 8	Operating Segments
제1109호	금융상품	IFRS 9	Financial Instruments
제1110호	연결재무제표	IFRS 10	Consolidated Financial Statements
제1111호	공동약정	IFRS 11	Joint Arrangements
제1112호	타 기업에 대한 지분의 공시	IFRS 12	Disclosure of Interests in Other Entities
제1113호	공정가치 측정	IFRS 13	Fair Value Measurement
제1114호	규제이연계정	IFRS 14	Regulatory Deferral Accounts
제1115호	고객과의 계약에서 생기는 수익	IFRS 15	Revenue from Contracts with Customers
제2010호	정부지원: 영업활동과 특정한 관련이 없는 경우	SIC-10	Government Assistance – No Specific Relation to Operating Activities
제2015호	운용리스: 인센티브	SIC-15	Operating Leases – Incentives
제2025호	법인세: 기업이나 주주의 납세지위 변동	SIC-25	Income Taxes – Changes in the Tax Status of an Entity or its Shareholders
제2027호	법적 형식상의 리스를 포함하는 거래의 실질에 대한 평가	SIC-27	Evaluating the Substance of Transactions Involving the Legal Form of a Lease

한국채택국제회계기준		국제회계기준	
제2029호	민간투자사업: 공시	SIC-29	Service Concession Arrangements: Disclosures
제2031호	수익: 광고용역의 교환거래	SIC-31	Revenue – Barter Transactions Involving Advertising Services
제2032호	무형자산: 웹 사이트 원가	SIC-32	Intangible Assets – Web Site Costs
제2101호	사후처리 및 복구관련 충당부채의 변경	IFRIC 1	Changes in Existing Decommissioning, Restoration and Similar Liabilities
제2102호	조합원 지분과 유사 지분	IFRIC 2	Members' Shares in Co operative Entities and Similar Instruments
제2104호	약정에 리스가 포함되어 있는지의 결정	IFRIC 4	Determining whether an Arrangement contains a Lease
제2105호	사후처리, 복구 및 환경정화를 위한 기금의 지분에 대한 권리	IFRIC 5	Rights to Interests arising from Decommissioning, Restoration and Environmental Rehabilitation Funds
제2106호	특정 시장에 참여함에 따라 발생하는 부채 : 폐전기 · 전자제품	IFRIC 6	Liabilities arising from Participating in a Specific Market – Waste Electrical and Electronic Equipment
제2107호	기업회계기준서 제1029호 '초인플레이션 경제에서의 재무보고' 에서의 재작성 방법의 적용	IFRIC 7	Applying the Restatement Approach under IAS 29
제2109호	내재파생상품의 재검토	IFRIC 9	Reassessment of Embedded Derivatives
제2110호	중간재무보고와 손상	IFRIC 10	Interim Financial Reporting and Impairment
제2112호	민간투자사업	IFRIC 12	Service Concession Arrangements
제2113호	고객충성제도	IFRIC 13	Customer Loyalty Programmes
제2114호	기업회계기준서 제1019호: 확정급여자산한도, 최소적립요건 및 그 상호작용	IFRIC 14	IAS 19 – The Limit on a Defined Benefit Asset, Minimum Funding Requirements and their Interaction
제2115호	부동산건설약정	IFRIC 15	Agreements for the Construction of Real Estate
제2116호	해외사업장순투자의 위험회피	IFRIC 16	Hedges of a Net Investment in a Foreign Operation

한국채택국제회계기준		국제회계기준	
제2117호	소유주에 대한 비현금자산의 분배	IFRIC 17	Distributions of Non-cash Assets to Owners
제2118호	고객으로부터의 자산이전	IFRIC 18	Transfers of Assets from Customers
제2119호	지분상품에 의한 금융부채의 소멸	IFRIC 19	Extinguishing Financial Liabilities with Equity Instruments
제2120호	노천광산 생산단계의 박토원가	IFRIC 20	Stripping Costs in the Production Phase of a Surface Mine
제2121호	부담금	IFRIC 21	Levies
제2122호	외화 거래와 선지급 선수취 대가	IFRIC 22	Foreign Currency Transactions and Advance Consideration

찾아보기(국문)

나

다

바

사

아

자

차

타

파

하

찾아보기(영문)

A

D

E

J

K

L

M

N

O

P

Q

R

S

T

U

V

W

| 지은이 |

고완석

현, 한국외국어대학교 명예교수
경영학박사, 미국 오하이오 주립대학교
경영학사, 서울대학교
경영학석사, 서울대학교, 미국 싼타클라라대학교
미국 퍼듀대학교 교수
미국 워싱턴주립대(시애틀) 연구교수
미국 텍사스주립대(댈러스) 연구교수
한국관리회계학회장
한국회계기준원 자문위원
공인회계사 출제위원
행정고시, 세무사 시험위원
정부투자기관 경영평가위원
한국회계기준원 회계기준위원회 위원

김종대

현, 인하대학교 교수
회계학박사, 미국 조지워싱턴대학교
경영학석사, 서울대학교
경제학사, 서울대학교
미국 가톨릭대학교 객원교수
금융감독원 회계제도심의위원
한국회계기준원 자문위원
공인회계사 출제위원
기획예산처 성과관리자문위원
대통령자문 지속가능발전 위원
국민연금기금 책임투자 전문위원

임석식

현, 서울시립대학교 명예교수
경영학박사, 미국 미네소타대학교
경영학석사, 미국 펜실베니아주립대학교
산업공학석사, KAIST
경영학학사, 서울대학교
캐나다 앨버타대학교 조교수
한국회계기준원 원장 겸 회계기준위원회 위원장
금융감독원 전문심의위원(부원장보)
IFRS Advisory Council(국제회계기준자문평의회) 평의원
공인회계사시험위원회 위원장(직무대리)
KICPA 회계감사기준위원회 위원
KB 금융지주 등 감사위원장

제3판 IFRS 회계원리

초 판 1쇄 발행 2009년 2월 17일
제2판 1쇄 발행 2011년 8월 25일
제3판 1쇄 발행 2016년 8월 30일
제3판 10쇄 발행 2025년 2월 5일

지은이 고완석 · 김종대 · 임석식
펴낸이 박기남
펴낸곳 **율곡출판사**
08590 서울시 금천구 가산디지털1로 84(에이스하이엔드 8차), 803호
전화 (代) 02) 718-9872/3
팩스 02) 718-9874
home-page www.yulgokbooks.co.kr
e-mail yulgokbook@naver.com
등록 1989.11.10. 제2014-000031호
ISBN 978-89-97428-92-2 93320

정가 34,000원

※ 파본 및 잘못된 책은 구입하신 서점에서 바꾸어 드립니다.
※ 이 책의 무단 전재 또는 복제행위에 대해서는 저작권법 제136조에 의거
5년 이하의 징역 또는 5,000만원 이하의 벌금에 처하게 됩니다.